JURISDIÇÃO CONSTITUCIONAL
DEMOCRACIA E DIREITOS FUNDAMENTAIS

LUIZ FUX

Ministro do Supremo Tribunal Federal. Doutor em Direito Processual Civil pela Universidade do Estado do Rio de Janeiro (UERJ). Professor Titular de Direito Processual Civil da Faculdade de Direito da Universidade do Estado do Rio de Janeiro (UERJ). Professor convidado do *Cyrus R. Vance Center for International Justice* (EUA). Membro da Academia Brasileira de Letras Jurídicas.

JURISDIÇÃO CONSTITUCIONAL

DEMOCRACIA E DIREITOS FUNDAMENTAIS

Edição especial

Belo Horizonte

2012

© 2012 Editora Fórum Ltda.
2012 Edição especial

É proibida a reprodução total ou parcial desta obra, por qualquer meio eletrônico, inclusive por processos xerográficos, sem autorização expressa do Editor.

Conselho Editorial

Adilson Abreu Dallari
Alécia Paolucci Nogueira Bicalho
Alexandre Coutinho Pagliarini
André Ramos Tavares
Carlos Ayres Britto
Carlos Mário da Silva Velloso
Carlos Pinto Coelho Motta (*in memoriam*)
Cármen Lúcia Antunes Rocha
Cesar Augusto Guimarães Pereira
Clovis Beznos
Cristiana Fortini
Dinorá Adelaide Musetti Grotti
Diogo de Figueiredo Moreira Neto
Egon Bockmann Moreira
Emerson Gabardo
Fabrício Motta
Fernando Rossi
Flávio Henrique Unes Pereira

Floriano de Azevedo Marques Neto
Gustavo Justino de Oliveira
Inês Virgínia Prado Soares
Jorge Ulisses Jacoby Fernandes
José Nilo de Castro (*in memoriam*)
Juarez Freitas
Lúcia Valle Figueiredo (*in memoriam*)
Luciano Ferraz
Lúcio Delfino
Marcia Carla Pereira Ribeiro
Márcio Cammarosano
Maria Sylvia Zanella Di Pietro
Ney José de Freitas
Oswaldo Othon de Pontes Saraiva Filho
Paulo Modesto
Romeu Felipe Bacellar Filho
Sérgio Guerra

Luís Cláudio Rodrigues Ferreira
Presidente e Editor

Coordenação editorial: Olga M. A. Sousa
Revisão: Cida Ribeiro, Marcelo Belico
Bibliotecárias: Izabel Antonina A. Miranda – CRB 2904 – 6ª Região,
Tatiana Augusta Duarte – CRB 2842 – 6ª Região
Capa, projeto gráfico: Walter Santos
Diagramação: Deborah Alves

Av. Afonso Pena, 2770 – 15º/16º andares – Funcionários – CEP 30130-007
Belo Horizonte – Minas Gerais – Tel.: (31) 2121.4900 / 2121.4949
www.editoraforum.com.br – editoraforum@editoraforum.com.br

F983j   Fux, Luiz

Jurisdição constitucional: democracia e direitos fundamentais / Luiz Fux. Belo Horizonte: Fórum, 2012.

385 p.
Edição Especial
ISBN 978-85-7700-570-3

1. Direito constitucional. 2. Direitos fundamentais. 3. Direito administrativo. I. Título.

CDD: 341.2
CDU: 342

Informação bibliográfica deste livro, conforme a NBR 6023:2002 da Associação Brasileira de Normas Técnicas (ABNT):

FUX, Luiz. *Jurisdição constitucional*: democracia e direitos fundamentais. Belo Horizonte: Fórum, 2012. 385 p. Edição Especial. ISBN 978-85-7700-570-3.

SUMÁRIO

Comentaristas 7

Jurisdição Constitucional Aplicada
Luiz Fux..9

ADI nº 4.264-MC (Rel. Min. Ricardo Lewandowski)
Observância do Devido Processo Legal na Demarcação de Terrenos de Marinha 41

RE nº 633.703 (Rel. Min. Gilmar Mendes)
Inaplicabilidade da "Lei da Ficha Limpa" (Lei Complementar nº 135/10) às Eleições
de 2010, à Luz do Art. 16 da Constituição Federal..59

ADPF nº 132 / ADI nº 4.277 (Rel. Min. Ayres Britto)
Equiparação das Uniões Homoafetivas às Uniões Estáveis..83

ADI nº 1.923 (Rel. Min. Ayres Britto)
A Constitucionalização do Terceiro Setor...99

HC nº 85.942 (Rel. Min. Luiz Fux)
Extinção da Punibilidade pelo Pagamento do Tributo no Crime de Descaminho e a
Retroatividade da Lei Penal mais Benéfica 131

RE nº 363.889 (Rel. Min. Dias Toffoli)
Coisa Julgada, Paternidade e Parâmetros de Ponderação...139

Extradição nº 1.085 (Rel. Min. Gilmar Mendes)
O Caso Cesare Battisti 173

ADPF nº 187 (Rel. Min. Celso de Mello)
A Constitucionalidade da "Marcha da Maconha" 195

HC nº 107.801 (Rel. Min. Cármen Lúcia; Rel. p/ acórdão Min. Luiz Fux) –
HC nº 101.698 (Rel. Min. Luiz Fux)
O Elemento Subjetivo nos Homicídios de Trânsito..217

ACO nº 1.109 (Rel. Min. Ellen Gracie)
Conflito de Atribuições entre o Ministério Público Federal e o Ministério Público
Estadual 251

MS nº 28.594, nº 28.603, nº 28.651 e nº 28.666 (Rel. Min. Cármen Lúcia; Rel. p/ acórdão Min. Marco Aurélio)
Concursos Públicos e Proteção da Confiança 275

RE nº 596.152/SP (Rel. Min. Ricardo Lewandowski; Rel. p/ acórdão Min. Ayres Britto)
A Retroatividade da Norma Penal: o Caso do Art. 33, §4º, da Lei nº 11.343/06 289

HC nº 101.131 (Rel. Min. Luiz Fux; Rel. p/ acórdão Min. Marco Aurélio)
Conflito entre Coisas Julgadas no Processo Penal 301

ADI nº 4.568 (Rel. Min. Cármen Lúcia)
A Deslegalização do Salário Mínimo e o Princípio Democrático 315

ADC nº 29 – ADC nº 30 – ADI nº 4.578 (Rel. Min. Luiz Fux)
A Constitucionalidade Parcial das Hipóteses de Inelegibilidade Introduzidas pela "Lei da Ficha Limpa" (Lei Complementar nº 135/10) 327

ADI nº 4.663-MC (Rel. Min. Luiz Fux)
LDO, Eficácia das Normas Orçamentárias e Separação de Poderes 357

COMENTARISTAS

Bruno Vinícius da Rós Bodart
Mestrando em Direito Processual pela Universidade do Estado do Rio de Janeiro (UERJ). Membro do Instituto Brasileiro de Direito Processual (IBDP). Assessor do Ministro Luiz Fux no Supremo Tribunal Federal (STF).

Felipe Derbli
Mestre e doutorando em Direito Público pela Universidade do Estado do Rio de Janeiro (UERJ). Professor dos cursos de graduação e pós-graduação da Universidade Candido Mendes – Centro (RJ). Procurador do Estado do Rio de Janeiro, atualmente no exercício do cargo de Assessor do Ministro Luiz Fux no Supremo Tribunal Federal (STF).

Guilherme Jales Sokal
Mestre em Direito Processual pela Universidade do Estado do Rio de Janeiro (UERJ). Procurador do Estado do Rio de Janeiro. Assessor do Ministro Luiz Fux no Supremo Tribunal Federal (STF). Ex-assessor de Desembargador do Tribunal Regional Federal da 2ª Região (TRF-2).

Gustavo Direito
Mestre e Doutorando em Direito Público pela Universidade Gama Filho. Professor convidado da Université Paris II (Pantheon-Assas). Professor da PUC-RJ. Juiz de Direito do TJRJ. Juiz-Auxiliar do Ministro Luiz Fux no STF.

Marcos Paulo Loures de Meneses
Especialista em Direito Penal e Processual Penal pelo Centro Universitário do Distrito Federal (UDF). Especialista em Gestão de Polícia Civil pela Universidade Católica de Brasília (UCB). Delegado de Polícia Civil do Distrito Federal. Ex-Assessor do Ministro Luiz Fux no Supremo Tribunal Federal (STF).

Valter Shuenquener de Araújo
Doutor em Direito Público pela UERJ. Doutorado-Sanduíche pela Ruprecht-Karls Universität de Heidelberg (Alemanha). Professor Adjunto da UERJ. Juiz Federal. Juiz Instrutor no STF no Gabinete do Min. Luiz Fux.

Jurisdição Constitucional Aplicada

Luiz Fux

O presente livro retrata a nossa experiência inaugurada no verão de 2011, após honrosa nomeação para a 11ª cadeira no Supremo Tribunal Federal.

O neoconstitucionalismo inaugurado pela Carta de 1988 com princípios e valores inseridos pela vez primeira com tamanha expressividade na Constituição, em virtude da concepção analítica da Carta Maior, instou a Suprema Corte Brasileira a uma série de manifestações sobre temas palpitantes para a sociedade brasileira.

O ano que se findou configurou um período fértil para o Supremo Tribunal Federal, na criação de uma singular doutrina dos casos julgados, mercê de ter rompido a ortodoxia dos pronunciamentos da Corte.

Essa alteração do panorama jurisdicional constitucional coincidiu com o meu ingresso na Corte, de sorte que o nosso desafio tornou-se ainda maior.

O livro é uma síntese dessa experiência, na medida em que alguns casos foram pinçados com o objetivo de despertar e aprofundar a atenção para a riqueza do ano judiciário não só a tantos quantos se dedicam ao direito constitucional, mas também àqueles que nutrem os seus conhecimentos para inúmeras finalidades, colacionando os votos emblemáticos e norteadores de uma nova cultura constitucional.

O nosso sentir foi o de colaboração, além de uma diminuta prestação de contas como homem público, submetido que fomos ao crivo da federação na sabatina no parlamento.

É nosso objetivo, meu e de minha assessoria que empreende a resenha dos votos, elaborar anualmente esse trabalho, renovado por novos cases, no afã de ouvirmos os estudiosos, suas certeiras críticas, sempre e sempre com o escopo de aprimorarmos a técnica na aplicação da Constituição, o que reservará em nossas almas a perene gratidão de podermos trabalhar da forma mais escorreita e democrática em prol do nosso país.

1 Jurisdição ordinária e jurisdição constitucional

1.1 Jurisdição ordinária[1]

O Estado, como garantidor da paz social, avocou para si a solução monopolizada dos conflitos intersubjetivos pela transgressão à ordem jurídica, limitando o âmbito da autotutela. Em consequência, dotou um de seus Poderes, o Judiciário, da atribuição de solucionar os referidos conflitos mediante a aplicação do direito objetivo, abstratamente concebido, ao caso concreto. A supremacia dessa solução revelou-se pelo fato incontestável de a mesma provir da autoridade estatal, cuja palavra, além de coativa, torna-se a última manifestação do Estado soberano acerca da contenda, de tal sorte que os jurisdicionados devem-na respeito absoluto, porque haurida de um trabalho de reconstituição dos antecedentes do litígio, com a participação dos interessados, cercados, isonomicamente, das mais comezinhas garantias. Essa função denomina-se jurisdicional e tem o caráter tutelar da ordem e da pessoa, distinguindo-se das demais soluções do Estado pela sua imodificabilidade por qualquer outro poder, em face de adquirir o que se denomina em sede anglo-saxônica de *final enforcing power*, consubstanciado na "coisa julgada".

---

[1] A respeito do tema, as passagens e as notas de rodapé foram extraídas de nosso *Curso de direito processual civil* (4. ed. rev. atual. Rio de Janeiro: Gen; Forense, 2008. v. 1, Parte II, Capítulo I):
A atividade jurisdicional de particularização do direito ao caso concreto conduziu a doutrina de Chiovenda à dicotomia entre a vontade abstrata e a vontade concreta da lei, concluindo o mestre que "a jurisdição consiste na atuação da lei mediante a substituição da atividade de órgãos públicos à atividade de outros, seja no afirmar a existência de uma vontade da lei, seja em determinar ulteriormente que ela produza seus efeitos (*Principii di diritto processuale civile*, 1928, p. 301).
Couture atribuía a solução obtida por *acto de la autoridad* à principal característica da jurisdição, em *Fundamentos de derecho procesal civil*, 1951, p. 4.
O caráter dúplice — tutelar da jurisdição — foi decantado por toda a doutrina processual com supremacia para a "defesa da ordem jurídica". Assim Liebman, para quem a jurisdição tinha como escopo "tornar efetiva a ordem jurídica e impor através do Judiciário a regra jurídica concreta que, por força do direito vigente, deve regular determinada situação jurídica" (*Corso di diritto processuale civile*, 1952. p. 13). Por isso que Bruno Galli considerou a jurisdição a *longa manus* do legislador, porque "a vontade do estado impressa no texto legal se transfunde no julgado com caráter imperativo. O reconhecimento do direito subjetivo é apenas fim mediato e resultante do exercício da jurisdição" (Il Concetto di Giurisdizione. In: *Studi in onore di Mariano D'Amélio*, 1933. v. 2, p. 177).
Ramiro Podetti denominou a jurisdição, a ação e o processo como a trilogia básica processual. In: PODETTI, Ramiro. Trilogia estructural de la ciencia del proceso civil. *Revista de Derecho Procesal*, p. 113, 1944.
Niceto Alcalá-Zamora y Castillo, na insuperável e clássica obra *Proceso, autocomposición y autodefensa*. 1947. p. 13, já advertira que a solução do litígio poderia ser "egoísta" ou de "autodefesa" ou "altruísta" ou de "autocomposição", razão por que sustentara que "proceso, autocomposición y autodefensa se nos presentan, pues, como las tres posibles desembocaduras del litigio".
Sob essa mesma ótica o clássico Calamandrei, Processo e Giustizia. *Rivista di Diritto Processuale Civile*, p. 278, 1950.
Cf. CHIOVENDA. *Istituzioni di diritto processuale civile*, 1961, v. 1, p. 31.
Aos atos de cognição correspondem as atividades de "formulação da regra jurídica concreta que deve regular o caso ou a prática de atos materiais que realizem a coincidência entre a regra e os fatos" (LIEBMAN. *Corso di diritto processuale civile*, p. 79-80).
Contrariando Carnelutti, que aduzia uma "processo voluntário", Alcalá-Zamora y Castillo aduzia à jurisdição voluntária advertindo que não havia processo e sim "procedimento" (*Proceso, autocomposición y autodefensa*, p. 136).
Repise-se, até em homenagem ao marco histórico que representa, que a percepção do processo como relação processual, entrevista por Bülow, em 1868, é tida como a certidão de nascimento da evolução científica do processo.

Carnelutti, denominava o processo de conhecimento de *processo giurisdizionale*, distinguindo-o do de *esecuzione* e de *prevenzione* (*Istituzioni di diritto processuale civile*, v. 1, p. 31).
Chiovenda, nas *Instituições*, exprimiu o alcance da cognição, cuja atividade nomina o processo respectivo, ao afirmar que "a cognição consiste na atividade intelectual que o juiz realiza, antes de decidir a causa, com o objetivo de se aparelhar para julgar se a demanda é fundada ou infundada, e, pois, para declarar existente ou não existente a vontade concreta da lei, de que se cogita. A *cognitio*, portanto, é o conjunto de atividades intelectuais do juiz como 'instrumento de atuação da lei mediante verificação'" (*Instituições de direito processual civil*, v. 1, p. 253-254).
No mesmo sentido, Liebman (*Manuale di diritto processuale civile*. 1955. v. 1, p. 49). A *causa finalis* do processo conduziu Rosenberg a categorizar o processo de conhecimento como "processo de sentença" (*Tratado de derecho procesal civil*, 1955, v. 2, p. 3).
Acerca do tema são modernos e recentes os trabalhos nacionais de Kazuo Watanabe, *Da cognição no processo civil*, 1987, e de Luiz Guilherme Marinoni. Tutela cautelar e tutela antecipatória. (*Revista dos Tribunais*, 1992), cujas lições lavram divergência com essa nossa última conclusão acerca da possibilidade de cognição sumária e resultados irreversíveis cobertos pela coisa julgada material.
A finalidade da ação declaratória é obter uma certeza jurídica através de uma sentença revestida da autoridade da coisa julgada, Alfredo Buzaid, *A ação declaratória*, 1943. p. 152-153.
Acerca da origem das ações declaratória e sua adoção nos sistemas jurídicos de origem romano-canônica e sua *ratio essendi*, consulte-se Chiovenda, *Instituições de direito processual civil*, v. 1.
A doutrina do tema assenta não ser possível figurarem como objeto de declaração judicial as qualidades jurídicas, como, *v.g.*, a "capacidade de agir", a possibilidade de uma compensação Goldschmidt, *Derecho procesal civil*, 1936. p. 105, bem como, por fugir ao escopo da *actio* e não ser o Judiciário órgão de consulta, tampouco se permite "ingressar alguém em juízo para postular que o juiz 'interprete uma lei'" (LIEBMAN. *Corso di diritto processuale civile*, p. 54). Sabe-se que o único fato passível de declaração pertine à falsidade ou autenticidade documental, e, mesmo assim, por força da vinculação do documento a uma relação jurídica que de regra ele consubstancia e exterioriza.
Acerca das ações constitutivas o direito italiano assenta em sede legislativa que: "Nei casi previsti dalla legge, l'autorità giudiziaria può costituire, modificare o estinguere rapporti giuridici, con effeto tra le parti, i loro eredi o eventi causa". É a essência da disposição do direito material italiano, que revela com precisão "o efeito constitutivo da sentença". O festejado Torquato Castro já assentara que "a sentença aparece como título imediato desses efeitos, que antes dela não existiam" (*Ação declaratória*, 1942, p. 24-25).
A Tutela executiva na expressão de um dos maiores expoentes da tutela de execução, "la condana della vita a un nuovo rapporto giuridico (strumentale) consistente nella potesta dell'organo giudiziario di provvedere all'esecuzione forzata, nel diritto del creditore di promovuerla (azione esecutiva), nella soggezione del debitore al suo svolgimento e ai suoi effeti (responsabilità esecutiva)" (LIEBMAN. *Corso di diritto processuale civile*, p. 56).
O acertamento na tutela jurisdicional de execução não se opera quanto à existência ou inexistência da relação jurídica, senão sobre a legitimação da incidência da sanção — *accertamento della attuabilità della sanzione*, como afirmava Carnelutti, em *Sistema di diritto processuale civile*, 1936, v. 1, p. 139.
E a Mandamentalidade das ações foi explorada entre nós, primeiramente por Pontes de Miranda (*Comentários ao Código de Processo Civil*, 1939. v. 1, p. 107; e, mais recentemente, Ovídio Baptista (*Curso de processo civil*. v. 1, p. 93).
A origem histórica das ações mandamentais está nos interditos romanos, época na qual os pretores romanos expediam ordens. A jurisdição como ato de soberania pressupõe exatamente esse poder de ordenar em respeito ao que Calamandrei denominava "seriedade da jurisdição". A jurisdição de urgência pressupõe esse poder de mando e não de mera definição judicial. A esse respeito consulte-se Biscardi *La protezione interdittale nel processo romano*, 1937, p. 17; e Giuseppe Gandolfi, *Contributto allo studio del processo interdittale romano*, 1955. Com outras palavras é o que procura demonstrar Ovídio Baptista ao evidenciar o "conteúdo" das sentenças como integrantes de sua eficácia "prática" não normativa (*Sentença e coisa julgada*, 1988).
A essa forma de execução do provimento referia-se Amílcar de Castro como sendo "execução imprópria" (*Comentários ao Código de Processo Civil*. 1941. v. 10, p. 14, nota 1). Celso Agrícola Barbi nega peremptoriamente essa característica mandamental da tutela, mesmo no mandado de segurança (*Mandado de segurança*. Rio de Janeiro: Forense, 1976. p. 246).
A doutrina clássica, ao se referir aos provimentos de urgência, dispensa a palavra "execução", que poderia dar ensejo a uma conflitualidade com o processo de execução forçada, e prefere o termo "atuação", como se colhe em Giovani Verde, L'attuazione della tutela d'urgenza. In: *La tutela d'urgenza*: atti del XV Convegno Nazionale, 1985.
Diferentemente do que concebeu para o processo de conhecimento, cuja razão estava numa lide de pretensão resistida, Carnelutti indicava como objeto da execução "lide de pretensão insatisfeita" (*Sistema di diritto processuale civile*, v. 1, p. 179).
A repercussão prática dos atos coativos da execução forçada, distinguindo-a fortemente do processo de cognição, levou Guasp à conclusão de que a atuação do juiz no processo executivo provoca "não uma alteração ideal na situação existente entre as partes, e sim, mudança física, real ou material relativamente ao que antes existia" (*Derecho procesal civil*, 1956, p. 837). No mesmo sentido Redenti, para quem a execução instaurava-se

O Estado, através da jurisdição, e provocado pelo interessado que exerce a ação, institui um método de composição do litígio com a participação dos reais destinatários da decisão reguladora da situação litigiosa, dispondo sobre os momentos em que cada um poder fazer valer as suas alegações, com o fim de alcançar um resultado corporificado em tudo quanto o Judiciário "sentiu" das provas e do direito aplicável retratado na "sentença". Jurisdição, ação e processo são, assim, os monômios básicos da estrutura do fenômeno judicial.

Malgrado se revele um substitutivo das condutas barbáricas de outrora, o acesso à jurisdição deve ser excepcional, haja vista que, numa sociedade harmônica, o ideal, mercê do cumprimento espontâneo do direito, é a própria autocomposição, que otimiza sobremodo o relacionamento social. Esta é, sem

---

com o fim de obter "resultado material tangível" (*Diritto processuale civile*, 1957, v. 3, p. 101). Sob esse enfoque é clássica a lição de Liebman segundo a qual "a função jurisdicional consta fundamentalmente de duas espécies de atividades, muito diferentes entre si: de um lado, o exame da lide proposta em juízo para o fim de descobrir e formular a regra jurídica concreta que deve regular o caso; de outro lado, as operações práticas necessárias para efetivar o conteúdo daquela regra, para modificar os fatos da realidade, de modo a que se realize a coincidência entre a regra e os fatos (*Processo de execução*, 1946. p. 79-80).

A intromissão coercitiva na esfera jurídica do devedor com o fim de obter um resultado real ou jurídico a cuja produção esteja ele obrigado ou pelo qual responda caracteriza os "meios de que se vale a execução forçada" nas palavras de Goldschmidt, *Derecho procesal civil*, p. 575. Desta sorte, quer substituindo, quer coagindo, o Estado interfere na esfera do *solvens*, razão pela qual é meio executivo, também, o instrumento de coerção, haja vista que o devedor não age originariamente segundo a sua vontade, senão compelido pelo instrumento de soberania. Por essa razão não se trata de execução indireta ou imprópria, como entendem alguns, qualificando-se como próprias somente aquelas em que é "integral" a atividade substitutiva do Estado através da tutela de execução. Posicionam-se contra o exposto, na doutrina alienígena, Rosenberg, *Tratado de derecho procesal civil*, v. 3, p. 4, e, entre os nacionais, Ovídio Baptista, *Curso de processo civil*, v. 2, p. 17, notas.

Como afirma Crisanto Mandrioli, "o *audiatur et altera pars* adquire, na execução, significado diverso do que tem no processo de conhecimento, sem excluir no entanto o contraditório, pelo menos no seu aspecto potencial" (*L'azione esecutiva*, 1955. p. 466).

Nulla executio sine titulo explica os atos de coação e soberania que se praticam na execução. Ensina Liebman que "inspiram-se os direitos modernos na tendência a garantir que, na medida do possível, não se deite as mãos nos bens de uma pessoa senão para satisfação de um direito efetivamente existente". Daí subordinar a atividade dos órgãos executivos a alguns pressupostos que podem oferecer adequada justificação do direito pelo qual uma pessoa invoca o uso da força contra outra pessoa (*Le opposizioni di merito nel processo d'esecuzione*, 1931. p. 124).

Nem sempre foi assim, haja vista que a ação executória distinguia-se da executiva exatamente no que se referia à cognição incidental. Naquela, calcada em título executivo, apenas *ad initio* a ação era executiva, transmudando-se em cognitiva após a penhora, e a executória, porque fundada em sentença condenatória, autorizava de imediato a prática de atos autoritário-judiciais. Consulte-se, a respeito, o volume 5 das *Instituições* de Frederico Marques. Afirma-se em boa sede de doutrina que a criação dos títulos extrajudiciais, base de execução sem prévia cognição, tem sua origem no tráfico mercantil da Idade Média, limite com os albores da Idade Moderna, notadamente quanto à necessidade de outorga de tutela mais efetiva e rápida aos créditos instrumentalizados nos denominados *instrumenta guarentigiata* ou *confessionata*, aos quais reconheceu-se, nos estatutos comunais, a *executio parata*, análoga à da sentença. Esse desiderato foi alcançado com a instituição francesa dos *titres executoires* — uma vez que, anteriormente, apesar da existência do *processus summarius executivus*, neste havia prévia cognição sumária do pedido com ampla defesa do executado —, equiparados às sentenças em sua eficácia executiva, o que foi alcançado no século XIX, espraiando-se por vários sistemas europeus, abolindo-se essa diferença de contraditório em função da natureza dos títulos. Entre nós, originariamente influenciados pela ação decendiária do direito português — ação de assinação de dez dias —, mantivemos sob a égide do Código de 1939 a distinção entre a executória e a executiva, extinta em 1973 com a equiparação de eficácia entre os títulos judiciais e extrajudiciais. Essa preclusão também inova, haja vista que outrora os embargos, porque infringentes do julgado, equiparavam-se a verdadeira ação rescisória e podiam anular ou revogar a decisão exequenda. Nesse sentido Liebman, na nota da p. 435 do volume 2 das *Instituições* de Chiovenda, e a belíssima monografia de seu discípulo Luis Eulálio de Bueno Vidigal, *Da ação rescisória dos julgados*, 1948. p. 30.

dúvida, a razão pela qual os diplomas processuais modernos inserem a fase de conciliação como obrigatória nos processos judiciais, preocupação que levou o legislador constitucional brasileiro a contemplá-la na Carta Maior. A jurisdição encerra, em suma, a restauração da legalidade e da justiça como instrumento eficaz da paz social e da preservação da garantia dos direitos do homem.

A jurisdição não se limita à operação de subsunção do conflito à regra abstrata reguladora do conflito. Anota-se, em sede doutrinário-histórica, que a jurisdição compreendia cinco elementos, a saber: *notio*, *vocatio*, *coertitio*, *judicium* e *executio*.

Dessa constatação apreende-se o que pretendeu Carnelutti ao afirmar: "Juiz não é só o que julga, mas também aquele que ordena: é aquele, em suma, cuja decisão tem eficácia de uma ordem". As modalidades de tutela variam conforme a natureza do conflito levado ao Judiciário. Há lides de "pretensão resistida" e lides de "pretensão insatisfeita"; vale dizer, há casos em que o Estado-juiz define direitos e outros em que a definição é um *prius* antecedente à "realização" do direito reconhecido em sentença ou no documento com eficácia equivalente (títulos executivos extrajudiciais).

Outrossim, constatada a inexistência de um sistema ideal no qual jurisdicional é a prestação efetivada tão logo apresentado o pedido em juízo, revelou-se mister garantir "condições para a realização da justiça", posto que o objeto do julgado pode sofrer alterações substanciais que influam na solução justa da lide, quer pelo agravamento das condições de fato, quer pela criação de um estado de periclitação do direito da parte, dos bens ou das provas que servirão de elementos de convicção.

Concluiu-se a necessidade de dotar a jurisdição de um *tertium genus* capaz de "assegurar a utilidade prática" das demais formas de tutela e, em "defesa da jurisdição". Previu-se, assim, a "tutela preventiva" ou "cautelar" pela sua finalidade de conjurar o perigo resultante da demora "natural" do processo.

Decorre, do exposto, que a tutela jurisdicional apresenta-se sob três modalidades básicas:

1. A tutela jurisdicional de cognição ou conhecimento;
2. A tutela jurisdicional de execução; e
3. A tutela jurisdicional de assecuração ou cautelar.

Essas três formas de tutela guardam fidelidade com aquela característica "substitutiva" da jurisdição, intermediadora de conflitos e mantenedora da paz e da ordem. A hipótese de intervenção subjetivamente judiciária e materialmente administrativa da justiça no domínio das relações privadas escapa a essa ótica da jurisdição, malgrado a lei a denomine de "jurisdição voluntária", revelando um fenômeno peculiar de acesso obrigatório à justiça em casos de situações jurídicas *inter volentes*, nas quais a chancela do Judiciário é requisito de validade, entrevisto pelo legislador como necessário, decerto por vislumbrar no juiz um magnânimo "administrador da conveniência e oportunidade" de determinadas providências.

A noção de processo é teleológica e a sua classificação obedece aos fins jurisdicionais que se pretendem alcançar através da sucessão de atos. Assim, o processo tem a mesma natureza da espécie de jurisdição que se colima. Em consequência, à tutela de cognição corresponde o processo de conhecimento, à de execução o processo de execução e à de assecuração o processo cautelar.

Como o processo é um conjunto de atos, os tipos processuais distinguem-se pela preponderância de atividades de cada um e pela sua *causa finalis* que informa uma dessas relações jurídico-processuais. É que os processos não são absolutamente puros, no sentido de que no processo de conhecimento só se praticam atos intelectivos e no processo de execução abole-se qualquer cognição. Há uma preponderância não exclusiva de atividades jurisdicionais típicas. Assim, *v.g.*, a execução do despejo realiza-se na mesma relação processual de cognição de onde emerge o comando da rescisão do vínculo da desocupação do imóvel, ao passo que na execução é lícito ao devedor instituir contraditório eventual através da cognição incidental instaurada pelos embargos.

1.1.1 Espécies de tutela jurisdicional

1.1.1.1 Tutela de cognição

A atividade cognitiva é considerada o núcleo mais expressivo da jurisdição, tanto que autores de renome consideravam o "processo de conhecimento" como "jurisdicional", em contraposição ao executivo e ao preventivo. Realmente, a cognição, como a atividade de conhecer os fatos e o direito para julgar, lega ao Judiciário a tarefa de "dizer o direito" — *jus dicere* — aplicável à espécie, substituindo a inteligência dos contendores na compreensão dos fins da lei. O Judiciário, através da cognição, aplica a lei ao caso concreto, impondo a sua vontade, exteriorizada no ato final, com coerção e autoridade. O fim a que se visa no processo de conhecimento é a obtenção da resposta judicial acerca de quem efetivamente tem razão à luz do direito positivo. Daí afirmar-se que o processo serve para dar razão a quem efetivamente tem-na, bem como o processo de conhecimento é aquele em que o Judiciário é convocado a declarar entre dois contendores — com a solenidade e com os efeitos da sentença — quem tem razão.

A cognição encetada pelo juiz admite variações quanto à extensão e profundidade do *thema iudicandum*. Há ações em que a cognição é plena e ilimitada e outras em que é limitada ou incompleta. Imperativos de justiça, por vezes, impedem a cognição exauriente. Em regra, nas hipóteses em que o juízo provê sob urgência, sumariza-se a cognição para compatibilizá-la com as necessidades da causa. O exame vertical impediria ao juízo de atender ao postulado da "celeridade". Essa cognição sumária pode ser *initio litis*, passível de ser confirmada ou reformada ao final do processo.

Considere-se, ainda, embutida na expressão "cognição sumária" a regra *in procedendo*, que permite ao juízo prover *initio litis* sem correspondência com a maior ou menor evidência do direito pleiteado em juízo. É o que ocorre, *v.g.*, com o mandado de segurança, que exige direito líquido e certo, e autoriza o juízo a concedê-lo sumariamente. A atividade sumária não tem correlação com o grau de convencimento do juízo acerca do direito, revelando-se em expediente autorizativo de um julgamento com base em "lógica razoável" em função da necessidade de se prover de imediato. Mas nada obsta a que se tenha que prover de imediato com base em direito evidente. Destarte, se o direito não for evidente mas se tornar premente a tutela, autoriza-se a sumarização da cognição com o provimento imediato calcado em juízo de mera probabilidade, como sói ocorrer com a tutela cautelar. O mesmo fenômeno ocorre em sede de "tutela de segurança", com a peculiaridade de que o provimento pode retratar no plano da realizabilidade prática uma solução *secundum eventum litis*, irreversível, cujo regime há de ser igual ao das decisões definitivas expedidas após cognição exauriente.

Impõe-se considerar que a matéria está longe de ser pacífica. Ao revés, sustenta-se que a situação de urgência não autoriza uma cognição exauriente. Esta, em nosso entender, vai depender do material jurídico-probatório levado ao juízo. O direito evidente, fartamente comprovado, admite uma cognição rápida, sumária e exauriente. Há outros casos em que, mercê da urgência, o direito não parece evidente ao juízo, mas a lei o autoriza a prover com base apenas naquela "aparência", valorizando a "celeridade" em detrimento da "segurança" do julgado. Por isso que não nos parecem indissoluvelmente ligados os conceitos de cognição sumária e juízo de probabilidade, podendo haver cognição sumária e direito evidente. Ainda no que concerne à cognição, típica dos processos de sentença, merece assentar-se a distinção de cognição plena e parcial. Na primeira, toda a "superfície contenciosa" é abarcada pelo *decisum*, e essa é a regra até para atingir-se o escopo da jurisdição, que é o de pacificar da forma mais ampla possível. Em contraposição, a cognição parcial deixa de fora parte do litígio, não da lide — que resultaria em julgamento *citra petita*. É o que se dá na ação possessória em que o petitório não pode ser objeto de apreciação do juízo, considerando-se exceção reservada. Essas limitações obedecem, em geral, à maior proteção de bem da vida objeto do pedido do autor; por isso, propende o ordenamento para seu reconhecimento. Assim, *v.g.*, na consignatória, a regra é a extinção da obrigação pelo pagamento, daí a restrição da defesa que vise a infirmar a liberação do *solvens*. Na ação renovatória, a proteção ao "fundo de comércio" sobrepõe-se à amplitude de defesa do locador que objetive evitar a renovação, por isso limitada.

O processo de conhecimento conducente à sentença admite espécies, conforme o conteúdo da resposta judicial de procedência. Assim é que os processos de conhecimento podem ser "declaratórios", "condenatórios", "constitutivos" ou "mandamentais". Considerando o processo como "projeto da demanda procedente", tem ele a mesma natureza desta, uma vez que a improcedência se reveste de um "provimento declaratório negativo". O juízo "declaratório" é aquele donde provém uma sentença que declara a existência ou a inexistência de uma relação jurídica, com a força do ato da autoridade. O caráter preventivo e didático da sentença declaratória e a função definidora que lhe é peculiar são responsáveis pelo seu prestígio histórico. Desse dado não se desprendeu o sistema nacional, prevendo, ao lado da declaratória autônoma, também a declaratória incidental que, manejada no curso do processo, permite que se dissipem, com força do caso julgado, as incertezas acerca da relação jurídica que está fora da causa, mas que figura como premissa inafastável do julgamento da lide, por lhe ser "prejudicial". Por seu turno, essa incerteza há de derivar da dúvida objetiva e jurídica que autoriza essa propositura da ação independente, bem como daquela cujo interesse exsurgiu supervenientemente em face da impugnação do demandado.

A declaração de existência da relação jurídica corresponde à "declaratória positiva", e a de inexistência, à "declaratória negativa". A classificação vai depender do pedido proposto em confronto com a procedência do mesmo. Não obstante seja assente que na ação declaratória a atividade jurisdicional incida sobre a regra "preceptiva" do comando legal, a lei enuncia que, mesmo nas hipóteses em que já ocorreu a violação e, portanto, a prestação jurisdicional possa recair sobre a parcela sancionatória da norma jurídica, "é lícito ao autor" requerer a "simples declaração" (art. 4º, parágrafo único, do Código de Processo Civil). O legislador, ao permitir esse "meio-caminho", restabeleceu o interesse de agir do demandante que, podendo requerer a tutela condenatória, limita-se a pleiteá-la declaratória, justamente pelo seu sentido jurídico-preventivo.

A sentença de procedência de natureza constitutiva, derivada de tutela da mesma qualidade, faz exsurgir no mundo do direito um estado jurídico novo, consistente na formação, na modificação ou na extinção de uma relação jurídica; por isso, todas as demandas de anulação e rescisão de negócio jurídico são "constitutivas". Como consequência, não se pode gerar uma situação nova sem a presença de todos os interessados, razão pela qual nessas ações o "litisconsórcio é necessário". Algumas situações jurídicas somente exsurgem, necessariamente, por obra do juízo, sem que as partes disponham de poder privado de alteração daquele estado objetivamente tutelável pelo ordenamento. As ações constitutivas, nesses casos, são "necessárias" ao surgimento da nova relação, diferentemente de alguns outros em que a constituição opera-se por obra dos interessados. Exemplo do primeiro caso é a ação de anulação de casamento insusceptível de ser desconstituído, com esse efeito, por ato voluntário das partes. Diz-se, inclusive, que o interesse de agir nasce no mesmo momento em que surge o direito à constituição do estado jurídico novo. A segunda hipótese encaixa-se em todas as situações em que se desconstituem vínculos disponíveis, como, *v.g.*, ocorre com a rescisão do contrato de locação, de comodato, de mútuo etc. Não obstante todo provimento judicial, na sua base e no seu iter de formação, passe pela prévia declaração, com maior ou menor grau de imutabilidade, a "tutela constitutiva" caracteriza-se pelo plus de seu efeito, haja vista que a declaratória não "cria estado jurídico novo". Exatamente porque faz surgir num dado momento algo que antes não existia é que a decisão produz seus efeitos *ex nunc*, respeitadas as consequências jurídicas anteriores.

A tutela condenatória, diferentemente da declaratória, não incide sobre o preceito, senão sobre a sanção da norma. A referida espécie pertine ao fenômeno "lide de pretensão resistida" que engloba não só os casos em que a contestação do direito exige a intervenção judicial para exarar a certeza jurídica necessária, como também as hipóteses de violação efetiva do direito subjetivo, quando então o restabelecimento do estado anterior, pela incidência da sanção, faz-se por obra do Estado-juiz. Assim como não pode o particular impor a sua interpretação acerca do direito, também não lhe é lícito atribuir uma lesão ao seu direito, impondo a sanção da lei ao outro contendor. A sentença particulariza e especifica a sanção imputável ao violador, com a característica maior de colocar o Estado à disposição do lesado para, em atividade complementar à cognição, tornar realidade o "preceito sancionatório".

O plus na tutela condenatória está em que o autor não se limita ao pedido de dissipação da incerteza jurídica, acoplando-lhe o de aplicação da sanção cabível. De toda sorte, o pedido de declaração é implícito e reveste-se de força de coisa julgada após a condenação, tanto que a propositura posterior de ação declaratória, em curso a ação condenatória, revela o fenômeno da "litispendência". A lesão "atual" aponta o interesse de agir na tutela condenatória, admitindo-se, outrossim, a "condenação para o futuro" nos casos em que a prevenção por si só habilita o ingresso na justiça, dependendo a efetivação da sanção de fato posterior. Aduz-se, assim, a uma "condenação para o futuro", instrumentalizando-se a sanção posterior em processo complementar de "liquidação por artigos". É o que ocorre, *v.g.*, com a condenação do locador se não utilizar o prédio locado retomado, com a prevenção sancionatória do interdito proibitório, e com a condenação das prestações vincendas etc.

A tutela de conhecimento do tipo "mandamental" apresenta resistências doutrinárias quanto à sua admissibilidade. As mandamentais são ações em que o comando judicial, mercê de apresentar o conteúdo dos demais, encerra uma ordem que é efetivada "na mesma relação processual" de onde emergiu o mandamento. A peculiaridade é a sua efetividade pela unidade procedimental da cognição e execução. São mais do que "executivas" *lato sensu*. Tributa-se a Kuttner a criação das ações de mandamento, aceitas por parte da doutrina nacional.

A característica da ação mandamental é a realizabilidade prática do direito litigioso no procedimento da cognição mediante execução ou ordem.

Afina-se essa forma de tutela com os casos de periclitação, como sói ocorrer com a tutela de segurança. A mandamentabilidade está na "preponderância da ordem sobre o julgamento", isto é, a declaração do direito precede, mas a eficácia que se busca é a ordenatória e não a condenatória, como imaginam aqueles que não concebem emita o juiz ordens. Essa mandamentabilidade das sentenças verifica-se pela sua pronta realizabilidade prática, que repercute na concepção de coisa julgada, conforme o efeito prático seja reversível ou não. Esse aspecto mandamental faz do provimento "execução para segurança" e não "segurança para execução", binômios criados por Pontes de Miranda. O reconhecimento desse tipo de tutela cresce com a própria tutela de urgência, porque a "execução" das decisões é decorrência do poder necessário à efetividade dos provimentos judiciais sob pena de grave desprestígio para a função jurisdicional.

Outra característica dessa mandamentalidade é sua "atuação" do provimento *simpliciter et de plano*, ora por obra do próprio Estado, ora pelo cumprimento por parte do demandado, que não pode escusar-se de adimplir ao comando sob pena de desobediência. Enfim, o cumprimento da decisão mandamental dá-se em procedimento unitário, para utilizarmos a expressão do conhecido ensaio crítico de Liebman.

1.1.1.2 Tutela de execução

A tutela executiva compõe o segundo gênero de tutela jurisdicional e caracteriza-se precipuamente pela prática de atos que visem a satisfazer e realizar no mundo prático o direito do sujeito ativo da relação processual executiva, que é o exequente. Os atos jurisdicionais que se pleiteiam não o são de definição de direitos, como ocorre na cognição, mas antes de realização, em face da demonstração *prima facie* do bom direito do exequente pela exibição inicial e obrigatória de um "título executivo".

Preponderam, pois, os atos materiais sobre os atos intelectivos, o que justifica uma maior descentralização das atividades processuais e o aparecimento de maior número de protagonistas nesse processo, onde os meios são múltiplos para alcançar-se o escopo final da tutela, que é a "satisfação prática" dos interesses do credor.

Assim, *v.g.*, na execução por quantia certa o objetivo é a prática de todos os atos necessários a fazer reincorporar-se ao patrimônio do credor a quantia mencionada no título e não entregue voluntariamente pelo devedor. Desta sorte, a venda de bens para convertê-los em dinheiro é exemplo marcante do ato-tipo que se pratica na execução, em nada se assemelhando à atividade especulativa engendrada no processo de conhecimento. Apesar de sua aparente rudeza, oriunda do processo germânico, a execução baseia-se numa história de equidade e proteção dos comezinhos direitos fundamentais do devedor, por isso que o processo executivo evolui juntamente com as consequências do inadimplemento. Outrora eram bárbaras as sequelas do descumprimento das obrigações, evoluindo até o estágio radical do "prestígio ao inadimplemento", notadamente no campo das obrigações ditas "subjetivamente personalíssimas", por força da regra *nemo potest cogi ad factum*, posteriormente superada pelas astreintes do direito francês. A execução, no seu escopo realizador e com o fito de revelar toda a seriedade da jurisdição, caminha sempre no sentido de dar ao credor aquilo que ele obteria se a obrigação tivesse sido cumprida voluntariamente, preservando-o de tal forma que ele não sinta os efeitos do descumprimento. Para esse fim, vale-se o Estado-juiz de meios múltiplos de superação da obstinação do devedor em não cumprir a obrigação, suprindo-o nos casos em que não seja imprescindível o seu atuar. Nesse afã, ora o Estado se substitui ao devedor, satisfazendo o credor independentemente a sua colaboração, ora compele o *solvens* a colaborar sob pena de infligir-lhe uma sanção pecuniária ou restritiva de liberdade. Aos primeiros meios denomina-se de "meios de sub-rogação" e, aos segundos, de "meios de coerção".

Cada um destes tem seu campo distinto de atuação, merecendo maior incidência a coação, por força mesmo da própria evolução e humanização das técnicas de repressão ao inadimplemento. Assim, *v.g.*, na execução dita por quantia certa, o Estado vale-se do meio de sub-rogação para alienar o bem do devedor, expropriando-lhe a faculdade de dispor integrante do domínio, e apurar judicialmente os fundos necessários ao pagamento do credor. Em contrapartida, é sob a ameaça de incidência intermitente de "multa diária" que o Estado visa a compelir o devedor a cumprir uma prestação de fato infungível ou personalíssima, à míngua da inutilidade dos meios de sub-rogação.

A finalidade da execução ou a natureza da prestação objeto do vínculo obrigacional é que vai indicar qual dos meios executivos é mais eficiente, haja vista que a lei confere *modus operandi* diversos conforme o bem da vida que se pretenda com a tutela de execução. Assim sendo, à execução de condenação de fazer e não fazer não se aplicam os mesmos meios executivos da execução por quantia certa ou da execução para entrega de coisa certa ou incerta. Num verdadeiro sistema de "freios e contrapesos" processual a lei procura atender aos interesses do credor sem sacrificar sobremodo o devedor, dispondo que o exequente deve receber aquilo a que faz jus segundo o título executivo, devendo-se alcançar esse fim da forma menos onerosa para o devedor. Exatamente porque o direito do exequente encontra-se evidenciado no título executivo obrigatório, é ampla a disponibilidade do direito deduzido em juízo, independentemente de anuência do executado. O regime diverso do processo de cognição explica-se pelo "estado de incerteza jurídica" que existe enquanto pendente aquele. Na execução o direito é certo, líquido e exigível. Essa certeza não retira a possibilidade do contraditório eventual suscitado pelo devedor através dos embargos. Mas, de toda sorte, a sua convocação não se dá para "discutir", senão para "cumprir". O devedor demandado é que pode fazer exsurgir a "controvérsia", enxertando no organismo do processo de execução um outro, de natureza cognitiva e prejudicial, cuja finalidade é destituir aquela verdade que se encarta no título executivo, podendo inutilizar o título, o crédito ou, por via oblíqua, o próprio processo, sendo certo que, neste último caso, o crédito, substrato material da execução, não desaparece do mundo jurídico, mantendo a sua exigibilidade, ainda que por via de outra forma de tutela. A necessidade de "segurança do juízo" para discutir os seus "embargos" e a não suspensividade do recurso acaso interposto contra a decisão denegatória de mérito dessa oposição à execução fundam-se na posição proeminente do exequente, em razão da extrema energia processual do título executivo exibido inicialmente, sendo certo que tratando-se de sentença, o seu novel " cumprimento" (art.475 e seguintes do CPC) obedece o *modus operandi* da execução tradicional.

O título executivo apresenta esse poder originário de convencimento quer tenha sido produzido em juízo (título judicial), quer fora dele (título extrajudicial), distinguindo-se o procedimento que os encarta, quanto à amplitude de cognição das "defesas" acaso opostas pelo devedor, haja vista que a preclusão que atinge os títulos judiciais quanto às matérias que poderiam ter sido suscitadas preteritamente ao surgimento da sentença não alcança o documento extrajudicial porquanto na execução extrajudicial dá-se a primeira aparição da cártula em juízo, alargando-se sobremodo o campo de análise do Judiciário quanto à sua legitimidade formal e substancial.

O processo de execução, não obstante a sua *causa finalis* tipicamente realizadora de direitos, subsidia-se das regras do processo de conhecimento, porquanto esse livro do Código contém normas gerais de processo aplicáveis a todas as formas de tutela.

1.1.1.3 Tutela cautelar[2]

A necessidade de garantir a utilidade prática das tutelas antecedentes de cognição e execução levou o legislador a conceber um *tertium genus* de prestação jurisdicional, consistente num provimento servil às demais manifestações judiciais, capaz de resguardar as condições de fato e de direito para que a justiça cuja prestada com efetividade.

---

[2] Consoante tivemos oportunidade de assentar nesses textos e em notas de rodapé do nosso *Curso de direito processual civil*, v. 2, na parte referente ao "procedimentos cautelar comum":
"O processo cautelar como forma de prestação jurisdicional urgente e não satisfativa, voltada à proteção e ao resguardo da utilidade do processo principal, admite mais de um procedimento, conforme o provimento almejado. Semelhante ao processo de conhecimento que contempla os procedimentos ordinário, sumário e especiais, o processo cautelar também varia de rito consoante a medida pretendida. Assim é que o procedimento do arresto apresenta certas peculiaridades que o torna especial. Do mesmo modo, o rito do atentado, e assim por diante. Utilizando-se da técnica que informa todo o sistema processual, o legislador não discrepou ao tratar do processo cautelar municiando-o com um procedimento comum e vários procedimentos especiais, denominados, de 'procedimentos cautelares específicos'.
A escolha do procedimento segue a regra geral, devendo prevalecer o procedimento comum para a medida pleiteada, salvo se houver procedimento específico que se sobreponha. Nesta hipótese, aplica-se o rito

específico, suprindo-lhe as lacunas com as regras subsidiárias do rito comum. Aliás, é esta a regra textual da lei ao dispor que 'aos procedimentos cautelares específicos, regulados, aplicam-se as disposições gerais do capítulo do procedimento cautelar comum' (art. 812 do CPC).

Cumpre destacar que o processo cautelar visa a uma decisão realizável de imediato, razão pela qual *o procedimento funde atos de cognição e de execução*. Consequentemente, o procedimento cautelar tem a *feição de processo de conhecimento* no seu itinerário *em busca da definição* judicial *e de execução na sua efetivação*, com a diferença de que quanto a esta última etapa *tudo se passa na mesma relação de cognição* prescindindo-se de novo processo.

Como consectário desta característica, o processo cautelar, não obstante a compressão procedimental de que é dotado, apresenta, também, as fases postulatória, probatória e decisória."

São de Liebman as seguintes palavras, ao abordar a unidade do procedimento cautelar: "perciò il processo cautelare si contrapone come tertium genus a quello di cognizione et a quello di esecuzione ed è caracterizato della sua funzione strumentale, ausiliaria, nei confronti di un processo principale, del quale mira a garantire la proficuità dei risultati, nei casi ammessi dalle legge" (*Rivista di Diritto Processuale*, 1954, p. 248 *et seq.*).

Modernamente escreveu sobre o *periculum in mora* na tutela cautelar, Giovanni Arieta, "esse perigo de dano deve derivar da lentidão natural da tutela ordinária, no sentido de que a demora em si é considerada como causa possível do dano superveniente e por isso deve ser neutralizada através do provimento cautelar" (*I provvedimenti d'urgenza*, 1985, p. 47).

É o que o direito italiano exprime, no art. 700 do seu Código: "fondatto motivo di temere che durante il tempo ocorrente per far valere il suo diritto in via ordinaria". Como se vê, estamos no campo do *periculum in mora*. Esse requisito da tutela cautelar refere-se ao plano fático e não normativo. Isto é, o direito ou a coisa padecem de uma potencial dissipação no mundo da realidade, de tal sorte que mister se faz preservá-los fisicamente. Essa é a concepção que nos autoriza a intervir através da tutela cautelar. Decerto não é ao sentido de "prejudicialidade ou prejulgamento" que se refere o legislador ao mencionar o "dano irreparável" autorizador da cautela. Em nosso modo de ver, no sistema nacional, interpretar prejuízo como pré-juízo é jogo de palavras, sofisma que não se reveste da menor cientificidade. Não obstante, a doutrina alienígena concebe esse prejuízo como uma vinculação do juízo principal ao decidido antecipadamente em sede cautelar, de tal sorte que aquela regulação provisória da lide limita ao provimento final.

Assim, *v.g.*, a doutrina francesa e italiana de Cezar-Bru, Tarzia e Tommaseo, citadas por Ovídio Baptista, *Curso de processo civil*, v. 3, p. 34-35. Destarte, imprestável também a concepção unicamente normativa do dano irreparável, porque no plano da tutela do direito objetivo o direito ou a coisa sentem-se protegidos, haja vista que a lesão não se legaliza. É no mundo fenomênico que se mostra a lesão. Interpretação diversa conduziria por certo à denegação das cautelas, porque essa forma de tutela foi inspirada à defesa dos direitos na sua "fase dinâmica", "social" e não "estático-normativa". A esse respeito convém relembrar Giovanni Arieta, *I provvedimenti d'urgenza*, p. 123, e Capri, *La provisoria esecutorietà della sentenza*, 1979. p. 290. Imperioso anotar que o *periculum in mora* não é um pressuposto exclusivo das cautelares, sob pena de considerar-se dessa categoria tudo quanto se assente no estado de periclitação. Há evidentemente tutela não cautelar lastreada em perigo da demora, como a presente tutela de segurança. O apego a esse requisito básico levou muitos juristas a considerarem cautelares inúmeras providências satisfativas e definitivas no plano fático, como, *v.g.*, a execução provisória, as liminares em geral. Assim, por exemplo, Galeno Lacerda, *Comentários ao Código de Processo Civil*, 1980, v. 8, p. 15; no direito estrangeiro, Mario Dini, *I provvedimenti d'urgenza*, 1973. p. 97.

O processo cautelar destina-se a assegurar a eficácia futura de outro processo a que está preordenado. É o que afirmava Liebman, L'unità del procedimento cautelare, *Rivista di Diritto Processuale*, 1954, p. 254. Nesse seguimento estão sempre presentes as palavras de Calamandrei no sentido de que a instrumentalidade das cautelares frente ao processo principal é "una instrumentalidad cualificada, o sea elevada, por asi decirlo, al cuadrado. (...) Un medio predispuesto para el mejor éxito de la providencia definitiva. (...) Son, en relación a la finalidad ultima de la función jurisdiccional, instrumento del instrumento" (*Introducción al estudio sistemático de las providencias cautelares*, p. 45).

A distinção de bens objeto da tutela foi fixada por Calmon de Passos, que dicotomizou a pretensão à segurança veiculada através de tutela preventiva substancial e tutela preventiva processual em *Comentários ao Código de Processo Civil*, 1984, v. 10, t. I. De toda sorte, o eminente jurista não prevê tutela sumária para a pretensão de direito material senão através das cautelares, por isso que a pretensão à segurança do direito substancial perfaz-se através do processo de execução e do processo de conhecimento (*Comentários ao Código de Processo Civil*, v. 10, t. I, p. 45-46). Essa servilidade é resumida por Pontes de Miranda e Ovídio Baptista na expressão "segurança para execução", ao passo que a execução para segurança representaria a tutela do próprio direito, satisfativa por antecipação Ovídio Baptista (*Comentários ao Código de Processo Civil*, p. 65-68).

A admissibilidade da constitucionalização da tutela cautelar como decorrência do acesso à justiça vê-se reconhecida, hoje, aqui e alhures, como se colhe em Marinoni, Tutela cautelar e tutela antecipatória. *Revista dos Tribunais*, 1992, p. 143; e Comoglio, La tutela cautelare in Italia: profili sistematici e risconti comparativi. *Rivista di Diritto Processuale*, p. 979-980, 1990.

Essa impossibilidade de justiça imediata e a natural demora do processo levaram Giuseppe Tarzia a identificar um conflito entre a ânsia de efetividade do processo e o interesse na segurança deste, em razão de a urgência compatibilizar-se apenas com o juízo de verossimilhança, impedindo o juízo de certeza (Considerazione comparative sulle misure provvisorie nel processo civile. *Rivista di Diritto Processuale*, 1985. p. 249).

Assente-se que o sonho da justiça imediata remonta ao maior doutrinador cautelar, que foi Calamandrei. Ele justificava as cautelares exatamente em razão de não existir essa possibilidade instantânea (*Introducción al estudio sistemático de las providencias cautelares*, p. 44).

"I provvedimenti cautelari sono sempre destinati a durare per un tempo limitato. Infatti quando il processo principale giunge a conclusione viene meno il problema stesso per cui furono concesso: o il diritto è stato riconosciuto esistente, e potrà ricevere piena soddisfazione, oppure è stato dichiarato inesistente e la misura cautelare dovrà essere revocata", segundo Liebman, *Manuale di diritto processuale civile*, 1957. v. 1, p. 93.

Os requisitos das ações cautelares gerou distinções nem sempre claras entre provisório e preventivo. Em primeiro lugar no que diz respeito à provisoriedade; para Calamandrei, o provisório significava a antítese da definitividade, isto é, o provimento seria substituído pelo definitivo, com o qual mantinha vínculos qualitativos. Isso significa que para Calamandrei o provimento provisório e o definitivo que o substituía guardavam a mesma natureza. Assim, o arresto era antecipação da execução, a vistoria *ad perpetuam* era prova antecipada, os provimentos interinais antecipação da solução definitiva impassível de ser aguardada (*Introducción al estudio sistemático de las providencias cautelares*, p. 53, 58, 122). A doutrina de Calamandrei não entrevê a diferença entre a cautela e as demais formas pela satisfatividade, traço inegavelmente distintivo, até porque falar em cautelares-satisfativas encerra verdadeira *contradictio*, tal como encerraria falar em "legalidade antijurídica". Com razão, assim, Ovídio Baptista (*Comentários ao Código de Processo Civil*, p. 42), que prefere à provisoriedade a "temporariedade", até porque, por vezes e enquanto idôneo, o provimento cautelar sobrevive à providência principal e seu ciclo vital ultrapassa aquele, mantendo-se íntegro até que desapareça a necessidade de sua manutenção. Ademais, essa correspondência qualitativa inexiste, podendo ser *aliud* ou *minus*, conforme Fritz Baur, *Tutela jurídica mediante medidas cautelares*, 1985, p. 40. Ainda sob esse ângulo, é expressivo o clássico exemplo dos andaimes do nosso Lopes da Costa, revelando-os definitivos e temporários até o término dos trabalhos exteriores da obra (*Medidas preventivas, medidas preparatórias, medidas de conservação*, 1953. p. 10).

Parece afinar-se com a ideia da tese quanto à possibilidade de cognição sumária não satisfativa e definitiva Ovídio Baptista, nas passagens de *Curso de processo civil*, v. 3, p. 47 e nota da p. 48.

Cf. LA CHINA, Sergio. Pregiudizio bilaterale i crisi del provvedimento d'urgenza. *Rivista di Diritto Processuale*, p. 218, 1980.

A urgência timbra a tutela cautelar e antecipada satisfativa, de tal sorte que lhe acompanha no *nomem juris*, como os *provvedimenti d'urgenza* italianos. Essa urgência, autorizando a análise perfunctória da pretensão, arrasta para as cautelares o risco do erro, que segundo Calamandrei deve ser admitido porque, "entre fazer bem mas tardiamente e fazer logo, com o risco de fazer mal, a tutela cautelar decide-se por fazer logo, assumindo o risco de errar, relegando o problema do bem ou do mal para as formas tranquilas do procedimento ordinário" (*Introducción al estudio sistemático de las providencias cautelares*, p. 43). A nossa ideologia confina com a exposta pelo insuperável catedrático de Roma, entretanto, dela se distancia quanto à iniciativa do procedimento ordinário, que para nós deve competir ao requerido que demonstre prejuízo por força da medida sumária, definitiva e irreversível adotada, tanto mais que sob o prisma do "interesse de agir" nada mais restará ao beneficiário do provimento de segurança. Esse tópico será melhor explorado mais adiante.

Liebman, discorrendo sobre a unidade do procedimento cautelar (*Rivista di Diritto Processuale*, 1954, p. 248 *et seq.*), assentou: "è indifferente che la misura cautelare consista in una pronunzia del giudice o in un'attività di carattere materiale, come sarebbe l'apprensione e custodia di una cosa: non si tratterà di un processo di cognizione nel primo caso, nè di un processo d'esecuzione nel secondo. Per la classificazione del processo l'elemento decisivo è dato soltanto dallo scopo dell'atto finale, a cui il processo stesso à diretto".

É conhecida a posição de Frederico Marques quanto à coisa julgada formal da cautelar na hipótese mencionada no parágrafo único do art. 808 do Código de Processo Civil, qualificando-a o doutrinador *secundum eventum litis* (*Manual de direito processual civil*, v. 4, p. 391). Essa qualificação utilizada justifica-se; por isso que, concedida a medida, pode vir a ser revogada. É decisão instável; denegada, só por causa superveniente pode voltar a ser engendrada. Mas, de toda sorte, não obstante se aceite a versão formal da coisa julgada, a lide cautelar não é a mesma da ação principal, como pareceu a Carnelutti. A situação cautelanda objeto da segurança não revela semelhança com o objeto da ação principal, sem que se possa dizer que por isso o processo cautelar não tem mérito. O juiz não julga no "vácuo", como bem afirmou Moniz de Aragão na sua intervenção nas jornadas insistentemente citadas no trabalho, por isso que o *periculum* e o *fumus* integram os requisitos de provimento do pedido cautelar, compondo-lhe a *res deducta*. Caracterizá-los como condições de ação e a um só tempo pressupostos do acolhimento seria retroceder ao "concretismo" da ação de origem chiovendiana. Paradoxalmente, Carnelutti, abstrativista, enxergava na lide cautelar o mesmo conflito objeto da ação principal... A realidade é que essa imutabilidade da decisão inserida no julgado admite graus. A coisa julgada material é qualificada *ratione materiae* pelo seu conteúdo e positivamente o provimento cautelar só.

A doutrina moderna do tema aborda essa exigência como o requisito da "referibilidade", assim como o explorou Kazuo Watanabe, demonstrando que há casos em que não há referência a nenhuma ação principal, porque o dano irreparável resulta do ato cuja desconformidade com o direito está em si mesmo, desprendido de qualquer outra relação jurídica, tornando-se "dispensável" a propositura de qualquer ação principal, e noutros casos em que a *causa petendi* indica essa "referibilidade" faz-se mister a propositura (*Da cognição no processo civil*, p. 106). Como se observa, mesmo havendo satisfatividade, o professor da Universidade de

Observou o legislador de há muito, que o próprio processo de "amadurecimento" da decisão após a manifestação das partes impunha um lapso de tempo, por vezes prejudicial ao objeto do juízo que, exatamente por isso, fica sujeito a mutações prejudiciais ao julgamento, quer por força de atos maléficos perpetrados por uma parte contra o direito da outra antes do julgamento da causa, quer em função da própria natureza das coisas.

Assim, *v.g.*, o perecimento de uma coisa litigiosa tanto pode ocorrer por força de um evento fenomênico, como a chuva, quanto por obra da destruição proposital da parte adversa.

Essa constatação conduziu, assim, à criação de medidas múltiplas capazes de evitar o malogro da tutela principal no momento de sua efetivação. As "cautelares" ou medidas assecuratórias surgiram, com o escopo precípuo de "servir" ao processo de conhecimento ou de execução. Essa forma de tutela diz-se eminentemente processual porque o interesse tutelado não é "atributivo de bens da vida" senão público de "acessar-se a justiça com efetividade". É certo que de nada adiantaria deferir-se o acesso à justiça sem a garantia respectiva de criação das condições ideais para a prestação jurisdicional, sob pena de resultar em mera divagação constitucional. A tutela cautelar, assim, revela-se a mais importante de todas pela sua própria antecedência lógica quando uma situação de periclitação sinaliza para a frustração da tutela principal em razão da impossibilidade de prestação da justiça imediata.

É flagrante, assim, a "servilidade" da tutela cautelar, às demais formas de prestação de justiça, o que explica a sua transitoriedade ou não definitividade no sentido de "tempo" e de "definir o litígio", bem como sua inegável dependência ao processo principal, característica que a doutrina

---

São Paulo inclui a providência no âmbito cautelar. Ao revés, em nosso sentir, essa satisfatividade exclui o provimento desse ângulo e o coloca no âmbito da tutela de segurança.

A urgência arrasta a necessidade de cognição rápida ou sumária, nem sempre vertical, por isso que o juízo de probabilidade eclipsa os dois requisitos do provimento da medida, isto é, o *fumus boni juris* e o *periculum in mora*. Há sumariedade formal e material, no sentido de que é sumário o procedimento e o grau de cognição também. Entretanto, mais adiante demonstraremos a possibilidade de cognição sumária em face de direito evidente e cognição exauriente em procedimento sumário, espécies que coexistem e não necessariamente se repelem, como pretende fazer crer Marinoni, Tutela cautelar e tutela antecipatória, *Revista dos Tribunais*, p. 61-62, 1992. No direito alienígena, consulte-se, por todos, Victor Fairén Guillén, *El juicio ordinario y los plenarios rapidos*, 1953.

Advirta-se que Chiovenda já afirmava ser a tutela cautelar "um direito do Estado", e Calamandrei reafirma essa ideia ao atribuir à cautela o escopo da defesa da seriedade da jurisdição como resguardo do *imperium iudicis*. Respectivamente, *Instituições de direito processual civil*, n. 82; e *Introduzione allo studio sistematico dei provvedimenti cautelari*, p. 144.

Mister frisar-se entretanto que a doutrina moderna admite uma valoração constante do juízo acerca da "adequação" da medida, por isso que, como consectário, também pode atuar prontamente quando observe da necessidade de uma "adequada medida de defesa da jurisdição". Nesse sentido, consulte-se (DINI, Mario. *La denunzia di danno temuto*. Milano: Giuffre, 1957. p. 44).

Encontra-se na obra de Calamandrei a expressão "poder cautelar geral" (*Introduzione allo studio sistematico dei provvedimenti cautelari*, p. 49), e não "dever geral de cautela". Por outro lado, a importância da cautela atípica é considerada como instrumento moderno de agilização da prestação da justiça, compondo desígnio constitucional da tutela jurisdicional. Assim se depreende das lições de Andrea Proto Pisani, Appunti sulla tutela cautelare nel processo civile (*Rivista di Diritto Civile*, p. 114-115, 1987); e Luigi Paolo Comoglio (La tutela cautelare in Italia: profili sistematici e risconti comparativi. *Rivista di Diritto Processuale*, p. 979-980, 1990).

denomina de "instrumentalidade". Destarte, essa tutela apresenta natural instabilidade porque a sua vida tem como duração o tempo necessário à preservação a que se propõe, sendo certo que a situação cautelanda pode desaparecer por diversos fatores, que vão desde o desaparecimento do estado de periclitação até a confirmação pela tutela principal de que o direito alegado pela parte receosa não existia.

A não definitividade da tutela cautelar — não porque sumária a cognição, mas antes porque escapa ao seu escopo, meramente processual — justifica a regra de que, acautelada a situação jurídica objeto da tutela principal, esta tem de ser engendrada em 30 dias da efetivação da medida, porque a urgência tem de ser comprovada pelo seguimento da propositura da ação principal. Quem receia mostra por que receia. A manutenção *ad infinitum* da cautelar indicaria o desaparecimento do perigo da demora para o processo principal sequer proposto no prazo. Ademais, a cautela aguarda a definição, mas não lhe faz as vezes. Por outro lado, os provimentos cautelares causam restrições de direitos e esse estado de limitação somente se justifica porque a parte denunciara uma possibilidade de malogro de uma tutela proponível. Logo, nada justifica que o requerido suporte os rigores da medida sem que a urgência seja fundamentadamente verdadeira, porque, do contrário, o requerente poderia aguardar a "definição" plenária.

A urgência, uma constante nessa forma de tutela, admite graus, tanto que o legislador previu a antecipação da tutela cautelar através de medida liminar inaudita, mercê da existência de um procedimento comum, onde o provimento dito cautelar pode advir de uma sentença final, após prévia cognição. Destarte, essa mesma urgência torna esse comando emergente da sentença mandamental, onde a efetivação de seu conteúdo dá-se na mesma relação processual, fundindo-se execução e cognição no mesmo processo. A decisão, porque não definitiva de litígio, não se reveste da imutabilidade característica da "coisa julgada material", salvo se se verificar que não haverá processo principal tutelável em razão da decadência ou da prescrição, hipótese em que, por economia processual, antecipadamente o juiz jugula no nascedouro a pretensão que viria a ser deduzida no processo principal "ameaçado" de malogro. Esta é, aliás, a influência mais viva da tutela cautelar na ação principal, cuja autonomia decorre mesmo da diversidade do objeto do juízo, vale dizer: um de natureza preponderantemente processual e outro de cunho material.

A despeito das óticas diferentes, impossível seria reclamar asseguração sem revelar a "tutela acautelada". Isso implica a divulgação, em sede cautelar, do objeto que comporá a tutela ameaçada. A isso denomina-se de *fumus boni juris*. A tutelabilidade *in abstrato* do direito material invocado é suficiente para cumprir esse primeiro requisito legal, rotulado pelo Código como "a lide e seu fundamento". Adjunta-se a ele o estado de perigo, que justifica a providência assecuratória.

As medidas acautelatórias, porque não definitivas e não sustentadas em análise vertical do direito das partes, devem ser conferidas com "excepcionalidade".

É que seu fim é cristalinamente definido quanto ao necessário estado de periclitação. Não o havendo, prefere o legislador que a causa se trave diante de um juízo vertical e definidor de direitos, como ocorre na tutela assegurada. O procedimento sumário das cautelares *tout court* não foi instituído para a tutela imediata dos direitos evidentes, que restaram por receber tratamento privilegiado com o advento da tutela antecipatória. A análise superficial para prover com a rapidez que o estado de coisas exige impõe uma margem de risco de erro judiciário na adoção desses provimentos.

Esta é a razão pela qual a lei estabelece a contracautela, que visa a minimizar, senão afastar, a repercussão negativa na esfera jurídica do requerido que uma medida cautelar possa causar-lhe em razão de eivas de erros *in judicando* ou *in procedendo*. A caução de contracautela é a contrapartida pela adoção do provimento de urgência com base em juízo perfunctório. Sem prejuízo, o requerente desse provimento assume a responsabilidade objetiva pelo risco judiciário, devendo responder por tudo quanto possa causar à parte contrária, em razão de ter requerido uma medida urgente. A defesa da utilidade do processo é algo que escapa ao poder dispositivo das partes. Não as compete juízo da conveniência ou não de se preservarem as condições para que a justiça seja prestada eficazmente. Trata-se de um instrumento da soberania e como tal deve ser de exclusiva verificação.

Esta é, sem dúvida, a razão pela qual propende a doutrina atual pela aceitação da atuação *ex officio* nas cautelares incidentais. Entretanto, nada justifica que a mesma razão não autorize a iniciativa estatal, nas cautelares antecedentes porque o móvel da soberania está presente em ambas.

Consectário dessa proposição é a ampla possibilidade que o juiz detém de prover "inominadamente", isto é, de deferir providências idôneas e adequadas à defesa da jurisdição, através do que se convencionou denominar "poder cautelar genérico".

A análise da própria finalidade jurisdicional-cautelar nos indica que se trata de um "dever" e não um "poder" que se exige como decorrência do "direito à jurisdição" outorgado a todo cidadão. A impossibilidade de autotutela e a necessidade de garantir-se um efetivo acesso à justiça implicam a obrigação de o Estado evitar que se frustre essa garantia, quer para isso seja convocado a atuar, quer *sponte sua* observe do perigo.

Em resumo, a tutela cautelar difere das anteriores por representar uma prestação da justiça de cunho eminentemente processual, no afã do resguardo das outras duas espécies, com a singularidade de que seu objeto é a "defesa da jurisdição", cuja titularidade pertence ao Estado-soberano que, por isso, pode atuar de ofício no exercício do dever correspectivo ao direito de ação constitucionalizado.

2 A Jurisdição Constitucional[3]

A Jurisdição Constitucional, à luz da concepção tradicional da *jurisdictio*, significa a aplicação, pelo judiciário, das normas constitucionais.

Observado o preceito de que a todo direito, inclusive consagrado constitucionalmente, corresponde uma ação que o assegura, todas as formas de tutela jurisdicional são empregadas pelo órgão encarregado precipuamente da Jurisdição Constitucional, vale dizer: o Supremo Tribunal Federal.

A preponderância e não a competência[4] exclusiva da Corte para esse mister jurisdicional encontra correspondência na possibilidade de controle difuso *incidenter tantum*[5] de constitucionalidade pelos diversos órgãos judiciários, perpassando pela aferição dos juízes de primeiro grau na análise dos casos concretos bem como pelos tribunais, respeitados os requisitos constitucionais no denominado incidente de declaração de inconstitucionalidade das leis.[6]

---

[3] A compreensão da Jurisdição Constitucional sob o enfoque dos casos analisados encontra análise ampla em: BARROSO, Luís Roberto. Judicialização, ativismo judicial e legitimidade democrática. *Revista de Direito do Estado*, n. 13, p. 71, jan./mar. 2009; BINEBOJM, Gustavo. Duzentos anos de jurisdição constitucional: as lições de *Marbury v. Madison*. *In*: SARMENTO, Daniel (Coord.). *Filosofia e teoria constitucional contemporânea*. Rio de Janeiro: Lumen Juris, 2009, obra coletiva; BICKEL, Alexander. *The last Dangerous Branch*, 1986; DWORKIN, Ronald. *Freedom's Law*: the Moral Reading of the American Constitution, 1996; HART, John. *Democracy and Distrust*: a Theory of Judicial Review, 2001; John Rawls, *The Law of the Peoples*, 2002; ACKERMAN, Bruce. *We the People*: Foundations, 1991, e *We the People*: Transformation, 2001; WHITTINGTON, Keith E. *Political Foundations of Judicial Supremacy*: the Presidency, the Supreme Court, and Constitutional Leadership in U.S. History, 2007; KRAMER, Larry D. *The People Themselves*: Popular Constitutionalism and Judicial Review, 2004.

[4] A *competência* é a repartição da jurisdição entre os diversos órgãos encarregados da prestação jurisdicional segundo os critérios estabelecidos na lei. Isto porque, nas sociedades modernas, não é concebível um "juízo único" em razão da quantidade da população, da extensão territorial e da natureza múltipla dos litígios. A competência é, portanto, um imperativo da divisão de trabalho. A limitação legal implica em que a competência seja uma medida da jurisdição em confronto com o caso concreto. Assim, *v.g.*, a jurisdição é o poder de julgar *in genere* ao passo que a competência é a aptidão para julgar *in concreto*. No mesmo sentido, Davi Lascano já assentara esse princípio, afirmando que a competência representava o golpe de morte na ideia da jurisdição universal (*Jurisdicción y competencia*, 1941. p. 43).
"La competenza è la giurisdizione che da astratta si fa concreta; vale a dire la giurisdizione avvisata in rapporto a ciascuna causa" (MANASSERO. *Introduzione allo studio sistematico della competenza funzionale in materia penale*, 1939. p. 43).
Liebman afirmou: "Quando o poder jurisdicional de abstrato se torna concreto, em face de algum litígio, determinada fica a competência" (*Corso di diritto processuale civile*, p. 68).

[5] Anotamos (*Curso de direito processual civil*, Parte VII, Capítulo X) que: "Sinteticamente, quanto ao 'momento' o controle da constitucionalidade pode ser 'preventivo' como ocorre no sistema Francês em que a lei somente é promulgada após a manifestação do Conselho Constitucional (*Conseil Constitucionel*) que é órgão de natureza política cujo pronunciamento completa o ciclo de formação da legislação e impede posterior impugnação de sua constitucionalidade, ou 'repressivo' com verificação *a posteriori*.
Quanto ao 'órgão' que exerce o controle, fala-se em 'sistema concentrado', 'sistema difuso' e sistema 'eclético' que admite as duas modalidades anteriores. O concentrado é de origem kelseniana (implantado na Constituição Austríaca de 1920). Por esse sistema apenas a Corte Constitucional tem competência privativa para pronunciar-se sobre a constitucionalidade 'via principal' ou 'incidental', esta última é vedada a juízes e tribunais.
O sistema 'difuso' sustentado na doutrina da Supremacia da Constituição, por isso que juízes e tribunais, no exercício de seu mister quando da aplicação da lei, devem rejeitá-la se contrária à Carta Magna. Esse sistema tem origem na doutrina federalista americana de Alexander Hamilton e na jurisprudência de Marshall (1803) na célebre demanda entre *Marbury v. Madison*.
É clássica a lição de Rui Barbosa de que a inconstitucionalidade por vezes é 'fundamento' e não alvo do libelo."

[6] Consulte-se ainda, para uma observação da historicidade do tema, Alcides de Mendonça Lima (Competência para declarar a inconstitucionalidade das leis. *Revista Forense*, v. 123).

Deveras, na sua função precípua, a Suprema Corte, na qualidade de guardiã da Constituição Federal, tutela a ordem maior utilizando-se do processo de cognição por intermédio das ações de controle de constitucionalidade[7] em todas as suas espécies (controle concentrado, incluindo a Ação de Descumprimento de Preceito Fundamental – ADPF, e, no âmbito do controle difuso, notadamente o Recurso Extraordinário,[8] o processo de execução de julgados nacionais, Mandados de Injunção e Mandado de Segurança), mercê da utilização singularíssima da ação cautelar não só para conferir efeito suspensivo ao recurso extraordinário, mas também nas ações de controle da constitucionalidade, bem como na tutela antecipada satisfativa em ações mandamentais, ações civis originárias e nos demais instrumentos que compõem o processo constitucional, como meio de realização dos direitos e valores encartados na Constituição.[9]

---

[7] O controle de constitucionalidade encontra sólida doutrina em BARROSO, Luís Roberto. *O controle de constitucionalidade no direito brasileiro*. São Paulo: Saraiva, 2004; CANOTILHO, José Joaquim Gomes. *Direito constitucional*. 4. ed. Coimbra: Almedina, 1986, e *Direito constitucional e teoria da Constituição*. 7. ed. Coimbra: Almedina, 2003; MENDES, Gilmar Ferreira. *Jurisdição constitucional*. 5. ed. São Paulo: Saraiva, 2005; BINENBOJM, Gustavo. *A nova jurisdição constitucional brasileira*. Rio de Janeiro: Renovar, 2004; LASSALE, Ferdinand. *A essência da Constituição*. Tradução de Walter Stönnes. Rio de Janeiro: Lumen Juris, 1985; CAPPELLETTI, Mauro. *O controle judicial das leis no direito comparado*. Porto Alegre: Sergio Antonio Fabris, 1984; *La pregiudizialità costituzionale nel processo civile*. 2. ed. Milano: Giuffrè, 1972, e *Juízes legisladores?*. Porto Alegre: Sergio Antonio Fabris, 1993; KELSEN, Hans. *Jurisdição constitucional*. São Paulo: Martins Fontes, 2003, e *La giustizia costituzionale*. Milano: Giufrrè, 1981; HESSE, Konrad. *A força normativa da Constituição*, Porto Alegre: Sergio Antonio Fabris, 1991, e CLÈVE, Clèmerson Merlin. *A fiscalização abstrata da constitucionalidade no direito brasileiro*. 2. ed. São Paulo: Revista dos Tribunais, 2000.

[8] Os recursos extraordinário e especial têm um ponto em comum, a saber: tutelam, imediatamente, o direito objetivo, a ordem jurídica e, mediatamente, o direito subjetivo da parte vencida (FUX, Luiz. *Curso de direito processual civil*, Parte X, Capítulo V).
A *ratio essendi* desse meio de impugnação foi bem destacada por Liebman, destacada na nossa obra assim anotada, *verbis*: "na multiplicidade de poderes judiciários reciprocamente autônomos, impunha-se que um órgão superior velasse pela observância dos limites postos à atividade de cada um deles".
No mesmo sentido, as seguintes passagens:
Pontes de Miranda sintetizava com maestria as funções do Recurso Extraordinário à luz de seus pressupostos constitucionais de cabimento afirmando: "é função do recurso extraordinário manter a autoridade e a unidade de incidência e inteligência das leis federais" (*Comentários ao Código de Processo Civil*, 1949, v. 5, p. 357).
Outro tratadista do tema assim se pronunciou acerca dos pressupostos juspolíticos do recurso extraordinário, citando Epitácio Pessoa: "reconhecida a soberania da União e proclamada a obrigatoriedade das leis federais em todo o território da república, forçoso é colocar essas leis sob a proteção de um tribunal federal que lhes possa restabelecer a supremacia quando desconhecida ou atacada pela magistratura dos Estados" (NUNES, Castro. *Teoria e prática do Poder Judiciário*, 1943. p. 310).
Exata, por oportuno, a caracterização do Recurso Extraordinário lançada por Pedro Batista Martins: "o Recurso Extraordinário é destinado a manter o primado da Constituição e Leis Federais" dentro de nosso sistema federativo, "mediante limitações na esfera judiciária" ao princípio da autonomia estadual (*Recursos e processo da competência originária dos tribunais*, 1957. p. 371).
Uma resenha comparativa notável é encetada por Liebman nas notas de rodapé das *Instituições* de Chiovenda, 1945, v. 3, p. 401. Modernamente, Ovídio Batista justifica o recurso extraordinário pela manutenção do "princípio da unidade do ordenamento jurídico" (*Curso de processo civil*, v. 1, p. 386).

[9] Para uma visão abrangente da doutrina e da jurisprudência do STF acerca das ações constitucionais, consulte-se a obra de Hely Lopes Meirelles (*Mandado de segurança*: ação popular, ação civil pública, mandado de injunção, habeas data, ação direta de inconstitucionalidade, ação declaratória de constitucionalidade, argüição de descumprimento de preceito fundamental e controle incidental de normas no direito brasileiro. 27. ed. atual. e compl. de acordo com as emendas constitucionais, a legislação vigente e a mais recente jurisprudência do STF e do STJ por Arnoldo Wald e Gilmar Ferreira Mendes, com a colaboração de Rodrigo Garcia da Fonseca. São Paulo: Malheiros, 2004).

Anote-se, entretanto, que nem sempre foi essa a característica da jurisdição constitucional, porquanto entrevista a Carta maior como ideário puro e simples da nação, cuja efetividade demonstrava-se inoperante.[10]

Historicamente[11] (e essa não é a ótica da presente contribuição doutrinária, por isso da alusão *en passant*), nem sempre entreviu-se normatividade suficiente às normas constitucionais, tornando-as aptas a veicular *causae petendi* de ações próprias.

A aplicação das normas constitucionais passa por uma etapa antecedente da hermenêutica, sendo certo que os métodos usuais, mercê de aplicáveis, revelam-se por vezes ineficientes, na medida em que a Carta Maior, além de regras com "conteúdo suficiente" — vale dizer: prevê direitos, deveres e objeto, componentes indispensáveis à configuração da relação jurídica da qual emerge pretensão resistida passível de solução judicial —, também contempla "valores" fundamentais da nação, que por vezes convergem para o caso concreto impondo ao intérprete maior a técnica da ponderação, sobremodo diverso da simples incidência de uma regra jurídica a um caso concreto.[12] Aduz-se, assim, que a subsunção,[13] método de concretização da norma legal abstrata ao caso *sub judice*, é tarefa diversa da valoração judicial, calcada em critérios hermenêuticos materiais e instrumentais que timbram a diferença entre a jurisdição constitucional e a jurisdição ordinária.[14]

Outrossim, nessa ponderação, há escolas do pensamento jurídico constitucional moderno a sugerir posturas maximalistas e minimalistas dos representantes do Judiciário, consoante o campo lacunoso que enseje uma atividade interpretativa mais expansiva ou contida do Poder Judiciário, principalmente nas hipóteses em que a *quaestio juris* submetida ao crivo judicial não encontra acordo moral unânime na sociedade.[15]

---

[10] ZAGREBELSKY. Gustavo. *Il diritto mite*. Torino: Einaudi, 1992.

[11] GRIMM, Dieter. Human Rights and Judicial Review in Germany. estudo no qual o autor destaca o surgimento desse aspecto do denominado neoconstitucionalismo como um movimento pós II Guerra Mundial. *In*: BEATY, David M. (Org.). *Human Rights and Judicial Review*: a Comparative Perspective. Dodrecht: MartinUrjhoff, 1994.

[12] V. FERRAJOLI, Luigi. Pasado y futuro del Estado de derecho. *In*: CARBONELL (Org.). Miguel. *Neoconstitucionalismo(s)*, 2003. p. 14-17; SANCHÍS, Luis Prieto. El juicio de ponderación. *In*: *Justicia constitucional y derechos fundamentales*. Madrid: Trotta, 2009. p. 175 *et seq.*; e ZAGREBELSKY, Gustavo. *El derecho dúctil*: ley, derechos, justicia, 2005. p. 21-41.

[13] É necessário destacar-se que mesmo os neoconstitucionalistas entendem mister a subsunção na técnica da aplicação das regras constitucionais, porquanto a valoração abre margem a um campo interpretativo nem sempre conciliável com os valores democráticos. Nesse sentido, CANOTILHO, José Joaquim Gomes. *Direito constitucional e teoria da Constituição*. Coimbra: Almedina, 1988; BARCELLOS, Ana Paula de. *Ponderação, racionalidade e atividade jurisdicional*. Rio de Janeiro: Renovar, 2005; e SCHAUER, Frederick. *Playing by the Rules*: a Philosophical Examination of Rule-Based Decision-Making in Law and Life. New York: Oxford University Press, 1998. O abandono da subsunção para dar lugar apenas à valoração gera o risco da insegurança jurídica e de uma "dogmática fluída", na expressão de Zagrebelsky, *El derecho dúctil*, p. 15-19.

[14] Acerca do tema, consulte-se SARMENTO, Daniel. Neoconstitucionalismo no Brasil: riscos e possibilidades. *In*: SARMENTO, Daniel (Coord.). *Filosofia e teoria constitucional contemporânea*, p. 113 *et seq.*

[15] Sobre o tema, na literatura mais recente, v. MCMAHON, Christopher. *Reasonable Disagreement*: a Theory of Political Morality, 2009; e TERSMAN, Folke. *Moral Disagreement*, 2006; BARROSO, Luís Roberto. Constituição, democracia e supremacia judicial: direito e política no Brasil contemporâneo. *Revista de*

De toda sorte, essa diferença entre a jurisdição constitucional e a jurisdição ordinária, sob o enfoque da análise da questão de fundo submetida ao *judicial review* (uma vez que sob o angulo formal as tutelas jurisdicionais podem enquadra-se na categorização processual clássica), será objeto dos capítulos seguintes, mercê da verificação dessa distinção nos casos julgados mencionados no presente trabalho.

2.1 Jurisdição Constitucional – Interdisciplinariedade e competência – Maximalismo e contenção judicial

A atividade de subsunção, vale dizer: submissão do fato jurígeno ou do ato jurídico ao crivo judicial no afã de obter uma definição jurídica, é tarefa diuturna da magistratura de carreira, origem da minha formação profissional. Esse mister, com maior ou menor cognição acerca da matéria fática, o empreendi da judicatura local no Rio de janeiro, em todas as instâncias (Tribunal de Alçada e Tribunal de Justiça), até os últimos dias no Superior Tribunal de Justiça.

O Supremo Tribunal Federal impôs-me inaugurar uma nova forma de pensar o direito, porquanto a Carta Constitucional, mercê de abarcar regras, contém inúmeros princípios, exigindo, na mais das vezes, a denominada técnica de ponderação de valores, notadamente nas causas em que a ausência de regras explícitas alarga o campo interpretativo e criativo da função judicial.

Esse é um fenômeno mais recente, coincidente, temporalmente, com o surgimento de um neoconstitucionalismo cuja denominação também não é unívoca.[16]

Direito do Estado – RDE, n. 16, p. 3-42, out./dez. 2009 destaca que Cass Sunstein (*Radicals in Robes*, 2005), identifica quatro abordagens no debate constitucional: perfeccionismo, majoritarianismo, minimalismo e fundamentalismo. O perfeccionismo, adotado por muitos juristas progressistas, quer fazer da Constituição "o melhor que ela possa ser". O majoritarianismo pretende diminuir o papel da Suprema Corte e favorecer o processo político democrático, cujo centro de gravidade estaria no Legislativo. O minimalismo é cético acerca de teorias interpretativas e acredita em decisões menos abrangentes, focadas no caso concreto e não em proposições amplas. O fundamentalismo procura interpretar a Constituição dando-lhe o sentido que tinha quando foi ratificada. Para uma dura crítica ao minimalismo defendido por Sunstein, v. DWORKIN, Ronald. Looking for Cass Sunstein. *The New York Review of Books* 56, Apr. 30th 2009 – também disponível em: <http://www.nybooks.com/articles/22636>. Acrescenta aspectos à problemática a magnífica monografia de Alexandre Garrido da Silva, Minimalismo, democracia e expertise: o Supremo Tribunal Federal diante de questões políticas e científicas complexas, publicado na *Revista de Direito do Estado*, n. 12, p. 107-139, estudo no qual destaca o autor: "É importante destacar que não há um magistrado que em sua prática jurisdicional seja sempre minimalista ou perfeccionista. Nos casos da fidelidade partidária, da cláusula de barreira e da inelegibilidade, por exemplo, o Min. Eros Grau assumiu um posicionamento nitidamente minimalista e formalista, ao passo que no caso do amianto aproximou-se, conforme foi visto, do modelo perfeccionista".

[16] SARMENTO, Daniel. Neoconstitucionalismo no Brasil: riscos e possibilidades. *In*: SARMENTO, Daniel. *Filosofia e teoria constitucional contemporânea*. Sobre o tema, também merecem ser consultadas as obras de Humberto Ávila (Neoconstitucionalismo: entre a "ciência do direito" e o "direito da ciência". *In: Filosofia e teoria constitucional contemporânea*); BARROSO, Luís Roberto. Neoconstitucionalismo e constitucionalização do direito: o triunfo tardio do direito constitucional no Brasil. *Revista da EMERJ*, v. 9, n. 33, 2006; e CARBONELL, Miguel, *Neoconstitucionalismo(s)*. Madrid: Trotta, 2003.

Por ora, o que se pretende ressaltar é que o leitor depreenderá dos votos uma significativa margem de criação judicial, ora entrevendo que uma visão comedida do texto constitucional implicaria na percepção de que *lex dixit minus quam voluit*, ora adotando-se uma visão minimalista judicial, interferindo o mínimo possível na ponderação e aferição de valores em atenção a um tema a cujo respeito há um descordo moral razoável na sociedade. Aliás, nesses casos, a postura minimalista é a indicada diante da impossibilidade de proferir-se o *non liquet* porquanto as questões não se encontram amadurecidas no seio social.

Os temas versados nos votos colacionados perpassam necessariamente pelo instigante binômio judicialização da política/ativismo judicial, que tantos debates tem suscitado aqui e alhures, marcando épocas de Cortes Superiores que vivenciaram a mesma experiência.[17]

---

[17] Sobre o tema, v. CITTADINO, Gisele. Judicialização da política, constitucionalismo democrático e separação de Poderes. *In*: VIANNA, Luiz Werneck (Org.). *A democracia e os três poderes no Brasil*, 2002; ARANTES, Rogério Bastos. Constitutionalism, the Expansion of Justice and the Judicialization of Politics in Brasil. *In*: SIEDER, Rachel; SCHJOLDEN, Line; ANGELL, Alan. *The Judicialization of Politics in Latin América*. 2005. p. 231-62. Luís Roberto Barroso (Constituição, democracia e supremacia judicial: direito e política no Brasil contemporâneo. *Revista de Direito do Estado*) destaca:
"A enunciação que se segue, meramente exemplificativa, serve como boa ilustração dos temas judicializados: (i) instituição de contribuição dos inativos na Reforma da Previdência (ADI 3105/DF); (ii) criação do Conselho Nacional de Justiça na Reforma do Judiciário (ADI 3367); (iii) pesquisas com células-tronco embrionárias (ADI 3510/DF); (iv) liberdade de expressão e racismo (HC 82424/RS – caso Ellwanger); (v) interrupção da gestação de fetos anencefálicos (ADPF 54/DF); (vi) restrição ao uso de algemas (HC 91952/SP e Súmula Vinculante nº 11); (vii) demarcação da reserva indígena Raposa Serra do Sol (Pet 3388/RR); (viii) legitimidade de ações afirmativas e quotas sociais e raciais (ADI 3330); (ix) vedação ao nepotismo (ADC 12/DF e Súmula nº 13); (x) não-recepção da Lei de Imprensa (ADPF 130/DF). A lista poderia prosseguir indefinidamente, com a identificação de casos de grande visibilidade e repercussão, como a extradição do militante italiano Cesare Battisti (Ext 1085/Itália e MS 27875/DF), a questão da importação de pneus usados (ADPF 101/DF) ou da proibição do uso do amianto (ADI 3937/SP). Merece destaque a realização de diversas audiências públicas, perante o STF, para debater a questão da judicialização de prestações de saúde, notadamente o fornecimento de medicamentos e de tratamentos fora das listas e dos protocolos do Sistema Único de Saúde (SUS)."
O ativismo judicial marcou eras na Suprema Corte Americana como se observa *in*: SCHLESINGER JR, Arthur M. The Supreme Court: 1947. *Fortune*, p. 208, jan. 1947, depreende-se, em tradução livre que a descrição feita por Schlesinger da divisão existente na Suprema Corte, à época, é digna de transcrição, por sua atualidade no debate contemporâneo:
"Esse conflito pode ser descrito de diferentes maneiras. O grupo de Black e de Douglas acredita que a Suprema Corte pode desempenhar um papel afirmativo na promoção do bem-estar social; o grupo de Frankfurter e Jackson defende uma postura de auto-contenção judicial. Um grupo está mais preocupado com a utilização do poder judicial em favor de sua própria concepção do bem social; o outro, com a expansão da esfera de atuação do Legislativo, mesmo que isso signifique a defesa de pontos de vista que eles pessoalmente condenam. Um grupo vê a Corte como instrumento para a obtenção de resultados socialmente desejáveis; o segundo, como um instrumento para permitir que os outros Poderes realizem a vontade popular, seja ela melhor ou pior. Em suma, Black-Douglas e seus seguidores parecem estar mais voltados para a solução de casos particulares de acordo com suas próprias concepções sociais; Frankfurter-Jackson e seus seguidores, com a preservação do Judiciário na sua posição relevante, mas limitada, dentro do sistema americano" (BARROSO, Luís Roberto. Constituição, democracia e supremacia judicial: direito e política no Brasil contemporâneo. *Revista de Direito do Estado*).
Mais adiante, anota o eminente constitucionalista: "a expressão ativismo judicial foi amplamente utilizada para estigmatizar a jurisprudência progressista da Corte Warren. É bem de ver, no entanto, que o ativismo judicial precedeu a criação do termo e, nas suas origens, era essencialmente conservador. De fato, foi na atuação proativa da Suprema Corte que os setores mais reacionários encontraram amparo para a segregação racial (*Dred Scott v. Sanford*, 1857) e para a invalidação das leis sociais em geral (*Era Lochner*, 1905-1937), culminando no confronto entre o Presidente Roosevelt e a Corte, com a mudança da orientação jurisprudencial contrária ao intervencionismo estatal (*West Coast v. Parrish*, 1937). A situação se inverteu no

Essas soluções dos casos adiante arrolados comprovam que a atuação judicial jamais será quimicamente pura, havendo lugar para o maximalismo e para a contenção judicial conforme o caso concreto e à luz da norma da separação de poderes.

Nada obstante, em vários casos o Supremo Tribunal Federal atua como agente provocador da criação legislativa necessária, acenando para o legislador sobre a necessidade de suprir o vácuo normativo, impassível de ser preenchido em caráter geral e abstrato pelo Judiciário, ressalvadas as hipótese de injunção *in concreto*.[18]

2.3 Jurisdição Constitucional e competência

A competência jurisdicional como golpe contra a jurisdição universal é dogma assente na magistratura ordinária e fenômeno desprezível na jurisdição constitucional.

A constitucionalização analítica dos direitos, erigindo uma gama infindável de pretensões judicializáveis, torna a jurisdição constitucional interdisciplinar em relação à ciência jurídica bipartida nos seus segmentos público e privado.[19]

---

período que foi de meados da década de 50 a meados da década de 70 do século passado. Todavia, depois da guinada conservadora da Suprema Corte, notadamente no período da presidência de William Rehnquist (1986-2005), coube aos progressistas a crítica severa ao ativismo judicial que passou a desempenhar. V. Frank B. Cross e Stefanie A. Lindquistt, The Scientific Study of Judicial Activism, *Minnesota Law Review* 91:1752, 2006-2007, p. 1753, 1757-8; Cass Sunstein, Tilting the Scales Rightward, *New York Times*, 26 abr. 2001 ('um notável período de ativismo judicial direitista') e Erwin Chemerinsky, Perspective on Justice: and Federal Law Got Narrower, Narrower, *Los Angeles Times*, 18 maio 2000 ('ativismo judicial agressivo e conservador')". Confira, também: ACKERMAN, Bruce. The New Separation of Powers. *Harvard Law Review*, v. 113, n. 3, (389); ABELLÁN, Marina Gascón. Os limites da justiça constitucional: a invasão do âmbito político. *Revista Brasileira de Estudos Constitucionais – RBEC*, Belo Horizonte, ano 3, n. 9, p. 71-92, jan./mar. 2009; BARNES, Jeb. Adversarial Legalism, the Rise of Judicial Policymaking, and the Separations-of-Powers Doctrine. *In*: MILLER, Mark C.; BARNES, Jeb (Ed.). *Making Policy, Making Law*: an Interbranch Perspective. Washington, DC: Georgetown University Press, 2004; BAUM, Lawrence; HAUSEGGER, Lori. The Supreme Court and Congress. Reconsidering the relationship. *In*: MILLER, Mark C.; BARNES, Jeb (Ed.). *Making Policy, Making Law*: an Interbranch Perspective. Washington, DC: Georgetown University Press, 2004; BICKEL, Alexander M. *The Least Dangerous Branch*: the Supreme Court at the Bar of Politics. 2nd ed. New Haven: Yale University Press, 1986; CARVALHO, Ernani Rodrigues de. Em busca da judicialização da política no Brasil: apontamentos para uma nova abordagem. *Revista de Sociologia Política*, n. 23, 2004; CASTRO, Marcus Faro de. O Supremo Tribunal Federal e a judicialização da política. *Revista Brasileira de Ciências Sociais*, São Paulo, v. 12, n. 34, p. 147-156, jun. 1997; KAGAN, Robert. American Courts and the Policy Dialogue: the Role of Adversarial Legalism. *In*: MILLER, Mark C.; BARNES, Jeb (Ed.). *Making Policy, Making Law*: an Interbranch Perspective. Washington, DC: Georgetown University Press, 2004; KMIEC, Keenan D. The Origin and Current Meanings of "Judicial Activism". *California Law Review*, v. 92, n. 5, p. 1441-1477, oct. 2004; SCHAUER, Frederick. Judicial Supremacy and the Modest Constitution. *California Law Review*, v. 93, p. 1045-1067, 2004; TUSHNET, Mark. *Taking the Constitution Away from the Courts*. New Jersey: Princeton University Press, 1999, e VIEIRA, Oscar Vilhena. "Supremocracia". *In*: SARMENTO, Daniel. *Filosofia e teoria constitucional contemporânea*. Rio de Janeiro: Lumen Juris, 2009.

[18] Essa postura judicial nem sempre merece os aplausos da academia, como sugere o título do tema do professor Oscar Vilhena Vieira: "Supremocracia", *in*: *Filosofia e teoria constitucional contemporânea*, p. 483 *et seq*.

[19] Uma compreensão integral dos temas unificados nessas assertivas encontra-se no *Curso de direito constitucional contemporâneo*: os conceitos fundamentais e a construção do novo modelo, de Luís Roberto Barroso (3. ed. São Paulo: Saraiva, 2011).

Deveras, a pré-compreensão constitucional supõe o conhecimento da axiologia dos institutos timbrados na Carta maior.

O diploma, para além das limitações de poderes, da repartição dos mesmos e das regras de convivência saudável em prol do pacto federativos, garante direitos fundamentais que espraiam efeitos sobre todas as searas jurídicas, desde o direito civil até o direito penal.

Ademais a novel ciência dos valores,[20] inaugurada pela era pós-positivista, reclama do exegeta da Constituição o domínio da filosofia jurídica, da teoria crítica do direito e da argumentação jurídica, como pilares imprescindíveis à confecção de uma solução compatível com a axiologia constitucional.

É imperioso, para não irmos mais longe, debruçar-se sobre a dignidade humana sob um ângulo irredutível às relações jurídicas em geral. O mesmo ocorre com diversas cláusulas gerais encartadas no texto, como razoabilidade, proporcionalidade, igualdade, solidariedade e democracia.

Essa novel ótica constitucional, exteriorizada nos votos colacionados, demonstram a clara ruptura dos paradigmas de outrora nos mais diversos ramos do direito. Assim, *v.g.*, o leitor observará as concepções vetustas da presunção de inocência, bem como os novéis paradigmas do direito administrativo com a derrocada do arbítrio e do farisaísmo eclipsado nas falsas demonstrações da supremacia do interesse público. O cidadão deixa de ser objeto nas mãos da Administração, para transformar-se em sujeito expressivo de direitos.

A interdisciplinariedade[21] das decisões configura-se, assim, como pressuposto da jurisdição constitucional.

3 Jurisdição Constitucional e processo

A Constituição Federal é a norma que confere validade ao sistema infralegal, característica suficiente para revelar a sua relação com os demais ramos da ciência jurídica.[22]

O Direito Processual,[23] como segmento destinado a regular o instrumento por meio do qual o Estado presta justiça, recebe tratamento privilegiado na Constituição, quer por força de princípios ou de regras.

---

[20] Consulte-se, por todos, no direito nacional, Humberto Bergman Ávila, *Teoria dos princípios*. São Paulo: Malheiros, 2003; e, no direito estrangeiro, Ronald Dworkin, *A Matter of Principle*. Cambridge: Harvard University Press, 1985.

[21] Nesse mesmo sentido, Luís Roberto Barroso, *Curso de direito constitucional contemporâneo*: os conceitos fundamentais e a construção do novo modelo.

[22] A expressão deve ser entendida *cum granu salis*, para não se entrever a Carta como um *genoma jurídico*, capaz de ser impermeável à soluções democráticas eleitas pelo legislador ordinário. V. ALEXY, Robert. Posfácio. *In: Teoria dos direitos fundamentais*, com alusão às ponderações de Ernst Forsthof.

[23] Consoante assentamos (FUX, Luiz. *Curso de direito processual civil*. Capítulo I), o direito processual é o ramo do direito público composto de complexo de princípios e normas que regulam a *jurisdição* — como atividade estatal de aplicação do direito aos casos submetidos à apreciação do Judiciário —, a *ação* — como o

As ações constitucionais previstas na Carta de 1988 são inúmeras, de tal sorte que cogita-se hodiernamente de uma subespécie cognominada direito processual constitucional.[24]

---

direito de acesso amplo à justiça, seus pressupostos e consequências de seu exercício — e o *processo* — como instrumento através do qual a parte pede justiça e o Estado dela se desincumbe.

As normas processuais gravitam, assim, acerca dos institutos da ação, da jurisdição e do processo e seus consectários. Nesse sentido, quando se analisa a jurisdição, enfoca-se a competência que é a repartição daquela função e a coisa julgada que retrata a imutabilidade do seu resultado. As normas que versam sobre a competência e a coisa julgada são, portanto, normas processuais. A ação, por seu turno, implica na análise de sua bilateralidade através da defesa, da existência de sujeitos que a exerçam, dos requisitos necessários para manejá-la utilmente e obter a decisão de mérito, etc. As regras que tratam desses temas, vale dizer: defesa, contestação, pluralidade de sujeitos, litisconsórcio, partes, capacidades das partes, etc., são normas integrantes do direito processual. Por fim, o instrumento veiculador da pretensão das partes e da solução judicial que é o processo, é como a vida humana: tem início, meio e fim. Forma-se, pode suspender-se e extingue-se. Os fatos constitutivos, suspensivos e extintivos do processo, como a demanda, a convenção das partes e a decisão antecipada ou não, terminativa ou de mérito, são institutos do processo e, como tais, regulados pelo direito processual. Destarte, o processo em si apresenta, num sentido genérico, mas o seu objeto é dividido em três grandes grupos: o penal, o civil e o especial.

Anotamos, outrossim que a denominação "direito processual" marca a emancipação científica desse ramo da ciência, porquanto, entrevisto outrora como um apêndice do direito material ou um corpo de regras meramente procedimentais. Assim, Aubry e Rau denominavam-no de Droit civil pratique, *in*: *Cours de droit civil*, 1935, §24.

Rudolf Stammler já afirmara que todo ramo do direito encontra a sua expressão sob a forma de "normas jurídicas" (*Tratado de filosofía del derecho*, 1930, p. 322).

A matéria é enfocada diversamente pelos denominados "unitaristas", para os quais o processo é um só quer tenha por pressuposto uma lide penal ou não penal, como afirmam os teóricos da Teoria Geral do Processo. Assim como por detrás de todas as funções estatais está sempre o Estado, ao fundo, na jurisdição de qualquer natureza está o processo como instrumento de sua veiculação e que apresenta, quanto a todos os seus subramos, as mesmas linhas mestras e postulados. Como evidenciou Vicenzo Miceli: "Tutto ciò revela l'intima connessione fra le due forme di procedimento, interese entrambe al conseguimento del medemsimo fine, che è l'applicazione della norma" (*in*: *Principi di filosofia del diritto*. 2. ed., p. 341). Relembre-se que Carnelutti pugnava pela unidade como meta do direito processual (*In*: *Sistema di diritto processuale civile*, v. 1, p. 267).

A tendência unitarista de unificação dos processos apresenta belíssimos dados histórico-comparativos, como, *v.g.*, no direito antigo o Código Canônico, *Codex Iuris Canonici*, num só livro cuidava de ambos os processos (*De Processibus*). A Suécia, em 1942, promulgou código único para todo o Direito Processual.

No Brasil, à época da "Dualidade" da legislação processual, Santa Catarina, Rio de Janeiro e Bahia tinham código único, apontando-se este último como "modelar", fruto da genialidade de Eduardo Espínola.

Consoante a lição de Frederico Marques, "as leis que regulam o processo e, consequentemente, os atos que o integram, agrupam-se em torno de institutos e relações jurídicas formando-se assim um sistema normativo coerente e lógico, como ocorre com as demais ciências do direito" (*Instituições de direito processual civil*. Rio de Janeiro: Forense, 1971. v. 1, p. 40).

O caráter residual do processo civil foi entrevisto por Liebman em confronto com a jurisdição, por isso que afirmava o fundador da Escola Processual Brasileira: "a Jurisdição Civil é *tutta quella che non è penale*" (*Corso di diritto processuale civile*, 1952, p. 15). Nesse sentido, o memorável estudo de Hans Sperl, de 1927, em homenagem a Chiovenda: Il processo civile nel sistema del diritto, *in*: *Studi di diritto processuale in onore di Chiovenda*, p. 812.

[24] NERY JUNIOR, Nelson. *Princípios do processo civil na Constituição Federal*. 3. ed. São Paulo: Revista dos Tribunais, 1996; PORTANOVA, Rui. *Princípios do processo civil*. Porto Alegre: Livraria do Advogado, 1997; TUCCI, Rogério Lauria; CRUZ E TUCCI, José Rogério. *Constituição de 1988 e processo*. São Paulo: Saraiva, 1989; CAPPELLETTI, Mauro. Las garantias constitucionales de las partes en el proceso civil italiano. *In*: *Proceso, ideologias, sociedad*. Buenos Aires: Europa-América, 1974. p. 525-70; PICÓ Y JUNOY, Joan. *Las garantías constitucionales del proceso*. Barcelona: Bosch, 1997; TROCKER, Nicolò. *Processo civile e costituzione*: problemi di diritto tedesco e italiano. Milano: Giuffrè, 1974; ANDOLINA, Italo; VIGNERA, Giuseppe. *Il modello costituzionale del processo civile italiano*. Torino: Giappichelli, 1988; COMOGLIO, Luigi Paolo. *Etica e tecnica del "giusto processo"*. Torino: Giappichelli, 2004; TARUFFO, Michele. Las garantías fundamentales de la justicia civil en el mundo globalizado. *In*: TARUFFO, Michele. *Páginas sobre justicia civil*. Madrid, Marcial Pons, p. 63-75, 2009; MONTERO AROCA, Juan. *Proceso (civil y penal) y garantía*: el proceso como garantía de libertad y de responsabilidad. Valencia: Tirant lo Blanch, 2006; BUERGENTHAL, Thomas. Comparative Study of Certain Due Process Requirements of the European Human Rights Convention. *Buffalo Law Review*, v. 16, p. 18-54, 1966; COUTURE, Eduardo J. Las garantías constitucionales del proceso civil. *In*: *Estudios de derecho procesal*

Destarte, ações inúmeras têm a sua fonte na própria Carta Maior, como soem ser as ações ditas constitucionais, como, *v.g.*, as ações de controle abstrato de constitucionalidade,[25] a ação de descumprimento de preceito fundamental,

---

civil. Buenos Aires: Depalma, 1989. t. 1, p. 17-95; RINCÓN, Jorge Carreras del. Comentarios a la doctrina procesal civil del tribunal constitucional y del tribunal supremo. Madrid: Marcial Pons, 2002; MONTERO AROCA, Juan; FLORS MATÍES, José. *Amparo constitucional y proceso civil*. Valencia: Tirant lo Blanch, 2008. p. 62-168; LLOBREGAT, José Garberí. *Constitución y derecho procesal*: los fundamentos constitucionales del derecho procesal. Navarra: Civitas/Thomson Reuters, 2009; NAVARARRETE, Antonio María Lorca. *Estudios sobre garantismo procesal*: el derecho conceptuado a través de la metodología del garantismo procesal: el denominado "derecho de la garantía de la función jurisdiccional". San Sebastián: Instituto Vasco de Derecho, 2009; FIX-ZAMUDIO, Héctor. *Constitución y proceso civil en Latinoamérica*. México: Instituto de Investigaciones Jurídicas, 1974. Uma visão do direito comparado pode ser conferida em: MILLAR, Robert Wyness. *Los princípios informativos del procedimiento civil*. trad. Catalina Grossman. Buenos Aires: Ediar, 1945. p. 43.

[25] O Direito Brasileiro é riquíssimo em sede de bibliografia acerca das referidas ações constitucionais, destacando-se dentre outros, BARROSO, Luís Roberto. *O controle da constitucionalidade no direito brasileiro*. São Paulo: Saraiva, 2004; MENDES, Gilmar. *Controle de constitucionalidade*: aspectos jurídicos e políticos. São Paulo: Saraiva, 1990 e, do mesmo autor, *Jurisdição constitucional*. 5. ed.; BINENBOJM, Gustavo. *A nova jurisdição constitucional brasileira*: legitimidade democrática e instrumentos de realização. 3. ed. Rio de Janeiro: Renovar, 2010; CLÈVE, Clèmerson Merlin. *A fiscalização abstrata da constitucionalidade no direito brasileiro*. 2. ed.; TAVARES, André Ramos. *Tribunal e jurisdição constitucional*. São Paulo: C. Bastos, 1998; SARMENTO, Daniel. Eficácia temporal do controle de constitucionalidade. *Revista de Direito Administrativo*, v. 212; BASTOS, Celso Ribeiro. *Curso de direito constitucional*. São Paulo: C. Bastos, 2002; BONAVIDES, Paulo. *Curso de direito constitucional*. São Paulo: Malheiros, 1996. Ainda no vernáculo, v. ALEXY, Robert. Direito constitucional e direito ordinário: jurisdição constitucional e jurisdição especializada. *Revista de Direito Administrativo*, v. 217; HESSE, Konrad. *A força normativa da Constituição*. Porto Alegre: Sergio Antonio Fabris, 1991; KELSEN, Hans. *Jurisdição constitucional*. São Paulo: Martins Fontes, 2003; HÄRBELE, Peter. *Hermenêutica constitucional*. Porto Alegre: Sergio Antonio Fabris, 1997.

A Defesa da Constituição como consectário da Supremacia da Constituição encontra nas ações constitucionais seu mais expressivo instrumento.

A Ação Declaratória de Inconstitucionalidade revela o sistema concentrado ou também cognominado austríaco, cujo libelo é a denúncia de confronto normativo entre o ato atacado e a Constituição Federal, quer sob o ângulo formal quer sob o ângulo material, e o objetivo é o afastamento da lei em tese ou do ato normativo do cenário jurídico.

A Ação Declaratória de Inconstitucionalidade por Omissão revela uma injunção *erga omnes*, porquanto o seu escopo é declarar a omissão do legislador na regulação de direito constitucionalmente consagrado e impassível de ser exercido por ausência de regulação. No Mandado de Injunção particular, cabe ao Judiciário prover, no caso concreto, conferindo a providência prática que adviria da regulação do direito constitucionalmente previsto. A Inconstitucionalidade por omissão decorre da inação em legislar como dever inferido da própria Constituição. A criação da referida ação perpassou a perplexidade da independência dos poderes, na medida em que o Judiciário impõe um *facere* ao Legislativo, que é algo que se insere na sua capacidade institucional, mas que encontra abrigo na função da Suprema Corte de guardião dos direitos e deveres consagrados na Carta Maior.

A Ação Declaratória de Constitucionalidade, em face da presunção de constitucionalidade das leis, como um dos métodos de interpretação constitucional, assume nítido caráter preventivo em relação às controvérsias que a ordem normativa pode gerar no momento de sua aplicação por múltiplas fontes de concreção, como soem ser os judiciários locais.

O escopo dessa novel ação de fiscalização abstrata surgiu com a Emenda 3/93 e tem como escopo afastar dúvidas sobre a legitimidade da norma.

A Ação de Descumprimento de Preceito Fundamental veio completar o sistema de controle, por isso o seu caráter residual e consequente descabimento diante da possibilidade jurídica de manejo das demais formas de controle da constitucionalidade.

A ação *in foco* tem como objeto precípuo o descumprimento de preceito fundamental, cuja conceituação enseja largueza interpretativa, por isso que a práxis tem revelado a utilização "em branco" desse novo instrumento processual constitucional.

A ação é servil à tutela interpretativa de questões que envolvem os valores constitucionais, notadamente as respectivas garantias aos direitos fundamentais.

A utilidade da ação de descumprimento de preceito fundamental tem sido verificada na nos efeitos do julgamento, evitando inúmeras controvérsias jurídicas que de certo somente acudiriam ao Supremo Tribunal Federal de forma repetitiva por meio de inúmeros recursos, ora constatados desnecessários à luz dessa a ação civil pública,[26] o mandado de segurança(individual e coletivo) a ação civil pública, a ação popular, a ação de improbidade,[27] o controle difuso da constitucionalidade via recurso extraordinário, mercê de a própria organização do Poder Judiciário fundar-se em regras e princípios constitucionais.

Destaque-se que institutos caros ao direito processual têm suscitado questões constitucionais relevantes, como, *v.g.*, ocorreu quando da apreciação da denominada "relativização da coisa julgada" nas ações de investigação de paternidade julgadas improcedentes, antes do surgimento da prova inequívoca consubstanciado no exame do genoma humano (DNA).

O tema vem abordado no voto que se encontra encartado, timbrando, mais uma vez a relação do processo e da constituição,[28] à semelhança de tantas obras importantes lavradas em torno desse binômio.

4 A Jurisdição Constitucional eleitoral[29]

A Jurisdição Constitucional eleitoral engloba, em essência, os direitos políticos compreendidos nessa expressão, o direito fundamental ao sufrágio,

---

inovação. O seu caráter residual abre espaço para a fiscalização abstrata pelo Supremo Tribunal Federal de questões jurídicas extrapolantes do controle concentrado, como, *v.g.*, a interpretação de cláusulas constitucionais, direito pré-constitucional, controvérsia constitucional sobre normas revogadas e *ad eventum* o controle do direito municipal.
O Controle de Constitucionalidade hodiernamente apresenta inúmeras questões emergentes e que merecem a atenção dos estudiosos, como, *v.g.*, a *ratio* da defesa da Constituição, os vícios conducentes ao afastamento das ordens normativas, a inconstitucionalidade e suas modalidades, os limites imanentes nesse controle, o resultado transcendente das ações, a legitimação para a propositura das denominadas ações constitucionais, a possibilidade de declaração de inconstitucionalidade de emendas constitucionais, as denominadas clausulas pétreas, as normas em trânsito para a inconstitucionalidade, a coexistência de ações difusas como, *v.g.*, a ação civil pública, seu resultado *erga omnes* e a coexistência com a fiscalização abstrata, a intervenção dos *amici curiae*, etc., temas abordados *incidenter tantum* nos votos que constam da presente obra e que encontram na bibliografia apontada fonte de solução de inúmeras e elegantes indagações doutrinárias.

[26] MANCUSO, Rodolfo Camargo. *Ação civil pública*. 2. ed. São Paulo: Revista dos Tribunais, 1992, e *Interesses difusos*. 4. ed. São Paulo: Revista dos Tribunais, 1998; CAPPELLETTI, Mauro. Tutela dos Interesse difusos. Ajuris, 33/169, e *Acesso à justiça*. Porto Alegre: Sergio Antonio Fabris, 1988; ANTUNES, Luiz Filipe Colaço. *A tutela dos interesses difusos em direito administrativo*. Coimbra: Almedina, 1989; BANDEIRA DE MELLO, Celso Antônio. *Curso de direito administrativo*. 19. ed. São Paulo: Malheiros, 2005; JUSTEN FILHO, Marçal. *Curso de direito administrativo*. 8. ed. Belo Horizonte: Fórum, 2012.

[27] MEIRELLES, Hely Lopes. *Mandado de segurança*: ação popular, ação civil pública, mandado de injunção, habeas data, ação direta de inconstitucionalidade, ação declaratória de constitucionalidade, argüição de descumprimento de preceito fundamental e controle incidental de normas no direito brasileiro. 27. ed. atual. e compl. de acordo com as emendas constitucionais, a legislação vigente e a mais recente jurisprudência do STF e do STJ por Arnoldo Wald e Gilmar Ferreira Mendes, com a colaboração de Rodrigo Garcia da Fonseca. São Paulo: Malheiros, 2004.

[28] Uma análise da interpenetração das regras constitucionais no campo do processo encontra-se minudenciada na obra de TROCKER, Nicoló. *Processo civile e costituzione*: problemi di diritto tedesco e italiano. Milano: Giuffrè, 1974.

[29] A Jurisdição Constitucional eleitoral, hodiernamente, vê-se retratada em grande parte nos atos normativos secundário do TSE e dos TRE, mercê de receberem tratamento em todos os cursos e manuais de direito constitucional. Uma abordagem abrangente e específica encontra-se em: SILVA, Daniella Romanelli da. *Democracia e direitos políticos*. São Paulo: IDP, 2005; e José Antonio Tavares Giusti, *Sistemas Eleitorais nas Democracias Contemporâneas*. Rio de Janeiro: Relume-Dumará, 1994, além de inúmeros artigos específicos, citados no capítulo próprio, em: Luís Roberto Barroso, *Constituição da República Federativa do Brasil*: anotada. 5. ed. São Paulo: Saraiva, 2006.

o voto direto e livre, a igualdade do voto e os sistemas eleitorais, as condições de elegibilidade, as restrições ou limitações aos direitos políticos, como, *v.g.*, a perda e a suspensão dos mesmos, as regras e os princípios norteadores dos partidos políticos, como autonomia e liberdade partidárias, a novel teoria da "igualdade de chances" entre os partidos, o devido processo legal eleitoral e o debatido princípio da "anualidade da lei eleitoral".

Esse último aspecto é abordado na obra, notadamente no item relativo à "Lei da Ficha Limpa I", oportunidade em que se travou um pseudo confronto entre uma regra constitucional explícita que encerra a um só tempo um direito fundamental político e o denominado princípio da moralidade eleitoral.[30]

A percepção de que não se deveria, *in casu*, proceder a uma ponderação, porquanto não estavam em rota de colisão regra e princípio, revelou a tônica do voto que ensejou a inaplicabilidade do diploma às eleições de 2010.

Entretanto, o tema volta à tona em relação às Eleições de 2012 sem o estigma da anualidade, impondo reflexões profundas sobre os temas da retrospectividade *versus* irretroatividade, redução teleológica da regra da presunção de inocência, além da aplicação de princípios materiais de interpretação constitucional.

5 Jurisdição Constitucional penal

A Constituição Federal como ideário das garantias do cidadão, é riquíssima nas previsões de um processo penal justo, contendo, ainda, regras de direito material consagradoras de direitos fundamentais inseridos em diplomas transnacionais.

O presente trabalho versa alguns temas pontuais, como, *v.g.*, o conflito gerado pela coexistência de decisões transitadas em julgado em relação ao mesmo crime, retroatividade da lei mais benigna ao réu (*Lex mitior*),[31] a desclassificação de crimes doloso para crime culposo nos delitos de circulação (trânsito) e a previsão legal do mesmo tipo em diplomas distintos e a opção jurisprudencial à luz dos princípios constitucionais.

A afinidade mais marcante da jurisdição constitucional com o direito punitivo opera-se na práxis com a utilização, no meu sentir, imoderada da ação de Habeas Corpus.[32]

O tema tem-se revelado polêmico pela utilização dessa antiquíssima garantia à liberdade de ir e vir, visando a instar o Supremo Tribunal Federal à analise de questões periféricas ao direito fundamental de locomoção, como,

---

[30] Consultar MICHELS, Vera Maria Nunes. *Direito eleitoral*: análise panorâmica da Lei 9504 de 30.09.97. Sobre moralidade administrativa, c. GIACOMUZZI, José Guilherme. *A moralidade administrativa e a boa-fé da Administração Pública*: o conteúdo dogmático da moralidade administrativa. São Paulo: Malheiros, 2002.

[31] Consulte-se *A Constituição e o sistema penal*, de Sidnei Agostinho Beneti (*RT* 704/296).

[32] O *Habeas Corpus* vem retratado em todas as obras sobre os direitos fundamentais e cursos de direito constitucional, reclamando destaque a obra de José Maria Othon Sidou (Rio de Janeiro: Forense, 2002).

v.g., dosimetria de pena, quesitação supostamente defeituosa pelo conselho de sentença nos procedimentos do júri, instrução probatória insuficiente, etc., retratando matérias veiculáveis no amplo efeito devolutivo dos recursos postos à disposição dos jurisdicionados. É dizer: o habeas corpus tem feito as vezes dos recursos previstos e da revisão criminal, carreando para o Supremo Tribunal Federal competência incompatível com a cognição *ratione materiae* desejável a uma Corte Constitucional.

6 Jurisdição Constitucional e direito internacional público[33]

A linha de confluência da Jurisdição constitucional nesse âmbito do direito público não se adstringe ao direito de nacionalidade com a sua dicotomização entre os brasileiros natos e os naturalizados.

A abordagem do regime jurídico do estrangeiro na sociedade brasileira suscita atos de coerção estatal ou de acolhimento do cidadão de alhures, conferindo-lhe regime jurídico quer de sua permanência derivada de causas políticas, como, *v.g.*, o asilo, o refúgio, quer no tocante à sua expulsão ou extradição.

Nesse último âmbito que encerra notável exemplo da cooperação jurisdicional, a jurisdição constitucional se faz presente com mais constância, porquanto várias das demais situações encontram regulação amiúde na legislação infraconstitucional, notadamente no Estatuto do Estrangeiro.

A extradição, mercê de consagrada constitucionalmente no tocante aos pressupostos negativos da conjuração do estrangeiro do território nacional a pedido de outro estado, sempre fundado em Tratado Internacional internalizado, suscita a questão da soberania nacional.

É dizer: aferida pela Suprema Corte a existência de requisitos positivos para a extradição, o executivo deve proceder a entrega *incontinenti*?

A presente obra traz a lume a *vexata quaestio*.

Debate-se no denominado "Caso Battisti" a discricionariedade conforme previsão no tratado ou a vinculação do Presidente da República à decisão do Supremo Tribunal Federal que entende concessível a extradição.

O voto vencedor lavrado *in casu* promove o enfrentamento doutrinário sobre a afirmação oral do Ministro Ayres Britto quanto ao resultado final da concessão da extradição representado na espirituosa assertiva: "se o Supremo Tribunal Federal diz não, é não; se disser sim, talvez", no sentido da entrega do extraditando.

---

[33] O direito internacional público teve dentre seus modernos precursores, após a Carta de 1988: Jacob Dolinger (*Comentários à Constituição brasileira*, obra coletiva; REZEK, José Francisco. *Direito internacional público*. 10. ed. São Paulo: Saraiva, 2005; MELLO Celso Duvivier de Albuquerque. *Curso de direito internacional público*. 12. ed. Rio de Janeiro: Renovar, 2000; ACCIOLY, Hildebrando. *Manual de direito internacional público*. 19. ed. São Paulo: Saraiva, 2011.

7 Jurisdição Constitucional e pacto federativo[34]

Uma das questões recorrentes na jurisdição constitucional é a relativa às questões inerentes à federação.

O Brasil adota como forma de estado a Federação, distribuindo o poder político entre as unidades federadas e a União federal.[35]

Essa forma federativa tem a virtude de empreender a coexistência de interesses locais com o interesse nacional, por isso que o instrumento viabilizador da federação é a repartição de competências nos campos da administração, da legislação e do judiciário.

Destarte, as unidades federadas participam da formação da deliberação dos interesses nacionais por intermédio de seus representantes nas casas legislativas (Câmara dos Deputados e Senado Federal), forjando atos que exteriorizem a vontade legiferante aplicável em todo o território nacional.

A competência federativa, quando vulnerada, dá ensejo ao conflito entre as unidades, fazendo exsurgir a necessidade de recorrer-se à jurisdição constitucional do Supremo Tribunal Federal.

Em regra, o pacto federativo é colocado em xeque, na maioria das vezes, quando há invasão da competência legislativa preestabelecida na Constituição, casos em que a normação geral da União prevalece sobre a lei local na parte em que não se revela especial, ou nas hipóteses de interesses antagônicos que reclama a arbitragem da Suprema Corte.

A interpretação teleológica da Constituição tem alargado o campo de aferição de eventuais conflitos federativos, muito embora até então tenha sido rígida a jurisprudência da Corte quanto à verificação da ruptura do pacto para efeito de analisar a sua competência originária.

---

[34] A República e a Federação no Brasil e seus traços tradicionais são exemplarmente minudenciados no estudo da Ministra Cármen Lúcia Antunes Rocha, denominado *República e federação no Brasil*: traços constitucionais da organização política brasileira. Belo Horizonte: Del Rey, 1997; MARINS, Leonardo. Limites ao princípio da simetria constitucional. *In*: SOUZA NETO, Claudio Pereira de; SARMENTO Daniel; BINENBOJM, Gustavo (Org.). *Vinte anos da Constituição Federal de 1988*. Rio de Janeiro: Lumen Juris, 2009; BARCELLOS, Ana Paula de. Controle social, informação e Estado federal: interpretação das competências político-administrativas comuns. *In*: SOUZA NETO; SARMENTO; BINENBOJM (Org.). *Vinte anos da Constituição Federal de 1988, op. cit.* Um estudo histórico do Federalismo, em: KRAMNICK, Isaac. Apresentação. *In*: MADISON, James; HAMILTON, Alexander; JAY, John. *Os artigos federalistas*. Tradução de Maria Luiza X. de A. Borges. Rio de Janeiro: Nova Fronteira, 1993; LIMONGI, Fernando Papaterra. "O Federalista": remédios republicanos para males republicanos. *In*: WEFFORT, Francisco (Org.). *Os clássicos da política*. 14. ed. São Paulo: Ática, 2006; SILVEIRA, Alessandra. *Cooperação e compromisso constitucional nos Estados compostos*. Coimbra: Almedina, 2007; WATTS, Ronald. Basic Issues of Federal State: Competittive Federalism Versus Co-Operative Federalism. *In*: BAUS, Ralf (Hrsg.). *Competition versus cooperation*. Baden-Baden: Nomos-Verl.-Ges., 2007; KOLLER, Arnold. The Renaissance of Federalism. *In*: BAUS, Ralf (Hrsg.). *Competition versus cooperation, op. cit.* BARROSO, Luís Roberto. *Curso de direito constitucional contemporâneo, op. cit.*, p. 172-174; MENDES, Gilmar Ferreira. *Curso..., op. cit.*, p. 753, 778; PONTES DE MIRANDA. *Comentários à Constituição de 1967*; SILVA, José Afonso da. *Curso de direito constitucional positivo*. São Paulo: Malheiros, 1992; BASTOS, Celso Ribeiro. *Curso de direito constitucional*. São Paulo: Saraiva, 2001; BONAVIDES, Paulo. *Curso de direito constitucional*. 17. ed. São Paulo: Malheiros.

[35] HORTA, Raul Machado. Natureza do poder constituinte do Estado-Membro. *RDP* 85; e Poder constituinte e Estado-Membro, *RDP* 88.

A própria Constituição Federal prevê a instância única da Suprema Corte para a análise dos conflitos federativos, notadamente pela via da ação originária que eclipse essa *causa petendi*, sem prejuízo do controle de constitucionalidade à luz das regras competenciais.

A presente obra insere um singular caso em que se entreviu conflito federativo entre órgão das unidades federadas e atribui-se competência ao Supremo Tribunal Federal para a cognição de conflito de atribuições entre o Ministério Público Federal e o Ministério Público de uma das unidades da federação, gerando perplexidade em relação ao conflito de competência entre juízes e tribunais de diversas unidades do país, para o qual a competência é do Superior Tribunal de Justiça.

O caso suscitou o confronto entre a analogia, posto lacunosa a carta magna para essa espécie de conflito e o núcleo essencial do princípio federativo.

8 Conclusão

A enunciação das diretrizes axiológicas que pautaram a resolução das controvérsias submetidas pela sociedade ao crivo do Supremo tribunal Federal revela o quão profícuo caracterizou-se o ano judiciário de 2011, rico em questões sensíveis que contribuíram para a consolidação do papel institucional da Corte no equilíbrio entre os poderes políticos da nação. E, por emanar todo o poder legítimo direta ou indiretamente do povo, como assenta a Constituição Cidadã no parágrafo único do art. 1º, há que se ter claro o norte pelo qual se guiou o Tribunal no exercício do seu mister, ecoando com a devida reverberação os valores e anseios populares sem menoscabar a necessária preservação da integridade do virtuoso projeto de destino coletivo encartado no texto constitucional de 1988.

ADI nº 4.264-MC (Rel. Min. Ricardo Lewandowski)

Observância do Devido Processo Legal na Demarcação de Terrenos de Marinha

Valter Shuenquener de Araújo

1 Nota preliminar indispensável

O ano de 2011 foi daqueles. Ano de trabalho duro, mas um dos melhores de minha vida. Além do nascimento de minha filha Olívia, irmã mais nova do Rodolfo, tive a felicidade de participar do seleto grupo de trabalho escolhido, a dedo, pelo Ministro Luiz Fux para seu assessoramento mais direto. Em ordem alfabética: Bruno Bodart, Felipe Derbli, Guilherme Sokal, Gustavo Direito e Marcos Paulo. Dos cinco, já conhecia pessoalmente o Felipe e o Bruno. Bruno havia sido um brilhante aluno meu na UERJ, e o Felipe, Procurador do Estado, meu contemporâneo de UERJ, com quem tive a honra de dividir uma sala de trabalho no período em que fui Procurador do Estado do Rio de Janeiro. Coincidências da vida. Marcos Paulo veio do gabinete do Min. Marco Aurélio e, de imediato, se adaptou ao estilo de trabalho carioca. O Sokal, também Procurador do Estado do Rio, é um jovem genial e que foi escolhido pelo Ministro dos bancos do mestrado em Processo Civil da UERJ. Gustavo Direito, colega inteligente e devorador de livros, veio da Justiça Estadual fluminense. É professor universitário e Juiz de Direito e foi um dos responsáveis pelo auxílio ao Ministro na formação do seu gabinete no STF. É a pessoa com quem divido sala nesta empreitada e que se tornou um grande amigo.

Fui entrevistado pelo Min. Fux no dia 13.2.2011, domingo, poucos dias após a publicação de sua nomeação para o Supremo Tribunal Federal. Ele estava formando o gabinete e contatando as pessoas com quem gostaria de trabalhar. Impressionou-me demais desde o primeiro contato. Uma pessoa que se mostrou simples, objetiva, inteligente ao extremo, e, principalmente, despida de vaidades desnecessárias, futilidades que são próprias de quem não tem talento para alcançar voos maiores. Fiquei admirado pela forma como alguém que havia acabado de realizar um grandioso sonho de vida, o de se tornar Ministro da Suprema Corte do nosso país, falava de projetos, de metas, de pesquisas, de trabalhos a serem realizados. O ato de nomeação havia acabado de ser publicado e o Ministro já estava estudando os processos de sua relatoria, já estava dormindo, como de costume, 4 horas por noite. Costumo dizer, e com admiração, que o Ministro Fux não dorme pela noite, faz abdominal: deita e levanta. É admirável ver como o compromisso com a coisa pública afeta o comportamento das pessoas. Diante do exemplo, e mesmo sabendo que, com as idas e vindas de Brasília, minha vida ficaria de cabeça para baixo, não tive como recusar o convite. Hoje, não me arrependo nem um pouco.

Em março de 2011, começamos todos juntos, como o próprio Min. Fux gosta de dizer. Nossas reuniões no gabinete ocorrem após as sessões de terça, quarta e quinta e avançam até bem tarde da noite. Muitos debates, uma profusa troca de ideias e de percepções distintas a respeito de um mesmo fato. Nessa hora, o Ministro nos proporciona total liberdade para a exposição de nossos pensamentos, mesmo que contrários aos que por ele defendidos. Chego a me lembrar das aulas no mestrado e doutorado na UERJ. Troca de opiniões e ideias com uma preocupação voltada para a profundidade e consequências das decisões. Há, também, espaço para as imprescindíveis amenidades, pois, afinal, ninguém é de ferro, mas, ao término, depois de conduzir democraticamente a reunião, o Ministro bate o martelo: fim de jogo e cada dia com a sua agonia.

Foi por conta desse ambiente saudável que tive a ideia de propor ao Ministro Fux a publicação desta obra coletiva, pois não achava justo que tudo o que havia sido debatido na mesa oval do gabinete ao longo de 2011 ficasse esquecido.

Gostaria de aproveitar para, ao final desta breve nota preliminar, dizer que o Ministro Luiz Fux tem servido para mim como um autêntico exemplo a ser seguido; através dele passei a reconhecer como é relevante trabalhar com o equilíbrio da razão e da emoção.

2 Contextualização do voto

Ao chegar ao Supremo Tribunal Federal, no início de março de 2011, o Ministro Luiz Fux teve de, logo nos primeiros meses, proferir votos em dois processos relevantes que estavam aguardando a posse do 11º ministro na Corte. Um deles, o mais noticiado, ficou nacionalmente conhecido como o caso "Ficha Limpa", e atualmente intitulado "Ficha Limpa I", diante do surgimento de um novo debate a respeito da constitucionalidade da Lei Complementar nº 135. O outro feito referia-se à ADI nº 4.264, ação em que o Ministro Fux apresentou o seu primeiro voto-vista no STF no Pleno de 16 de março de 2011 e que será adiante comentado.

3 Da *vexata* quaestio

Na ADI nº 4.264, ajuizada pela Assembleia Legislativa do Estado de Pernambuco, discutia-se a constitucionalidade do art. 11 do DL nº 9.760/46, com a redação dada pelo art. 5º da Lei nº 11.481/2007. O artigo impugnado possui a seguinte redação:

> Art. 11. Para a realização da demarcação, a SPU convidará os interessados, por edital, para que no prazo de 60 (sessenta) dias ofereçam a estudo plantas, documentos e outros esclarecimentos concernentes aos terrenos compreendidos no trecho demarcando. (*Redação dada pela Lei nº 11.481, de 2007*)

A inconstitucionalidade ventilada pela Requerente tinha como fundamento a possibilidade de demarcação dos terrenos de marinha sem a oitiva pessoal dos interessados conhecidos, mas só com o convite genérico, a ser feito por edital, o que conduziria a uma suposta violação do devido processo legal.

Os Ministros do STF dividiam-se quanto à constitucionalidade do dispositivo impugnado. De um lado, os que defendiam a tese compatibilidade da regra legal com o texto constitucional, porquanto ela materializava, tão somente, uma etapa pré-processual incapaz de acarretar prejuízos aos particulares.[1] Ademais, o convite pessoal poderia inviabilizar uma tramitação célere do processo de demarcação. De outro lado, a corrente que partia da premissa de que os particulares conhecidos deveriam ser pessoalmente intimados, a fim de que pudessem participar de todo o processo de demarcação consoante exigido pelo devido processo legal.[2]

4 Da posição defendida pelo Min. Luiz Fux

Não se vislumbrou, no voto-vista apresentado no plenário pelo Min. Fux, o convite por edital como uma mera etapa pré-processual dos trabalhos de demarcação, mas de uma fase — que não era desprezível — do processo administrativo de demarcação de terrenos de marinha. O Ministro Fux sustentou que, quando o ocupante for conhecido pelo Serviço de Patrimônio da União, o convite a ele dirigido deve ser pessoal, para que cumpra os consectários do devido processo legal, com seus subprincípios do contraditório e da ampla defesa. A fase do convite foi considerada, na visão defendida, deveras relevante para a demarcação da área, e, por isso, não seria uma mera audiência pública ou um pré-processo.

Afastou-se a tese de que a demora na demarcação resultante da necessidade do convite pessoal inviabilizaria o processo administrativo. Fez-se

---

[1] Nesse sentido, a posição do Min. Ricardo Lewandowski (Relator), Min. Cármen Lúcia, Min. Joaquim Barbosa e Min. Ellen Gracie.
[2] Adeptos dessa corrente: Min. Ayres Britto, Min. Gilmar Mendes, Min. Marco Aurélio, Min. Celso de Mello e Min. Cezar Peluso.

uso, em relação a este aspecto, do método da ponderação de interesses. O sopesamento foi feito entre a necessidade de se conferir maior celeridade à demarcação e a de prévia oitiva pessoal dos interessados conhecidos imposta pelo *due process of law*. O Min. Fux optou pelo segundo interesse em jogo, *in verbis*: "Tenho para mim, nessa nova técnica do pós-positivismo da ponderação dos interesses em jogo, que entre a celeridade da demarcação e o devido processo legal há de preponderar este, evidentemente". Em outra passagem, agora da ementa do voto-vista, afirma-se que "a celeridade da demarcação não pode se sobrepor ao devido processo legal nem aos seus consectários consubstanciados no efetivo contraditório e na ampla defesa, máxime em rito que preanuncia a perda da propriedade".

Sob outro enfoque, na prática, dificilmente ocorre o acompanhamento e leitura dos editais mencionados pelo art. 11 conjurado, o que conduziria a um verdadeiro procedimento unilateral, que não foi o pretendido pela legislação que cuidou da demarcação de terrenos de marinha. A unilateralidade da formação da vontade estatal foi afastada ao longo do voto-vista, à medida que o Min. Fux demonstrou uma preocupação com a procedimentalização do ato administrativo e com um modelo de Administração Dialógica, que deve propor um verdadeiro diálogo com o administrado previamente à edição de seus atos.

A redação original do art. 11 era mais fiel ao texto constitucional, pois exigia do Serviço de Patrimônio da União (SPU) que convidasse os interessados certos pessoalmente e os incertos por edital, tornando, como deve ser, medida excepcional a intimação ficta por edital para os casos em que incertos ou desconhecidos os interessados.[3]

Em seu voto, portanto, o Min. Fux reconheceu a relevância da participação efetiva do interessado na demarcação dos terrenos de marinha em todas as etapas do processo administrativo, do que se extrai a imperiosa necessidade de intimação pessoal dos que se encontram em local certo e sabido. Assim, o voto foi pelo deferimento da medida cautelar, a fim de declarar a inconstitucionalidade do trecho do art. 11 do DL nº 9.760 que permite o mero convite por edital dos interessados na demarcação e que são conhecidos.

---

[3] Redação original do art. 11 do DL nº 9.760/46: "Para a realização do trabalho, o SPU convidará os interessados, certos e incertos, pessoalmente ou por edital, para que no prazo de 60 (sessenta) dias ofereçam a estudo, se assim lhes convier, plantas, documentos e outros esclarecimentos concernentes aos terrenos compreendidos no trecho demarcando".

ADI nº 4.264-MC (Rel. Min. Ricardo Lewandowski)

Devido Processo Legal e Citação em Ação Demarcatória.

1 - Ação Declaratória de Inconstitucionalidade do art. 11 do DL nº 9.760, introduzido pela Lei nº 11.481/2007, que regula a demarcação dos terrenos de marinha, movida pela Mesa Diretora da Assembleia Legislativa do Estado de Pernambuco, tendo como *causae petendi* a tríplice alegação de: a) supressão da necessidade de citação pessoal dos interessados na demarcação de terrenos de marinha; b) inserção da notificação por edital substitutiva da convocação *in faciem* dos interessados certos; c) inobservância do devido processo legal administrativo em relação aos particulares sujeitos à demarcação.

2 - Convite por edital previsto no dispositivo acoimado de inconstitucional, com o escopo de os interessados coadjuvarem a administração pública na referida demarcação, o que, sob esse fundamento, dispensaria o regular contraditório e a ampla defesa, posto fase ineficiente a interferir no domínio dos particulares.

3 - A existência, no Serviço de Patrimônio da União, da titulação dos terrenos foreiros de marinha, o que na redação primitiva do dispositivo impunha o convite pessoal aos interessados certos e por éditos aos incertos; a relevância da etapa demarcatória prevista no referido art. 11 objeto do controle concentrado de inconstitucionalidade (suposto pré-processo administrativo) e a regra de experiência de que os litigantes habituais ou tecnicamente hipossuficientes dificilmente acudirão aos editais, conduzem ao acolhimento da pretensão de conjuração da ordem normativa incompatível com as garantias processuais constitucionais, especificamente delineada no art. 5º, inciso LV da CRFB; *verbis*: LV - aos litigantes, em processo judicial ou administrativo, e aos acusados em geral são assegurados o contraditório e a ampla defesa, com os meios e recursos a ela inerentes.

4 - Os terrenos de marinha são definidos em lei (Código de Águas – Dec. nº 24.643/34 e DL nº 9760/46) e a sua medição fundada no preamar médio de 1831; vale dizer na média de maré cheia do latim: *plena mare*; com o decorrer do tempo conduziu a dados imprecisos que ora implicam não só a atualização da demarcação, mas, também a participação efetiva do interessado em todas as etapas demarcatórias, como ocorria outrora.

5 - O procedimento *in foco*, sem obediência ao devido processo administrativo, pode resultar, em inúmeros casos, na expropriação da propriedade privada e na alteração do título do *dominus* que passará a ser considerado mero ocupante, com os consectários legais da nova categorização jurídica de seu *ius in re*.

6 - A Constituição Pós-Positivista de 1988, mercê das garantias constitucionais decorrentes da cláusula pétrea do *due process of law*, tutela também o direito de propriedade como um dos fundamentos da República Federativa do Brasil, consagrado desde tempos imemoriais, como um direito inerente ao homem, consoante consignado na doutrina clássica e filosófica do tema (ARENDT, Hannah. *A condição humana*. 5. ed. Rio de Janeiro: Forense Universitária, 1991. p. 71-72).

7 - A Novel Constituição Brasileira, sob a inspiração da garantia do *due process of law* e à luz de uma interpretação conforme a letra e o espírito da Carta Maior, somente concebe o convite a que se refere a lei *sub judice*, como comunicação formal, intimação mesmo, *et pour cause*, pessoal ou por éditos, consoante o interessado seja certo ou incerto, porquanto a regra legal não faz alusão nem a uma audiência pública nem a um simples pré-processo administrativo.

8 - Deveras, na ponderação de valores sob crivo da razoabilidade, a celeridade da demarcação não pode se sobrepor ao devido processo legal nem aos seus consectários consubstanciados no efetivo contraditório e na ampla defesa, máxime em rito que preanuncia a perda da propriedade.

A Justiça, como valor axiológico do sistema, se exacerba nesse procedimento com a convocação pessoal, e se minimiza com a indiferença em relação aos proprietários certos.

É que, como bem assentado no voto do Ministro Marco Aurélio, no campo do direito de defesa não se pode partir para a flexibilização.

9 - A celeridade que influiu no precedente consubstanciado no RE 552.598-8-RN, julgado em 08 de outubro de 2008, no qual se dispensou a citação dos herdeiros residentes fora da comarca do óbito, no processo de inventário, ao invés de infirmar a presente proposição de voto, reforça-a, porquanto no caso, a morte do *de cujus* inventariado é de presumido conhecimento do herdeiro, ao passo que a demarcação sujeita a convite por edital presume-se desconhecida dos interessados.

10 - O Direito ao devido processo legal, abarca o contraditório e a informação prévia que o propicia, como assentado no Mandado de Segurança nº 25787 da Relatoria do Ministro Gilmar Mendes, cuja juridicidade da argumentação abeberada na fonte da lei Fundamental de Bonn sobre a Constituição Federal Brasileira merece destaque da seguinte transcrição; *verbis*: (...) a pretensão à tutela jurídica, que corresponde exatamente à garantia consagrada no art. 5º, LV, da Constituição, contém os seguintes direitos: 1) direito de informação (*Recht auf Information*), que obriga o órgão julgador a informar à parte contrária dos atos praticados no processo e sobre os elementos dele constantes; 2) direito de manifestação (*Recht auf Äusserung*), que assegura ao defendente a possibilidade de manifestar-se oralmente ou por escrito sobre os elementos fáticos e jurídicos constantes do processo; 3) direito de ver seus argumentos considerados (*Recht auf Berücksichtigung*), que exige

do julgador capacidade, apreensão e isenção de ânimo (*Aufnahmefähigkeit und Aufnahmebereitschaft*) para contemplar as razões apresentadas (cf. PIEROTH; SCHLINK. Grundrechte-Staatsrecht II. Heidelberg, 1988. p. 281; BATTIS; GUSY. *Einführung in das Staatsrecht*. Heidelberg, 1991. p. 363-364; ver, também, DÜRIG/ASSMANN. *In*: MAUNZ-DÜRIG. Grundgesetz-Kommentar. Art. 103, v. IV, n. 85-99). Sobre o direito de ver os seus argumentos contemplados pelo órgão julgador (*Recht auf Berücksichtigung*), que corresponde, obviamente, ao dever do juiz ou da Administração de a eles conferir atenção (*Beachtenspflicht*), pode-se afirmar que ele envolve não só o dever de tomar conhecimento (*Kenntnisnahmepflicht*), como também o de considerar, séria e detidamente, as razões apresentadas (*Erwägungspflicht*) (cf. DÜRIG/ASSMANN. *In*: MAUNZ-DÜRIGi. Grundgesetz-Kommentar. Art. 103, v. IV, n. 97). É da obrigação de considerar as razões apresentadas que deriva o dever de fundamentar as decisões (Decisão da Corte Constitucional BVerfGE 11, 218 (218); cf. DÜRIG/ASSMANN. *In*: MAUNZ-DÜRIG. Grundgesetz-Kommentar. Art. 103, v. IV, n. 97). Dessa perspectiva não se afastou a Lei nº 9.784, de 29.1.1999, que regula o processo administrativo no âmbito da Administração Pública Federal. O art. 2º desse diploma legal determina, expressamente, que a Administração Pública obedecerá aos princípios da ampla defesa e do contraditório. O parágrafo único desse dispositivo estabelece que nos processos administrativos serão observados, dentre outros, os critérios de observância das formalidades essenciais à garantia dos direitos dos administrados (inciso VIII) e de garantia dos direitos à comunicação (inciso X).

11 - A procedimentalização dos atos administrativos, como tendência da pós-modernidade, induz ao novel modelo de uma Administração Dialógica que inclui os administrados na formação do ato estatal, ideário que assume relevo, quando as manifestações administrativas influem na esfera jurídica dos cidadãos, o que resta por consagrar, também, o valor fundamental da cidadania previsto como fundamento do Estado Brasileiro Democrático e de Direito no artigo 1 da CRFB; *verbis*: Art. 1º A República Federativa do Brasil, formada pela união indissolúvel dos Estados e Municípios e do Distrito Federal, constitui-se em Estado Democrático de Direito e tem como fundamentos: inciso II - a cidadania.

12 - Em suma:

I - O Procedimento administrativo brasileiro cuja gênese encontra-se no ideário da nação, a nossa Carta Constitucional pós-positivista de 1988 está umbilicalmente vinculado aos imperativos jurídico-constitucionais exsurgentes dos postulados da legalidade democrática.

II - O Estado Democrático de Direito, por seu turno, assenta, dentre os seus pilares, o Devido Processo Legal, do qual decorre o subprincípio do contraditório segundo o qual ambas as partes devem usufruir da oportunidade de serem ouvidas no processo judicial ou administrativo (*audiatur et altera pars*).

III - A Bilateralidade dos processos judicial e administrativo que encartam qualquer pretensão contraposta, como sói ocorrer no rito da demarcação, impõe a necessidade de convocação do réu certo, porquanto na visão percuciente de Eduardo Couture. *In*: Las garantías constitucionales del proceso civil. *In*: *Estudios de derecho procesal civil*. 1948, v 1, p. 47-51, o cânone consagrado sob o *nomen juris* de *due process of law* impõe averiguar se a lesão ao direito não se encarta na esfera jurídica daquele que iniciou o processo ou daquele que deve ser instado a proteger o seu direito.

IV - O processo ou o procedimento que se desenvolvem sem defesa, colocando um interessado em posição injustificável de inferioridade, afronta a cláusula pétrea do devido processo legal, cuja essência remonta ao denominado *Bill of Rights*, de 1215; a Carta de João Sem Terra aprimorada na versão saxônica de 1352 pela pena de Henrique III; que preconizava a impossibilidade de o cidadão perder a sua liberdade ou a sua propriedade sem a obediência do processo devido, cuja redação primária assim resta sintetizada: "No one be condemned without trial. Also that no man, of what estate or condition that he be, shall be put out of land or tenement, nor taken or imprisoned, nor disinhited, not put to death, without being brouhght to answear by Due Process of Law (...)".

V - A doutrina mercê da divergência histórica, posto apontar a emenda à Constituição Americana introduzida em 1789 no Primeiro Congresso, posteriormente convertida na Quinta Emenda Americana; também verbera: "No person shall be held to answer for a capital, or otherwise infamous crime, unless on a presentment or indictment of a Grand Jury, except in cases arising in the land or naval forces, or in the Militia, when in actual service in time of War or public danger; nor shall any person be subject for the same offense to be twice put in jeopardy of life or limb; nor shall be compelled in any criminal case to be a witness against himself, nor be deprived of life, liberty, or property, without due process of law; nor shall private property be taken for public use, without just compensation" (Numa tradução livre: "Ninguém será detido para responder por crime capital, ou outro crime infamante, salvo por denúncia ou acusação perante um Grande Júri, exceto em se tratando de casos que, em tempo de guerra ou de perigo público, ocorram nas forças de terra ou mar, ou na milícia, durante serviço ativo; ninguém poderá pelo mesmo crime ser duas vezes ameaçado em sua vida ou em sua integridade física; nem ser obrigado em qualquer processo criminal a servir de testemunha contra si mesmo; nem ser privado da vida, liberdade, ou propriedade, sem o devido processo legal; nem a propriedade privada poderá ser expropriada para uso público, sem justa indenização").

VI[1] - A Constituição Federal Brasileira plasma de forma cristalina a evolução dessa garantia constitucional com berço nas Declarações Fundamentais

---

[1] A partir daqui os itens foram renumerados, a fim de corrigir um erro material quanto a sua ordem ocorrido no momento da publicação do voto.

dos Direitos do Homem ao dispor no inciso LIV; *verbis* que Ninguém será privado de seus bens sem o devido processo legal.

VII - A Demarcação de terras ora *sub judice* é potencialmente geradora de direitos *ex post facto* e, consequentemente passível de produzir efeitos constitutivos negativos em relação aos proprietários que, *ad eventum* podem vir a perder a posse ou propriedade de seus bens.

VIII - A consequência lógica derivada dos efeitos práticos do procedimento demarcatório é a necessidade de citação *in faciem* de réus certos em obediência ao devido processo legal na acepção literal da cláusula constitucional.

IX - Outrossim, é cediço que a convocação editalícia, porquanto ficta nos seus efeitos de convocação prática, deve ser utilizada como regra de exceção, hipótese que não se configura, quando o poder público pretende demarcar terrenos lindeiros à propriedade com titulação conhecida.

X - A previsão legal que faz da exceção a regra em detrimento do *due process of law* padece de inconstitucionalidade manifesta.

XI - A plausibilidade de as demarcatórias incidirem no vício da não oitiva dos interessados, obrigando-os *a posteriori* a ingressarem com ações excludentes de suas propriedades das áreas de marinha, bem como os consectários de considerá-los meros ocupantes dos terrenos supostamente inoficiosos, mercê da violação explícita das garantias processuais constitucionais, preenchem os requisitos do *periculum in mora* e do *fumus boni iuris*.

Com esses fundamentos, Egrégio Plenário do Supremo Tribunal Federal, acolho o pedido liminar de declaração de inconstitucionalidade do art. 11 do DL nº 9.760, introduzido pela Lei nº 11.481/2007, que regula a demarcação dos terrenos de marinha.

Voto-Vista

O Senhor Ministro Luiz Fux: Senhor Presidente, Senhores Ministros, cuidam os autos de Ação Direta de Inconstitucionalidade, com pedido de liminar, ajuizada em face do art. 11 do Decreto-Lei nº 9.760/46 com a redação dada pelo art. 5º da Lei nº 11.481/2007.

A ação foi movida pela Mesa Diretora da Assembleia Legislativa do Estado de Pernambuco com base nos seguintes fundamentos: a) a inconstitucionalidade da supressão legal da necessidade de citação pessoal dos interessados nas demarcações de terrenos de marinha; b) a inconstitucionalidade da generalidade da notificação por edital, sem a observância do direito de defesa dos interessados, e c) a insegurança jurídica gerada nos particulares que terão seus imóveis demarcados como terrenos de marinha, sem que tenha havido a prévia observância de um processo administrativo regular.

O Advogado-Geral da União manifestou-se nas fls. 211/221 no sentido da denegação da medida cautelar pleiteada na presente ação, por considerar que o convite por edital previsto no DL nº 9.760/46 não se refere a uma autêntica fase do processo de demarcação de terrenos de marinha destinada a garantir o exercício do contraditório e da ampla defesa dos interessados. A referida norma teria como objetivo convidar pessoas que pudessem auxiliar a Administração no desempenho da ventilada demarcação.

O Exmo. Ministro Relator, Ministro Ricardo Lewandowski, votou pelo indeferimento da cautelar, sob o precípuo fundamento de que, já na sua redação original, o Decreto-Lei nº 9.760/46 não assegurava a intimação dos interessados, à medida que a redação do dispositivo apenas fazia alusão a um convite aos interessados. A nova previsão de que o convite passará a ser feito por meio de edital não violaria, de acordo com essa visão do eminente Ministro, o direito ao contraditório e à ampla defesa. Ademais, Sua Excelência também destacou que o convite não representaria um chamamento para o exercício do contraditório e da ampla defesa, mas tão somente para prestar auxílio à Administração na fase de determinação da posição das linhas do preamar médio do ano de 1831.

O Ministério Público Federal opinou pelo indeferimento da liminar, sob o principal argumento de que, na etapa do art. 11 do DL nº 9.760/46, não se estaria a preservar, modificar ou a extinguir direitos individuais dos proprietários da área a ser demarcada. Haveria, por outro lado, apenas uma pretensão de coleta de dados relevantes para a tomada de uma decisão pública.

Impedido para julgamento o Exmo. Ministro Dias Toffoli.

Os votos divergentes da tese exposta pelo eminente Ministro Relator concentram-se nos seguintes argumentos: a) a União possui, através do Serviço de Patrimônio da União, os nomes da maioria dos proprietários de terrenos de marinha submetidos ao regime foreiro, o que tornaria obrigatório o chamamento pessoal dos interessados certos; b) o convite aos interessados previsto no dispositivo impugnado não corresponderia a uma fase de pré-processo administrativo, mas, ao contrário, representaria uma etapa relevante da demarcação dos terrenos de marinha a ser submetida ao contraditório e à ampla defesa, e c) muitos dos proprietários são pessoas que não possuem escolaridade e que, portanto, não acompanham a vida pública para perceber a publicação de um edital.

Cumpre-me lembrar que a redação original do dispositivo questionado continha o seguinte teor:

> Art. 11. Para a realização do trabalho, o S. P. U. convidará os interessados, certos e incertos, pessoalmente ou por edital, para que no prazo de 60 (sessenta) dias ofereçam a estudo, se assim lhes convier, plantas, documentos e outros esclarecimentos concernentes aos terrenos compreendidos no trecho demarcando.

Em maio de 2007, o dispositivo acima transcrito recebeu a redação abaixo que veio a ser impugnada perante esta Corte Suprema:

Art. 11. Para a realização da demarcação, a SPU convidará os interessados, por edital, para que no prazo de 60 (sessenta) dias ofereçam a estudo plantas, documentos e outros esclarecimentos concernentes aos terrenos compreendidos no trecho demarcando. (Redação dada pela Lei nº 11.481, de 2007)

Em breve escorço, a nova redação suprimiu a possibilidade de a Administração Pública formular um convite pessoal aos interessados na demarcação de terrenos de marinha, a fim de que eles possam, se assim lhes convier, oferecer a estudo plantas, documentos e outros esclarecimentos compreendidos no trecho demarcado. Agora, por força da alteração, o convite se dará exclusivamente por meio de edital.

Passo a votar.

Inicialmente, peço vênia para acompanhar a maioria que se formou no sentido do deferimento da liminar. Para tanto, chamo atenção para o fato histórico de que a demarcação de terrenos de marinha pode afetar profundamente o direito fundamental de propriedade *et pour cause*, mister faz-se rememorar o teor da Cláusula 39 da Magna Carta do Rei João Sem Terra; incorporada às Constituições de todos os Estados Democráticos de Direito e que assim dispunha:

> Nenhum homem livre será preso, aprisionado ou privado de uma propriedade, ou tornado fora-da-lei, ou exilado, ou de maneira alguma destruído, nem agiremos contra ele ou mandaremos alguém contra ele, a não ser por julgamento legal dos seus pares, ou pela lei da terra.

Dos terrenos de marinha

Os terrenos de marinha são basicamente definidos em nosso ordenamento jurídico pelo Código de Águas, Decreto nº 24.643/34, e pelo DL nº 9.760/46.

Reza o art. 13 do Código de Águas o seguinte:

> Constituem terrenos de marinha todos os que, banhados pelas águas do mar ou dos rios navegáveis, vão até 33 metros para a parte da terra, contados desde o ponto a que chega o preamar médio.

Este ponto refere-se ao estado do lugar no tempo da execução do art. 51, §14, da lei de 15/11/1831.

Por seu turno, o art. 2º do DL nº 9.760/46, preconiza que:

> Art. 2º São terrenos de marinha, em uma profundidade de 33 (trinta e três) metros, medidos horizontalmente, para a parte da terra, da posição da linha do preamar-médio de 1831:
> a) os situados no continente, na costa marítima e nas margens dos rios e lagoas, até onde se faça sentir a influência das marés;

b) os que contornam as ilhas situadas em zona onde se faça sentir a influência das marés.

Parágrafo único. Para os efeitos dêste artigo a influência das marés é caracterizada pela oscilação periódica de 5 (cinco) centímetros pelo menos, do nível das águas, que ocorra em qualquer época do ano.

A escolha de nosso ordenamento jurídico pelo ano de 1831 para a aferição da linha imaginária do preamar médio, do latim *plena mare*, média da maré cheia, para a demarcação dos terrenos de marinha trouxe substanciais complicações. É que a União, titular dos terrenos de marinha, por força do disposto no art. 20, inciso VII, da Constituição da República, não tem, em seus arquivos e assentamentos, dados muito precisos sobre onde a referida linha fictícia se situava em todo o território nacional nos idos de 1831. Chega-se a utilizar a faixa de jundu, vegetação rasteira com raízes profundas usualmente encontrada ao final das praias, como referência para a linha do preamar médio de 1831. Nesse diapasão, a insegurança quanto ao exato local em que se situam os terrenos de marinha acaba por provocar a necessidade de sua demarcação, nos moldes do que previsto nos artigos 9º a 14 do DL nº 9.760/46, através de um regular processo administrativo que conte com a efetiva participação do administrado interessado.

Cumpre-me ressaltar que a identificação de uma propriedade imóvel como terreno de marinha pode, em um incontável número de casos, ter o condão de inesperadamente transformar uma propriedade aparentemente privada em domínio da União, em domínio público federal, insuscetível, portanto, de expropriação e de usucapião. Além disso, o antigo e suposto proprietário passa a ser mero ocupante do bem e se torna obrigado a remunerar a União pela sua ocupação. Por essa razão, o Decreto-Lei nº 9.760/46 preocupou-se com a previsão de um processo administrativo em que os afetados pela demarcação teriam direito a se manifestar e a se defender.

Um Estado Democrático de Direito, como é o caso do Estado brasileiro, por imperativo do que disposto em nossa Carta de 1988, deve observar alguns princípios fundamentais, tais como os estampados no artigo 1º da Constituição da República. Sem ter a pretensão de, neste voto, discorrer sobre quais princípios são indispensáveis em um Estado de Direito, resta incontroverso, que a cidadania deve ser garantida para que um Estado seja reconhecido como tal. E, nesse contexto, a cidadania plena exige a observância do devido processo legal, isto é, de um efetivo direito ao contraditório e à ampla defesa, especialmente quando se está diante de uma privação ao direito de propriedade. O direito fundamental à propriedade é, parafraseando o filósofo do Direito norte-americano Ronald Dworkin, um direito a ser levado a sério! (*In: Taking rights seriously*. Cambridge: Harvard, University Press, 1977).

Numa percuciente análise a respeito da relevância da tutela do direito de propriedade para a preservação da cidadania, descreve a filósofa alemã Hannah Arendt que:

Originalmente, a propriedade significava nada mais nada menos que o indivíduo possuía seu lugar em determinada parte do mundo e portanto pertencia ao corpo político, isto é, chefiava uma das famílias que, no conjunto, constituíam a esfera pública. Essa parte do mundo que tinha donos privados era tão completamente idêntica à família à qual pertencia. A riqueza de um estrangeiro ou de um escravo não substituía, de modo algum, essa propriedade, ao passo que a pobreza não fazia com que o chefe da família perdesse seu lugar no mundo e a cidadania dele decorrente. Nos tempos antigos, quem viesse a perder o seu lugar perdia automaticamente a cidadania, além da proteção da lei.

Demonstrada a relevância da tutela ao direito de propriedade para se garantir a cidadania, voltamos ao texto do dispositivo impugnado. A despeito de a redação original do art. 11 do DL nº 9.760/46 apenas fazer menção a convite aos interessados, a sua recepção pela Carta de 1988 só se torna viável se ela tiver o significado de intimação para o exercício do contraditório e da ampla defesa. Convite por edital é algo que, *concessa venia*, não produzirá o efeito de garantir eficazmente o direito ao contraditório e à ampla defesa. É fácil presumir que a maioria dos proprietários de imóveis situados na região do preamar médio do ano de 1831 não tomará conhecimento do convite, eis que não é hábito da população brasileira, e não me restrinjo aos menos instruídos, tomar conhecimento de editais oficiais. Sob essa ótica, não entrevejo a etapa noticiada no art. 11 do DL nº 9.760/46 como uma simples fase preparatória e irrelevante para os proprietários de imóveis da região a ser demarcada. Trata-se de um momento processual tão relevante, que os interessados poderão, até mesmo, contribuir para a formação da área a ser futuramente considerada dentro da linha do preamar médio de 1831. O dispositivo não faz alusão a uma mera audiência pública, ou a uma providência de um simples pré-processo administrativo; mas antes a uma regra legal que afeta os direitos de proprietários de imóveis, muitos deles conhecidos, o que interdita o afastamento da garantia da oitiva prévia dos interessados na demarcação mediante um processo administrativo que assegure o contraditório e a ampla defesa. Sob outro enfoque, não me parece que a justificativa da celeridade da demarcação possa ter o condão de afastar o direito constitucionalmente assegurado de um processo administrativo do qual a parte interessada tenha ciência efetiva. Nesse segmento, faço minhas as palavras do eminente Ministro Marco Aurélio em seu voto: no campo do direito de defesa não se pode partir para a flexibilização.

Deveras, esta E. Corte Suprema, por seu plenário já decidiu, em processo da relatoria do saudoso Ministro Menezes Direito, que a citação por edital prevista no art. 999, §1º, do Código de Processo Civil não agride nenhum dispositivo da Constituição Federal (RE nº 552.598-8-RN. Julgamento de 08 de outubro de 2008). O referido dispositivo processual contém a seguinte redação:

> §1º Citar-se-ão, conforme o disposto nos arts. 224 a 230, somente as pessoas domiciliadas na comarca por onde corre o inventário ou que aí forem encontradas; e por

edital, com o prazo de 20 (vinte) a 60 (sessenta) dias, todas as demais, residentes, assim no Brasil como no estrangeiro. (Redação dada pela Lei nº 5.925, de 1º.10.1973).

Acolheu-se, portanto, no precedente acima invocado, a tese da possibilidade de citação por edital das pessoas não residentes na comarca por onde um inventário *tramitae*, pretende-se, analogicamente empreender a mesma exegese expressa na máxima *ubi eadem ratio ibi eadem dispositio* na demarcação *sub judice*. Sem embargo, a hipótese dos presentes autos é distinta daquela que foi julgada em 2008 pelo Plenário.

É que, quando da análise do RE nº 552.598-8-RN, considerou-se que a celeridade obtida por meio da citação por edital prevista no art. 999, §1º do CPC não ofenderia a Constituição da República, uma vez que os herdeiros têm presumido conhecimento da tramitação de um inventário que lhes diga respeito, ainda que residam em comarca distinta daquela em que o inventário corre. Situações em que os herdeiros não tomam conhecimento do óbito do autor da herança e da tramitação do inventário não são inexcogitáveis, mas são extremamente raras. Daí a viabilidade de emprego da citação por edital em matéria de ação de inventário. Diversamente no caso do convite por edital previsto no art. 11 do Decreto-Lei nº 9.760/46, a situação é completamente distinta. Nesta hipótese, os proprietários são pegos de surpresa. Não há qualquer presunção de que eles tenham conhecimento prévio acerca da demarcação dos terrenos de marinha. São surpreendidos numa fase já adiantada do processo administrativo de demarcação e sem que tenham tido o direito de se manifestar desde o momento inaugural da intenção da União de identificar os terrenos de marinha.

Outrossim, mister destacar que tramitou, também, nesta Corte o Mandado de Segurança nº 25.787 da relatoria do Ministro Gilmar Mendes e que versava precipuamente acerca do direito ao contraditório e à ampla defesa em um processo administrativo instaurado para a apuração da declaração da caducidade de um contrato de concessão de transporte aéreo. Ao longo de seu voto, Sua Excelência o Ministro Gilmar Mendes destacou que:

> (...) a pretensão à tutela jurídica, que corresponde exatamente à garantia consagrada no art. 5º, LV, da Constituição, contém os seguintes direitos: 1) direito de informação (*Recht auf Information*), que obriga o órgão julgador a informar à parte contrária dos atos praticados no processo e sobre os elementos dele constantes; 2) direito de manifestação (*Recht auf Äusserung*), que assegura ao defendente a possibilidade de manifestar-se oralmente ou por escrito sobre os elementos fáticos e jurídicos constantes do processo; 3) direito de ver seus argumentos considerados (*Recht auf Berücksichtigung*), que exige do julgador capacidade, apreensão e isenção de ânimo (*Aufnahmefähigkeit und Aufnahmebereitschaft*) para contemplar as razões apresentadas (Cf. PIEROTH; SCHLINK. Grundrechte-Staatsrecht II. Heidelberg, 1988, p. 281; BATTIS; GUSY. Einführung in das Staatsrecht. Heidelberg, 1991. p. 363-364; Ver, também, DÜRIG/ASSMANN. *In*: MAUNZ-DÜRIG. Grundgesetz-Kommentar. Art. 103, v. IV, n. 85-99). Sobre o direito de ver os seus argumentos contemplados pelo órgão julgador (*Recht auf Berücksichtigung*), que corresponde,

obviamente, ao dever do juiz ou da Administração de a eles conferir atenção (*Beachtenspflicht*), pode-se afirmar que ele envolve não só o dever de tomar conhecimento (*Kenntnisnahmepflicht*), como também o de considerar, séria e detidamente, as razões apresentadas (*Erwägungspflicht*) (Cf. DÜRIG/ASSMANN. *In*: MAUNZ-DÜRIGi. Grundgesetz-Kommentar. Art. 103, v. IV, n. 97). É da obrigação de considerar as razões apresentadas que deriva o dever de fundamentar as decisões (Decisão da Corte Constitucional BVerfGE 11, 218 (218); Cf. DÜRIG/ASSMANN. *In*: MAUNZ-DÜRIG. Grundgesetz-Kommentar. Art. 103, v. IV, n. 97). Dessa perspectiva não se afastou a Lei nº 9.784, de 29.1.1999, que regula o processo administrativo no âmbito da Administração Pública Federal. O art. 2º desse diploma legal determina, expressamente, que a Administração Pública obedecerá aos princípios da ampla defesa e do contraditório. O parágrafo único desse dispositivo estabelece que nos processos administrativos serão observados, dentre outros, os critérios de observância das formalidades essenciais à garantia dos direitos dos administrados (inciso VIII) e de garantia dos direitos à comunicação (inciso X).

Constata-se, portanto, que esta Corte tem exigido que a Administração Pública informe à parte contrária dos atos praticados em um processo administrativo. O direito à informação (*Recht auf Information*) é inerente ao devido processo legal, e isso vai exigir o convite pessoal, e não por edital, quando o interessado na demarcação do terreno de marinha for conhecido.

Não se trata de suscitar genericamente que a citação por edital prevista em diversos dispositivos de nosso ordenamento represente uma medida inconstitucional. O que se nos revela incompatível com a axiologia constitucional é a previsão legal de convite por edital como medida ordinária, como instrumento a ser empregado quando outros meios poderiam viabilizar o exercício do direito de ampla defesa. O dispositivo, com a sua nova redação de 2007, está eivado de inconstitucionalidade, à medida que possibilita o emprego do edital, ainda que os interessados possam ser facilmente identificados, previsão esta que afronta as garantias processuais constitucionais.

Destarte, não se cuida de privilegiar sutilezas vocabulares aludindo ao convite com o intuito de o diferenciar de citação e intimação. Na ótica da *opinio doctorum*, independentemente do vocábulo empregado pelo Decreto-Lei nº 9.760, a edição de ato estatal que afete a determinação da posição da linha fictícia do preamar é algo que depende do *due process of law*, e, portanto, da prévia observância do contraditório e da ampla defesa, sob pena de sacrifício inconstitucional ao direito de propriedade.

Sob outro prisma, a tendência pós-moderna de procedimentalização dos atos administrativos demanda do Estado que inclua o cidadão no processo decisório, vale dizer, impõe à autoridade estatal que legitime suas ações por meio da oitiva do administrado. Com a intervenção crescente das ações estatais na esfera privada, fruto do fracasso do Estado estritamente Liberal, aparece a necessidade crescente de um modelo de Administração Dialógica, uma Administração que decida por meio de interação com os administrados atingidos nas suas esferas jurídicas pelas medidas administrativas. E não há como se estabelecer um diálogo se uma das partes, a que será eventualmente prejudicada com a intervenção estatal, não tomar efetivamente ciência da intenção estatal de realizar a demarcação de uma área para os fins de identificar se ela é terreno de marinha. Tudo deve ser filtrado por um processo administrativo, que é relevante, inclusive, para evitar que os conflitos tenham, no dizer do Min. Benjamin Zymler, um caráter eminentemente pessoal.

Segundo o referido Ministro:

> A resolução dos conflitos mediante uma seqüência lógica e predeterminada de atos que permita a participação do interessado impede o surgimento de contendas eminentemente pessoais. No processo debatem-se teses jurídicas. Tem o processo a capacidade de fazer com que a disputa não seja entre o indivíduo A e o indivíduo B, mas entre as teses jurídicas apresentadas por A e por B.
>
> A estrutura de embate trazida pelo processo, é inegável, contribui para a pacificação social. Com a procedimentalização, evita-se, também, que a Administração faço uso de processos decisórios diferentes para regular duas situações idênticas. Com isso, o processo faz com que a Administração amolde sua atuação aos contornos do Princípio da Igualdade o qual, por ser incompatível com o tratamento desigual dos que se encontram em situação de igualdade, contribui para a manutenção da paz social.
>
> Os recursos, previstos nas diferentes legislações que estabelecem procedimentos administrativos, são um bom exemplo de como o processo possibilita o arrefecimento dos ânimos. Primeiro porque diminuem a chance de erros da Administração, permitindo que um posicionamento prejudicial ao particular seja revertido. Ademais, tomando-se o ser-humano médio, é fato que a possibilidade de acalmação frente duas decisões desfavoráveis uma ratificando a outra é maior do que a decorrente de uma única manifestação.

Adotando o mesmo raciocínio, a professora Odete Medauar chega a defender que o processo administrativo é responsável por melhorar o conteúdo das decisões estatais:

> No processo administrativo os interessados são ouvidos, apresentam argumentos e provas, oferecem informações. Contribuem, portanto, para a determinação do fato ou da situação objeto do processo. Com isso se ampliam os pressupostos objetivos da decisão administrativa. (...) O processo administrativo, ensejando o afloramento de vários interesses, posições jurídicas, argumentos, provas, dados técnicos, obriga à consideração dos interesses e direitos co-presentes em certa situação. Muitas vezes o desempenho incorreto da função provém do insuficiente conhecimento ou consideração dos dados da questão. (...) Mediante a colaboração individual ou coletiva de sujeitos no processo administrativo realiza-se a aproximação entre Administração e cidadãos. Rompe-se, com isso, a idéia de Administração contraposta à sociedade; muda a perspectiva do cidadão visto em contínua posição de defesa contra o poder público. O processo administrativo instrumentaliza as exigências pluralistas do contexto sociopolítico do fim do século XX e a demanda de democracia na atuação administrativa.

Em arremate, acrescento que, sob o ângulo processual, há receio de dano irreparável hábil a justificar o deferimento da medida liminar pretendida na peça exordial. É que a União tem demarcado terrenos de marinha sem garantir aos interessados o direito de se defender, o que viola o art. 5º da Constituição da República e especialmente seus incisos XXI e LV. Isso tem transformado propriedade antes considerada privada em propriedade pública, sem que, ao menos, o proprietário tenha a possibilidade de adequadamente se defender.

Dessa forma, pelas razões acima expostas, acompanho a divergência e voto no sentido de deferir a providência cautelar requerida na peça vestibular da presente ação direta de inconstitucionalidade.

RE nº 633.703 (Rel. Min. Gilmar Mendes)

Inaplicabilidade da "Lei da Ficha Limpa" (Lei Complementar nº 135/10) às Eleições de 2010, à Luz do Art. 16 da Constituição Federal

Valter Shuenquener de Araújo

1 Contextualização do voto

Lembro-me como se fosse hoje: 22.3.2011. Véspera do julgamento. Estávamos trabalhando há menos de um mês no STF. Horário do Jornal Nacional. Todos reunidos na sala do Min. Luiz Fux. Na época, o Marcos Paulo ainda não estava no grupo. Eu, Felipe, Guilherme, Gustavo, Bruno e o Ministro. Todos esgotados. Imprensa noticiando, a todo instante, o julgamento e nós todos ao redor da mesa oval, quando fomos surpreendidos pela seguinte indagação do Ministro Fux: Alguém aqui saberia me dizer uma forma de afastarmos juridicamente a regra do art. 16 da Constituição da República?[1]

Houve um profundo silêncio. Era o art. 16 que impedia a aplicação retroativa da Lei da Ficha Limpa. Ninguém na sala cogitou o seu afastamento com lastro em uma perigosa abordagem principiológica, tentativa de enfrentamento do problema que poderia trazer inúmeros e graves transtornos em outros contextos futuros em que o céu não fosse de brigadeiro e não se estivesse diante, apenas, de boas intenções.

2 Da controvérsia jurídica

Cuidava o RE nº 633.703, da relatoria do Min. Gilmar Mendes, de recurso interposto por Leonídio Henrique Correa Bouças, candidato a deputado pelo

---

[1] O art. 16 da Constituição da República, com a redação conferida pela EC nº 4, de 1993, possui a seguinte redação: "A lei que alterar o processo eleitoral entrará em vigor na data de sua publicação, não se aplicando à eleição que ocorra até um ano da data de sua vigência".

Estado de Minas Gerais nas eleições de 2010, que teve seu registro de candidatura negado, em razão de condenação por improbidade administrativa, nos termos do art. 1º, I, l, da Lei Complementar nº 64/90, com redação dada pela Lei Complementar nº 135/2010. Discutia-se, essencialmente, a possibilidade de aplicação imediata da Lei Complementar nº 135 de 4 de junho de 2010 às eleições do ano de 2010.

Alguns ministros do Supremo Tribunal Federal defenderam a possibilidade de incidência dos efeitos da novel legislação à eleição de 2010, tendo em vista o princípio da moralidade e a possibilidade de atenuação do art. 16 da Constituição da República.[2] Outra corrente que se desenvolveu no STF foi favorável à tese de que a LC nº 135, apenas, poderia ser empregada com a observância da regra contida no art. 16 da Constituição da República, que impede a aplicação de uma nova lei que altere o processo eleitoral às eleições que ocorrerem durante o seu primeiro ano de vigência.[3]

Ao proferir o voto de desempate no RE nº 633.703, o Min. Fux optou pelo segundo entendimento, calcado na ideia de que a regra contida no art. 16 da Constituição de 1988 não poderia ser afastada com fundamento na sua ponderação com princípios jurídicos, mormente se considerarmos a tutela assegurada pelo princípio da proteção da confiança.

3 Da posição defendida pelo Min. Luiz Fux

O Min. Fux iniciou seu voto no Plenário do STF com a marcante afirmação de que a Lei da Ficha Limpa representava um dos mais belos espetáculos democráticos experimentados após a Carta de 1988, porquanto lei de iniciativa popular com o escopo de purificação do mundo político, habitat dos representantes do povo. Afirmou-se, ainda, que a Lei da Ficha Limpa é a lei do futuro, é a aspiração legítima da nação brasileira. Com isso, demonstrou-se o quanto é relevante para o Brasil a preservação de uma lei fruto do anseio popular de evitar candidatos a cargos eletivos com condenações judiciais. Reconheceu-se, portanto, o caráter irreversível da vontade popular de se expurgar das eleições o candidato reconhecido como "ficha suja". Posteriormente, e ainda em 2011, o Min. Fux demonstrou coerência ao confirmar, já na condição de relator do caso Ficha Limpa II, o entendimento favorável à preservação da Lei Complementar nº 135/10 para as eleições futuras.

Defendeu-se, ao longo do voto, a existência de um devido processo eleitoral que, mercê de tutelar os eleitores, também protegeria os possíveis candidatos. A argumentação central desenvolvida no voto do Min. Fux foi calcada no princípio da proteção da confiança, que configura uma autêntica

---

[2] Nesse sentido, votaram a Min. Carmen Lúcia, Min. Ricardo Lewandowski, Min. Joaquim Barbosa, Min. Ayres Britto e Min. Ellen Gracie.
[3] Adeptos desta corrente foram o Min. Cezar Peluso, Min. Gilmar Mendes, Min. Celso de Mello, Min. Marco Aurélio e Min. Dias Toffoli.

dimensão subjetiva do princípio da segurança jurídica. Trata-se de um instituto originário do direito alemão e voltado para a tutela das expectativas legítimas de todos os cidadãos contra mudanças de curso inesperadas. A aplicação imediata da Lei da Ficha Limpa seria capaz de destruir as expectativas legítimas dos candidatos que, com alicerce na legislação até então em vigor, poderiam se candidatar.

Por sua vez, o processo eleitoral, estabilizado pela regra constitucional da anualidade, é composto por três fases:
i) *fase pré-eleitoral*, com as convenções partidárias e a definição do candidato;
ii) *fase eleitoral*, com o início, a realização e o encerramento da votação; e
iii) *fase pós-eleitoral*, com a apuração e contagem dos votos, seguida da diplomação dos candidatos.

Entrevisto desta forma o problema, conclui-se que a LC nº 135, apesar de todos os seus méritos, alterou profundamente o processo eleitoral, razão que impõe, consoante defendido no voto do Min. Fux, o deslocamento dos seus efeitos para o futuro.

A unidade do texto constitucional apontada pelo Min. Fux também foi relevante para excluir qualquer compreensão capaz de inutilizar os comandos de enunciados linguísticos estabelecidos expressamente na Constituição de 1988, à medida que mesmo o melhor dos direitos não pode ser aplicado contra a Constituição. É que, segundo destacado pelo Min. Fux, o princípio da moralidade também impõe ao agente público a fiel observância do texto constitucional.

Reconhecendo que dos políticos também se deve exigir, tal como previsto na Lei da Ficha Limpa, a moralidade e a retidão, o Min. Fux desempatou o RE nº 633.703, dando-lhe provimento, porquanto a novel regra apenas poderia produzir efeitos futuros consoante o que preconizado pelo art. 16 da Constituição de 1988.

RE nº 633.703 (Rel. Min. Gilmar Mendes)

Voto-Vista

Recurso Extraordinário. Direito Eleitoral. Inelegibilidade decorrente da Lei Complementar nº 135/10. Indeferimento de registro de candidatura a Deputado Estadual. Condenação judicial, por órgão colegiado, pela prática de ato de improbidade administrativa (art. 1º, I, 'l', da Lei Complementar nº 64/90, na redação que lhe conferiu a Lei Complementar nº 135/10). Princípio da moralidade administrativa. Limites temporais da aplicação da cognominada Lei da Ficha Limpa. Art. 16 da Constituição Federal. Regra da anterioridade eleitoral. Alteração do processo eleitoral. *Status* de cláusula pétrea. Devido processo legal eleitoral. Preservação da igualdade de chances nas eleições. Método de interpretação e de aplicação das regras e dos princípios jurídicos. Postulados da unidade e da concordância prática das normas constitucionais. Segurança jurídica. Princípio da proteção da confiança. Comportamento estatal que enseja a frustração das expectativas legítimas dos envolvidos no pleito eleitoral. Impossibilidade de a Lei Complementar nº 135/10 atingir as eleições ocorridas no ano de sua entrada em vigor. Necessária observância do art. 16 da Constituição Federal. Provimento do recurso extraordinário.

1. A Lei da Ficha Limpa representa um dos mais belos espetáculos democráticos experimentados após a Carta de 1988, porquanto lei de iniciativa popular com o escopo de purificação do mundo político, *habitat* dos representantes do povo, fundada nos princípios constitucionais da probidade e da moralidade administrativa (CF, art. 14, §9º).

2. Os postulados da unidade e da concordância prática das normas constitucionais, que impõem a vedação a que o intérprete inutilize comandos normativos estabelecidos na Carta Constitucional de 1988, têm por consequência jus-filosófica que mesmo o melhor dos direitos não pode ser aplicado contra a Constituição.

3. A regra da anualidade eleitoral, fixada no art. 16 da Constituição Federal, determina que *a lei que alterar o processo eleitoral entrará em vigor na data de sua publicação, não se aplicando à eleição que ocorra até um ano da data de sua vigência.*

4. O processo eleitoral, cuja estabilidade é assegurada pela regra da anualidade, compõe-se de três fases: *fase pré-eleitoral*, com as convenções partidárias e a definição do candidato; *fase eleitoral*, com o início, a realização e o encerramento da votação; e *fase pós-eleitoral*, com a apuração e contagem dos votos, seguida da diplomação dos candidatos (ADIn nº 3.345, Rel. Min. Celso de Mello).

5. A expressão *processo eleitoral*, utilizada no dispositivo, abarca normas de conteúdo procedimental e material, dada a finalidade de preservar o devido processo legal eleitoral, interditando a eficácia imediata de inovações legislativas abruptas, porquanto são justamente as regras de direito material no domínio eleitoral que mais podem influenciar a isonomia e a igualdade de chances nas eleições.

6. A restrição do âmbito de legitimados a concorrem no pleito, veiculada por normas de inelegibilidade, como fez a LC nº 135/10, configura inequívoca alteração no processo eleitoral, entendido como a série concatenada de atos dirigidos à definição dos mandatários políticos através do jogo democrático. Entendimento diverso conduziria ao paradoxo de consentir fosse dado aos titulares do poder a edição, em conflito com o princípio do pluralismo político (CF, art. 1º, V), de regras de exceção restritivas do ponto de vista subjetivo, interferindo na igualdade de chances de acesso aos cargos públicos.

7. Trata-se de recurso extraordinário em que questionada a aplicação da cognominada Lei da Ficha Limpa (LC nº 135/10) às eleições ocorridas no ano de 2010, mormente por conta da previsão, na nova redação do art. 1º, I, 'l', da LC nº 64/90, de novel hipótese de inelegibilidade, configurada diante de condenação, por órgão judicial colegiado, pela prática de ato de improbidade administrativa.

8. O sistema constitucional de inelegibilidade, quando da entrada em vigor da LC nº 135/10, já havia sido integralizado, há vinte anos, pela LC nº 64/90, descabendo falar, no caso *sub judice*, de risco de configuração de vácuo legislativo, porquanto a Lei da Ficha Limpa, apesar de todos os seus inquestionáveis méritos, *alterou* para usar a expressão literal do art. 16 da CF o regime das inelegibilidades já em vigor no direito brasileiro.

9. Consequentemente, inexistentes, *in casu*, as mesmas razões de decidir que presidiram o julgamento do RE nº 129.392/DF, relator o Min. Sepúlveda Pertence, apreciado na sessão de 17.6.1992.

10. O art. 16 da Constituição Federal, como decorre da moderna teoria geral do direito e, mais particularmente, da novel teoria da interpretação constitucional, consubstancia uma *regra jurídica*, e não um princípio jurídico; constatação que impõe não seja possível simplesmente desconsiderar seu enunciado linguístico para buscar desde logo as razões que lhe são subjacentes.

11. À Suprema Corte brasileira descabe simplesmente *reescrever* o art. 16 da Constituição Federal, no sentido de que, onde se lê *não se aplicando à eleição que ocorra até um ano da data de sua vigência*, seja lido como marco temporal a data da realização das convenções partidárias, ou a data em que ocorrido o registro da candidatura, porquanto já tomada a decisão, pelo legislador constitucional, a respeito do marco inicial para a segurança jurídica no processo eleitoral, qual a inteireza do ano em que ocorrem as eleições.

12. A dinâmica eleitoral não se inicia apenas formalmente na convenção partidária: há movimentos políticos de estratégia que ocorrem antes, pela

conjugação e harmonização de forças, como é notório, e *notoria non egent probationem*, por isso que esse fato não pode ser simplesmente desconsiderado na identificação da razão subjacente ao art. 16.

13. Deveras, se há razões para condicionar à regra da anterioridade a eficácia de Emenda à Constituição publicada no mês de março também antes, portanto, do período das convenções partidárias, tal como decidido por este STF no julgamento da ADIn nº 3.685/DF, não há como entender diferente quanto à lei complementar publicada no mês de junho.

14. Os efeitos imediatos da Lei Complementar nº 135, de 4 de junho de 2010, infringem o princípio da *proteção da confiança*, difundido no Direito germânico e que, mais recentemente, ganha espaço no cenário jurídico brasileiro. Consectariamente, a ampliação das atividades estatais faz crescer uma exigência por parte dos cidadãos de maior constância e estabilidade das decisões que lhes afetam, de modo que um cidadão não consegue planejar sua vida se o Estado não atuar de forma estável e consistente. Mudança e constância são, dessa forma, duas expressões que colidem no mundo pós-moderno.

15. O princípio da proteção da confiança, imanente ao nosso sistema constitucional, visa a proteger o indivíduo contra alterações súbitas e injustas em sua esfera patrimonial e de liberdade, e deve fazer irradiar um direito de reação contra um comportamento descontínuo e contraditório do Estado.

16. O art. 16 da Carta de 88 materializou o que a doutrina alemã denomina de disposições de transição; vale dizer: dispositivo constitucional que, ao deslocar, para um momento futuro, os efeitos de uma nova lei capaz de interferir no processo eleitoral, amortece os efeitos da nova norma, viabilizando a coesão social e a tutela da confiança que os indivíduos depositaram no Estado brasileiro.

17. A aplicação imediata da novel lei agride o princípio da proteção da confiança, dimensão subjetiva do princípio da segurança jurídica, tornando incerto o que certo, instável o que o texto constitucional buscou preservar. Como corolário do dispositivo, todo e qualquer candidato ou eleitor não esperavam ser afetados pelas mudanças encartadas na LC nº 135/10 em relação às eleições de 2010.

18. A Lei da Ficha Limpa é a lei do futuro, é a aspiração legítima da nação brasileira, mas não pode ser um desejo saciado no presente, em homenagem à Constituição Brasileira, que garante a liberdade para respirarmos o ar que respiramos, que protege a nossa família desde o berço dos nossos filhos até o túmulo dos nossos antepassados.

19. Recurso extraordinário provido.

Voto

O Senhor Ministro Luiz Fux: Preliminarmente, gostaria de destacar que, mercê de os votos confluírem nalguns aspectos, a nossa proposição pretende fazer uma rápida incursão nos antecedentes da Lei Complementar nº 135/2010 (Lei da Ficha Limpa), para, empós, aferir a sua constitucionalidade à luz do art. 16 da Constituição Federal e da cláusula da Segurança Jurídica, sob o enfoque da proteção da confiança ou do princípio da Confiança Legítima.

Cumpre-nos, nesse afã prefacial, destacar que a Lei da Ficha Limpa representa um dos mais belos espetáculos democráticos experimentados após a Carta de 1988, porquanto lei de iniciativa popular com o escopo de purificação do mundo político, *habitat* dos representantes do povo aqueles que expressam a vontade popular, na memorável expressão de Friedrich Müller, na sua monografia *Quem é o povo?*,[1] prefaciada magnificamente por Fabio Konder Comparato.

É cediço que dos juízes reclama-se um conhecimento enciclopédico, uma isenção hercúlea, tudo envolto numa postura olímpica. Se assim o é, e é assim que se passam as coisas do mundo judicial, dos políticos espera-se moralidade no pensar e no atuar, virtudes que conduziram ao grito popular pela Lei da Ficha Limpa.

Na verdade, a moralidade no exercício do mandato político é a mesma que se impõe ao agente administrativo em geral, como entreveem os administrativistas clássicos de ontem e de hoje. Na percuciente visão de Hauriou,[2] não se trata da moral comum, mas sim de uma moral jurídica, entendida como o conjunto de regras de conduta tiradas da disciplina interior da Administração. No mesmo sentido ensinam Henri Welter e Lacharrière, assentando este último que a moral administrativa é o conjunto de regras que, para disciplinar o exercício do poder discricionário da Administração, o superior hierárquico *hoje, no Brasil, o próprio texto constitucional de 1988* impõe aos seus subordinados.[3]

Essa moralidade, pauta jurídica dos agentes públicos, sintetiza-se no dever de atuar com lealdade e boa-fé do homem comum, que sabe distinguir o honesto do desonesto, o legal do ilegal, o justo do injusto, e assim por diante, à luz do art. 37 da Constituição Federal, que dispõe no seguinte sentido, *verbis*:

> Art. 37. A administração pública direta e indireta de qualquer dos Poderes da União, dos Estados, do Distrito Federal e dos Municípios obedecerá aos princípios de legalidade, impessoalidade, moralidade, publicidade e eficiência e, também, ao seguinte: (...).

A probidade e a exação da conduta dos políticos, assim, eclipsa a moralidade que se pretende com a denominada Lei da Ficha Limpa, e se acomoda no espírito conceitual versado pelos ensaístas do tema, como, *v.g.*,

---

[1] MÜLLER, Friedrich. *Quem é o povo?*. São Paulo: Malheiros, 2010.
[2] HAURIOU, Maurice. *Précis de droit administratif*. 11ª. éd. Paris: Sirey, 1926. p. 197.
[3] *Apud* BANDEIRA DE MELLO, Celso Antônio. *Curso de direito administrativo*. 27. ed. São Paulo: Malheiros, 2010. p. 89.

Jesús González Pérez,[4] Márcio Cammarosano[5] e o insuperável Celso Antônio Bandeira de Mello.[6]

Deveras, é cediço que também integra a moralidade a obediência às decisões judiciais, às leis e, com maior razão, à Constituição Federal. A atividade de quem quer que exerça uma função pública e desobedeça a Constituição Federal deve ser acoimada de uma atividade imoral. E é sob este prisma que Orozimbo Nonato, na coletânea Memórias Jurisprudenciais, publicada nesta Corte Suprema,[7] assenta que *o melhor dos direitos não pode ser aplicado contra a Constituição*.

A partir desse pano de fundo axiológico, a questão *sub judice* suscita a indagação sobre se a criação de interdições à elegibilidade de candidatos no próprio ano da eleição viola o art. 16 da Constituição Federal, que assim dispõe, *verbis*:

> Art. 16. A lei que alterar o processo eleitoral entrará em vigor na data de sua publicação, não se aplicando à eleição que ocorra até um ano da data de sua vigência. (Redação dada pela Emenda Constitucional nº 4, de 1993)

O princípio da Unidade da Constituição revela que as normas constitucionais se interligam, razão pela qual não há regras inúteis e desprezíveis no texto constitucional, ideário de uma nação, e que por isso deve ser prestigiado em todos os seus dispositivos, como assentam Hans Kelsen[8] e Konrad Hesse,[9] para nos limitarmos a duas grandes expressões do constitucionalismo.

A regra do art. 16, na sua interpretação literal, traz como *punctum saliens* o processo eleitoral, por isso que, a partir da sua concepção, ou seja, da concepção do que seja processo eleitoral, torna-se clara a *mens legis* e aquilo que pretende dizer a Constituição Federal, ao proibir a mudança do processo eleitoral no mesmo ano da eleição.

Resta evidente, por conta desse objetivo, que a expressão *lei*, utilizada no texto maior, tem sentido lato, compreendendo qualquer lei ordinária, complementar ou mesmo emenda constitucional, pois todas essas espécies normativas são capazes de atingir a segurança e a estabilidade de que devem gozar as eleições. Assim já se pronunciou esta Corte, assentando que a regra insculpida no art. 16 da CRFB é cláusula pétrea e que, portanto, impõe-se

---

[4] GONZÁLEZ PÉREZ, Jesús. *El principio general de la buena fe en el derecho administrativo*. Madrid: Civitas, 1983.
[5] CAMMAROSANO, Márcio. *O princípio constitucional da moralidade e o exercício da função administrativa*. Belo Horizonte: Fórum, 2006.
[6] BANDEIRA DE MELLO, Celso Antônio. *Curso de direito administrativo*. 27. ed. São Paulo: Malheiros, p. 120.
[7] LEAL, Roger Stiefelmann. *Memória jurisprudencial*: Ministro Orozimbo Nonato. Brasília: Supremo Tribunal Federal, 2007. p. 131.
[8] KELSEN, Hans. *Teoria pura do direito*. Tradução de João Baptista Machado. São Paulo: Martins Fontes, 2009. p. 228 *et seq*.
[9] HESSE, Konrad. La interpretación constitucional. *In*: HESSE, Konrad. *Escritos de derecho constitucional*. Madrid: Centro de Estudios Constitucionales, 1983. p. 48.

mesmo diante de Emenda Constitucional, consoante decidido na ADIn nº 3.685/DF, relatora a Min. Ellen Gracie, posto garantir direito político fundamental *pro* eleitor e *pro* candidato.

Subjaz, assim, a indagação do que seja o fenômeno jurídico interditado, qual o da alteração do processo eleitoral. O que significa alterar o processo eleitoral no mesmo ano da eleição?

O tema, à luz do dispositivo constitucional retratado, expõe a justeza do que se contém no voto do eminente Relator, o Ministro Gilmar Mendes, a cujos argumentos, na sua inteireza, manifesto a minha adesão. Mas não é somente isso que nos inclina a convergir na direção da conclusão do seu voto.

A primeira interpretação do disposto no art. 16 da CF, inegavelmente simples, cinge-se em se verificar se uma lei foi promulgada e aplicada no mesmo ano da eleição, porquanto, se assim o foi, desconsiderou o comando constitucional; violou-o, habilitando o prejudicado ao recurso veiculador do *error in judicando*.

De outro lado, o sentido da expressão *processo eleitoral*, utilizada no artigo 16 da CRFB, não pode ser confundido, de modo algum, com processo jurisdicional eleitoral, isto é, com as regras do processo judicial que tramita junto à Justiça Eleitoral. É que não há qualquer relação entre a finalidade de segurança por detrás do art. 16 da CF, que garante a igualdade de condições no pleito a ser realizado, e a imunização, no período de um ano, das regras de processo judicial na Justiça Eleitoral.

Na realidade, a expressão processo eleitoral foi utilizada pelo constituinte no sentido colhido da teoria geral do direito, como *série concatenada de atos dirigidos a uma finalidade*, qual seja: a definição dos mandatários políticos através do jogo democrático.

Desta sorte, inexiste oposição entre *direito material* e *processo eleitoral*, para fins de incidência do art. 16 da CF. Ao revés, são justamente as regras de direito material no domínio eleitoral que *mais podem influenciar a isonomia e a igualdade de chances nas eleições*, de modo que é especialmente para estas hipóteses que se dirige o dispositivo. A assertiva vem confirmada pela jurisprudência pacífica deste Supremo tribunal Federal, que reconhece, como fez na ADIn nº 3.345, Rel. Min. Celso de Mello, que o processo eleitoral se compõe de três fases: *fase pré-eleitoral*, com as convenções partidárias e a definição do candidato; *fase eleitoral*, com o início, a realização e o encerramento da votação; e *fase pós-eleitoral*, com a apuração e a contagem dos votos, seguida da diplomação dos candidatos. Ora, não há como negar que tais fases são compostas não só de normas procedimentais, mas principalmente por regras de conteúdo substancial, que disciplinam os requisitos de fundo a serem satisfeitos em cada etapa.

Firmada a premissa de que o comando do art. 16 da CF se dirige também a normas eleitorais de conteúdo substancial, a única conclusão possível de se alcançar, com a devida vênia dos entendimentos em contrário, é que as novas hipóteses de inelegibilidade previstas na LC nº 135/10 não podem ser aplicadas para as eleições ocorridas no próprio ano em que entraram em vigor.

De fato, se o processo eleitoral, como visto, tem inicio com o ato da convenção partidária, cuja finalidade é a definição dos candidatos ao pleito, é evidente que as regras que interferem *na produção desse ato*, com a enunciação das *qualidades subjetivas* que devem satisfazer os candidatos, integram o processo eleitoral, *pois é justamente disso que tratará a convenção partidária*. Em outras palavras, os requisitos que a lei estabelece para o ato inicial do processo eleitoral devem estar inequivocamente submetidos à regra da anualidade, conclusão essa que se justifica principalmente à luz *da isonomia e do equilíbrio nas eleições*, que devem presidir a interpretação do art. 16 da CF, porquanto é inquestionável que qualquer restrição à elegibilidade interfere na igualdade de chances de acesso aos cargos públicos.

Destarte, inequívoco que as normas de inelegibilidade atingem o quadro subjetivo dos competidores no processo eleitoral, elemento essencial e principal do processo eleitoral, em torno do qual todos os demais giram.

Entendimento diverso conduziria ao paradoxo no sentido de que a proteção do art. 16 seria inócua, pois estaria ao alcance dos atuais titulares do poder político a previsão de leis restritivas do ponto de vista subjetivo, afastando tais ou quais categorias de pessoas da possibilidade de concorrerem, e com isso interferindo na segurança de que devem gozar as eleições. Se a finalidade do art. 16 é assegurar também o *pluralismo político* no pleito (CF, art. 1º, V), com igualdade de condições entre quem está no poder e quem está fora, para que os primeiros não criem regras de exceção, de última hora, em benefício próprio, o dispositivo deve necessariamente abranger também as condições de elegibilidade.

Outrossim, não é cabível a aplicação ao presente caso da tese vencedora no julgamento do RE nº 129.392/DF, relator o Min. Sepúlveda Pertence, apreciado na sessão de 17/06/1992. Naquele caso, como se sabe, discutiu-se se a aplicação da LC nº 64/90, que hoje foi alterada pela LC nº 135/10, estava sujeita ou não à regra do art. 16 da Constituição, na redação anterior à EC nº 04/93. Naquela oportunidade, a conclusão a que se chegou, contra os votos vencidos dos Min. Marco Aurélio, Celso de Mello, Carlos Velloso, Aldir Passarinho e Sepúlveda Pertence, foi pelo afastamento da incidência da regra da anualidade, pois a LC nº 64/90 havia sido editada de forma a verdadeiramente *inaugurar* um sistema constitucional de inelegibilidades, concretizando o disposto no art. 14, §9º, da CF. Entendeu a maioria, assim, que a eficácia deste último dispositivo constitucional não poderia ser restringida pelo art. 16 da CF, de idêntica hierarquia, de vez que, se não tolerada a eficácia imediata da LC nº 60/94, haveria um *vácuo legislativo* sobre o tema das inelegibilidades, esvaziando o comando do art. 14, §9º, da CF.

Ocorre, porém, que não há mais, atualmente, o contexto que ensejou a conclusão alcançada pela douta *e apertada* maioria naquele precedente.

Com efeito, não há mais o vácuo legislativo que poderia conduzir, se negada aplicabilidade à LC nº 135/10, ao esvaziamento da eficácia do art. 14, §9º, da CF. O regime das inelegibilidades, sob o pálio da Constituição de 1988, já foi instituído desde a década de 90 pela LC nº 64/90, há vinte anos, portanto. Descabe falar, assim, de caráter inaugural na LC nº 135/10, que, apesar de todos os seus inquestionáveis méritos, *alterou* para usar a expressão literal do art. 16 da CF o regime das inelegibilidades já em vigor há duas décadas no direito brasileiro.

Desta sorte, inexistentes as mesmas razões de decidir que presidiram o julgamento do RE nº 129.392/DF, uma vez que, repita-se, o sistema constitucional de inelegibilidade, quando da entrada em vigor da LC nº 135/10, já havia sido integralizado, há vinte anos, pela LC nº 64/90, inoperante a máxima *ubi eadem ratio ibi eadem dispositio*. Ora, não havendo, *in casu*, qualquer risco de configuração de vácuo legislativo, descortina-se que o conteúdo da LC nº 135/10 consubstancia inequívoca alteração do regime das elegibilidades, e, como tal, incide na interdição constitucional do art. 16 da CRFB.

Refute-se, por oportuno, com a devida vênia, o argumento de que a publicação da LC nº 135/10 *antes das convenções partidárias*, nas quais ocorre a definição dos candidatos, seria suficiente para satisfazer as razões subjacentes ao art. 16 da Constituição. Segundo referido raciocínio, os partidos políticos e seus filiados teriam tido tempo suficiente para deliberar em igualdade de condições quanto à escolha dos respectivos candidatos segundo as regras novas, na medida em que a publicação da LC nº 135/10 ocorreu em 7 de junho de 2010, três dias antes do período fixado pelo TSE para a realização das convenções partidárias de 10 de junho a 30 de junho. Assim, conforme essa tese, por não ter havido surpresa quanto ao regime jurídico subjetivo dos candidatos, não haveria violação ao art. 16 da CF.

Apesar da aparente sedução do argumento, que se funda nas razões subjacentes à regra da anualidade eleitoral, o mesmo não merece acolhida. É que o enunciado normativo do art. 16 da Constituição Federal, como decorre da moderna teoria geral do direito e, mais particularmente, da novel teoria da interpretação constitucional, consubstancia uma *regra jurídica*. Ao contrário dos *princípios jurídicos*, que apelam imediatamente para estados ideais a serem alcançados como os princípios da segurança jurídica (CF, art. 5º, *caput*) ou da dignidade da pessoa humana (CF, art. 1º, III), as regras se caracterizam pela enunciação de uma hipótese de incidência e, simultaneamente, do comando a ser desencadeado pela configuração de seus pressupostos de fato.[10]

Essa constatação, do ponto de vista metodológico, impõe não seja possível, na aplicação de regras jurídicas, simplesmente *desconsiderar* seus

---

[10] BARROSO, Luís Roberto. *Curso de direito constitucional contemporâneo*: os conceitos fundamentais e a construção do novo modelo. São Paulo: Saraiva, 2009. p. 316-318; ÁVILA, Humberto. *Teoria dos princípios*: da definição à aplicação dos princípios jurídicos. São Paulo: Saraiva, 2009. p. 64 *et seq.*; e BARCELLOS, Ana Paula de. *Ponderação, racionalidade e atividade jurisdicional*. Rio de Janeiro: Renovar, 2005. p. 166 *et seq.*

enunciados linguísticos para buscar desde logo as razões que lhe são subjacentes, a fim de que, identificadas tais razões, serem aplicados ao caso, *a despeito do que preveja a regra*, diretamente os fundamentos que teve em vista o legislador ao instituí-la. Este raciocínio é próprio aos princípios jurídicos, que, como dito acima, conclamam o aplicador a ter em vista a concretização de estados ideais a serem alcançados, muitas vezes sob a técnica da ponderação de interesses, que deve se fazer presente, como se sabe, sempre que a finalidade proclamada por um princípio colida com o que prega outro de igual hierarquia.

Diversamente, as regras se caracterizam justamente pela *segurança* e pela *previsibilidade* que decorrem de seu *método subsuntivo de aplicação*, que parte da hipótese de incidência para alcançar o comando nela cristalizado. E esse método de aplicação se justifica pois as regras já representam *uma decisão*, pelo legislador, *acerca da acomodação dos diversos vetores em jogo*, que, no caso dos princípios, ao contrário, é delegada pela lei ao aplicador, de modo a ser feita à luz das particularidades do caso concreto.

Em síntese, o fato de o legislador optar por instituir uma regra e não um princípio, como no caso do art. 16 da CF, é motivo suficiente para que não sejam desconsiderados seus enunciados linguísticos, que representam, na realidade, a decisão já tomada no domínio da democracia quanto às diversas razões que poderiam conduzir a soluções opostas, ou simplesmente diferentes, a respeito da segurança jurídica no processo eleitoral.

É nesse sentido, por exemplo, a lição de Frederick Schauer, renomado Professor da Universidade de Virgínia e ex-Professor da Universidade de Harvard, que traça com clareza as linhas gerais do método de aplicação das regras:

> We have now distinguished two types of decision-making, the distinction being a function of the way in which prescriptive generalizations directed to any decision-maker are, ordinarily, under- and over-inclusive instantiations of deeper justifications. Under one sort of decision-making, these instantiations are intrinsically unweighty guides to the application of their background justifications, and so provide no normative pressure in cases in which the results they indicate diverge from the results indicated by direct application of those background justifications. But under another sort of decision-making these instantiations are treated as entrenched, such that the instantiation provides normative pressure qua instantiation even in those cases in which application of that instantiation frustrates the justification (or justifications) lying behind it.
>
> We can now label the two forms of decision-making. Because one treats what look like rules in form only as weightless rules of thumb (a term I will subject to closer scrutiny in the concluding section of this chapter), not allowing them to interfere with the fullest consideration of all relevant (according to the applicable justification or array of justifications) features of the event calling for a decision, I will refer to it as particularistic. Particularistic decision-making focuses on the particular situation, case, or act, and thereby comprehends everything about the particular decision-prompting event that is relevant to the decision to be made.

By contrast, the second type of decision-making, excluding from consideration some properties of the particular event that a particularistic decision procedure would recognize, is the one I refer to as rule-based. Rule-based decision-making fails to be particularistic just because some otherwise relevant features of the decision-prompting event are actually or potentially ignored by the under- and over-inclusive generalization constituting the factual predicate of any rule.[11]

Esses postulados teóricos aplicáveis ao caso *sub examine* impedem que a Suprema Corte Brasileira simplesmente *reescreva* o art. 16 da Constituição Federal, no sentido de que, onde se lê *não se aplicando à eleição que ocorra até um ano da data de sua vigência*, seja lido como marco temporal a data da realização das convenções partidárias, ou a data em que ocorrido o registro da candidatura. A regra do art. 16 da CF, ao concretizar o princípio da segurança jurídica no domínio eleitoral, definiu um marco claro e preciso para a eficácia de novas leis que pretendam alterar o processo eleitoral, qual seja: a lei não pode atingir as eleições que ocorram no mesmo ano em que iniciada sua vigência. E um ano, evidentemente, não é igual a quatro meses, espaço de tempo que medeia entre o mês de junho (entrada em vigor da LC nº 135/10) e o mês de outubro (mês de realização das eleições).

Mercê desse aspecto metodológico, a dinâmica eleitoral não se inicia apenas formalmente na convenção partidária: há movimentos políticos de estratégia que ocorrem antes, pela conjugação e harmonização de forças, como é notório, e *notoria non egent probationem*, por isso que esse fato não pode ser simplesmente desconsiderado na identificação da razão subjacente ao art. 16. Se permitida a incidência de lei publicada apenas *três dias antes* do começo do período das convenções partidárias, assim, haveria um prejuízo material ao debate democrático, pois a própria definição dos candidatos poderia ficar à deriva, dado o risco de alteração, de modo abrupto, das regras sobre inelegibilidade, com inegável afronta à previsibilidade que deve presidir o jogo eleitoral. Deste modo, mesmo que interpretado o art. 16 da CF à luz de sua

---

[11] SCHAUER, Frederick. *Playing by the Rules*: a Philosophical Examination of Rule: Based DecisionMaking in Law and in Life. New York: Oxford University Press, 2002. p. 77-78. Em sentido similar, no direito brasileiro, v. BARROSO, Luís Roberto. *Curso de direito constitucional contemporâneo*: os conceitos fundamentais e a construção do novo modelo. São Paulo: Saraiva, 2009. p. 210-211: "Como já dito e reiterado, regras são descritivas de conduta, ao passo que princípios são valorativos ou finalísticos. Essa característica dos princípios pode acarretar duas consequências. Por vezes, a abstração do estado ideal indicado pela norma dá ensejo a certa elasticidade ou indefinição do seu sentido. É o que acontece, *v.g.*, com a dignidade da pessoa humana, cuja definição varia, muitas vezes, em função das concepções políticas, filosóficas, ideológicas e religiosas do intérprete. Em segundo lugar, ao empregar princípios para formular opções políticas, metas a serem alcançadas e valores a serem preservados e promovidos, a Constituição nem sempre escolhe os meios que devem ser empregados para preservar ou alcançar esses bens jurídicos. Mesmo porque, e esse é um ponto importante, frequentemente, meios variados podem ser adotados para alcançar o mesmo objetivo. As regras, uma vez que descrevem condutas específicas desde logo, não ensejam essas particularidades. Ora, a decisão do constituinte de empregar princípios ou regras em cada caso não é aleatória ou meramente caprichosa. Ela está associada, na verdade, às diferentes funções que essas duas espécies normativas podem desempenhar no texto constitucional, tendo em conta a intensidade de limitação que se deseja impor aos Poderes constituídos. Ao utilizar a estatura das regras, o constituinte cria condutas específicas, obrigatórias, e, consequentemente, limites claros à atuação dos poderes políticos. Os princípios, diversamente, indicam um sentido geral e demarcam um espaço dentro do qual as maiorias políticas poderão legitimamente fazer suas escolhas".

razão subjacente i.e., a segurança jurídica, da qual decorrem o equilíbrio e a igualdade nas eleições seu comando não poderia ser afastado no presente caso.

Nesse segmento, rememore-se que no julgamento da ADIn nº 3.685/DF, na qual se discutiu a aplicação no tempo, para as eleições de 2006, das novas regras sobre coligações partidárias instituídas pela Emenda Constitucional nº 52/06, publicada em março de 2006, entendeu este Supremo Tribunal Federal pela ofensa ao art. 16 da Constituição, cuja natureza é de verdadeira cláusula pétrea. Ora, se há razões para condicionar ao art. 16 a eficácia de Emenda à Constituição publicada no mês de março também antes, portanto, do período das convenções partidárias, não há como entender diferente quanto à lei complementar publicada no mês de junho.

Conjure-se, por fim, o fundamento calcado na redação do art. 14, §9º, da CF, pelo fato de o mesmo prever, desde a Emenda nº 4/94, a possibilidade de instituição de inelegibilidades fundadas na probidade administrativa e na moralidade para exercício de mandato considerada vida pregressa do candidato, o que afastaria qualquer argumento de surpresa pelos atingidos pela LC nº 135/10. Ora, é evidente que a Constituição, ela mesma, não previa de modo concreto e específico quais seriam as hipóteses de inelegibilidade o que foi engendrado pela LC nº 135/10, mas apenas seu fundamento último na moralidade administrativa. E é justamente a instituição das novas hipóteses concretas de inelegibilidade que provoca a alteração substancial no processo eleitoral, que, por conta disso, não pode se furtar à incidência do art. 16 da Constituição.

A mesma conclusão é colhida na doutrina de José Afonso da Silva, ao assentar que a *ratio essendi* do art. 16 da CRFB visa a evitar casuísmos e alterações nas regras do *jogo eleitoral* já iniciado.[12]

Um outro aspecto de sumo relevo deve ser destacado, como o foi, nos julgamentos anteriores acerca do tema, pelos eminentes Ministros Celso de Mello e Marco Aurélio, qual o da violação bifronte, pelo acórdão recorrido, do art. 16 e da garantia da segurança jurídica inerente e necessária à estabilidade do regime democrático, e que se vê surpreendida — e essa é a palavra, *surpresa* — com a criação de novas inelegibilidades, *in itinere*, durante o jogo democrático.

Deveras, repita-se, a iniciativa popular foi mais do que salutar, mas não pode ser efetivada em dissonância com as garantias constitucionais. É que segurança jurídica e surpresa não combinam, resolvendo-se os conflitos e as tensões sempre em prol do primeiro valor.

Um cidadão ou um candidato não podem saber que algo é proibido como os cães, para utilizar a metáfora de Bentham, ao assentar que os cachorros só sabem o que é proibido quando um taco de beisebol lhes toca o focinho.[13]

---

[12] SILVA, José Afonso da. *Comentário contextual à Constituição*. São Paulo: Malheiros, 2010. p. 237.
[13] WAMBIER, Teresa Arruda Alvim. *Exposição de motivos do PL 166*: o Novo Código de Processo Civil.

Essa *quaestio juris* da surpresa em confronto com a segurança jurídica, e que hoje integra os valores na novel Constituição pós-positivista de 1988, é retratada com a precisão dos doutrinadores germânicos nas digressões acerca da *proteção da confiança* ou na versão anglo-saxônica da *proteção da confiança legítima*. E é sob este enfoque que também se evidencia que os efeitos imediatos da Lei Complementar nº 135, de 4 de junho de 2010, infringem o princípio da proteção da confiança, princípio difundido no Direito germânico e que, mais recentemente, ganha espaço no cenário jurídico brasileiro.

A confiança é tão relevante que, além de contribuir para a duração de um sistema político, na sua ausência qualquer sociedade entra em colapso. Ela é um dos mais elementares preceitos que todo ordenamento jurídico deve observar. Nesse diapasão, cumpre a todo e qualquer Estado reduzir as incertezas do futuro, pois, segundo pontifica Richard S. Kay, *um dos mais graves danos que o Estado pode infligir aos seus cidadãos é submetê-los a vidas de perpétua incerteza*.[14]

Segundo Johannes Beermann, o pensamento em torno do princípio da proteção da confiança já estava presente no Direito em 896.[15] Naquele ano, o tema foi descortinado por conta da morte e julgamento do Papa Formoso. Após seu falecimento, o novo Papa Estevão VI determinou que o corpo do referido pontífice fosse desenterrado para que, em seguida, pudesse ser submetido a um julgamento. Ao final desse concílio cadavérico, o Papa Formoso, já falecido, foi condenado pelas acusações formuladas e, por conta disso, seu corpo foi despido de suas vestes, teve dedos da mão direita decepados e foi excomungado. Essas medidas fizeram com que sua nomeação como Papa perdesse os efeitos de forma *ex tunc*. Todos os atos por ele praticados (ordenações de Padres e Bispos, consagrações etc.) tiveram de ser desconsiderados. Na época, a despeito de ter sido declarada a ineficácia dos atos papais desde a sua origem, as sérias consequências advindas dessa medida levaram os estudiosos do Direito Canônico a refletirem sobre a necessidade de preservação da confiança depositada nos atos praticados pelo Papa Formoso e por aqueles indevidamente por ele consagrados.[16]

As ideias que gravitam em torno do princípio da proteção da confiança começaram a se desenvolver mais intensamente na Alemanha a partir do início dos anos cinquenta, momento do pós-guerra em que o Estado social alemão passou a desempenhar um rol mais amplo de atribuições.[17] Atualmente,

---

[14] No original: "One of the most serious injuries the state can inflict on its subjects is to commit them to lives of perpetual uncertainty" (KAY, Richard S. American Constitutionalism. *In*: ALEXANDER, Larry (Ed.). *Constitutionalism*: Philosophical Foundations. Cambridge: Cambridge University Press, 1998. p. 22. Sua citação foi feita em KIRSTE, Stephan. Constituição como início do direito positivo: a estrutura temporal das constituições. *Anuário dos Cursos de PósGraduação em Direito*, Recife, Universidade Federal de Pernambuco, Faculdade de Direito do Recife, 2003. p. 13, 116).

[15] BEERMANN, Johannes. *Verwirkung und Vertrauensschutz im Steuerrecht*. Münster; New York: Waxmann, 1991. p. 5.

[16] *Ibidem*, p. 5.

[17] OSSENBÜHL, Fritz. Vertrauensschutz im sozialen Rechtsstaat. *Die Offentliche Verwaltung Zeitschrift für Verwaltungsrecht und Verwaltungspolitik*. Heft 1-2, Stuttgart: W. Kohlhammer GmbH, p. 26, jan. 1972.; e

a necessidade de proteção da confiança se dissemina em um ambiente de crescente demanda por segurança e estabilidade em um mundo de rápidas e frequentes alterações, em que o indivíduo depende, cada vez mais, das decisões e normas estatais.[18] Sem embargo de ainda não possuir uma posição de destaque em nosso ordenamento, o princípio da proteção da confiança poderá servir no Brasil, da mesma forma que em outros países, para garantir, com critérios mais firmes, nítidos e objetivos, a preservação futura de expectativas legítimas de particulares oriundas de comportamentos estatais.

Trata-se de um princípio que, no dizer de Anna Leisner-Egensperger, leva em consideração a confiança do cidadão na continuidade de uma decisão ou de um comportamento estatal.[19] E, consoante pontifica Fritz Ossenbühl, em tradução livre do alemão:

> (...) a "proteção da confiança" significa, no sentido jurídico, a defesa de posições jurídicas do cidadão em sua relação com o Estado. Ela representa a observância das expectativas de comportamentos pelas instâncias estatais, independentemente de se tratar do Legislador, do Executivo ou do Judiciário.[20]

O princípio da proteção da confiança é um instituto que, na visão de Walter Schmidt, foi desenvolvido para a tutela de posições jurídicas dos cidadãos contra mudanças de curso (*Verteidigung von Rechtspositionen des Bürgers gegen Kursänderung*).[21] Aliás, conforme adverte Aulis Aarnio, uma das funções mais importantes das normas jurídicas é a criação de uma estabilidade nas relações sociais.[22]

Na avaliação do antropólogo Ernst-Joachim Lampe, a segurança e a possibilidade de preservação dos próprios interesses individuais situam-se dentre as necessidades fundamentais do seres humanos.[23] Com a mesma preocupação, Winfried Brugger salienta, em sua consagrada obra A Cruz Antropológica da Decisão na Política e no Direito (Das anthropologische

---

BULLINGER, Martin; Hagen; WÜRTENBERG, Thomas *et al.* (Org.). Vertrauensschutz im deutschen Verwaltungsrecht in historisch-kritischer Sicht: Mit einem Reformvorschlag. In: *Wahrnehmungs- und Betätigungsformen des Vertrauens im deutschfranzösischen Vergleich*. Berlin, Ano Spitz, 2002. p. 136.

[18] KISKER, Gunter; PÜTTNER, Günter. Vertrauensschutz im Verwaltungsrecht. *Veröffentlichungen der Vereinigung der Deutschen Staatsrechtslehrer* (VVDStRL), Berlin; New York: Heft 32, Walter de Gruyter, 1974. p. 208.

[19] LEISNER-EGENSPERGER, Anna. *Kontinuität als Verfassungsprinzip*: unter besonderer Berücksichtigung des Steuerrecht. Tübingen: Mohr Siebeck, 2002. p. 459.

[20] No original: "Vetrauensschutz' Im Rechtsínne meínt díe Verteidigung von Rechtspositíonen des Bürgers gegenüber dem Staat, meint díe Honorierung von Verhaltenserwartungen gegenüber staatlichen Instanzen, gleichgültig ob Gesetzgebung, Verwaltung oder Rechtsprechung". OSSENBÜHL, Fritz. Vertrauenschutz im sozialen Rechtsstaat. Díe Offentliche Verwaltung. *Zeitschrift für Verwaltungsrecht und Verwaltungspolitik*. Hcft 1-2, Stuttgart: W. Kohlhammer GmbH, jan. p. 25, 1972.

[21] SCHMIDT, Walter. Vertrauensschutz im öffentlichen Recht. Juristische Schulung. *Zeitschrift für Studium und Ausbildung*, München, Frankfurt, ano 13, p. 529, 1973.

[22] AARNIO, Aulis. *The Rational as Reasonable*: A Treatise on Legal Justification. Dordrecht-BostonLancaster-Tokyo: D. Reidel Publishing Company, 1987. p. 7.

[23] LAMPE, Ernst-Joachim. *Grenzen des Rechtspositivismus*: Eine Rechtsanthropologische Untersuchung. Berlin: Duncker & Humblot GmbH, 1988. p. 198.

Kreuz der Entscheidung in Politik und Recht) que, por tocarem diretamente na essência da natureza humana, a violação contínua dessas necessidades por demasiado tempo certamente encontrará, em algum momento da história, uma forte resistência dos prejudicados.[24]

Continuidade do Direito não representa sua petrificação, mas, conforme rememora a professora da Universidade alemã de Jena Anna Leisner-Egensperger, uma mudança com consistência e constância.[25] A continuidade pressupõe um processo dinâmico de unificação em que desaparecem os obstáculos entre os eventos; elementos que estavam separados se fundem em um todo (*zu einem Ganzen verschmolzen*) e deixa de existir qualquer ruptura entre eles.[26] Nesse contexto, a pretensão de continuidade do ordenamento deve, segundo Leisner-Egensperger, pressupor um desenvolvimento constante do Direito desprovido de modificações abruptas e incoerentes.[27] Sua evolução merece ser conduzida de forma a superar a estagnação, mas sem que ocorram mudanças súbitas e inesperadas.[28]

A ampliação das atividades estatais faz crescer uma exigência por parte dos cidadãos de maior constância e estabilidade das decisões que lhes afetam. É cediço, inclusive, que um cidadão não consegue planejar sua vida se o Estado não atuar de forma estável e consistente. Mudança e constância são, dessa forma, duas expressões que constantemente colidem no mundo pós-moderno em que vivemos.

Segundo a avaliação de Würtenberg e de Jeannerod, *a proteção da confiança depositada na continuidade das normas jurídicas possibilita o desenvolvimento do direito fundamental de liberdade.*[29] A crença na estabilidade do ordenamento é, inclusive, fundamental para a autodeterminação do indivíduo (*Selbstbestimmung über den eigenen Lebensentwurf und seinen Vollzug*).[30] E, como adverte Ingo Sarlet, apenas em um ambiente em que haja um mínimo de respeito às expectativas legítimas dos particulares é que os direitos fundamentais conseguem receber uma adequada tutela.[31] É através, portanto, da confiabilidade no

---

[24] BRUGGER, Winfried. *Das Anthropologische Kreuz der Entscheidung in Politik und Recht*. BadenBaden: Nomos, 2005. p. 16.

[25] LEISNER-EGENSPERGER, Anna. *Kontinuität als Verfassungsprinzip*: unter Besonderer Berücksichtigung des Steuerrechts. Tübingen: Mohr Siebeck, 2002. p. 1469.

[26] *Ibidem*, p. 43, 113.

[27] *Ibidem*, p. 158.

[28] Para KIRCHHOF, a continuidade significaria um progresso contínuo, bem dimensionado e conseqüente. Segundo ele, o princípio da proteção da confiança também representaria uma autêntica manifestação subjetiva da garantia objetiva de continuidade (KIRCHHOF, Paul. Kontinuität und Vertrauensschutz bei Änderungen der Rechtsprechung. *DStR: Deutsches Steuerrecht*, München, Frankfurt am Main, ano 27, Heft 9, p. 266, 1989).

[29] No original: Der Schutz des Vertrauens in den Bestand rechtlicher Regelungen ermöglicht die Entfaltung grundrechtlicher Freiheit. WÜRTENBERGER, Thomas et al. (Org.). Vertrauen in den Gesetzgeber in Frankreich und in Deutschland. In: *Wahrnehmungs- und Betätigungsformen des Vertrauens im deutschfranzösischen Vergleich*. Berlin: Arno Spitz, 2002. p. 153.

[30] MUCKEL, Stefan. *Kriterien des verfassungsrechtlichen Vertrauensschutzes bei Gesetzesänderungen*. Berlin: Duncker & Humblot, 1989. p. 10.

[31] SARLET, Ingo Wolfgang. *Proibição de retrocesso, dignidade da pessoa humana e direitos sociais*: manifestação de um constitucionalismo dirigente possível. p. 7. Disponível em: <http://www.tex.pro.br/wwwroot/Olde2006/

ordenamento que o indivíduo tem condições de planejar sua própria vida e de praticar atos que materializem esse planejamento. Isso vai, inclusive, conferir efetividade ao direito fundamental de desenvolvimento da personalidade. Por essa razão, o poder deve ser exercido de forma previsível e calculável.

O princípio da proteção da confiança é responsável pela criação de uma relação de tensão (*Spannungsverhältnis*) entre os valores estabilidade e tradição de um lado e flexibilidade e capacidade de inovação do outro.[32] O resultado desse conflito é que possibilitará, consoante lição de Kyrill-A Schwarz, a existência de um Estado que, sem desconsiderar o passado, tenha condições de razoável e eficazmente se adaptar ao futuro.[33]

Um Estado Democrático de Direito deve, conforme predicam Klaus Stern e Fuhrmanns, assegurar aos seus cidadãos, dentre outros valores, a segurança jurídica.[34] Gomes Canotilho também defende o mesmo. Para ele, o Estado de Direito deve proporcionar segurança e confiança às pessoas. Segundo o jurista português:

> As pessoas os indivíduos e as pessoas colectivas têm o direito de poder confiar que aos seus actos ou às decisões públicas incidentes sobre os seus direitos, posições ou relações jurídicas alicerçadas em normas jurídicas vigentes e válidas ou em actos jurídicos editados pelas autoridades com base nessas normas se ligam os efeitos jurídicos previstos e prescritos no ordenamento jurídico. (...) A segurança e a confiança recortam-se (...) como dimensões indeclináveis da paz jurídica.[35]

Dessa forma, a autonomia de um indivíduo apenas é assegurada se ele puder planejar e tiver condições de prever, com uma determinada dose de certeza, o âmbito de suas responsabilidades e as consequências de suas ações.[36]

---

proibicaoingowolfgangsarlett.pdf>. Acesso em: 19 nov. 2006. Para um maior aprofundamento sobre o tema dos direitos fundamentais, merece consulta a obra SARLET, Ingo Wolfgang. *A eficácia dos direitos fundamentais*. Porto Alegre: Livraria do Advogado, 2001. Em sentido similar, DERBLI, Felipe. *O princípio da proibição de retrocesso social na Constituição de 1988*. Rio de Janeiro: Renovar, 2007. p. 214.

[32] Segundo Gotz, expectativas legítimas encontram-se numa constante relação de tensão (tense relationship) com o dinamismo demandado pelo Estado contemporâneo. GOTZ, Volkmar; RIEDEL, Eibe (Org.). Protection of Legitimate Expectations. In: *German reports on Public Law. Presented to the XV. International congress on Comparative Law*. Bristol, 26 July to 1 August 1998. Baden-Baden: Nomos, 1998, p. 134.

[33] SCHWARZ, Kyrill-A. *Vertrauensschutz als Verfassungsprinzip. Eine Analyse des nationalen Rechts des Gemeinschaftsrechts und der Beziehungen zwischen beiden Rechtskreisen. Studien und Materialen zur Verfassungsgerichtsbarkeit*. Baden-Baden: Nomos, 2002, p. 28.

[34] STERN, Klaus. *Das Staatsrecht der Bundesrepublik Deutschland. Band I. Grundbegriffe und Grundlagen des Staatsrechts, Strukturprinzipien der Verfassung*. 2., völlig neubearbeitete Auflage. München: C. H. Beck, 1984. p. 781; FUHRMANNS, Achim. *Vertrauensschutz im deutschen und osterreichischen offentlichen Recht. Eine rechtsvergleichende Untersuchung unter Berücksichtigung des Vertrauensschutzes im Europäischen Gemeinschaftsrecht*. 2004. Tese (Doutorado) – Universidade Justus Liebig de Giessen, 2004. f. 66. Disponível em: <http://geb.uni-giessen.de/geb/volltexte/2005/2209/>. Acesso em: 18 nov. 2006.

[35] CANOTILHO, J.J. Gomes. *Estado de direito*. Lisboa: Gradiva. Cadernos Democráticos, n. 7, p. 73-74, 1999.

[36] SCHONBERG, Soren. *Legitimate Expectations in Administrative Law*. Oxford: Oxford Press, 2000. p. 12.

Todo indivíduo deve ter, como destaca Winfried Brugger, a possibilidade de fixar suas metas e objetivos e de formular um plano individual de vida.[37] Consoante sustenta Valter Shuenquener de Araujo, em sua obra sobre o princípio da proteção da confiança:

> (...) devemos ser os principais responsáveis pelas vantagens e desvantagens que surgirem como conseqüências de nossas opções, o que obriga o Estado a respeitar nossas preferências, mormente se elas estiverem dentro de uma moldura normativa autorizada pela ordem jurídica. O princípio da proteção da confiança deve, por exemplo, impedir intervenções estatais que façam desabar projetos de vida já iniciados. (...) A sociedade não pode apenas olhar para o presente e criar, através do Estado, normas que esvaziem por completo os planos individuais planejados no passado. As aspirações de mudança surgidas no seio popular e materializadas por atos estatais também merecem ser contidas na exata extensão em que vierem a ofender expectativas legítimas de particulares. (...) O princípio da proteção da confiança precisa consagrar a possibilidade de defesa de determinadas posições jurídicas do cidadão diante de mudanças de curso inesperadas promovidas pelo Legislativo, Judiciário e pelo Executivo. Ele tem como propósitos específicos preservar a posição jurídica alcançada pelo particular e, ainda, assegurar uma continuidade das normas do ordenamento. Trata-se de um instituto que impõe freios contra um excessivo dinamismo do Estado que seja capaz de descortejar a confiança dos administrados. Serve como uma justa medida para confinar o poder das autoridades estatais e prevenir violações dos interesses de particulares que atuaram com esteio na confiança.[38]

No âmbito do Poder Judiciário, o Plenário desta Corte já teve a oportunidade de fazer uso do princípio da proteção da confiança e reconheceu, por exemplo, em Mandado de Segurança da relatoria do Ministro Gilmar Mendes, MS nº 24.268-0/MG, julgado em 5.2.2004, que o tema da confiança e da segurança jurídica tem assento constitucional no princípio do Estado de Direito.[39]

Perfilho, destarte, o entendimento de que o ordenamento jurídico deve, através do princípio da proteção da confiança, proteger o indivíduo contra alterações súbitas e injustas em sua esfera patrimonial e de liberdade, e deve fazer irradiar um direito de reação contra um comportamento descontínuo e contraditório do Estado.[40]

---

[37] BRUGGER, Winfried. *Menschenwürde, Menschenrechte, Grund rechte*. Baden-Baden: Nomos, 1997. p. 49.

[38] ARAUJO, Valter Shuenquener de. *O princípio da proteção da confiança*: uma nova forma de tutela do cidadão diante do Estado. Rio de Janeiro: Impetus, 2009.

[39] A segurança jurídica seria um dos subprincípios do Estado de Direito. STF. Segunda Turma. Rel. Min. Gilmar Mendes. Questão de Ordem na Petição (MC) nº 2.900/RS. Data do julg.: 27.05.2003. DJU, 1º.8.2003, p. 6 do relatório; STF. Plenário. Rel. Min. Ellen Gracie. Rel. para acórdão Min. Gilmar Mendes. MS nº 24.268-MG. Data do julg. 5.2.2004. DJU, 17.9.2004.

[40] BURMEISTER, Joachim. *Vertrauensschutz im Rechtsstaat*. Tese (*Habilitationsschrift*) – Faculdade de Direito, Universidade de Colônia, Alemanha, 1974. p. 124. Com o mesmo entendimento, MARTINS-COSTA, Judith. *Princípio da segurança jurídica na relação entre o Estado e os cidadãos*: a segurança como crédito de confiança. Disponível em: <http://www.cjf.gov.br/revista/numero27/artigo14.pdf>. Acesso em: 16 nov. 2006. p. 4.

Na hipótese versada nos autos, o princípio da proteção da confiança desempenhará um relevante papel. Estamos diante de um dispositivo constitucional, o art. 16, que prevê, numa leitura de clareza cristalina, a necessidade de uma nova regra legal capaz de alterar o processo eleitoral apenas produzir efeitos após um ano de sua vigência. Como corolário do dispositivo, todo e qualquer candidato não esperava ser afetado pelas mudanças encartadas na LC nº 135/10 em relação às eleições de 2010. Nesse contexto, a aplicação imediata da novel lei agride o princípio da proteção da confiança, dimensão subjetiva do princípio da segurança jurídica, tornando incerto o que certo, instável o que o texto constitucional buscou preservar.

A ampliação da legitimidade da Lei da Ficha Limpa, decorrente do fato de o projeto ser oriundo de uma iniciativa popular, também não pode fazer sucumbir princípios basilares do Direito. É que os milhares de votos alcançados pelos parlamentares eleitos, e a serem prejudicados com a aplicação imediata da Lei Complementar nº 135, servem como um mecanismo compensatório para fazer frente aos votos obtidos no projeto de iniciativa popular, que buscou afastar do cenário político todas as autoridades punidas por órgãos colegiados. Por conta disso, a projeção para eleições futuras dos comandos da lei impugnada não representa, de maneira alguma, uma antidemocrática posição contramajoritária de nossa Corte rumo à preservação de direitos historicamente assegurados pelos diversos ordenamentos jurídicos mundiais.

Há, na realidade, um nítido embate entre o anseio de parcela da população brasileira de aplicação das regras da LC nº 135 às eleições de 2010, e, de outro lado, a vontade de parcela substancial de cidadãos que elegeram os candidatos a serem prejudicados com o eventual efeito imediato da Lei da Ficha Limpa. Esta última vontade fica, ainda, aliada às expectativas legítimas dos candidatos de não serem surpreendidos com uma alteração súbita e inesperada no processo eleitoral brasileiro. Fazendo uso do método de concordância prática, que impõe uma relação de precedência condicionada dos valores em jogo e o aproveitamento máximo dos bens submetidos a uma ponderação, resta forçoso concluir que a LC nº 135/2010 não deve produzir efeitos, conforme redação do art. 16 de nossa Carta Magna, antes do decurso de um ano de sua vigência. Foi isso o que Constituinte pretendeu de forma inquestionável.

Um dispositivo legal não pode, por razões sabidamente conhecidas, contrariar regras expressas do texto constitucional. Lembro que, na Odisseia de Homero, Ulisses apenas se salvou do canto das sereias após colocar cera nos ouvidos e se amarrar ao mastro de sua embarcação. Foi dessa forma que a racionalidade triunfou sobre o mito.[41] A tentação é grande, mas deve ser

---

[41] A respeito dessa metáfora, utilizada originalmente no constitucionalismo norte-americano por Jon Elster na obra *Ulysses and the sirens*. Cambridge: Cambridge University Press, 1979; conferir, no direito brasileiro, VIEIRA, Oscar Vilhena. *A Constituição e sua reserva de justiça*: um ensaio sobre os limites materiais ao poder de reforma. São Paulo: Malheiros, 1999. p. 20 *et seq*.

resistida, sob pena de grave comprometimento de valores mais elevados assegurados pelo texto constitucional de nossa pátria. As vozes de uma parcela da população brasileira, que clamam, de forma contrária ao que admite o art. 16 de nossa Constituição, pela punição, já nas eleições de 2010, de políticos condenados por órgãos colegiados, devem ser ouvidas, respeitadas, mas não encontram embasamento no ordenamento jurídico brasileiro e nem mesmo nas civilizações democráticas do mundo ocidental. Na longa caminhada, o canto das sereias leva, apenas, ao sacrifício nas profundezas escuras do mar.

As novidades trazidas pela LC nº 135/10 introduzem profundas mudanças no processo eleitoral brasileiro, impedindo que políticos condenados por decisão de órgão colegiado sejam eleitos. Há, reitero, alteração no processo eleitoral. E, por essa razão, a aplicação da Lei às eleições de 2010 colide frontalmente com a regra contida no art. 16 de nossa Constituição no sentido de que "a lei que alterar o processo eleitoral entrará em vigor na data de sua publicação, não se aplicando à eleição que ocorra até um ano da data de sua vigência".

Numa análise das condições apresentadas por Valter Shuenquener de Araujo para o manejo do princípio da proteção da confiança em um caso concreto, é forçoso concluir que todas elas estão presentes na hipótese dos autos. Segundo o referido autor, o emprego do princípio da proteção depende da presença: i) da base da confiança, ii) da existência subjetiva da confiança, iii) do exercício da confiança através de atos concretos e iv) do comportamento estatal que frustre a confiança. O artigo 16 da Carta de 88 é a *Vertrauensgrundlage*, isto é, a base da confiança, o ato estatal que dá origem a uma expectativa legítima, no sentido da impossibilidade de surgimento de uma nova lei capaz de frustrar, subitamente, o processo eleitoral antes de decorrido um ano da sua vigência. Essa regra foi internalizada pelos pretendentes a mandatos eletivos e a LC nº 135 não poderia esvaziar a existência subjetiva da confiança. Ademais, os pretendentes a cargos políticos se comportaram acreditando que a regra do art. 16 impediria mudanças súbitas, tal como a perpetrada pelas alterações introduzidas pela LC nº 135 no nosso ordenamento.

Sob outro enfoque, o art. 16 da Carta de 88 materializou o que Klaus-Dieter Borchardt denomina de proteção por meio de disposições de transição (*Verpflichtung zum Erlass von Übergangsregelungen*).[42] Cuida-se de um dispositivo constitucional que, ao deslocar, para um momento futuro, os efeitos de uma nova lei capaz de interferir no processo eleitoral, amortece os efeitos da nova norma, viabilizando a coesão social e a tutela da confiança que os indivíduos depositaram no Estado brasileiro.

---

[42] BORCHARDT, Klaus-Dieter. *Der Grundsatz des Vertrauensschutzes im Europäischen Gemeinschaftsrecht*. Schriftenreihe EUROPA-FORSCHUNG. Band 15. Kehl-StrassburgArlington: N. P. Engel, 1988. p. 59. Com o mesmo entendimento, por exemplo, SCHMEHL. SCHMEHL, Arndt. Die Verfassungsrechtlichen Rahmenbedingungen des Bestands- und Vertrauensschutzes bei Genehmigungen unter Änderungsvorbehalt. *DVBl* (*Deutsches Verwaltungsblatt*), ano 114. Köln; Berlin: Carl Heymanns, jan. 1999. p. 23.

Nesse contexto, a interpretação favorável à incidência imediata da LC nº 135 para as eleições de 2010 configura um didático exemplo de comportamento que frustra a confiança do cidadão depositada no Estado, um modo de proceder que viola uma expectativa legítima dos candidatos a cargos políticos. Por tudo o que foi dito, a observância do princípio da proteção da confiança, princípio que tem seu fundamento jurídico na cadeia de derivação (*Herleitungskette*) segurança jurídica-Estado de Direito, impõe o deslocamento dos efeitos desfavoráveis aos cidadãos da LC nº 135 para as eleições que se verificarem após um ano da sua vigência. É dessa maneira que o povo brasileiro terá a sua vontade respeitada. E nunca é tarde para rememorarmos que, na visão de Friedrich Müller, o povo se apresenta, em um Estado Democrático de Direito, como o *destinatário de padrões civilizatórios da cultura constitucional democrática.*[43]

Estas razões, Senhor Presidente, que nos conduzem a concluir que as disposições da LC nº 135/10 não podem escapar do comando do art. 16 da Constituição Federal. A Ficha Limpa é a lei do futuro, é a aspiração legítima da nação brasileira, mas não pode ser um desejo saciado no presente, em homenagem à Constituição Brasileira, que garante a liberdade para respirarmos o ar que respiramos, que protege a nossa família desde o berço dos nossos filhos até o túmulo dos nossos antepassados.

Enfim, Senhor Presidente, hoje a Corte Suprema tem a possibilidade de definir, num só momento mágico da jurisdição constitucional, a vida e a esperança dos eleitores brasileiros.

Ex positis, dou provimento ao recurso, aplicando ao *decisum* o regime jurídico do art. 543-B do CPC, acompanhando o Relator, Ministro Gilmar Mendes, a fim de que, consoante uma interpretação conforme, *in casu*, da alínea *l* do inc. I do art. 1º da Lei Complementar nº 64/90 (redação atribuída pela LC nº 135/10), seja necessariamente observado o disposto no art. 16 da CF na aplicação temporal da cognominada Lei da Ficha Limpa.

---

[43] MÜLLER, Friedrich. *Quem é o Povo?*. São Paulo: Malheiros, 2010. p. 86.

ADPF nº 132 / ADI nº 4.277 (Rel. Min. Ayres Britto)

Equiparação das Uniões Homoafetivas às Uniões Estáveis

Felipe Derbli

Submeteu-se ao exame do STF o pedido de *interpretação conforme a Constituição* do art. 1.723 do Código Civil vigente ("É reconhecida a união estável entre o homem e a mulher, configurada na convivência pública, contínua e duradoura e estabelecida com o objetivo de constituição de família"), reconhecendo-se a sua aplicabilidade não apenas à união estável estabelecida entre homem e mulher, como também à união estável constituída entre indivíduos do mesmo sexo. O Tribunal julgou o pedido procedente, em votação unânime.

Na oportunidade, o Min. Luiz Fux, acompanhando o Relator, Ministro Ayres Britto, reconheceu a pertinência temática do Estado do Rio de Janeiro para o ajuizamento da ADPF, o que fez com esteio na chamada teoria dos deveres de proteção (*Schutzpflichten*), decorrente, por seu turno, da *dimensão objetiva dos direitos fundamentais*. A questão, no entanto, não suscitou maiores debates, mesmo porque a ADPF nº 132 foi julgada em conjunto com a ADI nº 4.277, ajuizada pelo Procurador-Geral da República, que é considerado legitimado universal para provocar o controle concentrado de constitucionalidade das leis e, portanto, dispensado de demonstrar pertinência temática.[1]

No que diz respeito ao mérito, o Min. Luiz Fux alinhou-se com abalizada doutrina constitucionalista brasileira, norte-americana e também europeia.

---

[1] Para aprofundamento, v. SARMENTO, Daniel. A dimensão objetiva dos direitos fundamentais: fragmentos de uma teoria. *Revista de Direito da Associação dos Procuradores do Novo Estado do Rio de Janeiro*, v. 12: Direitos Fundamentais, 297/332, Rio de Janeiro, p. 298 *et seq.*, 2003; SARLET, Ingo Wolfgang. *A eficácia dos direitos fundamentais*. 10. ed. Porto Alegre: Livraria do Advogado, 2009. p. 141 *et seq.*; ANDRADE, José Carlos Vieira de. *Os direitos fundamentais na Constituição portuguesa de 1976*. 2. ed. Coimbra: Almedina, 2001. p. 138; DERBLI, Felipe. O papel do Estado-membro no controle abstrato de constitucionalidade das leis em matéria de direitos fundamentais. In: VENTURA, Zênio; FAGÚNDEZ, Paulo (Org.). *As perspectivas da advocacia pública e a nova ordem econômica*. Florianópolis: OAB/SC, 2006.

Seria ocioso reproduzir, aqui, todas as considerações expendidas no voto em apreço; por outro lado, há três comentários que podem representar uma boa contribuição para a análise do voto.

O Min. Luiz Fux justificou, numa visão civil-constitucional — forte na lição de Gustavo Tepedino —, a *funcionalização* do conceito de *família*. Sob outra perspectiva, trata-se do reconhecimento da *família* como uma *garantia institucional*, que, segundo Paulo Bonavides (lastreado, por seu turno, na lição de Carl Schmitt), destina-se "a assegurar a permanência da instituição, embargando-lhe a eventual supressão ou mutilação e preservando invariavelmente o mínimo de substantividade ou essencialidade, a saber, aquele cerne que não deve ser atingido nem violado (...)", sob pena de perecimento dessa instituição protegida.[2]

Na feliz síntese de Paulo Gustavo Gonet Branco, "essas garantias [institucionais] existem, afinal, para que se possam preservar direitos subjetivos que lhes dão sentido. Têm por escopo preponderante reforçar o aspecto de defesa dos direitos fundamentais".[3] Em outras palavras, as garantias institucionais se traduzem na elevação, ao *status* constitucional, de determinados institutos cuja proteção é indispensável para a salvaguarda dos próprios direitos fundamentais. Logo, sua defesa é relevante naquilo que se presta à proteção dos direitos fundamentais, vale dizer, não se pode admitir a invocação de um conceito constitucional (ou constitucionalmente adequado) de *família* que não sirva à proteção de direitos.

Portanto, a Constituição não há de fornecer guarida a um conceito de entidade familiar que exclua uma relação entre pessoas reunidas por vontade própria e em virtude de afeto recíproco, que se apresentam à sociedade — ou, ao menos, aos segmentos sociais em que podem circular sem medo do preconceito — em unidade, que projetam planos de vida duradoura em comum, que amealham patrimônio em conjunto e, às vezes, até mesmo compartilham a criação de filhos, apenas por serem indivíduos de mesmo gênero. Uma tal concepção estabeleceria a família como uma previsão constitucional impeditiva do pleno desenvolvimento dos direitos fundamentais dos parceiros homoafetivos, como a livre e autônoma condução de suas vidas de acordo com os seus próprios desígnios, elemento-chave da dignidade da pessoa humana.[4] Obviamente, o conceito de entidade familiar que, ao invés de proteger, afronta os direitos fundamentais, não terá amparo constitucional.

---

[2] Cf. BONAVIDES, Paulo. *Curso de direito constitucional*. 12. ed. São Paulo: Malheiros, 2002. p. 497.

[3] MENDES, Gilmar Ferreira; BRANCO, Paulo Gustavo Gonet. *Curso de direito constitucional*. 6. ed. São Paulo: Saraiva, 2011. p. 193.

[4] Cf. BARCELLOS, Ana Paula de. *A eficácia jurídica dos princípios constitucionais*: o princípio da dignidade da pessoa humana. 2. ed. Rio de Janeiro: Renovar, 2007, aqui inspirada pelo pensamento kantiano, segundo o qual, em síntese, o homem, como ser racional que é, existe como fim em si mesmo, razão pela qual não haverá de servir de objeto ou instrumento da vontade de outrem. Daí advirá a dignidade da pessoa humana, sendo esta também resultante do fato de que o homem vive em condições de autonomia, isto é, guia-se pelas leis de sua própria criação, oriundas do que denomina *razão prática*. Ao contrário dos seres irracionais, o homem tem, ao menos *in abstracto*, a capacidade de se autodeterminar.

Não há objetar que as normas da lei civil para as sociedades seriam adequadas à disciplina normativa das parcerias homoafetivas, na medida em que desconsiderariam o elemento afetivo e o *animus* das pessoas envolvidas nessas relações.

Outra observação relevante do voto foi quanto à maior aceitação das uniões homoafetivas na sociedade brasileira. Muito embora se saiba que, segundo pesquisas, a maioria da população ainda seja contrária às mesmas[5] — e, nesse aspecto, foi fundamental o funcionamento do STF como instância contramajoritária —, já havia diversas decisões judiciais, pareceres administrativos e leis federais e estaduais que reconheciam efeitos jurídicos válidos às uniões homoafetivas, sobretudo em matéria previdenciária.

Ocorreu, na verdade, um fenômeno característico dos sistemas de controle difuso de constitucionalidade: o STF avalizou um entendimento que já encontrava forte eco na comunidade jurídica brasileira, expressado em inúmeros acórdãos e sentenças e, ainda, nas várias legislações de todo o país. É algo que se verifica em várias ocasiões da experiência da Suprema Corte dos EUA: o próprio *judicial review*, como se sabe, não foi criação primeira da Suprema Corte, mas uma ideia que já vinha de longo processo histórico.[6]

É certo que, no caso vertente, fez-se uso de instrumento de controle concentrado de constitucionalidade, dotado de eficácia *erga omnes* e no qual se proferiu decisão com efeito vinculante, diante da inaplicabilidade do *stare decisis* no sistema judicial brasileiro, de raiz romano-germânica. Ainda assim, o STF, no julgamento da ADPF nº 132, consolidou clara tendência jurisprudencial, legislativa e doutrinária.

Fato semelhante ocorreu nos EUA, quando a Suprema Corte, julgando o caso *Lawrence v. Texas*,[7] decidiu pela inconstitucionalidade de lei que criminalizava a sodomia, superando o entendimento antes consagrado no julgamento do caso *Bowers v. Hardwick*.[8] Em comentário àquele julgado, Cass Sunstein anota que, à época, em apenas treze dos cinquenta Estados norte-americanos a sodomia era considerada crime e, mesmo neles, as leis haviam caído em desuso, pelo anacronismo do julgamento moral que a elas subjazia.[9] Guardadas as devidas proporções e, por óbvio, as distinções culturais entre os dois países, a analogia parece cabível: o STF declarou o desuso da indiferença do Direito às parcerias homoafetivas, já reconhecido em instâncias inferiores e por vários órgãos e entidades da Administração Pública, e tornou obrigatório

---

[5] Notícia disponível em: <http://www1.folha.uol.com.br/cotidiano/950907-mais-da-metade-dos-brasileiros-sao-contra-uniao-gay-diz-ibope.shtml>. Acesso em: 8 jan. 2012.
[6] Como noticia CAPPELLETTI, Mauro. *O controle judicial de constitucionalidade das leis no direito comparado*. Trad. Aroldo Pinto Gonçalves. 2. ed. Porto Alegre: Sergio Antonio Fabris, 1984. p. 45-63.
[7] 539 U.S. 558 (2003).
[8] 478 U.S. 186 (1986).
[9] SUNSTEIN, Cass. *What did Lawrence Hold?*: of Autonomy, Desuetude, Sexuality and Marriage. 2003. Sup. Ct. Rev. 27, p. 49-51.

que se emprestem efeitos jurídicos válidos a relações entre pessoas do mesmo sexo estabelecidas com o fito de constituição de entidade familiar.

Por fim, é interessante apontar que o Min. Luiz Fux conseguiu fugir do que se pode chamar de uma armadilha argumentativa, ao afastar qualquer apreciação do caso baseada no direito à privacidade (art. 5º, X, da Constituição Federal). Não se trata, em absoluto, daquilo que o *Justice* Brandeis, da Suprema Corte dos EUA, denominou de "right to be let alone" no seu célebre voto dissidente no caso *Olmstead v. United States*:[10] a questão central não diz respeito à intimidade ou à vida privada dos indivíduos que mantém uniões homoafetivas, mas ao fim da clandestinidade de suas relações, isto é, ao reconhecimento da ordem jurídica e à atribuição dos efeitos válidos às mesmas. Seria insuficiente a tão só proteção da intimidade no caso em apreço, cumprindo à Corte Constitucional brasileira a garantia do exercício público e juridicamente protegido dos direitos inerentes às relações familiares pelos indivíduos envolvidos nas parcerias homoafetivas.

É por essas razões, além daquelas exploradas de modo percuciente no voto analisado, que o pronunciamento do STF no julgamento da ADPF nº 132 e da ADI nº 4.277 deve ser festejado, merecendo a manifestação do Min. Luiz Fux o registro pela sua originalidade e pela profundidade dos argumentos que trouxe ao debate.

---

[10] 277 U.S. 438 (1928).

ADPF nº 132 / ADI nº 4.277 (Rel. Min. Ayres Britto)

Voto

O Senhor Ministro Luiz Fux: Arguição de descumprimento de preceito fundamental. Ação direta de inconstitucionalidade conexa. União homoafetiva. Equiparação à união estável entre homem e mulher (art. 226, §3º, da Constituição da República). Art. 19, incisos II e V, e o art. 33, incisos I a X e parágrafo único, todos do Decreto-Lei nº 220/75, do Estado do Rio de Janeiro. Decisões judiciais de tribunais de justiça, especialmente do estado do rio de janeiro. Recebimento da ADPF como Ação Direta de Inconstitucionalidade, com apreciação de pedido subsidiário. Governador do Estado: pertinência temática. Teoria dos deveres de proteção. Dever de promoção dos direitos fundamentais dos cidadãos. Garantia institucional da família (art. 226, *caput*). Caracterização da união estável como entidade familiar. Igualdade. Dignidade da pessoa humana, na vertente da proteção da autonomia individual. Direitos de personalidade. Segurança jurídica: previsibilidade e certeza dos efeitos jurídicos das relações estabelecidas entre indivíduos do mesmo sexo. Interpretação conforme a constituição do art. 1.723 do Código Civil.

1. O Estado é responsável pela proteção e promoção dos direitos fundamentais, à luz da teoria dos deveres de proteção.

2. O Governador do Estado atende o requisito da pertinência temática para deflagração do controle concentrado de constitucionalidade dos atos do Poder Público na defesa dos direitos fundamentais de seus cidadãos.

3. A garantia institucional da família, insculpida no art. 226, *caput*, da Constituição da República, pressupõe a existência de relações de afeto, assistência e suporte recíprocos entre os membros, bem como a existência de um projeto coletivo, permanente e duradouro de vida em comum e a identidade de uns perante os outros e cada um deles perante a sociedade.

4. A união homoafetiva se enquadra no conceito constitucionalmente adequado de família.

5. O art. 226, §3º, da Constituição deve ser interpretado em conjunto com os princípios constitucionais da igualdade, da dignidade da pessoa humana — em sua vertente da proteção da autonomia individual — e da segurança jurídica, de modo a conferir guarida às uniões homoafetivas nos mesmos termos que a confere às uniões estáveis heterossexuais.

6. Interpretação conforme a Constituição do art. 1.723 do Código Civil de 2002, para permitir sua aplicação às uniões homoafetivas.

7. Pedidos julgados procedentes.

Primeiramente, registro que acompanho o eminente Ministro Relator, no que concerne ao recebimento da ADPF nº 132 como ação direta de inconstitucionalidade, apreciando-lhe, portanto, o pedido subsidiário de interpretação do art. 1.723 do Código Civil conforme a Constituição e, assim, reconhecendo a identidade entre este pedido e aquele deduzido na ADI nº 4.277, julgada na mesma assentada.

Cumpre, pois, passar ao exame da pertinência temática, necessária ao ajuizamento, por Governador de Estado, de ação destinada ao controle abstrato de constitucionalidade das leis e dos demais atos do Poder Público. Como se verá, será plenamente possível identificar a pertinência temática no caso em apreço.

(...)[1]

Impende estabelecer algumas premissas fundamentais para a apreciação da causa. A primeira delas, bem retratada nas petições iniciais e nas diversas manifestações dos *amici curiae*, é a seguinte: *a homossexualidade é um fato da vida*. Há indivíduos que são homossexuais e, na formulação e na realização de seus modos e projetos de vida, constituem relações afetivas e de assistência recíproca, em convívio contínuo e duradouro — mas, por questões de foro pessoal ou para evitar a discriminação, nem sempre público — com pessoas do mesmo sexo, vivendo, pois, em orientação sexual diversa daquela em que vive a maioria da população.

A segunda premissa importante é a de que *a homossexualidade é uma **orientação** e não uma **opção** sexual*. Já é de curso corrente na comunidade científica a percepção — também relatada pelos diversos *amici curiae* — de que a homossexualidade não constitui doença, desvio ou distúrbio mental, mas *uma característica da personalidade do indivíduo*. Sendo assim, não parece razoável imaginar que, mesmo no seio de uma sociedade ainda encharcada de preconceitos, tantas pessoas *escolhessem* voluntariamente um modo de vida descompassado das concepções morais da maior parte da coletividade, sujeitando-se, *sponte propria*, à discriminação e, por vezes, ao ódio e à violência.

Independentemente da origem da homossexualidade — isto é, se de raiz genética, social, ambas ou quaisquer outras —, tem-se como certo que *um indivíduo é homossexual simplesmente porque o é*. Na verdade, a única opção que o homossexual faz é pela publicidade ou pelo segredo das manifestações exteriores desse traço de sua personalidade. (Pre)Determinada a sua orientação sexual, resta-lhe apenas escolher entre vivê-la publicamente, expondo-se a toda sorte de reações da sociedade, ou guardá-la sob sigilo, preservando-a sob o manto da privacidade, de um lado, mas, de outro, eventualmente alijando-se da plenitude do exercício de suas liberdades.

A terceira premissa é, a rigor, um desdobramento das anteriores: *a homossexualidade não é uma ideologia ou uma crença*.

---

[1] V. infra, na resenha, informação sobre o trecho suprimido.

A quarta das premissas: *os homossexuais constituem entre si relações contínuas e duradouras de afeto e assistência recíprocos, com o propósito de compartilhar meios e projetos de vida.* Isso simplesmente ocorre, como sempre ocorreu (ainda que, em muitos casos, secretamente) e decerto continuará a ocorrer. De acordo com os primeiros resultados definitivos do *Censo 2010* do IBGE (disponíveis em: <http://www.ibge.gov.br>; consulta em 30.04.2011), *atualmente há mais de 60.000 (sessenta mil) uniões homoafetivas declaradas no Brasil*, sendo perfeitamente presumível que muitas outras não tenham sido declaradas no último recenseamento populacional do país.

A quinta premissa não é fática, mas jurídica: *não há qualquer inconstitucionalidade ou ilegalidade no estabelecimento de uniões homoafetivas. Não existe, no direito brasileiro, vedação às uniões homoafetivas*, haja vista, sobretudo, a reserva de lei instituída pelo art. 5º, inciso II, da Constituição de 1988 para a vedação de quaisquer condutas aos indivíduos.

Poderia dizer-se, com algum cinismo, que se trata de "ato jurídico inexistente", vetusta e míope categorização, felizmente há muito abandonada. (É curioso recordar, aliás, que as clássicas lições do Direito Civil não raro mencionavam, como exemplo de "ato jurídico inexistente", o casamento entre pessoas do mesmo sexo...) Como já se sabia em Roma, *ubi societas, ibi jus* (onde está a sociedade, está o direito) — o direito segue a evolução social, estabelecendo normas para a disciplina dos fenômenos já postos. Não é diferente neste caso: o ato de constituição da união homoafetiva existe, ocorre e gera efeitos juridicamente relevantes, que, portanto, merecem tratamento pelo direito.

A *vexata quaestio*, pois, não é saber *se* as uniões homoafetivas encontram amparo na Constituição e no direito infraconstitucional. Tem-se por sabido que sim. *Cuida-se, então, de dizer **qual** o tratamento jurídico a ser conferido, de modo constitucionalmente adequado, à união homoafetiva*, ou melhor, se a estas deve ser estendido o tratamento jurídico dado à união estável entre homem e mulher.

Mesmo que já dito antes, não é demais registrar novamente que o tema revolve preconceitos ainda muito disseminados e arraigados na sociedade brasileira. Independentemente do resultado deste julgamento, a sua repercussão social será imensa e são, em boa parte, imprevisíveis as suas consequências. Mas assim será toda vez que as liberdades essenciais dos indivíduos — em especial aquelas ligadas à sua identidade — forem alvo de ameaças do Estado ou dos particulares e o Supremo Tribunal Federal, como guardião da Constituição, for convocado a assegurar a proteção os direitos fundamentais.

Particularmente nos casos em que se trata de direitos de minorias é que incumbe à Corte Constitucional operar como instância contramajoritária, na guarda dos direitos fundamentais plasmados na Carta Magna em face da ação da maioria ou, como no caso em testilha, para impor a ação do Poder Público na promoção desses direitos.

Canetas de magistrados não são capazes de extinguir o preconceito, mas, num Estado Democrático de Direito, detêm o poder de determinar ao aparato estatal a atuação positiva na garantia da igualdade material entre os indivíduos e no combate ostensivo às discriminações odiosas. Esta Corte pode, aqui e agora, firmar posição histórica e tornar público e cogente que o Estado não será indiferente à discriminação em virtude da orientação sexual de cada um; ao revés, será o primeiro e maior opositor do preconceito aos homossexuais em qualquer de suas formas.

Com estas considerações, proceda-se ao exame do mérito propriamente dito, que as confirmará. É possível resumir a pretensão na seguinte fórmula: *postula-se o reconhecimento da união entre pessoas do mesmo gênero como entidade familiar, do modo a gozar do mesmo reconhecimento que o Estado concede à união estável entre homem e mulher*. Pede-se vênia, aqui, para que se discorra sobre dois conceitos fundamentais para a compreensão do caso: *família* e *reconhecimento*.

Como é cediço, o art. 226, *caput*, da Constituição de 1988 estabelece que a *família*, como base da sociedade, tem especial proteção do Estado. Trata-se de uma *garantia institucional*, destinada "a assegurar a permanência da instituição, embargando-lhe a eventual supressão ou mutilação e preservando invariavelmente o mínimo de substantividade ou essencialidade, a saber, aquele cerne que não deve ser atingido nem violado (...)", sob pena de perecimento dessa instituição protegida. (cf. BONAVIDES, Paulo. *Curso de direito constitucional*. 13. ed. São Paulo: Malheiros, 2003. p. 542).

A consagração da garantia institucional da família serve à preservação do instituto como ambiente e veículo de realização dos direitos fundamentais. Com efeito, a ordem constitucional instituída em 5 de outubro de 1988 *funcionalizou* o conceito jurídico de família, como se vê na lição de Gustavo Tepedino (A disciplina civil-constitucional das relações familiares. *In*: *Temas de direito civil*. 3. ed. Rio de Janeiro: Renovar, 2004. p. 397-398), *verbis*:

> Verifica-se, do exame dos arts. 226 a 230 da Constituição Federal, que o centro da tutela constitucional se desloca do casamento para as relações familiares dele (mas não unicamente dele) decorrentes; e que a milenar proteção da família como instituição, unidade de produção e reprodução dos valores culturais, éticos, religiosos e econômicos, dá lugar à tutela essencialmente funcionalizada à dignidade de seus membros, em particular no que concerne ao desenvolvimento da personalidade dos filhos. (...)
>
> Assim sendo, a família, embora tenha ampliado, com a Carta de 1988, o seu prestígio constitucional, deixa de ter valor intrínseco, como instituição capaz de merecer tutela jurídica pelo simples fato de existir, passando a ser valorada de maneira instrumental, tutelada na medida em que — e somente na exata medida em que — se constitua em um núcleo intermediário de desenvolvimento da personalidade dos filhos e de promoção da dignidade dos seus integrantes.

Tem-se, pois, que a proteção constitucional da família não se deu com o fito de se preservar, por si só, o tradicional modelo biparental, com pai, mãe e filhos. Prova disso é a expressa guarida, no §4º do art. 226, das famílias monoparentais, constituídas apenas pelo pai ou pela mãe e pelos descendentes;

também não se questiona o reconhecimento, como entidade familiar inteira, dos casais que, por opção ou circunstâncias da vida, não têm filhos. Bem ao contrário, a Constituição de 1988 consagrou a família como *instrumento* de proteção da dignidade dos seus integrantes e do livre exercício de seus direitos fundamentais, de modo que, independentemente de sua formação — quantitativa ou qualitativa —, serve o instituto como meio de desenvolvimento e garantia da existência livre e autônoma dos seus membros.

Dessa forma, o conceito constitucional pós-1988 de *família* despiu-se de materialidade e restringiu-se a aspectos meramente instrumentais, merecendo importância tão somente naquilo que se propõe à proteção e promoção dos direitos fundamentais dos indivíduos. Em síntese, *não pode haver compreensão constitucionalmente adequada do conceito de família que aceite o amesquinhamento de direitos fundamentais.*

O que, então, caracteriza, *do ponto de vista ontológico*, uma *família*? Certamente não são os laços sanguíneos, pois os cônjuges ou companheiros não os têm entre si e, mesmo sem filhos, podem ser uma família; entre pais e filhos adotivos também não os haverá. De igual modo, a coabitação não será necessariamente um requisito — uma família se desintegra se, por exemplo, um filho vai estudar no exterior? É claro que não.

O que faz uma família é, sobretudo, o amor — não a mera afeição entre os indivíduos, mas o verdadeiro *amor familiar*, que estabelece relações de afeto, assistência e suporte recíprocos entre os integrantes do grupo. O que faz uma família é a *comunhão*, a existência de um projeto coletivo, permanente e duradouro de vida em comum. O que faz uma família é a *identidade*, a certeza de seus integrantes quanto à existência de um vínculo inquebrantável que os une e que os identifica uns perante os outros e cada um deles perante a sociedade. Presentes esses três requisitos, tem-se uma família, incidindo, com isso, a respectiva proteção constitucional.

Existe razoável consenso na ideia de que não há hierarquia entre entidades. Portanto, entre o casamento e a união estável heterossexual não existe, em princípio, distinção ontológica; o tratamento legal distinto se dá apenas em virtude da solenidade de que o ato jurídico do casamento — *rectius*, o matrimônio — se reveste, da qual decorre a segurança jurídica absoluta para as relações dele resultantes, patrimoniais (como, *v.g.*, o regime de bens ou os negócios jurídicos praticados com terceiros) e extrapatrimoniais. A união estável, por seu turno, demandará, em muitos casos, a produção de outras provas facilmente substituídas, num casamento, pela respectiva certidão, mas, como entidades familiares, funcionarão substancialmente do mesmo modo.

Pois bem. *O que distingue, do ponto de vista ontológico, as uniões estáveis, heteroafetivas, das uniões homoafetivas?* Será impossível que duas pessoas do mesmo sexo não tenham entre si relação de afeto, suporte e assistência recíprocos? Que criem para si, em comunhão, projetos de vida duradoura em comum? Que se identifiquem, para si e para terceiros, como integrantes de uma célula única, inexoravelmente ligados?

A resposta a essas questões é uma só: *Nada as distingue*. Assim como companheiros heterossexuais, companheiros homossexuais ligam-se e apoiam-se emocional e financeiramente; vivem juntos as alegrias e dificuldades do dia a dia; projetam um futuro comum.

Se, ontologicamente, união estável (heterossexual) e união (estável) homoafetiva são simétricas, não se pode considerar apenas a primeira como entidade familiar. Impõe-se, ao revés, entender que *a união homoafetiva também se inclui no conceito constitucionalmente adequado de família, merecendo a mesma proteção do Estado de Direito que a união entre pessoas de sexos opostos*.

Nesse diapasão, a distinção entre as uniões heterossexuais e as uniões homossexuais não resiste ao teste da isonomia. Para tanto, recorde-se, novamente, o magistério de Robert Alexy (ob. cit., p. 395 e seguintes), para quem, *inexistindo razão suficiente para o tratamento jurídico diferenciado, impõe-se o tratamento idêntico*. Não há qualquer argumento razoável que ampare a diferenciação ou a exclusão das uniões homoafetivas do conceito constitucional de família. Deveras, os únicos fundamentos para a distinção entre as uniões heterossexuais e as uniões homossexuais, para fins de proteção jurídica sob o signo constitucional da família, são o preconceito e a intolerância, enfaticamente rechaçados pela Constituição já em seu *preâmbulo* ("a liberdade, a segurança, o bem-estar, o desenvolvimento, a *igualdade* e a justiça como valores supremos de uma *sociedade fraterna, pluralista e sem preconceitos*") e também no inciso IV do art. 3º ("promover o bem de todos, *sem preconceitos* de origem, raça, *sexo*, cor, idade *e quaisquer outras formas de discriminação*") e, ainda, no art. 5º, *caput* ("Todos são *iguais* perante a lei, *sem distinção de qualquer natureza*").

Não se pode ceder, no caso, a considerações de ordem moral, exceto por uma, que, ao revés, é indispensável: *todos os indivíduos devem ser tratados com igual consideração e respeito*. É esta a base da *leitura moral da Constituição* propugnada por Ronald Dworkin (*Freedom's Law*: The Moral Reading of The American Constitution. Cambridge: Harvard University Press, p. 7-8), que, mesmo tecendo argumentos sobre o constitucionalismo nos EUA, formula assertivas perfeitamente aplicáveis ao direito constitucional brasileiro. Confira-se:

> (...) o governo deve tratar todos aqueles que se sujeitam ao seu domínio como detentores de igual *status* moral e político; deve tentar, de boa-fé, tratá-los com igual consideração; e deve respeitar quaisquer liberdades individuais indispensáveis a esses fins, incluindo — mas não limitado a elas — as liberdades mais especificamente designadas no documento [a 14ª Emenda à Constituição dos EUA], como as liberdades de expressão e de religião. (...) (tradução livre do inglês)

Ainda sobre a igualdade, Dworkin, em outra obra (*A virtude soberana*: a teoria e prática da igualdade. Trad. Jussara Simões. São Paulo: Martins Fontes, 2005. p. XVII), esclarece sua visão sobre o princípio da igualdade. *Verbis*:

O argumento deste livro — a resposta que oferece ao desafio da consideração igualitária — é dominado por esses dois princípios agindo em conjunto. O primeiro princípio requer que o governo adote leis e políticas que garantam que o destino de seus cidadãos, contanto que o governo consiga atingir tal meta, não dependa de quem eles sejam — seu histórico econômico, sexo, raça ou determinado conjunto de especializações ou deficiências. O segundo princípio exige que o governo se empenhe, novamente se o conseguir, por tornar o destino dos cidadãos sensível às opções que fizeram. (...)

Diante disso, ignorar a existência e a validade jurídica das uniões homoafetivas é o mesmo que as por em situação de injustificada desvantagem em relação às uniões estáveis heterossexuais. Compete ao Estado assegurar que a lei conceda a todos a *igualdade de oportunidades*, de modo que cada um possa conduzir sua vida autonomamente segundo seus próprios desígnios e que a orientação sexual não constitua óbice à persecução dos objetivos pessoais. O raciocínio se aplica, decerto, em todos os aspectos da vida e não apenas os materiais ou profissionais — sob esse prisma, submeter um indivíduo homossexual ao constrangimento de ter que ocultar seu convívio com o(a) parceiro(a) ou de não poder esperar de suas relações os efeitos legalmente decorrentes das uniões estáveis é, sem dúvida, reduzir arbitrariamente as suas oportunidades.

Essa ordem de ideias remete à questão da *autonomia privada dos indivíduos*, concebida, em uma perspectiva kantiana, como o centro da *dignidade da pessoa humana*. Rios de tinta já correram sobre o assunto no Brasil e no exterior, fazendo despiciendas maiores digressões sobre o tema. Basta, por ora, rememorar que a sua consagração no art. 1º, inciso III, da Constituição Federal, traduz-se na previsão de que o indivíduo mereça do Estado e dos particulares o tratamento de sujeito e não de objeto de direito, respeitando-se-lhe a autonomia, pela sua simples condição de ser humano.

Assim sendo, incumbe ao Estado garantir aos indivíduos a livre busca das suas realizações de vida pessoal. Ilustrativamente, confiram-se, por sua acurácia, as palavras do eminente jurista alemão Ernst Benda (Dignidad humana y derechos de la personalidad. *In*: BENDA, Ernst *et al*. *Manual de derecho constitucional*. 2. ed. Madrid: Marcial Pons, 2001. p. 125):

> (...) ao menos idealmente toda pessoa está capacitada para sua autorrealização moral. Está vedado ao Estado distinguir os indivíduos em função de seu presumido valor moral. O Estado não se deve arrogar o direito de pronunciar um juízo absoluto sobre os indivíduos submetidos a seu império. O Estado respeitará o ser humano cuja dignidade se mostra no fato de tratar de realizar-se na medida de suas possibilidades. Inclusive quando tal esperança pareça vã, seja por predisposições genéticas e suas metamorfoses, seja por culpa própria, nunca deverá o Estado emitir um juízo de valor concludente e negativo sobre o indivíduo. (tradução livre do espanhol)

De volta ao caso em apreço, o silêncio legislativo sobre as uniões afetivas nada mais é do que um juízo moral sobre a realização individual pela expressão de sua orientação sexual. É a falsa insensibilidade aos projetos pessoais de felicidade dos parceiros homoafetivos que decidem unir suas vidas e perspectivas de futuro, que, na verdade, esconde uma reprovação.

Resta claro, por conseguinte, que o desprezo das uniões homoafetivas é uma afronta à dignidade dos indivíduos homossexuais, negando-lhes o tratamento igualitário no que concerne ao respeito à sua autonomia para conduzir sua vida autonomamente, submetendo-os, contra a sua vontade e contra as suas visões e percepções do mundo, a um padrão moral pré-estabelecido. Não pode haver dúvida de que se cuida de violação aos princípios constitucionais da dignidade da pessoa humana e da isonomia.

A homossexualidade, como antes sustentado, é elemento integrante da *personalidade* do indivíduo, que, nas lições do já referido Gustavo Tepedino (A tutela da personalidade do ordenamento civil-constitucional brasileiro. *In*: *Temas de direito civil*. 3. ed. Rio de Janeiro: Renovar, 2004. p. 48), identifica-se com o conceito de *capacidade jurídica — autonomia*, portanto — e serve de raiz aos *direitos da personalidade*, dentre os quais está o direito à própria identidade, à sua identificação.

É certo que o ser humano se identifica no agrupamento social em que vive, desde a sua célula mais elementar: a família. Permitir ao indivíduo identificar-se publicamente, se assim o quiser, como integrante da família que ele mesmo, no exercício da sua autonomia, logrou constituir, é atender ao princípio da dignidade da pessoa humana; permitir ao homossexual que o faça nas mesmas condições que o heterossexual é observar o mesmo respeito e a mesma consideração — é atender à igualdade material consagrada na Constituição.

O problema, contudo, não se esgota na observância dos iguais respeito e consideração. É necessário enfrentar a questão sob o prisma do que a professora norte-americana Nancy Fraser (Redistribuição, reconhecimento e participação: por uma concepção integrada de justiça. *In*: SARMENTO, Daniel; IKAWA, Daniela; PIOVESAN, Flávia. *Igualdade, diferença e direitos humanos*. 2. tiragem. Rio de Janeiro: Lumen Juris, 2010. p. 167) denomina *política do reconhecimento*, em que "o objetivo, na sua forma mais plausível, é contribuir para um mundo amigo da diferença, onde a assimilação à maioria ou às normas culturais dominantes não é mais o preço do igual respeito". Especificamente sobre a injustiça perpetrada contra os homossexuais, a autora expõe, *verbis*:

> Um exemplo que parece aproximar-se deste tipo ideal é o de uma sexualidade desprezada, compreendida através do prisma da concepção weberiana de status. Nessa concepção, a diferenciação social entre heterossexuais e homossexuais está fundada em uma ordem de status social, como patrões institucionalizados de valor cultural que constituem a heterossexualidade como natural e normativa e a homossexualidade como perversa e desprezível. O resultado é considerar gays e lésbicas como outros desprezíveis aos quais falta não apenas reputação para participar integralmente da vida social, mas até mesmo o direito de existir. Difusamente

institucionalizados, tais padrões heteronormativos de valor geram formas sexualmente específicas de *subordinação de status*, incluindo a vergonha ritual, prisões, "tratamentos" psiquiátricos, agressões e homicídios; exclusão dos direitos e privilégios da intimidade, casamento e paternidade e de todas as posições jurídicas que dela decorrem; reduzidos direitos de privacidade, expressão e associação; acesso diminuído ao emprego, à assistência em saúde, ao serviço militar e à educação; direitos reduzidos de imigração, naturalização e asilo; exclusão e marginalização da sociedade civil e da vida política; e a invisibilidade e/ou estigmatização na mídia. Esses danos são injustiça por não-reconhecimento. (Op. cit., p. 173)

A percepção é correta. Um tão só argumento de igualdade poderia gerar a falsa conclusão de que a mera ausência de vedações legais seria suficiente para assegurar o tratamento justo e materialmente igualitário. No entanto, a igualdade material não se realiza, pois aos homossexuais não vem sendo concedida a possibilidade de concretizar o projeto de vida familiar que se coaduna com um elemento fundamental de sua personalidade. O silêncio normativo catalisa a clandestinidade das relações homoafetivas, na aparente ignorância de sua existência; a ausência de acolhida normativa, na verdade, significa rejeição. Enquanto isso, sem a proteção do direito, resta ao homossexual estabelecer, no máximo, famílias de conveniência, de fachada, ou renunciar a componente tão fundamental de uma vida.

A aplicação da *política de reconhecimento* dos direitos dos parceiros homoafetivos é imperiosa, por *admitir a diferença entre os indivíduos e trazer para a luz relações pessoais básicas de um segmento da sociedade que vive parte importantíssima de sua vida na sombra*. Ao invés de forçar os homossexuais a viver de modo incompatível com sua personalidade, há que se acolher a *existência ordinária de orientações sexuais diversas* e acolher uma *pretensão legítima* de que suas relações familiares mereçam o tratamento que o ordenamento jurídico confere aos atos da vida civil praticados de boa-fé, voluntariamente e sem qualquer potencial de causar dano às partes envolvidas ou a terceiros. Ressalte-se este último ponto: uma união estável homoafetiva, por si só, não tem o condão de lesar a ninguém, pelo que não se justifica qualquer restrição ou, como é ainda pior, a limitação velada, disfarçada de indiferença.

Para além da ciência do direito norte-americano, há também manifestações contemporâneas de igual jaez na Europa. Em sua tese de doutoramento (*Matrimonio homosexual y Constitución*. Valencia: Tirant Lo Blanch, 2008. p. 115), María Martín Sánchez, debruçando-se sobre a então recente Lei 13/2005, de 1º de julho, que alterou o Código Civil espanhol para admitir o casamento entre pessoas do mesmo sexo, consignou:

> (...) limitar a liberdade de atuação do indivíduo através do *não reconhecimento* — como, até há muito pouco, no caso de contrair matrimônio entre pessoas do mesmo sexo — ou através de *omissão na Lei* — neste caso, nas leis que, até há pouco, vinham disciplinando o casamento — só teria justificação se se argumentasse que dita limitação ou restrição da liberdade obedece à proteção de algum valor, princípio ou bem constitucional, de modo que, efetuada uma ponderação de bens em

jogo, seria conveniente estabelecer essa limitação. No entanto, não parece existir nenhum valor, princípio ou bem constitucional em risco, cuja proteção necessite de tal restrição. A esse respeito, faz-se preciso, ademais, ter presentes o resto de argumentos e fundamentos constitucionais já aportados anteriormente, tais como a igualdade e a proibição de discriminação, e a dignidade da pessoa, para além desse direito genérico à liberdade individual. (tradução livre do espanhol)

A questão do *reconhecimento* também toca o tema da *segurança jurídica*. O alheamento do direito positivo relativamente às uniões homoafetivas gera inaceitável insegurança para os indivíduos. Nem as relações mais sedimentadas pelo tempo são capazes de superar as incertezas quanto aos seus efeitos jurídicos: mesmo parceiros que vivem juntos por muitos anos não conseguem antecipar claramente como se dará a sucessão dos bens que amealharam juntos, precisando recorrer a disposições testamentárias e seus limites legais; não podem compartilhar a proteção de planos de assistência à saúde etc.

Reconhecimento, portanto, também é certeza e previsibilidade. As relações reconhecidas pelo direito têm os seus efeitos jurídicos plenamente identificáveis e as retiram do limbo. As uniões homoafetivas, uma vez equiparadas às uniões estáveis entre heterossexuais, permitirão aos indivíduos homossexuais planejar suas vidas de acordo com as normas jurídicas vigentes, prerrogativa que se espera de uma ordem jurídica comprometida com a proteção dos direitos fundamentais, como é a brasileira.

A verdade é que o mundo mudou. A sociedade mudou e, nos últimos anos, vem se ampliando a aceitação social das parcerias homossexuais constituídas com o objetivo de formação de entidades familiares. A par de quaisquer juízos de valor, há um movimento inegável de progressiva legitimação social das uniões homoafetivas, o que se verifica, com particular agudeza, no campo previdenciário. Uma pletora de decisões judiciais proferidas na última década, por diversos órgãos jurisdicionais do país, reconheceu aos homossexuais o direito a percepção de pensão por morte de seus parceiros. Em particular, a decisão na Ação Civil Pública nº 200.71.00.009347-0, ajuizada pelo Ministério Público Federal em face do Instituto Nacional do Seguro Social – INSS, na seção judiciária do Rio Grande do Sul, ocasionou a edição da Portaria INSS/DC nº 25, de 07.06.2000, estendendo aos parceiros homoafetivos os benefícios da pensão por morte e do auxílio-reclusão.

Mais recentemente, o Ministério da Previdência Social editou, em 9 de dezembro de 2010, a Portaria MPS nº 513, cujo art. 1º enuncia, em textual:

> Art. 1º Estabelecer que, no âmbito do Regime Geral de Previdência Social – RGPS, os dispositivos da Lei nº 8.213, de 24 de julho de 1991, que tratam de dependentes para fins previdenciários devem ser interpretados de forma a abranger a união estável entre pessoas do mesmo sexo.

A Procuradoria-Geral da Fazenda Nacional exarou o Parecer PGFN/CAT nº 1503, de 19 de julho de 2010, opinando no sentido da juridicidade da inclusão de companheiro(a) homoafetivo(a) como dependente para efeito de dedução do Imposto de Renda, desde que preenchidos os demais requisitos previstos em lei para a configuração da união estável. O mencionado Parecer foi adotado pela Receita Federal do Brasil não apenas para os fins da Declaração Anual de Ajuste do exercício de 2011, como para autorizar a retificação das declarações entregues nos últimos cinco exercícios, conforme noticiado no sítio eletrônico da Receita Federal: <http://www.receita.fazenda.gov.br/automaticoSRFSinot/2010/08/02/2010_08_02_13_02_22_876601216.html>.

Também já são numerosas as leis estaduais que reconhecem direitos previdenciários aos parceiros homossexuais dos servidores públicos, como, por exemplo: no próprio Estado do Rio de Janeiro, a Lei nº 5.034, de 29.5.2007 e, posteriormente, a Lei nº 5.260, de 11.6.2008; no Estado de São Paulo, a Lei Complementar nº 1.012, de 5.7.2007, que alterou o art. 147 da Lei Complementar nº 180/78; no Estado de Santa Catarina, a Lei Complementar nº 412, de 26 de junho de 2008; no Estado da Paraíba, a Lei nº 7.517, de 30.12.2003; no Estado do Rio Grande do Norte, a Lei Complementar nº 308, de 25.10.2005, e assim por diante. Portanto, o acolhimento dos pedidos formulados nas ações ora em exame será, ao fim e ao cabo, não um ponto de partida, mas uma resultante de outros vetores que já se encaminhavam para as mesmas conclusões.

É o momento, pois, de se adotar interpretação da Constituição e das leis — em especial, do art. 19, incisos II e V, e o art. 33, incisos I a X e parágrafo único, todos do Decreto-lei nº 220/75, do Estado do Rio de Janeiro, e do art. 1.723 do Código Civil — que os compatibilize com o momento histórico ora vivido e com o atual estágio da sociedade, atentando-se para a dicção de Konrad Hesse (*A força normativa da Constituição*. Trad. Gilmar Ferreira Mendes. Porto Alegre: Sergio Antonio Fabris, 1991. p. 22-23), *verbis*:

> Finalmente, a *interpretação* tem significado decisivo para a consolidação e preservação normativa da Constituição. A interpretação constitucional está submetida ao princípio da ótima concretização da norma (*Gebot optimaler Verwirklichung der Norm*). Evidentemente, esse princípio não pode ser aplicado com base nos meios fornecidos pela subsunção lógica e pela construção conceitual. Se o direito e, sobretudo, a Constituição, têm a sua eficácia condicionada pelos fatos concretos da vida, não se afigura possível que a interpretação faça deles tábula rasa. (...)
>
> Em outras palavras, uma mudança das relações fáticas pode — ou deve — provocar mudanças na interpretação da Constituição. Ao mesmo tempo, o sentido da proposição jurídica estabelece o limite da interpretação e, por conseguinte, o limite de qualquer mutação normativa.

Os fatos concretos, como antes afirmado, apontam para o enquadramento jurídico — e, com isso, o oferecimento de segurança jurídica às uniões homoafetivas — na moldura jurídica estabelecida para as uniões heterossexuais, à míngua de qualquer distinção. E, especificamente quanto aos dispositivos de legislação estadual assinalados, é até mesmo uma questão de coerência, pois o próprio Estado do Rio de Janeiro, posteriormente, editou as leis acima mencionadas que reconhecem, para os fins do regime próprio de previdência social de seus servidores, a união homoafetiva.

Saliente-se, ainda, que não se há de objetar que o art. 226, §3º, constituiria obstáculo à equiparação das uniões homoafetivas às uniões estáveis heterossexuais, por força da previsão literal ("entre homem e mulher"). Assiste razão aos proponentes das ações em exame em seus comentários à redação do referido dispositivo constitucional. A norma foi inserida no texto constitucional para tirar da sombra as uniões estáveis e incluí-las no conceito de família. Seria perverso conferir a norma de cunho indiscutivelmente emancipatório interpretação restritiva, a ponto de concluir que nela existe impeditivo à legitimação jurídica das uniões homoafetivas, lógica que se há de estender ao art. 1.723 do Código Civil

Urge, pois, renovar esse mesmo espírito emancipatório e, nesta quadra histórica, estender a garantia institucional da família também às uniões homoafetivas.

É importante que se diga que o próprio Supremo Tribunal Federal já se manifestou favoravelmente à produção válida de efeitos de relações homoafetivas, em decisões monocráticas multicitadas nestes autos (Pet nº 1.984, Rel. Min. Marco Aurélio, j. 10.02.2003; e ADI nº 3.300, Rel. Min. Celso de Mello, j. 03.02.2006).

Algumas observações, ao final, são necessárias. O reconhecimento da união homoafetiva como união estável, para os fins de plena aplicabilidade do art. 1.723 do Código Civil, traz não apenas os benefícios constitucionais e legais dessa equiparação, mas também os respectivos ônus, guardadas as devidas proporções. Em outras palavras, o reconhecimento, em cada caso concreto, de uma *união estável homoafetiva* jamais prescindirá da *comprovação* — pelos meios legal e moralmente admitidos — da existência de *convivência contínua, duradoura* e estabelecida com o *propósito de constituição de entidade familiar*. Evidentemente, o requisito da *publicidade* da relação também é relevante, mas merecerá algum temperamento, pois é compreensível que muitos relacionamentos tenham sido mantidos em segredo, com vistas à preservação dos envolvidos do preconceito e da intolerância — em alguns casos, a plena publicidade da união poderia prejudicar a vida profissional e/ou as demais relações pessoais dos indivíduos, frustrando-lhes ainda mais o exercício de seus direitos fundamentais.

É por essas tantas razões que voto pela *procedência* dos pedidos formulados na Ação de Descumprimento de Preceito Fundamental nº 132 — nesta, o respectivo pedido subsidiário — e na Ação Direta de Inconstitucionalidade nº 4277, de modo a que seja o art. 1.723 do Código Civil vigente (Lei nº 10.406, de 10 de janeiro de 2002) *interpretado conforme a Constituição*, para determinar sua aplicabilidade não apenas à união estável estabelecida entre homem e mulher, como também à união estável constituída entre indivíduos do mesmo sexo.

ADI nº 1.923 (Rel. Min. Ayres Britto)

A Constitucionalização do Terceiro Setor

Guilherme Jales Sokal

O voto proferido pelo Min. Luiz Fux no julgamento de mérito da ADI nº 1.923/DF representa um belo e virtuoso passo na já longa caminhada que o terceiro setor vem trilhando nos anais da jurisprudência do Supremo Tribunal Federal. Perdurou por anos, como se sabe, o julgamento da medida cautelar nesta mesma ação direta, cuja petição inicial, datada de dezembro de 1998, impugna a constitucionalidade do marco regulatório das Organizações Sociais – OS (Lei nº 9.637/98 e art. 24, XXIV da Lei nº 8666/93, incluído pela Lei nº 9.648/98): iniciado em 5 de agosto de 1999 com o voto proferido pelo relator originário, Min. Ilmar Galvão,[1] apenas em 1º de agosto de 2007 concluiu-se a deliberação da Corte em sede cautelar,[2] naquela oportunidade marcada pela prevalência da orientação exposta pelo voto do Min. Gilmar Mendes no sentido da validade do regime legal. Quatro anos após este último evento — e passados mais de doze anos, portanto, desde o ajuizamento da petição inicial da ADI —, teve início em 31 de março de 2011 o julgamento de mérito com o voto do Min. Ayres Britto pela procedência parcial do pedido,[3] após o que se seguiu o pedido de vista do Min. Luiz Fux, que, em pouco mais de um mês e meio, devolveu o feito para julgamento em 19 de maio de 2011, apresentando o voto-vista reproduzido na presente obra.[4]

Ainda que não houvesse nenhum elemento adicional, o só fato da retomada do julgamento em tão curto espaço de tempo já representaria motivo de aplausos para o voto proferido pelo Min. Fux, sobretudo por se tratar de questão que atinge diretamente a prestação de inúmeras atividades essenciais

---

[1] Informativo STF nº 156.
[2] Informativo STF nº 474, com o adendo dos votos noticiados nos Informativos STF nº 421 e nº 454.
[3] Informativo STF nº 621.
[4] Pende, desde então, pedido de vista do Min. Marco Aurélio, conforme se extrai do andamento processual da ADI nº 1.923/DF no endereço eletrônico da Suprema Corte.

à população, e que por isso mesmo reclama uma resposta célere e definitiva da Suprema Corte, quer no sentido positivo ou negativo, em benefício da segurança e da estabilidade das relações sociais. Mas a verdade é que as virtudes do lapidar voto do Min. Luiz Fux não terminam aí.

Recebido com aclamação pela vanguarda da doutrina,[5] o voto apresenta uma leitura sistemática e profunda do que se poderia denominar de *perfil constitucional do Terceiro Setor*, norteado pela análise de cada um dos tópicos em que o regime legal das Organizações Sociais é reputado como em suposta desarmonia com a Constituição da República. Assim, são abordados (i) a definição da natureza jurídica dos denominados serviços públicos sociais; (ii) a abertura da Constituição Federal de 1988 às variadas modalidades de intervenção do estado nos domínios econômico e social; (iii) a caracterização do marco legal das OS como uma opção legítima pelo fomento público; (iv) a inaplicabilidade do dever de licitar à outorga do título de qualificação das entidades, por se tratar de hipótese de credenciamento; (v) o balizamento da discricionariedade na qualificação, necessariamente *processualizada*, pelos princípios constitucionais e pelas autolimitações da Administração Pública; (vi) a indispensabilidade de um procedimento conduzido de forma pública, objetiva e impessoal previamente à celebração do contrato de gestão e à contratação com base nas dispensas de licitação previstas no inciso XXIV no art. 24 da Lei nº 8.666/93 e no art. 12, §3º, da Lei nº 9.637/98; (vii) a subordinação das contratações de terceiros pelas organizações sociais à edição de regulamento próprio, quer quanto à prestação de serviços, quer quanto à admissão de pessoal; (viii) a validade do regime remuneratório e previdenciário da cessão de servidores às organizações sociais; (ix) a preservação da atuação fiscalizadora do Ministério Público e dos Tribunais de Contas; e (x) a validade da previsão de percentual de representantes do poder público no Conselho de Administração das organizações sociais. Ao final, concluiu o Min. Fux pela procedência parcial do pedido, conferindo interpretação conforme à Constituição a substancial parcela dos dispositivos impugnados, mantendo assim hígidas as leis sob exame.[6]

A complexidade teórica dos tópicos desaconselha, naturalmente, que se promova um esmiuçado exame dos referidos pontos nesta sede. Duas premissas do voto, porém, merecem especial destaque.

---

[5] Conforme revela o texto do Professor BINENBOJM, Gustavo. A era do direito administrativo como religião já era. *Consultor Jurídico*, 25 maio 2011. Disponível em: <http://www.conjur.com.br/2011-mai-25/voto-luiz-fux-organizacoes-sociais-direito-administrativo>. Acesso em: 2 jan. 2012.

[6] A distinção entre os votos dos Ministros Luiz Fux e Ayres Britto se deve à proclamação da inconstitucionalidade, apenas por este último e não pelo primeiro, (i) dos artigos 18 a 22 da Lei nº 9.637/98, que versam sobre a extinção de entidades públicas específicas e a correspondente absorção de suas atividades por organizações sociais; (ii) da expressão "quanto à conveniência e oportunidade de sua qualificação como organização social", constante do art. 2º, II, da mesma Lei, que prevê a discricionariedade do Poder Executivo no procedimento de qualificação das OS; e (iii) da expressão "com recursos provenientes do contrato de gestão, ressalvada a hipótese de adicional relativo ao exercício de função temporária de direção e assessoria", prevista no §2º do art. 14 da Lei, e, por consequência, do §1º do mesmo dispositivo, que preveem o pagamento de verbas pelas entidades privadas aos servidores públicos para elas cedidos.

A primeira delas, e que tem marcado de modo geral a atuação do Min. Luiz Fux no Supremo Tribunal Federal, consiste na deferência às opções políticas manifestadas no jogo democrático. Com efeito, o equilíbrio que separa a função *contramajoritária da jurisdição constitucional* do fenômeno da *juristocracia*[7] reclama, para que se mantenha inabalado, o reconhecimento de uma espécie de valor intrínseco às manifestações dos Poderes Executivo e Legislativo, batizados democraticamente nas eleições como portadores da vontade popular. No julgamento da ADI nº 1.923/DF, subjazia à solução da controvérsia o risco de substituição das escolhas políticas de legislador quanto aos diversos modelos de intervenção estatal nos domínios econômico e social, risco esse afastado de modo salutar pelo voto do Min. Fux ao ressaltar que o caráter pluralista da Constituição de 1988 alberga tanto a intervenção direta quanto a indireta, pelo fomento e pela regulação, nos setores tocados pelas organizações sociais.

A segunda premissa é de ordem material e consiste no fio condutor que perpassa a inteireza do voto. Muito embora as organizações sociais não integrem o conceito constitucional de Administração Pública, devem se submeter, por força do repasse a elas dirigido de recursos, bens e servidores públicos, ao *núcleo essencial dos princípios da impessoalidade, da moralidade, da eficiência e da publicidade* (CF, art. 37, *caput*), assim tocadas como que por um feixe mínimo dos matizes do regime jurídico de direito público. Essa concepção, inspirada nas bases axiológicas do princípio republicano, tem a virtude de não sufocar a agilidade inerente às formas do regime de direito privado, por definição incompatível com as regras tradicionais de atuação da Administração, preservando, paralelamente, o controle da exação dos beneficiários das transferências advindas do fomento público.

A tônica do voto, nessas e em outras passagens, caracteriza-se pelo recurso a modernas categorias desenvolvidas pela teoria do direito administrativo contemporâneo. É assim que, no curso do texto, são conjugados conceitos como *Administração Pública de resultados, função regulatória das licitações, intervenção indireta através de fomento, colaboração entre o público e o privado, princípio da consensualidade, princípio da participação* e *credenciamento público*, todos conectados com precisão pela linha de racionalidade que sobressai das premissas do voto, voltado à construção de uma Administração Pública democrática cuja vocação é a de elevar o cidadão à condição de verdadeiro partícipe do destino coletivo.

Em suma, o substancioso voto do Min. Luiz Fux na ADI nº 1.923/DF passa a representar peça de indispensável menção no estudo teórico do regime das organizações sociais, esclarecendo com precisão o sentido e o alcance das balizas constitucionais do terceiro setor no direito brasileiro.

---

[7] Alude-se, no ponto, à conhecida obra de HIRSCHL, Ran. *Towards Juristocracy*: the Origins and Consequences of the New Constitutionalism. Cambridge, MA: Harvard University Press, 2004.

ADI nº 1.923 (Rel. Min. Ayres Britto)

Voto-Vista

O Senhor Ministro Luiz Fux: Ação Direta de Inconstitucionalidade. Constitucional. Administrativo. Terceiro Setor. Marco legal das Organizações Sociais. Lei nº 9.637/98 e nova redação, conferida pela Lei nº 9.648/98, ao art. 24, XXIV, da Lei nº 8.666/93. Moldura constitucional da intervenção do Estado no domínio econômico e social. Serviços públicos sociais. Saúde (art. 199, *caput*), educação (art. 209, *caput*), cultura (art. 215), desporto e lazer (art. 217), ciência e tecnologia (art. 218) e meio ambiente (art. 225). Atividades cuja titularidade é compartilhada entre o poder público e a sociedade. Disciplina de instrumento de colaboração público-privada. Intervenção indireta. Atividade de fomento público. Inexistência de renúncia aos deveres estatais de agir. Margem de conformação constitucionalmente atribuída aos agentes políticos democraticamente eleitos. Princípios da consensualidade e da participação. Inexistência de violação ao art. 175, *caput*, da Constituição. Extinção pontual de entidades públicas que apenas concretiza o novo modelo. Indiferença do fator temporal. Inexistência de violação ao dever constitucional de licitação (CF, art. 37, XXI). Procedimento de qualificação que configura hipótese de credenciamento. Competência discricionária que deve ser submetida aos princípios constitucionais da publicidade, moralidade, eficiência e impessoalidade, à luz de critérios objetivos (CF, art. 37, *caput*). Inexistência de permissivo à arbitrariedade. Contrato de gestão. Natureza de convênio. Celebração necessariamente submetida a procedimento objetivo e impessoal. Constitucionalidade da dispensa de licitação instituída pela nova redação do art. 24, XXIV, da Lei de Licitações e pelo art. 12, §3º, da Lei nº 9.637/98. Função regulatória da licitação. Observância dos princípios da impessoalidade, da publicidade, da eficiência e da motivação. Impossibilidade de exigência de licitação para os contratos celebrados pelas organizações sociais com terceiros. Observância do núcleo essencial dos princípios da administração pública (CF, art. 37, *caput*). Regulamento próprio para contratações. Inexistência de dever de realização de concurso público para contratação de empregados. Incidência do princípio constitucional da impessoalidade, através de procedimento objetivo. Ausência de violação aos direitos constitucionais dos servidores públicos cedidos. Preservação do regime remuneratório da origem. Ausência de submissão ao princípio da legalidade para o pagamento de verbas, por entidade privada, a servidores. Interpretação dos arts. 37, X, e 169, §1º, da Constituição. Controles pelo Tribunal de Contas da União e pelo Ministério Público. Preservação do âmbito constitucionalmente definido para o exercício do controle externo (CF, arts. 70, 71, 74 e 127 e seguintes). Interferência estatal em associações e fundações privadas (CF, art. 5º, XVII e XVIII). Condicionamento à adesão voluntária da entidade privada. Inexistência de ofensa à constituição. Ação direta julgada parcialmente procedente para conferir interpretação conforme aos diplomas impugnados.

1. A atuação da Corte Constitucional não pode traduzir forma de engessamento e de cristalização de um determinado modelo preconcebido de Estado, impedindo que, nos limites constitucionalmente assegurados, as maiorias políticas prevalecentes no jogo democrático pluralista possam pôr em prática seus projetos de governo, moldando o perfil e o instrumental do poder público conforme a vontade coletiva.

2. Os setores de saúde (CF, art. 199, *caput*), educação (CF, art. 209, *caput*), cultura (CF, art. 215), desporto e lazer (CF, art. 217), ciência e tecnologia (CF, art. 218) e meio ambiente (CF, art. 225) configuram serviços públicos sociais, em relação aos quais a Constituição, ao mencionar que "são deveres do Estado e da Sociedade" e que são "livres à iniciativa privada", permite a atuação, por direito próprio, dos particulares, sem que para tanto seja necessária a delegação pelo poder público, de forma que não incide, *in casu*, o art. 175, *caput*, da Constituição.

3. A atuação do poder público no domínio econômico e social pode ser viabilizada por intervenção direta ou indireta, disponibilizando utilidades materiais aos beneficiários, no primeiro caso, ou fazendo uso, no segundo caso, de seu instrumental jurídico para induzir que os particulares executem atividades de interesses públicos através da regulação, com coercitividade, ou através do fomento, pelo uso de incentivos e estímulos a comportamentos voluntários.

4. Em qualquer caso, o cumprimento efetivo dos deveres constitucionais de atuação estará, invariavelmente, submetido ao que a doutrina contemporânea denomina de *controle da Administração Pública sob o ângulo do resultado* (Diogo de Figueiredo Moreira Neto).

5. O marco legal das Organizações Sociais inclina-se para a atividade de fomento público no domínio dos serviços sociais, entendida tal atividade como a disciplina não coercitiva da conduta dos particulares, cujo desempenho em atividades de interesse público é estimulado por sanções premiais, em observância aos princípios da consensualidade e da participação na Administração Pública.

6. A finalidade de fomento, *in casu*, é posta em prática pela cessão de recursos, bens e pessoal da Administração Pública para as entidades privadas, após a celebração de contrato de gestão, o que viabilizará o direcionamento, pelo Poder Público, da atuação do particular em consonância com o interesse público, através da inserção de metas e de resultados a serem alcançados, sem

que isso configure qualquer forma de renúncia aos deveres constitucionais de atuação.

7. Na essência, preside a execução deste programa de ação institucional a lógica, que prevaleceu no jogo democrático, de que a atuação privada pode ser mais eficiente do que a pública em determinados domínios, dada a agilidade e a flexibilidade que marcam o regime de direito privado.

8. Os arts. 18 a 22 da Lei nº 9.637/98 apenas concentram a decisão política, que poderia ser validamente feita no futuro, de afastar a atuação de entidades públicas através da intervenção direta para privilegiar a escolha pela busca dos mesmos fins através da indução e do fomento de atores privados, razão pela qual a extinção das entidades mencionadas nos dispositivos não afronta a Constituição, dada a irrelevância do fator tempo na opção pelo modelo de fomento — se simultaneamente ou após a edição da Lei.

9. O procedimento de qualificação de entidades, na sistemática da Lei, consiste em etapa inicial e embrionária, pelo deferimento do título jurídico de "organização social", para que Poder Público e particular colaborem na realização de um interesse comum, não se fazendo presente a contraposição de interesses, com feição comutativa e com intuito lucrativo, que consiste no núcleo conceitual da figura do contrato administrativo, o que torna inaplicável o dever constitucional de licitar (CF, art. 37, XXI).

10. A atribuição de título jurídico de legitimação da entidade através da qualificação configura hipótese de *credenciamento*, no qual não incide a licitação pela própria natureza jurídica do ato, que não é contrato, e pela inexistência de qualquer competição, já que todos os interessados podem alcançar o mesmo objetivo, de modo includente, e não excludente.

11. A previsão de competência discricionária no art. 2º, II, da Lei nº 9.637/98 no que pertine à qualificação tem de ser interpretada sob o influxo da principiologia constitucional, em especial dos princípios da *impessoalidade, moralidade, publicidade* e *eficiência* (CF, art. 37, *caput*). É de se ter por vedada, assim, qualquer forma de arbitrariedade, de modo que o indeferimento do requerimento de qualificação, além de pautado pela publicidade, transparência e motivação, deve observar critérios objetivos fixados em ato regulamentar expedido em obediência ao art. 20 da Lei nº 9.637/98, concretizando de forma homogênea as diretrizes contidas nos incisos I a III do dispositivo.

12. A figura do contrato de gestão configura hipótese de convênio, por consubstanciar a conjugação de esforços com plena harmonia entre as posições subjetivas, que buscam um negócio verdadeiramente associativo, e não comutativo, para o atingimento de um objetivo comum aos interessados: a realização de serviços de saúde, educação, cultura, desporto e lazer, meio ambiente e ciência e tecnologia, razão pela qual se encontram fora do âmbito de incidência do art. 37, XXI, da CF.

13. Diante, porém, de um cenário de escassez de bens, recursos e servidores públicos, no qual o contrato de gestão firmado com uma entidade

privada termina por excluir, por consequência, a mesma pretensão veiculada pelos demais particulares em idêntica situação, todos almejando a posição subjetiva de parceiro privado, impõe-se que o Poder Público conduza a celebração do contrato de gestão por um procedimento público impessoal e pautado por critérios objetivos, por força da incidência direta dos princípios constitucionais da impessoalidade, da publicidade e da eficiência na Administração Pública (CF, art. 37, *caput*).

14. As dispensas de licitação instituídas nos arts. 24, XXIV, da Lei nº 8.666/93 e no art. 12, §3º, da Lei nº 9.637/98 têm a finalidade que a doutrina contemporânea denomina de *função regulatória da licitação*, através da qual a licitação passa a ser também vista como mecanismo de indução de determinadas práticas sociais benéficas, fomentando a atuação de organizações sociais que já ostentem, à época da contratação, o título de qualificação, e que por isso sejam reconhecidamente colaboradoras do Poder Público no desempenho dos deveres constitucionais no campo dos serviços sociais. O afastamento do certame licitatório não exime, porém, o administrador público da observância dos princípios constitucionais, de modo que a contratação direta deve observar critérios objetivos e impessoais, com publicidade de forma a permitir o acesso a todos os interessados.

15. As organizações sociais, por integrarem o Terceiro Setor, não fazem parte do conceito constitucional de Administração Pública, razão pela qual não se submetem, em suas contratações com terceiros, ao dever de licitar, o que consistiria em quebra da lógica de flexibilidade do setor privado, finalidade por detrás de todo o marco regulatório instituído pela Lei. Por receberem recursos públicos, bens públicos e servidores públicos, porém, seu regime jurídico tem de ser minimamente informado pela incidência do núcleo essencial dos princípios da Administração Pública (CF, art. 37, *caput*), dentre os quais se destaca o princípio da impessoalidade, de modo que suas contratações devem observar o disposto em regulamento próprio (Lei nº 9.637/98, art. 4º, VIII), fixando regras objetivas e impessoais para o dispêndio de recursos públicos.

16. Os empregados das Organizações Sociais não são servidores públicos, mas sim empregados privados, por isso que sua remuneração não deve ter base em lei (CF, art. 37, X), mas nos contratos de trabalho firmados consensualmente. Por identidade de razões, também não se aplica às Organizações Sociais a exigência de concurso público (CF, art. 37, II), mas a seleção de pessoal, da mesma forma como a contratação de obras e serviços, deve ser posta em prática através de um procedimento objetivo e impessoal.

17. Inexiste violação aos direitos dos servidores públicos cedidos às organizações sociais, na medida em que preservado o paradigma com o cargo de origem, sendo desnecessária a previsão em lei para que verbas de natureza privada sejam pagas pelas organizações sociais, sob pena de afronta à própria lógica de eficiência e de flexibilidade que inspiraram a criação do novo modelo.

18. O âmbito constitucionalmente definido para o controle a ser exercido pelo Tribunal de Contas da União (CF, art. 70, 71 e 74) e pelo Ministério Público (CF, arts. 127 e seguintes) não é de qualquer forma restringido pelo art. 4º, *caput*, da Lei nº 9.637/98, porquanto dirigido à estruturação interna da organização social, e pelo art. 10 do mesmo diploma, na medida em que trata apenas do dever de representação dos responsáveis pela fiscalização, sem mitigar a atuação de ofício dos órgãos constitucionais.

19. A previsão de percentual de representantes do poder público no Conselho de Administração das organizações sociais não encerra violação ao art. 5º, XVII e XVIII, da Constituição Federal, uma vez que dependente, para concretizar-se, de adesão voluntária das entidades privadas às regras do marco legal do Terceiro Setor.

20. Ação direta de inconstitucionalidade cujo pedido é julgado parcialmente procedente, para conferir interpretação conforme à Constituição à Lei nº 9.637/98 e ao art. 24, XXIV da Lei nº 8666/93, incluído pela Lei nº 9.648/98, para que: (i) o procedimento de qualificação seja conduzido de forma pública, objetiva e impessoal, com observância dos princípios do *caput* do art. 37 da CF, e de acordo com parâmetros fixados em abstrato segundo o que prega o art. 20 da Lei nº 9.637/98; (ii) a celebração do contrato de gestão seja conduzida de forma pública, objetiva e impessoal, com observância dos princípios do *caput* do art. 37 da CF; (iii) as hipóteses de dispensa de licitação para contratações (Lei nº 8.666/93, art. 24, XXIV) e outorga de permissão de uso de bem público (Lei nº 9.637/98, art. 12, §3º) sejam conduzidas de forma pública, objetiva e impessoal, com observância dos princípios do *caput* do art. 37 da CF; (iv) os contratos a serem celebrados pela Organização Social com terceiros, com recursos públicos, sejam conduzidos de forma pública, objetiva e impessoal, com observância dos princípios do *caput* do art. 37 da CF, e nos termos do regulamento próprio a ser editado por cada entidade; (v) a seleção de pessoal pelas Organizações Sociais seja conduzida de forma pública, objetiva e impessoal, com observância dos princípios do *caput* do art. 37 da CF, e nos termos do regulamento próprio a ser editado por cada entidade; e (vi) para afastar qualquer interpretação que restrinja o controle, pelo Ministério Público e pelo TCU, da aplicação de verbas públicas.

O Partido dos Trabalhadores – PT e o Partido Democrático Trabalhista – PDT ajuizaram a presente ADIN postulando a declaração de inconstitucionalidade, na íntegra, da Lei nº 9.637/98, que "dispõe sobre a qualificação de entidades como organizações sociais, a criação do Programa Nacional de Publicização, a extinção dos órgãos e entidades que menciona e a absorção de suas atividades por organizações sociais, e dá outras providências". Formulam, ainda, pedido de declaração de inconstitucionalidade da redação do art. 24, XXIV, da Lei nº 8.666/93, conferida pela Lei nº 9.648/98, prevendo a dispensa de licitação "para a celebração de contratos de prestação de serviços com as organizações sociais, qualificadas no âmbito das respectivas esferas de governo, para atividades contempladas no contrato de gestão".

Alegam os autores, em síntese, que o regime jurídico das Organizações Sociais, instituído pelos diplomas impugnados, ao transferir responsabilidades do Poder Público para o setor privado, teria incorrido nas seguintes violações à Constituição Federal:

(i) *ofensa aos deveres de prestação de serviços públicos de saúde, educação, proteção ao meio ambiente, patrimônio histórico e acesso à ciência* (CF, arts. 23, 196, 197, 199, §1º, 205, 206, 208, 209, 215, 216, §1º, 218 e 225) – a transferência de responsabilidade pela atuação nos setores apontados, do Poder Público para os particulares, representaria burla aos deveres constitucionais de atuação da Administração Pública. A atuação privada nesses casos, segundo a Constituição, dar-se-ia apenas de modo complementar, sem substituir o Estado. A Lei das OS's, porém, na ótica dos autores da ADIN, acaba transferindo recursos, servidores e bens públicos a particulares, o que configuraria verdadeira substituição da atuação do Poder Público. Essa fraude à Constituição interfere imediatamente no regime da atividade a ser prestada: enquanto exercida pelo Poder Público, a natureza seria de serviço público, submetida, portanto, ao regime de direito público; quando prestada pelo particular, tal atividade seria atividade econômica em sentido estrito, prestada sob regime de direito privado. Deste modo, a criação das OS's configuraria apenas uma tentativa de escapar do regime jurídico de direito público;

(ii) *violação à impessoalidade e interferência indevida do Estado em associações* (CF, arts. 5º, XVII e XVIII, e 37, *caput*) – a Lei impugnada não prevê a exigência de que o processo de qualificação das OS's seja conduzido de modo impessoal pela Administração Pública, dando margem à prática de arbitrariedades em descompasso com o princípio constitucional da impessoalidade. Além disso, o art. 3º da Lei define que a estrutura do conselho de administração das OS's deverá ser integrada por um percentual de representantes do Poder Público, como condição para o deferimento da qualificação, configurando interferência inconstitucional no domínio das associações privadas;

(iii) *descumprimento do dever de licitação* (CF, arts. 22, XXVII, 37, XXI, e 175) – por receberem recursos públicos, as OS's não poderiam se furtar à observância da regra da licitação. Os arts. 4º, VIII, e 17 da Lei nº 9.637/98, porém, preveem que tais entidades editarão *regulamentos próprios* para contratação de obras e serviços com dinheiro público. De outro lado, o art. 12, §3º, da mesma Lei prevê que a *permissão de uso de bem público* poderá ser outorgada à Organização Social, pelo Poder Público, com dispensa de licitação. Além disso, a Lei nº 9.648/98, em seu art. 1º, alterou a Lei nº 8.666/93 para instituir dispensa de licitação (art. 24, XXIV) para que o Poder Público contrate a OS para a *prestação de serviços* relacionados às "atividades contempladas no contrato de gestão", o que quebra a lógica isonômica que preside o certame licitatório. Por fim, a própria execução das atividades da OS, através da celebração do contrato de gestão, violaria, segundo os autores, a regra constitucional de licitação para a delegação de serviços públicos (CF, art. 175, *caput*);

(iv) *ofensa aos princípios da legalidade e do concurso público na gestão de pessoal* (CF, art. 37, II e X, e 169) – a Lei das OS's prevê que a própria entidade, como condição para a celebração de contrato de gestão, fixará, por seu Conselho de Administração, a remuneração dos membros de sua diretoria, a estrutura de seus cargos e, através de regulamento, o plano de cargos, salários e benefícios de seus empregados (art. 4º, V, VII e VIII). Caberá, ainda, ao contrato de gestão estabelecer limites e critérios para as despesas com pessoal (art. 7º, II). Tais normas desconsideram a exigência de lei formal para o regime jurídico dos servidores públicos, além de tomarem como pressuposto a desnecessidade de concurso público para a contratação de pessoal nas Organizações Sociais;

(v) *descumprimento de direitos previdenciários dos servidores* (CF, art. 40, *caput* e §4º) – na cessão de servidores públicos à OS, não caberá, segundo a Lei, a incorporação à remuneração de qualquer vantagem que àqueles venha a ser paga pela entidade privada (art. 14, §1º). Por consequência, essas verbas não seriam levadas em conta "para fins de cálculo dos proventos de inatividade", ferindo o direito à integralidade e à paridade dos inativos;

(vi) *insubmissão a controles externos* (CF, art. 70, 71 e 74) – o *caput* do art. 4º da Lei, ao listar as "atribuições privativas do conselho de administração", conduz à interpretação de excluir o controle do Tribunal de Contas da União sobre a aplicação dos recursos públicos; e

(vii) *restrição da atuação do Ministério Público* (CF, art. 129) – o art. 10 da Lei, ao condicionar a determinados requisitos a atuação fiscalizadora do MP sobre as OS's — gravidade dos fatos e interesse público —, teria incorrido em inconstitucionalidade à luz do art. 129 da CF, que não toleraria restrições.

Prestadas as informações pelas autoridades que editaram os atos impugnados (fls. 151 *et seq.*), e após a manifestação do Advogado-Geral da União (fls. 186 *et seq.*), o Plenário deste Supremo Tribunal Federal, em julgamento iniciado em 24 de junho de 1999 e concluído em 1º de agosto de 2007, indeferiu, por maioria, a medida cautelar requerida pelos autores (fls. 264 *et seq.*), conforme ementa assim lavrada:

> Medida Cautelar em Ação Direta de Inconstitucionalidade. Lei nº 9.637, de 15 de maio de 1998. Qualificação de entidades como organizações sociais. Inciso XXIV do artigo 24 da Lei nº 8.666, de 21 de junho de 1993, com a redação conferida pela Lei nº 9.648, de 27 de maio de 1998. Dispensa de licitação. Alegação de afronta ao disposto nos artigos 5º; 22; 23; 37; 40; 49; 70; 71; 74, §1º e 2º; 129; 169, §1º; 175, *caput*; 194; 196; 197; 199, §1º; 205; 206; 208, §1º e 2º; 211, §1º; 213; 215, *caput*; 216; 218, §§1º, 2º, 3º e 5º; 225, §1º, e 209. Indeferimento da medida cautelar em razão de descaracterização do *periculum in mora*.
>
> 1. Organizações Sociais — pessoas jurídicas de direito privado, sem fins lucrativos, direcionadas ao exercício de atividades referentes a ensino, pesquisa científica, desenvolvimento tecnológico, proteção e preservação do meio ambiente, cultura e saúde.

2. Afastamento, no caso, em sede de medida cautelar, do exame das razões atinentes ao *fumus boni iuris*. O *periculum in mora* não resulta no caso caracterizado, seja mercê do transcurso do tempo — os atos normativos impugnados foram publicados em 1998 — seja porque no exame do mérito poder-se-á modular efeitos do que vier a ser decidido, inclusive com a definição de sentença aditiva.

3. Circunstâncias que não justificariam a concessão do pedido liminar.

4. Medida cautelar indeferida. (ADI nº 1.923-MC, Rel. Min. Ilmar Galvão, Rel. p/ Acórdão Min. Eros Grau, Tribunal Pleno, julgado em 1º.8.2007, *DJ*, 21 set. 2007)

No curso do processo, requereram ingresso no feito, em petição conjunta, a Sociedade Brasileira para o Progresso da Ciência e a Academia Brasileira de Ciências, defendendo a constitucionalidade das leis impugnadas. Intervieram, ainda, o Sindicato dos Trabalhadores Públicos de Saúde no Estado de São Paulo – SINDSAÚDE/SP e o Sindicato Nacional dos Docentes das Instituições de Ensino Superior, sustentando a invalidade do modelo institucional das Organizações Sociais, em petições que restaram juntadas por linha aos presentes autos.

Nova manifestação foi trazida aos autos pelo Advogado-Geral da União (fls. 406 e segs.), após o que se seguiu o parecer do Procurador-Geral da República à época, Exmo. Sr. Antônio Fernando Barros e Silva de Souza, opinando pela procedência parcial do pedido (fls. 429-452) para (i) reputar imprescindível que a opção política pelo modelo de atuação pública através do contrato de gestão seja precedido de processo decisório dotado de publicidade, acessível aos interessados; (ii) afirmar a inconstitucionalidade do condicionamento da qualificação a critérios discricionários, do que decorreria a invalidade da expressão "quanto à conveniência e oportunidade de sua qualificação como organização social" constante do art. 2º, II, da Lei nº 9.637/98; (iii) asseverar a inconstitucionalidade da dispensa de licitação prevista no art. 24, XXIV, da Lei nº 8.666/93, porquanto incompatível com a lógica da eficiência que o próprio modelo das organizações sociais pretende promover; e (iv) ratificar a incidência, sem qualquer restrição, do exercício das atividades de controle pelo Ministério Público e pelo Tribunal de Contas da União.

O eminente Min. Relator Ayres Britto, ao trazer o feito a julgamento na sessão plenária de 7 de abril de 2011, votou pela procedência parcial dos pedidos. Após afirmar que, no campo dos serviços públicos, o Estado é ator por excelência, ressaltou a existência, na Constituição Federal, de serviços públicos não exclusivos, cujo exercício pode se dar também por particulares, de modo que "se prestadas pelo setor público, são atividades públicas de regime jurídico igualmente público", e "se prestadas pela iniciativa privada, óbvio que são atividades privadas, porém sob o timbre da relevância pública", citando como exemplos as disposições constantes dos arts. 194 — *seguridade social* —, 197, 199, §§1º e 2º — *saúde* —, 202, *caput* e §3º — *previdência privada* —, 205, 209, *caput*, 213, *caput* e §§1º e 2º — *educação* —, 216, §1º — *cultura* —, 218, *caput* e §4º — *desenvolvimento científico, pesquisa e capacitação tecnológicas* —, dentre outros.

Na sequência, asseverou o Min. Relator que, no campo dos serviços públicos não exclusivos, a atuação da iniciativa privada ocorreria de modo complementar, sem substituir a ação do poder público. Disso decorreria a inconstitucionalidade dos arts. 18 a 22 da Lei nº 9.637/98, eis que, ao extinguirem entidades públicas e determinarem a absorção de suas atividades por organizações sociais, configurariam verdadeira substituição do Estado, reservando a este o mero papel de indutor, fiscalizador e regulador, o que seria próprio apenas às atividades econômicas, e não aos serviços públicos. Entendeu o Min. Relator por modular, no ponto, os efeitos da declaração de inconstitucionalidade, preservando os atos praticados até o momento com base no diploma legal.

No que pertine, por sua vez, ao modelo geral das Organizações Sociais instituído pela Lei, ressaltou o Min. Relator a circunstância de o contrato de gestão, com a típica natureza de convênio, configurar forma de parceria entre o Estado e os particulares, de modo que, através do repasse de recursos e bens públicos, estaria aquele fomentando a atuação de particulares em áreas dotadas de relevância pública. A natureza de convênio, ainda, afastaria a pecha de inconstitucionalidade com relação às dispensas de licitação previstas no art. 24, XXIV, da Lei nº 8.666/93 e no art. 12, §3º, da Lei nº 9.637/98, desde que observados, invariavelmente, os princípios da impessoalidade, da publicidade e da eficiência, através de um processo público e objetivo para a qualificação das entidades e para as parcerias a serem firmadas, razão pela qual conferiu interpretação conforme aos referidos dispositivos e, ainda, aos arts. 5º, 6º e 7º da Lei, resguardando, em todas as hipóteses, o controle do Ministério Público e do Tribunal de Contas da União à luz da Constituição.

Afirmou, nessa mesma linha, a inconstitucionalidade da expressão "quanto à conveniência e oportunidade de sua qualificação como organização social" constante do art. 2º, II, da Lei nº 9.637/98, porquanto, ao conferir competência discricionária ao Poder Executivo, mostrar-se-ia incompatível com a objetividade que deve presidir o procedimento de qualificação. Por fim, após considerar que, por não serem funcionários públicos, aos empregados permanentes das Organizações Sociais não seriam aplicáveis os princípios da legalidade na remuneração e do concurso para admissão, reputou inconstitucional a expressão "com recursos provenientes do contrato de gestão, ressalvada a hipótese de adicional relativo ao exercício de função temporária de direção e assessoria", constante do §2º do art. 14 da Lei nº 9.637/98, e, por consequência, o §1º do mesmo dispositivo, na medida em que, com relação aos servidores públicos cedidos às entidades privadas, não seria possível o pagamento de qualquer verba, ainda que privada, sem previsão em lei.

Feito o relato do ocorrido até o momento, passo a votar.

A solução das questões suscitadas na inicial da presente ação depende de uma profunda reflexão sobre a moldura constitucionalmente fixada para a atuação dos poderes públicos em campos sensíveis como saúde, educação, cultura, desporto e lazer, meio ambiente e ciência e tecnologia, referidos no art. 1º da Lei nº 9.637/98, todos muito caros ao projeto coletivo de condução da República Federativa do Brasil rumo à construção de uma sociedade livre, justa e solidária (CF, art. 3º, I). E ainda que os olhos sejam postos na relevância de que se revestem tais atividades, é preciso que se enxergue o tema sem as amarras de uma pré-compreensão rígida de um modelo específico de Estado, supostamente avesso mesmo às manifestações de vontade que o povo, por seus representantes eleitos, traga a público diante da evolução provocada pelo passar dos anos.

É preciso, em outras palavras, identificar o que é constitucionalmente exigido, imposto de forma invariável, e, de outro lado, aquilo que é constitucionalmente deixado à escolha das maiorias políticas prevalecentes, para que possam moldar a intervenção do Estado nos domínios sociais à luz da vontade coletiva legitimamente predominante. Com efeito, ao mesmo tempo em que a Constituição exerce o papel de tutelar consensos mínimos, as suas normas têm de ser interpretadas de modo a viabilizar que, no campo permitido por suas balizas, sejam postos em prática projetos políticos divergentes, como fruto do pluralismo político que marca a sociedade brasileira (CF, art. 1º, V).

Firmadas essas premissas teóricas, deve-se analisar o modo como o texto constitucional alude ao tema em exame na presente ação. Com efeito, a Constituição, quando se refere aos setores de cultura (CF, art. 215), desporto e lazer (CF, art. 217), ciência e tecnologia (CF, art. 218) e meio ambiente (CF, art. 225), afirma que tais atividades *são deveres do Estado e da Sociedade*. Faz o mesmo, em termos não idênticos, em relação à saúde (CF, art. 199, *caput*) e à educação (CF, art. 209, *caput*), afirmando, ao lado do dever de o Estado de atuar, que tais atividades são "livres à iniciativa privada".

Referidos setores de atuação do Poder Público são denominados, na teoria do direito administrativo econômico, *serviços públicos sociais*,[1] em contraposição aos típicos serviços públicos industriais, como se passa com o fornecimento de energia elétrica ou com os serviços de telecomunicações. Por força das disposições constitucionais antes mencionadas, o regime jurídico de tal gênero de atividades, quanto à titularidade, configura o que a doutrina contemporânea tem denominado de serviços públicos *compartidos*,[2] serviços públicos *não privativos*,[3] ou serviços públicos *não exclusivos*:[4] poder público e iniciativa privada podem, simultaneamente, exercê-las por direito próprio, porquanto de titularidade de ambos. Em outras palavras, e ao contrário do que ocorre com os serviços públicos privativos, pode o particular exercer tais

---

[1] JUSTEN FILHO, Marçal. *Curso de direito administrativo*. Belo Horizonte: Fórum, 2010. p. 711; ARAGÃO, Alexandre Santos de. *Direito dos serviços públicos*. Rio de Janeiro: Forense, 2007. p. 181.
[2] ARAGÃO, Alexandre Santos de. *Direito dos serviços públicos*. Rio de Janeiro: Forense, 2007. p. 180 *et seq*.
[3] GRAU, Eros Roberto. *A ordem econômica na Constituição de 1988*. São Paulo: Malheiros, 2005. p. 123; e BANDEIRA DE MELLO, Celso Antônio. *Curso de direito administrativo*. São Paulo: Malheiros, 2007. p. 666.
[4] DI PIETRO, Maria Sylvia Zanella. *Parcerias na Administração Pública*. São Paulo: Atlas, 2006. p. 264.

atividades independentemente de qualquer ato negocial de delegação pelo Poder Público, de que seriam exemplos os instrumentos da concessão e da permissão, mencionados no art. 175, *caput*, da CF.

Se exercidas tais atividades *pelo Poder Público*, assumem elas, inquestionavelmente, a natureza de serviços públicos. Quando prestadas, ao contrário, diretamente *pelos particulares*, a qualificação de tais atividades está sujeita a polêmica no terreno doutrinário. Há quem entenda se tratar, ainda assim, de *serviço público*, uma vez que o perfil material da atividade não poderia ser afastado pela mudança apenas de seu executor, que diz respeito somente ao ângulo subjetivo. Há, no sentido diametralmente oposto, quem entenda tratar-se de *atividade econômica em sentido estrito*, caracterizada pela preponderância da livre iniciativa, já que ausente o Poder Público na prestação, devendo prevalecer o perfil subjetivo para a definição do respectivo regime jurídico. Por fim, há posição intermediária que define tais atividades, quando prestadas pelo particular, como *atividade econômica de interesse público*, sujeita à incidência de um marco regulatório mais intenso do que as meras atividades econômicas em sentido estrito, porém menos intensa do que a cabível no âmbito dos serviços públicos propriamente ditos.

Esta Corte Suprema já se posicionou sobre o tema, afirmando que os serviços de educação, exemplo típico de serviço público social e não privativo, ainda quando prestados pelo particular por direito próprio, configuram *serviços públicos*, aderindo, portanto, à primeira corrente mencionada acima. Confira-se o precedente, relatado pelo Min. Eros Grau:

> Ação Direta de Inconstitucionalidade. Lei nº 6.584/94 do Estado da Bahia. Adoção de material escolar e livros didáticos pelos estabelecimentos particulares de ensino. Serviço público. Vício formal. Inexistência. 1. Os serviços de educação, seja os prestados pelo Estado, seja os prestados por particulares, configuram serviço público não privativo, podendo ser prestados pelo setor privado independentemente de concessão, permissão ou autorização. 2. Tratando-se de serviço público, incumbe às entidades educacionais particulares, na sua prestação, rigorosamente acatar as normas gerais de educação nacional e as dispostas pelo Estado-membro, no exercício de competência legislativa suplementar (§2º do art. 24 da Constituição do Brasil). 3. Pedido de declaração de inconstitucionalidade julgado improcedente. (ADI nº 1.266, Rel. Min. Eros Grau, Tribunal Pleno, julgado em 6.4.2005, *DJ*, 23 set. 2005)

Essas considerações tornam, em primeiro lugar, inaplicável ao caso o art. 175 da Constituição, que prevê a *delegação* de serviços públicos por permissão ou concessão, sempre condicionada à licitação. Ora, essa regra geral, dirigida aos serviços públicos exclusivos ou privativos — como energia elétrica ou telecomunicações (CF, art. 21, XI e XII, 'b') —, não pode suprimir o âmbito normativo das diversas regras específicas, previstas também na Constituição, com relação às atividades definidas como serviços públicos não privativos. Os dois regimes jurídicos não podem ser confundidos. E é por força de tais regras específicas — arts. 199, 209, 215, 217, 218 e 225, todos da CF —, que o particular atua por direito próprio nessas searas, sendo totalmente descabida a exigência de licitação para que, repita-se, o particular possa fazer justamente aquilo que sempre lhe era lícito executar, por serem "livres à iniciativa privada" e/ou "deveres da Sociedade", respeitadas as balizas que a própria Constituição já impõe quanto ao conteúdo material do regime jurídico dessas atividades.

Em suma, portanto, do próprio regime jurídico constitucional de tais atividades se extrai que as Organizações Sociais, quando se dirigem "ao ensino, à pesquisa científica, ao desenvolvimento tecnológico, à proteção e preservação do meio ambiente, à cultura e à saúde" (art. 1º, *caput*, da Lei), não atuam por força do contrato de gestão ou por qualquer espécie de delegação, mas sim por direito próprio. A rigor, a Lei das Organizações Sociais não delega, no sentido próprio do termo, serviços públicos, o que torna a matéria fora do âmbito normativo do art. 175 da CF. O que a Lei em causa pretendeu promover, muito pelo contrário, foi somente a instituição de um sistema de fomento, de incentivo a que tais atividades fossem desempenhadas de forma eficiente por particulares, através da colaboração público-privada instrumentalizada no contrato de gestão. E é nesse ponto da concretização da atividade de fomento que, supostamente, configuram-se todas as demais inconstitucionalidades alegadas na inicial.

Antes, porém, cabe analisar, a alegação de que a Lei das Organizações Sociais representaria um abandono, pelo Poder Público, de seus deveres constitucionais de atuação nos setores elencados no art. 1º da Lei. Não é isto o que ocorre, na realidade. Com efeito, a intervenção do Estado no domínio econômico e social pode ocorrer de forma direta ou indireta, como ensina Floriano Azevedo Marques Neto:[5] enquanto na primeira hipótese cabe ao aparelho estatal a disponibilização de utilidades materiais aos beneficiários, na segunda hipótese o Estado faz uso de seu instrumental jurídico para estimular a que os próprios particulares executem atividades de interesses públicos, seja através da regulação, com coercitividade, seja através do fomento, fazendo uso de incentivos e estímulos a comportamentos voluntários.

---

[5] MARQUES NETO, Floriano Azevedo. A nova regulação estatal e as agências independentes. *In*: SUNDFELD, Carlos Ari (Coord.). *Direito administrativo econômico*. São Paulo: Malheiros, 2006. p. 74: "O fato é que podemos distinguir, com finalidade muito mais didática que doutrinária, o intervencionismo estatal direito do indireto. Por óbvio que a intervenção clássica do Estado (produção de utilidades públicas) sempre se deu de forma direta. Desde o momento em que se abandonou a perspectiva liberal do Estado Gendarme tivemos a atuação dos próprios entes estatais no domínio econômico. Cuidou-se, é bom frisar, de uma necessidade do próprio desenvolvimento capitalista, num momento em que o incensado mercado não dispunha nem de capacidade financeira, nem de escala organizacional para prover infraestrutura, bens ou serviços essenciais para o avanço das condições de acumulação capitalista. É neste contexto que os serviços de geração e distribuição de energia, a estruturação de toda a plataforma de telecomunicações, o saneamento básico, a rede de transportes e mesmo os setores de capital intensivo (como petróleo e siderurgia) são assumidos pelo Estado. Porém, paralelamente a este intervencionismo direto, podemos identificar outra ordem de intervencionismo estatal no domínio econômico, que designaríamos de intervencionismo indireto. Trata-se, aqui, não mais da assunção pelo Estado da atividade econômica em si, mas de sua concreta atuação no fomento, na regulamentação, no monitoramento, na mediação, na fiscalização, no planejamento, na ordenação da economia. Enfim, cuida-se da atuação estatal fortemente influente (por indução ou coerção) da ação dos atores privados atuantes num dado segmento da economia".

Como regra, cabe aos agentes eleitos a definição de qual modelo de intervenção, direta ou indireta, será mais eficaz no atingimento das metas coletivas conclamadas pela sociedade brasileira, definindo o modelo de atuação que se mostre mais consentâneo com o projeto político vencedor do pleito eleitoral. Foi com base nisso que, principalmente no curso do século passado, preponderou a intervenção direta do Estado em diversos setores sociais, como consequência dos ideais que circundavam a noção de Estado Social.

Mais recentemente, porém, o modelo atual de Estado, diante das exigências formais do regime jurídico público tradicional e do agigantamento do aparelho estrutural administrativo, muitas vezes tem se inclinado para a atuação indireta, por regulação, indução e através do fomento público (art. 174, *caput*, da CF, que dispõe de forma genérica sobre a regulação, a fiscalização, o incentivo e o planejamento estatais no âmbito das atividades econômicas). Sinal claro dessa tendência consiste nos programas de privatização e de desestatização, que povoaram o Brasil na década de noventa, e na crescente relevância atribuída pela legislação às denominadas agências reguladoras, cujo modelo institucional já recebeu a chancela desta Corte Suprema no julgamento das ADI nº 1.668/DF, Rel. Min. Marco Aurélio, e nº 1.949-MC/RS, Rel. Min. Sepúlveda Pertence.

Assim, nos dois momentos, o que resultou foi a vontade preponderante manifestada nos canais democráticos, sem que a Constituição fosse lida como a cristalização de um modelo único e engessado a respeito da intervenção do Estado no domínio econômico e social.[6] E é justamente dessa forma, optando pelo fomento acompanhado de uma regulação intensa, que os serviços públicos sociais ainda continuarão a ser efetivados pelo Estado brasileiro após a vigência da Lei nº 9.637/98 — e como de fato vêm sendo —, através da colaboração *público-privado*.

Em outros termos, a Constituição não exige que o Poder Público atue, nesses campos, exclusivamente de forma direta. Pelo contrário, o texto constitucional é expresso em afirmar que será válida a atuação indireta, através do fomento, como o faz com setores particularmente sensíveis como saúde (CF, art. 199, §2º, interpretado *a contrario sensu* – "é vedada a destinação de recursos públicos para auxílios ou subvenções às instituições privadas com fins lucrativos") e educação (CF, art. 213 – "Os recursos públicos serão destinados às escolas públicas, podendo ser dirigidos a escolas comunitárias, confessionais ou filantrópicas, definidas em lei, que: I - comprovem finalidade não-lucrativa e apliquem seus excedentes financeiros em educação; II -

---

[6] Exemplo de leitura excessivamente abrangente da Constituição, capaz de sufocar o espaço que deveria ser deixado aos agentes eleitos, consiste na denominada Era Lochner no direito constitucional norte-americano. Tal momento histórico foi caracterizado por uma postura interpretativa da Suprema Corte americana no sentido de valorizar ao mais alto grau a liberdade de contratar, invalidando diversas leis que pretenderam intervir em setores da economia. O precedente que conferiu denominação a tal período, *Lochner v. New York*, foi julgado em 1905, tendo a doutrina ali manifestada vigorado até o ano de 1937, com a decisão proferida em *West Coast Hotel Co. v. Parrish*.

assegurem a destinação de seu patrimônio a outra escola comunitária, filantrópica ou confessional, ou ao Poder Público, no caso de encerramento de suas atividades"), mas que se estende por identidade de razões a todos os serviços sociais.

Disso se extrai que cabe aos agentes democraticamente eleitos a definição da *proporção* entre a atuação direta e a indireta, desde que, por qualquer modo, o resultado constitucionalmente fixado — a *prestação dos serviços sociais* — seja alcançado. Daí porque não há inconstitucionalidade na opção, manifestada pela Lei das OS, publicada em março de 1998, e posteriormente reiterada com a edição, em maio de 1999, da Lei nº 9.790/99, que trata das Organizações da Sociedade Civil de Interesse Público, pelo foco no fomento para o atingimento de determinados deveres estatais.

Do ponto de vista conceitual, o fomento é a disciplina não coercitiva da conduta dos particulares, cujo desempenho em atividades de interesse público é estimulado por sanções premiais.[7] Diogo de Figueiredo Moreira Neto, ao tratar do tema, afirma que "o fomento público, conduzido com liberdade de opção, tem elevado alcance pedagógico e integrador, podendo ser considerado, para um futuro ainda longínquo, a atividade mais importante e mais nobre do Estado",[8] porquanto fortemente calcada na efetivação do princípio da consensualidade e da participação no direito administrativo.

A finalidade de fomento, *in casu*, é posta em prática pela cessão de recursos, bens e pessoal da Administração Pública para as entidades privadas, após a celebração de contrato de gestão. Este mesmo contrato de gestão, por outro lado, será o instrumento *consensual* que viabilizará o direcionamento, pelo Poder Público, da atuação do particular em consonância com o interesse público, através da inserção de metas e de resultados a serem alcançados, em uma versão branda da conhecida regulação, temperada pelo princípio da *consensualidade* e pela *participação dos administrados*. Além disso, a regulação ainda incidirá da forma tradicional, pela imposição de deveres definidos em leis ou atos infralegais, tal como decidido por este STF acerca da educação, mesmo quando desempenhada por particulares, na acima citada ADI

---

[7] SOUTO, Marco Juruena Villela. Fomento do desenvolvimento regional. *In*: SOUTO, Marco Juruena Villela. *Direito administrativo estadual*. Rio de Janeiro: Lumen Juris, 2008. p. 196; e OLIVEIRA, Gustavo Justino de. As organizações sociais e o Supremo Tribunal Federal: comentários à medida cautelar da ADIn nº 1.923/DF. *In*: OLIVEIRA, Gustavo Justino de. *Direito administrativo democrático*. Belo Horizonte: Fórum, 2010. p. 202-203: "Gaspar Ariño Ortiz enfatiza a concepção do Estado financiador, concentrado na atividade de fomento, entendida como atividade de estímulo e pressão, realizada de modo não coativo, sobre os cidadãos e grupos sociais, para imprimir um determinado sentido a suas atuações. Para o autor, por meio de subvenções, isenções fiscais e créditos, o Estado não obriga nem impõe; oferece e necessita de colaboração do particular para que a atividade fomentada seja levada a cabo. A transferência de recursos públicos a entidades privadas caracteriza-se como uma das possíveis técnicas de fomento. Presta-se ao menos para dois fins: a) para incentivar que tais entidades privadas, quando lucrativas, por meio do exercício de atividade econômica acabem gerando benefícios públicos; e b) para incentivar que entidades não lucrativas passem a realizar atividades de interesse público, gerando igualmente benefícios (sobretudo de modo direto) para a comunidade".

[8] MOREIRA NETO, Diogo de Figueiredo. Administração Pública consensual. *In*: MOREIRA NETO, Diogo de Figueiredo. *Mutações do direito administrativo*. Rio de Janeiro: Renovar, 2007. p. 45.

nº 1.266, Rel. Min. Eros Grau, mitigando a predominância do princípio da livre iniciativa pela possibilidade de incidência de regulação estatal.

A própria Lei nº 9.637/98 menciona expressamente o termo fomento em diversos de sues dispositivos, como se vê de seus arts. 5º, 6º, parágrafo único, e 8º, bem como diretamente da denominação da "Seção V - Do fomento às Atividades Sociais" da Lei, integrada pelos arts. 11 a 15. Não há, assim, risco de sucateamento dos setores, que, pela só previsão em lei desse marco regulatório do terceiro setor, não serão colocados à margem do controle do Estado.

Portanto, o Poder Público não renunciou aos seus deveres constitucionais de atuação nas áreas de saúde, educação, proteção ao meio ambiente, patrimônio histórico e acesso à ciência, mas apenas colocou em prática uma opção válida por intervir de *forma indireta* para o cumprimento de tais deveres, através do fomento e da regulação. Na essência, preside a execução deste programa de ação a lógica de que a atuação privada será mais eficiente do que a pública em determinados domínios, dada a agilidade e a flexibilidade que dominam o regime de direito privado.

Ademais, a lei não exige que o Estado saia de cena como um vetor necessário. Decidiu-o, é verdade, com relação a duas concretas entidades públicas mencionadas no art. 21, extinguindo-as e determinando a transferência de recursos, através de contratos de gestão a serem firmados à época, para entidades privadas. Porém, essas decisões específicas tomadas pelo legislador não são, repita-se, uma imposição de um modelo perene de atuação do Poder Público, que pela só edição da Lei nº 9.637/98 não se vê obrigado a repeti-lo em hipóteses similares. Ao contrário, a opção pelo atingimento dos resultados através do fomento, e não da intervenção direta, ficará a cargo, em cada setor, dos mandatários eleitos pelo povo, que assim refletirão, como é próprio às democracias constitucionais, a vontade prevalecente em um dado momento histórico da sociedade.

Não há sequer como apontar, nessa linha, que aquelas duas decisões políticas específicas tomadas através da edição do art. 21 da Lei, de extinção do *Laboratório Nacional de Luz Síncrotron* e da *Fundação Roquette Pinto*, vulnerariam a Constituição. Como se viu mais acima, a moldura constitucional da atuação do Estado nos setores mencionados pela Lei permite a opção tanto pela prestação direta como pelo fomento, desde que, invariavelmente, a Administração Pública seja controlada do ponto de vista do *resultado*,[9] sendo por isso válida, em abstrato, a instituição de um marco legal definidor do regime jurídico a ser seguido no modelo de fomento. Ora, se, portanto, seria válida no futuro a escolha pela intervenção através do fomento, não há como enxergar qualquer óbice a que a Lei optasse por fazê-lo pontualmente, desde logo, com relação aos dois setores ocupados pelas referidas entidades.

---

[9] MOREIRA NETO, Diogo de Figueiredo. Novo referencial no direito administrativo: do controle da vontade ao do resultado. In: MOREIRA NETO, Diogo de Figueiredo. *Mutações do direito administrativo*. Rio de Janeiro: Renovar, 2007. p. 175-194.

Em outras palavras, cada decisão gerencial de utilização do regime do fomento através do contrato de gestão, após a edição da Lei, representa, simultaneamente, o afastamento da via da criação de entidades públicas para a intervenção direta e a escolha pela busca dos mesmos fins através da indução e do fomento de atores privados. O que fez a Lei em seu art. 21, assim, foi apenas conjugar essas duas decisões em um único dispositivo, submetendo a qualificação e a celebração do contrato de gestão às demais normas do diploma legal. Assim, reputar tal dispositivo inconstitucional, com a devida vênia, seria sobremodo incoerente com a chancela do marco legal das Organizações Sociais, porquanto o fator tempo na opção política pelo modelo de fomento — se simultaneamente ou após a edição da Lei, portanto — não parece ser de qualquer modo relevante para aferir a sua conformidade com a Constituição.

Afastadas a suposta afronta ao art. 175 da CF e a inconstitucionalidade dos arts. 18 a 22 da Lei, cabe analisar se há alguma violação ao *dever constitucional de licitar* (CF, art. 37, XXI), diante dos pormenores do marco legal das Organizações Socais. Neste ponto, a argumentação desenvolvida pelos autores diz respeito (i) ao procedimento de qualificação como OS, (ii) à celebração do contrato de gestão, (iii) à prestação de serviços, nos limites do contrato de gestão já celebrado, pela OS ao Poder Público, (iv) à outorga de permissão de uso de bem público à OS e (v) às contratações de serviços pelas OS, com terceiros, fazendo uso de dinheiro público, alegando que a ausência de licitação em cada um desses atos representaria violação à Constituição.

Em primeiro lugar, deve ser afastada a incidência do art. 37, XXI, da CF quanto ao procedimento de qualificação como OS, porquanto tal ato não se configura como *contratação* no sentido próprio do termo. É que não ocorre, em tal hipótese, a *contraposição de interesses, com feição comutativa e com intuito lucrativo*, que consiste no núcleo conceitual da figura do contrato administrativo, conforme aponta a doutrina[10] e conforme já ressaltado pelo voto do ilustre Min. Relator. Ao contrário, a qualificação consiste em uma *etapa inicial*, embrionária, pelo deferimento do título jurídico de "organização social", para que Poder Público e particular colaborem na realização de um interesse comum, que consiste na prestação de serviços sociais para a população. Essa prestação, mais à frente, será fomentada pelo Estado através do repasse de recursos e da cessão de pessoal e de bens, mas a etapa inicial, a condição primeira para que isso ocorra, nos termos da Lei (art. 1º), *é a qualificação da entidade como organização social*. Assim, a qualificação como OS consiste apenas na atribuição de um título jurídico de legitimação da entidade, que passa a se habilitar a fruir, se celebrado o contrato de gestão posteriormente, de determinados benefícios.

Pelo regime da lei, os requisitos legais do inc. I do art. 2º podem ser satisfeitos por todas as associações interessadas — com a ressalva do conteúdo

---

[10] JUSTEN FILHO, Marçal. *Curso de direito administrativo*. Belo Horizonte: Fórum, 2010. p. 428.

discricionário do inc. II, a seguir analisado. Assim, não há, nesta etapa de qualificação, verdadeira disputa entre os interessados, já que, repita-se, todos que satisfizerem os requisitos poderão alcançar o mesmo título jurídico, de "organização social", a ser concedido pela Administração Pública. A doutrina contemporânea tem feito uso do termo *credenciamento* para denominar tais casos, em que, repita-se, não incide o dever constitucional de licitar pela própria natureza jurídica do ato, que não é contrato, e pela inexistência de qualquer competição, já que todos os interessados podem alcançar o mesmo objetivo, de modo *includente*, e não excludente.

Cabe analisar, ainda sob este prisma, o inc. II do mesmo artigo, por força do qual a conclusão do procedimento de qualificação depende de "aprovação, quanto à conveniência e oportunidade de sua qualificação como organização social, do Ministro ou titular de órgão supervisor ou regulador da área de atividade correspondente ao seu objeto social e do Ministro de Estado da Administração Federal e Reforma do Estado". Assim, o procedimento de qualificação fica condicionado (i) à satisfação dos requisitos do inc. I e (ii) à conveniência e oportunidade do Poder Executivo.

Como não se ignora, conveniência e oportunidade são termos que atribuem ao administrador o exercício da cognominada competência discricionária, conferindo-lhe uma margem de concretização do interesse público à luz das particularidades de cada caso, flexibilizando sua atuação, ao menos em parte, das amarras de uma disciplina legal rigidamente preestabelecida.[11]

Discricionariedade, porém, não pode significar arbitrariedade, de modo que o exame da conveniência e da oportunidade na qualificação não deve ser levado a cabo por mero capricho. Conforme a doutrina contemporânea tem salientado, mesmo nos casos em que há competência discricionária deve o administrador público decidir observando a principiologia constitucional, em especial os princípios da impessoalidade, moralidade, publicidade e eficiência (CF, art. 37, *caput*). Por essa via, informada pela força normativa da Constituição e pelo ideário pós-positivista, o conteúdo dos princípios constitucionais serve de instrumento para o controle da Administração Pública, que, como componente da estrutura do Estado, não pode se furtar à observância do texto constitucional.[12] No cenário do neoconstitucionalismo, portanto, o exercício da discricionariedade não escapa do respeito aos princípios constitucionais, e isso, veja-se bem, mesmo quando a lei seja omissa, já que a legislação infraconstitucional não pode represar, conter ou de qualquer forma mitigar a eficácia irradiante das normas constitucionais.[13]

---

[11] BANDEIRA DE MELLO, Celso Antônio. *Curso de direito administrativo*. São Paulo: Malheiros, 2007. p. 925 *et seq.*, e em especial às p. 928-929.

[12] BARROSO, Luís Roberto. *Curso de direito constitucional contemporâneo*: os conceitos fundamentais e a construção do novo modelo. São Paulo: Saraiva, 2009. p. 372-376.

[13] BINENBOJM, Gustavo. *Uma teoria do direito administrativo*: direitos fundamentais, democracia e constitucionalização. Rio de Janeiro: Renovar, 2006. p. 307-8: "24. A discricionariedade nasceu como um atributo do poder real absoluto, situado, como tal, em um espaço decisório externo ao direito. Tal noção

Nesse sentido, por exemplo, já teve oportunidade de se manifestar esta Suprema Corte no julgamento da medida cautelar na ADC nº 12, posteriormente confirmada em decisão de mérito, em que se decidiu pela constitucionalidade do ato do CNJ que vedou o nepotismo no Poder Judiciário. Afirmou-se, na essência da fundamentação do *decisum*, que o ato regulamentar do CNJ, de inegável natureza administrativa, apenas concretizava os princípios constitucionais que regem a atuação da Administração Pública, e com isso reconhecendo-se a incidência direta das normas constitucionais na atividade administrativa do Estado, *verbis*:

> Ação Declaratória de Constitucionalidade, ajuizada em prol da Resolução nº 07, de 18/10/2005, do Conselho Nacional de Justiça. Medida cautelar. (...) A Resolução nº 07/05 do CNJ reveste-se dos atributos da generalidade (os dispositivos dela constantes veiculam normas proibitivas de ações administrativas de logo padronizadas), impessoalidade (ausência de indicação nominal ou patronímica de quem quer que seja) e abstratividade (trata-se de um modelo normativo com âmbito temporal de vigência em aberto, pois claramente vocacionado para renovar de forma contínua o liame que prende suas hipóteses de incidência aos respectivos mandamentos). A Resolução nº 07/05 se dota, ainda, de caráter normativo primário, dado que arranca diretamente do §4º do art. 103-B da Carta-cidadã e tem como finalidade debulhar os próprios conteúdos lógicos dos princípios constitucionais de centrada regência de toda a atividade administrativa do Estado, especialmente o da impessoalidade, o da eficiência, o da igualdade e o da moralidade. O ato normativo que se faz de objeto desta ação declaratória densifica apropriadamente os quatro citados princípios do art. 37 da Constituição Federal, razão por que não há antinomia de conteúdos na comparação dos comandos que se veiculam pelos dois modelos normativos: o constitucional e o infraconstitucional. Logo, o Conselho Nacional de Justiça fez adequado uso da competência que lhe conferiu a Carta de Outubro, após a Emenda 45/04. Noutro giro, os condicionamentos impostos pela Resolução em foco não atentam contra a liberdade de nomeação e exoneração dos cargos em comissão e funções de confiança (incisos II e V do art. 37). Isto porque a interpretação dos mencionados incisos não pode se desapegar dos princípios que se veiculam pelo *caput* do mesmo art. 37. Donde o juízo de que as restrições constantes do ato normativo do CNJ são, no rigor dos termos, as mesmas restrições já impostas pela Constituição de 1988, dedutíveis dos republicanos princípios da impessoalidade, da eficiência, da igualdade e da moralidade. É dizer: o que já era constitucionalmente proibido permanece com essa tipificação, porém, agora, mais

---

sobreviveu historicamente após o advento do Estado de direito como uma das categorias básicas do direito administrativo: (i) primeiro, como fruto da autonomia decisória da Administração Pública, fundada na idéia de legalidade como vinculação negativa à lei; (ii) segundo, já sob a idéia de legalidade como vinculação positiva à lei, como uma espécie de margem de liberdade decisória, aberta pelo legislador ao administrador público. 25. A constitucionalização do direito enseja uma incidência direta dos princípios constitucionais sobre os atos administrativos não diretamente vinculados pela lei. Assim, não há espaço decisório da Administração que seja externo ao direito, nem tampouco margem decisória totalmente imune à incidência dos princípios constitucionais. Portanto, não é mais correto se falar de uma dicotomia entre atos vinculados e atos discricionários, senão que numa teoria de graus de vinculação à juridicidade. Conforme a densidade normativa incidente ao caso, pode-se dizer, assim, que os atos administrativos serão: (i) vinculados por regras (constitucionais, legais ou regulamentares), exibindo alto grau de vinculação à juridicidade; (ii) vinculados por conceitos jurídicos indeterminados (constitucionais, legais ou regulamentares), exibindo grau intermediário de vinculação à juridicidade; e (iii) vinculados diretamente por princípios (constitucionais, legais ou regulamentares), exibindo baixo grau de vinculação à juridicidade".

expletivamente positivado. Não se trata, então, de discriminar o Poder Judiciário perante os outros dois Poderes Orgânicos do Estado, sob a equivocada proposição de que o Poder Executivo e o Poder Legislativo estariam inteiramente libertos de peias jurídicas para prover seus cargos em comissão e funções de confiança, naquelas situações em que os respectivos ocupantes não hajam ingressado na atividade estatal por meio de concurso público. (...) (ADC nº 12-MC, Rel. Min. Carlos Britto, Tribunal Pleno, julgado em 16.2.2006, *DJ*, 1º set. 2006)

Assim, o fato de o art. 2º, II, da Lei nº 9.637/98 condicionar à discricionariedade do Poder Executivo o deferimento da qualificação não conduz à violação da Constituição. Seria de fato inconstitucional qualquer leitura, feita pelo administrador ou pelos demais intérpretes, que extraísse dessa competência administrativa um permissivo para a prática de arbitrariedades, criando redutos de favorecimento a ser viabilizado por contratos de gestão dirigidos a determinadas organizações sociais.

Contudo, tal dispositivo só pode ser interpretado, à luz do texto constitucional, como deferindo o manuseio da discricionariedade com o respeito aos princípios que regem a administração pública, previstos no *caput* do art. 37 da CF, em especial os princípios da *impessoalidade, moralidade, publicidade* e *eficiência*, dos quais decorre o dever de motivação dos atos administrativos, como elemento da necessária controlabilidade dos atos do poder público.

E mais: na realidade, o exercício da competência discricionária, *in casu*, é balizado não só pela incidência direta dos princípios constitucionais, combinado com o controle a ser exercido pelo Ministério Público e pelo Tribunal de Contas, conforme adiante será afirmado, mas também pela própria sistemática adotada pela Lei nº 9.637/98. Com efeito, a referida Lei dispõe, em seu art. 20, sobre a edição de Decreto consubstanciando o Programa Nacional de Publicização – PNP, "com o objetivo de estabelecer *diretrizes e critérios para a qualificação de organizações sociais*, a fim de assegurar a absorção de atividades desenvolvidas por entidades ou órgãos públicos da União, que atuem nas atividades referidas no art. 1º, por organizações sociais, qualificadas na forma desta Lei, observadas as *seguintes diretrizes*: I - *ênfase no atendimento do cidadão-cliente*; II - *ênfase nos resultados, qualitativos e quantitativos nos prazos pactuados*; III - *controle social das ações de forma transparente*".

Ou seja, é a própria Lei que compele o administrador a fixar, em abstrato, critérios *objetivos* em ato regulamentar para que exerça, em cada caso concreto, a competência que lhe foi deferida, com isso instituindo uma auto-limitação da Administração Pública: ao densificar em um ato regulamentar abstrato tais critérios, concretizando o que previsto na Lei, as futuras decisões da Administração deverão se reconduzir, fundamentalmente, às diretrizes fixadas. Em última análise, portanto, a sistemática da Lei, se interpretada à luz da Constituição, conduz a que a discricionariedade seja entendida como um veículo para alcançar a concretização das diretrizes instituídas no art. 20 do diploma, de modo a se reduzir drasticamente a margem de apreciação do administrador nos casos futuros, em prestígio à impessoalidade e à igualdade de tratamento.[14]

O cenário de limitação à atuação do administrador fica completo, na sistemática da Lei, pelo ato oposto ao disciplinado pelo art. 2º, de desqualificação, para cuja produção o art. 16, §1º, impõe um procedimento administrativo formal, com aplicação da garantia da ampla defesa, o que, pelo paralelismo das formas, só reforça a tese de que não há espaço para arbitrariedades da Administração no deferimento do título de "organização social" pelo procedimento de qualificação — porquanto toda atividade decisória da administração pública, quando capaz de produzir efeitos a esferas jurídicas de particulares, é necessariamente *processualizada*.

Deste modo, a qualificação, que, como dito, caberia em tese a qualquer interessado, *só pode ser indeferida por critérios comprovadamente objetivos e impessoais, fixados em harmonia com o que prega o art. 20 da Lei, cuja configuração in concreto seja demonstrada por razões fundamentadas nos autos de processo administrativo*, preservando-se, assim, o alerta do Procurador-Geral da República no sentido de que o procedimento de qualificação "deve atender a juízos racionais do agente público" (fls. 447). É este o conceito de discricionariedade que, *in casu*, deve ser extraído da Constituição, sem que de qualquer forma se configure, por essa linha, violação aos princípios da isonomia, da impessoalidade e da moralidade, justamente as bases axiológicas da regra constitucional da licitação. Portanto, não há violação à Constituição pela ausência de licitação no procedimento de qualificação, já que se trata, materialmente, de atividade de credenciamento, a ser conduzido sempre com a observância dos princípios constitucionais que regem a Administração Pública.

A inicial também veicula impugnação consistente na ausência de licitação para a *celebração do próprio contrato de gestão entre a entidade qualificada e o Poder Público*. Tampouco aqui, porém, cabe falar em incidência do dever constitucional de licitar, já que o contrato de gestão não consiste, a rigor, em contrato administrativo, mas sim em um convênio. Com efeito, no núcleo da figura dos convênios está a conjugação de esforços para o atingimento de um objetivo comum aos interessados: há plena harmonia entre as posições subjetivas, que buscam um negócio verdadeiramente associativo, e não comutativo, voltado para um fim compartilhado.[15]

É justamente isto que se passa no contrato de gestão, em que a entidade privada, constituída para atuar sem finalidade lucrativa nas áreas elencadas no art. 1º, e o Poder Público, submetido aos deveres constitucionais de agir, pretendem alcançar a mesma finalidade: a realização de serviços de saúde, educação, cultura, desporto e lazer, meio ambiente e ciência e tecnologia. Os

---

[14] Ressalta a homogeneidade que pode resultar da previsão em atos regulamentares de critérios abstratos para o exercício de competências discricionárias a obra de ARAGÃO, Alexandre Santos de. *Direito dos serviços públicos*. Rio de Janeiro: Forense, 2007. p. 327.

[15] JUSTEN FILHO, Marçal. *Curso de direito administrativo*. Belo Horizonte: Fórum, 2010. p. 428.

interesses de ambas as partes, portanto, confluem em uma mesma direção, o que é totalmente diverso do que ocorre com a figura típica do contrato administrativo, caracterizado pela oposição de interesses. É nesse sentido que se expressa a doutrina, recusando aos contratos de gestão a natureza verdadeiramente contratual.[16]

Por não se tratar de contratos administrativos, não cabe falar em incidência do dever constitucional de licitar, restrito ao âmbito das contratações (CF, art. 37, XXI). Nem por isso, porém, a celebração de contratos de gestão pode ficar imunizada à incidência dos princípios constitucionais. Da mesma forma como se ressaltou acima, a Administração deve observar, sempre, os princípios estabelecidos no *caput* do art. 37 da CF. Dentre eles, têm destaque os princípios da *impessoalidade*, expressão da isonomia (art. 5º, *caput*), e da *publicidade*, decorrência da ideia de transparência e do princípio republicano (CF, art. 1º, *caput*).

Ora, no conteúdo do contrato de gestão, segundo os arts. 12 e 14 da Lei, pode figurar a previsão de repasse de bens, recursos e servidores públicos. Esses repasses pelo Poder Público, como é evidente, constituem bens escassos, que, ao contrário da mera qualificação como organização social, não estariam disponíveis para todo e qualquer interessado que se apresentasse à Administração Pública manifestando o interesse em executar os serviços sociais. Diante de um cenário de escassez, que, por consequência, leva à exclusão de particulares com a mesma pretensão, todos almejando a posição subjetiva de parceiro privado no contrato de gestão, impõe-se que o *Poder Público conduza a celebração do contrato de gestão por um procedimento público impessoal e pautado por critérios objetivos*, ainda que, repita-se, sem os rigores formais da licitação tal como concebida pela Lei nº 8.666/93 em concretização do art. 37, XXI, da CF, cuja aplicabilidade ao caso, reitere-se, é de se ter por rejeitada diante da natureza do vínculo instrumentalizado pelo contrato de gestão. Por essa razão, que tem por base, em última análise, a incidência direta dos princípios constitucionais, que se deve acolher a lição de Alexandre Santos de Aragão, *verbis*:

> A nossa opinião é que o contrato de gestão realmente não possui natureza contratual: visa à realização de atividades de interesse comum do Estado e da entidade da sociedade civil, não possuindo, salvo se desvirtuado, caráter comutativo. Esse fato, no entanto, apenas exclui a obrigatoriedade da licitação formal, tal como prevista nas minúcias da Lei nº 8.666/93. Nada leva, contudo, a que órgão público 'contratante' possa deixar de realizar um procedimento objetivo de seleção entre as organizações sociais qualificadas no seu âmbito de atuação para que, de forma impessoal, escolha com qual delas irá realizar a parceria.

---

[16] MOREIRA NETO, Diogo de Figueiredo. Organizações sociais de colaboração administrativa. In: *Mutações do direito administrativo*. Rio de Janeiro: Renovar, 2007. p. 247-248; ARAGÃO, Alexandre Santos de. *Direito dos serviços públicos*. Rio de Janeiro: Forense, 2007. p. 748; OLIVEIRA, Gustavo Justino de. As organizações sociais e o Supremo Tribunal Federal: comentários à medida cautelar da ADIn nº 1.923/DF. In: *Direito administrativo democrático*. Belo Horizonte: Fórum, 2010. p. 198-199; e JUSTEN FILHO, Marçal. *Curso de direito administrativo*. Belo Horizonte: Fórum, 2010. p. 296.

Essa obrigatoriedade deflui dos princípios da moralidade, razoabilidade, igualdade, impessoalidade, economicidade e da motivação, contemplados na Constituição Federal (arts. 37 e 70), na Lei nº 8.666/93 (art. 3º), mesmo para os casos de dispensa de licitação (art. 24, XXIV c/c art. 26, parágrafo único), e na própria Lei nº 9.637/98 (art. 7º). Não se pode confundir o fato da licitação ser dispensável com a possibilidade de escolha livre, desmotivada e sem publicidade prévia, que violaria os princípios do Estado de Direito.

Se o Estado possui critérios objetivos de discriminação para, excluindo todas as demais entidades da sociedade civil sem fins lucrativos, celebrar contrato de gestão apenas com as organizações sociais, já que estas passaram pelo respectivo processo de qualificação — daí o art. 24, XXIV, da Lei nº 8.666/93 —, não há, todavia, qualquer distinção razoável que se possa fazer entre elas.[17]

E isso só se confirma pela leitura do art. 7º, *caput*, da Lei nº 9.637/98, que prevê que a elaboração do contrato de gestão — literalmente, apenas a *elaboração*, porém — será submetida aos "princípios da legalidade, impessoalidade, moralidade, publicidade, economicidade e, também, os seguintes preceitos: (...)". A mesma lógica, felizmente de modo mais abrangente, presidiu com mais intensidade a posterior edição da Lei das OSCIPs – Organizações da Sociedade Civil de Interesse Público, Lei nº 9.790/99, que não está em análise, mas que guarda um vínculo muito íntimo de pertinência com a matéria aqui tratada, já que relativa também ao Terceiro Setor: é o que se lê do art. 4º, inc. I, que subordina as entidades, para que se qualifiquem como Organizações da Sociedade Civil de Interesse Público, à "observância dos princípios da legalidade, impessoalidade, moralidade, publicidade, economicidade e da eficiência". Esta tendência, portanto, já deve ser extraída diretamente da Constituição, como um vetor para a definição do regime jurídico do Terceiro Setor.

Assim, embora não submetido formalmente à licitação, a *celebração do contrato de gestão* com as Organizações Sociais deve ser conduzida de forma *pública, impessoal e por critérios objetivos*, como consequência da incidência direta dos princípios constitucionais que regem a Administração Pública.

Por identidade de razões, mesmo a dispensa de licitação instituída no art. 24, XXIV, da Lei nº 8.666/93 deve observar os princípios constitucionais. Em primeiro lugar, tal dispositivo não é, em abstrato, inconstitucional. A dispensa de licitação aí instituída tem uma finalidade que a doutrina contemporânea denomina de *função regulatória da licitação*, através da qual a licitação passa a ser também vista como mecanismo de indução de determinadas práticas sociais benéficas, desde que observado o postulado da proporcionalidade.[18]

---

[17] ARAGÃO, Alexandre Santos de. *Direito dos serviços públicos*. Rio de Janeiro: Forense, 2007. p. 748-749.
[18] JUSTEN FILHO, Marçal. *Curso de direito administrativo*. Belo Horizonte: Fórum, 2010. p. 493; GARCIA, Flávio Amaral. A Lei Complementar nº 123/06 e o seu impacto nas licitações públicas. In: GARCIA, Flávio Amaral. *Licitações e contratos administrativos*: casos e polêmicas. Rio de Janeiro: Lúmen Juris, 2009. p. 67-69; e FERRAZ, Luciano. *A função regulatória na licitação*. Disponível em: <http://www.direitodoestado.com/revista/REDAE-19-AGOSTO-2009-LUCIANOFERRAZ.pdf>.

Foi assim, por exemplo, que a Lei Complementar nº 123/06 institui diversos benefícios em prol de microempresas nas licitações públicas, estimulando o seu crescimento no mercado interno. E é com a mesma finalidade que os incisos XIII, XX, XXI e XXVII do art. 24 preveem outros casos de dispensa,[19] em idêntica linha ao que prevê o agora impugnado inciso XXIV.

Ou seja, a finalidade da dispensa criada pela Lei nº 9.648/98, ao incluir o inc. XXIV no art. 24 da Lei nº 8.666/93, foi fomentar a atuação de organizações sociais que já ostentem, à época da contratação, o título de qualificação, e que por isso sejam reconhecidamente colaboradoras do Poder Público no desempenho dos deveres constitucionais de atuação nos serviços sociais. É a própria finalidade de fomento, portanto, prevista nos arts. 174, 199, §2º, e 213 da CF, que legitima a nova hipótese de dispensa, como concretização de um tratamento desigual fundado em critério objetivo e razoável de desequiparação, como meio de atingir uma finalidade constitucional — a prestação eficiente dos serviços sociais.[20]

E veja-se que é a mesma justificativa que permite concluir também pela validade do art. 12, §3º, da Lei n 9.637/98, ao dispensar a licitação para a permissão de bens públicos para as Organizações Sociais, porquanto presente a lógica do fomento, com a função regulatória das contratações públicas.

De todo modo, nesses dois casos novamente deve ser frisado que a existência de dispensa de licitação não afasta a incidência dos princípios constitucionais da Administração Pública (art. 37, *caput*, da CF), *de modo que a contratação direta deve observar critérios objetivos e impessoais, com publicidade de forma a permitir o acesso a todos os interessados*, ainda que sem a necessidade de observância dos requisitos formais rígidos do procedimento da Lei nº 8.666/93.

Por fim, ainda no tema das licitações, cabe apreciar se as Organizações Sociais, em suas contratações com terceiros fazendo uso de verbas públicas, estão sujeitas ao dever de licitar. As organizações sociais, como já dito, não fazem parte da Administração Pública Indireta, figurando no Terceiro Setor. Possuem, com efeito, natureza jurídica de direito privado (Lei nº 9.637/98, art. 1º, *caput*), sem que sequer estejam sujeitas a um vínculo de controle jurídico

---

[19] Lei nº 8.666/93, Art. 24. É dispensável a licitação: (...) XIII - na contratação de instituição brasileira incumbida regimental ou estatutariamente da pesquisa, do ensino ou do desenvolvimento institucional, ou de instituição dedicada à recuperação social do preso, desde que a contratada detenha inquestionável reputação ético-profissional e não tenha fins lucrativos; (...) XX - na contratação de associação de portadores de deficiência física, sem fins lucrativos e de comprovada idoneidade, por órgãos ou entidades da Administração Pública, ara a prestação de serviços ou fornecimento de mão-de-obra, desde que o preço contratado seja compatível com o praticado no mercado; XXI - para a aquisição de bens e insumos destinados exclusivamente à pesquisa científica e tecnológica com recursos concedidos pela Capes, pela Finep, pelo CNPq ou por outras instituições de fomento a pesquisa credenciadas pelo CNPq para esse fim específico; (...) XXVII - na contratação da coleta, processamento e comercialização de resíduos sólidos urbanos recicláveis ou reutilizáveis, em áreas com sistema de coleta seletiva de lixo, efetuados por associações ou cooperativas formadas exclusivamente por pessoas físicas de baixa renda reconhecidas pelo poder público como catadores de materiais recicláveis, com o uso de equipamentos compatíveis com as normas técnicas, ambientais e de saúde pública.

[20] OLIVEIRA, Gustavo Justino de. As organizações sociais e o Supremo Tribunal Federal: comentários à medida cautelar da ADIn nº 1.923/DF. *In*: OLIVEIRA, Gustavo Justino de. *Direito administrativo democrático*. Belo Horizonte: Fórum, 2010. p. 205.

exercido pela Administração Pública em suas decisões. *Não são, portanto, parte do conceito constitucional de Administração Pública.*[21] No entanto, o fato de receberem recursos públicos, bens públicos e servidores públicos há de fazer com que seu regime jurídico seja minimamente informado pela incidência do núcleo essencial dos princípios da Administração Pública (CF, art. 37, *caput*), dentre os quais se destaca a impessoalidade.

Isso significa que as Organizações Sociais não estão sujeitas às regras formais dos incisos do art. 37, de que seria exemplo a regra da licitação, mas sim apenas à observância do *núcleo essencial dos princípios* definidos no *caput*. Essa incidência dos princípios administrativos deve ser compatibilizada com as características mais flexíveis do setor privado, que constituem justamente a finalidade por detrás de todo o marco regulatório do Terceiro Setor, porquanto fiado na premissa de que determinadas atividades podem ser mais eficientemente desempenhadas sob as vestes do regime de direito privado. Assim, a conciliação desses vetores leva justamente ao que dispõe o art. 4º, VIII, da Lei nº 9.637/98, segundo o qual o Conselho de Administração da OS deve "aprovar por maioria, no mínimo, de dois terços de seus membros, o regulamento próprio contendo os procedimentos que deve adotar para a contratação de obras, serviços, compras e alienações e o plano de cargos, salários e benefícios dos empregados da entidade". Ou seja, embora não façam formalmente licitação, *tais entidades devem editar um regulamento próprio para contratações, fixando regras objetivas e impessoais para o dispêndio de recursos públicos.*[22]

Desta forma, há plena conciliação do conteúdo dos princípios constitucionais com a flexibilidade inerente ao regime de direito privado, que não se harmonizaria com a submissão pura e simples ao procedimento da Lei nº 8.666/93, reconhecidamente formal, custoso e pouco célere. Esse mesmo raciocínio já conduziu a que a Segunda Turma desta Corte, em sede cautelar, enxergasse a fumaça de bom direito na tese da validade do procedimento simplificado de licitação instituído pela Petrobras com base na Lei nº 9.478/97 — *embora até o momento o Pleno não tenha firmado posição sobre o tema*. Confira-se o precedente, da relatoria do Min. Gilmar Mendes:

> Ação Cautelar. 2. Efeito suspensivo a recurso extraordinário admitido no Superior Tribunal de Justiça. 3. Plausibilidade jurídica do pedido. Licitações realizadas pela Petrobrás com base no Regulamento do Procedimento Licitatório Simplificado (Decreto nº 2.745/98 e Lei nº 9.478/97). 4. Perigo de dano irreparável. A suspensão das licitações pode inviabilizar a própria atividade da Petrobrás e comprometer o processo de exploração e distribuição de petróleo em todo o país, com reflexos imediatos para a indústria, comércio e, enfim, para toda a população. 5. Medida

---

[21] JUSTEN FILHO, Marçal. *Curso de direito administrativo*. Belo Horizonte: Fórum, 2010. p. 293.
[22] Nesse sentido, OLIVEIRA, Gustavo Justino de. As organizações sociais e o Supremo Tribunal Federal: comentários à medida cautelar da ADIn nº 1.923/DF. *In*: OLIVEIRA, Gustavo Justino de. *Direito administrativo democrático*. Belo Horizonte: Fórum, 2010. p. 205.

cautelar deferida para conceder efeito suspensivo ao recurso extraordinário (AC nº 1.193 MC-QO, Rel. Min. Gilmar Mendes, Segunda Turma, julgado em 9.5.2006, *DJ*, 30 jun. 2006).

Ora, se é possível que uma estatal, componente da Administração Indireta, edite regulamento próprio de compras à luz dos princípios constitucionais, inclinando-se em busca da agilidade e da flexibilidade que presidem as aquisições em regime de direito privado, não parece haver motivo para que tal procedimento seja vedada no que pertinente às Organizações Sociais, que sequer integram o conceito constitucional de Administração Pública.

As razões expostas até aqui tornam mais simples a resolução das questões ainda pendentes. Com efeito, e com a devida vênia dos que pensam em sentido contrário, não há como vislumbrar qualquer violação, na Lei das Organizações Sociais, aos princípios constitucionais que regem a remuneração dos servidores públicos. Os empregados das Organizações Sociais não são servidores públicos, mas sim empregados privados. Por isso, sua remuneração não deve ter base em lei, mas sim nos contratos de trabalho firmados consensualmente. Já o procedimento de seleção de pessoal, da mesma forma como a contratação de obras e serviços, deve, sim, ser posto em prática de modo *impessoal* e *objetivo*, porém *sem os rigores do concurso público*. Se a OS não é entidade da administração indireta, pois não se enquadra nem no conceito de empresa pública, de sociedade de economia mista, nem de fundações públicas, nem no de autarquias, já que não é de qualquer modo controlada pelo poder público, não há como incidir a regra do art. 37, II, da CF. *O que há de se exigir é a observância de impessoalidade e de objetividade na seleção de pessoal, conforme regulamento próprio, mas não a submissão ao procedimento formal do concurso público, devendo ser interpretada nesse sentido a parte final do art. 4º, VIII, da Lei, ao falar em regulamento próprio contendo plano de cargos dos empregados.*

Em relação aos servidores públicos cedidos, não há qualquer violação à Constituição. A lei preserva a remuneração a que o cargo faz jus no órgão de origem, conforme o art. 14, §3º, da Lei. Os que tiverem direito, nas hipóteses restritas em que aplicáveis, às regras da paridade e da integralidade no sistema previdenciário, deverão ter como paradigma os cargos dos órgãos de origem, e não o que lhes era pago de forma transitória na organização social. E isso se impõe, ademais, porquanto não há sequer previsão para que, quanto às verbas pagas transitoriamente pelas organizações sociais, seja paga, pela Organização Social, a denominada contribuição patronal (CF, art. 149, §1º), o que seria indispensável para a manutenção do equilíbrio financeiro e atuarial que, à luz do art. 40, *caput*, da CF, deve presidir o regime próprio de previdência dos servidores públicos.

E não há qualquer inconstitucionalidade nos §§1º e 2º do art. 14 da Lei nº 9.637/98. Da interpretação conjugada de tais dispositivos extrai-se ser possível, em primeiro lugar, que a Organização Social pague, com recursos próprios, vantagens pecuniárias a servidores públicos que lhe forem cedidos; caso se trate, porém, de recursos advindos do contrato de gestão, tal pagamento apenas será válido "na hipótese de adicional relativo ao exercício de função temporária de direção e assessoria" (§2º do art. 14). Em qualquer dos casos, porém, como visto, acima, "não será incorporada aos vencimentos ou à remuneração de origem do servidor cedido qualquer vantagem pecuniária que vier a ser paga pela organização social".

Tais disposições não ofendem a Constituição porquanto os arts. 37, X, e 169, em seu §1º, apenas condicionam ao princípio da legalidade os pagamentos feitos aos servidores públicos por entidades da Administração Pública Direta e Indireta, pois é isso que se extrai do *caput* do art. 37 (CF, Art. 37. "A *administração pública direta e indireta* de qualquer dos Poderes da União, dos Estados, do Distrito Federal e dos Municípios obedecerá aos princípios de legalidade, impessoalidade, moralidade, publicidade e eficiência e, também, ao seguinte: (...)") e do próprio corpo do §1º do art. 169 (CF, Art. 169. §1º "A concessão de qualquer vantagem ou aumento de remuneração, a criação de cargos, empregos e funções ou alteração de estrutura de carreiras, bem como a admissão ou contratação de pessoal, a qualquer título, *pelos órgãos e entidades da administração direta ou indireta, inclusive fundações instituídas e mantidas pelo poder público*, só poderão ser feitas: (...)").

Assim, embora a própria Lei nº 9.637/98 já pudesse ser lida, em teoria, como uma autorização legislativa para o pagamento das referidas verbas, a verdade é que a natureza jurídica das OS, componentes do Terceiro Setor, afasta a necessidade de previsão em lei para o pagamento de verbas ainda que para os servidores cedidos. Entender de modo contrário consubstanciaria, na realidade, uma verdadeira autarquização das organizações sociais, afrontando a própria lógica de eficiência e de flexibilidade que inspiraram a criação do modelo.

Ao contrário do que aduzem os autores, também não há afastamento do controle do Tribunal de Contas pela Lei impugnada acerca da aplicação de recursos públicos. O termo "privativo", ao tratar, no art. 4º da Lei, das competências do Conselho de Administração, diz respeito apenas à estrutura interna da organização social, sem afastar, como sequer poderia, o âmbito de competência delimitado constitucionalmente para a atuação do Tribunal de Contas (CF, art. 70, 71 e 74). Além disso, as Organizações Sociais estão inequivocamente submetidas ao sancionamento por improbidade administrativa, caso façam mau uso dos recursos públicos. A própria Lei nº 9.637/98 faz menção a diversas formas de controle e de fiscalização, conforme se infere da redação dos arts. 2º, I, f, 4º, IX e X, 8º, §§1º, 2º e 3º, art. 9, e art. 10. De outro lado, não há igualmente restrição à atuação do Ministério Público, já que o art. 10 só menciona um dever de representação pelos responsáveis pela fiscalização, o que não impede, evidentemente, a atuação de ofício do *parquet* no controle da moralidade administrativa à luz dos arts. 127 e seguintes da Constituição Federal.

Por fim, a interferência na atuação das associações, inclusive com o percentual de representantes do poder público no Conselho de Administração, é apenas um requisito para um benefício a ser obtido voluntariamente através da parceria entre o setor público e a organização social, sem que ocorra ofensa ao art. 5º, XVII e XVIII, da CF. Se não for do interesse de associações e fundações receber os benefícios decorrentes do contrato de gestão, não há qualquer obrigatoriedade de submissão às exigências formais da lei. Assim, a intervenção na estrutura da entidade é condicionada, e instituída no benefício da própria organização, que apenas se submeterá a ela se assim o desejar. Nesse sentido é a lição de Diogo de Figueiredo Moreira Neto, em texto escrito sobre o regime da Medida Provisória nº 1.501/97, posteriormente convertida na Lei nº 9.637/98, impugnada nesta ADI.[23]

Ex positis, voto no sentido de *julgar parcialmente procedente o pedido*, apenas para conferir interpretação conforme à Constituição à Lei nº 9.637/98 e ao art. 24, XXIV da Lei nº 8.666/93, incluído pela Lei nº 9.648/98, para que:

(i) o procedimento de qualificação seja conduzido de forma pública, objetiva e impessoal, com observância dos princípios do *caput* do art. 37 da CF, e de acordo com parâmetros fixados em abstrato segundo o que prega o art. 20 da Lei nº 9.637/98;

(ii) a celebração do contrato de gestão seja conduzida de forma pública, objetiva e impessoal, com observância dos princípios do *caput* do art. 37 da CF;

(iii) as hipóteses de dispensa de licitação para contratações (Lei nº 8.666/93, art. 24, XXIV) e outorga de permissão de uso de bem público (Lei nº 9.637/98, art. 12, §3º) sejam conduzidas de forma pública, objetiva e impessoal, com observância dos princípios do *caput* do art. 37 da CF;

(iv) os contratos a serem celebrados pela Organização Social com terceiros, com recursos públicos, sejam conduzidos de forma pública, objetiva e impessoal, com observância dos princípios do *caput* do art. 37 da CF, e nos termos do regulamento próprio a ser editado por cada entidade;

(v) a seleção de pessoal pelas Organizações Sociais seja conduzida de forma pública, objetiva e impessoal, com observância dos princípios do *caput* do art. 37 da CF, e nos termos do regulamento próprio a ser editado por cada entidade; e

(vi) para afastar qualquer interpretação que restrinja o controle, pelo Ministério Público e pelo TCU, da aplicação de verbas públicas.

---

[23] MOREIRA NETO, Diogo de Figueiredo. Organizações sociais de colaboração administrativa. *In*: MOREIRA NETO, Diogo de Figueiredo. *Mutações do direito administrativo*. Rio de Janeiro: Renovar, 2007. p. 246: "Como a livre associação está garantia na Constituição (art. 5º, XVII), as entidades vocacionadas ao interesse público poderiam ser constituídas sem mais formalidades que as exigidas para quaisquer outras; a diferença, porém, oferecida pela Medida Provisória, está na possibilidade de poderem as entidades criadas com atendimentos aos requisitos nela previstos, se habilitarem à qualificação como organização social (art. 2º, da MP)".

HC nº 85.942 (Rel. Min. Luiz Fux)

Extinção da Punibilidade pelo Pagamento do Tributo no Crime de Descaminho e a Retroatividade da Lei Penal mais Benéfica

Marcos Paulo Loures de Meneses

A previsão normativa da extinção de punibilidade dos crimes tributários pelo pagamento do tributo devido não é novidade no ordenamento jurídico brasileiro, porquanto presente na legislação pátria desde 1965, pela Lei nº 4.729/65.

A *ratio essendi* dessa causa extintiva de punibilidade reside em possibilitar ao Fisco recuperar os tributos sonegados, partindo da premissa de que o bem jurídico tutelado nos crimes de natureza fiscal é a função arrecadatória do Estado e o erário público.

Após várias revogações e disposições de igual teor, a última norma de igual jaez consta na Lei nº 11.941/2009, cuja constitucionalidade foi questionada sob o ângulo da proibição de proteção deficiente (ADI nº 4.273), demonstrando que matéria continua gerando discussões.

No *Habeas Corpus* nº 85.942/SP, a Primeira Turma do Supremo Tribunal Federal deparou-se com o tema sob o prisma da aplicabilidade da causa de extinção de punibilidade em caso concreto no qual o réu, processado por descaminho, pagou o tributo devido em momento no qual não estava em vigor a norma que previa a exoneração da responsabilidade penal nessa situação.

Uma análise apressada e desatenta às peculiaridades inerentes ao conflito de leis penais no tempo levaria a uma conclusão equivocada, de que o paciente não faria jus à extinção da punibilidade, porquanto não havia norma prevendo essa possibilidade no momento do pagamento efetuado.

No entanto, é sabido que a retroatividade de norma penal mais benéfica tem assento constitucional (art. 5º, XL, da Constituição Federal de 1988), e ciente disto que o relator do processo, Min. Luiz Fux, investigou a sucessão de leis abolindo e "ressuscitando" a causa extintiva da punibilidade em questão, a fim de verificar a possibilidade de sua aplicação ao caso concreto.

No propósito de dar efetividade aos princípios constitucionais, foi necessário examinar minuciosamente uma gama de normas infraconstitucionais envolvidas no caso e suas respectivas vigências (Lei nº 4.729/65, Lei nº 6.910/80, Decreto-Lei nº 157/67, Lei nº 8.383/90 e Lei nº 9.249/95).

A primeira dificuldade foi vencer o fundamento utilizado pelo TRF e pelo STJ para indeferir o pedido do paciente, qual seja, a inaplicabilidade da Lei nº 9249/95, que previa a extinção da punibilidade pelo pagamento do tributo devido, ao crime de descaminho, uma vez que tal norma seria restrita aos delitos previstos na Lei nº 8.137/90.

Daí constatar o Ministro-Relator com excepcional acuidade que "a redação em vigor do §1º do art. 334 do Código Penal é a mesma introduzida pela Lei nº 4.729/65, tanto que, na página oficial da Presidência da República, consta, à frente do dispositivo, a cláusula '(Redação dada pela Lei nº 4.729, de 14.7.1965)'", concluindo que, "ao dispor que o pagamento dos tributos antes do recebimento da denúncia extingue a punibilidade dos crimes previstos na Lei nº 4.729/65, a Lei nº 9.249/95 acabou por abranger os tipos penais descritos no art. 334, §1º, do Código Penal, dentre eles aquelas figuras imputadas ao paciente — alíneas 'c' e 'd' do §1º'".

Prosseguindo no voto, o Ministro constatou que no momento do pagamento efetuado pelo paciente, a causa de extinção da punibilidade não estava em vigor, mas com o advento da Lei nº 9.249/95 foi novamente positivada, tratando-se, portanto, de norma penal mais favorável.[1] Assim, impunha-se a sua aplicação retroativa, na forma do art. 5º, inciso XL, da Constituição Federal.

Por fim, o Ministro ressaltou ainda que o crime de descaminho tem natureza tributária, porquanto visa a tutelar primordialmente a função arrecadatória do Estado, a qual restou tempestivamente preservada ante o pagamento verificado.

O acórdão, unânime, restou sintetizado na seguinte ementa:

> Penal. Habeas Corpus. Descaminho (art. 334, §1º, alíneas "c" e "d", do Código Penal). Pagamento do tributo. Causa extintiva da punibilidade. Abrangência pela Lei nº 9.249/95. Norma penal favorável ao réu. Aplicação retroativa. Crime de natureza tributária. 1. Os tipos de descaminho previstos no art. 334, §1º, alíneas "c" e "d", do Código Penal têm redação definida pela Lei nº 4.729/65. 2. A revogação do art. 2º da Lei nº 4.729/65 pela Lei nº 8.383/91 é irrelevante para o deslinde da controvérsia, porquanto, na parte em que definidas as figuras delitivas do art. 334, §1º, do Código Penal, a Lei nº 4.729/65 continua em pleno vigor. 3. Deveras, a Lei nº 9.249/95, ao dispor que o pagamento dos tributos antes do recebimento da denúncia extingue a punibilidade dos crimes previstos na Lei nº 4.729/65, acabou por abranger os tipos penais descritos no art. 334, §1º, do Código Penal, dentre eles aquelas figuras imputadas ao paciente — alíneas "c" e "d" do §1º. 4. A Lei nº 9.249/95 se aplica aos crimes descritos na Lei nº 4.729/65 e, *a fortiori*, ao descaminho

---

[1] Essa premissa encontra respaldo na doutrina de Francisco de Assis Toledo, para quem reputa-se mais benigna a lei na qual "se estabelecerem novas causas extintivas de punibilidade" (*Princípios básicos de direito penal*. 5. ed. São Paulo: Saraiva, 2002. p. 36).

previsto no art. 334, §1º, alíneas "c" e "d", do Código Penal, figura típica cuja redação é definida, justamente, pela Lei nº 4.729/65. 5. Com efeito, *in casu*, quando do pagamento efetuado a causa de extinção da punibilidade prevista no art. 2º da Lei nº 4.729/65 não estava em vigor, por ter sido revogada pela Lei nº 6.910/80, sendo certo que, com o advento da Lei nº 9.249/95, a hipótese extintiva da punibilidade foi novamente positivada. 6. A norma penal mais favorável aplica-se retroativamente, na forma do art. 5º, inciso XL, da Constituição Federal. 7. O crime de descaminho, mercê de tutelar o erário público e a atividade arrecadatória do Estado, tem nítida natureza tributária. 8. O caso *sub judice* enseja a mera aplicação da legislação em vigor e das regras de direito intertemporal, por isso que dispensável incursionar na seara da analogia *in bonam partem*. 9. Ordem concedida.

Como observado nesse julgado, as peculiaridades do direito intertemporal no âmbito criminal tornam mais complexo o exercício da jurisdição penal-constitucional, na medida em que podem demandar a análise de ampla gama de leis infraconstitucionais e de suas respectivas vigências no afã de obstar a *persecutio criminis* se o ordenamento jurídico deixou de considerar penalmente relevante determinada conduta.

HC nº 85.942 (Rel. Min. Luiz Fux)

Relatório

O Senhor Ministro Luiz Fux (Relator): Trata-se de *habeas corpus*, com pedido de liminar, impetrado contra ato do Superior Tribunal de Justiça consubstanciado em acórdão cuja ementa tem o seguinte teor (fl. 18):

> Processual penal. Recurso Ordinário em *Habeas Corpus*. Descaminho. Trancamento de inquérito. Falta de justa causa. Extinção da punibilidade. Pagamento do tributo. Aplicação analógica da Lei nº 9.249/95. Impossibilidade.
> I - O trancamento de inquérito por ausência de justa causa, conquanto possível, cabe, apenas, nas hipóteses em que evidenciado, de plano, a atipicidade do fato ou a inexistência de autoria por parte da paciente. (Precedentes).
> II - A Lei nº 9.249/95 é taxativa ao estabelecer no *caput* do art. 34 a extinção da punibilidade do agente que promover o pagamento do tributo ou contribuição social, inclusive acessórios, antes do recebimento da denúncia, apenas em relação aos crimes definidos na Lei nº 8.137, de 27 de dezembro de 1990, e na Lei nº 4.729, de 14 de julho de 1965, não podendo, por isso mesmo, ser aplicada ao delito de descaminho previsto no art. 334 do Código Penal.
> Recurso desprovido.

2. Colho dos autos que o paciente fora denunciado pela prática de fato descrito no art. 334, §1º, alíneas "c" e "d", do Código Penal (figuras equiparadas a descaminho). Na denúncia consta que o paciente "expôs à venda, manteve em depósito, adquiriu e recebeu, em benefício próprio, no exercício de atividade comercial, mercadoria de procedência estrangeira que sabia ser produto de introdução clandestina no território nacional, desacompanhada de documentação legal".

3. Ainda no curso do inquérito policial, o paciente requereu ao Juízo da 7ª Vara Criminal da Seção Judiciária de São Paulo a extinção da punibilidade ante o pagamento dos débitos tributários, pleito que restou indeferido, nos seguintes termos:

> Em que pese a boa fundamentação do pedido de extinção de punibilidade do autor de crime de descaminho pelo pagamento do tributo, de forma análoga à prevista para os crimes fiscais, no artigo 34, da Lei 9.249/95, ora formulado pelo ilustre e renomado advogado Sérgio Rosenthal, entendo que esse pedido não pode ser acolhido.
> Com efeito, o descaminho não pode ser considerado mero crime de ordem fiscal, pois o bem jurídico, tutelado pelo art. 334 do Código Penal, é mais amplo, abrangendo a regularidade das importações e a política nacional de comércio exterior.

> Somente mediante expressa previsão em lei federal poderia ser decretada a extinção da punibilidade do crime de descaminho, pelo pagamento do tributo antes do recebimento da denúncia, como pretende o requerente.
>
> Ausente autorização normativa, e não sendo possível aplicar-se o artigo 34, da Lei n.º 9249/95, pela diferença de objeto juridicamente tutelado, o inquérito policial deve prosseguir.
>
> Ante o exposto, indefiro o pedido de extinção da punibilidade e determino o regular processamento das investigações. (fl. 218 do apenso)

4. O impetrante formalizou *habeas corpus* perante o Tribunal Regional Federal da 3ª Região, no qual pleiteou o trancamento do inquérito policial, alegando a aplicabilidade do art. 34 da Lei nº 9.249/95 ao crime de descaminho para fins de decretar-se extinta a punibilidade ante o pagamento dos tributos devidos. O *writ* restou indeferido, sob o fundamento de que "a Lei nº 9.249/95 refere-se somente aos delitos definidos nas Leis nº 8.137/90 e nº 4.729/65, não se aplicando ao crime de descaminho a causa extintiva de punibilidade prevista em seu art. 34" (fl. 19).

5. Daí a interposição de recurso ordinário para o Superior Tribunal de Justiça e a impetração do remédio heroico perante esta Corte, com as mesmas causas de pedir submetidas ao TRF.

6. Às fls. 36-40, o impetrante requereu a concessão de liminar a fim de suspender o andamento da ação penal nº 97.010.5757-0, em trâmite perante a 7ª Vara Criminal da Justiça Federal em São Paulo, sobrestando-se a audiência de interrogatório. O pleito foi deferido pelo Ministro Eros Grau, então relator.

7. No mérito, pleiteia o deferimento da ordem para determinar-se o trancamento da ação penal, declarando-se extinta a punibilidade.

8. O Ministério Público Federal opina pela denegação da ordem (fls. 89-94).

É o relatório.

Voto

O Senhor Ministro Luiz Fux (Relator): Deveras, razão assiste ao impetrante. Dispõe o art. 34 da Lei nº 9.249/95:

> Art. 34. Extingue-se a punibilidade dos crimes definidos na Lei nº 8.137, de 27 de dezembro de 1990, e na Lei nº 4.729, de 14 de julho de 1965, quando o agente promover o pagamento do tributo ou contribuição social, inclusive acessórios, antes do recebimento da denúncia.

Nota-se que os tipos imputados ao paciente na peça acusatória — art. 334, §1º, alíneas "c" e "d", do Código Penal — têm redação definida, ainda hoje, pela Lei nº 4.729/65, que no art. 5º dispõe, *in verbis*:

> Art. 5º No art. 334, do Código Penal, substituam-se os §§1º e 2º pelos seguintes:
> §1º Incorre na mesma pena quem:

a) pratica navegação de cabotagem, fora dos casos permitidos em lei;

b) pratica fato assimilado, em lei especial, a contrabando ou descaminho;

c) vende, expõe à venda, mantém em depósito ou, de qualquer forma, utiliza em proveito próprio ou alheio, no exercício de atividade comercial ou industrial, mercadoria de procedência estrangeira que introduziu clandestinamente no País ou importou fraudulentamente ou que sabe ser produto de introdução clandestina no território nacional ou de importação fraudulenta por parte de outrem;

d) adquire, recebe ou oculta, em proveito próprio ou alheio, no exercício de atividade comercial ou Industrial, mercadoria de procedência estrangeira, desacompanhada de documentação legal, ou acompanhada de documentos que sabe serem falsos.

§2º Equipara-se às atividades comerciais, para os efeitos dêste artigo, qualquer forma de comércio irregular ou clandestino de mercadorias estrangeiras, inclusive o exercido em residências.

§3º A pena aplica-se em dôbro, se o crime de contrabando ou descaminho é praticado em transporte aéreo.

Deveras, a redação em vigor do §1º do art. 334 do Código Penal é a mesma introduzida pela Lei nº 4.729/65, tanto que, na página oficial da Presidência da República, consta, à frente do dispositivo, a cláusula "(Redação dada pela Lei nº 4.729, de 14.7.1965)".

É verdade que a Lei nº 4.729/65 foi derrogada pela Lei nº 6.910, de 13 de julho de 1980, na parte em que determinava a extinção da punibilidade quanto aos crimes de contrabando ou descaminho em caso de pagamento do tributo. Eis o teor do art. 1º da referida lei:

> Art. 1º O disposto no art. 2º da Lei nº 4.729, de 14 de julho de 1965, e no art. 18, §2º, do Decreto-lei nº 157, de 10 de fevereiro de 1967, não se aplica aos crimes de contrabando ou descaminho, em suas modalidades próprias ou equiparadas nos termos dos §§1º e 2º do art. 334 do Código Penal.

Ressalte-se que o art. 2º da Lei nº 4.729/65 assim dispunha:

> Art. 2º Extingue-se a punibilidade dos crimes previstos nesta Lei quando o agente promover o recolhimento do tributo devido, antes de ter início, na esfera administrativa, a ação fiscal própria.

Igualmente irrelevante para o deslinde da controvérsia a revogação do art. 2º da Lei nº 4.729/65 pela Lei nº 8.383/91, porquanto, na parte em que definidas as figuras delitivas do art. 334, §1º, do Código Penal, a Lei nº 4.729/65 continua em pleno vigor.

Consectariamente, ao dispor que o pagamento dos tributos antes do recebimento da denúncia extingue a punibilidade dos crimes previstos na Lei nº 4.729/65, a Lei nº 9.249/95 acabou por abranger os tipos penais descritos no art. 334, §1º, do Código Penal, dentre eles aquelas figuras imputadas ao paciente — alíneas "c" e "d" do §1º.

Outrossim, afigura-se paradoxal afirmar que a Lei nº 9.249/95 se aplica aos crimes descritos na Lei nº 4.729/65 e não se aplica ao descaminho previsto no art. 334, §1º, alíneas "c" e "d", do Código Penal, figura típica cuja redação é definida, justamente, pela Lei nº 4.729/98, daí merecer reforma o entendimento externado pelo Tribunal Regional Federal e pelo STJ, *in casu*.

Com efeito, quando do pagamento efetuado a causa de extinção da punibilidade prevista no art. 2º da Lei nº 4.729/65 não estava em vigor, por ter sido revogada pela Lei nº 6.910/80. No entanto, com o advento da Lei nº 9.249/95, a causa extintiva da punibilidade foi novamente positivada e, tratando-se de norma penal mais favorável, impõe-se a sua aplicação retroativa, na forma do art. 5º, inciso XL, da Constituição Federal.

Ademais, é nítida a natureza tributária do crime de descaminho, mercê de tutelar o erário público e a atividade arrecadatória do Estado. Nesse sentido, leciona a doutrina (GRECO, Rogério. *Curso de direito penal*, v. 4, p. 524-525):

> Assim, enquanto o descaminho, fraude no pagamento dos tributos aduaneiros, é, *grosso modo*, crime de sonegação fiscal, ilícito de natureza tributária pois atenta imediatamente contra o erário público, o contrabando propriamente dito, a exportação ou a importação de mercadoria proibida, não se enquadra entre os delitos de natureza tributária. Estes, procedidos de uma relação fisco-contribuinte, fazem consistir, o ato de infrator, em ofensa ao direito estatal de arrecadar tributos. Em resumo, o preceito contido nas normas tipificadoras dos fiscais acha-se assentado sobre uma relação fisco-contribuinte, tutelando interesses do erário público e propondo-se, com as sanções respectivas, a impedir a violação de obrigações concernentes ao pagamento dos tributos.

In casu, tratando-se de mera aplicação da legislação em vigor e das regras de direito intertemporal, dispensável incursionar na seara da analogia *in bonam partem*.

Ex positis, CONCEDO a ordem para trancar a ação penal nº 97.010.5757-0, em trâmite perante a 7ª Vara Criminal da Justiça Federal em São Paulo.

É o meu voto.

RE nº 363.889 (Rel. Min. Dias Toffoli)

Coisa Julgada, Paternidade e Parâmetros de Ponderação

Guilherme Jales Sokal

O debate teórico em torno da ponderação da coisa julgada material em face de outras regras e princípios constitucionais, que ocupa de longa data considerável espaço na doutrina do direito processual civil e do direito constitucional, recebeu, no ano de 2011, um incremento rico e até então muito aguardado: a manifestação do Plenário do Supremo Tribunal Federal no julgamento do Recurso Extraordinário nº 363.889/DF, cujo acórdão, de substanciosas 165 páginas, restou publicado em 16 de dezembro do referido ano. Como denota a ementa do julgado,[1] a resposta que a Corte Suprema conferiu ao tema foi positiva, permitindo o afastamento da coisa julgada material em prol do prestígio aos valores que lhe eram contrapostos.

---

[1] "Recurso Extraordinário. Direito Processual Civil e Constitucional. Repercussão Geral reconhecida. Ação de investigação de paternidade declarada extinta, com fundamento em coisa julgada, em razão da existência de anterior demanda em que não foi possível a realização de exame de DNA, por ser o autor beneficiário da justiça gratuita e por não ter o estado providenciado a sua realização. Repropositura da ação. Possibilidade, em respeito à prevalência do direito fundamental à busca da identidade genética do ser, como emanação de seu direito de personalidade. 1. É dotada de repercussão geral a matéria atinente à possibilidade da repropositura de ação de investigação de paternidade, quando anterior demanda idêntica, entre as mesmas partes, foi julgada improcedente, por falta de provas, em razão da parte interessada não dispor de condições econômicas para realizar o exame de DNA e o Estado não ter custeado a produção dessa prova. 2. Deve ser relativizada a coisa julgada estabelecida em ações de investigação de paternidade em que não foi possível determinar-se a efetiva existência de vínculo genético a unir as partes, em decorrência da não realização do exame de DNA, meio de prova que pode fornecer segurança quase absoluta quanto à existência de tal vínculo. 3. Não devem ser impostos óbices de natureza processual ao exercício do direito fundamental à busca da identidade genética, como natural emanação do direito de personalidade de um ser, de forma a tornar-se igualmente efetivo o direito à igualdade entre os filhos, inclusive de qualificações, bem assim o princípio da paternidade responsável. 4. Hipótese em que não há disputa de paternidade de cunho biológico, em confronto com outra, de cunho afetivo. Busca-se o reconhecimento de paternidade com relação a pessoa identificada. 5. Recursos extraordinários conhecidos e providos" (RE nº 363.889, Pleno. Rel. Min. Dias Toffoli. Julg. 2.6.2011. DJe, 16 dez. 2011).

O precedente, porém, tem de ser compreendido em seus devidos termos, sobretudo para evitar o equívoco nem sempre claro de aplicação desautorizada da tese firmada pela Corte a hipóteses que, muito embora similares na aparência, sejam distintas na essência — ou, em outras palavras, quando simplesmente ausente a mesma *ratio decidendi* que guiou a prolação do *leading case*. E, nesse ponto, é de especial mérito o primoroso voto proferido pelo Professor e Ministro Luiz Fux, que assentou com precisão as balizas que serviram de alicerce ao afastamento da coisa julgada material no caso examinado pela Corte.

Ressai do voto do Min. Fux, em primeiro lugar, uma inegável delimitação *temática*. O quadro fático apreciado, com efeito, revelou o peso abstrato que, *somados*, ostentavam o (i) o direito fundamental à identidade genética e (ii) a garantia fundamental da assistência jurídica aos desamparados, suficiente a permitir a superação da regra da coisa julgada material por conta da maior proximidade axiológica com o núcleo essencial do princípio da dignidade da pessoa humana. Sob este ângulo, não parece possível transpor a mesma conclusão, *com a autoridade inerente ao precedente*,[2] para as hipóteses em que simplesmente não seja pertinente a alegação de deficiência no sistema estatal de assistência jurídica gratuita, que, no caso julgado pelo Supremo, residia na base da sentença de improcedência por insuficiência de provas tocada pela coisa julgada material no processo anterior; retirar-se-ia, por assim dizer, um dos fatores essenciais da equação enunciada pela Corte, mantendo-se, no entanto, inalterado o produto. Demais disso, no feito apreciado pela Suprema Corte não havia nenhuma espécie de paternidade jurídica ou social produzindo efeitos até o momento com relação ao demandante, e que por isso pudesse ser de qualquer forma abalada pela nova pretensão do autor. Basta que se adicione um elemento desse viés em caso similar para que, novamente, a solução correta aos olhos dos mesmos julgadores possa ser sensivelmente distinta, e isso sem qualquer vício de incoerência.

A seguir, o voto estabelece limites de ordem *temporal* para a incidência da tese jurídica nele enunciada. Calcado em obras acadêmicas extremamente recentes, germinadas, em parte expressiva, no programa de Mestrado em Direito Processual da UERJ, o Min. Luiz Fux traz à tona no cenário jurisprudencial brasileiro os dilemas epistemológicos a que a prova pericial civil tem sido submetida em países de tradições jurídicas tão distintas como Estados Unidos da América e Itália, para logo após concretizar os riscos de *delegação de jurisdição* especificamente no que concerne ao exame de DNA. Norteado por tais premissas, que revelam o verdadeiro grau de confiabilidade das

---

[2] Alude-se, no ponto, ao conceito de *autoridade persuasiva*, que ainda hoje permeia o valor da jurisprudência no direito brasileiro, e que se diferencia da autoridade verdadeiramente impositiva. Sobre o tema, e correlacionando-o com a ideia de autoridade no direito de forma mais abrangente, conferir a lição de SCHAUER, Frederick. *Thinking Like a Lawyer*: a New Introduction to Legal Reasoning. Cambridge: Harvard University Press, 2009. p. 61 *et seq.*, no capítulo "Authority and Authorities".

premissas empíricas da promoção do direito à identidade genética, o voto parte para reconhecer a eficácia mínima do princípio da segurança jurídica no caso apreciado, condicionando a validade do afastamento da coisa julgada anterior ao respeito à *essência* do regime temporal da ação rescisória — i.e., o prazo de dois anos para provocação —, mas com a indispensável *flexibilização* do respectivo marco inicial. Para tanto, adotou o Min. Fux um parâmetro argumentativo necessariamente *aberto*, em absoluta sintonia com a dificuldade do próprio ordenamento jurídico vigente de conferir regramentos fechados e exaurientes a realidades sociais cambiantes por força dos avanços do mundo contemporâneo: a regra geral, como expõe o voto, consiste na fluência do prazo de dois anos a contar do trânsito em julgado, mas passível de ser superada pelo autor da nova demanda caso demonstre "robustamente" que apenas em momento posterior tornou-se viável, do ponto de vista prático, o acesso à prova pericial do exame de DNA, sendo "entendido como *ônus do autor* da demanda a demonstração de que somente lhe foi assegurada a possibilidade prática de obtenção da nova prova no espaço inferior a dois anos contados da data da propositura".

No caso analisado pela Corte, muito embora ocorrido o trânsito em julgado da decisão anterior em 1992, reputou-se válido o ajuizamento da nova demanda em 21 de outubro de 1996 — passados quatro anos, portanto —, por conta da entrada em vigor em 5 de junho de 1996 da Lei Distrital nº 1.097/96, que definiu caber ao poder público do Distrito Federal o custeio do exame de DNA, superando, assim, a carência do sistema de assistência jurídica aos desamparados e a jurisprudência até então prevalecente sobre o ponto no Superior Tribunal de Justiça e no Supremo Tribunal Federal. Por um lado, é certo que tal parâmetro temporal suscitará questionamentos quando da respectiva aplicação a casos similares, já que o critério da *demonstração da viabilidade prática do acesso à prova do DNA* se mostra consideravelmente aberto, e isso ainda que no caso concreto tenha sido utilizado um dado de ordem objetiva — a entrada em vigor da lei distrital — como referencial para a Corte; nem por isso, no entanto, será lícito simplesmente ignorá-lo, sob pena de esvaziar por completo qualquer traço de proteção da posição jurídica subjetiva do beneficiado pela certeza advinda da coisa julgada material que se pretende afastar. De qualquer modo, o que ressalta do voto do Min. Luiz Fux é, inegavelmente, a eficácia *possível* do princípio da segurança jurídica, porquanto imposto ao *autor* o difícil ônus de deslocar o marco inicial da fluência do prazo decadencial para momento posterior ao trânsito em julgado, servindo este último evento, de regra, como gatilho automático para o transcurso por presunção *iuris tantum*.

Nos mais variados campos do direito, observa-se atualmente uma espécie de realinhamento do sistema jurídico brasileiro com determinados institutos e técnicas do direito anglo-saxão, especialmente do direito norte-americano. A atividade de compreensão do sentido e do alcance dos precedentes consiste em exemplo emblemático desse fenômeno, e reclama cuidadoso manejo de conceitos com os quais o tradicional ensino jurídico romano-germânico ainda não se mostra familiarizado.[3] Neste cenário, as condicionantes *materiais* e *temporais* reveladas pelo precioso voto do Min. Luiz Fux auxiliarão, no futuro, o intérprete na solução de casos similares que devam ser resolvidos à luz do *leading case* agora estabelecido pela Suprema Corte a respeito da denominada *relativização da coisa julgada material*.

---

[3] Sobre os conceitos de *overruling, distinguishing, ratio decidendi* e *obter dictum*, conferir a obra de MELLO, Patrícia Perrone Campos. *Precedentes*: o desenvolvimento judicial do direito no constitucionalismo contemporâneo. Rio de Janeiro: Renovar, 2008.

RE nº 363.889 (Rel. Min. Dias Toffoli)

Voto-Vista

O Senhor Ministro Luiz Fux: Recurso Extraordinário. Direito Constitucional. Processual civil. Investigação de paternidade. Demanda julgada improcedente por insuficiência de provas. Ausência de realização de exame de DNA. Deficiência do sistema estatal de assistência jurídica aos desamparados (CF, art. 5º, LXXIV). Sentença coberta pela coisa julgada material (CF, art. 5º, XXXVI). Superveniência de lei distrital fixando o dever de o poder público custear a realização da prova técnica. Ajuizamento de nova demanda. Pretensão de afastar o óbice da coisa julgada material. Conflito entre as normas constitucionais que tutelam a garantia da coisa julgada material (CF, art. 5º, XXXVI) e o princípio da segurança jurídica (CF, art. 5º, *caput*), de um lado, e o direito fundamental à filiação (CF, art. 227, *caput* e §6º) e a garantia da assistência jurídica integral aos desamparados (CF, art. 5º, LXXIV), de outro. Sentença de improcedência por insuficiência de provas. Aptidão a ensejar a formação de coisa julgada material. Especificação da natureza da relação jurídica controvertida *in casu*. Distinção das demais hipóteses teóricas de afastamento da coisa julgada material. Status constitucional da proteção da coisa julgada material no direito brasileiro. Norma dotada de natureza de regra, informada pelo princípio da segurança jurídica. Condição de certeza quanto às premissas para que cada indivíduo formule seu plano de vida. Vinculação, ainda que indireta, com o princípio da dignidade da pessoa humana (CF, art. 1º, III). Substrato social do direito à tutela jurisdicional efetiva (CF, art. 5º, XXXV). Pacificação dos conflitos sociais. Direito comparado e jurisprudência dos tribunais supranacionais. Caráter compromissório da Constituição Federal de 1988. Pacto político a albergar valores divergentes. Princípio da unidade da constituição. Harmonização prudencial e concordância prática das normas constitucionais. Interpretação pautada pelo dever de coerência. Sistema de regras e princípios. Sobreposição de âmbitos de proteção. Técnica da ponderação de valores. Concessões recíprocas guiadas pelo postulado da proporcionalidade. Preservação do núcleo essencial das normas constitucionais. Fixação de relações de precedência condicionada. Parâmetros interpretativos. Possibilidade de ponderação de regras constitucionais. Natureza excepcional. Cotejo entre as razões subjacentes à regra, somadas aos valores da previsibilidade, da igualdade e da democracia, no choque com os outros princípios constitucionais em jogo. Ponderação pautada pelo peso abstrato das normas constitucionais, à luz do grau de vinculação com o princípio da dignidade da pessoa humana (CF, art. 1º, III). Direito fundamental à identidade pessoal, que se desdobra no direito à identidade genética. Premissas para a atribuição à pessoa humana de reconhecimento e de distinção no cenário social. Conhecimento da origem como condição para o planejamento do destino individual. Prerrogativa de índole existencial. Desenvolvimento livre da personalidade. Vinculação ao núcleo essencial do princípio da dignidade da pessoa humana (CF, art. 226, §7º, e 227, *caput*). Entidade familiar como instrumento funcionalizado à promoção da dignidade de seus membros. Convenção americana de direitos humanos. Ofensa também à assistência jurídica integral aos necessitados (CF, art. 5º, LXXIV). Garantia da paridade de armas que decorre da conjugação do contraditório participativo (CF, art. 5º, LV) com o princípio da isonomia material (CF, art. 5º, *caput*). Carência material que não pode servir de óbice à busca por efetivação de direitos fundamentais pelo exercício do direito de ação. Tutela jurisdicional efetiva como o "mais básico dos direitos humanos" (Cappelletti). Indispensável vinculação ao núcleo essencial da dignidade da pessoa humana, como condição para a fruição de prerrogativas existenciais. Peso abstrato da coisa julgada material que, na constelação de normas constitucionais, há de ceder passo à promoção do direito à identidade genética em combinação com a assistência jurídica integral. Preservação, porém, do núcleo essencial do princípio da segurança jurídica (CF, art. 5º, *caput*). Exame de DNA como prova judicial de natureza técnica, de índole estatística. Controle de racionalidade da prova pericial. Parâmetros da Suprema Corte norte-americana para a repressão à cognominada *junk science* (*Daubert v. Merrel*, de 1993). Confiabilidade *in concreto* do método científico para a definição da paternidade biológica. Fatores a ensejar a falibilidade do exame de DNA. Dever de explicitação, pelo perito, do índice de acerto dos instrumentos, técnicas e materiais utilizados na produção da prova, bem como da capacitação dos agentes envolvidos. Necessidade de que a cognição judicial seja fruto do exame de todos os elementos da instrução processual, submetidos ao livre convencimento motivado do juiz, por força da garantia da motivação das decisões judiciais (CF, art. 93, IX). Impossibilidade, ademais, de que réu seja conduzido coercitivamente à realização de DNA (STF, HC nº 71.373-4, Rel. p/ Acórdão Min. Marco Aurélio). Fragilidades do exame de DNA como método para a busca da verdade real no processo, do que depende a confiabilidade das premissas empíricas para a promoção do direito à identidade genética. Preservação da segurança jurídica através da aplicação analógica do regime processual da ação rescisória. Marco temporal de dois anos (CPC, art. 495) como conciliação, realizada pelo legislador infraconstitucional, entre os princípios que inspiram o cabimento da ação rescisória e o princípio da segurança jurídica. Delimitação temporal do afastamento da coisa julgada material. Flexibilização do marco inicial para a fluência do prazo. Demanda, *in casu*, ajuizada em 1996, mesmo ano em que promulgada a Lei Distrital nº 1.097/96, que impôs ao Poder Público o dever de custear o exame. Jurisprudência que, até 2002, rejeitava a pretensão de custeio de DNA no regime da Lei nº 1.060/50. Superação, pela lei distrital, do déficit da garantia da assistência jurídica. Marco inicial para o prazo de dois anos, à luz da constituição, como sendo a data em que se tornou efetiva, do ponto de vista prático, a possibilidade de obtenção do exame de DNA. Ônus argumentativo do autor, que deve superar robustamente a presunção relativa de que, de regra, o prazo para o afastamento da coisa julgada flui do trânsito em julgado. Possibilidade de afastamento da coisa julgada material, formada sobre decisão de improcedência por falta de provas, em demandas que envolvam relação de filiação, quando for alegada a viabilidade de produção de prova técnica capaz de reverter a conclusão do julgamento anterior, cuja realização só tenha se tornado possível, do ponto de vista prático, pelo avanço tecnológico superveniente, somado à inadequação do regime da assistência jurídica aos necessitados, respeitado, em qualquer caso, o prazo de dois anos para o ajuizamento de nova demanda, que flui, por presunção *iuris tantum*, a contar do trânsito em julgado da demanda anterior, salvo nas hipóteses excepcionais em que restar também excepcionalmente demonstrado que apenas posteriormente se tornou viável, do ponto de vista prático, o acesso ao exame de DNA, cabendo ao demandante o ônus do afastamento da referida presunção. Recurso extraordinário provido para afastar o óbice da coisa julgada material e admitir a continuidade do processo.

D. G. S., menor representado por sua mãe, V. L. S., ajuizou demanda em face de G. F. R., com pedido de que seja reconhecida a relação de filiação e, ainda, condenado este último a fornecer-lhe alimentos. Na própria inicial menciona o autor que, anteriormente, já havia ajuizado demanda idêntica, julgada improcedente, contudo, por insuficiência de provas, o que se deveu à falta de recursos financeiros para que, à época, pudesse custear exame de DNA.

Segundo o autor, porém, a edição da Lei Distrital nº 1.097/96 permitiria, após sua entrada em vigor, a realização do exame de DNA às custas do Distrito Federal, como elemento do regime da assistência jurídica aos desamparados (CF, art. 5º, LXXIV), razão pela qual ajuizou a demanda atual alicerçando-se unicamente na perspectiva de realização da referida prova técnica.

Nestes autos, o juiz de primeiro grau rejeitou a preliminar de coisa julgada suscitada pelo réu, ensejando a continuidade do processo. Contra tal decisão foi interposto agravo de instrumento, provido pela 5ª Turma do Tribunal de Justiça do Distrito Federal para determinar a extinção do processo sem exame de mérito, conforme a seguinte ementa:

> Civil e Processual Civil – Ação de investigação de paternidade – Preliminar de coisa julgada rejeitada na instância monocrática – Agravo de instrumento – Repetição da ação proposta em razão da viabilidade da realização do exame de DNA atualmente – Preliminar acolhida – Provimento do recurso.

Havendo sentença transitada em julgado, que julgou improcedente a intentada ação de investigação de paternidade, proposta anteriormente pelo mesmo interessado, impõe-se o acolhimento da preliminar de coisa julgada suscitada neste sentido em sede de contestação, cuja eficácia não pode ficar comprometida, sendo inarredável esta regra libertadora do art. 468 do CPC, com atenção ao próprio princípio prevalente da segurança jurídica. Hipótese de extinção do feito sem julgamento do mérito.

Recorrem, agora, o Ministério Público do DF e o autor, pretendendo que esta Suprema Corte reverta a decisão do TJ/DF sob os seguintes fundamentos:
(i) *violação ao âmbito de proteção da coisa julgada materia*l (CF, art. 5º, XXXVI), ao argumento de que a sentença anterior não apreciou o mérito do conflito, porquanto não afirmada nem rejeitada a paternidade. Não lhe alcançaria, assim, a proteção constitucional da coisa julgada material, que, no campo das relações de parentesco, não poderia se sobrepor à verdade real. Além disso, o fundamento subjacente à coisa julgada, que consiste no princípio da segurança jurídica, não estaria presente na sentença anterior, na medida em que esta última não partiu de um mínimo grau de confiabilidade fática para rejeitar ou afirmar a paternidade.
(ii) *violação ao direito fundamental à filiação* (CF, art. 227, *caput* e §6º), porquanto a instrumentalidade que rege as normas de processo não poderia conduzir a que a coisa julgada se sobrepusesse ao direito personalíssimo à identidade, razão pela qual, à luz do postulado da proporcionalidade, deve ser permitida a realização, *in casu*, do exame de DNA.
(iii) *ofensa ao direito à assistência jurídica* (CF, art. 5º, LXXIV), na medida em que a primeira decisão, como reconheceu o juiz sentenciante no feito anterior, foi resultado da hipossuficiência econômica do autor, que não pôde arcar com o exame de DNA no valor, à época, de U$1.500,00 (mil e quinhentos dólares). Eternizar esse resultado implicaria a preponderância de fatores econômicos sobre a verdade dos fatos, que tende a ser esclarecida pelo exame de DNA, hoje custeado pelo Distrito Federal por conta da Lei Distrital nº 1.097/96.

A Procuradoria-Geral da República manifestou-se, em parecer (fls. 338-348), pelo provimento dos recursos extraordinários, ao fundamento de que o direito fundamental à filiação e o princípio da dignidade da pessoa humana devem ser prestigiados, como consequência da aplicação ao caso do postulado da proporcionalidade.

O eminente Min. Relator Dias Toffoli, ao trazer o feito a julgamento na sessão plenária de 7 de abril de 2011, votou pelo provimento dos recursos extraordinários. Após afirmar o perigo da utilização desmedida do princípio da dignidade da pessoa humana como fundamento jurídico, aplicável, contemporaneamente, sem o devido rigor, frisou o relator o histórico do regime das relações de parentesco no direito brasileiro, para, após, destacar as mudanças operadas pela Constituição Federal de 1988 nesse tema. Foi objeto de particular menção a decisão tomada por esta Suprema Corte no Recurso Extraordinário nº 248.869/SP, em que, ao se reconhecer a constitucionalidade da legitimidade ativa do Ministério Público para ajuizamento, após provocação, de demanda de investigação de paternidade, realçou-se o *status* constitucional do direito à identidade, em especial pelo conhecimento da própria origem biológica.

Asseverou o Min. Relator, ainda, que a coisa julgada material, formada em demanda ajuizada quando o autor tinha oito anos de idade, não poderia servir de óbice a que, mesmo com vinte e oito anos atualmente, não seja garantido ao filho o direito a "uma resposta cabalmente fundamentada, calcada em uma prova de certeza inquestionável, acerca de sua veraz origem genética". Como fundamento, assinalou-se que a garantia da coisa julgada material não poderia ser concebida em termos absolutos, devendo ceder passo à busca pela verdade em concretização ao direito personalíssimo em jogo. Foi noticiado, por fim, a tramitação de propostas legislativas no Congresso nacional para permitir a relativização da coisa julgada material em hipótese como a dos autos. Concluiu, assim, pelo afastamento do óbice processual da coisa julgada material *in casu*, permitindo o andamento da demanda com a produção da prova requerida.

Feito o relato do ocorrido até o momento, passo a votar.

Encontram-se em oposição, no caso presente, de um lado a garantia fundamental da coisa julgada material (CF, art. 5º, XXXVI), informada pelo princípio da segurança jurídica (CF, art. 5º, *caput*), e, de outro, segundo a argumentação dos recorrentes, o direito fundamental à filiação (CF, art. 227, caput e §6º) e a garantia fundamental da assistência jurídica integral aos desamparados (CF, art. 5º, LXXIV). Essa última é pertinente à hipótese pelo fato de, na primeira demanda, ter sido a insuficiência de recursos o motivo para a falta de realização do exame de DNA — cujo custo, na década de 1980, era de U$1.500,00 (mil e quinhentos dólares) —, o que levou, ao final, à improcedência do pedido por ausência de provas, como consta do seguinte trecho da sentença já transitada em julgado, proferida em 1992:

> No caso, existem indicações de que algum tipo de relacionamento anterior havia entre o Requerido e a Representante do Autor. Não eram estranhos. Nem muito menos pareceu ao primeiro uma surpreendente e rematada sandice a pretensão da aventada paternidade. Isto resulta claro dos depoimentos. Não existem, entretanto, nos autos, elementos minimamente suficientes para assegurar tenha ocorrido, sequer uma vez, o ato sexual entre os dois. E, ainda que tenha ocorrido, que haja sido essa relação específica a causa da concepção do Autor. A prova oral, produzida pelas partes é absolutamente frágil, imprecisa e pouco relevante, no que interessa à essência da questão em tela. E a documental, menos relevante ainda.
>
> Lamentável, sob todos os aspectos, a impossibilidade de ter-se aqui, a prova pericial; sobretudo com a precisão hoje assegurada pelo D.N.A. Resta o consolo

de, neste e noutros tantos casos semelhantes, ficar a parte autora sempre com a possibilidade de, recorrendo, tentar ver o custeio de tal prova se viabilizar, para insistir na Justiça. Fica a esperança, também e o apelo reiterado, de que o próprio Poder Público, no caso através do Egrégio Tribunal de Justiça, possa no futuro vir a assumir (mediante convênios, ou outra forma) esse ônus perante uma população, via de regra, carente dos meios até para as despesas cartorárias, tanto mais para uma prova tão onerosa. E que, em muitos casos, resultará na sua cobrança, posteriormente, da parte sucumbente, com freqüência, mais bem servida pela fortuna, quando procedente a pretensão.

O tema é dos mais candentes na doutrina processual, dando margem a uma profunda divergência entre autores de igual renome, cada qual com argumentos também igualmente razoáveis. É função de que não pode se furtar este Supremo Tribunal Federal, portanto, conceder uma resposta à sociedade acerca do modo como deve ser entendida, no terreno das garantias fundamentais do processo, o regime da coisa julgada material, mormente quando em suposto choque com outras cláusulas constitucionais, dado o papel de *guardião da Constituição* que lhe foi conferido pelo texto constitucional (CF, art. 102, *caput*).

Uma baliza preliminar é preciso deixar desde logo firmada, contudo. Ao contrário do que consta das alegações dos recorrentes, *a improcedência por insuficiência de provas, no campo da teoria do processo, constitui, sim, um julgamento de mérito*, e não uma sentença meramente terminativa. Tocar no mérito de uma demanda é apreciar o pedido formulado pelo autor, julgando-o procedente ou improcedente, seja por conta da prova produzida, seja em razão das regras de direito material aplicáveis ao caso. O julgamento conforme o ônus da prova, como ensina o Prof. Barbosa Moreira, tem lugar justamente nos casos em que, apesar da insuficiência da prova produzida, não pode o magistrado se omitir no dever de prestar jurisdição a respeito da pretensão veiculada, de vez que inadmissível, nos dias atuais, o *non liquet*.[1]

Assim, houve, de forma inequívoca, sentença de mérito no primeiro processo, de modo que a conclusão ali alcançada foi tocada, sim, pela coisa julgada material, nos termos dos arts. 467 e 468 do Código de Processo Civil. Vale esclarecer que a coisa julgada *secundum eventum probationis* apenas ocorre, no direito brasileiro, nos casos em que há expressa previsão legal, a exemplo do que se passa com a ação popular (Lei nº 4.717/65, art. 18), com a lei da ação civil pública (Lei nº 7.347/85, art. 16) e, ainda, com as ações coletivas disciplinadas pelo Código de Defesa do Consumidor a respeito de direitos difusos e coletivos (CDC, art. 103, inc. I e II).[2] Embora as situações não

---

[1] MOREIRA, José Carlos Barbosa. Julgamento e ônus da prova. *In*: MOREIRA, José Carlos Barbosa. *Temas de direito processual*: segunda série. São Paulo: Saraiva, 1980. p. 74.

[2] Ressaltam a excepcionalidade de tal regime TALAMINI, Eduardo. *Coisa julgada e sua revisão*. São Paulo: Revista dos Tribunais, 2005. p. 58-61; MOREIRA, José Carlos Barbosa. Julgamento e ônus da prova. *In*: MOREIRA, José Carlos Barbosa. *Temas de direito processual*: segunda série. São Paulo: Saraiva, 1980. p. 81; e ARAÚJO FILHO, Luiz Paulo da Silva. *Ações coletivas*: a tutela jurisdicional dos direitos individuais homogêneos. Rio de Janeiro: Forense, 2000. p. 171 *et seq*.

sejam idênticas, já a doutrina clássica assinalava o perigo de se condicionar a presença de coisa julgada ao teor da sentença de mérito, tendo assim se manifestado o Prof. Enrico Tullio Liebman, com base nas lições de Chiovenda, a respeito da coisa julgada *secundum eventum litis*, reputada "inadmissível, devendo ser idênticos seu âmbito e sua extensão, qualquer que seja o teor da sentença, isto é, julgue ela procedente ou improcedente a demanda".[3]

Houve, portanto, coisa julgada material no processo anterior, de forma alguma afastada pela fundamentação lastreada apenas na ausência de provas. E é por essa razão que a decisão a ser tomada nestes autos não pode passar ao largo da controvérsia em torno da cognominada *relativização da coisa julgada material*.

Firmada essa premissa, ainda outra ressalva inicial tem de ser feita. É que encontram-se, em tese, inseridos no grande rol de questões relacionadas à *relativização da coisa julgada material* temas com perfis sutilmente diversos. Deveras, nesse rol se encaixam, por exemplo, as seguintes hipóteses: (i) o ataque a decisões transitadas em julgado não por conta apenas de uma interpretação jurídica, mas em razão da *superveniência, dado o avanço da tecnologia, de meios de prova inexistentes à época da prolação da decisão*, que, *dependendo* do resultado que se possa deles extrair para a instrução da causa, conduziriam a conclusão diversa da alcançada na decisão anterior, e que, apenas nesse caso, restaria configurada a violação de princípios ou regras constitucionais pela manutenção da coisa julgada; (ii) o puro e simples questionamento de decisões transitadas em julgado que já se chocassem, por *uma pura interpretação de direito a ser realizada pelo julgador do caso concreto*, com o teor de algum direito ou garantia constitucional; e (iii) a impugnação de decisões transitadas em julgado na *fase de execução* de condenações de pagar quantia certa, quando *a lei em que havia se fundado a decisão exequenda tiver a respectiva constitucionalidade rejeitada em decisão do Supremo Tribunal Federal*, como preveem no âmbito do processo civil e do processo trabalhista, respectivamente, os arts. 475-L, §1º, e 741, parágrafo único, do Código de Processo Civil e o art. 884, §5º, da CLT.

Cada uma dessas hipóteses apresenta particularidades que não podem ser ignoradas, e que se refletem diretamente na análise da respectiva compatibilidade com a Constituição Federal. No caso presente, contudo, trata-se apenas do exame da primeira hipótese narrada acima, e apenas a isto deve se restringir a decisão a ser tomada, isto é, sobre (i) a possibilidade de afastamento de coisa julgada material (ii) formada a respeito de relação de filiação (iii) diante da superveniência de novo meio de prova em razão de evolução tecnológica, meio este dotado de altíssimo grau de confiabilidade e capaz, justamente por isso, de reverter, por si só, a conclusão do julgamento anterior, e (iv) cuja realização não se mostrara possível por conta da deficiência do

---

[3] LIEBMAN, Enrico Tullio. *Eficácia e autoridade da sentença e outros escritos sobre a coisa julgada*. Rio de Janeiro: Forense, 2007. p. 24-25.

regime da assistência jurídica aos hipossuficientes. Essas balizas são essenciais para a definição da *ratio decidendi* a ser firmada neste *leading case*, na linha do que decidido preliminarmente ao ser reconhecida a repercussão geral deste recurso extraordinário.

Preambularmente, merece ser destacado que, no cenário jurisprudencial brasileiro, a polêmica em torno da relativização da coisa julgada em demandas de investigação de paternidade também alcançou o Superior Tribunal de Justiça, órgão constitucionalmente acometido da função de tutelar a observância das normas infraconstitucionais (CF, art. 105, III).

De início, o STJ havia se dividido em duas linhas jurisprudenciais: a primeira manifestava-se contrariamente à possibilidade de ajuizamento de nova demanda, a exemplo do decidido no REsp nº 107.248/GO, Rel. Min. Menezes Direito, 3ª Turma, *DJ*, 29 jun. 1998; já a segunda linha de precedentes era favorável ao afastamento da coisa julgada, conforme decidido, exemplificativamente, nos seguintes casos: REsp nº 226.436/PR, Rel. Min. Sálvio de Figueiredo Teixeira, 4ª Turma, *DJ*, 4 fev. 2002; e REsp nº 826.698/MS, Rel. Min. Nancy Andrighi, 3ª Turma, *DJe*, 23 maio 2008.

Porém, a 2ª Seção do STJ, no final do ano de 2008, uniformizou o entendimento pela impossibilidade de se afastar a coisa julgada material mesmo diante da perspectiva de realização de exame de DNA, conforme o seguinte precedente:

> Processo civil. Investigação de paternidade. Coisa julgada decorrente de ação anterior, ajuizada mais de trinta anos antes da nova ação, esta reclamando a utilização de meios modernos de prova (exame de DNA) para apurar a paternidade alegada; preservação da coisa julgada. Recurso especial conhecido e provido. (REsp nº 706.987/SP, Rel. Min. Humberto Gomes de Barros, Rel. p/ Acórdão Min. Ari Pargendler, 2ª Seção, *DJe*, 10 out. 2008)

Em seu núcleo, a tese ali firmada teve por fundamento o primado do princípio da segurança jurídica, que seria ferido em seu âmago caso fosse desfeita a proteção constitucionalmente assegurada à coisa julgada material. Não seria lícito, sob esse prisma, submeter a coisa julgada a renovados ataques a cada descoberta científica, com sensível impacto na estabilidade por que devem se pautar as relações sociais.

Essa tese vem sendo reafirmada, atualmente, em diversos precedentes, todos eles prestigiando a garantia constitucional da coisa julgada material à luz do princípio da segurança jurídica: REsp nº 960.805/RS, Rel. Min. Aldir Passarinho Junior, 4ª Turma, *DJe*, 18 maio 2009; AgRg no REsp nº 646.140/SP, Rel. Min. João Otávio Noronha, 4ª Turma, *DJe*, 14 set. 2009; AgRg no REsp nº 363.558/DF, Rel. Min. Luis Felipe Salomão, 4ª Turma, julgado em 04/02/2010, *DJe*, 22 fev. 2010; AgRg no REsp nº 895.545/MG, Rel. Min. Sidnei Beneti, 3ª Turma, *DJe*, 7 jun. 2010; e AgRg no REsp nº 899.981/MG, Rel. Min. Vasco della Giustina (desembargador convocado do TJ/RS), 3ª Turma, *DJe*, 1º set. 2010.

No plano constitucional, a garantia da coisa julgada material tem assento, no direito brasileiro, desde a Constituição de 1934 como uma regra expressa (CF/34, art. 113, 3).[4] Na Carta de 88, sua previsão encontra-se no inciso XXXVI do rol dos direitos e garantias fundamentais constante do art. 5º, segundo o qual "a lei não prejudicará o direito adquirido, o ato jurídico perfeito e a coisa julgada". A redação do dispositivo, por sua literalidade, interditaria apenas a atuação do *legislador* que fosse contrária à imutabilidade das decisões judiciais passadas em julgado, e não, a rigor, de quaisquer outros agentes investidos de poder público. Não é essa, evidentemente, a teleologia que deve ser extraída do texto da Constituição: na verdade, se sequer ao legislador, dotado do batismo democrático, é lícita a intervenção contrária à proclamação judicial, em definitivo, da vontade concreta da lei, aos demais Poderes constituídos, que se subordinam ao princípio da legalidade, jamais, como regra, poderia se passar de modo diferente.[5]

Na essência, a proteção à coisa julgada material é uma decorrência do princípio da segurança jurídica (CF, art. 5º, *caput*), na medida em que se destina à pacificação dos conflitos sociais. É através da proteção do que já decidido em definitivo pelo Judiciário que se promove a confiança recíproca entre os atores da sociedade, que podem pautar suas condutas à luz dos efeitos já oficialmente proclamados dos atos por eles praticados, e com isso planejando o futuro a ser trilhado. Tanto o vencedor quanto o vencido, sob certo ângulo, beneficiam-se da indiscutibilidade inerente à coisa julgada, pois mesmo o segundo passa a saber, com precisão, a exata medida em que sua esfera jurídica restou subordinada ao interesse do adversário.[6]

O princípio da segurança jurídica é tão relevante que, além de contribuir para a duração de um sistema político, na sua ausência, qualquer sociedade entra em colapso. Ela é um dos mais elementares preceitos que todo ordenamento jurídico deve observar. Nesse diapasão, cumpre a todo e qualquer Estado reduzir as incertezas do futuro, pois, segundo pontifica Richard S. Kay, "um dos mais graves danos que o Estado pode infligir aos seus cidadãos é submetê-los a vidas de perpétua incerteza".[7]

Em última análise, portanto, a garantia da coisa julgada material pode ser reconduzida, ainda que indiretamente, também ao princípio-matriz da

---

[4] CF/34: Art. 113. A Constituição assegura a brasileiros e a estrangeiros residentes no País a inviolabilidade dos direitos concernentes à liberdade, à subsistência, à segurança individual e à propriedade, nos termos seguintes: (...) 3) A lei não prejudicará o direito adquirido, o ato jurídico perfeito e a coisa julgada.
[5] TALAMINI, Eduardo. *Coisa julgada e sua revisão*. São Paulo: Revista dos Tribunais, 2005. p. 50-52.
[6] MOREIRA, José Carlos Barbosa. Considerações sobre a chamada "relativização" da coisa julgada material. *In*: MOREIRA, José Carlos Barbosa. *Temas de direito processual*: nona série. São Paulo: Saraiva, 2007. p. 245.
[7] No original: "One of the most serious injuries the state can inflict on its subjects is to commit them to lives of perpetual uncertainty" (KAY, Richard S. American Constitutionalism. *In*: ALEXANDER, Larry (Ed.). *Constitutionalism*: Philosophical Foundations. Cambridge: Cambridge University Press, 1998. p. 22). Sua citação foi feita em KIRSTE, Stephan. Constituição como início do direito positivo. A estrutura temporal das constituições. *Anuário dos Cursos de Pós-Graduação em Direito*, Recife, Universidade Federal de Pernambuco, Centro de Ciências Jurídicas, Faculdade de Direito do Recife, n. 13, p. 116, 2003.

Constituição Federal, verdadeiro fundamento da República Federativa do Brasil, consistente na dignidade da pessoa humana (CF, art. 1º, III). Com efeito, no núcleo do princípio da dignidade da pessoa humana reside a possibilidade de que cada indivíduo, dotado de igual consideração e respeito por parte da comunidade em que se insere, formule e ponha em prática seu plano ideal de vida, traçando os rumos que entende mais afeitos ao livre desenvolvimento de sua personalidade.[8] O projeto individual de futuro, no entanto, deve partir, para concretizar-se, de premissas dotadas de confiabilidade, cuja higidez não seja colocada em xeque a cada novo momento. E é justamente sobre essas premissas que a Constituição Federal, no art. 5º, XXXVI, coloca o manto da inalterabilidade, protegendo o direito adquirido, o ato jurídico perfeito e a coisa julgada material das incertezas que as mudanças do futuro poderiam ocasionar.

No plano do direito comparado, a proteção da coisa julgada, quando não estabelecida de modo expresso na Constituição, é entendida como uma decorrência do direito à *tutela jurisdicional efetiva* (CF, art. 5º, XXXV), pois a resposta do Judiciário, para ser eficaz do ponto de vista social, não pode ficar eternamente à mercê de modificações e reversões.[9]

Na Espanha, por exemplo, a intangibilidade da coisa julgada tem assento nos princípios da segurança jurídica — CE, art. 9.3 — e da tutela jurisdicional efetiva — CE, art. 24.1.[10] Foi sob este prisma que o Tribunal Constitucional Espanhol reafirmou a importância da coisa julgada no catálogo dos direitos fundamentais, por exemplo, nas sentenças STC 119/1988, STC 189/1990, STC 231/1991, STC 142/1992, STC 34/1993, STC 43/1998 e STC 112/1999.[11]

Da mesma forma, também a Corte Europeia de Direitos Humanos assinala que a coisa julgada é um elemento indispensável para a concretização do direito à tutela jurisdicional efetiva, conforme decidido nos casos *Brumarescu v. Romênia*, julgado em 28/10/99; *Pullar v. Reino Unido*, j. em 10/06/96; e *Antonetto v. Itália*, j. em 20/07/2000.[12]

Como se sabe, a jurisdição cumpre o seu escopo de pacificação social através da *imperatividade* e da *imutabilidade* da resposta jurisdicional. O fato de para cada litígio corresponder uma só decisão, sem a possibilidade de

---

[8] SARMENTO, Daniel. *Direitos fundamentais e relações privadas*. Rio de Janeiro: Lumen Juris, 2004. p. 113.

[9] GRECO, Leonardo. Eficácia da declaração *erga omnes* de constitucionalidade ou inconstitucionalidade em relação à coisa julgada anterior. In: DIDIER JR., Fredie (Org.). *Relativização da coisa julgada*. Salvador: JusPodivm, 2004. p. 255.

[10] CARRERAS DEL RINCÓN, Jorge. *Comentarios a la doctrina procesal civil del tribunal constitucional y del tribunal supremo*. Madrid: Marcial Pons, 2002. p. 411; MONTERO AROCA, Juan; FLORS MATÍES, José. *Amparo constitucional y proceso civil*. Valencia: Tirant lo Blanch, 2008. p. 86; PICÓ Y JUNOY, Joan. *Las garantías constitucionales del proceso*. Barcelona: J. M. Bosch, 1997. p. 69; MONTERO AROCA, Juan. *Proceso (civil y penal) y garantía*: el proceso como garantía de libertad y de responsabilidad. Valencia: Tirant lo Blanch, 2006. p. 368; e GARBERÍ LLOBREGAT, José. *Constitución y derecho procesal*: los fundamentos constitucionales del derecho procesal. Navarra: Civitas; Thomson Reuters, 2009. p. 218.

[11] MONTERO AROCA, Juan; FLORS MATÍES, José. *Amparo constitucional y proceso civil*. Valencia: Tirant lo Blanch, 2008. p. 86.

[12] *Apud* GRECO, Leonardo. *Instituições de processo civil*. Rio de Janeiro: Forense, 2010. v.2, p. 361.

reapreciação da controvérsia após o que se denomina *trânsito em julgado* da decisão, caracteriza essa função estatal e a difere das demais.[13] O *fundamento substancial da coisa julgada*, na realidade, é eminentemente político, uma vez que o instituto visa à *preservação da estabilidade e segurança sociais*,[14] revelando fator de equilíbrio social na medida em que os contendores obtêm a última e decisiva palavra do Judiciário acerca do conflito intersubjetivo. Politicamente, a coisa julgada não está comprometida nem com a verdade nem com a justiça da decisão. Uma decisão judicial, malgrado solidificada, com alto grau de imperfeição, pode perfeitamente resultar na última e imutável definição do Judiciário, porquanto o que se pretende através dela é, repita-se, a estabilidade social.

Ocorre que nenhuma norma constitucional, nem mesmo a regra da coisa julgada ou o princípio da segurança jurídica, pode ser interpretada isoladamente. A Constituição brasileira em vigor caracteriza-se como um típico compromisso entre forças políticas divergentes, que em 1988 se uniram para definir um destino coletivo em comum,[15] balizando a atuação dos poderes políticos através das regras e dos princípios definidos no pacto constitucional. Trata-se de compromisso porquanto a base plural da sociedade, no momento constituinte, assinalava relevância a valores díspares, sem uma univocidade ideológica, provocando a convivência, por exemplo, da liberdade de expressão (CF, art. 5º, IV) e do direito à intimidade (CF, art. 5º, X), da proteção do consumidor (CF, art. 5º, XXXII, e art. 170, V) e do princípio da livre iniciativa (art. 170, caput), e de muitos outros casos mais.

A finalidade por detrás deste pacto político abrangente, como explicita o art. 3º do texto Constitucional, consiste em conduzir o Estado brasileiro à construção de uma sociedade livre, justa e solidária, garantindo o desenvolvimento nacional de forma a erradicar a pobreza, a marginalização e a reduzir as desigualdades sociais e regionais, com a promoção do bem de todos, sem preconceitos de origem, raça, sexo, cor, idade e quaisquer outras formas de discriminação (CF, art. 3º, inc. I a IV). É justamente na concretização de tais metas, porém, que o caráter compromissório da Carta de 1988 se mostra mais evidente, porquanto no caminhar para atingir tais desideratos podem entrar em rota de colisão valores igualmente caros ao texto constitucional.

Nesses casos, que sob um primeiro ângulo poderiam ensejar verdadeiras arbitrariedades pelo intérprete, ao optar, em voluntarismo, pela norma que lhe parecesse merecedora de maior prestígio, impõe-se, como ensina a

---

[13] A coisa julgada "es el atributo específico de la jurisdicción", segundo COUTURE, Eduardo J. *Fundamentos del derecho procesal civil*. Buenos Aires: Depalma, 1951. p. 304.

[14] Nesse sentido, PRIETO CASTRO, Leonardo. *Derecho procesal civil*. 1946. v. 1, p. 381. Chiovenda assentava a explicação da coisa julgada na "exigência social da segurança no gozo dos bens da vida". *In*: CHIOVENDA, Giuseppe. *Instituições de direito processual civil*. 1942. v. 1, p. 512, 513.

[15] A respeito das diferentes forças políticas que atuaram na assembléia constituinte de 1987-88, cf. PILATTI, Adriano. *A constituinte de 1987-1988*: progressistas, conservadores, ordem econômica e regras do jogo. Rio de Janeiro: Lumen Juris, 2008.

novel teoria da interpretação constitucional, a harmonização prudencial e a concordância prática dos enunciados constitucionais em jogo, a fim de que cada um tenha seu respectivo âmbito de proteção assegurado, como decorrência do princípio da unidade da Constituição.[16] Em outras palavras, cabe ao intérprete conciliar as normas constitucionais cujas fronteiras não se mostram nítidas à primeira vista, assegurando a mais ampla efetividade à totalidade normativa da Constituição, sem que qualquer de seus vetores seja relegado ao vazio, desprovido de eficácia normativa.

Todo esse caminho lógico a ser percorrido para a harmonização de comandos normativos indicando soluções opostas demanda do aplicador da Constituição a reconstrução do sistema de princípios e de regras exposto no seu texto, guiado por um inafastável dever de coerência.[17] E é somente quando essa tentativa de definição dos limites próprios a cada norma fundamental se mostrar infrutífera, já que sobrepostos os respectivos âmbitos de proteção, que cabe ao intérprete fazer o uso da técnica da *ponderação de valores*, instrumentalizada a partir do manuseio do *postulado da proporcionalidade*,[18] a fim de operar concessões recíprocas, tanto quanto se faça necessário, entre os enunciados normativos em jogo, resguardado, sempre, o *núcleo essencial* de cada direto fundamental.[19] E por não ser lícito, mesmo nessas hipóteses, a ablação da eficácia, em abstrato, das normas constitucionais, o resultado do método ponderativo há de ser o estabelecimento de uma *relação de precedência condicionada*[20] entre os princípios em jogo, identificando-se o peso prevalecente de uma das normas com o devido balizamento por parâmetros (*standards*) interpretativos que reduzam a arbitrariedade e estimulem a controlabilidade intersubjetiva do processo decisório.

O drama humano narrado nestes autos, como já visto, coloca em rota de colisão as normas constitucionais que tutelam a *coisa julgada material* (CF, art. 5º, XXXVI) e o *direito fundamental à filiação* (CF, art. 227, *caput* e §6º), aliado à garantia fundamental da assistência jurídica integral aos desamparados (CF, art. 5º, LXXIV). O primeiro dos dispositivos mencionados consubstancia verdadeira *regra jurídica*, porquanto enuncia uma hipótese de incidência e, simultaneamente, o comando a ser desencadeado pela configuração de seus

---

[16] PRIETO SANCHÍS, Luis. El juicio de ponderación. *In*: PRIETO SANCHÍS, Luis. *Justicia constitucional y derechos fundamentales*. Madrid: Trotta, 2009. p. 188; BARCELLOS, Ana Paula de. *Ponderação, racionalidade e atividade jurisdicional*. Rio de Janeiro: Renovar, 2005. p. 32; BARROSO, Luís Roberto. *Curso de direito constitucional contemporâneo*: os conceitos fundamentais e a construção do novo modelo. São Paulo: Saraiva, 2009. p. 302-304; e GRAU, Eros Roberto. *A ordem econômica na Constituição de 1988*. São Paulo: Malheiros, 2005. p. 166.

[17] SOUZA NETO, Cláudio Pereira de. Ponderação de princípios e racionalidade das decisões judiciais: coerência, razão pública, decomposição analítica e standards de ponderação. *In*: SOUZA NETO, Cláudio Pereira de. *Constitucionalismo democrático e governo das razões*. Rio de Janeiro: Lumen Juris, 2011. p. 144-147.

[18] ÁVILA, Humberto. *Teoria dos princípios*: da definição à aplicação dos princípios jurídicos. São Paulo: Malheiros, 2009. p. 163 *et seq*.

[19] PEREIRA, Jane Reis Gonçalves. *Interpretação constitucional e direitos fundamentais*. Rio de Janeiro: Renovar, 2006. p. 297-382.

[20] ALEXY, Robert. *Teoría de los derechos fundamentales*. Madrid: Centro de Estudios constitucionales, 1993. p. 92.

pressupostos de fato, isto é: a invalidade de qualquer ato do poder público que afronte a autoridade da coisa julgada material.[21] Já os dois últimos dispositivos assumem a forma de *princípios jurídicos*, apontando para estados ideais a serem alcançados sem predeterminar, desde logo, quais as condutas vedadas ou permitidas e quais os efeitos que, em cada caso, devem ser produzidos.

Na forma em que configurado o litígio *in casu*, não há modo de prestigiar a coisa julgada material sem que, simultaneamente, sejam colocados de lado os dois outros princípios constitucionais contrapostos: impedir o prosseguimento da demanda, reconhecendo-se o óbice da coisa julgada material, implica vedar peremptoriamente a elucidação, à luz da nova prova técnica disponível — o exame de DNA —, da origem biológica do autor, não trazida à tona, na demanda anterior já julgada, por consequência da insuficiência do sistema estatal de assistência jurídica aos necessitados. E, de outro lado, o raciocínio simétrico também se mostra verdadeiro: tolerar a realização do exame técnico nestes autos, como fruto da admissibilidade da demanda, colocará em xeque inarredável a regra da coisa julgada material, desfazendo a proteção que ela visa a promover.

Os dois vetores mostram-se, assim, inconciliáveis, de modo que a prevalência de um leva ao afastamento da eficácia normativa do outro para a solução da presente controvérsia. Em um cenário como este, e na linha do que já mencionado, a única opção metodologicamente válida é a utilização, por esta Corte Constitucional, da técnica da ponderação.

Ressalte-se desde logo que a previsão normativa da garantia da coisa julgada sob a forma de regra não é suficiente, por si só, para pôr fim a qualquer perspectiva de ponderação. Como vem reconhecendo a novel doutrina da hermenêutica constitucional, também as regras jurídicas, em hipóteses excepcionais, submetem-se a um raciocínio ponderativo.[22] Para tanto, deve ser realçada a razão subjacente à regra, isto é, o princípio que informa a sua interpretação finalística e a sua aplicação aos casos concretos: *in casu*, é o princípio da segurança jurídica (CF, art. 5º, *caput*), como já visto, que serve de manancial para a definição do sentido e do alcance da garantia da coisa julgada material. Não basta, no entanto, cotejar, imediatamente após isso, o peso de tal razão subjacente diante dos outros princípios em jogo. É imprescindível que se leve em conta, ainda, que as regras jurídicas, como categoria normativa, têm por reflexo, em sua aplicação, a promoção de valores como previsibilidade, igualdade e democracia.[23]

---

[21] Nesse sentido, afirmando a natureza de regra da garantia da coisa julgada material, cf. BARROSO, Luís Roberto. *O controle de constitucionalidade no direito brasileiro*. São Paulo: Saraiva, 2009. p. 223, 226.

[22] Assim, por exemplo, ÁVILA, Humberto. *Teoria dos princípios*: da definição à aplicação dos princípios jurídicos. São Paulo: Malheiros, 2009. p. 112 *et seq*. Em sentido próximo, mas com distinções sensíveis, BARCELLOS, Ana Paula de. *Ponderação, racionalidade e atividade jurisdicional*. Rio de Janeiro: Renovar, 2005. p. 201 *et seq*.

[23] A aplicação das regras promove a previsibilidade pela certeza de que a configuração de seus pressupostos de fato desencadeará a consequência estabelecida em seu enunciado normativo; a igualdade, pois cada agente social que se deparar com a hipótese de incidência de uma regra poderá se pautar, diante dos demais

Assim, a técnica da ponderação apenas poderá levar ao afastamento de uma regra jurídica quando restar demonstrado, de modo fundamentado, que os princípios que lhe são contrapostos superam, axiologicamente, o peso (i) da razão subjacente à própria regra e (ii) dos princípios institucionais da previsibilidade, da igualdade e da democracia. Deste modo, como afirma o Prof. Luís Roberto Barroso especificamente quanto à tese da relativização da coisa julgada material,[24] a técnica da ponderação, instrumentalizada pelo postulado da proporcionalidade, tem de ser usada com cautela, já que a previsão da coisa julgada como uma regra "reduz a margem de flexibilidade do intérprete".

A hipótese dos autos, no entanto, tende a caracterizar justamente a excepcionalidade capaz de autorizar o afastamento da regra da coisa julgada material, em prol dos direitos fundamentais à filiação e à assistência jurídica aos necessitados.

Com efeito, a Carta constitucional de 1988 fixou o princípio da *dignidade da pessoa humana* como um *fundamento da República* (CF, art. 1º, III). Disso decorre uma prevalência axiológica inquestionável sobre todas as demais normas da Constituição, que devem ser interpretadas invariavelmente sob a lente da dignidade da pessoa humana.[25] Assim, é a própria dignidade da pessoa humana que deve servir de norte para a definição das diversas regras e dos diversos subprincípios estabelecidos no texto constitucional, funcionando como verdadeiro vetor interpretativo para a definição do âmbito de proteção de cada garantia fundamental. Mais do que isso: é também a dignidade da pessoa humana que deve servir como fiel da balança para a definição do *peso abstrato* de cada princípio jurídico estabelecido na Constituição Federal de 1988.[26]

Sob este prisma, no *núcleo essencial* da dignidade da pessoa humana há de ser tido como presente o *direito fundamental à identidade pessoal do indivíduo*, que se desdobra, dentre outros aspectos, na *identidade genética*.[27] A inserção de

---

membros da comunidade, de acordo com o que ela prescreve, sem que seu regime jurídico fique a depender de padrões comportamentais vagas ou imprecisos, definidos casuisticamente; e a democracia, na medida em que o legislador, constitucional ou ordinário, ao fixar um comando normativo através de uma regra jurídica, já realiza desde logo uma decisão conteudística sobre o que deve ser, sem que delegue ao judiciário a maleabilidade na definição da conduta válida à luz do Direito. Nesse sentido, cf. SCHAUER, Frederick. *Thinking like a lawyer*: a new introduction to legal reasoning. Cambridge: Harvard University Press, 2009. p. 35, 195-196; e, do mesmo autor, *Playing by the rules*: a philosophical examination of rule-based decision-making in law and in life. Oxford: Clarendon Press, 2002. p. 135-166.

[24] BARROSO, Luís Roberto. *O controle de constitucionalidade no direito brasileiro*. São Paulo: Saraiva, 2009. p. 226.
[25] SARLET, Ingo Wolfgang. *A eficácia dos direitos fundamentais*. Porto Alegre: Livraria do Advogado, 2006. p. 124-125; e SARMENTO, Daniel. *Direitos fundamentais e relações privadas*. Rio de Janeiro: Lumen Juris, 2004. p. 110.
[26] Segundo Robert Alexy, a ponderação de valores deve ser conduzida à luz do exame (i) do peso abstrato dos princípios em conflito, (ii) da intensidade de interferência, no princípio oposto, que se faz necessária para a preservação da eficácia de um direito fundamental, e (iii) da confiabilidade das premissas empíricas, nas quais se fundam as afirmações a respeito da configuração de violação ou de promoção da efetividade de uma norma fundamental (ALEXY, Robert. On balancing and subsumption: a structural comparison. *Ratio Juris*, v. 16, n. 4, p. 433-449, 2003).
[27] BARBOZA, Heloísa Helena. Direito à identidade genética. *Juris Poiesis*, p. 129, 2004. Edição temática: biodireito; e MORAES, Maria Celina Bodin de. Recusa à realização do exame de DNA e direitos da personalidade. *In*: MORAES, Maria Celina Bodin de. *Na medida da pessoa humana*: estudos de direito civil-constitucional. Rio de Janeiro: Renovar, 2010. p. 171.

cada pessoa no mundo, para que possa realizar todas as suas potencialidades, é feita em função de sua história, projetando a autoimagem e a identidade pessoal a partir de seus dados biológicos inseridos em sua formação, advindos de seus progenitores.[28] É com o conhecimento do estado de filiação que se fincam as premissas da atribuição à pessoa humana de reconhecimento e de distinção no cenário social, permitindo sua autodeterminação no convívio com os iguais.

O projeto de vida individual, o plano pessoal de felicidade que todo membro da coletividade tem o direito de formular e a prerrogativa de almejar realizar, portanto, torna-se dependente da investigação da origem de cada um: ser reconhecido filho de seus genitores e ter ciência da própria origem biológica são prerrogativas ínsitas à necessidade do ser humano de conhecer a si mesmo e de ser identificado na sociedade.[29] É assim que o *status* de filho, mais do que fonte de direitos *patrimoniais*, ostenta um inquestionável viés *existencial*, como um substrato fundamental para a concretização do princípio da dignidade da pessoa humana.

Com efeito, na visão tradicional do direito civil, que vigorou até o progresso científico alcançado no último quarto do século passado, a posição particular da pessoa natural no seio social era definida predominantemente por seu nome. Era através desse sinal distintivo da personalidade, que a integra e a individualiza, que se alcançava a unidade fundamental, celular, da vida jurídica, que consiste na pessoa humana.[30] A construção da identidade pessoal, no entanto, sofreu forte influxo pelo desenvolvimento das pesquisas em torno do genoma humano,[31] e que hoje figura como a última fronteira para a individualização da identidade pessoal.

É sob esse ângulo que se pode apontar, hoje, a construção de um direito fundamental à identidade genética, por força do qual se torna factível esclarecer, como antes não era possível, a origem e a historicidade pessoal de cada membro componente da sociedade, principalmente através do exame de DNA. A identidade, nesse novo contexto, passa a ser concebida como o "complexo de elementos que individualizam cada ser humano, distinguindo-o dos demais na coletividade, conferindo-lhe autonomia para que possa se desenvolver e se firmar como pessoa em sua dignidade, sendo, portanto e nessa medida, expressão objetiva do princípio da dignidade da pessoa humana".[32]

---

[28] ALMEIDA, Maria Christina de. *O DNA e estado de filiação à luz da dignidade humana*. Porto Alegre: Livraria do Advogado, 2003. p. 79.
[29] GOMES, Flávio Marcelo. *Coisa julgada e estado de filiação*: o DNA e o desafio à estabilidade da sentença. Porto Alegre: Sergio Antonio Fabris, 2009. p. 39, 249.
[30] BARBOZA, Heloísa Helena. Direito à identidade genética. *Juris Poiesis*, p. 127, 2004. Edição temática: biodireito.
[31] MORAES, Maria Celina Bodin de. O princípio da dignidade da pessoa humana. *In*: MORAES, Maria Celina Bodin de. *Na medida da pessoa humana*: estudos de direito civil-constitucional. Rio de Janeiro: Renovar, 2010. p. 99.
[32] BARBOZA, Heloísa Helena. A proteção da identidade genética. *In*: ALMEIDA FILHO, Agassiz; MELGARÉ, Plínio (Org.). *Dignidade da pessoa humana*: fundamentos e critérios interpretativos. São Paulo: Malheiros, 2010. p. 84.

A imbricação entre tal direito e o núcleo do princípio da dignidade da pessoa humana é mais do que evidente. Deveras, o conteúdo semântico do termo *dignidade* remete à estima, ao valor que deve ser reconhecido a cada pessoa por seus pares e pelo Estado. Já em Kant se lia a lição, hoje tão em voga na doutrina contemporânea, de distinguir a valoração no mundo social segundo as categorias do *preço* e da *dignidade*, sendo esta última a medida ínsita à aferição do valor moral que todo ser humano, por sua própria natureza, carrega em seu interior.[33] E este valor, essa individualidade própria a cada um, e que permite o amplo desenvolvimento da personalidade, depende do conhecimento das próprias origens, em especial no que toca ao seu substrato biológico.

É nessa linha, por exemplo, que a Constituição Portuguesa de 1976, em seu art. 26, nº 3, prevê disposição que proclama, de forma expressa e categórica, o direito fundamental à identidade genética, vinculando-o diretamente à promoção da dignidade da pessoa humana, *in verbis*:

> Artigo 26º
> Outros direitos pessoais
> 1. A todos são reconhecidos os direitos à identidade pessoal, ao desenvolvimento da personalidade, à capacidade civil, à cidadania, ao bom nome e reputação, à imagem, à palavra, à reserva da intimidade da vida privada e familiar e à protecção legal contra quaisquer formas de discriminação.
> 2. A lei estabelecerá garantias efectivas contra a obtenção e utilização abusivas, ou contrárias à dignidade humana, de informações relativas às pessoas e famílias.
> 3. *A lei garantirá a dignidade pessoal e a identidade genética do ser humano, nomeadamente na criação, desenvolvimento e utilização das tecnologias e na experimentação científica.*
> 4. A privação da cidadania e as restrições à capacidade civil só podem efectuar-se nos casos e termos previstos na lei, não podendo ter como fundamento motivos políticos. (grifos nossos)

Não se ignora, evidentemente, que, no campo do direito civil, vem sendo reconhecido o estado de filiação por decorrência de três espécies de vínculos: jurídicos, biológicos ou sócio-afetivos.[34] No caso em exame, contudo, dada a inaplicabilidade da primeira e da última espécie de vínculo, já que

---

[33] MORAES, Maria Celina Bodin de. O princípio da dignidade da pessoa humana. *In*: MORAES, Maria Celina Bodin de. *Na medida da pessoa humana*: estudos de direito civil-constitucional. Rio de Janeiro: Renovar, 2010. p. 81.

[34] BARBOZA, Heloísa Helena. Direito à identidade genética. *Juris Poiesis*, p. 124-125, 2004. Edição temática: biodireito: "Ao lado dos aspectos anteriormente abordados de forma panorâmica, deve-se considerar que a paternidade recebeu diferentes tratamentos legislativos e doutrinários no Brasil, podendo ser apontados três critérios para seu estabelecimento: a) o critério jurídico, previsto no Código Civil, sendo a paternidade presumida nos casos ali previstos, independentemente da existência ou não de correspondência com a realidade; b) o critério biológico, hoje predominante como antes mencionado, pelo qual prevalece o vínculo genético; e c) o critério socioafetivo, fundamentado nos princípios do melhor interesse da criança e da dignidade da pessoa humana, segundo o qual o pai deve ser aquele que exerce tal função, mesmo que não haja o vínculo de sangue".

não atingido o demandante por qualquer presunção estabelecida pelo direito material — ressalte-se que da certidão de nascimento consta apenas o nome de sua mãe, e não de seu progenitor (fls. 14) — nem tampouco recebedor do afeto indispensável ao convívio paternal, põe-se em discussão apenas a busca pela origem genética do autor, sem que essa pretensão conflite com qualquer outra lógica material de paternidade em vigor.

Ademais, a vinculação entre o direito à filiação, como condição para o desenvolvimento da personalidade, e o princípio da dignidade da pessoa humana resulta até mesmo do texto expresso da Constituição. Com efeito, a Constituição confere especial proteção à família, conforme art. 226 e seguintes. A previsão literal do direito à filiação encontra-se no §6º, parte final, do art. 227, e que se insere no âmago, evidentemente, da própria configuração da entidade familiar. E é ao tratar do planejamento familiar, isto é, da forma como será conduzido o desenvolvimento da personalidade no seio da família, que a Constituição menciona expressamente, no §7º do art. 226, que, "fundado nos princípios da *dignidade da pessoa humana* e da paternidade responsável, o planejamento familiar é livre decisão do casal, competindo ao Estado propiciar recursos educacionais e científicos para o exercício desse direito, vedada qualquer forma coercitiva por parte de instituições oficiais ou privadas".

De outro lado, também no *caput* do art. 227 a redação da Constituição torna clara a imbricação entre a família e a promoção da dignidade humana da criança, do adolescente e do jovem, ao afirmar ser "dever da família, da sociedade e do Estado assegurar à criança, ao adolescente e ao jovem, com absoluta prioridade, o direito à vida, à saúde, à alimentação, à educação, ao lazer, à profissionalização, à cultura, à dignidade, ao respeito, à liberdade e à convivência familiar e comunitária, além de colocá-los a salvo de toda forma de negligência, discriminação, exploração, violência, crueldade e opressão". E as condições para o cumprimento de tal dever, que funcionaliza a entidade familiar em prol da consagração da dignidade de seus membros, dependem, como premissa básica, do estabelecimento do vínculo de filiação, alcançado através do conhecimento da origem biológica do autor nestes autos.

Há, portanto, até *textualmente* uma imbricação necessária entre direito à filiação, proteção constitucional à família e o princípio da dignidade da pessoa humana no sistema das normas constitucionais.

A relevância constitucional do direito à identidade já foi proclamada por este Supremo Tribunal Federal no julgamento do RE nº 248.869, como destacado pelo Min. Dias Toffoli em seu voto. Naquele julgado, ao se reconhecer a constitucionalidade da legitimidade ativa do Ministério Público para ajuizamento, após provocação, de demanda de investigação de paternidade, foi frisada a íntima conexão entre o direito à conhecimento da própria origem biológica e a dignidade da pessoa humana, conforme ementa da lavra do Rel. Min. Maurício Corrêa, *verbis*:

Recurso Extraordinário. Constitucional. Processual Civil. Legitimidade ativa do Ministério Público para ajuizar ação de investigação de paternidade. Filiação. Direito indisponível. Inexistência de defensoria pública no Estado de São Paulo.

1. A Constituição Federal adota a família como base da sociedade a ela conferindo proteção do Estado. Assegurar à criança o direito à dignidade, ao respeito e à convivência familiar pressupõe reconhecer seu legítimo direito de saber a verdade sobre sua paternidade, decorrência lógica do direito à filiação (CF, artigos 226, §§3º, 4º, 5º e 7º; 227, §6º).

2. A Carta Federal outorgou ao Ministério Público a incumbência de promover a defesa dos interesses individuais indisponíveis, podendo, para tanto, exercer outras atribuições prescritas em lei, desde que compatível com sua finalidade institucional (CF, artigos 127 e 129).

3. O direito ao nome insere-se no conceito de dignidade da pessoa humana e traduz a sua identidade, a origem de sua ancestralidade, o reconhecimento da família, razão pela qual o estado de filiação é direito indisponível, em função do bem comum maior a proteger, derivado da própria força impositiva dos preceitos de ordem pública que regulam a matéria (Estatuto da Criança e do Adolescente, artigo 27).

4. A Lei 8560/92 expressamente assegurou ao Parquet, desde que provocado pelo interessado e diante de evidências positivas, a possibilidade de intentar a ação de investigação de paternidade, legitimação essa decorrente da proteção constitucional conferida à família e à criança, bem como da indisponibilidade legalmente atribuída ao reconhecimento do estado de filiação. Dele decorrem direitos da personalidade e de caráter patrimonial que determinam e justificam a necessária atuação do Ministério Público para assegurar a sua efetividade, sempre em defesa da criança, na hipótese de não reconhecimento voluntário da paternidade ou recusa do suposto pai.

5. O direito à intimidade não pode consagrar a irresponsabilidade paterna, de forma a inviabilizar a imposição ao pai biológico dos deveres resultantes de uma conduta volitiva e passível de gerar vínculos familiares. Essa garantia encontra limite no direito da criança e do Estado em ver reconhecida, se for o caso, a paternidade.

6. O princípio da necessária intervenção do advogado não é absoluto (CF, artigo 133), dado que a Carta Federal faculta a possibilidade excepcional da lei outorgar o *jus postulandi* a outras pessoas. Ademais, a substituição processual extraordinária do Ministério Público é legítima (CF, artigo 129; CPC, artigo 81; Lei 8560/92, artigo 2º, §4º) e socialmente relevante na defesa dos economicamente pobres, especialmente pela precariedade da assistência jurídica prestada pelas defensorias públicas.

7. Caráter personalíssimo do direito assegurado pela iniciativa da mãe em procurar o Ministério Público visando a propositura da ação. Legitimação excepcional que depende de provocação por quem de direito, como ocorreu no caso concreto. Recurso extraordinário conhecido e provido. (RE nº 248.869, Rel. Min. Maurício Corrêa, 2ª Turma, julg. 7.8.2003, *DJ,* 12 mar. 2004, grifos nossos)

Também a Convenção Americana de Direito Humanos prevê, em seus arts. 17 a 19, a proteção da família e da criança, fazendo menção expressa ao direito de que o menor possui com relação ao nome vinculado ao de seus pais (art. 18), de cuja interpretação conjugada deve-se extrair, inequivocamente, o direito fundamental à filiação, *in verbis*:

Artigo 17. Proteção da família

1. A família é o elemento natural e fundamental da sociedade e deve ser protegida pela sociedade e pelo Estado.

2. É reconhecido o direito do homem e da mulher de contraírem casamento e de fundarem uma família, se tiverem a idade e as condições para isso exigidas pelas leis internas, na medida em que não afetem estas o princípio da na-discriminação estabelecido nesta Convenção.

3. O casamento não pode ser celebrado sem o livre e pleno consentimento dos contraentes.

4. Os Estados Partes devem tomar medidas apropriadas no sentido de assegurar a igualdade de direitos e a adequada equivalência de responsabilidades dos cônjuges quanto ao casamento, durante o casamento e em caso de dissolução do mesmo. Em caso de dissolução, serão adotadas disposições que assegurem a proteção necessária aos filhos, com base unicamente no interesse e conveniência dos mesmos.

5. A lei deve reconhecer iguais direitos tanto aos filhos nascidos fora do casamento como aos nascidos dentro do casamento.

Artigo 18. Direito ao nome

Toda pessoa tem direito a um prenome e aos nomes de seus pais ou ao de um destes. A lei deve regular a forma de assegurar a todos esse direito, mediante nomes fictícios, se for necessário.

Artigo 19. Direitos da criança

Toda criança tem direito às medidas de proteção que a sua condição de menor requer por parte da sua família, da sociedade e do Estado.

E milita em favor da pretensão do autor não só o peso abstrato que, no sistema constitucional, deve ser concedido ao direito fundamental à identidade. Com efeito, na realidade a eternização, *in casu*, do resultado da demanda anterior traduziria também uma quebra do direito fundamental à assistência jurídica aos necessitados,[35] dever constitucionalmente imposto ao Estado brasileiro por força do art. 5º, LXXIV, da Constituição Federal, e sem o qual se mostra irrealizável a concretização igualitária, do ponto de vista material, e não apenas formal, da garantia do acesso à *tutela jurisdicional efetiva* (CF, art. 5º, XXXV).

É que o resultado da demanda anterior, como realçado pelo próprio magistrado sentenciante e não contestado por qualquer das partes, foi consequência da impossibilidade financeira de realização do exame de DNA. Não houve, assim, desídia ou culpa da parte autora na conclusão, que lhe foi desfavorável, do julgamento anterior de improcedência por insuficiência de provas; ao contrário, tal cenário foi fruto da inadequação do sistema estatal até então em vigor de amparo aos necessitados quando em juízo, que jamais poderiam ter, à luz do que prega a Constituição, a sorte de seus direitos

---

[35] O sentido e o alcance dessa garantia fundamental, com assento constitucional desde a Carta de 1934 (art. 113, nº 32), foram magistralmente estudados por MOREIRA, José Carlos Barbosa. O direito à assistência jurídica: evolução no ordenamento brasileiro de nosso tempo. *In*: TEIXEIRA, Sálvio de Figueiredo (Org.). *As garantias do cidadão na justiça*. São Paulo: Saraiva, 1993. p. 207-218.

predefinida em função da carência e da hipossuficiência financeira em que se encontram.

O princípio da *paridade de armas*, que resulta da conjugação da garantia fundamental do contraditório (CF, art. 5º, LV) com o princípio constitucional da isonomia material (CF, art. 5º, *caput*), impõe que se reconheça como essencial o complexo normativo que assegura aos cidadãos necessitados o amplo acesso à tutela jurisdicional, suprindo-se, pela atuação do Estado, a carência material configurada em suas respectivas esferas jurídicas. E como tal direito exerce o papel instrumental de viabilizar a fruição dos demais direitos fundamentais que porventura sejam violados, a doutrina contemporânea tem reconhecido a indispensável conexão que também se verifica entre o direito à assistência jurídica aos desamparados e o núcleo essencial da dignidade da pessoa humana,[36] porquanto verdadeira condição para a tutela efetiva das demais prerrogativas existenciais.

Não é possível negar, como se assentou mais acima, que também a coisa julgada guarda relação com o princípio da dignidade da pessoa humana, na medida em que concretiza o princípio da segurança jurídica, assegurando estabilidade e paz social. Porém, tal conexão apresenta-se em grau distinto, mais tênue e, portanto, *mais afastada do núcleo essencial*[37] *do princípio da dignidade da pessoa humana* do que o peso axiológico que, somados, ostentam os direitos fundamentais à filiação (CF, art. 227, *caput* e §6º) e a garantia fundamental da assistência jurídica aos desamparados (CF, art. 5º, LXXIV). E é por esta razão que a regra da coisa julgada deve ceder passo, em situações-limite como a presente, à concretização do direito fundamental à identidade pessoal.

Ressalte-se que, na substância, a possibilidade de afastamento da coisa julgada material quando em causa relação de filiação, sob o fundamento da superveniência de exame de DNA até então não disponível, vem sendo sustentada, em certo sentido, e resguardadas algumas sutilezas, até mesmo pela doutrina que se mostra contrária, como regra, à relativização da coisa julgada material, como demonstram as manifestações dos seguintes autores: MOREIRA, José Carlos Barbosa. Considerações sobre a chamada "relativização" da coisa julgada material. *In*: MOREIRA, José Carlos Barbosa. *Temas de direito processual*: nona série. São Paulo: Saraiva, 2007; MARINONI, Luiz Guilherme. O princípio da segurança dos atos jurisdicionais (A questão da relativização da coisa julgada material). *In*: DIDIER JR., Fredie

---

[36] BARCELLOS, Ana Paula de. *A eficácia jurídica dos princípios constitucionais*: o princípio da dignidade da pessoa humana. Rio de Janeiro: Renovar, 2008. p. 327 *et seq*. O Prof. Cappelletti, nessa mesma linha, era expressivo ao afirmar que o acesso à justiça, com conteúdo igualitário, deveria ser entendido como "o mais básico dos direitos humanos" (CAPPELLETTI, Mauro; GARTH, Bryant. *Acesso à justiça*. Porto Alegre: Sergio Antonio Fabris, 2002. p. 12).

[37] E, como ensina a moderna doutrina do direito constitucional contemporâneo, a eficácia jurídica do núcleo essencial da dignidade da pessoa humana se equipara, na realidade, à de uma regra jurídica, e não à de um princípio. Sobre o tema, cf. BARCELLOS, Ana Paula de. *A eficácia jurídica dos princípios constitucionais*: o princípio da dignidade da pessoa humana. Rio de Janeiro: Renovar, 2008. p. 282 *et seq*.

(Org.). *Relativização da coisa julgada*. Salvador: JusPodivm, 2004, p. 276-277, entendimento também manifestado no livro *Coisa julgada inconstitucional*. São Paulo: Revista dos Tribunais, 2010, p. 191-198; WAMBIER, Teresa Arruda Alvim; MEDINA, José Miguel Garcia. Relativização da coisa julgada. *In*: DIDIER JR., Fredie (Org.). *Relativização da coisa julgada*. Salvador: JusPodivm, 2004. p. 242; GRECO, Leonardo. *Instituições de processo civil*. Rio de Janeiro: Forense, 2010. v. 2, p. 363; BERIZONCE, Roberto Omar. La "relatividad" de la cosa juzgada y sus nuevos confines. *Revista de Derecho Procesal*, v. 1, 2008. Santa Fe: Rubinzal-Culzoni, 2008, p. 179 *et seq*; GOMES, Flávio Marcelo. *Coisa julgada e estado de filiação*: o DNA e o desafio à estabilidade da sentença. Porto Alegre: Sergio Antonio Fabris, 2009, p. 294-297; FARIAS, Cristiano Chaves de. Um alento ao futuro: novo tratamento da coisa julgada nas ações relativas à filiação. *In*: DIDIER JR., Fredie (Coord.). *Relativização da coisa julgada*. Salvador: JusPodivm, p. 73-80; CHAVES, Adalgisa Wiedemann. Efeitos da coisa julgada: as demandas para o reconhecimento da filiação e o avanço da técnica pericial. *In*: WELTER, Belmiro Pedro; MADALENO, Rolf Hanssen (Coord.). *Direitos fundamentais do direito de família*. Porto Alegre: Livraria do Advogado, 2004, p. 27; THEODORO JÚNIOR, Humberto; FARIA, Juliana Cordeiro. Reflexões sobre o princípio da intangibilidade da coisa julgada e sua relativização. *In*: NASCIMENTO, Carlos Valder do; DELGADO, José Augusto (Coord.). *Coisa julgada inconstitucional*. Belo Horizonte: Fórum, 2008. p. 173; ARMENLIN, Donaldo. Flexibilização da coisa julgada. *In*: NASCIMENTO, Carlos Valder do; DELGADO, José Augusto (Coord.). *Coisa julgada inconstitucional*. Belo Horizonte: Fórum, 2008. p. 223; CÂMARA, Alexandre Freitas. Relativização da coisa julgada material. *In*: DIDIER JR., Fredie (Org.). *Relativização da coisa julgada*. Salvador: JusPodivm, 2004. p. 31-32; ROMANO NETO, Odilon. *Coisa julgada inconstitucional*: proposta interpretativa dos arts. 475-L, §1º, e 741, parágrafo único do CPC. Dissertação (Mestrado) – Universidade do Estado do Rio de Janeiro, 2010. f. 174; e DIAS, Maria Berenice. Investigação de paternidade: prova e ausência de coisa julgada material. *Revista Brasileira de Direito de Família – IBDFAM*, Porto Alegre, ano 1, v. 1, p. 18-21, 1999.

Esse conflito entre princípios fundamentais não pode servir, porém, como visto antes, para a ablação da garantia fundamental da coisa julgada sem quaisquer balizamentos, sob pena de se frustrar de forma absoluta o princípio da segurança jurídica.

Em primeiro lugar, a prova pericial vive hoje, no processo civil, um momento de crítica e de renascimento. O juiz, como se sabe, é titular do que se pode chamar de uma *cultura média*, porquanto, no que excede o campo do exclusivamente jurídico, seu conhecimento serve-se de noções de fato que estão dentro da experiência comum do lugar e do tempo em que vive. Não é de todo raro, porém, que no desenrolar de um litígio civil se faça necessário o apelo a conhecimentos técnico-científicos, que apenas um especialista nos domínios particulares do saber humano pode manusear com segurança e habilidade. E é nessas hipóteses que deve ocorrer a cooperação entre o perito — o *expert* técnico — e o julgador.

Mas essa cooperação não pode ser levada a cabo sem as devidas cautelas. Com efeito, há um grande risco de que o julgador simplesmente se demita da prestação da jurisdição, delegando-a ao *expert*, sem que tome em consideração a prova técnica produzida em seus devidos termos, isto é, como um componente da instrução processual, e que, para lastrear uma decisão de mérito, deve se submeter, como qualquer outro material probatório, ao dever de motivação inerente ao sistema do livre convencimento motivado de valoração da prova civil (CPC, art. 131).[38]

Foi diante desses riscos, que se concretizam muitas vezes com a utilização, por peritos, de supostas técnicas que sequer gozam de aceitabilidade nos respectivos campos do conhecimento humano (*junk science*), que a Suprema Corte dos Estados Unidos da América impôs aos juízes, principalmente a partir do célebre caso *Daubert vs. Merrell*, de 1993, um controle sobre a racionalidade da prova pericial a ser valorada em juízo. Com efeito, e como narra Michele Taruffo,[39] a Suprema Corte, pela lavra do *Justice* Blackmun, determinou que a admissão ou exclusão da prova científica deve ser submetida aos seguintes critérios: (i) a controlabilidade ou a falsificabilidade da teoria que se encontra na base na técnica empregada, fazendo expressa remissão à filosofia da ciência de autores como Carl Hempel e Karl Popper;[40] (ii) a explicitação do percentual de erro relativo à técnica empregada; e (iii) sua aceitação pela comunidade científica especializada.

Na essência, como esclarece, neste ponto, o Prof. Leonardo Greco:

> [A] Corte Suprema americana, nesse *leading case* que alterou sua jurisprudência anterior, reconhece a falibilidade da ciência e impõe aos juízes uma vigilância extrema para evitar decisões errôneas e injustas. Para isso os juízes devem repelir por ausência de confirmação, como inidôneas a ensejar qualquer condenação, todas as provas científicas que sejam desmentidas por alguma outra igualmente científica. (...) Assim, a Corte Suprema rejeitou que, mesmo no processo civil, o juiz possa considerar verdadeiro aquilo que a própria ciência não é capaz de sustentar racionalmente. E exigiu que o juiz controlasse o conhecimento científico mediante a aplicação simultânea de três critérios: o método indutivo, a resistência a todas as espécies de refutação e subsidiariamente o consenso geral da comunidade científica.[41]

Esses novos questionamentos em torno da prova pericial não são capazes de pôr em xeque, *em abstrato*, a confiabilidade do exame de DNA para

---

[38] Alertam para esse risco ALMEIDA, Diogo Assumpção Rezende de. *A prova pericial no processo civil*: o controle da ciência e a escolha do perito. Rio de Janeiro: Renovar, 2011. p. 94 *et seq.*; e GRECO, Leonardo. *Instituições de processo civil*: processo de conhecimento. 2010. v. 2, p. 286-287.

[39] TARUFFO, Michele. Ciencia y proceso. In: TARUFFO, Michele. *Páginas sobre justicia civil*. Madrid: Marcial Pons, 2009. p. 464.

[40] Para uma crítica desse primeiro critério, v. ALMEIDA, Diogo Assumpção Rezende de. *A prova pericial no processo civil*: o controle da ciência e a escolha do perito. Rio de Janeiro: Renovar, 2011. p. 25 *et seq.*

[41] GRECO, Leonardo. *Instituições de processo civil*: processo de conhecimento. 2010. v. 2, p. 285.

a definição da paternidade biológica. Com efeito, tal exame, que ostenta a natureza de prova estatística, é dotado de ampla aceitação na comunidade científica e de altíssimo grau de probabilidade de acerto, mencionado pelos estudiosos do tema como de 98-99% de chance de alcançar um resultado que corresponda à verdade.[42] No entanto, a verdade é que os índices abstratos de acerto do teste de DNA, para que se reflitam em uma prova técnica realizada em um processo judicial, dependem da confiabilidade *in concreto* do método científico realizado pelo laboratório especificamente designado pelo magistrado para a feitura do exame.

No direito norte-americano, por exemplo, há propostas concretas de submissão de todos os laboratórios que realizam o exame de DNA a uma comissão de controle de qualidade, tal como sugerido pelo Conselho Nacional de Pesquisas dos EUA.[43] E isso se justifica pelo risco de falhas no resultado do exame em função (i) da inadequação do recipiente para armazenamento do material coletado — sangue, pele, raiz de cabelo, espermatozóide, células da boca, urina ou cromossomo sexual[44] —; (ii) da identificação correta do titular dos dados; (iii) de reagentes químicos eventualmente deteriorados; (iv) de excesso de temperatura no processamento, etc. Como sintetiza Alfredo Gilberto Boeira em estudo sobre o tema:

> Em resumo, a determinação do perfil de DNA para estabelecer a paternidade, embora merecedora de consideração, dista muito de ser o processo infalível que seus proponentes defendem. Em primeiro lugar, há uma aplicação inadequada de uma metodologia destinada a finalidades científicas (onde a incerteza é admissível) para a área jurídica (onde a dúvida deve beneficiar o réu). Em segundo lugar, a possibilidade de falhas técnicas está sempre presente e deve ser avaliada em todos os casos que o tribunal for examinar. Terceiro, as bases de dados em que se baseiam as afirmações estatísticas ou não existem ou são pouco confiáveis, e deveriam ser analisadas sempre que esta prova for apresentada ao juiz. E mesmo os dados baseados em tais fontes podem variar de forma acentuada, conforme a técnica de cálculo (Regra do Produto ou Regra da Contagem). Finalmente, as probabilidades oferecidas pelo exame são, na realidade, artifícios matemáticos desenvolvidos para facilitar conclusões científicas, não correspondendo ao que é difundido como verdade absoluta.[45]

---

[42] Em diversas passagens, tal índice de acerto é mencionado pelo Prof. Michele Taruffo, reconhecido estudioso do tema da prova civil: probabilidad y prueba judicial. *In*: TARUFFO, Michele. *Páginas sobre justicia civil*. Madrid: Marcial Pons, 2009. p. 434; Ciencia y proceso, *In*: TARUFFO, Michele. *Páginas sobre justicia civil*. Madrid: Marcial Pons, 2009. p. 459; para concluir, em outra oportunidade, que "Vero è che il giudice è tenuto tutte la prove, ma riesce difficile immaginare che il valore probatorio del test genetico possa essere superato da prova ordinarie come testimonionza, presunzioni o scritture" (La prova scientifica nel processo civile. *Rivista Trimestrale di Diritto e Procedura Civile*, Milano: Giuffrè, 2005. p. 1092).

[43] BOERIA, Alfredo Gilberto. O perfil de DNA como prova judicial: uma revisão crítica, p. 3, publicado em *Revista dos Tribunais*, v. 714, p. 296.

[44] TRACHTENBERG, Anete. O poder e as limitações dos testes sangüíneos na determinação de paternidade. *Ajuris*, n. 63, p. 326.

[45] BOERIA, Alfredo Gilberto. O perfil de DNA como prova judicial: uma revisão crítica. p. 7, publicado em *Revista dos Tribunais*, v. 714, p. 296.

Em outras palavras, para que o exame de DNA seja admissível em um processo civil cercado por todas as garantias fundamentais previstas na Constituição, não basta que, na teoria, o método científico seja dotado de tal ou qual grau de confiabilidade. É preciso que o perito responsável pela realização do exame, no caso concreto, explicite o índice de acerto de que são dotados os seus particulares instrumentos e materiais técnicos utilizados na produção da prova, a exemplo das condições dos laboratórios — públicos ou privados — e da capacitação pessoal dos agentes envolvidos na interpretação dos resultados.[46] Só assim, com a demonstração do grau de confiabilidade da prova técnica *in concreto*, é que o exame de DNA poderá ser tido pelo julgador como apenas um dos elementos para a formação de sua convicção sobre os fatos controvertidos, sem que se possa vedar a possibilidade de refutação de seu resultado pela produção de contraprovas, inclusive de igual viés técnico, submetido todo o material da instrução ao livre convencimento motivado do juiz.[47]

Ademais, no direito brasileiro, conforme jurisprudência desta Corte Suprema, sequer a própria realização do exame de DNA pode ser assegurada coercitivamente, o que leva à frustração do atingimento da verdade biológica. É que o réu ainda poderá esquivar-se da realização do exame de DNA sob o fundamento de violação à sua integridade física, como reconhece a jurisprudência deste STF a partir do HC nº 71373-4, Relator para o acórdão Min. Marco Aurélio, em posição posteriormente cristalizada nos arts. 231 e 232 do Código Civil[48] e na Súmula nº 301 do STJ: "Em ação investigatória, a recusa do suposto pai a submeter-se ao exame de DNA induz presunção *juris tantum* de paternidade".

Decorre daí que nada assegura que, no desenrolar de demanda em que se pretenda a relativização da coisa julgada, será definida com a certeza

---

[46] Na verdade, já se afirmou, na doutrina específica, que, para que se possa atribuir ao laudo seu real valor, ele "deve ser o mais completo possível; redigido com linguagem acessível para o Juiz e leigos; descrever os métodos utilizados e como foi realizado o cálculo estatístico para apresentação da probabilidade de exclusão; identificar os técnicos incumbidos de cada uma das diferentes etapas do teste; identificar as possíveis fontes de erro e problemas na interpretação do resultado; e incluir no laudo fotografias das bandas de DNA ou o filme de Raio-X marcado, para o exame visual do resultado" (TRACHTENBERG, Anete. O poder e as limitações dos testes sangüíneos na determinação de paternidade. *Ajuris*, n. 63, p. 326).

[47] GRECO, Leonardo. *Instituições de processo civil*: processo de conhecimento, v. 2, p. 286, 2010; ALMEIDA, Diogo Assumpção Rezende de. *A prova pericial no processo civil*: o controle da ciência e a escolha do perito. Rio de Janeiro: Renovar, 2011. p. 92; TRACHTENBERG, Anete. O poder e as limitações dos testes sangüíneos na determinação de paternidade. *Ajuris*, n. 63, p. 331-2; MIRZA, Flávio. *Prova pericial*: em busca de um novo paradigma. Tese (Doutorado) – Universidade Gama Filho, 2007. f. 165-166. Mimeografado; e COSTA, Vladimir Morcillo da. *Prova pericial no processo penal*. Dissertação (mestrado) – Universidade do Estado do Rio de Janeiro, 2010. f. 107-111, mimeografado, nas quais se dedica especificamente à valoração do exame de DNA em litígios de matéria civil. No campo do direito civil, o mesmo risco, na realização do exame de DNA, é apontado por MORAES, Maria Celina Bodin de. Recusa à realização do exame de DNA e direitos da personalidade – In: MORAES, Maria Celina Bodin de. *Na medida da pessoa humana*: estudos de direito civil-constitucional. Rio de Janeiro: Renovar, 2010. p. 175.

[48] CC, Art. 231. Aquele que se nega a submeter-se a exame médico necessário não poderá aproveitar-se de sua recusa; e Art. 232. A recusa à perícia médica ordenada pelo juiz poderá suprir a prova que se pretendia obter com o exame.

técnica se o réu é, de fato, o pai do autor; pelo contrário, é possível que a recusa do réu leve apenas à inversão do ônus da prova em seu desfavor, de modo que, não realizado o exame, militará contra ele a presunção de que é o pai. Partindo dessas premissas, é possível que a sentença de procedência em tal processo afirme a paternidade também por conta de uma verdade *formal*, isto é, uma verdade que não reflete o que se passou no mundo da vida. E, por conta disso, tal sentença em nada se distinguiria, do ponto de vista substancial, da 'verdade' proclamada no primeiro processo, cuja conclusão se fundou apenas na aplicação ao caso das regras do ônus da prova, do qual o autor, à época, não conseguiu se desincumbir.

Em ambos os casos, portanto, o dispositivo da decisão, pela improcedência ou procedência do pedido, se funda na aplicação de regras formais à atividade do julgador, e não na verdade real, com a conclusão da sentença decorrendo apenas do fato da omissão ou da insuficiência da atividade probatória das partes — no primeiro caso, o autor não reuniu as provas, ao passo que, no segundo, será o réu quem não terá colaborado com a prova.

Todas essas fragilidades, que comprometem em alguma medida a confiabilidade das premissas empíricas da perspectiva de promoção do direito à filiação no presente raciocínio ponderativo,[49] conduzem à impossibilidade de que o princípio da segurança jurídica seja comprometido de forma absoluta em prol da cognominada busca pela *verdade real* no processo civil.

Ademais, o que se ressaltou acima a respeito da ponderação entre a regra da coisa julgada e os demais princípios em jogo não afasta a preservação da eficácia, e em um grau ainda que mínimo, do princípio subjacente à coisa julgada material, consistente na segurança jurídica (CF, art. 5º, *caput*). Com efeito, já restou claro que a manutenção da imutabilidade inerente à coisa julgada feriria de morte, *in casu*, o direito fundamental à filiação e a garantia da assistência jurídica aos desamparados. Contudo, essa superação da regra da coisa julgada não pode ser conduzida sem qualquer observância do princípio da segurança jurídica, cuja eficácia principiológica permite contrações de seu âmbito de proteção, devendo, assim, influir no próprio balizamento para a permissão da relativização da coisa julgada material em demandas de filiação.

Reitere-se, portanto, que o direito à filiação por certo ostenta uma conexão nuclear com a dignidade da pessoa humana. A partir, porém, (i) da previsão da coisa julgada como uma regra, que denota o prestígio que merece no conjunto de garantias fundamentais, (ii) da necessidade de preservação da eficácia mínima do princípio da segurança jurídica, que subjaz à própria

---

[49] Como já dito, a confiabilidade das premissas de fato para a promoção dos direitos fundamentais em conflito é um importante elemento da técnica da ponderação, como ressalta, com amparo na lição de Robert Alexy: SOUZA NETO, Cláudio Pereira de. Ponderação de princípios e racionalidade das decisões judiciais: coerência, razão pública, decomposição analítica e standards de ponderação. *In*: SOUZA NETO, Cláudio Pereira de. *Constitucionalismo democrático e governo das razões*. Rio de Janeiro: Lumen Juris, 2011. p. 151-153.

coisa julgada material, e (iii) dos riscos que envolvem o exame de DNA, cuja perspectiva de realização nem sempre é idônea a trazer aos autos a verdade quanto à origem biológica, impõe-se balizar a relativização da coisa julgada com alguns parâmetros.

Na ausência de previsão legal específica, que poderia operar a conciliação adequada entre o princípio da segurança jurídica e os direitos fundamentais à filiação e à assistência jurídica, impõe-se buscar, no sistema processual em vigor, o regime mais aproximado e também tendente à tutela da segurança quando em causa o ataque à coisa julgada material, adaptando-o, porém, à ponderação ora desenvolvida. Preservar-se-á, assim, a eficácia mínima necessária do princípio da segurança jurídica, prestigiando-se, igualmente, o princípio democrático, pela adaptação às peculiaridades desta hipótese *sui generis* com a disciplina processual já prevista em lei.

O paralelo mais evidente a ser buscado, como é claro, é encontrado na ação rescisória (CPC, art. 485 *et seq.*). As regras especiais com que o legislador processual disciplina essa espécie de demanda têm em vista a sensibilidade de alguns valores fundamentais que sobrepujam a coisa julgada material, e cuja violação, por isso mesmo, não poderia ficar eternizada por conta do esgotamento das possibilidades recursais em um determinado processo. É assim, por exemplo, que, em um verdadeiro raciocínio ponderativo, explicitou o legislador que a coisa julgada poderia ser desfeita quando em pauta violações, por exemplo, à imparcialidade judicial (inc. I), à garantia do juiz natural (inc. II), à legalidade e à juridicidade (inc. V) ou ao direito à prova (inc. VII). Em todos esses casos o que fez o legislador processual foi mitigar o valor constitucional da segurança jurídica em prol de outros princípios constitucionais contrapostos, e que, assim, *obedecido o prazo decadencial de dois anos*, poderiam operar a desconstituição da coisa julgada material em caso de procedência do pedido.

O tema em discussão, como se vê, aproxima-se em alto grau da *teleologia* que subjaz ao regime da ação rescisória. Em outras palavras, e com especial atenção ao que prevê o inc. VII do art. 485 do CPC, o próprio sistema processual já tolera a fragilização da coisa julgada diante da alteração do cenário probatório, quando "depois da sentença, o autor obtiver documento novo, cuja existência ignorava, ou de que não pôde fazer uso, capaz, por si só, de lhe assegurar pronunciamento favorável". Tradicionalmente, sempre se entendeu que o conceito de "documento novo" deveria se restringir a documentos que já existissem ao tempo da prolação da decisão rescindenda. Mas a doutrina, de forma mais recente, e com base em precedente do Superior Tribunal de Justiça (REsp nº 300.084, *DJ*, 6 set. 2004), tem defendido a interpretação ampliativa de tal dispositivo, para abarcar também o caso do advento da técnica que embasa a realização do DNA.[50]

---

[50] Por todos, cf. a lição de MOREIRA, José Carlos Barbosa. Considerações sobre a chamada "relativização" da coisa julgada material. *In*: MOREIRA, José Carlos Barbosa. *Temas de direito processual*: nona série. São Paulo: Saraiva, 2007.

E é justamente essa exegese calcada substancialmente na previsão do art. 485, VII, do CPC que deve ser prestigiada, em uma interpretação conforme à luz do *direito fundamental à filiação* (CF, art. 227, caput e §6º) e da garantia fundamental da *assistência jurídica* integral aos desamparados (CF, art. 5º, LXXIV), para que se admita o ajuizamento de demandas em que se pretenda a desconstituição de decisão transitada em julgado que considerara improcedente demanda de investigação de paternidade por ausência de provas, dada a impossibilidade de realização, à época, do exame de DNA por hipossuficiência financeira da parte.

Do regime formal da ação rescisória, decorre, como já mencionado, a necessidade de respeito ao prazo decadencial de dois anos (CPC, art. 495). O referido prazo, como já dito, inspira-se no princípio constitucional da segurança jurídica: embora permitida a desconstituição da coisa julgada, tal resultado apenas pode ser validamente alcançado com uma provocação tempestiva, em um período pré-delimitado, impedindo o legislador, assim, que a justiça da decisão transitada em julgado permaneça passível de revisão a qualquer tempo, do que decorreria a instabilidade e a eterna incerteza nas relações sociais. Representa ele, portanto, a conciliação feita pelo legislador infraconstitucional entre os princípios que estão por detrás de cada hipótese de cabimento da rescisória e o princípio da segurança jurídica, em que se funda a garantia da coisa julgada.

In casu, operou-se o trânsito em julgado da demanda anterior em 1992, ao passo que o processo ora em exame foi instaurado apenas em 21 de outubro de 1996. Por uma aplicação fria e rígida do referido prazo legal, portanto, haver-se-ia de concluir pela decadência do direito de propositura da ação rescisória, porquanto transcorridos quatro anos. Mas tal interpretação, caso prevalecesse, tornaria absolutamente ineficaz o direito fundamental à filiação, na medida em que não era sequer *viável, do ponto de vista prático, a realização do exame de DNA até 1996*, ano que entrou em vigor, no Distrito Federal, a Lei nº 1.097, de 5 de junho de 1996, segundo a qual cabe ao Poder Público distrital o custeio da referida prova técnica, e com isso superando o déficit de assistência jurídica até então configurado. Foi este fato, portanto, que fez surgir, do ponto de vista prático, a viabilidade do ataque à coisa julgada anterior, de modo que deve ser *da data da promulgação dessa lei* a contagem do prazo para a impugnação à coisa julgada, o que leva à conclusão, *in casu*, pela viabilidade da demanda.

Em outras palavras, a harmonização entre os princípios constitucionais da segurança jurídica, de um lado, e do direito fundamental à filiação e da garantia da assistência jurídica aos desamparados, de outro, consiste na aplicação analógica do marco inicial *flexibilizado* para o ajuizamento da ação rescisória, que não pode permanecer rigidamente contado da data do trânsito em julgado. Ao contrário, o marco para a contagem dos dois anos deve poder ser alterado quando demonstrado pelo autor, argumentativamente, que não pudera ajuizar, anteriormente, a demanda, pela impossibilidade prática de obtenção do exame de DNA. Desta forma, é apenas da data da possibilidade prática de obtenção do DNA que deve ser contado o referido prazo, pois apenas nesse momento que se mostra possível o exercício, *in concreto*, do direito à tutela jurisdicional efetiva, de modo que, apenas nessas condições, a omissão em fazê-lo poderá ser imputada à própria parte.

Nessa linha, e em razão da abertura deste parâmetro para a definição do marco inicial para o prazo de dois anos, deve ser entendido como *ônus do autor* da demanda a demonstração de que somente lhe foi assegurada a possibilidade prática de obtenção da nova prova no espaço inferior a dois anos contados da data da propositura. Caso não satisfeito tal ônus, o transcurso do prazo de dois anos, contados, como tradicionalmente, do trânsito em julgado da decisão anterior, formará a cognominada coisa soberanamente julgada, inalterável por qualquer demanda posterior. Na realidade, e em prestígio à segurança jurídica, deve-se fixar uma verdadeira *presunção de inadmissibilidade de revisão de decisões judiciais*, em hipóteses similares, *após o decurso do prazo de dois anos do trânsito em julgado*, mantendo-se a regra geral de que o prazo decadencial se conta a partir do marco previsto no art. 495 do CPC, presunção essa que só poderá ser superada quando demonstrada *robustamente a anterior impossibilidade de obtenção do exame de DNA*. E foi justamente isto que aconteceu no caso presente, como se vê dos trechos transcritos acima, da sentença anteriormente transitada em julgado, pela absoluta impossibilidade prática, por questões financeiras, de realização do exame, dada a fragilidade do regime de gratuidade de justiça até então em vigor.

Ademais, não seria suficiente argumentar, sob este prisma, que a previsão constitucional do direito fundamental à assistência jurídica, inscrito desde a redação originária da Constituição de 88, seria suficiente para concluir que o autor já poderia ter ajuizado a ação rescisória a contar do trânsito em julgado da decisão do processo anterior. Embora este raciocínio seja formalmente válido, a verdade é que não pode ser desconsiderada a maciça jurisprudência do Superior Tribunal de Justiça, que, ao interpretar as disposições da Lei nº 1.060/50, afirmava a impossibilidade, sem previsão legal expressa, de atribuição ao Poder Público do dever de depositar os honorários do perito em causas de que fossem parte beneficiários da gratuidade de justiça.

Segundo aquela Corte, tal regime implicaria a isenção ao beneficiário dos honorários do perito (Lei nº 1.060/50, art. 3º, V), que somente seriam pagos, ao final, caso vencido na demanda o adversário da parte beneficiária (Lei nº 1.060/50, art. 11, *caput*). Foi seguindo essa linha que foram proferidos diversos precedentes pelo STJ afastando o dever de o Poder Público custear o exame: RMS nº 6.924/MS, Rel. Min. Sálvio de Figueiredo Teixeira, 4ª Turma, julg. 20.8.1996, *DJ*, 16 set. 1996; AgRg na MC nº 851/MS, Rel. Min. Carlos Alberto Menezes Direito, 3ª Turma, julg. 25.8.1997, *DJ*, 27 out. 1997; REsp nº 112.599/MS, Rel. Min. Sálvio de Figueiredo Teixeira, 4ª Turma, julg. 29.10.1997, *DJ*, 6 abr. 1998; REsp nº 117430/MS, Rel. Min. Cesar Asfor Rocha, 4ª Turma, julg. 11.11.1997, *DJ*, 1º fev. 1999; REsp nº 103.281/MS, Rel. Min. Ruy Rosado de Aguiar, 4ª Turma, julg. 7.5.1998, *DJ*, 19 out. 1998; REsp nº 107001/MS, Rel. Min. Barros Monteiro, 4ª Turma, julg. 1º.6.2000, *DJ*, 21 ago. 2000; REsp nº 101.760/MS, Rel. Min. Aldir Passarinho Junior, 4ª Turma, julg. 10.4.2001, *DJ*, 11 jun. 2001.

Apenas a contar de abril de 2002, com o julgamento do RE nº 224.775/MS, relator o Min. Néri da Silveira (2ª Turma, julg. 8.4.2002, *DJ*, 24 maio 2002), é que este Supremo Tribunal Federal considerou autoaplicável o art. 5º, LXXIV, da CF, com a finalidade de reconhecer a obrigação de o Poder Público custear o exame de DNA para os beneficiários da gratuidade de justiça, o que posteriormente veio a ser reafirmado no julgamento do RE nº 207.732, Rel. Min. Ellen Gracie, 1ª Turma, julg. 11.6.2002, *DJ*, 2 ago. 2002.

Assim, como demonstrado na petição inicial deste processo (fls. 11), o cenário em que se encontrava o autor até o ano de 1996, data em que entrou em vigor a Lei Distrital nº 1.097/96, era de absoluta impossibilidade prática de realização do exame de DNA, já que os órgãos de cúpula do Judiciário não extraiam, até aquele momento, da cláusula constitucional da assistência jurídica o dever de que o Poder Público custeasse a prova. Desta forma, a atuação tempestiva da parte autora, aferida à luz da entrada em vigor da referida Lei, eis que ajuizada a demanda em outubro de 1996, não pode ser infirmada apenas pela proclamação até então meramente solene, para o que importa à questão, do direito fundamental à gratuidade de justiça no texto da Constituição.

Assim, e em suma, deve-se ter por válido, à luz da Constituição, o afastamento da coisa julgada material, formada sobre decisão de improcedência por *falta de provas*, em demandas que envolvam *relação de filiação*, quando for alegada a viabilidade de *produção de prova técnica* capaz de reverter a conclusão do julgamento anterior, cuja realização só tenha se mostrado possível, do ponto de vista prático, pelo *avanço tecnológico superveniente*, somado à inadequação do regime da *assistência jurídica aos necessitados*, respeitado, em qualquer caso, o prazo de dois anos para o ajuizamento de nova demanda, que flui, por presunção *iuris tantum*, a contar do trânsito em julgado da demanda anterior, salvo nas hipóteses excepcionais em que restar também excepcionalmente demonstrado que apenas posteriormente se tornou viável, do ponto de vista prático, o acesso ao exame de DNA, cabendo ao demandante o ônus do afastamento da referida presunção.

Ex positis, voto no sentido de *dar provimento* ao recurso para afastar o óbice da coisa julgada material e admitir a continuidade do processo.

Extradição nº 1.085 (Rel. Min. Gilmar Mendes)

O Caso Cesare Battisti

Gustavo Direito

O chamado "Caso Battisti" causou comoção na comunidade jurídica internacional. Com efeito, Cesare Battisti era acusado de ter participado de ataques terroristas em seu país natal (sob a bandeira da chamada "brigada vermelha") que teriam vitimado Antonio Santoro, Andrea Campagna, Lino Sabbadin e Pierluigi Terregiani, entre 6 de junho de 1977 e 19 de abril de 1979. A defesa impugnava a lisura do processo criminal que deu origem ao título executivo penal que a República Italiana pretendia fazer cumprir e perseguição política do extraditando.

Havia, pois, uma disputa midiática ideológica que ultrapassava as fronteiras técnicas jurídicas.

Para acirrar este debate o Ministro da Justiça concedeu o status de refugiado político ao extraditando, o que, ao menos em tese, tornaria sem objeto o pedido de extradição.

Com este pano de fundo, o Supremo Tribunal Federal, após declarar a nulidade do ato administrativo proferido pelo Ministro da Justiça, que concedeu ao extraditando a condição de refugiado político, entendeu que os crimes cometidos pelo cidadão italiano não teriam conotação política, e, portanto, o pedido de extradição poderia ser deferido.

Ocorre que Presidente da República negou a entrega do extraditando (Edição Extraordinária do Diário da União de 31.12.2010), com fundamento no art. 3º, I, "f" do Tratado de Extradição celebrado entre a Itália e o Brasil em 1989 e internalizado pelo Decreto nº 863, de 1993, que estabelecia como caso de não concessão da extradição "se a parte requerida tiver razões ponderáveis para supor que a pessoa reclamada será submetida a atos de perseguição e discriminação por motivo de raça, religião, sexo, nacionalidade, língua, opinião política, condição social ou pessoal; ou que sua situação possa ser agravada por um dos elementos antes mencionados".

Nas razões do ato presidencial, destacam-se notícias jornalísticas na Itália de "comoção política em favor do encarceramento de Battisti" como fundamento para aplicação do referido dispositivo.

Surgiu, pois, um aparente impasse.

Com efeito, em Questão de Ordem, também enfrentada pela Corte no aludido processo extradicional, se entendeu que "a decisão de deferimento da extradição não vincula o Presidente da República, nos termos dos votos proferidos pelos Senhores Ministros Cármen Lúcia, Joaquim Barbosa, Carlos Britto, Marco Aurélio e Eros Grau" (Tribunal Pleno, 16.12.2009).

Deveras, o Ministro Eros Grau afirmou que "não se trata (...) de ato discricionário, porém, de ato regrado, ato vinculado ao que dispõe o tratado". Tal afirmação foi considerada à luz do voto pronunciado pelo mesmo Ministro na questão principal da Extradição nº 1.085, onde se lê: "O conceito de ato vinculado que o relator tomou como premissa (...) é, no entanto, excessivamente rigoroso. (...) o conceito que se adotou de ato vinculado, excessivamente rigoroso, exclui qualquer possibilidade de interpretação/aplicação, pelo Poder Executivo, da noção de fundado temor de perseguição".

De modo mais enfático, o Min. Joaquim Barbosa aduziu que "o Chefe de Estado pode, não obstante a decisão favorável deste Tribunal, simplesmente decidir não extraditar o estrangeiro procurado por outro país".

Logo, ao se apreciar os votos acima citados, percebe-se que a Corte, por maioria, ao julgar a Questão de Ordem referente ao pedido de extradição, entendeu no sentido de que o Presidente da República não está jungido à decisão do Supremo Tribunal Federal, e, de acordo com o Min. Eros Grau, conquanto seu ato seja vinculado aos termos do Tratado, lhe resta razoável margem interpretativa para definir se há, atualmente, fundado temor de perseguição contra o extraditando.

Com base nesta decisão administrativa, a defesa de Battisti pediu o relaxamento de sua prisão e o Governo italiano, de outro lado, ingressou com reclamação para sindicar a decisão presidencial sob o fundamento de que esta não observou o comando judicial proferido pelo Supremo Tribunal Federal.

Existia suposto conflito entre Poderes. A agravar a situação fática havia, ainda, empate entre a posição que entendia que o ato da Corte de extraditar era vinculado e aquela posição que interpretava de maneira diversa, pela discricionariedade do ato do Presidente da República.

Nesta linha de raciocínio, o Ministro Fux, em seu voto, destacou a posição da própria Corte — acima transcrita — que entendeu pela não vinculação do Presidente da República à decisão de deferimento de extradição proferida pelo Supremo Tribunal Federal. Por outro lado, reconheceu o interesse de agir da República da Itália na reclamação interposta contra o ato do Presidente da República, visto que, nos debates estabelecidos no Plenário do Supremo Tribunal durante a resolução da aludida Questão de Ordem, os eminentes Ministros entenderam que não seria oportuno definir, desde logo, quais as consequências jurídicas da recusa do Presidente da República em entregar o extraditando ao Estado estrangeiro.

Assim, afirmando a consagração pelo Direito Penal Internacional do princípio do *non-refoulement* (art. 33 da Convenção de Genebra de 1951), segundo a qual é vedada a entrega do solicitante de refúgio a um Estado quando houver ameaça de lesão aos direitos fundamentais do indivíduo, o Ministro Fux convalidou a decisão do Presidente da República.

Ora, como se vê, o voto em comento afirmou a competência do Presidente da República para decidir em última análise sobre o mérito do pedido de extradição e, de forma extensa, reconheceu como princípio maior do Direito Penal Internacional a proteção aos direitos fundamentais do indivíduo.

Como explicitado no voto ora em comento, de acordo com a decisão do Supremo Tribunal Federal na Extradição nº 1.085, o ato de extradição é ato vinculado aos termos do Tratado, isto é o ato político-administrativo de extradição é vinculado a *conceitos jurídicos indeterminados*, em especial a cláusula do artigo III, 1, "f", do Tratado, permissiva da não entrega em caso de temor de perseguição, cabendo ao Chefe de Estado (art. 84, VII, da Carta Magna) observar esta vinculação.

Desta feita, compete ao Presidente da República, dentro da liberdade interpretativa que decorre de suas atribuições de Chefe de Estado, apreciar o contexto político atual e as possíveis perseguições contra o extraditando relativas ao presente, o que é permitido pelo texto do Tratado firmado (art. III, 1, "f").

Esta conclusão importa em afirmar que não cabe ao Poder Judiciário tomar decisões políticas na esfera internacional. Esta competência é garantida constitucionalmente ao Presidente da República, eleito democraticamente e com experiência e legitimidade para defender os interesses do Estado no exterior.

Não é demais afirmar que o Brasil adotou o sistema "belga" ou "da contenciosidade limitada" para fins de extradição, o que significa dizer que o papel do Supremo Tribunal Federal é o de tão somente examinar a legalidade da extradição e seus aspectos formais, *ex vi* art. 83 da Lei nº 6.815/80.

Por fim, afirmou o Ministro Fux, em seu voto, que: "malgrado tenha este Supremo Tribunal anulado a decisão do Ministro da Justiça que concedeu refúgio político ao extraditando, não pode, agora, substituir-se ao Chefe de Estado e determinar a remessa do extraditando às autoridades italianas. Uma decisão com comando semelhante, exigindo que o Presidente da República proceda à extradição, seria tão aberrante e tão contrária aos cânones constitucionais quanto um imaginário acórdão que determinasse a secessão de um Estado-membro".

Note-se que o descumprimento do Tratado de Extradição, acaso ocorrido, geraria apenas efeitos no plano internacional, não no plano interno, motivo pelo qual não pode o Judiciário compelir o Chefe de Estado a entregar o súdito estrangeiro.

Por estas razões, concluiu o Ministro Fux, com a tese vitoriosa, que "o provimento jurisdicional que pretende a República Italiana é vedado pela Constituição, seja porque seu art. 4º, I e V, estabelece que a República Federativa do Brasil rege-se, nas suas relações internacionais, pelos princípios da independência nacional e da igualdade entre os Estados, seja pelo fato de, no supracitado art. 84, VII, conferir apenas ao Presidente da República a função de manter relações com Estados estrangeiros".

Sob estes fundamentos foi negado provimento a reclamação interposta pela República Italiana, com a imediata soltura do extraditando.

Extradição nº 1.085 (Rel. Min. Gilmar Mendes)

Reclamação. Agravo Regimental em Extradição. Pedido de relaxamento de prisão. Negativa, pelo Presidente da República, de entrega do extraditando ao país requerente. Fundamento em cláusula do tratado que permite a recusa à extradição por crimes políticos. Decisão prévia do Supremo Tribunal Federal conferindo ao Presidente da República a prerrogativa de decidir pela remessa do extraditando, observados os termos do tratado, mediante ato vinculado. Preliminar de não cabimento da reclamação ante a insindicabilidade do ato do Presidente da República. Procedência. Ato de soberania nacional, exercida, no plano internacional, pelo Chefe de Estado. Arts. 1º, 4º, I, e 84, VII, da Constituição da República. Ato de entrega do extraditando inserido na competência indeclinável do presidente da república. Lide entre Estado Brasileiro e Estado Estrangeiro. Incompetência do Supremo Tribunal Federal. Descumprimento do tratado, acaso existente, que deve ser apreciado pelo Tribunal Internacional de Haia. Papel do Pretório Excelso no processo de extradição. Sistema "belga" ou da "contenciosidade limitada". Limitação cognitiva no processo de extradição. Análise restrita apenas aos elementos formais. Decisão do Supremo Tribunal Federal que somente vincula o Presidente da República em caso de indeferimento da extradição. Ausência de executoriedade de eventual decisão que imponha ao Chefe de Estado o dever de extraditar. Princípio da separação dos poderes (art. 2º CRFB). Extradição como ato de soberania. Identificação do crime como político traduzida em ato igualmente político. Interpretação da cláusula do diploma internacional que permite a negativa de extradição "se a parte requerida tiver razões ponderáveis para supor que a pessoa reclamada será submetida a atos de perseguição". Capacidade institucional atribuída ao Chefe de Estado para proceder à valoração da cláusula permissiva do diploma internacional. Vedação à intervenção do judiciário na política externa brasileira. Art. 84, VII, da Constituição da República. Alegada vinculação do Presidente ao tratado. Graus de vinculação à juridicidade. Extradição como ato político-administrativo vinculado a conceitos jurídicos indeterminados. *Non-refoulement*. Respeito ao direito dos refugiados. Limitação humanística ao cumprimento do Tratado de Extradição (artigo III, 1, *f*). Independência nacional (art. 4º, I, CRFB). Relação jurídica de direito internacional, não interno. Consequências jurídicas do descumprimento que se restringem ao âmbito internacional. Doutrina. Precedentes. Reclamação não conhecida. Manutenção da decisão do Presidente da República. Deferimento do pedido de soltura do extraditando.

1. Ao julgar Questão de Ordem na Extradição nº 1.085, entendeu esta Corte que "a decisão de deferimento da extradição não vincula o Presidente da República, nos termos dos votos proferidos pelos Senhores Ministros Cármen Lúcia, Joaquim Barbosa, Carlos Britto, Marco Aurélio e Eros Grau". Do voto do Min. Eros Grau extrai-se que "O conceito de ato vinculado que o relator tomou como premissa (...) é, no entanto, excessivamente rigoroso. (...) o conceito que se adotou de ato vinculado, excessivamente rigoroso, exclui qualquer possibilidade de interpretação/aplicação, pelo Poder Executivo, da noção de fundado temor de perseguição".

2. A pretensão veiculada por meio da presente Reclamação é dotada de interesse de agir, visto que, nos debates estabelecidos no Plenário deste Supremo Tribunal durante a resolução da aludida Questão de Ordem, os eminentes Ministros entenderam que não seria oportuno definir, desde logo, quais as consequências jurídicas da recusa do Presidente da República em entregar o extraditando ao Estado estrangeiro.

3. O artigo III, 1, *f*, do Tratado de Extradição entre a República Federativa do Brasil e a República Italiana permite a não entrega do cidadão da parte requerente quando "a parte requerida tiver razões ponderáveis para supor que a pessoa reclamada será submetida a atos de perseguição".

4. A Cooperação Internacional em matéria Penal é limitada pela regra do *non-refoulement* (art. 33 da Convenção de Genebra de 1951), segundo a qual é vedada a entrega do solicitante de refúgio a um Estado quando houver ameaça de lesão aos direitos fundamentais do indivíduo.

5. De acordo com a decisão do Supremo Tribunal Federal na Extradição nº 1.085, o ato de extradição é ato vinculado aos termos do Tratado. Essa vinculação, todavia, deve ser compreendida de acordo com a teoria dos graus de vinculação à juridicidade.

6. O pós-positivismo jurídico, conforme argutamente aponta Gustavo Binenbojm, "não mais permite falar, tecnicamente, numa autêntica dicotomia entre atos vinculados e discricionários, mas, isto sim, em diferentes graus de vinculação dos atos administrativos à juridicidade" (*Uma teoria do direito administrativo*. 2. ed. Rio de Janeiro: Renovar, 2008. p. 208).

7. Destarte, o ato político-administrativo de extradição é vinculado a conceitos jurídicos indeterminados, em especial a cláusula do artigo III, 1, *f*, do Tratado, permissiva da não entrega em caso de temor de perseguição.

8. O Chefe de Estado é a figura constitucionalmente capacitada para interpretar a aludida cláusula, por lhe caber, de acordo com o art. 84, VII, da Carta Magna, "manter relações com Estados estrangeiros".

9. O Judiciário não foi projetado pela Carta Constitucional para tomar decisões políticas na esfera internacional, cabendo tal papel ao Presidente da República, eleito democraticamente e com experiência e legitimidade para defender os interesses do Estado no exterior. Aplicável, aqui, a noção de capacidades institucionais, cunhada por Cass Sunstein e Adrian Vermeule (Interpretation and Institutions. U Chicago Law & Economics, Olin Working Paper, nº 156, 2002; U Chicago Public Law Research Paper nº 28).

10. Ao decidir sobre a extradição de um estrangeiro, o Presidente não age como Chefe do Poder Executivo Federal (art. 76 da CRFB), mas como representante da República Federativa do Brasil.

11. No sistema "belga" ou "da contenciosidade limitada", o papel do Supremo Tribunal Federal, como órgão juridicamente existente apenas no âmbito do direito interno, é o de tão somente examinar a legalidade da extradição, é dizer, seus aspectos formais, nos termos do art. 83 da Lei 6.815/80: "Nenhuma extradição será concedida sem prévio pronunciamento do Plenário do Supremo Tribunal Federal sobre sua legalidade e procedência, não cabendo recurso da decisão".

12. No sistema vigente, a decisão do Supremo Tribunal Federal só vincula o Presidente da República quando reconhecida alguma irregularidade no processo extradicional, de modo a impedir a remessa do extraditando ao arrepio do ordenamento jurídico. Nunca, contudo, para determinar semelhante remessa, pois o Judiciário deve ser o último escudo dos direitos fundamentais de um indivíduo, seja ele nacional ou estrangeiro, mas não dos interesses políticos de Estados alienígenas, os quais devem entabular entendimentos com o Chefe de Estado, em vez de tentar impor sua vontade através dos Tribunais internos.

13. Malgrado tenha este Supremo Tribunal anulado a decisão do Ministro da Justiça que concedeu refúgio político ao extraditando, não pode, agora, substituir-se ao Chefe de Estado e determinar a remessa do extraditando às autoridades italianas. Uma decisão com comando semelhante, exigindo que o Presidente da República proceda à extradição, seria tão aberrante e tão contrária aos cânones constitucionais quanto um imaginário acórdão que determinasse a secessão de um Estado-membro.

14. O descumprimento do Tratado de Extradição, acaso ocorrido, geraria apenas efeitos no plano internacional, não no plano interno, motivo pelo qual não pode o Judiciário compelir o Chefe de Estado a entregar o súdito estrangeiro.

15. A decisão presidencial que negou a extradição é autêntico ato de soberania, esta definida por Marie-Joëlle Redor como o "poder que possui o Estado para impor sua vontade aos indivíduos que vivem sobre seu território" (*De L'État Legal a L'État de Droit*: l'evolution des conceptions de la doctrine publiciste française. 1879-1914. Presses Universitaires d'Aix-Marseille, p. 61).

16. A impossibilidade de vincular o Presidente da República à decisão do Supremo Tribunal Federal se evidencia pelo fato de que inexiste um conceito rígido e absoluto de crime político. Na percuciente observação de Celso de Albuquerque Mello, "A conceituação de um crime como político é (...) um ato político em si mesmo, com toda a relatividade da política" (Extradição. Algumas observações. *In*: TIBURCIO, Carmen; BARROSO, Luís Roberto (Org.). *O direito internacional contemporâneo*. Rio de Janeiro: Renovar, 2006. p. 222-223).

17. Desta feita, cabe ao Presidente da República, dentro da liberdade interpretativa que decorre de suas atribuições de Chefe de Estado, para caracterizar a natureza dos delitos, apreciar o contexto político atual e as possíveis perseguições contra o extraditando relativas ao presente, o que é permitido pelo texto do Tratado firmado (art. III, 1, *f*).

18. A decisão extradicional é conferida ao "Presidente da República, com apoio em juízo discricionário, de caráter eminentemente político, fundado em razões de oportunidade, de conveniência e/ou de utilidade (...) na condição de Chefe de Estado" (Extradição nº 855, Ministro Relator Celso de Mello, *DJ*, 1º jul. 2006).

19. O provimento jurisdicional que pretende a República Italiana é vedado pela Constituição, seja porque seu art. 4º, I e V, estabelece que a República Federativa do Brasil rege-se, nas suas relações internacionais, pelos princípios da independência nacional e da igualdade entre os Estados, seja pelo fato de, no supracitado art. 84, VII, conferir apenas ao Presidente da República a função de manter relações com Estados estrangeiros.

20. Reclamação a que se nega provimento, mantendo-se a decisão da Presidência da República, com a imediata liberação do extraditando em razão de Habeas Corpus que ora se defere de ofício.

Voto

O Senhor Ministro Luiz Fux: A presente reclamação foi proposta pela República Italiana em face de ato do Presidente da República Federativa do Brasil, com fulcro no art. 102, *l*, da Constituição, para a garantia da autoridade da decisão prolatada por esta Corte na Extradição nº 1.085. Julga-se, em conjunto, agravo regimental nos autos da Extradição nº 1.085, no qual se requer (1) o relaxamento da prisão preventiva do extraditando Cesare Battisti e (2) seja deferida a sua imediata soltura, em cumprimento às decisões do Presidente da República e do Supremo Tribunal Federal; ou (3) a declaração de que a decisão presidencial está em conformidade com o Tratado de Extradição entre Brasil e Itália e com o acórdão proferido por essa Corte.

Na oportunidade do julgamento da Extradição, após declarar a nulidade do ato administrativo proferido pelo Ministro da Justiça, que concedeu ao extraditando a condição de refugiado político, este Pretório Excelso entendeu que os crimes cometidos pelo cidadão italiano não teriam conotação política, e, portanto, deferiu o pedido de extradição.

Devo, aqui, me abster por completo de analisar os atos delituosos que supostamente foram praticados por Cesare Battisti. Conquanto paire razoável dúvida sobre a participação do ora extraditando nos homicídios de Antonio Santoro, Andrea Campagna, Lino Sabbadin e Pierluigi Terregiani, entre 6 de junho de 1977 e 19 de abril de 1979, e sobre a lisura do processo criminal que deu origem ao título executivo penal que a República Italiana pretende fazer cumprir, entendo que tais argumentos restaram preclusos quando do julgamento da Extradição nº 1.085.

Inclusive, não cumpre a esta Corte revolver todos os acórdãos que deram origem à condenação de Battisti na Itália para pretender agravar sua situação jurídica, na medida em que, além da prefalada preclusão, isto importaria verdadeira utilização de prova emprestada sem a observância do Contraditório — prova ilícita, portanto.

O caso sob análise não se refere ao passado ou futuro de um homem, mas à Soberania Nacional frente à irresignação da República Italiana.

A questão que se coloca, no momento, diz respeito à vinculação do Presidente da República à decisão do Supremo Tribunal Federal. Noutras palavras, uma vez deferida a Extradição pelo Judiciário, estaria o Chefe do Executivo obrigado a entregar o extraditando?

Essa indagação já foi enfrentada pela Corte, em Questão de Ordem resolvida no aludido processo extradicional, onde se entendeu que "a decisão de deferimento da extradição não vincula o Presidente da República, nos termos dos votos proferidos pelos Senhores Ministros Cármen Lúcia, Joaquim Barbosa, Carlos Britto, Marco Aurélio e Eros Grau" (Tribunal Pleno, 16.12.2009).

Do voto proferido pelo Ministro Eros Grau na aludida Questão de Ordem, colhe-se que Sua Excelência entendeu que "não se trata (...) de ato discricionário, porém, de ato regrado, ato vinculado ao que dispõe o tratado". Tal afirmação deve ser considerada à luz do voto pronunciado pelo mesmo Ministro na questão principal da Extradição nº 1.085, onde se lê: "O conceito de ato vinculado que o relator tomou como premissa (...) é, no entanto, excessivamente rigoroso. (...) o conceito que se adotou de ato vinculado, excessivamente rigoroso, exclui qualquer possibilidade de interpretação/aplicação, pelo Poder Executivo, da noção de fundado temor de perseguição" (p. 522).

De modo mais enfático, o Min. Joaquim Barbosa afirmou: "o Chefe de Estado pode, não obstante a decisão favorável deste Tribunal, simplesmente decidir não extraditar o estrangeiro procurado por outro país" (p. 225). Unissonamente, registrou o Min. Marco Aurélio:

> A decisão do Supremo é constitutiva negativa no tocante à entrega, quando assentada a ilegitimidade do pedido de extradição. Se declarada a legitimidade do pleito, abre-se salutar oportunidade ao Presidente da República não de modificar o pronunciamento judicial, mas de, à frente da política brasileira no campo internacional, entregar, ou não, o estrangeiro (p. 372-373)
>
> Mas ressalto que é cedo, muito cedo, para a abordagem da matéria em termos de definição.
>
> Ao menos em relação ao Presidente da República, já que não o fez o Tribunal quanto ao ato do Ministro de Estado da Justiça — de refúgio —, aguardemos, em primeiro lugar, a assunção de postura por Sua Excelência, a prática do ato, a um só tempo, de Governo e de Estado. (p. 375)

Do cotejo dos votos em comento, resulta que a Questão de Ordem foi julgada no sentido de que o Presidente da República não está jungido à decisão do Supremo Tribunal Federal, e, de acordo com o Min. Eros Grau, conquanto seu ato seja vinculado aos termos do Tratado, lhe resta razoável margem interpretativa para definir se há, atualmente, fundado temor de perseguição contra o extraditando.

O Tratado a ser interpretado *in casu*, existente entre a República Italiana e a República Federativa do Brasil, foi internalizado pelo Decreto nº 863 de 1993, e celebra, em seu art. I, o compromisso de extradição, de acordo com os casos delimitados nos arts. II, III e IV. Nestes dispositivos são fixadas as situações autorizadoras de extradição, bem como se destacam proibições. Consta, ainda, no texto do tratado a previsão de entrega do extraditando no prazo de 20 dias, a contar da decisão (art. XIV).

> Artigo I. Cada uma das partes obriga-se a entregar à outra, mediante solicitação, segundo as normas e condições estabelecidas no presente tratado, as pessoas que se encontrem em seu território e que sejam procuradas pelas autoridades judiciais da parte requerente, para serem submetidas a processo penal ou para a execução de uma pena restritiva de liberdade pessoal.
>
> Artigo II. Casos que autorizam a Extradição. 1. Será concedida a extradição por fatos que, segundo a lei de ambas as partes, constituírem crimes puníveis com uma pena privativa de liberdade pessoal cuja duração máxima prevista for superior a um ano, ou mais grave. 2. Ademais, se a extradição for solicitada para execução de uma pena, será necessário que o período da pena ainda por cumprir seja superior a nove meses. 3. Quando o pedido de extradição referir-se a mais de um crime e algum ou alguns deles não atenderem às condições previstas no primeiro parágrafo, a extradição, se concedida por um crime que preencha tais condições, poderá ser estendida também para os demais. Ademais, quando a extradição for solicitada para a execução de penas privativas de liberdade pessoal e aplicada por crimes diversos, será concedida se o total de penas ainda por cumprir for superior a 9 meses. 4. Em matéria de taxas, impostos, alfândega e câmbio, a extradição não poderá ser negada pelo fato da lei da parte requerida não prever o mesmo tipo de tributo ou obrigação, ou não contemplar a mesma disciplina em matéria fiscal, alfandegária ou cambial que a lei da parte requerente.
>
> Artigo III. *Casos de Recusa da Extradição*. 1. *A Extradição não será concedida*: a) se, pelo mesmo fato, a pessoa reclamada estiver sendo submetida a processo penal, ou já tiver sido julgada pelas autoridades judiciárias da parte requerida; b) se, na ocasião do recebimento do pedido, segundo a lei de uma das partes, houver ocorrido prescrição do crime ou da pena; c) se o fato pelo qual é pedida tiver sido objeto de anistia na parte requerida, e estiver sob a jurisdição penal desta; d) se a pessoa reclamada tiver sido ou vier a ser submetida a julgamento por um tribunal de exceção na parte requerente; e) se o fato pelo qual é pedida for considerado, pela parte requerida, crime político; f) *se a parte requerida tiver razões ponderáveis para supor que a pessoa reclamada será submetida a atos de perseguição e discriminação por motivo de raça, religião, sexo, nacionalidade, língua, opinião política, condição social ou pessoal; ou que sua situação possa ser agravada por um dos elementos antes mencionados*; g) se o fato pelo qual é pedida constituir, segundo a lei da parte requerida, crime exclusivamente militar. Para fins deste tratado, consideram-se exclusivamente militares os crimes previstos e puníveis pela lei militar, que não constituam crimes de direito comum.
>
> Artigo IV. Pena de Morte. A Extradição tampouco será concedida quando a infração determinante do pedido de extradição for punível com pena de morte. A

parte requerida poderá condicionar a extradição a garantia prévia, dada pela parte requerente, e tida como suficiente pela parte requerida, de que tal pena não será imposta, e, caso já o tenha sido, não será executada.

Artigo XIV. Decisão e Entrega. 1. A parte requerida informará sem demora à parte requerente sua decisão quanto ao pedido de extradição. *A recusa, mesmo parcial, deverá ser motivada.* 2. Se a extradição for concedida, a parte requerida informará à parte requerente, especificando o lugar da entrega e a data a partir da qual esta poderá ter lugar, dando também informações precisas sobre as limitações da liberdade pessoal que a pessoa reclamada tiver sofrido em decorrência da extradição. 3. O prazo para a entrega será de 20 dias a partir da data mencionada no parágrafo anterior. Mediante solicitação fundamentada da parte requerente, poderá ser prorrogado por mais 20 dias. 4. A decisão de concessão da extradição perderá a eficácia se, no prazo determinado, a parte requerente não preceder à retirada do extraditando. Neste caso, este será posto em liberdade, e a parte requerida poderá recusar-se a extraditá-lo pelo mesmo motivo. (grifos nossos)

Consigno, no ponto, trecho do Voto do Ministro Eros Grau que demonstra sua inequívoca posição sobre o tema:

> Tem-se bem claro, aí, que o Supremo Tribunal Federal autoriza, ou não, a extradição. Há de fazê-lo, para autorizar ou não autorizar a extradição, observadas as regras do tratado e as leis. Mas quem defere ou recusa a extradição é o Presidente da República, a quem incumbe manter relações com Estados estrangeiros (art. 84, VII, da Constituição), presentando a soberania nacional [veja-se os incisos XVIII, XIX e XX desse mesmo artigo 84].
>
> (...) Daí que o Presidente da República está ou não obrigado a deferir extradição autorizada pelo tribunal nos termos do Tratado.
>
> (...) Pode recusá-la em algumas hipóteses que, seguramente, fora de qualquer dúvida, não são examinadas, nem examináveis, pelo tribunal, as descritas na alínea f do seu Artigo 3.1. Tanto é assim que o Artigo 14 1 dispõe que a recusa da extradição pela Parte requerida — e a "Parte requerida", repito, é presentada pelo Presidente da República — "mesmo parcial, deverá ser motivada".
>
> Pois esse Artigo 3.1, alínea I do tratado estabelece que a extradição não será concedida se a Parte requerida tiver razões ponderáveis para supor que sua situação [isto é, da pessoa reclamada] "possa ser agravada" — vale dizer, afetada — mercê de condição pessoal. A Parte requerida [isto é, o Presidente da República] poderá, nessa hipótese, não conceder a extradição.
>
> (...) Aqui se trata de requisitos de caráter puramente subjetivos da Parte requerida, de conteúdo indeterminado, que não se pode contestar. Exatamente o que a doutrina chama de "conceito indeterminado".
>
> Nesses limites, nos termos do Tratado, o Presidente da República deferirá, ou não, a extradição autorizada pelo tribunal, sem que com isso esteja a desafiar sua decisão.
>
> Esse ponto é muito importante estabelecer porque o tratado é que abre a possibilidade de a extradição ser recusada, sem que isso — eu digo e insisto — represente, da parte do Presidente da República, qualquer desafio à decisão do Tribunal.
>
> Voto nesse sentido. O que obriga o Presidente da República é o Tratado de Extradição celebrado entre o Brasil e a Itália, aprovado pelo decreto 863/93. Retorno ao voto de Victor Nunes Leal: "Mesmo que o Tribunal consinta na extradição — por ser regular o pedido —, a obrigação, do Executivo, de efetivá-la, 'só existe nos limites do direito convencional'".

E, nesse caso, a mim parece que o Presidente da República pode perfeitamente, sem desafiar a decisão do Supremo Tribunal, decidir no sentido do que dispõe o art. 3º do Tratado, recusando a extradição. Depende única e exclusivamente do Presidente da República.

Verifica-se, desde logo, a existência de questão preliminar, cuja análise prévia se impõe. O art. 560 do CPC, aplicável subsidiariamente ao rito da Reclamação, dispõe que "qualquer questão preliminar suscitada no julgamento será decidida antes do mérito, deste não se conhecendo se incompatível com a decisão daquela".

No caso em exame, o acolhimento da preliminar impede o conhecimento das questões de mérito. Antes de deliberar sobre a existência de poderes discricionários do Presidente da República em matéria de extradição, ou mesmo se essa autoridade se manteve nos lindes da decisão proferida pelo Colegiado anteriormente — o que seria o mérito da Reclamação —, é necessário definir se o ato do Chefe de Estado é insindicável pelo Judiciário, em abstrato.

Caso, numa análise genérica, se entenda que o ato do Presidente da República não pode ser reexaminado por esta Corte, claro está que ele não descumpriu qualquer determinação judicial, não sendo cabível, portanto, a Reclamação.

O art. 1º da Constituição dispõe que um dos Fundamentos do Estado Brasileiro é a sua soberania — que significa o poder político supremo dentro do território. A soberania se projeta, no plano internacional, para as relações da República Federativa do Brasil com outros Estados Soberanos. O art. 4º da Carta Magna completa o ideário da nação através de outro princípio fundamental, qual o de que nas suas relações internacionais o princípio prevalente é o da independência nacional e quem tem o dever de fazê-la valer é o Presidente da República, nos termos de sua competência Constitucional, prevista no art. 84, o qual prevê, dentre outras atribuições, a de manter relações entre os Estados estrangeiros, celebrar e denunciar tratados, etc.

> Art. 1º A República Federativa do Brasil, formada pela união indissolúvel dos Estados e Municípios e do Distrito Federal, constitui-se em Estado Democrático de Direito e tem como fundamentos:
>
> I - a soberania;
>
> Art. 4º A República Federativa do Brasil rege-se nas suas relações internacionais pelos seguintes princípios:
>
> I - independência nacional;
>
> Art. 84. Compete privativamente ao Presidente da República:
>
> VII - manter relações com Estados estrangeiros e acreditar seus representantes diplomáticos;
>
> VIII - celebrar tratados, convenções e atos internacionais, sujeitos a referendo do Congresso Nacional;

Um Estado que não tem soberania não é um Estado; nele não se identifica uma nação, nem um território, senão um "campo de refugiados". Todo

Estado almeja o reconhecimento expressivo de sua soberania, assim como as pessoas incapazes lutam pelo reconhecimento de sua capacidade.

A soberania brasileira, hoje, alcança patamares, os quais inserem a República Federativa do Brasil na constelação das nações mais desenvolvidas. Hodiernamente se cogita da sua inserção no Conselho de Segurança das Nações Unidas; o Brasil é instado a atos solidários transnacionais, como no caso do Haiti; atua como mediador em conflitos mundiais e é uma grande esperança do mundo. Nos dias atuais, — e, aqui, me valho do lema utilizado pela nação economicamente mais desenvolvida no mundo, *yes we can* — nós, do Brasil, é que podemos.

A soberania, dicotomizada em interna e externa, tem na primeira a exteriorização da vontade popular (art. 14 da CRFB) através dos representantes do povo no parlamento e no governo; na segunda, a sua expressão no plano internacional, por meio do Presidente da República.

No campo da soberania, relativamente à extradição, é assente que o ato de entrega do extraditando é exclusivo, da competência indeclinável do Presidente da República. Isso está consagrado na Constituição, nas Leis, nos Tratados e na própria decisão do Egrégio Supremo Tribunal Federal.

Entretanto, duas questões se põem; a saber: ou o Presidente cumpre o Tratado, no uso de sua competência exclusiva, e *tollitur quaestio*; ou o Presidente não cumpre o Tratado, e com isso cria uma lide entre o Estado brasileiro e o Estado italiano. Nesta última hipótese, a competência, com absoluta segurança, não é do Supremo Tribunal Federal, que não exerce soberania internacional, máxime para impor a vontade da República Italiana ao Chefe de Estado brasileiro — tal competência é da Corte Internacional de Haia.

Por isso, o papel do Supremo Tribunal Federal, como órgão juridicamente existente apenas no âmbito do direito interno, é o de examinar apenas a legalidade da extradição, é dizer, seus aspectos formais, nos termos do art. 83 da Lei nº 6.815/80: "Nenhuma extradição será concedida sem prévio pronunciamento do Plenário do Supremo Tribunal Federal sobre sua legalidade e procedência, não cabendo recurso da decisão". A previsão é clara ao determinar a esta Corte tão somente o poder e o dever de analisar o pedido de extradição de acordo com os quesitos apontados nos arts. 77 e 78 do mesmo diploma legal, além dos demais elementos previstos em tratado.

Enfaticamente, assevera o art. 84, VII, da Carta Magna que cabe ao Presidente da República "manter relações com Estados estrangeiros". Portanto, uma análise meritória do pedido extradicional pelo Judiciário geraria um conflito institucional, ao arrepio do aludido comando expresso da Constituição, bem como do princípio da separação dos Poderes (art. 2º, CRFB). Neste diapasão, em sede doutrinária, preleciona o Min. Gilmar Mendes, *verbis*: "o procedimento adotado pela legislação brasileira quanto ao processo de extradição é o da chamada contenciosidade limitada (sistema belga), que não contempla a discussão sobre o mérito da acusação" (MENDES, Gilmar *et al. Curso de direito constitucional*. 3. ed. São Paulo: Saraiva, 2008. p. 727).

O sistema da contenciosidade limitada existe no Brasil desde a edição da Lei nº 2.416/1911, a primeira que estabeleceu um processo extradicional com efetiva participação do Poder Judiciário, pois determinava que "nenhum pedido de extradição será atendido sem prévio pronunciamento do Supremo Tribunal Federal, de cuja decisão não caberá recurso" (art. 10 da Lei nº 2.416/1911). A partir deste marco, a extradição passou a contar com um processo misto e complexo, de atuação dos Poderes Executivo e Judiciário. Os regulamentos posteriores — Decreto-Lei nº 394/1938, Decreto-Lei nº 941/1969 e a atual Lei nº 6.815/1980 — mantiveram a participação do Poder Judiciário, especificamente do Supremo Tribunal Federal, mas para um "controle de legalidade" da entrega do extraditando. O objetivo, assim, desde o princípio, era o de resguardar as garantias dos indivíduos extraditados, ou seja, um modo de proteção dos direitos humanos.

No sistema vigente, denominado "sistema belga", a decisão do Supremo Tribunal Federal só vincula o Presidente da República quando reconhecida alguma irregularidade no processo extradicional, de modo a impedir a remessa do extraditando ao arrepio do ordenamento jurídico. Nunca, contudo, para determinar semelhante remessa. A explicação para a dicotomia é simples: o Judiciário deve ser o último escudo dos direitos fundamentais de um indivíduo, seja ele nacional ou estrangeiro, mas não dos interesses políticos de Estados alienígenas, os quais devem entabular entendimentos com o Chefe de Estado, em vez de tentar impor sua vontade através dos Tribunais internos.

O Supremo cumpre a sua parte — afere os requisitos legais e constitucionais, definindo se é possível ou não extraditar o súdito alienígena, e, em caso afirmativo, precisamente por não dispor de soberania nacional, entrega o extraditando aos critérios internacionais do Presidente da República. Diversos fatores, de natureza estritamente política, podem interferir na decisão soberana do Chefe de Estado. Pode ocorrer que as relações entre as Partes não estejam harmônicas, em virtude de o outro Estado recusar as extradições solicitadas pela República Federativa do Brasil; podem concorrer, enfim, questões outras, as quais não podem ser sindicadas pelo Supremo Tribunal Federal.

Ao julgar a extradição no sentido de que é possível a entrega do cidadão estrangeiro, por inexistirem óbices, o Pretório Excelso *functus officio est* — cumpre e acaba a sua função jurisdicional. Quando muito, o que se pode admitir é que, caso a Corte assente a inextraditabilidade, por estar presente violação à Constituição — *v.g.*, é brasileiro, o crime é político, será aplicada pena desumana —, e o Presidente da República, contrariamente à decisão do Supremo, decida extraditar o indivíduo, seria, em tese, cabível a Reclamação.

A Lei, a jurisprudência e a doutrina não discrepam desse entendimento, que conduz ao acolhimento da preliminar de descabimento da Reclamação.

Assim entendeu esta Corte, por unanimidade, na Extradição nº 1.114, assentando que:

O Supremo Tribunal limita-se a analisar a legalidade e a procedência do pedido de extradição (Regimento Interno do Supremo Tribunal Federal, art. 207; Constituição da República, art. 102, Inc. I, alínea g; e Lei n. 6.815/80, art. 83): indeferido o pedido, deixa-se de constituir o título jurídico sem o qual o Presidente da República não pode efetivar a extradição; se deferida, a entrega do súdito ao Estado requerente fica a critério discricionário do Presidente da República. (Ext. nº 1.114, Rel. Min. Cármen Lúcia, Tribunal Pleno, julg. 12.6.2008, *DJe*, 22 ago. 2008)

Nada diverso ocorreu na Extradição nº 1.085, cujo acórdão, sucintamente, assenta, *verbis*: "acordam os Ministros, por maioria, deferir o pedido de extradição" e "por maioria, reconhecer que a decisão de deferimento da extradição não vincula o Presidente da República". Observe-se que, à luz da principiologia constitucional, não exigiu a Corte a imediata entrega do cidadão italiano, até porque, se o fizesse, sua decisão careceria de executoriedade.

Como a análise meritória, conforme já referido, é vedada em sede de processo de extradição, forçoso concluir que a conclusão a que chegou o Pretório Excelso, pela inexistência de caráter político nos crimes cometidos, deve ser compreendida como mero conselho ou admoestação. Esta a conclusão necessária em vista da já aludida falta de executoriedade do *decisum*, pois a Constituição, no seu artigo 84, VII, confere apenas ao Presidente da República a prerrogativa de entregar o estrangeiro ao Estado solicitante.

Malgrado tenha este Supremo Tribunal anulado a decisão do Ministro da Justiça que concedeu refúgio político ao extraditando, não pode, agora, substituir-se ao Chefe de Estado e determinar a remessa de Cesare Battisti às autoridades italianas. Uma decisão com comando semelhante, exigindo que o Presidente da República proceda à extradição, seria tão aberrante e tão contrária aos cânones constitucionais quanto um imaginário acórdão que determinasse a secessão de um Estado-membro. Além disso, trata-se de novo ato, de autoridade distinta, não sujeito à anulação da concessão de refúgio pelo Ministro da Justiça, nulidade essa reconhecida — incidentalmente, é de se ressaltar — no bojo da Extradição nº 1.085.

Em face do princípio da separação dos Poderes (art. 2º, CRFB), não compete ao Supremo Tribunal Federal rever o mérito de decisão do Presidente da República, enquanto no exercício da soberania do país, tendo em vista que o texto constitucional atribui a este, e não ao Egrégio Tribunal, a função de representação externa do país. Assim, ao se considerar os princípios da separação dos poderes e da soberania, bem como as previsões constitucionais de competência privativa do Presidente da República (especialmente o tantas vezes citado art. 84, VII), o ato presidencial objeto da presente Reclamação é constitucional e legal.

Deveras, a decisão presidencial que negou a extradição é autêntico ato de soberania, esta definida por Marie-Joëlle Redor como o "poder que possui o Estado para impor sua vontade aos indivíduos que vivem sobre seu território" (Tradução livre do texto: "le pouvoir qu'a l'État d'imposer sa volonté aux individus vivant sur son territoire". De L'État Legal a L'État de Droit: l'evolution des conceptions de la doctrine publiciste française, 1879-1914. Paris: Presses Universitaires d'Aix-Marseille, p. 61). O conceito clássico de soberania, consignado no tratado de Paz de Vestfália de 1648, atrela a soberania ao Estado territorial, em caráter supremo visando a garantir a paz e a liberdade de seus súditos. Os documentos internacionais, como a Carta da ONU e a Carta da OEA, preveem o respeito à soberania (art. 1º, da Carta da ONU e art. 3º, alínea b, da Carta da OEA).

Ora, o ato de extraditar consiste em "ato de vontade soberana de um Estado que entrega à justiça repressiva de outro Estado um indivíduo, por este perseguido e reclamado, como acusado ou já condenado por determinado fato sujeito à aplicação da lei penal" (RODRIGUES, Manuel Coelho. *A extradição no direito brasileiro e na legislação comparada*. Rio de Janeiro: Imprensa Nacional, 1930. t. I, p. 3). Trata-se de relação de direito internacional, promovida por intermédio dos Chefes de Estado, com base em tratados internacionais ou, na ausência destes, através de promessas de reciprocidade. O descumprimento dessa obrigação de direito internacional gera consequências também internacionais, mas nunca no plano interno. Desse modo, não pode o Judiciário compelir o Chefe de Estado a adotar tal ou qual posição, na medida em que não lhe cabe interpretar uma norma de direito internacional, sem repercussões no ordenamento interno.

"[O] atendimento do pedido [extradicional], que significa a concessão da extradição, não é ato do Poder Judiciário e, sim, do Poder Executivo. O Supremo Tribunal Federal, a rigor, não concede a extradição: autoriza o Poder Executivo a que o faça" — é a lição de Gilda Russomano (*A extradição no direito internacional e no direito brasileiro*. 3. ed. São Paulo: Revista dos Tribunais, 1981. p. 138-139). Este já era o entendimento defendido por Anor Butler Maciel, na vigência da Constituição de 1946, ao tratar da natureza jurídica da decisão judiciária no processo extradicional:

> Quem concede a extradição não é o Poder Judiciário, mas sim o Poder Executivo, nos têrmos do art. 7º, uma vez que o têrmo Gôverno se refere, obviamente, ao Poder Executivo e é o Chefe dêsse Poder quem mantém relações com os Estados estrangeiros, nos têrmos da Constituição Federal, art. 87, nº VI. (MACIEL, Anor Butler. *Extradição internacional*. Brasília: Imprensa Nacional, 1957. p. 144)

Melhor definindo, a extradição não é ato de nenhum Poder do Estado, mas da República Federativa do Brasil, pessoa jurídica de direito público externo, representada na pessoa de seu Chefe de Estado, o Presidente da República.

Conforme já assentado, a Constituição de 1988 estabelece que a soberania deve ser exercida, em âmbito interno, pelos três Poderes (Executivo, Legislativo e Judiciário) e, no plano internacional, pelo Chefe de Estado.

A impossibilidade de vincular o Presidente da República à decisão do Supremo Tribunal Federal se evidencia quando recordamos que inexiste um conceito rígido e absoluto de crime político. Na percuciente observação de Celso de Albuquerque Mello, "[é] mais fácil dizer o que não é crime político do que definir este. (...) a discussão do que venha a ser crime político é tão ampla que se pode dizer que só será crime político o que o STF desejar (...). A conceituação de um crime como político é, por sua vez, um ato político em si mesmo, com toda a relatividade da política" (Extradição. Algumas observações. *In*: TIBURCIO, Carmen; BARROSO, Luís Roberto (Org.). *O direito internacional contemporâneo*. Rio de Janeiro: Renovar, 2006. p. 222-223).

Neste ponto, à luz da lição narrada, cumpre definir a quem compete exercer o juízo de valor sobre a existência, ou não, de perseguição política em face do referido extraditando. Por se tratar de relação eminentemente internacional, o diálogo entre os Estados requerente e requerido deve ser feito através das autoridades que representam tais pessoas jurídicas de direito público externo. No Brasil, como é sabido, o Chefe de Estado é o Presidente da República. Ao decidir sobre a extradição de um estrangeiro, o Presidente não age como Chefe do Poder Executivo Federal (art. 76, CRFB), mas sim como representante da República Federativa do Brasil.

Compete ao Presidente da República, dentro da liberdade interpretativa que decorre de suas atribuições de Chefe de Estado, para caracterizar a natureza dos delitos, apreciar o contexto político atual e as possíveis perseguições contra o extraditando relativas ao presente, o que é permitido pelo texto do Tratado firmado (art. III, 1, *f*). O Supremo Tribunal Federal, além de não dispor de competência constitucional para proceder a semelhante exame, carece de capacidade institucional para tanto. Aplicável, aqui, a noção de "institutional capacities", cunhada por Cass Sunstein e Adrian Vermeule (Interpretation and Institutions. U Chicago Law & Economics, Olin Working Paper, nº 156, 2002; U Chicago Public Law Research Paper nº 28. Disponível em: <http://ssrn.com/abstract=320245>. Acesso em: 27 maio 2011) — o Judiciário não foi projetado constitucionalmente para tomar decisões políticas na esfera internacional, cabendo tal papel ao Presidente da República, eleito democraticamente e com legitimidade para defender os interesses do Estado no exterior.

Não por acaso, diretamente subordinado ao Presidente da República está o Ministério das Relações Exteriores, com profissionais capacitados para informá-lo a respeito de todos os elementos de política internacional necessários à tomada desta sorte de decisão. Com efeito, é o Presidente da República que se encontra com Chefes de Estados estrangeiros, que tem experiência em planejar suas decisões com base na geografia política e que, portanto, tem maior capacidade para prever as consequências políticas das decisões do Brasil no plano internacional.

Expressamente consignou-se, quando da análise da questão principal da Extradição nº 1.085, o precedente da Extradição nº 272, o "caso Franz Paul Stangl", onde se entendeu que "a efetivação, pelo governo, da entrega do extraditando, autorizada pelo Supremo Tribunal Federal, depende do Direito Internacional Convencional" (Rel. Min. Victor Nunes, Tribunal Pleno, julg. 7.6.1967, *DJ*, 20 dez. 1967).

Não impressiona, nem constitui óbice, o fato de se ter afirmado durante os debates no julgamento da Extradição nº 1.085 que, embora a prerrogativa caiba ao Presidente da República, o ato é vinculado aos termos do tratado. O pós-positivismo jurídico, conforme argutamente aponta Gustavo Binenbojm, "não mais permite falar, tecnicamente, numa autêntica dicotomia entre atos vinculados e discricionários, mas, isto sim, em diferentes graus de vinculação dos atos administrativos à juridicidade" (*Uma teoria do direito administrativo*. 2. ed. Rio de Janeiro: Renovar, 2008. p. 208). Esses diferentes graus de vinculação ao ordenamento se pautam por uma escala decrescente de densidade normativa vinculativa, a saber: (i) atos vinculados por regras; (ii) atos vinculados por conceitos jurídicos indeterminados; e (iii) atos vinculados diretamente por princípios.

O ato de extradição ora analisado situa-se na segunda escala de vinculação: a vinculação a conceitos jurídicos indeterminados — ou, na expressão do Ministro Eros Grau, "noções". Isso porque o artigo III, 1, *f*, do Tratado suprarreferido estabelece hipóteses nas quais é possível que um Estado-parte rejeite a entrega pleiteada pelo outro, todas expressas por termos jurídicos indefinidos, os quais servirão de base para que o intérprete, de posse de suas pré-compreensões, faça surgir a norma aplicável ao caso. Eis o teor do dispositivo:

> Artigo III
> Casos de Recusa da Extradição
> 1. A Extradição não será concedida: (...)
> f) se a parte requerida tiver razões ponderáveis para supor que a pessoa reclamada será submetida a atos de perseguição e discriminação por motivo de raça, religião, sexo, nacionalidade, língua, opinião política, condição social ou pessoal; ou que sua situação possa ser agravada por um dos elementos antes mencionados;

Precisamente neste inciso se baseou o Presidente da República para negar a entrega do indivíduo extraditando. A cláusula, mais que mera convenção entre os Estados contratantes, é expressão do respeito suprapositivo aos direitos fundamentais dos refugiados.

Regra de vital importância na matéria consiste no chamado *non-refoulement*, segundo o qual é vedada a entrega do solicitante de refúgio a um Estado quando houver ameaça de lesão aos direitos fundamentais do indivíduo. O *non-refoulement* é uma norma de Direito Internacional, considerada *ius cogens*, e está prevista no art. 33 da Convenção de Genebra de 1951, sobre o Estatuto dos Refugiados, ratificada pela República Federativa do Brasil, *verbis*:

> Artigo 33 – Proibição de expulsão ou de rechaço
> (1) Nenhum dos Estados Contratantes expulsará ou rechaçará, de maneira alguma,

um refugiado para as fronteiras dos territórios em que a sua vida ou a sua liberdade seja ameaçada em virtude da sua raça, da sua religião, da sua nacionalidade, do grupo social a que pertence ou das suas opiniões políticas.

A extradição, instrumento de cooperação jurídica internacional entre Estados, sofre limitação por parte do Direito dos refugiados. Hans Kelsen doutrinava que o *status* jurídico concedido aos estrangeiros não pode ser inferior a um *standard* mínimo de civilização (*Principles of International Law*. 2nd ed. New York: Halt-Rinehart and Winston, 1967. p. 366). Malgrado nenhum Estado seja obrigado a admitir a entrada de estrangeiros em seu território, cabe-lhe zelar pela garantia dos direitos fundamentais de qualquer ser humano. O art. 5º, LII, da Constituição da República, nesta esteira, reza que "não será concedida extradição de estrangeiro por crime político ou de opinião". O fundamento dessa limitação é humanitário, e por isso entende-se que "na problemática dos refugiados, o interesse daquele que busca refúgio ou asilo como ser humano deve prevalecer sobre eventuais conflitos de interesse entre Estados" (M. SYRAN, Claudena. The International Refugee Regime: The Historical and Contemporary Context of International Responses to Asylum Problems. *In*: LOESCHER, Gil. *Refugges and the Asylum Dilemma in the West*. Pennsylvania: The Pennsylvania State Univesity Press, 1992. p. 15).

O ato de concessão de refúgio, desta feita, não acarreta abalo nas relações internacionais com o Estado que requer a extradição. Entendendo existir "razões ponderáveis para supor que a pessoa reclamada será submetida a atos de perseguição", qualquer dos sujeitos de Direito Internacional que pactuaram o Tratado Extradicional pode negar a entrega do súdito da parte requerente.

Conclui-se do exposto que, ainda que se entenda que o ato do Presidente da República é vinculado aos termos do Tratado de Extradição, apenas ele, como Chefe de Estado, dispõe de capacidade institucional para avaliar a existência dos requisitos autorizadores da não entrega, especialmente a expressão "atos de perseguição" — trata-se de ato político-administrativo vinculado a conceitos jurídicos indeterminados. Nas palavras de Adrian Vermeule, "a revisão judicial da constitucionalidade de textos legais e os processos decisórios judiciais destinados à interpretação constitucional devem ser realizados à luz das capacidades institucionais" (Tradução livre do texto: "Judicial review of statutes for constitutionality and judicial decision-procedures for constitutional interpretation must be assessed in light of institutional capacities". *Judging under Uncertainty*: an institutional theory of legal interpretation. London: Harvard University Press, 2006. p. 230). Não é da alçada do Judiciário envolver-se na política externa do país.

No mesmo trabalho citado alhures, o saudoso Prof. Celso Mello faz um cotejo entre o sistema extradicional brasileiro e o de outros países, para, em seguida, atribuir ao Presidente da República a palavra final sobre a remessa do cidadão estrangeiro:

Na Inglaterra, o Poder Judiciário aprecia o mérito. O Executivo é um executor do Judiciário.

O STF apreciará a legalidade do pedido (...). Cabe ao Poder Executivo decidir da extradição ou não de um indivíduo. (...)

Ele pode recusar mesmo quando o STF tenha declarado a legalidade e a procedência do pedido. (...)

A doutrina tem afirmado que a extradição no Brasil é um ato misto, isto é, judiciário e administrativo. Entretanto, é o Executivo que tem atuação decisiva. É preciso lembrar que a extradição está vinculada à política externa, que é da competência do Poder Executivo. (*Op. cit.*, p. 226-227, grifos nossos)

Conclui-se, dessa maneira, que a existência de Tratado de extradição entre Brasil e Itália não faz surgir uma obrigação de direito interno, que possa ser imposta judicialmente ao Executivo, mas apenas uma obrigação internacional, com consequências estritamente políticas para as relações entre os Estados. Precisamente por isso, reza o art. 76 da Lei nº 6.815/80 que "A extradição poderá — e não 'deverá' — ser concedida quando o governo requerente se fundamentar em tratado". Esse juízo de conveniência da extradição caberá, repita-se, ao Presidente da República.

As premissas aqui utilizadas foram reproduzidas por esta Corte na Extradição nº 855 (Rel. Min. Celso de Mello, *DJ*, 1º jul. 2006), onde se entendeu que a decisão extradicional é conferida ao "Presidente da República, com apoio em juízo discricionário, de caráter eminentemente político, fundado em razões de oportunidade, de conveniência e/ou de utilidade (...) na condição de Chefe de Estado". Noutra oportunidade, analisando pedido de extradição fundado em Tratado entre Brasil e Argentina, o Pretório Excelso decidiu que "caberá ao presidente da República avaliar a conveniência e a oportunidade da entrega do estrangeiro" (Ext. n. 985, Rel. Min. Joaquim Barbosa, *DJ*, 18 ago. 2006).

No direito comparado, essa discricionariedade de entrega do extraditando — em casos recentes — foi devidamente considerada. São de referência obrigatória, no ponto, os pedidos de extradição negados pelos Chefes de Estado da França e da Inglaterra nos célebres casos Petrella e Pinochet, respectivamente.

No caso Pinochet, a Espanha requereu sua extradição ao Reino Unido, para ser julgado pelos delitos de tortura, conspiração com tortura, manutenção de reféns, conspiração para tomar reféns e conspiração para cometer homicídio, todos eles perpetrados contra inimigos políticos enquanto o extraditando ainda era Chefe de Estado do Chile, nos anos 1970 e 1980, durante o chamado *Plan Códor*. Além disso, a Argentina requeria a extradição de Pinochet por participação em assassinato. Em 2 de março de 2000, a Inglaterra negou o pedido de extradição de Pinochet, conquanto estivesse ele livre para deixar o Reino Unido, em fundamentos semelhantes aos apresentados no ato presidencial em análise nestes autos: por razões de saúde, de integridade física e mental, de humanidade, o que impossibilitaria o extraditando de suportar um julgamento (cf. GONZÁLEZ-OLAECHEA, Javier Valle-Riestra. *La extradición y los delitos políticos*: the Global Law Collection. Navarra, Espanha: Editorial Aranzadi, 2006).

Em 2008, em caso precisamente idêntico ao dos autos, o Presidente francês, Nicolas Sarkozy, negou o pedido de extradição de Marina Petrella à Itália, com fundamento em razões humanitárias, devido ao seu débil estado de saúde e ao risco que se apresentava à sua integridade física e mental. Petrella foi condenada em 1992 à prisão perpétua, por crimes perpetrados no mesmo período (décadas de 70 e 80). A extradição de Petrella, que era revolucionária ao lado do ora extraditando Cesare Battisti, dentre outros, passou, igualmente, pelo crivo jurisdicional. A Corte de Apelação de Versalhes decidiu favoravelmente à extradição de Petrella, sendo que, seguidamente, a Corte de Cassação e o Conselho de Estado francês confirmaram a decisão. Todavia, mesmo após a chancela jurisdicional, o Presidente da França determinou a não extradição de Petrella.

Assim, é de se repetir, a decisão de entrega do extraditando é um ato de soberania a ser exercido, em última palavra, pelo Chefe de Estado. No Brasil, assim como em outros países, a atribuição é atrelada, historicamente, ao Presidente da República, responsável pela política internacional, pelas relações com outros Estados soberanos.

O provimento jurisdicional que pretende a República Italiana é vedado pela Constituição, seja porque seu art. 4º, I e V, estabelece que a República Federativa do Brasil rege-se, nas suas relações internacionais, pelos princípios da independência nacional e da igualdade entre os Estados, seja pelo fato de, no supracitado art. 84, VII, conferir apenas ao Presidente da República a função de manter relações com Estados estrangeiros.

Ex positis, conclui-se pelo não conhecimento da Reclamação, em razão do não cabimento desta medida processual, com a consequente manutenção da decisão da Presidência da República impugnada. Nada obstante, impõe-se o provimento do Agravo Regimental nos autos da Extradição nº 1.085, para deferir o pedido de imediata liberação do extraditando, se por al não estiver preso, em razão da não subsistência de motivos para a manutenção da prisão.

É como voto.

ADPF nº 187 (Rel. Min. Celso de Mello)

A Constitucionalidade da "Marcha da Maconha"

Felipe Derbli

Primeiramente, um relato fático é indispensável. O voto escrito apresentado pelo Min. Luiz Fux foi acompanhado dos debates transcritos, mas, na sessão de julgamento do dia 15 de junho de 2011, seu pronunciamento foi aberto com a reprodução da seguinte expressão popular: "uma coisa é uma coisa, outra coisa é outra coisa". Na ocasião, registrou o eminente Ministro que o consumo de entorpecentes como a maconha continua sendo conduta tipificada na legislação penal, ainda que, à luz da norma ora vigente, não seja mais apenada com a privação da liberdade ambulatorial. Por essa razão, assinalou-se no voto escrito a primeira ressalva, qual seja, a de que não se discutia, na ADPF em exame, a descriminalização do uso da maconha ou de qualquer outra droga legalmente proibida.

A primeira das razões para a ressalva era de ordem processual: o tema não constava do pedido e nem mesmo da causa de pedir. A segunda razão diz respeito à proposta do Min. Luiz Fux, expressamente manifestada neste e noutros julgamentos, de adoção, pelo STF, de uma condução *minimalista* do exercício da jurisdição constitucional. Ocorre que a leitura dos votos selecionados para esta obra e de outros proferidos pelo Min. Luiz Fux sugere a sua adesão a uma postura de *ativismo judicial*.

O *minimalismo* e o *ativismo* podem parecer, à primeira vista, inconciliáveis, impressão que pode ser desfeita mediante uma apreciação mais cuidadosa, mesmo dentro dos estritos limites desta resenha.

Segundo Luís Roberto Barroso,[1] dá-se em escala mundial a *judicialização da política*, traduzida no deslocamento da decisão a respeito de questões

---

[1] BARROSO, Luís Roberto. Constituição, democracia e supremacia judicial: direito e política no Brasil contemporâneo. Disponível em: <http://www.luisrobertobarroso.com.br/wp-content/themes/LRB/pdf/constituicao_democracia_e_supremacia_judicial.pdf>. Acesso em: 9 jan. 2012.

políticas ou mesmo sociais e morais para a esfera judicial. O fenômeno da judicialização da política traz o ambiente favorável a uma transformação na postura do Poder Judiciário, que, adotando modo proativo de interpretação da Constituição, expande seu sentido e alcance para assumir função similar à própria criação do Direito. Esse comportamento é denominado *ativismo judicial*.

O *ativismo judicial* se exibe, normalmente, nos casos de retração ou omissão dos demais Poderes constituídos e em cenários de crise na representatividade da sociedade civil pela classe política — a sociedade não se vê legitimamente representada pelos agentes eleitos e suas demandas não são efetivamente atendidas, de tal modo que a população passa a confiar mais no Poder Judiciário para satisfação das necessidades sociais. Em seu exercício legítimo, aplica sua atuação criativa nas normas constitucionais de caráter principiológico e na exegese dos conceitos jurídicos indeterminados, em virtude de sua textura mais aberta.

O Min. Luiz Fux tem demonstrado simpatia pelo ativismo judicial, como se percebe, *verbi gratia*, no debate ocorrido no Plenário do STF por ocasião do julgamento de mandados de injunção relativos ao aviso prévio proporcional ao tempo de serviço (MI nº 943, nº 1.010, nº 1.074 e nº 1.090, Rel. Min. Gilmar Mendes), no qual a Corte reconheceu a mora legislativa quanto à regulamentação do art. 7º, XXI, da Constituição Federal.[2] Muito embora não tenha havido conclusão do julgamento,[3] o Min. Luiz Fux recusou qualquer possibilidade de retrocesso na jurisprudência do STF quanto aos efeitos da decisão em mandado de injunção, admitindo, inclusive, a formulação de uma norma primária pelo Tribunal, com o fundamento de que:

> (...) o art. 8º da CLT admitiria como método de hetero-integração o direito comparado e citou como exemplos legislações da Alemanha, Dinamarca, Itália, Suíça, Bélgica, Argentina e outras. Apontou, ainda, uma recomendação da Organização Internacional do Trabalho – OIT sobre a extinção da relação trabalhista.[4]

Entretanto, nesse caso não havia, em princípio, *desacordo moral razoável* como no caso da descriminalização das drogas, em que há posições racionalmente defensáveis a favor ou contra. Em situações como esta, a tendência do Min. Luiz Fux parece ser a de prestigiar a solução político-legislativa, mas não se furtar a reconhecer a sua invalidade ou a proclamar solução criativa quando a lei violar frontalmente os direitos fundamentais ou quando for omissa — mesmo assim, ainda será possível extrair de sua linha de

---

[2] "Art. 7º São direitos dos trabalhadores urbanos e rurais, além de outros que visem à melhoria de sua condição social: (...) XXI - aviso prévio proporcional ao tempo de serviço, sendo no mínimo de trinta dias, nos termos da lei; (...)."

[3] Que poderá ter sido em boa parte esvaziado pela edição da Lei Federal nº 12.506/11, que regulamenta o aviso prévio proporcional.

[4] V. Informativo STF nº 632.

pensamento que a jurisdição constitucional deve ater-se à demanda que lhe foi apresentada, sem ímpetos maximalistas. Com isso, o ativismo judicial passa a ser uma postura a ser adotada pontualmente e com precisão cirúrgica, de modo a preservar a independência e a harmonia entre os Poderes.

Feitas essas considerações, a leitura do voto e da transcrição do debate então instaurado esclarecem que o Min. Luiz Fux, ante os argumentos esposados pelos demais Ministros, houve por não divergir do Min. Celso de Mello, Relator da ADPF (com o que o pedido foi julgado procedente por unanimidade), mas consignou, em sede de *obter dicta*, balizamentos para que a realização de manifestações e eventos públicos em favor da descriminalização do consumo de drogas seja efetivamente albergada pela proteção constitucional das liberdades de expressão e de reunião pacífica (art. 5º, IV, IX e XVI, e art. 220 da Constituição Federal). O objetivo, claramente manifestado, é eminentemente *pedagógico*: trata-se do reconhecimento da repercussão das decisões do STF no seio da sociedade; de acordo com o entendimento do Min. Luiz Fux, não basta a boa técnica da decisão, cabendo também à Corte explicitar o modo como a mesma deve ser cumprida.

Imbuído desse propósito, o Min. Luiz Fux acertadamente consignou que, se, de um lado, a manifestação em favor da descriminalização do consumo de drogas ilícitas é constitucionalmente válido, é certo que, de outro lado, o efetivo consumo do entorpecente não configura exercício da liberdade de expressão — é simplesmente a própria prática do delito. De igual modo, o incentivo ou o estímulo ao consumo da droga ilícita é algo diferente (apesar da tênue fronteira) da defesa aberta de sua legalização e se subsume ao tipo penal da apologia do crime (art. 287 do Código Penal).

Importante, ademais, o comentário que aduziu o Min. Luiz Fux a respeito da participação de menores em tais eventos. Note-se bem que está expresso no voto analisado que não se pode admitir a participação *ativa* de menores na manifestação, isto é, o efetivo engajamento de crianças e adolescentes no movimento (uso dos respectivos símbolos, por exemplo) importa violação à principiologia do art. 227, §3º, VII, da Constituição Federal, do qual se infere o objetivo de afastar as crianças e adolescentes, tanto quanto possível, do uso de substâncias entorpecentes e drogas afins.

Porém, pede-se vênia para a transcrição de trecho elucidativo do voto:

> Também é evidente que não se pretende afirmar que o menor não pode assistir ou acompanhar, de alguma forma, a ocorrência da manifestação pública. Conhecê-la será parte do processo de aquisição de informações necessárias à formação de sua própria convicção, mas o tempo e o modo em que o tema será apresentado à criança e ao adolescente é responsabilidade de seus pais ou responsáveis (art. 229 da Constituição Federal).

Observe-se que o Min. Luiz Fux, em nenhum momento, pretendeu sustentar que o Estado substituiria os pais e responsáveis na formação das crianças e adolescentes, convertendo-se numa espécie de "Estado babá".[5] Ao contrário, fez questão de salientar que caberia a esses pais e responsáveis decidir quanto às circunstâncias e ao momento da apresentação aos menores da questão das drogas e da (des)criminalização do seu consumo. Logo, é de meridiana clareza que não haverá qualquer óbice constitucional a que um indivíduo leve seus filhos a *presenciar* ou *acompanhar* a manifestação, desde que não os insira na participação ativa.

Trata-se de entendimento consentâneo com o exposto no julgamento da ADI nº 2.404 (Rel. Min. Dias Toffoli), na qual se questionava a constitucionalidade do art. 254 da Lei nº 8.069/90 (Estatuto da Criança e do Adolescente – ECA) naquilo em que estabelecia sanção para a veiculação de programas, pelas emissoras abertas de televisão, em horário diverso do autorizado segundo a classificação indicativa do Ministério da Justiça. Naquele julgamento, pontificou o Min. Luiz Fux, em textual:

> Com efeito, e em primeiro lugar, o inc. I do §3º do art. 220 enuncia competir à lei federal "regular as diversões e espetáculos públicos, cabendo ao Poder Público *informar* sobre a natureza deles, as faixas etárias a que não se recomendem, locais e horários em que sua apresentação se mostre inadequada", de onde se extrai o papel *informativo* — e não impositivo, ressalte-se — da atuação do Poder Público. De outro lado, já o inc. II do mesmo dispositivo afirma caber à lei federal "estabelecer os meios legais que garantam à pessoa e à família a possibilidade de se defenderem de programas ou programações de rádio e televisão que contrariem o disposto no art. 221, bem como da propaganda de produtos, práticas e serviços que possam ser nocivos à saúde e ao meio ambiente". Ora, *resulta clara, na norma constitucional, a ênfase conferia ao papel da própria pessoa e da família na tutela frente aos efeitos nocivos da infringência aos valores protegidos pelo art. 221 da Constituição, no exercício da autonomia privada que, como corolário da dignidade humana, permite a construção de cada projeto individual de vida, sempre a partir das informações técnicas exigidas pelo inc. I do mesmo dispositivo. E, para as hipóteses em que a autonomia privada ainda não possa ser exercida com plena consciência, deposita o constituinte a confiança no poder familiar, a quem cabe zelar em primeiro lugar pela formação psicológica e intelectualmente adequada da criança, segundo o caput, primeira parte, do art. 227 da Constituição.* (grifos nossos)

Em ambos os julgamentos, cuidou o Min. Luiz Fux de destacar o papel constitucionalmente assegurado ao poder familiar — e não do Estado — para a formação dos menores, mas vislumbrou a distinção (que também se reconhece fugidia) entre a apresentação do tema da descriminalização das drogas e a inserção das crianças e dos adolescentes na participação ativa em movimentos favoráveis a essa descriminalização, à luz do comando constitucional que

---

[5] De acordo com o jornalista David Harsanyi (*O Estado babá*: como radicais, bons samaritanos, moralistas e outros burocratas cabeças-duras tentam infantilizar a sociedade. Tradução de Carla Werneck. Rio de Janeiro: Litteris, 2011. p. 7), o primeiro uso da expressão "Estado babá" teria sido de Iain Macleod, em 1965. Muito embora se trate de obra de viés ideológico libertariano, ao qual, pessoalmente, não adiro, é possível colher da obra uma definição interessante do termo, segundo a qual o "Estado babá" é aquele em que "(...) o governo assume um hiperinteresse em microadministrar o bem-estar dos cidadãos, nos protegendo de nossos próprios comportamentos prejudiciais e irracionais".

determina a proteção dos mesmos em face de um consumo potencialmente gerador de dependência química, preocupação louvada, inclusive, pelo Relator, Min. Celso de Mello.

Registre-se, por fim, que o Min. Luiz Fux reiterou sua linha de pensamento relativamente ao tema no julgamento da ADI nº 4.274 (Rel. Min. Ayres Britto. Julg. 23.11.2011).[6]

---

[6] V. Informativo STF nº 649.

ADPF nº 187 (Rel. Min. Celso de Mello)

Voto

O Senhor Ministro Luiz Fux: A presente arguição de descumprimento de preceito fundamental qualifica-se como *autônoma*, fulcrada no art. 1º, *caput*, da Lei n. 9.882, de 3 de dezembro de 1999, que, na esteira do que dispõe o art. 102, §1º, da Constituição, admite-a para evitar ou reparar lesão a preceito fundamental decorrente de ato do Poder Público.

Ajuizada pela então Exma. Sra. Procuradora-Geral da República em exercício (como se sabe, *legitimada universal* para o controle abstrato de constitucionalidade, pelo que resta dispensado o exame da pertinência temática), aponta como ato violador de preceito fundamental a interpretação do art. 287 do Código Penal (Decreto-lei nº 2.848, de 7 de dezembro de 1940) "que possa ensejar a criminalização da defesa da legalização das drogas, ou de qualquer substância entorpecente específica, inclusive através de manifestações e eventos públicos". Permita-se, por oportuno, a reprodução do mencionado dispositivo legal, *verbis*:

> Apologia de crime ou criminoso
> Art. 287. Fazer, publicamente, apologia de fato criminoso ou de autor de crime:
> Pena - detenção, de três a seis meses, ou multa.

Releva, primeiramente, o exame do cabimento da ADPF em apreço. Antes de tudo, a análise diz respeito ao cabimento da ADPF para o exercício do controle abstrato de constitucionalidade das leis editadas anteriormente à promulgação da Constituição de 1988, hipótese amplamente admitida pela doutrina (por todos, v. MENDES, Gilmar Ferreira. *Argüição de descumprimento de preceito fundamental*: comentários à Lei n. 9.882, de 3-12-1999. São Paulo: Saraiva, 2007. p. 57-68) e pela jurisprudência (*v.g.*, APDF 130, Rel. Min. Ayres Britto, ac. por maioria, j. 30.04.2009, em que foi julgado procedente o pedido para reconhecimento da não recepção da Lei nº 5.250/67 — Lei de Imprensa — pela Constituição Federal de 1988).

No que concerne aos dispositivos constitucionais tidos por violados, são eles os incisos IV e IX do art. 5º, em concurso com o art. 220, consagradores da *liberdade de expressão*, bem como o art. 5º, XVI, que dispõe sobre a *liberdade de reunião*. Permita-se a respectiva transcrição:

Art. 5º (...)

IV - é livre a manifestação do pensamento, sendo vedado o anonimato;

IX - é livre a expressão da atividade intelectual, artística, científica e de comunicação, independentemente de censura ou licença; (...).

Art. 220. A manifestação do pensamento, a criação, a expressão e a informação, sob qualquer forma, processo ou veículo não sofrerão qualquer restrição, observado o disposto nesta Constituição.

Art. 5º (...)

XVI - todos podem reunir-se pacificamente, sem armas, em locais abertos ao público, independentemente de autorização, desde que não frustrem outra reunião anteriormente convocada para o mesmo local, sendo apenas exigido prévio aviso à autoridade competente; (...).

Como se percebe de imediato, são previsões constitucionais de *liberdades fundamentais dos indivíduos* e, portanto, *serão, indiscutivelmente, preceitos fundamentais*, entendimento já pacificado na doutrina, como, por exemplo, nas obras de Gilmar Ferreira Mendes (*op. cit.*, p. 80) e Luís Roberto Barroso (*O controle de constitucionalidade no direito brasileiro*. 2. ed. São Paulo: Saraiva, 2006. p. 250).

Atendidos os requisitos de cabimento acima referidos — a designação do ato violador e dos preceitos constitucionais fundamentais supostamente violados —, cabe enfrentar a questão da *subsidiariedade* exigida pelo art. 4º, §1º, da Lei nº 9.882/99, ou seja, a inexistência de outro meio capaz de sanar a lesividade alegada. É *presente também a subsidiariedade*, observada a lógica sufragada por esta Corte na ADPF nº 33/MC (Rel. Min. Gilmar Mendes, j. 29.10.2003). Com efeito, não há outra ação judicial em que caiba postular o controle abstrato de leis anteriores à Constituição de 1988, uma vez que descabe o ajuizamento de ação direta de inconstitucionalidade para esse fim. É certo, ademais, que não haverá outro remédio judicial capaz de atender, com eficácia *erga omnes* e efeito vinculante — como se dá com a ADPF, *ex vi* do disposto no art. 10, §3º, da Lei nº 9.882/99.

Atendidos os requisitos de cabimento da ADPF, há que se ter bem claro que um alerta: *discute-se, neste caso, tão-somente a constitucionalidade da realização de manifestações ou eventos públicos em que se faça a defesa explícita da descriminalização do uso de substâncias entorpecentes*, como é o caso da assim denominada "Marcha da Maconha". Mesmo assim, é certo que subjaz ao *thema decidendum* a tormentosa questão da descriminalização das drogas, o que faz deste um caso difícil (*hard case*), a exigir cautela da Corte no seu exame.

A questão é particularmente complexa por envolver juízo a respeito de tema sobre o qual existe *razoável desacordo moral*. Devem reputar-se igualmente relevantes não apenas as opiniões de quem é favorável à descriminalização das drogas e, portanto, das manifestações públicas em que a ideia seja defendida, como também o pensamento contrário, que pugnará pela repressão ao consumo de entorpecentes e, consequentemente, rejeitará, pelo conteúdo, quaisquer pronunciamentos públicos favoráveis à legalização do seu uso. A circunstância recomenda, pois, uma *perspectiva minimalista*, em que se limite o Tribunal a decidir a questão nos termos em que lhe foi apresentada — como, aliás, requereu a própria Procuradoria-Geral da República quando do ajuizamento da arguição.

Com efeito, a descriminalização do uso de substâncias entorpecentes, quaisquer que sejam, envolve o exame de aspectos científicos (sobretudo médicos e farmacológicos) e morais sobre os quais persiste grave controvérsia na sociedade. A *deliberação democrática*, no caso, é indispensável para que, com a devida maturação, a sociedade atinja a conclusão que lhe seja mais adequada acerca das políticas apropriadas (de saúde pública, de segurança pública ou de ambas) para o tratamento do tema. Assim se deu, por exemplo, quando da revogação da Lei nº 6.368/76 pela Lei nº 11.343/2006, com o substancial abrandamento das penas aplicáveis ao usuário de entorpecentes. Esse é o caminho.

A missão de estabelecer os parâmetros jurídicos de enfrentamento da delicadíssima questão do consumo de drogas, portanto, é precipuamente do legislador, cumprindo a esta Corte proceder sob a lógica do *minimalismo judicial*, que, na precisa descrição de Cass Sunstein (*One Case at a Time*: Judicial Minimalism on the Supreme Court. Cambridge: Harvard University Press, p. 4-5), amplia o espaço de posterior reflexão e debate. Pede-se vênia para a reprodução de trecho elucidativo de sua obra, *verbis*:

> (...) a trilha minimalista normalmente — nem sempre, mas normalmente — faz muito sentido *quando o Tribunal está lidando com uma questão constitucional de alta complexidade, sobre a qual muitas pessoas possuem sentimentos profundos e sobre a qual a nação está dividida (em termos morais ou outros quaisquer)*. A complexidade pode resultar da falta de informação, de mudança das circunstâncias, ou de incerteza moral (juridicamente relevante). O minimalismo faz sentido, em primeiro lugar, porque os tribunais podem resolver tais temas incorretamente e, em segundo lugar, porque podem criar sérios problemas mesmo que suas respostas sejam corretas. Os tribunais, portanto, tentam economizar no desacordo moral mediante a recusa em adotar os compromissos morais profundamente assumidos por outras pessoas quando desnecessários para decidir o caso. (tradução livre do inglês, grifos no original)

A virtude, como sói acontecer, está no meio. É possível, mesmo sem adentrar no exame da constitucionalidade ou inconstitucionalidade da legalização do consumo de drogas, afirmar-se a legitimidade da livre manifestação do pensamento em favor da descriminalização do uso de entorpecentes, observados os parâmetros constitucionais cabíveis.

Proceda-se, para tanto, ao exame da norma legal em comento, a saber, o art. 287 do Código Penal. Cuida-se de tipo penal inserido em Título dedicado aos *crimes contra a paz pública*, criminalizando conduta que, no magistério de

Guilherme de Souza Nucci (*Código penal comentado*. 10. ed. São Paulo: Revista dos Tribunais, 2010. p. 1038), consiste no ato de "produzir, executar ou dar origem a louvor, elogio ou discurso de defesa de prática criminosa ou de autor de crime". Cezar Roberto Bitencourt, citando Heleno Fragoso, ensina que a conduta típica prevista no art. 287 do Código Penal é a de "elogiar, exaltar ou enaltecer fato criminoso ou seu autor, de modo a incentivar indireta ou implicitamente a repetição da ação delituosa" (*Código penal comentado*. 5. ed. São Paulo: Saraiva, 2009. p. 287-288).

Não parece, é importante dizer, que tenha sido a referida norma derrogada por legislação posterior. Afaste-se o argumento de que a Convenção Americana sobre Direitos Humanos — o Pacto de São José da Costa Rica, internalizado pelo Decreto Presidencial nº 678/92 e recebido pela ordem jurídica brasileira com *status* de lei ordinária — teria revogado parcialmente o dispositivo: o respectivo artigo 13, que dispõe sobre a liberdade de pensamento e expressão, enuncia expressamente, em seu item nº 5, que a lei deve coibir qualquer apologia ao *crime*. Em tese, portanto, a criminalização da apologia ao delito penal tem hígida a sua previsão legal.

No mesmo diapasão, não parece configurada a inconstitucionalidade *em tese* do art. 287 do Código Penal. Não se vislumbra, em princípio, violação dos direitos e garantias fundamentais na reprovação que o legislador estabeleceu à conduta de exaltação ou elogio de práticas criminosas, que decerto oferece risco de lesão à paz pública, ao induzir a repetição do delito e a sua disseminação no seio da sociedade, com a consequente agressão a outros bens jurídicos tutelados pela lei penal e, ao final, pela própria Constituição da República.

O *punctum dolens*, destarte, refere-se ao juízo de constitucionalidade da capitulação legal das manifestações e eventos públicos em favor da descriminalização do uso de maconha ou outros entorpecentes no tipo penal da apologia ao crime. A premissa, portanto, é a da tipificação penal do consumo de entorpecentes, que, como acima exposto, não deve ser objeto de discussão neste feito. Em suma: o consumo de maconha, como de diversos outros entorpecentes, é crime e, para o feito em apreço, é irrelevante se deve ou não a lei criminalizar a conduta. Importa exclusivamente verificar se constitui crime a manifestação pública contrária à própria tipificação penal.

Pois bem. *A realização de manifestações ou eventos públicos nos quais seja emitida opinião favorável à descriminalização do uso de entorpecentes — ou mesmo de qualquer outra conduta — não pode ser considerada, de per se, como apologia ao crime*, por duas razões. A primeira delas é lógica e de rara simplicidade: se ocorre uma manifestação em que se defende o fim da proibição legal de uma determinada prática, quer-se que a mesma passe a ser considerada legalmente admissível, deixando de ser crime. Em outras palavras, não se exalta a prática de um crime — louva-se o entendimento de que a prática não deveria ser considerada um crime.

A segunda razão é de cunho substancial: *a proteção constitucional da liberdade de expressão garante a livre emissão de opinião, inclusive quanto à descriminalização de condutas*. Há que se compreender o alcance da liberdade de expressão constitucionalmente assegurada.

Para a conceituação da *liberdade de expressão*, tome-se de empréstimo a escorreita dicção de Paulo Gustavo Gonet Branco (MENDES, Gilmar Ferreira; BRANCO, Paulo Gustavo Gonet. *Curso de direito constitucional*. 6. ed. São Paulo: Saraiva, 2011. p. 297-298), que, repercutindo o magistério de Ulrich Karpen, afirma, *verbis*:

> A garantia da liberdade de expressão tutela, ao menos enquanto não houver colisão com outros direitos fundamentais e com outros valores constitucionalmente estabelecidos, toda opinião, convicção, comentário, avaliação ou julgamento sobre qualquer assunto ou sobre qualquer pessoa, envolvendo tema de interesse público, ou não, de importância e de valor, ou não — até porque "diferenciar entre opiniões valiosas ou sem valor é uma contradição num Estado baseado na concepção de uma democracia livre e pluralista". (...)
>
> A liberdade de expressão, enquanto direito fundamental, tem, sobretudo, um caráter de pretensão a que o Estado não exerça censura.

Com efeito, a Constituição Federal, por intermédio dos arts. 5º, IV e IX, e 220, assegura a livre manifestação do pensamento, insuscetível de censura ou licença, isto é, de limitações prévias de conteúdo pelo Estado. São igualmente livres os modos de expressão do pensamento, que não se esgotam nos pronunciamentos verbais, também comportando a manifestação escrita, visual, artística ou qualquer outra.

As justificativas político-filosóficas para a proteção constitucional da liberdade de expressão são múltiplas. A rica experiência norteamericana, em que se desenvolveu ao grau da excelência o tema das liberdades constitucionais, é fonte adequada de conhecimento a esse respeito. Noticiam John e; Nowak e Ronald R. Rotunda (*Constitutional Law*. 4th ed. Saint Paul: West Publishing Co., 1991. p. 940 *et seq.*), que o pensamento jurídico dos EUA partiu dos escritos de John Milton e da teoria utilitarista de John Stuart Mill — segundo a qual a colisão de opiniões conflitantes ampliaria as chances de atingimento da verdade e do esclarecimento público — para formular as justificativas da consagração, na Primeira Emenda à Constituição norteamericana, da liberdade de expressão (*free speech*).

Coube ao Juiz Oliver Wendell Holmes, da Suprema Corte dos EUA, no voto dissidente proferido no célebre caso *Abrams vs. United States* (250 US 616), afirmar que "o melhor teste de veracidade é o poder de uma ideia de obter aceitação na competição do mercado" (tradução livre do inglês); não caberia ao Estado, mas à livre circulação (*free trade*) ou ao *livre mercado de ideias* (*marketplace of ideas*) estabelecer qual ideia deveria prevalecer.

Afirmou-se também, segundo Nowak e Rotunda (*op. loc. cit.*) o importante papel da liberdade de expressão no fortalecimento do potencial de contribuição individual ao bem-estar da sociedade e, em especial, na *realização pessoal do indivíduo*. Em outras palavras, o exercício da liberdade de expressão se põe como relevante aspecto da *autonomia* do indivíduo, concebida, numa perspectiva kantiana, como o centro da dignidade da pessoa humana. Cuida-se, impende frisar, não apenas da *autonomia privada* do indivíduo, isto é, da autocondução independente da pessoa segundo seus próprios desígnios (o que decerto envolve seu livre juízo pessoal a respeito da legitimidade das prescrições da legislação penal a respeito de questões como o consumo de entorpecentes), mas também — e *sobretudo* — da *autonomia pública*, assim considerada a sua *livre inserção no debate público*. Especificamente sobre este aspecto, não pode haver dúvida de que *a liberdade de expressão é crucial para a participação do cidadão no processo democrático*.

Outros dois fundamentos para a liberdade de expressão, intrinsecamente relacionados com o anterior, são indicados pelos constitucionalistas norteamericanos. A liberdade de expressão também funciona como *mecanismo de controle dos abusos do Estado*, uma vez que é tênue a linha divisória entre a manifestação de pensamento legítima e aquela inadmissível, de modo que, para proteção do discurso legítimo, é recomendável que quaisquer expressões de pensamento sejam livres da repressão estatal.

Por fim, a liberdade de expressão funcionaria como uma espécie de "válvula de escape social". Na formulação do *Justice* Brandeis, da Suprema Corte dos EUA, na *concurring opinion* proferida no caso *Whitney vs. California*, a repressão ao discurso não traz estabilidade pública, antes semeando o ódio e a reação. O discurso proibido não é desencorajado, mas escondido, incentivando a conspiração.

Todas essas justificativas são claramente aplicáveis ao caso em apreço. Independentemente da posição pessoal de cada um a respeito dos benefícios e dos malefícios do consumo de entorpecentes, *o tema não pode ser varrido para baixo do tapete*. É na esfera pública de debates que se alcançará, dialeticamente, o encaminhamento socialmente aceito quanto ao uso de drogas, seja ele qual for. E é desse resultado que se deverão valer as autoridades responsáveis pela elaboração e pela condução das políticas públicas.

Não se pode formar plena convicção acerca de qualquer questão sem conhecimento mais amplo possível dos diversos aspectos que a compõem e sem alguma percepção das eventuais consequências da adoção de um ou outro ponto de vista. E não se pode alcançar o conhecimento amplo sem que sejam trazidas ao debate as diversas perspectivas do tema, nascidas no seio de uma sociedade plural. Há que se vislumbrar com clareza as posições antagônicas e, sopesando-as, chegar-se a uma conclusão.

Nessa linha de raciocínio, é de clara constatação que ao indivíduo deve ser assegurada a oportunidade de manifestar seu pensamento contrário ou favorável à descriminalização do uso de entorpecentes. Ainda que seja somente para sua satisfação pessoal, o indivíduo é livre para compartilhar com a sociedade seu entendimento sobre a matéria e, assim, incorporá-la ao debate democrático. Na correta enunciação do professor britânico Eric Barendt (*Freedom of Speech*. New York: Oxford University Press, 2005. p. 19), "todos, incluídos, é claro, membros de grupos e partidos minoritários, são legitimados a participar do discurso e do debate públicos, dos quais resultará a formação de maiorias políticas temporárias" (tradução livre do inglês).

O que não se pode admitir é a repressão estatal ao livre exercício da manifestação do pensamento, máxime em questões tão candentes como a que ora se examina. Restringir manifestações públicas relacionadas com a reformulação da legislação penal significa subtrair da sociedade civil a possibilidade de, espontaneamente, eleger os temas que devem ser democraticamente submetidos à discussão, conferindo-se ao Estado o despótico papel de organizar a agenda social, definindo o momento e as condições em que as ideias serão levadas ao debate. Irrespondível, nesse aspecto, a crítica de Owen Fiss (*A ironia da liberdade de expressão*: Estado, regulação e diversidade na esfera pública. Trad. Gustavo Binenbojm e Caio Mário da Silva Pereira Neto. Rio de Janeiro: Renovar, 2005. p. 55-57), que, forte nas lições de Robert Post, assinala com precisão:

> Ao falar do Estado com mediador, Meiklejohn e Kalven trataram a sociedade como se fosse ela um gigantesco encontro em praça pública. Recentemente o Professor Robert Post insistiu que tal visão repousa em última análise em premissas antidemocráticas e criticou esse modo de entender a sociedade. De acordo com Post, enquanto verdadeiros encontros em praça pública ocorrem a partir de um acordo prévio dos participantes sobre a agenda — às vezes de forma implícita ou informal —, tal premissa não pode ser adotada em relação à sociedade civil. Na constante conversação que é a sociedade civil, ninguém nem nada está completamente descartado ou fora de cogitação. A sociedade civil, argumentou ele, só pode ser pensada como um encontro em praça pública se ela também tiver uma agenda, mas o estabelecimento dessa agenda exigiria uma certa medida de ação ditatorial da parte do Estado, restringindo assim as possibilidades radicalmente democráticas — quase anárquicas — que possam ser cogitadas. Princípios democráticos genuínos, segundo Post, exigem que os cidadãos definam a agenda pública e sejam sempre livres para redefini-la.
>
> A noção de um encontro em praça pública pressupõe de fato uma agenda — deve haver algum parâmetro de relevância —, mas agendas, tanto de encontros em praça pública ou de tipos mais metafóricos, não precisam ser estabelecidas pela ação deliberada dos participantes nem impostas por uma força externa, tal como o Estado. Elas podem evoluir organicamente. Em sociedades democráticas sempre há uma agenda estruturando a discussão pública — uma semana, proliferação nuclear, na semana seguinte, assistência médica —, embora tal agenda não seja definida por um agente ou autoridade particular.
>
> A sociedade é mais que um encontro em praça pública, e o Estado significativamente mais que um mediador. O Estado é também a corporificação de políticas substantivas individualizadas, e aqueles no controle do poder têm um interesse natural em como os debates são resolvidos. Políticos astuciosos podem dizer que estão regulando conteúdo com vistas a enriquecer o debate público e a assegurar que o público ouça todos os lados, mas seu propósito pode ser, de fato, determinar o resultado ou promover certas políticas. (...)

Nessa perspectiva, a repressão à "Marcha da Maconha" ou a outras manifestações públicas em que se defenda a descriminalização do uso de entorpecentes específicos dá ao Estado, sob o argumento da aplicação da lei penal, o monopólio da seleção das ideias que serão submetidas à esfera do debate público. À autoridade pública — policial ou judiciária — será dada a prerrogativa antidemocrática de, caso assim entenda, simplesmente decidir que a sociedade civil não se poderá organizar para discutir, séria e amplamente, o tema da descriminalização das drogas. Não se ouvirão as vozes favoráveis, com o que restará incompleto o desenho do panorama da discussão na sociedade, com prejuízo da ausculta popular que os formuladores de políticas públicas devem realizar no desempenho de seus misteres.

Quais as consequências dessa repressão? A clandestinidade da discussão é uma delas. *O tema da descriminalização da maconha e de outras drogas, se reprimido o debate, fica subterrâneo*, estimulando-se a formulação de juízos parciais e míopes, com elevado risco do surgimento de visões maniqueístas de ambos os lados. Para o *establishment*, o consumo de entorpecentes se associa ao desvio, à marginalidade; para os excluídos do debate, o consumo da droga se transforma em ilusório instrumento de libertação. Entre um e outro, a hipocrisia de uma sociedade que finge não enxergar que o consumo de entorpecentes se dá nas cracolândias, mas também nas mansões à beira-mar. *A questão precisa ser profunda e permanentemente debatida*.

É por essas razões que o Supremo Tribunal Federal, como *guardião da Constituição e, destarte, do regime democrático*, deve reconhecer a legitimidade e a necessidade do debate. A realização de manifestações públicas, a favor ou contra a descriminalização do consumo de entorpecentes, é um elemento caracterizador do amadurecimento da sociedade civil, que precisa ser valorizado. São exigências do Estado Democrático de Direito e do pluralismo, presentes no Preâmbulo e no art. 1º, *caput* e inciso V, da Constituição de 1988.

Conjugue-se a *liberdade de expressão*, no caso, com o *direito de reunião*, assegurado pelo art. 5º, XVI, da Constituição Federal. *A "Marcha da Maconha" ou outras manifestações e eventos públicos similares são, em princípio, agrupamentos de propósito pacífico, que bem se enquadram no espectro da proteção constitucional.* Recorde-se que, especialmente quanto à expressão coletiva da liberdade de expressão, já se vê precedente na jurisprudência desta Corte, em que se reconheceu a inconstitucionalidade de decreto distrital que proibia a utilização de carros, aparelhos e objetos sonoros nas manifestações públicas realizadas na Praça dos Três Poderes, na Esplanada dos Ministérios e na Praça do Buriti, em Brasília (DF). Na oportunidade, o Supremo Tribunal Federal afirmou que os atos normativos que frustrem a livre circulação de ideias, ainda que de forma dissimulada, serão inconstitucionais (ADI-MC nº 1.969/DF, Rel. Min. Marco Aurélio, julg. 24.3.1999; ADI nº 1.969, Rel. Min. Ricardo Lewandowski, julg. 28.6.2007).

Demais disso, as reuniões em locais públicos para a manifestação pacífica de ideias funcionam como *expressão coletiva das liberdades de expressão individuais* e potencializam o seu exercício, amplificando a manifestação do pensamento sufragado por seus integrantes, com inegáveis reflexos positivos para a democracia. Afinal, é relevante que se mensure, pelo *grau de mobilização social que atingem*, qual o *nível de adesão que tais movimentos obtêm na sociedade* quanto às ideias que propagam — é uma grandeza a ser considerada, na arquitetura das políticas públicas de saúde e de segurança.

Feitas essas considerações, impõe-se destacar que, como outros direitos fundamentais, a liberdade de expressão e a liberdade de reunião, conjugados na hipótese apreciada neste processo, não serão absolutos, encontrando limites diretamente na colisão com outras normas constitucionais ou na lei, hipótese em que se avaliará o conflito entre as liberdades fundamentais e as normas constitucionais que servem de fundamento à restrição legal. Eventualmente, tratando-se de colisão de princípios constitucionais, proceder-se-á ao manejo da técnica da ponderação, já de uso corrente na experiência jurídica pátria e consagrada pela pena de inúmeros autores brasileiros (v., por todos, BARCELLOS, Ana Paula de. *Ponderação, racionalidade e atividade jurisdicional*. Rio de Janeiro: Renovar, 2005).

É certo que a liberdade de expressão, como direito fundamental, merece proteção qualificada, de modo que, quando da ponderação com outros princípios constitucionais, possua uma dimensão de peso, *prima facie*, maior. Não se quer afirmar que haja qualquer espécie de hierarquia entre as normas constitucionais — o *princípio da unidade da Constituição*, amplamente reconhecido pela doutrina brasileira e pela jurisprudência desta Corte (cf. ADI nº 815/DF, Rel. Min. Moreira Alves, julg. 28.3.1996), não concebe essa distinção hierárquica —, mas é inegável que existe uma certa preeminência axiológica da liberdade de expressão, já reconhecida por autores como Luís Roberto Barroso (Liberdade de expressão *versus* direitos da personalidade: colisão de direitos fundamentais e critérios de ponderação. *In*: SARLET, Ingo Wolfgang (Org.). *Direitos fundamentais, informática e comunicação*. Porto Alegre: Livraria do Advogado, 2007. p. 82-83), *verbis*:

> (...) Na verdade, tanto em sua manifestação individual, como especialmente na coletiva, entende-se que as liberdades de informação e de expressão servem de fundamento para o exercício de outras liberdades, o que justifica uma posição de preferência — *preferred position* — em relação aos direitos fundamentais individualmente considerados. Tal posição, consagrada originariamente pela Suprema Corte americana, tem sido reconhecida pela jurisprudência do Tribunal Constitucional espanhol e pela do Tribunal Constitucional Federal alemão. (...)

Nesse mesmo sentido, confira-se o magistério de Edilsom Pereira de Farias (*Colisão de direitos*: a honra, a intimidade, a vida privada e a imagem *versus* a liberdade de expressão e informação. Porto Alegre: Sergio Antonio Fabris, 2008. p. 175), em textual:

> (...) A liberdade de expressão e comunicação, uma vez que contribui para a orientação da opinião pública na sociedade democrática, é estimada como um elemento

condicionador da democracia pluralista e como premissa para o exercício de outros direitos fundamentais. Em conseqüência, no caso de pugna com outros direitos fundamentais ou bens de estatura constitucional, os tribunais constitucionais têm decidido que, *prima facie*, a liberdade de expressão e comunicação goza de *preferred position* (...)

O pensamento jurídico brasileiro, como se observa, acolheu o entendimento hoje dominante na Suprema Corte dos EUA, consagrado em julgados como *United States vs. Carolene Products* (323 US 18), *Jones vs. Opelika* (319 US 103) e *Thomas vs. Collins* (323 US 516), segundo o qual os direitos fundamentais gozam de posição preferencial ou privilegiada no balanceamento de normas constitucionais em conflito, de modo que as restrições legais devem ser submetidas a avaliação mais severa (*strict scrutiny*), que, se não inverte, ao menos mitiga a presunção de constitucionalidade das leis.

Entretanto, há que se ter por igualmente recebida a influência da Suprema Corte norte-americana no que diz com a possibilidade de, diante de outros interesses constitucionais que se traduzam em finalidades públicas de alta carga valorativa (*compelling interests*), seja reequilibrada a ponderação, afastando-se a preferência do direito fundamental.

É o que se dá no caso em lume. Especialmente quanto à reunião de pessoas para a realização da manifestação ou evento públicos, a própria norma constitucional — o art. 5º, XVI — delineou os contornos da limitação, que não suscitam, em princípio, maior controvérsia: a reunião deve ser pacífica, sem armas, não deve frustrar outra reunião anteriormente convocada para o mesmo local e deve ser previamente *comunicada* à autoridade competente. A comunicação — que jamais será confundida com pedido de autorização ou licença — deve, por óbvio, declinar dia, horário, local e finalidade do evento, para permitir às autoridades públicas a adoção de medidas que, sem impedir o exercício do direito, possam racionalizar o uso do espaço público.

No que concerne à liberdade de expressão, por seu turno, a limitação é legal, mas igualmente legítima. O art. 287 do Código Penal estabelece limite ao exercício da liberdade de expressão, baseado na proteção da paz pública, particularmente naquilo que se refere ao impedimento da sua disseminação de prática criminosa, assim definida em juízo de ponderação previamente efetuado pelo legislador.

Admissível, portanto, a restrição à liberdade de expressão operada pelo art. 287 do Código Penal, sobretudo porque a lei penal não fere o que, em sede doutrinária, o Min. Gilmar Mendes (MENDES; BRANCO, *op. cit.*, p. 239 *et seq.*) denomina de *limites dos limites* (*Schanken-Schranken*). Com efeito, resta preservado o núcleo essencial da liberdade de expressão, que se traduz, *in casu*, na livre manifestação do pensamento favorável à descriminalização do uso de substância entorpecente, vedando-se apenas o estímulo, a incitação, o incentivo a esse uso. O indivíduo é livre para posicionar-se publicamente a favor da exclusão da incidência da norma penal sobre o consumo de drogas e lhe é dado, inclusive, o direito de convencer o outro a compartilhar de seu entendimento, mas não ao consumo do entorpecente propriamente dito.

Importa, nesta quadra, analisar o argumento contido nas informações prestadas pelo então Exmo. Sr. Advogado-Geral da União (fls. 92 *et seq.*), abaixo reproduzido:

> Portanto, a simples participação em um evento — *v.g.* passeata — pela mudança legislativa sobre o uso de uma determinada substância hoje considerada ilegal — droga — não pode ser considerado uma apologia ao crime.
>
> Todavia, pode sim alguém que esteja em um evento como o citado no parágrafo anterior fazer apologia ao uso de uma dada substância ilegal, gritando palavras de ordem de uso da substância, portanto cartazes neste sentido ou de alguma forma enaltecendo o uso de algo que hoje é proibido.
>
> É uma linha tênue entre o tipo penal e a liberdade de expressão pela mudança legislativa que só é verificável caso a caso, de acordo com o fato eventualmente levado ao Poder Judiciário.

Há parcela de acerto no argumento. Com efeito, o fato de a tão só realização da manifestação pública pela descriminalização de uso de entorpecentes não constituir crime não impede que, no caso concreto, algum ou mesmo vários de seus participantes exorbitem os limites da liberdade de expressão e efetivamente pratiquem a apologia da conduta criminosa de consumo de drogas, exaltando-a ou mesmo passando à sua prática. Nestes casos, o abuso poderá importar a ocorrência do delito penal, o que somente se poderá verificar *in concreto*.

Vale dizer, é admissível que a autoridade policial, na avaliação do caso concreto, verifique a ocorrência do crime e, com isso, proceda à prisão em flagrante com base no art. 287 do Código Penal. Isso não significa, porém, que deva ser sufragada a conclusão de descabimento desta ADPF ou de improcedência do pedido nela formulado. Explica-se.

A jurisdição — no caso, a jurisdição constitucional — é a sede da pacificação das relações sociais. É missão do Poder Judiciário conferir segurança às relações jurídicas, naquilo que diz respeito à previsibilidade das consequências dos atos praticados pelos indivíduos. A existência de decisões judiciais que, aprioristicamente, proíbem eventos como a "Marcha da Maconha", relatadas na peça vestibular, denota, à saciedade, a necessidade do provimento jurisdicional reclamado nesta ação.

Nessa ordem de ideias, a decisão de mérito nesta ADPF, a prevalecer o entendimento esposado neste voto, permitirá ao cidadão a livre manifestação de seu pensamento na esfera pública, quando favorável à descriminalização do consumo de entorpecentes, sem a ameaça de uma repressão estatal; ser-lhe-á franqueada a oportunidade de apresentar ao *mercado livre de ideias* a sua posição sobre o tema e, assim, enriquecer o debate público acerca de matéria tão sensível.

Por outro lado, às autoridades públicas será imposto maior esforço argumentativo (como convém a qualquer restrição das liberdades fundamentais) para justificar o enquadramento da conduta do indivíduo na tipificação penal da apologia ao crime. A simples participação em movimentos pró-descriminalização das drogas, como a "Marcha da Maconha" ou outros, não dará supedâneo à prisão ou a processo penal — será necessário que se verifique, caso a caso, a efetiva incursão na prática delitiva prevista no art. 287 do Código Penal, o louvor à prática do uso do entorpecente em si (se e enquanto esta ainda for prevista em lei como crime).

De igual modo, também não se poderá entender como exercício da liberdade de expressão a efetiva prática da atividade delitiva cuja descriminalização se defende; ao revés, o consumo da droga constituirá evidente excesso e, assim, incursão na conduta penalmente tipificada. *O uso do entorpecente proibido, ainda que no contexto da "Marcha da Maconha" ou evento congênere, não configura simples manifestação de pensamento ou forma de protesto, mas — ao menos enquanto vigente a legislação atual — a prática de crime.*

Por fim, há outra restrição que não pode ser ignorada. A manifestação de pensamento favorável à descriminalização do consumo entorpecentes, cabível no exercício da liberdade de expressão, pressupõe, como já assinalado, a autonomia individual. Diante disso, *não é adequado que crianças e adolescentes, cuja autonomia é limitada — ainda que temporariamente —, sejam levados à participação ativa no evento.*

O art. 227 da Constituição, com redação conferida pela Emenda Constitucional nº 65/2010, estabelece *absoluta prioridade* na proteção da criança, do adolescente e do jovem quanto à saúde e à dignidade. O inciso VII do §3º do mesmo dispositivo constitucional inclui, na sua proteção especial, a adoção de "programas de prevenção e atendimento especializado à criança, ao adolescente e ao jovem dependente de entorpecentes e drogas afins".

Extrai-se das disposições constitucionais acima mencionadas — tendo-se em mente a lúcida distinção feita por Eros Roberto Grau (*Ensaio e discurso sobre a interpretação/aplicação do direito*. 5. ed. São Paulo: Malheiros, 2009. p. 27) entre textos normativos e normas propriamente ditas — a existência de um *princípio constitucional*, um estado ideal de coisas, voltado ao *afastamento da criança e do adolescente do consumo de entorpecentes e drogas afins, seja lícito ou ilícito o seu consumo*. Vale dizer, se a Constituição cuidou de prever a proteção dos menores dependentes químicos, é corolário dessa previsão que se vislumbre um propósito constitucional de evitar, tanto quanto possível, o contato das crianças e adolescentes com a droga, com o risco da eventual criação de uma dependência.

Obviamente, o atingimento da maioridade permitirá ao indivíduo, segundo a sua livre convicção, defender ou não a descriminalização das drogas. Contudo, o engajamento de menores em movimentos dessa natureza, esperando-se deles a defesa ostensiva do consumo legalizado de entorpecentes como a maconha, interfere indevidamente no processo de formação de sua autonomia e aponta em sentido oposto àquele sinalizado pela Constituição no art. 227, *caput* e §3º, VII.

Também é evidente que não se pretende afirmar que o menor não pode assistir ou acompanhar, de alguma forma, a ocorrência da manifestação pública. Conhecê-la será parte do processo de aquisição de informações necessárias à formação de sua própria convicção, mas o tempo e o modo em que o tema será apresentado à criança e ao adolescente é responsabilidade de seus pais ou responsáveis (art. 229 da Constituição Federal).

Em virtude do acima exposto, voto no sentido da *procedência do pedido*, de modo a que, mediante a *interpretação conforme a Constituição* do art. 287 do Código Penal, seja afastada a incidência do mencionado dispositivo legal sobre as manifestações e eventos públicos realizados em defesa da legalização das drogas, ou de qualquer substância entorpecente específica, observados os seguintes parâmetros:

1. Trate-se de reunião pacífica, sem armas, previamente noticiada às autoridades públicas quanto à data, ao horário, ao local e ao objetivo, e sem incitação à violência;
2. Não haja incitação, incentivo ou estímulo ao consumo de entorpecentes na sua realização;
3. Não haja consumo de entorpecentes na ocasião;
4. Não haja a participação ativa de crianças e adolescentes na sua realização.

Debate

O Senhor Ministro Cezar Peluso (Presidente) – Vossa Excelência me permite fazer uma sugestão? Acho que substancialmente Vossa Excelência em nada diverge do voto do eminente Relator. Essas referências a ações proibidas, acho que são dispensáveis, porque já são previstas como proibidas, como ilegais.

A Senhora Ministra Cármen Lúcia – Consta até do voto do Ministro Relator.

O Senhor Ministro Luiz Fux – Eu entendi interessante esse balizamento porque a jurisdição é uma função popular, e, de quando em vez, verificamos notícias completamente diversas daquilo que representa o objeto da nossa atividade. Evidentemente que nós, magistrados da Suprema Corte — e ela, em muitas ocasiões, tem que ser efetivamente contramajoritária —, temos o direito de verificarmos a fidelidade daquilo que efetivamente nós julgamos. Não é verdade? Hoje, por exemplo, havia um periódico com a notícia de que o Supremo Tribunal Federal julgaria a legalização da maconha. Então, o meu dever de explicitude decorreu, talvez, da minha preocupação pessoal — e cada um emprega no voto um pouco da sua preocupação pessoal como membro da Suprema Corte — com a coexistência de princípios tão magnânimos como esse, não menos importante, que é a proteção da criança e do adolescente.

O Senhor Ministro Cezar Peluso (Presidente) – É só para não abrirmos eventualmente outra ou uma divergência em relação ao voto do Relator.

O Senhor Ministro Luiz Fux – Acho que são votos coincidentes com a explicitação.

A Senhora Ministra Cármen Lúcia – É porque a conclusão de Vossa Excelência ficou pela procedência parcial.

O Senhor Ministro Luiz Fux – Por causa dos balizamentos.

O Senhor Ministro Celso de Mello (Relator) – Se Vossa Excelência me permitir, apenas uma pequena observação. É claro que os fundamentos em que se apoia o meu voto, tanto quanto os fundamentos do douto voto de Vossa Excelência, convergem no sentido de que se impõe preservar, de um lado, a liberdade de reunião e, de outro, o exercício do direito à livre expressão, à livre manifestação do pensamento.

É certo também que a preservação da incolumidade do direito de reunião supõe o preenchimento dos requisitos que a própria Constituição estabelece para que se considere legítima a prática dessa liberdade: a reunião lícita, pacífica, sem armas, independentemente de prévia autorização do órgão estatal competente, bastando, no máximo, haver uma prévia notificação, até mesmo para que as autoridades públicas possam evitar que outro grupo que precedentemente já exercera, ou estaria exercendo o direito...

O Senhor Ministro Marco Aurélio – Vossa Excelência não vincula a participação à faixa etária?

O Senhor Ministro Celso de Mello (Relator) – Veja bem, a preocupação do Ministro LUIZ FUX é extremamente louvável.

O Senhor Ministro Cezar Peluso (Presidente) – Ele está levando em conta o Código Penal.

O Senhor Ministro Celso de Mello (Relator) – A mim, parece-me que o artigo 229, quando estabelece e reconhece o dever dos pais em relação aos seus filhos menores, é uma regra que se impõe por si mesma, por sua própria autoridade. Veja só o que diz o artigo 229, que Vossa Excelência mencionou em seu douto voto:

> Art. 229. Os pais têm o dever de assistir, criar e educar os filhos menores, e os filhos maiores têm o dever de ajudar e amparar os pais na velhice, carência ou enfermidade.

É evidente que menores absolutamente incapazes estão sob a guarda imediata, a autoridade imediata, do seu pai e da sua mãe e, portanto, tenho a impressão de que não deveríamos interferir na esfera de autonomia da vontade paterna ou materna.

O Senhor Ministro Ayres Britto – Também não.

A Senhora Ministra Cármen Lúcia – Até porque, Ministro, seria o Estado dizendo para o pai e para a mãe aonde ele pode ir e com quem.

O Senhor Ministro Luiz Fux – Na verdade, não me fixei em ensinar padre a rezar missa.

O Senhor Ministro Celso de Mello (Relator) – Sim, claro.

O Senhor Ministro Luiz Fux – Não me fixei na responsabilidade dos pais. O que eu digo no parágrafo anterior — até concordo, por exemplo, para não alongar o debate, pois estamos falando a mesma linguagem e me reservo o direito de explicitar isso —, na verdade, é que me fixei no artigo 227, §3º, inciso VII, da Constituição Federal, quando ele se refere especificamente a esse afastamento da criança e do adolescente das drogas e do risco da dependência. Em *obiter dictum*, eu disse que, quando ele alcançar a maioridade, os pais saberão...

O Senhor Ministro Celso de Mello (Relator) – Veja Vossa Excelência: o Estatuto da Criança e do Adolescente, ao implementar as regras da Constituição, define criança como aquela entre 0 e 12 anos e o adolescente entre 12 e 18 anos. Ora, o adolescente, a partir dos 16 anos, pode alistar-se, voluntariamente, facultativamente, adquirindo a condição de eleitor. Na condição de eleitor, ele tem o direito até de subscrever projeto de lei, dirigido ao Congresso Nacional, propondo a abolição penal em relação ao uso de drogas.

O Senhor Ministro Luiz Fux – Então, é concordar com Vossa Excelência e incluir nesse balizamento último, do afastamento de crianças e adolescentes da realização da marcha, "salvo os menores com 16 anos de idade".

O Senhor Ministro Marco Aurélio – Mas não dá para entrarmos nesse campo, no âmago da questão.

O Senhor Ministro Cezar Peluso (Presidente) – Só para facilitar, Vossa Excelência mantém a sua posição?

O Senhor Ministro Luiz Fux – Eu concordo. Faço o seguinte, Senhor Presidente, para evitar o alongamento: com a devida vênia, vou manter o meu direito de fazer essas explicitações e concordar integralmente com o voto do Relator.

O Senhor Ministro Cezar Peluso (Presidente) – É um voto parcialmente divergente.

O Senhor Ministro Ricardo Lewandowski – Como *obiter dicta* Vossa Excelência mantém isso?

O Senhor Ministro Luiz Fux – Sim. Mantenho a procedência com esse balizamento.

O Senhor Ministro Ricardo Lewandowski – Pois não.

O Senhor Ministro Cezar Peluso (Presidente) – Parcialmente divergente.

A Senhora Ministra Cármen Lúcia – Mas a procedência é total, porque a do Ministro...

O Senhor Ministro Luiz Fux – Eu acompanho o Relator.

HC nº 107.801 (Rel. Min. Cármen Lúcia; Rel. p/ acórdão Min. Luiz Fux) – HC nº 101.698 (Rel. Min. Luiz Fux)

O Elemento Subjetivo nos Homicídios de Trânsito

Marcos Paulo Loures de Meneses

A definição do elemento subjetivo é tema dos mais tormentosos no exercício da jurisdição criminal, porquanto, de um lado, é impossível penetrar-se na psique do agente a fim de aferir a presença de volição e, de outro, está em jogo o bem mais valioso do ser humano, que é a liberdade.

E foi precisamente sobre esse tema que trataram os HC nº 107.801/SP e nº 101.698/RJ, apreciados pela Primeira Turma do Supremo em 2011, que se complementaram na formação de uma posição jurisprudencial acerca do homicídio de trânsito.

O primeiro *habeas corpus* apreciado foi o HC nº 107.801/SP, que tratava de paciente pronunciado pela prática de homicídio qualificado (art. 121, 2º, IV c/c art. 18, I, *in fine*, do Código Penal) por ter causado morte de uma pedestre dirigindo automóvel sob o efeito de bebidas alcoólicas.

Nesse primeiro julgado, após o voto da Relatora, Ministra Cármen Lúcia, denegando a ordem, o Ministro Luiz Fux pediu vista motivado pela preocupação, externada no seu voto, em face da generalizada submissão ao Júri popular dos homicídios praticados na direção de veículo automotor, estando o agente sob o efeito de bebidas alcoólicas, tendência observada nos últimos tempos que certamente gerou inúmeras condenações injustas, máxime naqueles casos mais explorados pela imprensa.

No seu voto, o Min. Luiz Fux investigou a origem doutrinária dessa banalização do homicídio doloso, constatando a aplicação indevida da teoria da *actio libera in causa*, porquanto acionada indistintamente nos casos de embriaguez, preordenada ou não.

Então, procedeu à adequação dessa teoria apenas aos casos de embriaguez preordenada, na esteira da doutrina de José Frederico Marques,

Magalhães Noronha, Jürgen Baumann, Paulo José da Costa Júnior, Munhoz Neto, entre outros, e afastou a hipótese de preordenação no caso dos autos.

Consectariamente, excluída a aplicação da teoria da "ação livre na causa", passou à análise do elemento subjetivo do tipo segundo as circunstâncias objetivas do caso *sub judice*, partindo da denúncia e da sentença de pronúncia, a fim de concluir se se tratava de culpa consciente ou dolo eventual.

Com efeito, essa definição é das mais capciosas, porquanto em ambas as situações o agente faz a representação do resultado, por isso que a demonstração do elemento volitivo é o ponto nevrálgico da solução jurídica.

Sob o prisma da teoria do assentimento e com esteio na doutrina clássica de Hungria e Fragoso, concluiu o Ministro que não havia sido comprovado o consentimento do agente, sendo certo que este não poderia ser presumido da simples embriaguez, e desclassificou a conduta imputada para homicídio culposo na direção de veículo automotor (art. 302 do CTB).

Em seguida, os Ministros Dias Toffoli e Marco Aurélio acompanharam esse entendimento, resultando, daí, na concessão da ordem, vencida a Relatora.

Esse julgado foi uma importante advertência aos profissionais do Direito que lidam com casos sobre homicídios de trânsito em Juízo, exigindo uma reflexão maior no momento da tipificação, a fim de atentar-se para a demonstração, ou não, do efetivo assentimento do agente no caso concreto, e afastando a aplicação da teoria da *actio libera in causa* nos casos em que não haja embriaguez preordenada. A ementa do acórdão restou redigida nos seguintes termos:

> Penal. *Habeas Corpus*. Tribunal do Júri. Pronúncia por homicídio qualificado a título de dolo eventual. Desclassificação para homicídio culposo na direção de veículo automotor. Embriaguez alcoólica. *Actio libera in causa*. Ausência de comprovação do elemento volitivo. Revaloração dos fatos que não se confunde com revolvimento do conjunto fático-probatório. Ordem concedida. 1. A classificação do delito como doloso, implicando pena sobremodo onerosa e influindo na liberdade de ir e vir, mercê de alterar o procedimento da persecução penal em lesão à cláusula do *due process of law*, é reformável pela via do habeas corpus. 2. O homicídio na forma culposa na direção de veículo automotor (art. 302, caput, do CTB) prevalece se a capitulação atribuída ao fato como homicídio doloso decorre de mera presunção ante a embriaguez alcoólica eventual. 3. A embriaguez alcoólica que conduz à responsabilização a título doloso é apenas a preordenada, comprovando-se que o agente se embebedou para praticar o ilícito ou assumir o risco de produzi-lo. 4. *In casu*, do exame da descrição dos fatos empregada nas razões de decidir da sentença e do acórdão do TJ/SP, não restou demonstrado que o paciente tenha ingerido bebidas alcoólicas no afã de produzir o resultado morte. 5. A doutrina clássica revela a virtude da sua justeza ao asseverar que "O anteprojeto Hungria e os modelos em que se inspirava resolviam muito melhor o assunto. O art. 31 e §§1º e 2º estabeleciam: 'A embriaguez pelo álcool ou substância de efeitos análogos, ainda quando completa, não exclui a responsabilidade, salvo quando fortuita ou involuntária. §1º. Se a embriaguez foi intencionalmente procurada para a prática do crime, o agente é punível a título de dolo; §2º. Se, embora não preordenada, a

embriaguez é voluntária e completa e o agente previu e podia prever que, em tal estado, poderia vir a cometer crime, a pena é aplicável a título de culpa, se a este título é punível o fato'". (Guilherme Souza Nucci. *Código Penal Comentado*. 5. ed. rev. atual. e ampl. São Paulo: Revista dos Tribunais, 2005. p. 243) 6. A revaloração jurídica dos fatos postos nas instâncias inferiores não se confunde com o revolvimento do conjunto fático-probatório. Precedentes: HC 96.820/SP, rel. Min. Luiz Fux, j. 28/6/2011; RE 99.590, Rel. Min. Alfredo Buzaid, *DJ*, 6 abr. 1984; RE 122.011, relator o Ministro Moreira Alves, *DJ*, 17 ago. 1990. 7. A Lei nº 11.275/06 não se aplica ao caso em exame, porquanto não se revela *lex mitior*, mas, ao revés, previu causa de aumento de pena para o crime *sub judice* e em tese praticado, configurado como homicídio culposo na direção de veículo automotor (art. 302, caput, do CTB). 8. Concessão da ordem para desclassificar a conduta imputada ao paciente para homicídio culposo na direção de veículo automotor (art. 302, *caput*, do CTB), determinando a remessa dos autos à Vara Criminal da Comarca de Guariba/SP.

Com isso, espera-se que sejam levados a Júri aqueles casos de homicídio na direção de veículo automotor em que haja demonstração ao menos indiciária da ocorrência de dolo, e não apenas a comprovação da embriaguez, preservando-se, assim, a competência do Tribunal Popular para o julgamento dos crimes dolosos contra a vida (art. 5º, XXXVIII, "d", da Constituição de 1988).

Em complementação a esse entendimento, o Min. Luiz Fux levou a julgamento o HC 101698/RJ, impetrado por paciente pronunciado também por homicídio doloso na direção de veículo automotor, mas com uma peculiaridade: participava ele de competições não autorizadas em vias públicas, conhecidas amplamente como "racha" ou "pega".

Esse caso bem serviu para elucidar que a posição adotada pela Primeira Turma não era a de que, tratando-se de homicídio de trânsito, o agente somente poderia ser punido a título doloso em caso de embriaguez preordenada, como açodadamente chegaram a divulgar alguns.

Então, ficou bem claro que a teoria da *actio libera in causa* é que foi limitada ao âmbito da embriaguez preordenada, podendo o condutor do veículo automotor responder por homicídio doloso ainda que não esteja sob o efeito de bebidas alcoólicas, ou mesmo que não se coloque nessa condição com o objetivo de praticar o delito de trânsito.

Esse segundo *habeas corpus* foi um exemplo emblemático de que mesmo nessas situações pode ser demonstrado o assentimento do agente, como no caso apreciado, em que o paciente participava de "racha" ou "pega", em via movimentada, desenvolvendo velocidade bem superior ao limite máximo permitido.

Portanto, das circunstâncias objetivas do caso, depreendeu-se que o agente consentiu em produzir o resultado morte, incidindo no dolo eventual previsto no art. 18, inciso I, segunda parte ("Diz-se o crime: I - doloso, quando o agente (...) assumiu o risco de produzi-lo [resultado]"), justificando o seu julgamento pelo Júri.

Neste processo, a ordem foi denegada, nos termos do voto do Relator (Min. Luiz Fux), vencido o Ministro Marco Aurélio. Diversas alegações foram suscitadas pelo impetrante, como o excesso de linguagem e a nulidade do segundo julgamento do recurso em sentido estrito, mas, no que tange ao tema em exame, qual seja, o elemento subjetivo, a ementa consignou:

> 11. O caso *sub judice* distingue-se daquele revelado no julgamento do HC nº 107801 (rel. min. Luiz Fux, 1ª Turma, *DJ*, 13 out. 2011), que cuidou de paciente sob o efeito de bebidas alcoólicas, hipótese na qual gravitava o tema da imputabilidade, superada tradicionalmente na doutrina e na jurisprudência com a aplicação da teoria da *actio libera in causa*, viabilizando a responsabilidade penal de agentes alcoolizados em virtude de ficção que, levada às últimas consequências, acabou por implicar em submissão automática ao Júri em se tratando de homicídio na direção de veículo automotor. 12. A banalização do crime de homicídio doloso, decorrente da sistemática aplicação da teoria da "ação livre na causa" mereceu, por esta Turma, uma reflexão maior naquele julgado, oportunidade em que se limitou a aplicação da mencionada teoria aos casos de embriaguez preordenada, na esteira da doutrina clássica. 13. A precompreensão no sentido de que todo e qualquer homicídio praticado na direção de veículo automotor é culposo, desde não se trate de embriaguez preordenada, é assertiva que não se depreende do julgado no HC nº 107801. 14. A diferença entre o dolo eventual e a culpa consciente encontra-se no elemento volitivo que, ante a impossibilidade de penetrar-se na *psique* do agente, exige a observação de todas as circunstâncias objetivas do caso concreto, sendo certo que, em ambas as situações, ocorre a representação do resultado pelo agente. 15. Deveras, tratando-se de culpa consciente, o agente pratica o fato ciente de que o resultado lesivo, embora previsto por ele, não ocorrerá. Doutrina de Nelson Hungria (*Comentários ao Código Penal*. 5. ed. Rio de Janeiro: Forense, 1980. v. 1, p. 116-117); Heleno Cláudio Fragoso (*Lições de Direito Penal*: parte geral. 17. ed. Rio de Janeiro: Forense, 2006. p. 173 – grifo adicionado) e Zaffaroni e Pierangelli (*Manual de Direito Penal*: Parte Geral. 9. ed. São Paulo: Revista dos Tribunais, 2011. v. 1, p. 434-435 – grifos adicionados). 16. A cognição empreendida nas instâncias originárias demonstrou que o paciente, ao lançar-se em práticas de expressiva periculosidade, em via pública, mediante alta velocidade, consentiu em que o resultado se produzisse, incidindo no dolo eventual previsto no art. 18, inciso I, segunda parte, verbis: ("*Diz-se o crime: I - doloso, quando o agente* quis o resultado ou *assumiu o risco de produzi-lo*" – grifei). 17. A notória periculosidade dessas práticas de competições automobilísticas em vias públicas gerou a edição de legislação especial prevendo-as como crime autônomo, no art. 308 do CTB, *in verbis*: "Art. 308. Participar, na direção de veículo automotor, em via pública, de corrida, disputa ou competição automobilística não autorizada pela autoridade competente, desde que resulte dano potencial à incolumidade pública ou privada:". 18. O art. 308 do CTB é crime doloso de perigo concreto que, se concretizado em lesão corporal ou homicídio, progride para os crimes dos artigos 129 ou 121, em sua forma dolosa, porquanto seria um contra-senso transmudar um delito doloso em culposo, em razão do advento de um resultado mais grave. Doutrina de José Marcos Marrone (*Delitos de Trânsito brasileiro*: Lei n. 9.503/97. São Paulo: Atlas, 1998. p. 76). 19. É cediço na Corte que, em se tratando de homicídio praticado na direção de veículo automotor em decorrência do chamado "racha", a conduta configura homicídio doloso. Precedentes: HC 91159/MG, rel. Min. Ellen Gracie, 2ª Turma, *DJ*, 24 out. 2008; HC 71800/RS, rel. Min. Celso de Mello, 1ªTurma, *DJ*, 3 maio 1996. 20. A conclusão externada nas instâncias originárias no sentido de que o paciente participava de "pega" ou "racha", empregando alta velocidade, momento em que veio a colher a vítima em motocicleta, impõe reconhecer a presença do elemento

volitivo, vale dizer, do dolo eventual no caso concreto. 21. A valoração jurídica do fato distingue-se da aferição do mesmo, por isso que o exame da presente questão não se situa no âmbito do revolvimento do conjunto fático-probatório, mas importa em mera revaloração dos fatos postos nas instâncias inferiores, o que viabiliza o conhecimento do *habeas corpus*. Precedentes: HC 96.820/SP, rel. Min. Luiz Fux, j. 28/6/2011; RE 99.590, Rel. Min. Alfredo Buzaid, *DJ*, 6 abr. 1984; RE 122.011, relator o Ministro Moreira Alves, *DJ*, 17 ago. 1990. 22. Assente-se, por fim, que a alegação de que o Conselho de Sentença teria rechaçado a participação do corréu em "racha" ou "pega" não procede, porquanto o que o Tribunal do Júri afastou com relação àquele foi o dolo ao responder negativamente ao quesito: "Assim agindo, o acusado assumiu o risco de produzir o resultado morte na vítima?", concluindo por prejudicado o quesito alusivo à participação em manobras perigosas.

Por todo o exposto, a posição da 1ª Turma do Supremo, fruto de reflexões trazidas à baila pelo Ministro Luiz Fux, parece equacionar bem o tema do elemento subjetivo nos homicídios de trânsito, porquanto considerou, de um lado, a necessidade de justa repressão a esses crimes e, de outro, a banalização do homicídio doloso a ser combatida nessa seara.

(I) HC nº 107.801 (Rel. Min. Cármen Lúcia; Rel. p/ acórdão Min. Luiz Fux)

Voto-Vista

O Senhor Ministro Luiz Fux (Relator): Trata-se de *habeas corpus* substitutivo de recurso ordinário impetrado contra acórdão denegatório de idêntica medida, sintetizado na seguinte ementa, *in verbis*:

> *Habeas Corpus.* Tribunal do Júri. Pronúncia por homicídio qualificado a título de dolo eventual. Desclassificação para homicídio culposo na direção de veículo automotor. Exame de elemento subjetivo do tipo. Análise aprofundada do conjunto fático-probatório. Impossibilidade. Competência do Conselho de Sentença. Ausência de constrangimento ilegal. Ordem denegada.
>
> 1. A decisão de pronúncia encerra simples juízo de admissibilidade da acusação, exigindo o ordenamento jurídico somente o exame da ocorrência do crime e de indícios de sua autoria, não se demandando aqueles requisitos de certeza necessários à prolação de um édito condenatório, sendo que as dúvidas, nessa fase processual, resolvem-se contra o réu e a favor da sociedade. É o mandamento do art. 408 e atual art. 413 do Código Processual Penal.
>
> 2. O exame da insurgência exposta na impetração, no que tange à desclassificação do delito, demanda aprofundado revolvimento do conjunto probatório — vedado na via estreita do *mandamus* —, já que para que seja reconhecida a culpa consciente ou o dolo eventual, faz-se necessária uma análise minuciosa da conduta do paciente.
>
> 3. Afirmar se agiu com dolo eventual ou culpa consciente é tarefa que deve ser analisada pela Corte Popular, juiz natural da causa, de acordo com a narrativa dos fatos constantes da denúncia e com o auxílio do conjunto fático-probatório produzido no âmbito do devido processo legal, o que impede a análise do elemento subjetivo de sua conduta por este Sodalício.
>
> 4. Na hipótese, tendo a decisão impugnada asseverado que há provas da ocorrência do delito e indícios da autoria assestada ao paciente e tendo a provisional trazido a descrição da conduta com a indicação da existência de crime doloso contra a vida, sem proceder à qualquer juízo de valor acerca da sua motivação, não se evidencia o alegado constrangimento ilegal suportado em decorrência da pronúncia a título de dolo eventual, que depende de profundo estudo das provas, as quais deverão ser oportunamente sopesadas pelo Juízo competente no âmbito do procedimento próprio, dotado de cognição exauriente.
>
> 5. Ordem denegada.

Segundo consta nos autos, o paciente foi denunciado pela prática de homicídio qualificado (art. 121, 2º, IV c/c art. 18, I, segunda parte do Código

Penal), porquanto teria, na direção de veículo automotor e sob o efeito de bebidas alcoólicas, atropelado a vítima, que veio a óbito.

Pronunciado o paciente pelo delito de homicídio doloso, interpôs recurso em sentido estrito, que restou desprovido, ensejando a impetração de *habeas corpus* no Superior Tribunal de Justiça, alfim denegado.

Nesta impetração, sustenta-se que o fato imputado ao paciente deve ser tipificado como homicídio culposo, uma vez que aplicável ao homicídio praticado em direção de veículo automotor por agente sob o efeito de bebidas alcoólicas o art. 302, inciso V, do CTB, na redação da Lei nº 11.275/06, *in verbis*:

> Art. 302. (...)
> Parágrafo único. No homicídio culposo cometido na direção de veículo automotor, a pena é aumentada de um terço à metade, se o agente: (...)
> V - estiver sob a influência de álcool ou substância tóxica ou entorpecente de efeitos análogos. (*Incluído pela Lei nº 11.275/2006; Revogado pela Lei nº 11.705/2008*)

Alega que a Lei nº 11.275/06 entrou em vigor após a ocorrência do fato (19.5.2002), sendo aplicável ao caso *sub judice* mesmo que tenha sido revogada, posto ser mais benéfica (artigo 5º, XL, da Constituição da República e artigo 2º, parágrafo único, do Código Penal).

Argumenta que a referida lei "atribui à embriaguez ao volante a condição de causa de aumento de pena em sede homicídio de trânsito culposo, impossibilitando que o estado ébrio seja considerado como justificativa do reconhecimento de dolo eventual, o que afasta a incidência do artigo 121 do Código Penal".

Afirma que as instâncias inferiores reconheceram a ausência do *animus necandi*, de modo que, se paciente não anuiu nem aceitou o risco de produzir o resultado morte, deveria ser reconhecida a ocorrência de culpa consciente, e não de dolo eventual.

Aduz que a análise do presente *writ* não requer revolvimento de fatos e provas, como assentado pelo STJ, mas sim de revaloração do acervo probatório, sendo certo que não se pode atribuir automaticamente o dolo quando se trata de homicídio de trânsito decorrente de embriaguez.

Requer a desclassificação da conduta para o tipo do art. 302, "caput" da Lei n.º 9.503/97, "ainda que com o acréscimo previsto no inciso V do parágrafo único do mesmo dispositivo legal", determinando-se a remessa dos autos à Vara Criminal da Comarca de Guariba/SP.

A liminar restou indeferida pela Relatora.

O parecer do MPF foi pelo indeferimento do *writ*.

Na assentada em que teve início o julgamento, a Relatora votou pela denegação da ordem.

É o breve relato. Passo a votar.

Cuida-se de *habeas corpus* em que se pretende a desclassificação da conduta imputada ao paciente para o homicídio culposo previsto no Código de Trânsito Brasileiro (art. 302 do CTB).

Com efeito, dispõe o artigo 419 do CPP que o juiz remeterá os autos ao órgão competente quando se convencer da existência de crime diverso e não for competente para o julgamento. Tal desclassificação, se omitida indevidamente, importa em graves consequências para a defesa, deslocando o processo ao Júri, cujo julgamento é sabidamente atécnico e, às vezes, até mesmo apaixonado, a depender do local onde ele ocorra. Essas implicações potencializam-se ainda mais no caso *sub judice*, em que as diferenças de penas entre um e outro crime são gritantes.

Para se ter uma ideia, a diferença da entre as penas mínimas do crime de homicídio qualificado (12 anos) e do homicídio culposo em direção de veículo automotor (2 anos) é de 10 anos.

Outrossim, observa-se atualmente, de um modo geral, seja nas acusações seja nas decisões judiciais, certa banalização no sentido de atribuir-se aos delitos de trânsito o dolo eventual, o que se refletiu no caso em exame.

No entanto, reconhecido na sentença de pronúncia e no acórdão que a confirmou que o paciente cometera o fato em estado de embriaguez alcoólica, a sua responsabilização a título doloso somente pode ocorrer mediante a comprovação de que ele embebedou-se para praticar o ilícito ou assumindo o risco de praticá-lo. A aplicação da teoria da *actio libera in causa* somente é admissível para justificar a imputação de crime doloso em se tratando de embriaguez preordenada, sob pena de incorrer em inadmissível responsabilidade penal objetiva. Nesse sentido, confira-se a doutrina de Guilherme de Souza Nucci:

> 18. A teoria da *actio libera in causa*: com base no princípio de que a "causa da causa também é a causa do que foi causado", leva-se em consideração que, no momento de se embriagar, o agente pode ter agido dolosa ou culposamente, projetando-se esse elemento subjetivo para o instante da conduta criminosa. Assim, quando o indivíduo, resolvendo encorajar-se para cometer um delito qualquer, ingere substância entorpecente para colocar-se, propositadamente, em situação de inimputabilidade, deve responder pelo que fez *dolosamente* — afinal, o elemento subjetivo estava presente no ato de ingerir a bebida ou a droga. *Por outro lado, quando o agente, sabendo que irá dirigir um veículo, por exemplo, bebe antes de fazê-lo, precipita a sua imprudência para o momento em que atropelar e matar um passante. Responderá por homicídio culposo, pois o elemento subjetivo do crime projeta-se no momento de ingestão da bebida para o instante do delito.* Desenvolve a Exposição de Motivos da Parte Geral do Código Penal de 1940 a seguinte concepção: "Ao resolver o problema da embriaguez (pelo álcool ou substância de efeitos análogos), do ponto de vista da responsabilidade penal, o projeto aceitou em toda a sua plenitude a teoria da *actio libera in causa ad libertatem relata*, que, modernamente, não se limita ao estado de inconsciência preordenado, mas se estende a todos os casos em que o agente se deixou arrastar ao estado de inconsciência" (nessa parte não alterada pela atual Exposição de Motivos). *Com a devida vênia, nem todos os casos em que o agente "deixou-se arrastar" ao estado de inconsciência podem configurar uma hipótese de "dolo ou culpa" a ser arremessada para o momento da conduta delituosa. Há pessoas que bebem por beber, sem a menor previsibilidade de que cometeriam crimes no estado de embriaguez completa, de forma que não é cabível a aplicação da teoria da actio libera in causa nesses casos.* De

outra parte, se suprimirmos a responsabilidade penal dos agentes que, embriagados totalmente, matam, roubam ou estupram alguém, estaremos alargando, indevidamente, a impunidade, privilegiando o injusto diante do justo. *No prisma de que a teoria da actio libera in causa ("ação livre na sua origem") somente é cabível nos delitos preordenados (em se tratando de dolo) ou com flagrante imprudência no momento de beber estão os magistérios de Frederico Marques, Magalhães Noronha, Jair Leonardo Lopes, Jürgen Baumann, Paulo José da Costa Júnior, Munhoz Neto, entre outros, com os quais concordamos plenamente. Destacamos a responsabilidade penal objetiva que ainda impregna o contexto da embriaguez voluntária ou culposa, tratando-as como se fossem iguais à preordenada.* Se é verdade que em relação a esta o Código prevê uma agravação (art. 56, II, *c*) também é certo que considera todas num mesmo plano para negar a isenção de pena. O anteprojeto Hungria e os modelos em que se inspirava, resolviam muito melhor o assunto. O art. 31 e §§1º e 2º estabeleciam: "A embriaguez pelo álcool ou substância de efeitos análogos, ainda quando completa, não exclui a responsabilidade, salvo quando fortuita ou involuntária. §1º Se a embriaguez foi intencionalmente procurada para a prática do crime, o agente é punível a título de dolo; §2º Se, embora não preordenada, a embriaguez é voluntária e completa e o agente previu e podia prever que, em tal estado, poderia vir a cometer crime, a pena é aplicável a título de culpa, se a este título é punível o fato" (...). (*Código penal comentado*. 5. ed. rev. atual. e ampl. São Paulo: Revista dos Tribunais, 2005. p. 243, grifos nossos)

Na mesma esteira de entendimento, a lição de Rogério Greco:

Pela definição de *actio libera in causa* fornecida por Narcélio de Queiroz, percebemos que o agente pode embriagar-se *preordenadamente*, com a finalidade de praticar uma infração penal, oportunidade em que, se vier a cometê-la, o resultado lhe será imputado a título de dolo, sendo, ainda, agravada a sua pena em razão da existência da circunstância agravante prevista no art. 61, II, "I", do Código Penal, ou, *querendo ou não se embriagar, mas sem a finalidade de praticar qualquer infração penal, se o agente vier a causar um resultado lesivo, este lhe poderá ser atribuído, geralmente, a título de culpa.* (*Curso de direito penal*: parte geral. 5. ed. Rio de Janeiro: Impetus, 2005. p. 455, grifos nossos)

Ademais, a produção de um resultado lesivo causada pela violação de um dever objetivo de cuidado reúne condições suficientes para a configuração de crime culposo, tornando despicienda a alusão à teoria da *actio libera in causa*. Confira-se a doutrina de Zaffaroni e Pierangeli:

Vimos a estrutura do tipo culposo, e ela revela-nos claramente que quando aquele que se coloca em estado ou situação de inculpabilidade viola um dever de cuidado, está preenchendo os requisitos da tipicidade culposa, e não há necessidade de recorrer-se à teoria da *actio libera in causa*. *Aquele que bebe até embriagar-se, sem saber que efeitos o álcool causa sobre seu psiquismo, ou quem "para experimentar", ingere um psicofármaco cujos efeitos desconhece, ou quem injuria outro sem considerar que pode ele ter uma reação violenta, está, obviamente, violando um dever de cuidado. Se sua conduta violadora do dever de cuidado, em qualquer desses casos, causa uma lesão a alguém, teremos perfeitamente configurada a tipicidade culposa, sem que seja necessário recorrer à teoria da actio libera in causa. Isto porque a conduta típica violadora do dever de cuidado é, precisamente, a de beber, ingerir o psicofármaco e injuriar, respectivamente, e, no momento de cometer este injusto culposo, o sujeito encontrava-se em estado e em situação de culpabilidade, pelo que é perfeitamente reprovável*. Consequentemente, não tem sentido falar de *actio libera in causa culposa*, devendo o âmbito dessa teoria reduzir-se ao dolo. (*Manual de direito penal*. 9. ed. São Paulo: Revista dos Tribunais, 2011. p. 460. v. 1, Parte Geral, grifos nossos)

In casu, segundo os termos em que a denúncia foi formalizada, tem-se a presunção de que o agente assumiu o risco de causar a morte da vítima em virtude de estar embriagado. Eis o teor da peça acusatória:

> Consta dos inclusos autos de inquérito policial que, no dia 19 de maio de 2.002, por volta das 07h00, no cruzamento da Rua Presidente Vargas com a Rua 13 de Maio, na cidade de Pradópolis, nesta comarca, *Lucas de Almeida Menossi*, qualificado a fls. 68/71, agindo com animo homicida e mediante o emprego de recurso que dificultou a defesa da vítima, produziu em *Eliete Alves de Oliveira* os ferimentos descritos no exame necroscópico de fls. 31, os quais foram a causa eficiente de sua morte.
>
> Segundo se apurou, o indiciado conduzia a camioneta GM D-20, placas BZC-2488, de Pradópolis/SP, pelo local dos fatos, em estado de embriaguez alcoólica (fls. 32), quando veio a atropelar a vítima, que por ali caminhava e, em decorrência dos graves ferimentos provocados por tal conduta, veio a falecer.
>
> Em razão de sua embriaguez alcoólica, o indiciado assumiu o risco de causar a morte da vítima ao conduzir um veículo automotor em via pública.
>
> O crime foi cometido com o emprego de recurso que dificultou a defesa da vítima, senhora que praticava caminhadas por recomendações medicas e andava pacificamente pelas ruas de Pradópolis e, atingida de surpresa, não teve chances de esboçar qualquer reação de defesa ou mesmo de esquivar-se do veículo automotor. (grifos nossos)

Mediante esta mesma presunção (embriaguez – assunção do risco), o paciente foi pronunciado por homicídio doloso qualificado pelo meio que impossibilite a defesa da vítima (art. 121, §2º, IV c/c art. 18, I, segunda parte, ambos do CP). Confira-se o trecho da sentença pertinente ao tema:

> Não se pode recusar a constatação, evidenciada pelo exame de embriaguez alcoólica que o acusado, na data dos fatos, conduzia o veículo embriagado.
>
> Do exame de fls. 35 constou expressamente, que o acusado apresentava sintomas indicativos de que ingeriu bebida alcoólica e em consequência estava embriagado, colocando em risco, no estado em que se encontrava, em perigo, a segurança própria ou alheia. Conclui-se que o acusado estava em estado de embriaguez alcoólica.
>
> Assim, mostra-se absolutamente correta a conclusão no sentido de que o acusado, pelo meio e modo como agiu, assumiu o risco de produzir o resultado morte da vítima, assentindo no resultado. (fls. 31 e 32)

O Tribunal de Justiça, por sua vez, acrescentou, em julgamento de recurso da defesa, dado não constante na sentença (velocidade) e que, portanto não poderia ser considerado para agravar a situação do paciente. Além disso, também manifestou convencimento no sentido de o dolo eventual presumir-se da direção do veículo sob o efeito de bebidas alcoólicas, mesmo rechaçando expressamente a intenção de matar, *in litteris*:

> Com efeito, *é bem verdade que não restou comprovado que o réu tinha intenção de matar a vítima; porém, considerando que conduzia seu veículo embriagado e em velocidade incompatível com a localidade, entendo que não se importava com as possíveis consequências, o que evidentemente, caracteriza dolo eventual*. Assim, havendo indícios de existência de crime doloso contra a vida, entendo acertada a decisão de pronúncia (fls. 45, grifos nossos)

Consectariamente, observa-se ter havido mera presunção acerca do elemento volitivo imprescindível para configurar-se o dolo, não se atentando, pois, para a distinção entre dolo eventual e culpa consciente. Em ambas as situações ocorre a representação do resultado pelo agente. No entanto, na culpa consciente este pratica o fato acreditando que o resultado lesivo, embora previsto por ele, não ocorrerá. Nelson Hungria traça com nitidez a diferença entre as duas situações mentais, *in litteris*:

> Há, entre elas, é certo, um traço comum: a previsão do resultado antijurídico; mas, enquanto no dolo eventual o agente presta a anuência ao advento desse resultado, preferindo arriscar-se a produzi-lo, ao invés de renunciar à ação, na culpa consciente, ao contrário, o agente repele, embora inconsideradamente, a hipótese de supereminência do resultado e empreende a ação na esperança ou persuasão de que este não ocorrerá. (*Comentários ao Código Penal*. 5. ed. Rio de Janeiro: Forense, 1980. v. 1, p. 116-117)

No mesmo sentido os ensinamentos de Heleno Cláudio Fragoso:

> (...) assumir o risco significa prever o resultado como provável ou possível e aceitar ou consentir sua superveniência. O dolo eventual aproxima-se da culpa consciente e dela se distingue porque nesta o agente, embora prevendo o resultado como possível ou provável não o aceita nem consente. *Não basta, portanto, a dúvida, ou seja, a incerteza a respeito de certo evento, sem implicação de natureza volitiva. O dolo eventual põe-se na perspectiva da vontade, e não da representação*, pois, esta última, pode conduzir também a culpa consciente. Nesse sentido já decidiu o STF (RTJ, 351/282). A rigor, a expressão "assumir o risco" é imprecisa, para distinguir o dolo eventual da culpa consciente e deve ser interpretada em consonância com a teoria do consentimento. (*Lições de direito penal*: parte geral. 17. ed. Rio de Janeiro: Forense, 2006. p. 173, grifos nossos)

Portanto, do exame descrição dos fatos empregada nas razões de decidir da sentença e do acórdão do TJ/SP, não restou demonstrado que o paciente tenha ingerido bebidas alcoólicas consentindo em que produziria o resultado, o qual pode até ter previsto, mas não assentiu que ocorresse.

Vale ressaltar que o exame da presente questão não se situa no âmbito do revolvimento do conjunto fático-probatório, mas importa, isto sim, em revaloração dos fatos postos nas instâncias inferiores, o que é viável em sede de *habeas corpus*. Confiram-se, nesse sentido, os seguintes precedentes: HC nº 96.820/SP, Rel. Min. Luiz Fux, julg. 28.6.2011; RE nº 99.590, Rel. Min. Alfredo Buzaid, *DJ*, 6 abr. 1984; RE nº 122.011, Rel. Min. Moreira Alves, *DJ*, 17 ago. 1990.

Por fim, vale ressaltar que a Lei nº 11.275/06 não se aplica ao caso em exame, porquanto não se mostrou mais favorável ao paciente. Ao contrário, previu causa de aumento de pena para o crime em tese por ele praticado, de homicídio culposo na direção de veículo automotor (art. 302, *caput*, do CTB).

Ex positis, voto pela concessão da ordem para desclassificar a conduta imputada ao paciente para homicídio culposo na direção de veículo automotor (art. 302, *caput*, do CTB), determinando a remessa dos autos à Vara Criminal da Comarca de Guariba/SP.

É como voto.

(II) HC nº 101.698 (Rel. Min. Luiz Fux)

Relatório

O Senhor Ministro Luiz Fux (Relator): Trata-se de *habeas corpus* impetrado contra acórdão do Superior Tribunal de Justiça resumido na seguinte ementa, *in verbis* (fl. 197):

> *Habeas Corpus*. Homicídio qualificado e lesão corporal em concurso formal no trânsito (arts. 121, §2º, I e 29, *caput*, C/C 70, todos do CPB). Fundamentação adequada da decisão de pronúncia e inexistência de excesso de linguagem no acórdão que a confirmou. Decisão que se limitou a noticiar o crime supostamente praticado pelo paciente e apontar as provas que corroboram a tese acusatória. Existência ou não de dolo eventual na conduta a ser aferida pelo Tribunal do Júri. Questão inviável de análise em HC, ante a indisfarçável necessidade de dilação probatória. Precedentes do STJ. Decisão de pronúncia mantida em todos os seus termos. Inexistência de nulidade do acórdão pela alteração do voto de uma desembargadora. Decisão proferida por unanimidade. Parecer do MPF pela denegação da ordem. Ordem denegada.
>
> 1. Na sentença de pronúncia, o Magistrado não pode proferir colocações incisivas e considerações condenatórias pessoais em relação ao réu nem se manifestar de forma conclusiva ao acolher o libelo ou rechaçar tese da defesa a ponto de subtrair a valoração do Jurados, sob pena de substituir-se ao Júri no julgamento do litígio.
>
> 2. Entretanto, o comedimento desejado não pode ser tamanho a ponto de impedir que o Juiz não possa explicar seu convencimento quanto à existência de prova da materialidade e indícios suficientes da autoria.
>
> 3. *In casu*, o douto Magistrado, ao pronunciar o ora paciente, atentou-se aos limites de sobriedade impostos a fim de legitimar a segunda fase do processo, visto que apenas houve a notícia do delito pelo qual o paciente fora pronunciado, bem como indicação das provas existentes nos autos a dar suporte ao pleito acusatório e as qualificadoras apontadas. Também assim o fez o Tribunal ao avaliar, e confirmar, a retidão do *decisum* de primeiro grau.
>
> 4. Não há irregularidade na retratação oferecida por Desembargador — como alteração de seu posicionamento — componente do Órgão Colegiado competente para a apreciação do writ, mormente se a referida mudança ocorre sem interferir no resultado do provimento judicial, porquanto já operada a maioria para denegação do pleito.
>
> 5. A hipótese, não se mostra evidente, como pretende a impetração, de ausência de dolo eventual, existindo elementos probatórios nos autos aptos a sustentar a tese acusatória, qual seja, de que o paciente estava em alta velocidade e participando de competição automobilística não autorizada (racha); dessa forma, concluir, desde logo, em sentido contrário implicaria dilação probatória incompatível com o *mandamus*, além de usurpação da competência do Tribunal do Júri.
>
> 6. Ordem denegada, em consonância com o parecer ministerial.

Consta nos autos que o paciente e corréu foram pronunciados como incursos nos arts. 121, §2º, I (homicídio qualificado) e 129, *caput* (lesão corporal). Eis a fundamentação do *decisum*:

> É curial, nos crimes de competência do Tribunal do Júri, que a atividade jurisdicional do Órgão Monocrático há de circunscrever-se, no estágio do art. 408 do CPP, ao exame da admissibilidade do *jus accusationis*, recaindo especificamente sobre a verificação da existência do delito e indícios suficientes da autoria, devendo o Julgador obviar, tanto quanto possível, o excesso de linguagem e uma ilegítima valoração aprofundada da prova (STF, 1ª Turma, Rel. Min. Joaquim Barbosa, RHC 83986/RJ, julg. 9.3.2004, *DJU*, 30 abr. 2004, p. 51).
>
> No prumo dessa orientação, a materialidade de ambos os fatos imputados está positivada pelas peças de fls. 27/28, 29, 276/296 e demais elementos, contra os quais nada de sério e consistente restou oposto por qualquer das partes.
>
> Subsistem, outrossim, indícios suficientes de autoria, esta enfocada sob a angulação de concreto envolvimento no episódio factual, em desfavor de ambos os acusados. As declarações pessoais de fls. 87/89 e 120/122, escoltadas pela testemunhal de fls. 134/144, 152/153, 177/179, 184/190, 215/217, não deixam dúvida no particular.
>
> Em circunstâncias como tais, positivados os pressupostos do art. 408 do CPP, não há como subtrair da Corte Popular, autêntico juiz natural na hipótese, a análise de eventuais pretensões absolutória, desclassificatória ou referente à alguma causa de diminuição da reprimenda (RT 441/360; RT 504/338), ciente de que mesmo o estado de dubiedade, por ingerência do Princípio In Dubio Pro Societate, decerto inclina-se pela submissão da postulação acusatória à soberana deliberação plenária (TJERJ, Rel. Des. Ricardo Bustamante, 3ª Ccrim., RSE 2004.051.00170, julg. 24.8.2004).
>
> Outrossim, guardando a qualificadora imputada ressonância fática probatória mínima no acerto reunido nos autos, compete à Corte Popular, por identidade de razões, valorar finalisticamente a prova e emitir o derradeiro veredicto sobre o tema (TJERJ, Rel. Des. Francisco Jose de Asevedo, 4ª Ccrim., RSE 2003.051.00241, julg. 18.11.2003; TJERJ, Rel. Des. Paulo Gomes, SER 69/92, *DOERJ*, 2 set. 1993, pt. III, p. 220). (fls. 31/32)

Interposto recurso em sentido estrito pela defesa, este restou provido em um primeiro momento. No entanto, ante a ausência de intimação da assistência da acusação, o acórdão restou anulado, sendo submetido a novo julgamento em que desprovido o recurso, nos seguintes termos, *in litteris* (fls. 78-84):

> **Preliminar suscitada**
>
> A fundamentação constante da sentença de pronúncia demonstra a existência de elementos que autorizam a submissão do recorrente a julgamento pelo Tribunal do Júri, que examinará as questões controvertidas. Não há prejulgamento algum.
>
> O que precisa ficar bem claro é que o simples fato de se tratar de homicídio resultante de acidente de trânsito não implica ser tal delito de natureza culposa, em havendo nos autos dados que comprovam a *materialidade* (auto de exame cadavérico às fls. 26 e verso e 27 e auto de exame de corpo de delito da vítima sobrevivente Thássia (fls. 29) e demonstram a existência de indícios suficientes de *autoria* do crime de homicídio doloso.

A sentença de pronúncia, conforme preceitua o disposto no art. 408, caput do Código de Processo Penal deve restringir-se, sob pena de nulidade, à materialidade e aos indícios de autoria, porque se trata de mero juízo de admissibilidade da acusação. Não cabe aprofundado exame do contexto probatório. No caso, a sentença atacada foi proferida com estrita observância da norma processual, fundamentando-se em elementos probatórios suficientes para pronunciar o réu, como seu interrogatório, os depoimentos das testemunhas (todas presenciais), sem falar do laudo pericial oficial que responsabiliza o recorrente como causador do evento, "por desenvolver velocidade incompatível que empreendia ao veículo Corsa que conduzia, com falta de atenção e cautela".

Como o exame dos autos leva à conclusão de tratar-se de crime doloso contra a vida, o julgamento do réu pelo Tribunal do Júri somente não poderia ocorrer se fosse contrariada pelas provas coligidas. (...)

No mérito

O inconformismo do recorrente não merece acolhimento.

A Sentença de Pronúncia mostra-se correta e dentro dos parâmetros legais.

Examinados minuciosamente os autos da ação penal, surgem indícios do cometimento de delito de homicídio doloso.

Embora a parte recorrente negue peremptoriamente que tenha agido consciente dos riscos a outrem que sua conduta significava, é certo que seu proceder reveste-se das características realizadoras do Dolo Eventual.

Informam os autos que a morte de uma jovem de apenas 17 anos resultou da ação de dois jovens que conduziam seus respectivos veículos em alta velocidade, numa corrida claramente ilícita, e atingiram a motocicleta em que viajava a vítima fatal, arremessada a metros de distância do local do impacto, caindo sob o veículo Corsa de cor verde, vindo a falecer.

A defesa do recorrente bate-se pelo reconhecimento da modalidade culposa do homicídio, buscando a desclassificação de modalidade dolosa de homicídio reconhecida na sentença aqui guerreada.

Mas é certo: a pretendida desclassificação para homicídio culposo somente mereceria acolhida se lastreada em indícios que isto comprovasse. Não é demais lembrar que, no *iudicium accusationis*, mesmo se houvesse dúvida quanto ao elemento subjetivo, esta dúvida não favoreceria o réu, ante o correto princípio *in dubio pro societate*.

O dolo eventual resta bem evidenciado a partir das circunstâncias positivas nos autos. O "pega" ou "racha" (comportamento que as testemunhas presenciais do acidente atribuem, sem dúvida, ao recorrente de nome Thiago que conduza o veículo Corsa, de cor verde) é conduta de risco incompatível com a atividade de direção no trânsito.

Embora neste recurso a defesa negue tivesse Thiago ingerido bebida alcoólica, há a menção por testemunhas de haver no veículo Corsa (conduzido pelo recorrente Thiago) garrafas de cerveja vazias ou quebradas, inclusive no banco dianteiro, informando ainda ditas testemunhas que seu hálito evidenciava a ingestão de bebida alcoólica. Vejamos a testemunha!, neste particular: (...)

Como se vê há unanimidade entre as testemunhas presenciais do doloroso fato quanto a estar Thiago conduzindo o veículo Corsa de cor verde, em evidente disputa com o veículo Passat conduzido pelo corréu Bruno, sendo certa a presença de garrafas de cerveja no interior do tal veículo.

Daí a pretendida desclassificação para delito culposo não encontra respaldo nos indícios presentes dos autos. A participação tanto do ora recorrente, como do corréu, no dramático fato de que resultou a morte de uma jovem que tranquilamente conduzia sua motoneta, enquanto Thiago desenvolvendo alta velocidade, disputava, sem dúvida, a corrida conhecida como "racha" ou "pega", é certa, dizem as testemunhas. Caberá aos Jurados decidir.

Eventual dúvida sobre a real dinâmica do doloroso evento, pode ser esclarecida pela conclusão do laudo elaborado pelo órgão oficial, isento de qualquer tendência juntado às fls. 276 a 290. E ainda o outro laudo oficial, realizado no mesmo dia e no local dos fatos, juntado às fls. 38 a 42, instruída com fotogramas de fls. 43 a 49, conclui:

"(...) indicando que estes veículos trafegavam em velocidade superior à permitida no trecho, pela legislação vigente."

Outra alegação trazida no recurso é a negativa pelo recorrente de que tivesse ingerido bebida alcoólica, escorando-se na conclusão negativa do Auto de Exame de Embriaguez juntado às fls. 29 v. e 30: mas relevante a circunstância de que o fato criminoso ocorrera às 15:30 horas e o exame fora realizado às 22:45 horas!

O que os indícios reunidos nos autos demonstram é que Thiago e Bruno voluntariamente disputavam uma corrida, assumindo amplamente o risco de causarem um acidente de consequências trágicas (o que lamentavelmente acabou ocorrendo), e poderiam ter sido eles próprios as vítimas fatais.

Ou seja, o risco de causar o resultado trágico foi assumido por ambos os motoristas, o que, s.m.j., caracteriza o denominado *dolo eventual*.

Daí a impetração de *habeas corpus* perante o STJ, alfim denegado.

Neste *writ*, alega-se: a) falta de fundamentação da sentença de pronúncia; b) alteração do Colegiado, substituição de relatores e indevida contradição no voto pelo desprovimento proferido pela Des. Fátima Clemente no segundo julgamento do recurso em sentido estrito, uma vez que no primeiro votara pelo provimento; c) excesso de linguagem do acórdão que confirmou a pronúncia; d) ausência de dolo eventual e configuração de homicídio culposo.

Requer a reforma do acórdão que implicou a confirmação da pronúncia a fim de determinar o julgamento do paciente pelo Juízo singular pela prática do crime definido no Código de Trânsito Brasileiro, excluindo-se dos autos o acórdão.

A liminar foi indeferida pelo Min. Eros Grau (fl. 95).

O parecer do Ministério Público Federal, pela denegação da ordem, foi sintetizado na ementa:

> Penal e processual penal. *Habeas corpus*. Homicídio simples e lesão corporal em concurso formal no trânsito. CP, arts. 121, *caput*, e 29, *caput*, C/C art. 70. Sentença de pronúncia. Mero juízo de admissibilidade. Motivação suficiente. Convencimento do juízo singular acerca das provas materiais dos delitos e da presença de fortes indícios de autoria. Recurso em sentido estrito. Decreto confirmado: nova demonstração da existência de elementos mínimos para submissão do réu a julgamento pelo tribunal popular. Excesso de linguagem não configurado. Circunstâncias que demonstram a aparência de dolo eventual. Inexistência de nulidade do acórdão pela modificação do voto de uma desembargadora. Decisão proferida por unanimidade. Desclassificação para homicídio culposo. Necessidade de exame aprofundado e

minucioso do acervo fático-probatório. Impossibilidade. Via inadequada. – Parecer pelo indeferimento da ordem.

O Juízo informou que o paciente, levado a julgamento pelo Tribunal do Júri, restou condenado às penas de reclusão de 7 anos e inabilitação para dirigir veículo automotor por 5 anos (fl. 276).

O paciente formalizou a petição de fls. 291-294, ressaltando a contradição na sentença condenatória, porque reconheceu-se que o corréu Bruno agiu apenas culposamente porque não praticava "pega" ou "racha", ao contrário do que concluiu quanto ao paciente.

Ante os novos elementos, foi colhida nova manifestação do MPF, que ratificou os termos do parecer anterior.

É o relatório.

Voto

Penal e Processo Penal. Constitucional. *Habeas corpus* substitutivo de recurso ordinário. Homicídio. "Pega" ou "racha" em via movimentada. Dolo eventual. Pronúncia. Fundamentação idônea. Alteração de entendimento de desembargadora no segundo julgamento do mesmo recurso, ante a anulação do primeiro. Ausência de ilegalidade. Excesso de linguagem no acórdão confirmatório da pronúncia não configurado. Dolo eventual x culpa consciente. Participação em competição não autorizada em via pública movimentada. Fatos assentados na origem. Assentimento que se dessome das circunstâncias. Dolo eventual configurado. Ausência de revolvimento do conjunto fático-probatório. Revaloração dos fatos. Ordem denegada.

1. O *habeas corpus* impetrado como substitutivo de recurso ordinário revela sua utilização promíscua e deve ser combatido, sob pena de banalização da garantia constitucional, tanto mais quando não há teratologia a eliminar, como no caso *sub judice*.

I - Da alegada falta de fundamentação da pronúncia

2. A fundamentação da sentença de pronúncia deve observar os limites inerentes ao juízo de admissibilidade da acusação, restringindo-se a declinar as razões para o convencimento acerca da materialidade do fato e de indícios suficientes de autoria. Precedentes: HC nº 94.274/SP, Rel. Min. Carlos Britto, 1ª Turma, *DJ*, 4 fev. 2010; AI nº 458.072-ED/CE Rel. Min. Joaquim Barbosa, 2ª Turma, *DJ*, 15 out. 2009; RE nº 521.813/PB, Rel. Min. Joaquim Barbosa, 2ª Turma, *DJ*, 19 mar. 2009.

3. A fórmula ideal para a fundamentação da sentença de pronúncia encontra-se no art. 413, §1º, do CPP, na redação da Lei nº 11.689/2008, que aperfeiçoou a redação outrora disposta no art. 408 do CPP, atentando para o problema do excesso de linguagem discutido amplamente na doutrina e para os julgados do Supremo e do STJ acolhendo a tese.

4. *In casu*, o Juízo pronunciante acautelou-se o quanto possível para não incidir em excesso de linguagem, e indicou os elementos que motivaram o seu convencimento acerca da materialidade do crime e dos indícios de autoria, apontando peças, declarações e testemunhos, por isso que a fundamentação declinada mostrou-se robusta e harmônica com a jurisprudência desta Corte.

II - Nulidades apontadas no segundo julgamento quanto à alteração do voto de Desembargadora

5. O sistema do livre convencimento motivado ou da persuasão racional permite ao magistrado revelar o seu convencimento sobre as provas dos autos livremente, desde que demonstre o raciocínio desenvolvido.

6. Verificada a anulação do primeiro julgamento, nada impede que o mesmo magistrado, participando de nova apreciação do recurso, revele convencimento diverso, desde que devidamente motivado, até porque o primeiro, ante a anulação, não surte qualquer efeito — muito menos o de condicionar a manifestação do Órgão Julgador.

7. *Utile per inutile non vitiatur*, por isso que ainda que a Desembargadora tivesse mantido o seu voto anterior, isto não implicaria em qualquer benefício para o paciente, porquanto já estava formada a maioria desprovendo o recurso. Vale dizer: se a declaração da nulidade pretendida não trará qualquer benefício à defesa, é de se concluir que o suposto vício não importou em prejuízo ao paciente, atraindo a incidência do art. 563 do CPP: "Nenhum ato será declarado nulo, se da nulidade não resultar prejuízo para a acusação ou para a defesa".

III - Excesso de linguagem no acórdão confirmatório da pronúncia

8. A Lei nº 11.689/08, conferindo nova redação ao art. 478, inciso I, do CPP, vedou a alusão à sentença de pronúncia ou à decisão que a confirme em Plenário do Júri, justamente a fim de evitar a influência no ânimo dos jurados, fragilizando sobremaneira a tese do excesso de linguagem da pronúncia, uma vez que a referência a tais atos, na sessão do Júri, gera nulidade que pode ser alegada oportunamente pela defesa. Precedentes: HC nº 94.274/SP, Rel. Min. Carlos Britto, 1ª Turma, *DJ*, 4 fev. 2010; HC nº 86.414/PE, Rel. Min. Marco Aurélio, 1ª Turma, *DJ*, 5 fev. 2009.

9. *In casu*, a fundamentação do voto condutor do acórdão confirmatório da pronúncia observou os limites inerentes à espécie de provimento jurisdicional, assentando a comprovação da materialidade do fato e dos indícios suficientes de autoria, conforme dispunha o art. 408 do CPP, então em vigor.

10. O aprofundamento maior no exame das provas, no afã de demonstrar que havia elementos no sentido de tratar-se de delito praticado com dolo eventual, dada a relevância da tese então levantada pela defesa e a sua inegável repercussão sobre o *status libertatis* do paciente cumpre o postulado constitucional da motivação das decisões judiciais. É que, para afastar a competência do Tribunal do Júri, faz-se mister um juízo de certeza acerca da ausência de dolo. Nesse sentido a doutrina de Eugênio Pacelli de

Oliveira: "O que se espera dele [juiz] é o exame do material probatório ali produzido, especialmente para a comprovação da inexistência de quaisquer das possibilidades legais de afastamento da competência do Tribunal do Júri. E esse afastamento, como visto, somente é possível por meio de convencimento judicial pleno, ou seja, por meio de juízo de certeza, sempre excepcional nessa fase" (*Curso de processo penal*. 10. ed. Rio de Janeiro: Lumen Juris, 2008. p. 575-576).

IV - Elemento subjetivo do tipo

11. O caso *sub judice* distingue-se daquele revelado no julgamento do HC nº 107801 (Rel. Min. Luiz Fux, 1ª Turma, *DJ*, 13 out. 2011), que cuidou de paciente sob o efeito de bebidas alcoólicas, hipótese na qual gravitava o tema da imputabilidade, superada tradicionalmente na doutrina e na jurisprudência com a aplicação da teoria da *actio libera in causa*, viabilizando a responsabilidade penal de agentes alcoolizados em virtude de ficção que, levada às últimas consequências, acabou por implicar em submissão automática ao Júri em se tratando de homicídio na direção de veículo automotor.

12. A banalização do crime de homicídio doloso, decorrente da sistemática aplicação da teoria da "ação livre na causa" mereceu, por esta Turma, uma reflexão maior naquele julgado, oportunidade em que se limitou a aplicação da mencionada teoria aos casos de embriaguez preordenada, na esteira da doutrina clássica.

13. A pré compreensão no sentido de que todo e qualquer homicídio praticado na direção de veículo automotor é culposo, desde não se trate de embriaguez preordenada, é assertiva que não se depreende do julgado no HC nº 107.801.

14. A diferença entre o dolo eventual e a culpa consciente encontra-se no elemento volitivo que, ante a impossibilidade de penetrar-se na *psique* do agente, exige a observação de todas as circunstâncias objetivas do caso concreto, sendo certo que, em ambas as situações, ocorre a representação do resultado pelo agente.

15. Deveras, tratando-se de culpa consciente, o agente pratica o fato ciente de que o resultado lesivo, embora previsto por ele, não ocorrerá. Doutrina de Nelson Hungria (*Comentários ao Código Penal*. 5. ed. Rio de Janeiro: Forense, 1980. v. 1, p. 116-117); Heleno Cláudio Fragoso (*Lições de direito penal*: parte geral. Rio de Janeiro: Forense, 2006. 17. ed. p. 173) e Zaffaroni e Pierangelli (*Manual de direito penal*. 9. ed. São Paulo: Revista dos Tribunais, 2011. p. 434-435. v. 1, Parte Geral).

16. A cognição empreendida nas instâncias originárias demonstrou que o paciente, ao lançar-se em práticas de expressiva periculosidade, em via pública, mediante alta velocidade, consentiu em que o resultado se produzisse, incidindo no dolo eventual previsto no art. 18, inciso I, segunda parte, *verbis*: "*Diz-se o crime: I - doloso, quando o agente* quis o resultado ou *assumiu o risco de produzi-lo*" (grifos nossos).

17. A notória periculosidade dessas práticas de competições automobilísticas em vias públicas gerou a edição de legislação especial prevendo-as como crime autônomo, no art. 308 do CTB, *in verbis*: "Art. 308. Participar, na direção de veículo automotor, em via pública, de corrida, disputa ou competição automobilística não autorizada pela autoridade competente, desde que resulte dano potencial à incolumidade pública ou privada".

18. O art. 308 do CTB é crime doloso de perigo concreto que, se concretizado em lesão corporal ou homicídio, progride para os crimes dos artigos 129 ou 121, em sua forma dolosa, porquanto seria um contrassenso transmudar um delito doloso em culposo, em razão do advento de um resultado mais grave. Doutrina de José Marcos Marrone (*Delitos de trânsito brasileiro*: Lei n. 9.503/97. São Paulo: Atlas, 1998. p. 76).

19. É cediço na Corte que, em se tratando de homicídio praticado na direção de veículo automotor em decorrência do chamado "racha", a conduta configura homicídio doloso. Precedentes: HC nº 91.159/MG, Rel. Min. Ellen Gracie, 2ª Turma, *DJ*, 24 out. 2008; HC nº 71.800/RS, Rel. Min. Celso de Mello, 1ª Turma, *DJ*, 3 maio 1996.

20. A conclusão externada nas instâncias originárias no sentido de que o paciente participava de "pega" ou "racha", empregando alta velocidade, momento em que veio a colher a vítima em motocicleta, impõe reconhecer a presença do elemento volitivo, vale dizer, do dolo eventual no caso concreto.

21. A valoração jurídica do fato distingue-se da aferição do mesmo, por isso que o exame da presente questão não se situa no âmbito do revolvimento do conjunto fático-probatório, mas importa em mera revaloração dos fatos postos nas instâncias inferiores, o que viabiliza o conhecimento do *habeas corpus*. Precedentes: HC nº 96.820/SP, Rel. Min. Luiz Fux, j. 28.6.2011; RE nº 99.590, Rel. Min. Alfredo Buzaid, *DJ*, 6 abr. 1984; RE nº 122.011, Rel. Min. Moreira Alves, *DJ*, 17 ago. 1990.

22. Assente-se, por fim, que a alegação de que o Conselho de Sentença teria rechaçado a participação do corréu em "racha" ou "pega" não procede, porquanto o que o Tribunal do Júri afastou com relação àquele foi o dolo ao responder negativamente ao quesito: "Assim agindo, o acusado assumiu o risco de produzir o resultado morte na vítima?", concluindo por prejudicado o quesito alusivo à participação em manobras perigosas.

22. Parecer do MPF pelo indeferimento da ordem.

23. Ordem denegada.

O Senhor Ministro Luiz Fux (Relator): Preliminarmente, nota-se que este *habeas corpus* é substitutivo de recurso ordinário. Tal utilização promíscua do *writ* deve ser combatida, sob pena de banalização da garantia constitucional, tanto mais quando não há teratologia a eliminar.

No mérito, passo a analisar as causas de pedir desta impetração.

Falta de fundamentação da pronúncia

Alega-se que a decisão de pronúncia não restou suficientemente fundamentada, demonstrando motivação genérica que serviria a qualquer processo.

A fundamentação da sentença de pronúncia deve observar os limites inerentes ao juízo de admissibilidade da acusação, restringindo-se a declinar as razões para o convencimento acerca da materialidade do fato e de indícios suficientes de autoria. Nesse sentido, confiram-se os seguintes julgados:

> Ementa: *Habeas Corpus*. Crime doloso contra a vida. Homicídio (art. 121 do CP). Recurso em sentido estrito. Sentença de pronúncia confirmada. Art. 413 do CPP. Juízo provisório sobre a probabilidade da acusação ministerial pública. Alegado excesso vernacular. Não ocorrência. Ordem denegada. 1. *Na pronúncia, o dever de fundamentação imposto ao magistrado é de ser cumprido dentro de limites estreitos. Fundamentação que é de se restringir à comprovação da materialidade do fato criminoso e à indicação dos indícios da autoria delitiva.* Tudo o mais, todas as teses defensivas, todos os elementos de prova já coligidos hão de ser sopesados pelo próprio Conselho de Sentença, que é soberano em tema de crimes dolosos contra a vida. 2. É vedado ao juízo de pronúncia o exame conclusivo dos elementos probatórios constantes dos autos. Além de se esperar que esse juízo pronunciante seja externado em linguagem sóbria, comedida, para que os jurados não sofram nenhuma influência na formação do seu convencimento. É dizer: o Conselho de Sentença deve mesmo desfrutar de total independência no exercício de seu múnus constitucional. 3. No caso, o acórdão proferido pelo Tribunal de Justiça do Estado de São Paulo, ao confirmar a sentença de pronúncia, não incorreu em exagero vernacular. Acórdão que se limitou a demonstrar a impossibilidade de absolvição sumária do paciente, rechaçando a tese de que o acusado agiu em estrito cumprimento do dever legal. 4. Acresce que as partes não poderão fazer, em Plenário, referências ao conteúdo tanto da pronúncia quanto das decisões posteriores que julgaram admissível a acusação (art. 478 do CPP, na redação dada pela Lei nº 11.689/08). O que significa dizer que não será possível uma indevida influência ao Tribunal Popular. Precedente: HC nº 86.414, da relatoria do ministro Marco Aurélio (Primeira Turma). 5. Ordem denegada. (HC nº 94.274/SP, Rel. Min. Carlos Britto, 1ª Turma, *DJ*, 4 fev. 2010)

> Ementa: Embargos de Declaração em Agravo de Instrumento. Reexame fáticoprobatório. Óbice da Súmula nº 279 do STF. Omissão, ambiguidade, contradição ou obscuridade. Inexistência. Caráter manifestamente infringente. Inadmissibilidade. Falta de fundamentação da sentença de pronúncia e do acórdão confirmatório. Inobservância. Para se chegar à conclusão diversa daquela a que chegou o acórdão recorrido seria necessário o reexame dos fatos e das provas constantes dos autos. Incidência da Súmula nº 279 da Corte. O acórdão embargado enfrentou adequadamente as questões postas pelo embargante, não estando presente nenhum dos vícios do art. 620 do Código de Processo Penal e do art. 535 do Código de Processo Civil. Rejeitam-se os embargos declaratórios que não buscam remediar omissão, ambiguidade, obscuridade nem contradição entre proposições intrínsecas do ato decisório. Precedentes. Embargos declaratórios não se prestam a submeter à reapreciação os fundamentos da decisão embargada. Precedentes. *A sentença de pronúncia possui a peculiaridade de exigir do magistrado o mínimo de fundamentação quanto à materialidade e à autoria do crime, sem adentrar, contudo, demasiadamente no exame dos elementos que instruem o processo.* Essa regra justifica-se para evitar-se o

excesso de linguagem caracterizado em uma análise exauriente, que poderia influenciar a decisão dos jurados oportunamente. Embargos de declaração rejeitados e considerados procrastinatórios. (AI nº 458.072-ED/CE, Rel. Min. Joaquim Barbosa, 2ª Turma, *DJ* 15 out. 2009)

> Ementa: Penal. Processual Penal. Recurso Extraordinário. Homicídio. Sentença de pronúncia. Art. 408 do Código de Processo Penal. Nulidade. Inocorrência. Precedentes. Recurso improvido. 1. *A sentença de pronúncia deve ater-se ao exame da materialidade e de indícios suficientes da autoria.* A fundamentação exigida pela norma constitucional, neste caso, não deve aprofundar-se demasiadamente no exame dos elementos que instruem o processo, sob pena de incorrer-se em excesso de linguagem. Uma análise exauriente das provas poderia influenciar a decisão dos jurados oportunamente e prejudicar a ampla defesa. Precedentes. 2. Sentença de pronúncia que atende ao comando do artigo 408 do Código de Processo Penal, concluindo pela pronúncia do recorrente. 3. Recurso Extraordinário improvido. (RE nº 521.813/PB, Rel. Min. Joaquim Barbosa, 2ª Turma, *DJ*, 19 mar. 2009)

Aliás, atento para o problema do excesso de linguagem discutido amplamente na doutrina e para os julgados do Supremo e do STJ acolhendo a tese, na reforma processual ocorrida com a Lei nº 11.689/2008, o legislador ordinário explicitou a fórmula ideal para a fundamentação da sentença de pronúncia, dispondo, no art. 413, §1º do CPP, *in verbis*:

> Art. 413. O juiz, fundamentadamente, pronunciará o acusado, se convencido da materialidade do fato e da existência de indícios suficientes de autoria ou de participação. (*Redação dada pela Lei nº 11.689, de 2008*)
>
> §1º A fundamentação da pronúncia limitar-se-á à indicação da materialidade do fato e da existência de indícios suficientes de autoria ou de participação, devendo o juiz declarar o dispositivo legal em que julgar incurso o acusado e especificar as circunstâncias qualificadoras e as causas de aumento de pena. (*Incluído pela Lei nº 11.689, de 2008*)

In casu, a sentença de pronúncia restou fundamentada nos seguintes termos:

> É curial, nos crimes de competência do Tribunal do Júri, que a atividade jurisdicional do Órgão Monocrático há de circunscrever-se, no estágio do art. 408 do CPP, ao exame da admissibilidade do *jus accusationis*, recaindo especificamente sobre a verificação da existência do delito e indícios suficientes da autoria, devendo o Julgador obviar, tanto quanto possível, o excesso de linguagem e uma ilegítima valoração aprofundada da prova (STF, 1ª Turma, Rel. Min. Joaquim Barbosa, RHC nº 83.986/RJ, julg. 9.3.2004, *DJU*, 30 abr. 2004, p. 51).
>
> No prumo dessa orientação, a materialidade de ambos os fatos imputados está positivada pelas peças de fls. 27/28, 29, 276/296 e demais elementos, contra os quais nada de sério e consistente restou oposto por qualquer das partes.
>
> Subsistem, outrossim, indícios suficientes de autoria, esta enfocada sob a angulação de concreto envolvimento no episódio factual, em desfavor de ambos os acusados. As declarações pessoais de fls. 87/89 e 120/122, escoltadas pela testemunhal de fls. 134/144, 152/153, 177/179, 184/190, 215/217, não deixam dúvida no particular.

Em circunstâncias como tais, positivados os pressupostos do art. 408 do CPP, não há como subtrair da Corte Popular, autêntico juiz natural na hipótese, a análise de eventuais pretensões absolutória, desclassificatória ou referente à alguma causa de diminuição da reprimenda (RT 441/360; RT 504/338), ciente de que mesmo o estado de dubiedade, por ingerência do princípio *in dubio pro societate*, decerto inclina-se pela submissão da postulação acusatória à soberana deliberação plenária (TJERJ, Rel. Des. Ricardo Bustamante, 3ª Ccrim., RSE 2004.051.00170, julg. 24.8.2004).

Outrossim, guardando a qualificadora imputada ressonância fática probatória mínima no acerto reunido nos autos, compete à Corte Popular, por identidade de razões, valorar finalisticamente a prova e emitir o derradeiro veredicto sobre o tema (TJERJ, Rel. Des. Francisco Jose de Asevedo, 4ª Ccrim., RSE 2003.051.00241, julg. 18.11.2003; TJERJ, Rel. Des. Paulo Gomes, SER 69/92, *DOERJ* 2 set. 1993, pt. III, p. 220). (fls. 31/32)

Consectariamente, verifica-se que o Juízo pronunciante acautelou-se o quanto possível para não incidir em excesso de linguagem, mas indicou os elementos que motivaram o seu convencimento acerca da materialidade do crime e dos indícios de autoria, apontando peças, declarações e testemunhos. Evidenciou-se, portanto, fundamentação robusta e harmônica com a jurisprudência desta Corte.

Improcedente, portanto, a alegação.

Nulidades apontadas no segundo julgamento quanto à alteração do voto de Desembargadora

A segunda causa de pedir desta impetração é a suposta ilegalidade no fato de a Desembargadora que votou no primeiro julgamento pelo provimento do recurso ter-se manifestado, no segundo, pelo desprovimento, "sem fundamentar ou justificar sua troca de posicionamento" (fl. 10).

Vigora em nosso sistema processual penal o princípio do livre convencimento motivado ou da persuasão racional. O magistrado deve revelar o seu convencimento de forma livre, porém fundamentada.

Por conseguinte, verificada a anulação do primeiro julgamento, nada impede que o mesmo magistrado, participando de nova apreciação do recurso, revele convencimento diverso, desde que devidamente motivado, até porque o primeiro, ante a anulação, não surte qualquer efeito — muito menos o de condicionar a manifestação de magistrado.

Ademais, ainda que a Desembargadora tivesse mantido o seu voto anterior, isto não implicaria em qualquer benefício para o paciente, porquanto já estava formada a maioria desprovendo o recurso. Vale dizer: se a declaração da nulidade pretendida não trará qualquer benefício à defesa, é de se concluir que o suposto vício não importou em prejuízo ao paciente, atraindo a incidência do art. 563 do CPP, *in litteris*: "Nenhum ato será declarado nulo, se da nulidade não resultar prejuízo para a acusação ou para a defesa".

Nesse sentido, aliás, o parecer do Ministério Público Federal, *in verbis*:

Não se observa qualquer irregularidade no juízo de retratação levado a efeito por Desembargadora, com a alteração de seu voto inicial, especialmente quando negado provimento ao recurso em sentido estrito por unanimidade. Mesmo sem a mudança de posicionamento, aquele voto, favorável à defesa, não seria suficiente para alterar o julgamento.

Portanto, esta causa de pedir também não merece acolhimento.

Excesso de linguagem no acórdão confirmatório da pronúncia

Alega, ainda, o impetrante que o TJ/RJ "excedeu-se em sua fundamentação para invadir a esfera do julgamento dos juízes de fato, ao adentrar no mérito da questão e fazer um *prejulgamento* capaz de influenciar o Júri Popular em seu veredito".

Em princípio, verifica-se que a sessão do Tribunal do Júri a que submetido o paciente foi realizada em 3 de dezembro de 2009, quando já encontrava-se em vigor a Lei nº 11.689/08 que, conferindo nova redação ao art. 478, inciso I, do CPP, vedou a alusão à sentença de pronúncia ou à decisão que a confirme em Plenário do Júri, justamente a fim de evitar a influência no ânimo dos jurados. Eis o teor do dispositivo mencionado:

> Art. 478. Durante os debates as partes não poderão, sob pena de nulidade, fazer referências: (*Redação dada pela Lei nº 11.689, de 2008*)
> I - à decisão de pronúncia, às decisões posteriores que julgaram admissível a acusação ou à determinação do uso de algemas como argumento de autoridade que beneficiem ou prejudiquem o acusado; (*Incluído pela Lei nº 11.689, de 2008*)

Com isso, restou fragilizada sobremaneira a tese do excesso de linguagem da pronúncia, uma vez que a referência à decisão de pronúncia ou ao acórdão que a confirma, na sessão do Júri, gera nulidade que pode ser alegada oportunamente pela defesa. Nesse sentido, confiram-se os seguintes precedentes:

> Ementa: *Habeas Corpus*. Crime doloso contra a vida. Homicídio (art. 121 do CP). Recurso em sentido estrito. Sentença de pronúncia confirmada. Art. 413 do CPP. Juízo provisório sobre a probabilidade da acusação ministerial pública. Alegado excesso vernacular. Não ocorrência. Ordem denegada. 1. Na pronúncia, o dever de fundamentação imposto ao magistrado é de ser cumprido dentro de limites estreitos. Fundamentação que é de se restringir à comprovação da materialidade do fato criminoso e à indicação dos indícios da autoria delitiva. Tudo o mais, todas as teses defensivas, todos os elementos de prova já coligidos hão de ser sopesados pelo próprio Conselho de Sentença, que é soberano em tema de crimes dolosos contra a vida. 2. É vedado ao juízo de pronúncia o exame conclusivo dos elementos probatórios constantes dos autos. Além de se esperar que esse juízo pronunciante seja externado em linguagem sóbria, comedida, para que os jurados não sofram nenhuma influência na formação do seu convencimento. É dizer: o Conselho de Sentença deve mesmo desfrutar de total independência no exercício de seu múnus constitucional. 3. No caso, o acórdão proferido pelo Tribunal de Justiça do Estado de São Paulo, ao confirmar a sentença de pronúncia, não incorreu em

exagero vernacular. Acórdão que se limitou a demonstrar a impossibilidade de absolvição sumária do paciente, rechaçando a tese de que o acusado agiu em estrito cumprimento do dever legal. 4. *Acresce que as partes não poderão fazer, em Plenário, referências ao conteúdo tanto da pronúncia quanto das decisões posteriores que julgaram admissível a acusação (art. 478 do CPP, na redação dada pela Lei nº 11.689/08). O que significa dizer que não será possível uma indevida influência ao Tribunal Popular.* Precedente: HC nº 86.414, da relatoria do ministro Marco Aurélio (Primeira Turma). 5. Ordem denegada. (HC nº 94.274/SP, Rel. Min. Carlos Britto, 1ª Turma, *DJ*, 4 fev. 2010, grifos nossos)

Sentença de Pronúncia – Fundamentação. A sentença de pronúncia há de estar alicerçada em dados constantes do processo, não se podendo vislumbrar, na fundamentação, excesso de linguagem. Sentença de Pronúncia – Leitura no Plenário do Júri – Impossibilidade. *Consoante dispõe o inciso I do artigo 478 do Código de Processo Penal, presente a redação conferida pela Lei nº 11.689/08, a sentença de pronúncia e as decisões posteriores que julgarem admissível a acusação não podem, sob pena de nulidade, ser objeto sequer de referência, o que se dirá de leitura.* (HC nº 86.414/PE, Rel. Min. Marco Aurélio, 1ª Turma, *DJ*, 5 fev. 2009, grifos nossos)

In casu, a fundamentação do voto condutor do acórdão confirmatório da pronúncia observou os limites inerentes a tal espécie de provimento jurisdicional, assentando estar comprovada a materialidade do fato e existirem indícios suficientes de autoria, conforme dispunha o art. 408 do CPP, então em vigor. Confira-se o que lançado pelo TJ/RJ:

Preliminar suscitada
A fundamentação constante da sentença de pronúncia demonstra a existência de elementos que autorizam a submissão do recorrente a julgamento pelo Tribunal do Júri, que examinará as questões controvertidas. Não há prejulgamento algum.

O que precisa ficar bem claro é que o simples fato de se tratar de homicídio resultante de acidente de trânsito não implica ser tal delito de natureza culposa, *em havendo nos autos dados que comprovam a materialidade (auto de exame cadavérico às fls. 26 e verso e 27 e auto de exame de corpo de delito da vítima sobrevivente Thássia (fls. 29) e demonstram a existência de indícios suficientes de autoria do crime de homicídio doloso.*

A sentença de pronúncia, conforme preceitua o disposto no art. 408, caput do Código de Processo Penal deve restringir-se, sob pena de nulidade, à materialidade e aos indícios de autoria, porque se trata de mero juízo de admissibilidade da acusação. Não cabe aprofundado exame do contexto probatório. No caso, a sentença atacada foi proferida com estrita observância da norma processual, fundamentando-se em elementos probatórios suficientes para pronunciar o réu, como seu interrogatório, os depoimentos das testemunhas (todas presenciais), sem falar do laudo pericial oficial que responsabiliza o recorrente como causador do evento, "por desenvolver velocidade incompatível que empreendia ao veículo Corsa que conduzia, com falta de atenção e cautela".

Como o exame dos autos leva à conclusão de tratar-se de crime doloso contra a vida, o julgamento do réu pelo Tribunal do Júri somente não poderia ocorrer se fosse contrariada pelas provas coligidas. (...)

No mérito
O inconformismo do recorrente não merece acolhimento.

A Sentença de Pronúncia mostra-se correta e dentro dos parâmetros legais.

Examinados minuciosamente os autos da ação penal, surgem indícios do cometimento de delito de homicídio doloso.

Embora a parte recorrente negue peremptoriamente que tenha agido consciente dos riscos a outrem que sua conduta significava, é certo que seu proceder reveste-se das características realizadoras do Dolo Eventual.

Informam os autos que a morte de uma jovem de apenas 17 anos resultou da ação de dois jovens que conduziam seus respectivos veículos em alta velocidade, numa corrida claramente ilícita, e atingiram a motocicleta em que viajava a vítima fatal, arremessada a metros de distância do local do impacto, caindo sob o veículo Corsa de cor verde, vindo a falecer.

A defesa do recorrente bate-se pelo reconhecimento da modalidade culposa do homicídio, buscando a desclassificação de modalidade dolosa de homicídio reconhecida na sentença aqui guerreada.

Mas é certo: a pretendida desclassificação para homicídio culposo somente mereceria acolhida se lastreada em indícios que isto comprovasse. Não é demais lembrar que, no *iudicium accusationis*, mesmo se houvesse dúvida quanto ao elemento subjetivo, esta dúvida não favoreceria o réu, ante o correto princípio *in dubio pro societate*.

O dolo eventual resta bem evidenciado a partir das circunstâncias positivas nos autos. O "pega" ou "racha" (comportamento que as testemunhas presenciais do acidente atribuem, sem dúvida, ao recorrente de nome Thiago que conduza o veículo Corsa, de cor verde) é conduta de risco incompatível com a atividade de direção no trânsito.

Embora neste recurso a defesa negue tivesse Thiago ingerido bebida alcoólica, há a menção por testemunhas de haver no veículo Corsa (conduzido pelo recorrente Thiago) garrafas de cerveja vazias ou quebradas, inclusive no banco dianteiro, informando ainda ditas testemunhas que seu hálito evidenciava a ingestão de bebida alcoólica. Vejamos a testemunhal, neste particular: (...)

Como se vê há unanimidade entre as testemunhas presenciais do doloroso fato quanto a estar Thiago conduzindo o veículo Corsa de cor verde, em evidente disputa com o veículo Passat conduzido pelo corréu Bruno, sendo certa a presença de garrafas de cerveja no interior do tal veículo.

Daí a pretendida desclassificação para delito culposo não encontra respaldo nos indícios presentes dos autos. A participação tanto do ora recorrente, como do corréu, no dramático fato de que resultou a morte de uma jovem que tranquilamente conduzia sua motoneta, enquanto Thiago desenvolvendo alta velocidade, disputava, sem dúvida, a corrida conhecida como "racha" ou "pega", é certa, dizem as testemunhas. Caberá aos Jurados decidir.

Eventual dúvida sobre a real dinâmica do doloroso evento, pode ser esclarecida pela conclusão do laudo elaborado pelo órgão oficial, isento de qualquer tendência juntado às fls. 276 a 290. E ainda o outro laudo oficial, realizado no mesmo dia e no local dos fatos, juntado às fls. 38 a 42, instruída com fotografias de fls. 43 a 49, conclui:

"... indicando que estes veículos trafegavam em velocidade superior à permitida no trecho, pela legislação vigente."

Outra alegação trazida no recurso é a negativa pelo recorrente de que tivesse ingerido bebida alcoólica, escorando-se na conclusão negativa do Auto de Exame de Embriaguez juntado às fls. 29 v. e 30: mas relevante a circunstância de que o fato criminoso ocorrera às 15:30 horas e o exame fora realizado às 22:45 horas!

O que os indícios reunidos nos autos demonstram é que Thiago e Bruno voluntariamente disputavam uma corrida, assumindo amplamente o risco de causarem um acidente de conseqüências trágicas (o que lamentavelmente acabou ocorrendo), e poderiam ter sido eles próprios as vítimas fatais.

Ou seja, o risco de causar o resultado trágico foi assumido por ambos os motoristas, o que, s.m.j., caracteriza o denominado dolo eventual. (grifos nossos)

Portanto, se houve aprofundamento maior no exame das provas, este ocorreu no afã de demonstrar que havia elementos no sentido de tratar-se de delito praticado com dolo eventual, dada a relevância da tese então levantada pela defesa e a sua inegável repercussão sobre o *status libertatis* do paciente. Para afirmar-se a competência do Juízo, excluindo-se a do Tribunal do Júri, é necessário um juízo de certeza — excepcional é certo, ante a fase do processo — acerca da ausência de dolo. Nesse sentido a doutrina de Eugênio Pacelli de Oliveira:

Não se pede, na pronúncia (nem se poderia), o convencimento absoluto do juiz da instrução, quanto à materialidade e à autoria. Não é essa a tarefa que lhe reserva a lei. *O que se espera dele é o exame do material probatório ali produzido, especialmente para a comprovação da inexistência de quaisquer das possibilidades legais de afastamento da competência do Tribunal do Júri. E esse afastamento, como visto, somente é possível por meio de convencimento judicial pleno, ou seja, por meio de juízo de certeza, sempre excepcional nessa fase.* (Curso de processo penal. 10. ed. Lumen Juris, Rio de Janeiro: 2008. p. 575-576, grifos nossos)

Improcedente, portanto, esta causa de pedir.

Ausência de dolo eventual

Passa-se à análise da configuração do elemento subjetivo no caso concreto, ou seja, se o paciente agiu com dolo eventual ou culpa ao colher a vítima em via pública movimentada quando praticava competições automobilísticas do tipo "pega" ou "racha" — fatos assentados nas instâncias originárias.

De início, há que se distinguir a hipótese dos autos daquela revelada no julgamento do HC nº 107801, de minha relatoria, em que se tratava de paciente sob o efeito de bebidas alcoólicas. A ementa do julgado é a seguinte:

Ementa: Penal. *Habeas Corpus*. Tribunal do Júri. Pronúncia por homicídio qualificado a título de dolo eventual. Desclassificação para homicídio culposo na direção de veículo automotor. Embriaguez alcoólica. *Actio libera in causa*. Ausência de comprovação do elemento volitivo. Revaloração dos fatos que não se confunde com revolvimento do conjunto fático-probatório. Ordem concedida.

1. A classificação do delito como doloso, implicando pena sobremodo onerosa e influindo na liberdade de ir e vir, mercê de alterar o procedimento da persecução penal em lesão à cláusula do *due process of law*, é reformável pela via do *habeas corpus*.

2. O homicídio na forma culposa na direção de veículo automotor (art. 302, *caput*, do CTB) prevalece se a capitulação atribuída ao fato como homicídio doloso decorre de mera presunção ante a embriaguez alcoólica eventual.

3. A embriaguez alcoólica que conduz à responsabilização a título doloso é apenas a preordenada, comprovando-se que o agente se embebedou para praticar o ilícito ou assumir o risco de produzi-lo.

4. *In casu*, do exame da descrição dos fatos empregada nas razões de decidir da sentença e do acórdão do TJ/SP, não restou demonstrado que o paciente tenha ingerido bebidas alcoólicas no afã de produzir o resultado morte.

5. A doutrina clássica revela a virtude da sua justeza ao asseverar que "O anteprojeto Hungria e os modelos em que se inspirava resolviam muito melhor o assunto. O art. 31 e §§1º e 2º estabeleciam: 'A embriaguez pelo álcool ou substância de efeitos análogos, ainda quando completa, não exclui a responsabilidade, salvo quando fortuita ou involuntária. §1º Se a embriaguez foi intencionalmente procurada para a prática do crime, o agente é punível a título de dolo; §2º Se, embora não preordenada, a embriaguez é voluntária e completa e o agente previu e podia prever que, em tal estado, poderia vir a cometer crime, a pena é aplicável a título de culpa, se a este título é punível o fato'" (Guilherme Souza Nucci, *Código Penal Comentado*. 5. ed. rev. atual. e ampl. São Paulo: RT, 2005. p. 243).

6. A revaloração jurídica dos fatos postos nas instâncias inferiores não se confunde com o revolvimento do conjunto fático-probatório. Precedentes: HC nº 96.820/SP, Rel. Min. Luiz Fux, j. 28.6.2011; RE nº 99.590, Rel. Min. Alfredo Buzaid, *DJ*, 6 abr. 1984; RE nº 122.011, Rel. Min. Moreira Alves, *DJ*, 17 ago. 1990.

Naquele julgado, tratando-se de paciente sob o efeito de bebidas alcoólicas, havia o problema da imputabilidade, que era superada tradicionalmente na doutrina e na jurisprudência com a aplicação da teoria da *actio libera in causa*, viabilizando a responsabilidade penal de agentes alcoolizados em virtude de ficção que, levada às últimas consequências, acabou por implicar em submissão automática ao Júri em se tratando de homicídio na direção de veículo automotor.

Essa banalização do crime de homicídio doloso, decorrente da sistemática aplicação da teoria da "ação livre na causa" mereceu, por esta Turma, uma reflexão maior, razão pela qual limitou-se a aplicação da mencionada teoria aos casos de embriaguez preordenada, na esteira da doutrina clássica.

Portanto, não há que generalizar o entendimento ali externado a fim de firmar uma pré compreensão no sentido de que todo e qualquer homicídio praticado na direção de veículo automotor é culposo, desde não se trate de embriaguez preordenada.

O caso *sub examine* bem serve para complementar a posição desta Corte em tema de homicídio na direção de veículo automotor e elucidar a diferenciação de tratamento conforme a hipótese.

A diferença entre o dolo eventual e a culpa consciente encontra-se no elemento volitivo que, ante a impossibilidade de penetrar-se na *psique* do agente, exige a observação de todas as circunstâncias objetivas do caso concreto.

É certo que em ambas as situações ocorre a representação do resultado pelo agente. No entanto, na culpa consciente este pratica o fato acreditando que o resultado lesivo, embora previsto por ele, não ocorrerá. Nelson Hungria traça com nitidez a diferença entre as duas situações mentais, *in litteris*:

Há, entre elas, é certo, um traço comum: a previsão do resultado antijurídico; mas, enquanto no dolo eventual o agente presta a anuência ao advento desse resultado, preferindo arriscar-se a produzi-lo, ao invés de renunciar à ação, na culpa consciente, ao contrário, o agente repele, embora inconsideradamente, a hipótese de supereminência do resultado e empreende a ação na esperança ou persuasão de que este não ocorrerá. (*Comentários ao Código Penal*. 5. ed. Rio de Janeiro: Forense, 1980. v. 1, p. 116-117)

No mesmo sentido os ensinamentos de Heleno Cláudio Fragoso:

(...) assumir o risco significa prever o resultado como provável ou possível e aceitar ou consentir sua superveniência. O dolo eventual aproxima-se da culpa consciente e dela se distingue porque nesta o agente, embora prevendo o resultado como possível ou provável não o aceita nem consente. *Não basta, portanto, a dúvida, ou seja, a incerteza a respeito de certo evento, sem implicação de natureza volitiva. O dolo eventual põe-se na perspectiva da vontade, e não da representação*, pois, esta última, pode conduzir também a culpa consciente. Nesse sentido já decidiu o STF (RTJ, 351/282). A rigor, a expressão "assumir o risco" é imprecisa, para distinguir o dolo eventual da culpa consciente e deve ser interpretada em consonância com a teoria do consentimento. (*Lições de direito penal*: parte geral. 17. ed. Rio de Janeiro: Forense, 2006. p. 173, grifos nossos)

Zaffaroni e Pierangelli também contribuem de forma significativa para o equacionamento do tema:

Quando uma pessoa planeja a causalidade para obter uma finalidade, faz uma representação dos *possíveis* resultados concomitantes de sua conduta. Em tal caso, se confia em que evitará ou que não sobrevirão estes resultados, deparamo-nos com uma hipótese de culpa com representação (ver n. 280), *mas se age admitindo a possibilidade de que sobrevenham, o caso será de dolo eventual*.

O dolo eventual, conceituado em termos correntes, é a conduta daquele que diz a si mesmo "que aguente", "que se incomode", "se acontecer, azar", "não me importo". *Observe-se que aqui não há uma aceitação do resultado como tal, e sim sua aceitação como possibilidade, como probabilidade*. (...)

Um dos casos mais comuns de dolo eventual é o que acontece quando o sujeito ativo não conhece, com certeza, a existência dos elementos requeridos pelo tipo objetivo, duvidando da sua existência e, apesar disto, age, aceitando a possibilidade de sua existência. (...) *Quem se lança numa competição automobilística de velocidade, numa cidade populosa, à custa da possibilidade de produção de um resultado lesivo, age igualmente com dolo eventual de homicídio, lesões e danos*. (*Manual de direito penal*. 9. ed. São Paulo: Revista dos Tribunais, 2011. p. 434-435. v. 1. Parte Geral, grifos nossos)

Portanto, do exame descrição dos fatos empregada nas instâncias originárias, restou demonstrado que o paciente, ao lançar-se em práticas de altíssima periculosidade, em via pública, mediante alta velocidade, consentiu em que o resultado se produzisse, incidindo no dolo eventual previsto no art. 18, inciso I, segunda parte, *verbis*: "Diz-se o crime: I - *doloso, quando o agente* quis o resultado ou *assumiu o risco de produzi-lo*" (grifos nossos).

Diante da notória periculosidade dessas práticas de competições automobilísticas em vias públicas, a legislação especial previu-as como crime autônomo, no art. 308 do CTB, *in verbis*:

> Art. 308. Participar, na direção de veículo automotor, em via pública, de corrida, disputa ou competição automobilística não autorizada pela autoridade competente, desde que resulte dano potencial à incolumidade pública ou privada.

Com efeito, trata-se de crime doloso de perigo concreto que, se concretizado em lesão corporal ou homicídio, progride para os crimes dos artigos 129 ou 121, em sua forma dolosa, porquanto seria um contrassenso transmudar um delito doloso em culposo, em razão do advento de um resultado mais grave. Nesse sentido, a doutrina sobre o tema, *in litteris*:

> (...) se da corrida, disputa ou competição não autorizada resultar evento mais grave (lesão ou morte), configura-se o dolo eventual (art. 18, I, 2ª parte, do Código Penal), respondendo o condutor pelo delito de homicídio doloso ou lesão corporal dolosa. Fica absorvido o crime do art. 308 do CTB (...) Efetivamente, aquele que participa de 'racha', em via pública, tem consciência dos riscos envolvidos, aceitando-os, motivo pelo qual merece ser responsabilizado por crime doloso. (MARRONE, José Marcos. *Delitos de trânsito brasileiro*: Lei n. 9.503/97. São Paulo: Atlas, 1998. p. 76)

Outrossim, a jurisprudência desta Corte firmou-se no sentido de que, em se tratando de homicídio praticado na direção de veículo automotor em decorrência do chamado "racha", a conduta configura homicídio doloso. Confiram-se, nesse sentido, os seguintes precedentes:

> Ementa: Direito Penal e Processual Penal. *Habeas Corpus*. Crime de competência do Tribunal do Júri. *"Racha" automobilístico. Homicídio doloso. Dolo eventual.* Nova valoração de elementos fático-jurídicos, e não reapreciação de material probatório. Denegação. 1. A questão de direito, objeto de controvérsia neste *writ*, consiste na eventual análise de material fático-probatório pelo Superior Tribunal de Justiça, o que eventualmente repercutirá na configuração do dolo eventual ou da culpa consciente relacionada à conduta do paciente no evento fatal relacionado à infração de trânsito que gerou a morte dos cinco ocupantes do veículo atingido. 2. O Superior Tribunal de Justiça, ao dar provimento ao recurso especial interposto pelo Ministério Público do Estado de Minas Gerais, atribuiu nova valoração dos elementos fático-jurídicos existentes nos autos, qualificando-os como homicídio doloso, razão pela qual não procedeu ao revolvimento de material probatório para divergir da conclusão alcançada pelo Tribunal de Justiça. 3. *O dolo eventual compreende a hipótese em que o sujeito não quer diretamente a realização do tipo penal, mas a aceita como possível ou provável (assume o risco da produção do resultado, na redação do art. 18, I, in fine, do CP).* 4. *Das várias teorias que buscam justificar o dolo eventual, sobressai a teoria do consentimento (ou da assunção), consoante a qual o dolo exige que o agente consinta em causar o resultado, além de considerá-lo como possível.* 5. *A questão central diz respeito à distinção entre dolo eventual e culpa consciente que, como se sabe, apresentam aspecto comum: a previsão do resultado ilícito. No caso concreto, a narração contida na denúncia dá conta de que o paciente e o corréu conduziam seus respectivos veículos, realizando aquilo que coloquialmente se denominou "pega" ou "racha", em alta*

velocidade, em plena rodovia, atingindo um terceiro veículo (onde estavam as vítimas). 6. Para configuração do dolo eventual não é necessário o consentimento explícito do agente, nem sua consciência reflexiva em relação às circunstâncias do evento. Faz-se imprescindível que o dolo eventual se extraia das circunstâncias do evento, e não da mente do autor, eis que não se exige uma declaração expressa do agente. 7. O dolo eventual não poderia ser descartado ou julgado inadmissível na fase do iudicium accusationis. Não houve julgamento contrário à orientação contida na Súmula 07, do STJ, eis que apenas se procedeu à revaloração dos elementos admitidos pelo acórdão da Corte local, tratando-se de quaestio juris, e não de quaestio facti. 8. Habeas corpus denegado. (HC nº 91.159/MG, Rel. Min. Ellen Gracie, 2ª Turma, DJ, 24 out. 2008)

Ementa: *Habeas Corpus* – Júri – Quesitos – Alegação de nulidade – Inocorrência – "Racha" automobilístico – Vítimas fatais – Homicídio Doloso – Reconhecimento de dolo eventual – Pedido indeferido. – *A conduta social desajustada daquele que, agindo com intensa reprovabilidade ético-jurídica, participa, com o seu veículo automotor, de inaceitável disputa automobilística realizada em plena via pública, nesta desenvolvendo velocidade exagerada — além de ensejar a possibilidade de reconhecimento do dolo eventual inerente a esse comportamento do agente —, justifica a especial exasperação da pena, motivada pela necessidade de o Estado responder, grave e energicamente, a atitude de quem, em assim agindo, comete os delitos de homicídio doloso e de lesões corporais. – Se a Defesa requerer a desclassificação do evento delituoso para homicídio meramente culposo — e uma vez superados os quesitos concernentes a autoria, a materialidade e a letalidade do fato imputado ao réu —, legitimar-se-á a formulação, em ordem sequencial imediata, de quesito dirigido ao Conselho de Sentença, pertinente a existência de dolo na conduta atribuída ao acusado. A resposta afirmativa dos Jurados ao quesito referente ao dolo torna incabível a formulação de quesito concernente a culpa em sentido estrito. Precedentes. – Se os vários crimes atribuídos ao réu foram tidos como praticados em concurso formal, daí resultando a aplicação, em grau mínimo, de uma mesma pena, aumentada, também em bases mínimas, de um sexto (CP, art. 70), torna-se irrelevante — por evidente ausência de prejuízo — a omissão, nas demais series de quesitos concernentes aos crimes abrangidos pelo vinculo do concurso ideal, da indagação relativa a existência de circunstancias atenuantes. – Reveste-se de legitimidade o ato judicial, que, fazendo aplicação da causa especial de diminuição a que alude o art. 29, par. 1., do CP, vem, de maneira fundamentada, a optar pela redução mínima de um sexto, autorizada, pelo preceito legal em referência, desde que o Conselho de Sentença haja reconhecido o grau de menor importância da participação do réu na prática delituosa. Embora obrigatória, essa redução da pena — que supõe a valoração das circunstâncias emergentes do caso concreto — e variável, essencialmente, em função da maior ou menor culpabilidade do réu na eclosão do evento delituoso. – Se, não obstante eventual contradição entre as respostas dadas aos quesitos, vem os Jurados a respondê-los de maneira favorável ao réu, permitindo, desse modo, que se lhe dispensa tratamento penal benéfico, não há como reconhecer a ocorrência de prejuízo apto a invalidar a condenação imposta. – Inocorre contradição na declaração dos Jurados, que, em resposta a indagação sobre o dolo eventual, afirmaram-no existente nas três séries de quesitos, muito embora diverso o resultado dos votos apurados em relação a cada uma dessas séries (4x3, na primeira serie, e 5x2, nas segunda e terceira series). A contradição que se revela apta a gerar a nulidade processual e somente aquela que se manifesta nos votos proferidos pela maioria dos Jurados, não sendo possível infere-la da eventual incoerência de um ou de alguns votos minoritários.* (HC nº 71.800/RS, Rel. Min. Celso de Mello, 1ª Turma, *DJ*, 3 maio 1996)

Consectariamente, diante da conclusão externada nas instâncias originárias no sentido de que o paciente participava de "pega" ou "racha", empregando alta velocidade, momento em que veio a colher a vítima em motocicleta, forçoso é reconhecer-se a presença do elemento volitivo, vale dizer, do dolo eventual no caso concreto.

Vale ressaltar que o exame da presente questão não se situa no âmbito do revolvimento do conjunto fático-probatório, mas importa, isto sim, em revaloração dos fatos postos nas instâncias inferiores, o que é viável em sede de *habeas corpus*. Confiram-se, nesse sentido, os seguintes precedentes: HC nº 96.820/SP, Rel. Min. Luiz Fux, julg. 28.6.2011; RE nº 99.590, Rel. Min. Alfredo Buzaid, *DJ* 6 abr. 1984; RE nº 122.011, Rel. Min. Moreira Alves, *DJ*, 17 ago. 1990.

Ademais, a alegação de que o Conselho de Sentença teria rechaçado a participação do corréu em "racha" ou "pega" não procede, porquanto o quesito 5 ("O crime foi cometido por motivo torpe, representado pelo fato do acusado e terceira pessoa estarem realizando o chamado 'pega' no local?" – fl. 1948) não chegou a ser apreciado com relação a Bruno Albuquerque de Miranda, porquanto restou prejudicado em razão da resposta negativa alusiva ao quesito 3 ("Assim agindo, o acusado assumiu o risco de produzir o resultado morte na vítima?").

Portanto, o que o Tribunal do Júri afastou com relação ao corréu foi o dolo, e não a participação em "racha" ou "pega".

Ex positis, voto pela denegação da ordem.

É como voto.

ACO nº 1.109 (Rel. Min. Ellen Gracie)

Conflito de Atribuições entre o Ministério Público Federal e o Ministério Público Estadual

Valter Shuenquener de Araújo

1 Contextualização do voto

A Ação Cível Originária nº 1.109 cuida de um conflito negativo de atribuições entre o Ministério Público Federal e o Ministério Público do Estado de São Paulo. O Suscitante, membro do Ministério Público Federal lotado em Presidente Prudente/SP, determinou o encaminhamento de autos instaurados no âmbito administrativo ao Ministério Público estadual, ao fundamento de que não havia repasse de verbas da União para o Estado de São Paulo na formação dos recursos do FUNDEF, o que afastaria a competência da Justiça Federal para julgar os fatos mencionados nos autos.

O Ministério Público estadual, por seu turno, sustentou a possibilidade de atuação do Ministério Público Federal na investigação de suposta ocorrência de desvio ou emprego irregular de verbas do FUNDEF.

Em linhas gerais, o *thema decidendum* não era novo para a Suprema Corte. Por diversas ocasiões, o STF já teve a oportunidade de decidir originariamente sobre qual Ministério Público deveria atuar. No entanto, houve uma peculiaridade neste caso. Logo após o Min. Luiz Fux pedir vista da ACO nº 1.109, ele demonstrou, em uma das reuniões semanais que são feitas no gabinete, seu interesse de colocar em debate, no Pleno, a competência originária do STF para decidir sobre conflito de atribuições entre membros do Ministério Público. É que, em um primeiro momento, o Supremo entendeu ser da atribuição do Superior Tribunal de Justiça decidir sobre conflito de atribuições entre membros do *parquet*, calcado na tese de que se tratava de um conflito virtual de jurisdição. Entretanto, a posição atual é a que reconhece a competência originária do STF pela existência de um conflito federativo, nos termos do que está previsto no artigo 102, inciso I, alínea "f", da Constituição.

O voto do Min. Luiz Fux centrou-se na tese, a nosso ver acertada, de que não se está diante de um conflito federativo, um conflito capaz de ameaçar o pacto federativo, quando dois membros do Ministério Público reconhecem não possuírem atribuição sobre uma determinada matéria. Quanto ao mérito, isto é, quanto a qual Ministério Público deveria atuar na hipótese vertente, a questão não se revela de maior complexidade, pois se ajusta ao que já é pacífico na jurisprudência do STF. Nesse contexto, a leitura do voto proferido pelo Min. Luiz Fux na ACO nº 1.109 é valiosa por conta do que se defendeu quanto à questão preliminar, no sentido da incompetência do STF para julgar originariamente a matéria.

2 Dos principais argumentos lançados em favor da incompetência do STF para originariamente dirimir conflitos de atribuições entre membros do Ministério Público

Ao longo de sua exposição, o Min. Luiz Fux apresentou fortes argumentos contrários à manutenção da jurisprudência da Suprema Corte brasileira sobre o tema da competência jurisdicional originária para a apreciação de conflitos de atribuição entre membros do Ministério Público.

Em primeiro lugar, fez-se destaque à necessidade de uma interpretação mais restritiva dos dispositivos constitucionais que atribuem ao STF competência originária, o que se amolda ao objetivo de redução dos feitos em tramitação na instância máxima de jurisdição. Não é possível que o Supremo Tribunal Federal julgue, desde 2000, uma média anual de 121.000 processos, e que a Suprema Corte norte-americana apenas aprecie, consoante ocorrido em 2009, cerca de 80 casos por ano.

Sob outro enfoque, ao fazer referência ao pensamento de Gomes Canotilho, o Min. Fux destacou que, em Portugal, o tema do conflito de atribuições entre membros do Ministério Público não justifica a intervenção originária da Suprema Corte. Pela mesma *ratio*, no Brasil, também, não se deveria considerar a referida matéria capaz de justificar a atuação originária do STF. O grandioso papel desempenhado pelo Ministério Público não é razão para deslocar a competência do tema para a Suprema Corte brasileira.

Questionou-se, ademais, a incoerência existente ao se reconhecer, de um lado, a competência originária do STJ para julgar conflitos de atribuição entre juízes vinculados a tribunais distintos (art. 105, inciso I, *d*), e, de outro, a competência originária do STF, órgão distinto, para julgar atribuições entre Ministérios Públicos diversos.

O Min. Fux, invocando Uadi Lammêgo Bulos e, ainda, votos do Min. Celso de Mello sobre o real significado da locução "conflito federativo", pugnou pela competência originária do STJ sobre a matéria. Em uma passagem do voto, extrai-se a seguinte observação:

Não é porque órgãos de duas unidades da federação distintas são partes em feitos que há um conflito federativo. Conflito federativo gravita em torno da idéia de que a lide pode criar uma ruptura na federação. (...) A ampliação do sentido lógico da regra constitucional que atribui competência a esta Corte, mormente na ausência de previsão expressa, ofende o *telos* do dispositivo constitucional. Para os fins de estabelecimento da competência prevista no art. 102, I, f, da Carta Magna, deve-se, sempre, ter em mente o pilar da forma de Estado que se tem no Brasil, consubstanciada no pacto federativo, que apenas pode se ver estremecido em razão de conflitos institucionais de grande significação, de cunho político.

Infelizmente, a posição defendida pelo Min. Luiz Fux na ACO nº 1.109 restou vencida em sessão do Pleno do STF de 5.10.2011, tendo sido acompanhado, unicamente, pelo eminente Min. Celso de Mello que, também quanto à preliminar, não vislumbrou, no caso apreciado, uma hipótese de conflito federativo. O voto adiante representa, assim, uma profícua contribuição para o debate acerca da interpretação mais adequada a ser dispensada aos dispositivos constitucionais que estabelecem a competência originária do Supremo Tribunal Federal.

ACO nº 1.109 (Rel. Min. Ellen Gracie)

Voto-Vista

Voto Preliminar
1) Constitucional. Conflito de atribuições entre ministérios públicos. Alcance do artigo 102, inciso I, alínea f, da Constituição da República. Dispositivo direcionado para atribuir competência originária ao STF em casos de conflito federativo. Mero conflito entre órgãos da federação incapaz de comprometer o pacto federativo afasta a regra que atribui competência originária ao STF.

Voto Mérito
2) Reconhecimento da atribuição do MPF para atuar em matéria penal (art. 109, inciso IV, da CRFB) e pelo reconhecimento da atribuição do MP do Estado de São Paulo para atuar em matéria cível e de improbidade administrativa (art. 109, inciso I, da CRFB), sem prejuízo, na última hipótese, de deslocamento da competência para a Justiça Federal, caso haja superveniente intervenção da União ou diante do reconhecimento ulterior de lesão ao patrimônio nacional.

O Senhor Ministro Luiz Fux: Cuidam os autos de Conflito negativo de atribuições entre o Ministério Público Federal e o Ministério Público do Estado de São Paulo, instaurado para apurar supostas irregularidades na gestão e prestação de contas dos recursos referentes ao FUNDEF, junto ao Município de Taciba/SP.

O membro do Ministério Público Federal lotado em Presidente Prudente/SP, Suscitante, determinou o encaminhamento dos autos instaurados no âmbito do procedimento administrativo ao Ministério Público estadual ao fundamento de que não há repasse de verbas da União para o Estado de São Paulo na formação dos recursos do FUNDEF, o que afastaria a competência da Justiça Federal para julgar os fatos mencionados nos autos (fls. 28/29).

O Ministério Público estadual, por seu turno, alicerçado no que decidido no ACO nº 911/SP, rel. Min. Ricardo Lewandowski, *DJ*, 14 dez. 2006, sustenta a possibilidade de atuação do Ministério Público Federal na investigação de *suposta ocorrência de desvio ou emprego irregular de verbas do FUNDEF* (fls. 139/140).

O Ministério Público Federal opinou (fls. 189/197) pelo reconhecimento da atribuição do MPF para atuar em matéria penal e pelo reconhecimento da atribuição do MP do Estado de São Paulo para atuar em matéria cível, sem prejuízo de deslocamento da competência para a Justiça Federal caso haja intervenção da União nesta segunda hipótese.

É o breve relatório.

Senhor Presidente, Senhores Ministros, Exmo. representante do Ministério Público Federal, senhores advogados, antes de analisar o tema de fundo, trago ao debate a preliminar de incompetência para o julgamento do presente conflito de atribuições.

Preliminar
Da Competência do Supremo Tribunal Federal para a Apreciação de Conflito de Atribuições entre Ministérios Públicos

Da Evolução da Jurisprudência da Corte

De início, destaco, consoante lembrado pela eminente Ministra relatora, que a jurisprudência anterior desta Corte não conhecia do conflito de atribuição entre Ministérios Públicos, por concluir não haver ameaça ao pacto federativo, conforme se extrai da leitura da seguinte ementa (Pet. nº 1.503/MG, Rel. Min. Maurício Corrêa, Pleno, *DJ*, 14 nov. 2002):

> Conflito negativo de atribuições. Ministério Público Federal e Estadual. Denúncia. Falsificação de guias de contribuição previdenciária. Ausência de conflito federativo. Incompetência desta Corte.
>
> 1. Conflito de atribuições entre o Ministério Público Federal e o Estadual. Empresa privada. Falsificação de guias de recolhimento de contribuições previdenciárias devidas à autarquia federal. Apuração do fato delituoso. Dissenso quanto ao órgão do Parquet competente para apresentar denúncia.
>
> 2. A competência originária do Supremo Tribunal Federal, a que alude a letra f do inciso I do artigo 102 da Constituição, restringe-se aos conflitos de atribuições entre entes federados que possam, potencialmente, comprometer a harmonia do pacto federativo. Exegese restritiva do preceito ditada pela jurisprudência da Corte. Ausência, no caso concreto, de divergência capaz de promover o desequilíbrio do sistema federal.
>
> 3. Presença de virtual conflito de jurisdição entre os juízos federal e estadual perante os quais funcionam os órgãos do Parquet em dissensão. Interpretação analógica do artigo 105, I, d, da Carta da República, para fixar a competência do Superior Tribunal de Justiça a fim de que julgue a controvérsia. Conflito de atribuições não conhecido.

A eminente relatora destacou, em seu relatório, que já reconheceu, em decisão monocrática, que a regra de competência originária contida no art. 102, I, *f*, da Carta Magna, endereçada às causas em que há risco de ruptura da harmonia federativa, não abrange os conflitos de atribuições surgidos entre os Ministérios Públicos Estaduais e o Ministério Público Federal (Pet. nº 3.065, Rel. Min. Nelson Jobim; Pet. nº 3.005, Rel. Min. Ellen Gracie; Pet. nº 1.503, Rel. Min. Maurício Corrêa; e CC nº 7.117, Rel. Min. Sydney Sanches).

À guisa de ilustração, o mesmo entendimento também foi adotado na ACO nº 756 da relatoria do Min. Carlos Britto, que possui a seguinte ementa:

Ementa: Constitucional. Conflito negativo de atribuições. Ministério Público Federal e Ministério Público Estadual. Representação destinada à apuração de supostas irregularidades na privatização do sistema de transporte ferroviário nacional. Incompetência do Supremo Tribunal Federal.

De acordo com a letra d do inciso I do art. 105 da Magna Carta, compete ao Superior Tribunal de Justiça processar e julgar originariamente os conflitos entre juízes vinculados a tribunais diversos.

No caso, transparece *um virtual conflito de jurisdição entre os juízos federal e estadual perante os quais funcionam os órgãos do Parquet ora em divergência. Tal situação impõe uma interpretação extensiva do dispositivo constitucional acima referido, de sorte a fixar a competência daquela Corte Superior para solucionar o dissenso instaurado nos presentes autos*. Precedente: Pet. nº 1.503, Rel. Min. Maurício Corrêa.

Conflito de atribuições não conhecido. (4.8.2005, grifos nossos)

Sem embargo, a própria Relatora salientou que, em julgados mais recentes, o Supremo Tribunal Federal alterou essa orientação, conforme se percebe da leitura do julgado sob a relatoria do Min. Cezar Peluso (Pet. nº 3.631/SP, Pleno, *DJ*, 6 mar. 2008):

1. Competência. Atribuições do Ministério Público. Conflito negativo entre MP de dois Estados. Caracterização. Magistrados que se limitaram a remeter os autos a outro juízo a requerimento dos representantes do Ministério Público. Inexistência de decisões jurisdicionais. Oposição que se resolve em conflito entre órgãos de Estados diversos. Feito da competência do Supremo Tribunal Federal. Conflito conhecido. Precedentes. Inteligência e aplicação do art. 102, I, "f", da CF. Compete ao Supremo Tribunal Federal dirimir conflito negativo de atribuição entre representantes do Ministério Público de Estados diversos.

2. Competência criminal. Atribuições do Ministério Público. Ação penal. Formação de *opinio delicti* e apresentação de eventual denúncia. Delito teórico de receptação que, instantâneo, se consumou em órgão de trânsito do Estado de São Paulo. Matéria de atribuição do respectivo Ministério Público estadual. Conflito negativo de atribuição decidido nesse sentido. É da atribuição do Ministério Público do Estado em que, como crime instantâneo, se consumou teórica receptação, emitir a respeito opinio delicti, promovendo, ou não, ação penal.

Em suas razões apresentadas no julgamento suso avocado, e que ficaram vencidas, o Min. Carlos Britto destacou que a competência originária para a apreciação de conflitos de atribuição seria do STJ, e não do STF, *in verbis*:

O Senhor Ministro Carlos Britto – Senhor Presidente, estive reexaminando aqui as minhas anotações e observei que fui Relator de uma Ação Cível Originária, em agosto de 2005, sobre conflito de atribuições entre Ministério Público Estadual e Ministério Público Federal. E decidimos que a Constituição Federal não inclui, na competência judicante do Supremo Tribunal Federal, conflito de atribuições entre nenhuma autoridade: nem entre autoridades judiciárias nem entre membros do Ministério Público. A matéria também não estaria na competência do Superior Tribunal de Justiça, a não ser por analogia, se admitíssemos uma espécie de conflito virtual.

Por isso, dissemos o seguinte (leio a ementa do acórdão proferido em agosto de 2005, na Ação Cível Originária nº 756, oriunda de São Paulo):

"Ementa: Constitucional. Conflito negativo de atribuições. Ministério Público Federal e Ministério Público Estadual. Representação destinada à apuração de supostas irregularidades na privatização do sistema de transporte ferroviário nacional. Incompetência do Supremo Tribunal Federal. De acordo com a letra 'd' do inciso I do art. 105 da Magna Carta, compete ao Superior Tribunal de Justiça processar e julgar originariamente os conflitos entre juízes vinculados a tribunais diversos. No caso, transparece um virtual conflito de jurisdição entre os juízos federal e estadual perante os quais funcionam os órgãos do *Parquet* ora em divergência. Tal situação impõe uma interpretação extensiva do dispositivo constitucional acima referido, de sorte a fixar a competência daquela Corte Superior para solucionar o dissenso instaurado nos presentes autos. Precedente: Pet 1.503, Relator Ministro Maurício Corrêa. Conflito de atribuições não conhecido."

O Senhor Ministro Gilmar Mendes (Presidente) – Vossa Excelência mandaria para o STJ?

O Senhor Ministro Carlos Britto – Eu não conheceria e declinaria a competência para o STJ. Se vencido, acompanharei, no mérito, o Ministro Cezar Peluso.

Na ACO nº 889 da Relatoria da Min. Ellen Gracie, em que ficou vencido o Min. Marco Aurélio, também se reconheceu a competência do STF para o julgamento do conflito de atribuições entre Ministérios Públicos diante da presença de conflito federativo, nos termos do que preceitua o artigo 102, I, *f*, que tem a seguinte redação:

Art. 202. (...)
I - (...)
f) as causas e os conflitos entre a União e os Estados, a União e o Distrito Federal, ou entre uns e outros, inclusive as respectivas entidades da administração indireta; (...).

Em seu voto na ACO nº 889, o Min. Marco Aurélio, vencido, sustentou que:

O Senhor Ministro Marco Aurélio – Há um aspecto que consideraria. Construímos a competência do Supremo, para esses conflitos de atribuição, a partir do envolvimento do Ministério Público Federal e do Estadual. Vislumbramos, portanto, um conflito federativo.

Creio que, neste caso, até para evitar a sobrecarga do Supremo, devemos conferir interpretação integrativa ao artigo 105 da Constituição Federal, no que prevê que compete ao Superior Tribunal de Justiça julgar conflitos entre juízes vinculados a tribunais diversos para, até mesmo, por simetria, entender que ele deve afastar o impasse. (...)

O Senhor Ministro Marco Aurélio – Presidente, não veria conflito federativo por imaginar que, nesse, há sempre interesse de Estados diversos. Aqui a atuação é do Ministério Público.

O Senhor Ministro Marco Aurélio – Presidente, fico vencido quanto à competência para julgar o conflito de atribuições. Entendo que ela é do Superior Tribunal de Justiça. Ultrapassada essa preliminar, no mérito acompanho a relatora.

Diante da oscilação da jurisprudência da Corte acerca da competência originária para a apreciação do conflito de atribuições, revela-se imprescindível, nessa altura, a demonstração do que se deve entender a respeito da expressão conflitos mencionada no dispositivo constitucional.

Do Conflito Federativo

O Pleno do STF tem, em seus julgados mais recentes, apresentado como fundamento para sua competência no julgamento de conflitos de atribuição entre Ministérios Públicos distintos o artigo 102, inciso I, alínea f da Constituição da República. De acordo com o referido comando constitucional, a competência do Supremo Tribunal Federal se justifica nas hipóteses de conflito federativo.

Vive-se numa quadra histórica em que a Suprema Corte brasileira, que tem aproximadamente 90 mil processos em tramitação, está repensando o seu papel institucional na República. Anualmente são distribuídos aos Ministros desta Corte um volume de processos que tem variado, desde o ano de 200 até 2010, entre 41 mil e 116 mil processos. Desde 2000, são julgados anualmente uma média aproximada de 121.000 feitos no STF. Enquanto isso, em 2009 a Suprema Corte norte-americana apreciou aproximadamente 80 casos, consoante noticiado no sítio da Suprema Corte norte-americana na mensagem de final de ano do *Chief Justice* (*Chief Justice's Year-End Reports on the Federal Judiciary*). Por seu turno, o Tribunal Constitucional alemão julgou, de 7 de setembro de 1951 até 31 de dezembro de 2010, consoante informação veiculada no sítio do próprio Tribunal, 185.827 processos. Isso equivale a aproximadamente dois anos de julgamentos no Supremo Tribunal Federal. Em 2010, por sua vez, o Tribunal Constitucional alemão julgou 6.344 feitos. A realidade tem, assim, demonstrado a firme necessidade de uma interpretação restritiva dos dispositivos constitucionais que atribuem a esta corte competência originária.

E não se diga que isso é peculiaridade brasileira. Também no exterior, a interpretação restritiva se impõe. A Suprema Corte norte-americana a adotou no emblemático precedente caso *Marbury vs. Madison*, de 1803.

William Marbury foi indicado por John Adams para o cargo de Juiz de Paz do Distrito de Columbia. Entretanto, como sua nomeação não foi concretizada por James Madison, Secretário de Justiça do Presidente Jefferson, Marbury impetrou perante a Suprema Corte um *writ of mandamus* para alcançar tal desiderato. Em brilhante e estratégica decisão, a Suprema Corte norte-americana, através do voto conduzido pelo consagrado Justice Marshall, não apreciou o feito, por considerar que a matéria não seria de competência original da Corte. Consoante noticiam Gary Hartman, Roy Mersky e Cindy Tate (*Landmark Supreme Court Cases*. New York: Checkmark Books, 2007. p. 467-468):

> The Court found that the construction of the Constitution, when given its plain meanings, specifically enumerated the type of cases over which the Court had

original and appellate jurisdiction. (...) Since such an action was not enumerated in the Constitution as an action coming under the Court's original jurisdiction, the Judiciary Act enacted by Congress, which gave the Court the power to issue a writ of mandamus, was contrary to the Constitution and void.

Em tradução livre:

> A Corte concluiu que a construção da Constituição, considerando o seu significado literal, enumerou especificamente os tipos de casos de competência original e recursal da Corte. (...) Uma vez que a referida demanda não foi prevista pela Constituição como uma ação de competência originária da Corte, a Lei do Judiciário [Judiciary Act] aprovada pelo Congresso, que conferiu à Corte o poder de determinar uma ordem judicial, era contrária à Constituição e nula.

A Suprema Corte norte-americana decidiu, portanto, que o *Judiciary Act* de 1789 não poderia ampliar as competências da Corte para além do que previsto na Constituição.

Ainda quanto à competência originária de uma Corte Constitucional, Gomes Canotilho pontifica quais seriam as matérias a merecem a sua atenção, *in verbis*:

> Com a garantia da observância das normas constitucionais conexionam-se relevantíssimas questões político-constitucionais como: (1) defesa das minorias perante a omnipotência da maioria do parlamento-governo; (2) primazia hierárquico-normativo da Constituição e do legislador constituinte perante a omnipotência da maioria parlamento-governo; (3) primazia do dogma tradicional da presunção de constitucionalidade dos actos legislativos; (4) legitimidade do desenvolvimento do próprio direito constitucional através da interpretação dada às normas da Constituição pelos juízes constitucionais. (CANOTILHO, J.J. Gomes. *Direito constitucional e teoria da Constituição*. 7. ed. Coimbra: Almedina, p. 681)

Constata-se, à luz da pena do mestre Canotilho, que não há qualquer menção ao julgamento de conflito de atribuições como tema hábil a justificar a atuação originária de uma Suprema Corte. A aferição de qual Ministério Público deve agir é tarefa a demandar a análise de questões fáticas capazes de afastar a competência de uma Suprema Corte. Não deve competir a um Supremo Tribunal de um país como o Brasil verificar, *cum grano salis*, se há ou não, por exemplo, desvio de verba federal, ou mesmo interesse da União para se reconhecer de quem é a atribuição para atuar no âmbito administrativo. E isso não é o pior. O que eventualmente for decidido por esta Corte, tal como no caso dos autos, poderá não produzir efeitos práticos. Vamos supor que o STF decida pela atribuição do MPE em um determinado caso. Em razão disso, o Promotor de Justiça ajuíza uma ação com fundamento nas apurações do âmbito administrativo. Pode ocorrer de o Juiz Estadual entender que não possui competência para julgar a matéria e declinar o feito para a Justiça Federal. Muito embora o STF tenha decidido sobre a atribuição do *parquet*, não decidiu sobre a competência do juízo para decidir o feito. Se o juízo federal suscitar o conflito negativo de jurisdição, o STJ poderá, em tese, reconhecer a competência da Justiça Federal, o que compelirá o MPF a atuar no feito. Por mais essa razão, soa recomendável que o mesmo tribunal com competência para a apreciação de um conflito de competências entre juízos distintos seja competente para decidir sobre conflitos de atribuição entre Ministérios Públicos.

Vivencia-se, hodiernamente uma situação quiçá inusitada. Compete ao STJ julgar originariamente conflitos de atribuição entre juízes vinculados a tribunais distintos (art. 105, inciso I, d). No entanto, compete ao STF julgar atribuições entre MPs distintos. Isso carece de uma lógica. Não se está a defender uma extensão assistemática do que previsto no artigo 105 da Carta de 1988. Pugna-se pela adoção de uma interpretação que revele o real sentido do dispositivo que atribui ao STJ competência originária para decidir conflitos.

O Constituinte de 1988 não poderia antecipar o grandioso papel que o Ministério Público assumiria após a promulgação da Carta. E é esse incremento das atribuições do *parquet*, aliado à elevação da complexidade das matérias submetidas a sua apreciação que ampliou geometricamente as situações de conflito de atribuições entre os órgãos ministeriais, situação recente e que mais se aproxima, a despeito da inexistência de identidade absoluta, de uma hipótese de conflito de competência entre juízes vinculados a Tribunais distintos do que de uma situação de conflito federativo. Sobre o tema da interpretação, são valiosas as palavras da Juíza Federal e Professora de Direito Constitucional da UERJ, Jane Reis, *in verbis*:

> Há certos preceitos da Lei Maior que, dada sua abertura e incompletude ou, ainda, por previsão expressa abrem as portas da interpretação para descoberta/formulação do direito constitucional não escrito. Este compreende tanto o que sempre esteve implícito na norma a interpretar como decisão constituinte originária como o que vem a integrar a Constituição a partir da evolução dos valores e das práticas sociais. (*Interpretação constitucional e direitos fundamentais*. Rio de Janeiro: Renovar 2006, p. 43-44)

Na percuciente análise de Uadi Lammêgo Bulos (*Constituição Federal anotada*. 7. ed. Saraiva, 2007. p. 1006):

> O art. 102, I, f, da Constituição confere ao STF a posição eminente de Tribunal da Federação, atribuindo-lhe, nessa condição, o poder de dirimir as controvérsias que, irrompendo ao seio do Estado Federal, opunham as unidades federadas umas às outras. *A jurisprudência do Supremo Tribunal Federal, na definição do alcance dessa regra de competência originária da Corte, tem enfatizado o seu caráter de absoluta excepcionalidade, restringindo a sua incidência às hipóteses de litígios cuja potencialidade ofensiva revele-se apta a vulnerar os valores que informam o princípio fundamental que rege, em nosso ordenamento jurídico, o pacto da Federação*. Ausente qualquer situação que introduza a instabilidade no equilíbrio federativo ou que ocasione a ruptura da harmonia que deve prevalecer nas relações entre as entidades integrantes do Estado Federal, deixa de incidir, ante a inocorrência dos seus pressupostos de autuação, a norma de competência prevista no art. 102, I, F, da Constituição. (grifos nossos)

Sobre o tema, José Afonso da Silva, em seu *Comentário contextual à Constituição* (6. ed. São Paulo: Malheiros, p. 549), predica que:

> Causa é sinônimo de lide. Às vezes também se tem como um conflito, porque, em verdade, lide é um conflito de interesses qualificado por uma pretensão resistida; uma forma de litígio.
>
> Então, *aquela há de ser sempre uma demanda judicial pela qual uma das entidades pretenda submeter o interesse da outra ao seu próprio. A causa mais rumorosa entre Estado e União foi a movida pelo Estado do Amazonas, reivindicando o Território do Acre, logo depois que ele foi adquirido da Bolívia. Ruy Barbosa foi o advogado do Estado de Amazonas; perdeu a causa.* (grifos nossos)

Na jurisprudência da Corte, há entendimento sedimentado que traça a diferença entre os conceitos de conflito entre entes federados e conflito federativo. Como bem frisado por esta Corte no julgamento da ACO nº 1.295:

> (...) a jurisprudência da Corte traduz uma audaciosa redução do alcance literal da alínea questionada da sua competência original: cuida-se, porém, de redução teleológica e sistematicamente bem fundamentada, tão manifesta, em causas como esta, se mostra a ausência dos fatores determinantes da excepcional competência originária do S.T.F. para o deslinde jurisdicional dos conflitos federativos (*DJ*, 7 dez. 1990). (...) Diferença entre conflito entre entes federados e conflito federativo: enquanto no primeiro, pelo prisma subjetivo, observa-se a litigância judicial promovida pelos membros da Federação, no segundo, para além da participação desses na lide, a conflituosidade da causa importa em potencial desestabilização do próprio pacto federativo. (ACO nº 1.295 AgR-segundo, Rel. Min. Dias Toffoli, Tribunal Pleno, julg. 14.10.2010, *DJe*, 2 dez. 2010)

No mesmo sentido, a Corte decidiu que:

> [A] aplicabilidade da norma inscrita no art. 102, I, f, da Constituição estende-se aos litígios cuja potencialidade ofensiva revela-se apta a vulnerar os valores que informam o princípio fundamental que rege, em nosso ordenamento jurídico, o pacto da Federação (ACO nº 1.048-QO, Rel. Min. Celso de Mello, Plenário, *DJ*, 31 out. 2007)

A jurisprudência desta Corte tem, dessarte, delimitado a atuação do Tribunal por meio de uma hermenêutica que restringe a sua atuação, como órgão de cúpula do Poder Judiciário, às controvérsias entre as unidades federadas geradoras de real conflito federativo. O STF deve atuar como Tribunal da Federação, como Corte capaz de velar pela perpetuidade da federação brasileira. Isso não significa que todo e qualquer conflito, administrativo ou judicial, deve passar pelo seu crivo originário. Conflito federativo pressupõe conduta capaz de conduzir a uma ruptura, ou ameaça de ruptura, do pacto federativo. A atuação da última instância do Judiciário se revela imprescindível para a manutenção da federação. O Judiciário deve, como acentua Augusto Zimmermann, desempenhar esse papel de mantenedor da federação: "O

Poder Judiciário, julgador das relações entre a União e os Estados-membros, é, por assim dizer, a maior garantia de sobrevivência do sistema federativo" (*Teoria geral do federalismo democrático*. 2. ed. Rio de Janeiro: Lumen Juris, 2005. p. 114).

Ainda sobre o tema, conforme bem advertiu o Min. Celso de Mello, em decisão monocrática proferida na Medida Cautelar na Ação Cível Originária nº 558 (*DJ*, 6 out. 2005), *verbis*:

> (...) esta Suprema Corte tem advertido, em sucessivas decisões (RTJ 81/675 – RTJ 95/485, *v.g.*), que, ausente qualquer situação que introduza instabilidade no equilíbrio federativo ou que ocasione ruptura da harmonia que deve prevalecer nas relações entre as entidades integrantes do Estado Federal, deixa de incidir, ante a inocorrência dos seus pressupostos de atuação, a norma de competência que confere, a esta Suprema Corte, como acima já enfatizado, o papel eminente de Tribunal da Federação. (ACO nº 597-AgR/SC, Rel. Min. Celso de Mello, Pleno)

No mesmo sentido, a manifestação exarada na ACO nº 1.431/MA-REF-MC, de relatoria do Min. Celso de Mello, cuja ementa contém o seguinte trecho:

> (...) Conflitos federativos e o papel do Supremo Tribunal Federal como Tribunal da Federação. A Constituição da República confere, ao Supremo Tribunal Federal, a posição eminente de Tribunal da Federação (CF, art. 102, I, f), atribuindo, a esta Corte, em tal condição institucional, o poder de dirimir controvérsias, que, ao irromperem no seio do Estado Federal, culminam, perigosamente, por antagonizar as unidades que compõem a Federação. Essa magna função jurídico-institucional da Suprema Corte impõe-lhe o gravíssimo dever de velar pela intangibilidade do vínculo federativo e de zelar pelo equilíbrio harmonioso das relações políticas entre as pessoas estatais que integram a Federação brasileira. A aplicabilidade da norma inscrita no art. 102, I, f, da Constituição estende-se aos litígios cuja potencialidade ofensiva revela-se apta a vulnerar os valores que informam o princípio fundamental que rege, em nosso ordenamento jurídico, o pacto da Federação. Doutrina. Precedentes. (Tribunal Pleno, *DJe*, 23 out. 2009)

Nessa altura, revela-se imperioso lançar mão do seguinte questionamento: Estamos diante de um real conflito federativo na hipótese dos autos quando dois Ministérios Públicos, um Federal e um Estadual, reconhecem não terem atribuição para atuar?

O entendimento mais recente da Corte que confere competência originária ao STF para decidir conflito de atribuições entre Ministérios Públicos, não se harmoniza perfeitamente com a interpretação já sedimentada do Pleno quanto ao correto alcance do artigo 102, inciso I, alínea f da Carta de 1988. Por que apenas em matéria de conflito de atribuições entre Ministérios Públicos se tem conferido interpretação extensiva para ampliar a competência da Corte Suprema? Lembrando a valiosa lição de Gustavo Zagrebelsky (*El Tribunal Constitucional y la política*. Madrid: Trotta, 2008. p. 76): "Las contradiciones jurisprudenciales no favorecen la reputación del Tribunal".

Não é porque órgãos de duas unidades da federação distintas são partes em feitos que há um conflito federativo. Conflito federativo gravita em torno da idéia de que a lide pode criar uma ruptura na federação. No que tange ao disposto no artigo 102, inciso I, alínea f, da Constituição de 1988, a competência do STF se justifica para decidir sobre o equilíbrio do sistema federativo, para julgar causas que possam comprometer a existência do Estado brasileiro. A ampliação do sentido lógico da regra constitucional que atribui competência a esta Corte, mormente na ausência de previsão expressa, ofende o *telos* do dispositivo constitucional.

Para os fins de estabelecimento da competência prevista no art. 102, I, f, da Carta Magna, deve-se, sempre, ter em mente o pilar da forma de Estado que se tem no Brasil, consubstanciada no pacto federativo, que apenas pode se ver estremecido em razão de conflitos institucionais de grande significação, de cunho político.

Ao longo da história republicana brasileira, as Constituições cuidaram do tema da competência originária da Corte Suprema quanto ao tema do conflito federativo da seguinte forma:

Constituição de 1934

Art. 76. A Corte Suprema compete:

1) processar e julgar originariamente: (...)

d) as causas e os conflitos entre à União e os Estados, ou entre estes;

Constituição de 1946:

Art. 101. Ao Supremo Tribunal Federal compete:

I - processar e julgar originariamente: (...)

e) as causas e conflitos entre a União e os Estados ou entre estes;

Constituição de 1967

Art. 114. Compete ao Supremo Tribunal Federal:

I - processar e julgar originariamente: (...)

d) as causas e conflitos entre a União e os Estados, ou Territórios, ou entre uns e outros;

EC nº 1/69

Art. 119. Compete ao Supremo Tribunal Federal:

I - processar e julgar originariamente;

d) as causas e conflitos entre a União e os Estados ou territórios ou entre uns e outros, inclusive os respectivos órgãos de administração indireta;

A redação do art. 102, inciso I, alínea f da atual Constituição prevê que compete ao Supremo Tribunal Federal julgar originariamente:

Art. 102. (...)

I - (...)

f) as causas e os conflitos entre a União e os Estados, a União e o Distrito Federal, ou entre uns e outros, inclusive as respectivas entidades da administração indireta;

Dessome-se, portanto, da leitura de todos os textos constitucionais acima transcritos, que as Constituições têm atribuído ao Supremo Tribunal Federal o relevante papel de Tribunal Guardião da Federação, à medida que lhe incumbe competência para julgar conflitos federativos.

Nesse diapasão, a Suprema Corte teve por hábito histórico restringir a interpretação de sua competência quanto ao tema de conflito federativo, a fim de evitar que toda e qualquer demanda em que entes ou entidades distintos estivessem em pólos opostos de ações pudesse deslocar a competência para a instância máxima do Poder Judiciário. Essa forma de proceder também se materializa em território alemão. A Lei Fundamental de Bonn cuida da competência da Corte Constitucional em seu artigo 93, *verbis*:

> Artikel 93
> (1) Das Bundesverfassungsgericht entscheidet: (...)
> 4. in anderen öffentlich-rechtlichen Streitigkeiten zwischen dem Bunde und den Ländern, zwischen verschiedenen Ländern oder innerhalb eines Landes, soweit nicht ein anderer Rechtsweg gegeben ist;

Em tradução livre:

> Artigo 93
> (1) O Tribunal Constitucional alemão decide: (...)
> 4. em outros conflitos de Direito Público entre a União e os Estados, entre Estados distintos ou no âmbito de um Estado, *desde que não exista uma outra via judicial.* (grifos nossos)

A leitura da Carta alemã nos permite concluir que a competência originária da última instância é excepcional. Ela só se legitima, no que concerne aos conflitos entre os entes da federação, se inexistente outra via judicial. Caso o conflito a ser analisado não tenha o condão de ameaçar o pacto federativo, e possa ser solucionado pelas instâncias inferiores, a competência da Corte Constitucional alemã deixa de ser originária. Embora a Constituição brasileira não mencione expressamente, como se extrai do texto alemão, o afastamento da competência originária diante da presença de solução alternativa, a ratio do artigo 102, inciso I, alínea f, foi a mesma, isto é, a de restringir o campo de atuação originária da última instância.

Marcelo Andrade Cattoni de Oliveira apresenta, em seu artigo Devido processo legislativo e controle jurisdicional de constitucionalidade no Brasil (*in*: SAMPAIO, José Adércio Leite. *Jurisdição constitucional e direitos fundamentais*. Belo Horizonte: Del Rey, 2003. p. 165-211, 172), alguns comentários em resposta à pergunta por ele próprio formulada sobre qual seria a justificativa histórico-teórica da jurisdição constitucional:

Duas tradições do pensamento político democrático moderno pretendem apresentar respostas diferentes para tal indagação.

A perspectiva liberal, que remonta a John Locke, considera que a jurisdição constitucional deve impor limites à atividade legislativa no sentido de garantir a razoabilidade das decisões políticas, procurando garantir condições equânimes de negociação entre as diversas tendências políticas, a fim de, por um lado, fazer transparecer a posição política majoritária e, por outro, garantir os direitos fundamentais como direitos individuais.

A posição republicana, que remonta a Jean-Jacques Rousseau, se vê na jurisdição constitucional alguma função, encara-se como pedagógica, no sentido da condução de uma educação/correção ética que assegure a realização dos valores supostamente subjacentes às normas constitucionais, em face de uma cidadania imatura, radicalizando a postura do bem-estar social.

Constata-se, assim, que o conflito de atribuições entre Ministérios Públicos não é hipótese que se enquadre nas hipóteses acima ventiladas, o que torna, no Brasil, o Superior Tribunal de Justiça competente para o julgamento do presente feito.

Na eventualidade de superação da preliminar de competência para o julgamento do feito, por avaliação da Corte em sentido contrário ao que aqui se propõe, passo ao exame do tema de fundo.

Do conflito de atribuições em relação ao FUNDEF

Consoante destacado pela eminente Relatora, Min. Ellen Gracie, o presente conflito de atribuições foi instaurado em decorrência da suposta ausência de competência da Justiça Federal e da atribuição do Ministério Público Federal para instaurar procedimento administrativo com o fito de identificar irregularidades na gestão e prestação de contas dos recursos referentes ao FUNDEF, perpetradas por políticos ou servidores locais.

Em seu voto, a eminente Relatora faz um estudo detalhado acerca das origens do FUNDEF e a respeito de qual Ministério Público teria atribuição sobre o tema, *in verbis*:

> Criado pela Emenda Constitucional nº 14, de 12.09.1996, o Fundo de Manutenção e Desenvolvimento do Ensino Fundamental e Valorização do Magistério (FUNDEF) foi instituído inicialmente pela Lei nº 9.424, de 24.12.1996, com posteriores alterações com a Lei nº 11.494, de 20.06.2007, quando passou a chamar-se de Fundo de Manutenção e Desenvolvimento da Educação Básica e de Valorização da Educação FUNDEB.
>
> O Fundo, de natureza contábil, é constituído originariamente por recursos financeiros dos Estados, Distrito Federal e Municípios, com recursos provenientes de diversas fontes e vinculado constitucionalmente ao custeio da educação. No exercício de sua função redistributiva, supletiva e de assistência financeira a União participa do FUNDEB, complementando-o sempre que, no âmbito de cada Estado e no Distrito Federal, o valor médio ponderado por aluno não alcançar o mínimo definido nacionalmente (art. 4º, da Lei nº 11.494/2007). Esses recursos, condicionados a posterior prestação de contas e controle do Tribunal de Contas da União,

garantem a equalização de oportunidades educacionais e a manutenção de um padrão mínimo de ensino aos Estados ou Municípios menos aquinhoados.

No caso dos Estados e Municípios que se apresentam, nesse aspecto, com suficiência financeira, o Fundo é composto exclusivamente por recursos oriundos da repartição de suas receitas tributárias e, por essa razão, passam a integrar os próprios orçamentos dos Estados e Municípios, nos termos dos arts. 157, 158, 159 e 212, §1º, da Constituição Federal. Sujeitam-se ao controle e prestam contas, portanto, ao correspondente Tribunal de Contas estadual.

8. Dessa sistemática de formação do Fundo, composto na maioria das vezes por recursos financeiros exclusivos dos Estados, Distrito Federal e Municípios, mas que também pode receber a complementação com recursos federais, verifico que a definição de atribuições entre o Ministério Público Federal e o Ministério Público Estadual dependerá, necessariamente, da adequada delimitação da natureza cível ou criminal da matéria envolvida.

9. À luz do art. 109 da Constituição Federal, a Senhora Subprocuradora-Geral da República, Dra. Cláudia Sampaio Marques, em parecer aprovado pelo Senhor Procurador-Geral da República, Dr. Antônio Fernando Barros e Silva de Souza, assim se manifestou (fls. 192/197): (...)

"18. A competência da Justiça Federal em matéria cível é tratada no inciso I, enquanto que a seara criminal, no inciso IV. De plano, observa-se que as questões cíveis apresentam menor dificuldade, tendo em vista que se utilizou o critério do interesse processual. Assim, toda vez que a União, entidade autárquica ou empresa pública federal, figurarem em um dos pólos da relação processual na condição de autoras, rés, assistentes ou oponentes, salvo os casos ali previstos, a competência é deslocada para a Justiça Federal.

19. Por outro lado, no aspecto criminal, não basta a presença de um daqueles entes no processo, mas se requer a identificação da lesão aos seus bens, interesses ou serviços, conceitos estes que devem ser apreciados sob o ponto de vista material. (...)

21. A Constituição Federal diz que será competente a Justiça Federal quando as infrações penais forem praticadas em detrimento de bens, serviços ou interesses da União, de maneira que distingue, claramente, bens de interesse. (...)

26. O interesse da União, portanto, para efeitos penais, deve ser analisado no Direito positivo vigente, onde devem ser identificados os poderes, direitos, vantagens, faculdades e prerrogativas desse ente sobre um determinado instituto jurídico. (...)

33. (...), qualquer interpretação que se faça sobre as normas das Leis em questão, à luz do Texto Constitucional, revela o papel fundamental exercido pela União na coordenação das ações referentes aos Fundos, de maneira que se mostra evidente o seu interesse jurídico.

34. Os demais entes federativos, por óbvio, também possuem interesse no correto cumprimento dessas Leis. Aliás, o próprio modelo de repartição de competência adotado pela Constituição já demonstra isso, uma vez que o art. 23, V, afirma que é da competência comum da União, dos Estados, do Distrito Federal e dos Municípios proporcionar os meios de acesso à cultura, à educação e à ciência.

35. Acontece que havendo conduta delituosa que implique lesão ao interesse da União, será competente a Justiça Federal para o processo e julgamento da ação penal, nos termos do art. 109, IV, da Constituição Federal, ainda que, concorrentemente, sejam feridos os interesses Estaduais e Municipais.

36. Desse modo, os fatos delituosos que provoquem lesão ao Fundo são de atribuição do Ministério Público Federal, por sempre afetar o interesse jurídico da União.

37. Por outro lado, as ações cíveis previstas no art. 29, da Lei nº 11.494/2007, competem tanto ao Ministério Público Estadual, quanto ao Federal, dependendo de qual ente federativo estiver envolvido, pois, como visto, nessa seara é levado em conta o interesse processual.

38. Assim, por exemplo, o caput do art. 29, atribui ao Ministério Público Federal a defesa do pleno cumprimento dessa Lei, quanto à correta transferência dos recursos federais ao Fundo. Nesse caso, evidentemente, estará no pólo passivo a União, sendo competente a Justiça Federal. Se a ação for voltada à exigência do cumprimento de um dever exclusivo do Estado, a atribuição será do Ministério Público Estadual. (...)

40. Em recente decisão proferida na Ação Cível Originária nº 1.041, o Ministro Gilmar Mendes, em conformidade com precedentes da Corte Suprema — HC 80.867, ACO 852 e ACO 911 —, decidiu ser atribuição do Ministério Público Federal investigar irregularidades na aplicação de recursos do FUNDEF.

41. Em suma, as ações e procedimentos afetos ao atual FUNDEB, no âmbito criminal são de atribuição do Ministério Público Federal, independentemente de complementação, ou não, com recursos federais. Em matéria cível, contudo, a atribuição de cada um dependerá da presença, ou não, de algum ente federal, pois, nesse caso, a competência é *ratione personae*.

42. No presente caso, como visto, cogita-se da possibilidade de ter havido desvio de recursos, o que configuraria delito, em tese, praticado pelo Prefeito Municipal de Taciba/SP e, ao mesmo tempo, ato de improbidade administrativa. Conforme os fundamentos apresentados, a hipótese é de atribuição do Ministério Público Federal para a apuração do delito e do Ministério Público Estadual para a investigação acerca da improbidade administrativa." (...)

10. Desse modo, conheço do conflito de atribuição, declarando a atribuição do Ministério Público Federal para averiguar eventual ocorrência de ilícito penal e a atribuição do Ministério Público do Estado de São Paulo para apurar hipótese de improbidade administrativa, sem prejuízo de eventual deslocamento de competência à Justiça Federal, caso haja intervenção da União nessa última hipótese. É como voto.

O tema quanto à atribuição do *parquet* em relação a desvios de recursos do FUNDEF não é novo no Supremo Tribunal Federal.

Em matéria de improbidade administrativa, e contanto que não haja complementação de verbas federais e de interesse da União, como é a hipótese dos autos, a atribuição será do MP do Estado de São Paulo, consoante decidido na ACO nº 1.156, *in verbis*:

> Ementa: Ministério Público. *Conflito negativo de atribuições. Ação civil de reparação de dano ao erário. Improbidade administrativa. Desvio de recursos do FUNDEF. Inexistência de complementação de verbas federais e de interesse da União. Feito da atribuição do Ministério Público estadual. Conflito conhecido e acolhido, para esse fim.* É atribuição do *Ministério Público estadual atuar em ação de reparação de dano ao erário, por improbidade administrativa concernente a desvio de recursos do FUNDEF, quando não tenha havido complementação de verbas federais.*
>
> Decisão: O Tribunal, por unanimidade e nos termos do voto do Relator, reconheceu a atribuição do Ministério Público do Estado de São Paulo. Ausentes, neste julgamento, o Senhor Ministro Marco Aurélio, justificadamente, os Senhores Ministros Celso de Mello, Ellen Gracie, Eros Grau e, licenciado, o Senhor Ministro

Menezes Direito. Presidiu o julgamento Senhor Ministro Gilmar Mendes. Plenário, 01.07.2009. (ACO 1.156/SP, Rel. Min. Cezar Peluso, *DJe*, 12 mar. 2010)

No mesmo sentido, o Min. Joaquim Barbosa proferiu decisão, em 25 de setembro de 2008, na ACO nº 1.213 com o seguinte teor:

> A matéria controvertida nos autos refere-se à determinação da instituição ministerial que tem atribuições para conduzir investigação sobre atos referentes a suposta irregularidade na abertura de novo concurso público para o Banco do Brasil S/A enquanto ainda existem candidatos aprovados no certame anterior.
>
> Entendo que assiste razão ao Ministério Público Federal, em parecer da Subprocuradora-Geral da República Dra. Cláudia Sampaio Marques (fls. 44-46), quando afirma que o objeto da investigação é a possível prática de ato de improbidade administrativa quando da abertura de novo certame público mesmo havendo candidatos aprovados em processo seletivo anterior e cuja validade está prestes a expirar, e não a defesa do patrimônio nacional ou dos direitos constitucionais dos cidadãos. A situação descrita, portanto, não se enquadra e nenhuma das hipóteses elencadas nos arts. 37 e 39 da Lei Complementar 75/1993, capazes de justificar a atuação do Ministério Público Federal. Ademais, a sociedade de economia mista não está arrolada no art. 109 da Constituição, que dispõe sobre a competência da Justiça Federal. Ressalte-se que o eventual interesse da União no feito deverá ser por ela manifestado, o que poderá acarretar o deslocamento do feito para a Justiça Federal. Cita a Súmula 517 do STF.
>
> Do exposto, *conheço* do Conflito de Atribuições e *determino a remessa* dos autos ao *Ministério Público Estadual de São Paulo*, para as providências que entender cabíveis.

Destaque-se que, em matéria de improbidade, a atribuição do Ministério Público Federal só se legitima se o dano ao erário configurar dano ao patrimônio nacional. Em razão do que disposto no art. 109, inciso I, da Constituição da República, a competência da Justiça Federal, e consequente da atribuição do MPF, depende da presença da União no feito. Não sendo parte a União, e nem mesmo empresa pública federal ou entidade autárquica federal, como é a hipótese dos autos, a atribuição será do Ministério Público Estadual, consoante destacado pela eminente Ministra Ellen Gracie em seu voto nos autos.

No que concerne à atribuição do Ministério Público em *matéria penal*, a solução para o caso dos autos merece outro desfecho, que também se alinha ao voto proferido pela eminente Relatora e à jurisprudência consolidada da Corte. Quanto ao campo penal, a atribuição, *in casu*, será do Ministério Público Federal consoante excerto da jurisprudência da Corte, *verbis*:

> Direito Processual Penal. Recurso Extraordinário. Competência da Justiça Federal. Fraude em licitação e desvio de verbas federais. Improvimento.
>
> 1. O recurso extraordinário se fundamenta no art. 102, III, a, da Constituição Federal, sob o argumento de que o acórdão recorrido teria violado o disposto no art. 109, IV, do texto constitucional, relativo à competência da justiça federal. 2. Esta Corte já teve oportunidade de apreciar matéria semelhante, relacionada à possível

fraude à licitação envolvendo verbas federais, sujeitas à fiscalização pelo Tribunal de Contas da União. Tratava-se de possível *fraude em licitações com desvio de verbas provenientes do FUNDEF, do FNDE e do FPM, em que se reconheceu interesse da União a ser preservado, evidenciando a competência da Justiça Federal para processar e julgar os crimes contra esse interesse* (HC nº 80.867/PI, de minha relatoria, 1ª Turma, *DJ*, 12 abr. 2002). 3. Concluo no sentido da correção do julgado da Corte local, ao confirmar decisão declinatória em favor da justiça federal. No caso, havendo concurso de crimes, a competência da justiça federal também alcançará os fatos supostamente criminosos que foram praticados em conexão com aqueles de competência da justiça federal. 4. Recurso extraordinário conhecido e improvido.

Decisão: A Turma, à unanimidade, conheceu do recurso extraordinário e negou-lhe provimento, nos termos do voto da Relatora. Ausentes, justificadamente, neste julgamento, os Senhores Ministros Celso de Mello e Eros Grau. Presidiu, este julgamento, a Senhora Ministra Ellen Gracie. 2ª Turma, 14.10.2008. (RE nº 464.621/RN, Rel. Min. Ellen Gracie, 2ª Turma, Julg. 14.10.2008, *DJe*, 20 nov. 2008)

No mesmo sentido, a decisão do Min. Lewandovski, proferida em 14.12.2006 na ACO nº 911, aponta que:

Bem examinados os autos, há que se reconhecer que a competência é do Ministério Público Federal.

A questão preliminar encontra-se superada desde o julgamento, por este Plenário, da Pet. nº 3.528/BA, Rel. Min. Marco Aurélio, no qual firmou-se a competência deste Tribunal para conhecer e julgar Conflito de Atribuições entre o Ministério Público Federal e os Ministérios Públicos Estaduais, ante a ausência de dispositivo constitucional expresso, mas com a efetiva possibilidade de conflito federativo (art. 102, I, f, da CF/88).

Quanto ao mérito, o FUNDEF é, nos termos do art. 1º e parágrafos da Lei nº 9.424/96, um fundo contábil, cujos recursos são provenientes do Imposto sobre Circulação de Mercadorias e Serviços – ICMS, do Fundo de Participação dos Estados – FPE, do Fundo de Participação dos Municípios FPM, do Imposto sobre Produtos Industrializados IPI e de recursos transferidos, em moeda, pela União aos Estados, Distrito Federal e Municípios, a título de compensação financeira pela perda de receitas decorrentes da desoneração das exportações, nos termos da Lei Complementar nº 87/96 e de outras que vierem a ser instituídas.

Como bem mencionou o Procurador-Geral da República, o Ministro Gilmar Mendes, ao relatar a ACO nº 658/PE, consignou:

"Estes recursos são aplicados para a manutenção e desenvolvimento do ensino fundamental público e na valoração do magistério e são distribuídos no âmbito de cada Estado e Distrito Federal, na proporção do número de alunos matriculados anualmente nas escolas cadastradas, consideradas as matrículas da 1ª a 8ª séries do ensino fundamental. Conforme disposição da Lei nº 9.424, de 1996, o custo por aluno será analisado de acordo com os níveis de ensino e tipos de estabelecimento. O valor mínimo anual por aluno é fixado por ato do Presidente da República, e seu cálculo é efetuado a partir da razão entre a previsão da receita total para o FUNDEF e a matrícula total do ensino fundamental do ano anterior, acrescido do total estimado de novas matrículas, cujos dados são obtidos do censo anual educacional realizado pelo Ministério da Educação. A União somente complementará os recursos destinados ao FUNDEF, no âmbito de cada Estado e Distrito Federal, acaso o destes recursos não alcance o mínimo anual, quanto o procedimento de tal cálculo, encontra claro suporte no art. 6º, §1º, da Lei nº 9.424, de 1996." (ACO nº 658/PE, Min. Gilmar Mendes, *DJ*, 14 fev. 2003)

Assevera, ainda, em seu parecer, que a fiscalização da aplicação dos recursos federais é atribuição do Tribunal de Contas da União. A Lei Orgânica do Tribunal de Contas da União (Lei nº 8.443/92), apoiada no art. 71, VI, da CF/88, definiu, em seu art. 41, IV, que compete ao TCU fiscalizar, na forma estabelecida no regimento interno, a aplicação de quaisquer recursos repassados pela União mediante convênio, acordo, ajuste ou outros instrumento congêneres, a Estado, ao Distrito Federal ou ao Município (fl. 230).

O Regimento Interno do TCU, por sua vez, dispõe, no art. 6º, inciso VII, que a jurisdição do Tribunal abrange os responsáveis pela aplicação de quaisquer recursos repassados pela União, mediante convênio, acordo, ajuste ou outros instrumentos congêneres, a Estado, ao Distrito Federal ou a Município (fl. 230).

Já o art. 5º da lei instituidora (Lei nº 9.424/96) prevê que os registros contábeis e os demonstrativos gerenciais, mensais e atualizados, relativos aos recursos repassados, ou recebidos, à conta do Fundo a que se refere o art. 1º, ficarão, permanentemente, à disposição dos conselhos responsáveis pelo acompanhamento e fiscalização, no âmbito do Estado, do Distrito Federal ou do Município, e dos órgãos federais, estaduais e municipais de controle interno e externo.

Parece-me, portanto, na esteira do preconizado pelo parecer do Procurador-Geral, que *há competência fiscalizatória concorrente entre os entes, os Estados e a União, e, nesse caso, é prevalente a competência federal para conhecer e julgar a ação penal respectiva, nos termos do art. 78, IV, do Código de Processo Penal* (Nesse sentido: HC nº 80.867/PI, Rel. Min. Ellen Gracie; HC nº 68.399/DF e HC 74.788/MS, Rel. Min. Sepúlveda Pertence; e ACO 852/BA, Rel. Min. Carlos Britto).

Diante do exposto, reconheço ser competência do Ministério Público da União a averiguação das alegadas irregularidades.

Encaminhem-se os autos.

Publique-se.

Brasília, 14 de dezembro de 2006.

Ministro Ricardo Lewandowski

No mesmo sentido, a decisão do Min. Carlos Britto na ACO nº 852, proferida em 3.5.2006, que contém o seguinte teor:

Decisão: Vistos, etc.

Trata-se de conflito negativo de atribuições, suscitado pelo Procurador-Geral de Justiça Adjunto do Ministério Público do Estado da Bahia, em face do Ministério Público Federal. A causa do conflito vincula-se ao processamento de inquérito instaurado por Promotor de Justiça, objetivando a apuração de irregularidades supostamente cometidas na administração de recursos oriundos do FUNDEF.

2. Anoto que o ilustrado Procurador-Geral da República, Dr. Antônio Fernando Barros e Silva de Souza, opinou *pelo conhecimento do conflito para que seja reconhecida a atribuição do Ministério Público Federal*. Louvou-se o digno parecerista no precedente oriundo da Pet. nº 3.528 (Rel. Min. Marco Aurélio) e nas seguintes razões (fls. 317):

"(...) 13. O fundo é composto de recursos provenientes dos Estados e dos Municípios, sendo complementado pela União, mediante o repasse de recursos financeiros transferidos em moeda, a título de compensação financeira pela perda de receitas decorrentes da desoneração das exportações (art. 2º, parágrafo 2º, da Lei nº 9.424/96).

14. A fiscalização da regular aplicação pelo Município dos recursos do FUNDEF, compete ao Tribunal de Contas da União no que se refere à aplicação dos recursos federais, a teor do art. 71, VI, da Constituição Federal. A Lei federal 8.443/92, que dispõe sobre a Lei Orgânica do Tribunal de Contas da União, em seu art. 41, diz competir ao referido Órgão fiscalizar, na forma estabelecida no regimento interno, a aplicação de quaisquer recursos repassados pela União mediante convênio, acordo, ajuste ou outros instrumentos congêneres, a Estado, ao Distrito Federal ou ao Município.

15. Regulamentando esse dispositivo, o Regimento Interno do TCU preceitua, em seu art. 6º, inciso VII, que a jurisdição do Tribunal abrange os responsáveis pela aplicação de quaisquer recursos repassados pela União, mediante convênio, acordo, ajuste ou outros instrumentos congêneres, a Estado, ao Distrito Federal ou a Municípios. Assim, qualquer recurso proveniente da União, repassado aos Estados, ao Distrito Federal e Municípios, está sujeito à fiscalização do Tribunal de Contas da União.

16. A própria Lei nº 9.424/96, que instituiu o FUNDEF, previu que Os registros contábeis e demonstrativos gerenciais, mensais e atualizados, relativos aos recursos repassados, ou recebidos, à conta do Fundo a que se refere o art. 1º, ficarão, permanentemente, à disposição dos conselhos responsáveis pelo acompanhamento e fiscalização, no âmbito do Estado, do Distrito Federal ou do Município, *e dos órgãos federais, estaduais e municipais de controle interno e externo* (art. 5º). (...)"

3. Mais à frente, concluiu Sua Excelência, o digno Procurador-Geral da República (fls. 318):

"(...) 19. Na verdade, o que importa para efeito de fixação do órgão jurisdicional competente para processar e julgar os delitos decorrentes da aplicação do FUNDEF e, em conseqüência, de determinar o Ministério Público com atribuição para promover a ação penal, é o que o fundo é constituído também com recursos da União, que são destinados a dar cumprimento à função que o texto constitucional atribuiu à União, supletiva e redistributiva em matéria educacional. (...)"

4. Muito bem. Cumpre-me agora assinalar que, de fato, no julgamento da Pet. nº 3.528, o Plenário do Supremo Tribunal Federal reviu a orientação assentada na Pet. nº 1.503 (Rel. Min. Maurício Corrêa) e reafirmada na ACO nº 756, de minha relatoria.

5. Para maior clareza, transcrevo a ementa do acórdão relativo à mencionada Pet. nº 3.528, *in verbis*:

"Competência. Conflito de atribuições. Ministério Público Federal versus Ministério Público Estadual. Compete ao Supremo a solução de conflito de atribuições a envolver o Ministério Público Federal e o Ministério Público Estadual. Conflito negativo de atribuições. Ministério Público Federal versus Ministério Público Estadual. Roubo e descaminho. Define-se o conflito considerado o crime de que cuida o processo. A circunstância de, no roubo, tratar-se de mercadoria alvo de contrabando não desloca a atribuição, para denunciar, do Ministério Público Estadual para o Federal."

6. Esclareço que o decisório em tela, exarado na sessão do dia 28.09.2005, foi unânime. Por isso é que, embora eu não estivesse presente naquela assentada, adiro à nova orientação traçada por esta colenda Corte, em obséquio ao princípio da colegialidade.

7. Ante o exposto, conheço do presente conflito e o resolvo para assentar a atribuição do Ministério Público Federal. Para tanto, aplico analogicamente o disposto no parágrafo único do art. 120 do CPC.

Publique-se e intime-se.

Brasília, 3 de maio de 2006.

Ministro Carlos Ayres Britto

Relator

Em arremate quanto à atribuição do MPF no âmbito penal, vale salientar que a Lei nº 9.426/96, que dispunha sobre o FUNDEF, deixava evidente o interesse da União ao prever, no seu artigo 12, a fiscalização pelo TCU dos recursos do referido fundo. Ademais, o art. 11 da referida lei também prevê a competência do Ministério da Educação para a fiscalização do FUNDEF. No mesmo sentido, o artigo 30 da Lei nº 11.494/07 estipula que o referido Ministério fiscalizará o FUNDEF, o que evidencia, de forma inconteste, o interesse da União e, assim, a competência da Justiça Federal, bem como a atribuição do Ministério Público Federal, nos termos do que preconiza o art. 109, inciso IV, da Carta de 1988.

Ex positis, voto no sentido de, preliminarmente, e buscando revigorar o entendimento inicial desta Corte sobre o tema, reconhecer a incompetência do Supremo Tribunal Federal para apreciar o presente conflito de atribuições entre o Ministério Público Federal e o Ministério Público do Estado de São Paulo, diante da ausência de conflito federativo hábil a justificar a incidência do artigo 102, inciso I, alínea f da Constituição de 1988. Acolhida a presente preliminar, incumbe o encaminhamento dos presentes autos ao Superior Tribunal de Justiça.

Na remota eventualidade de não ser acolhida a preliminar, acompanho a eminente relatora e voto pelo reconhecimento da atribuição do MPF para atuar em matéria penal (art. 109, inciso IV, da CRFB) e pelo reconhecimento da atribuição do MP do Estado de São Paulo para atuar em matéria cível e de improbidade administrativa (art. 109, inciso I, da CRFB), sem prejuízo, nesta segunda hipótese, de deslocamento da competência para a Justiça Federal, caso haja superveniente intervenção da União ou se houver reconhecimento ulterior de que o dano configura lesão ao patrimônio nacional.

É como voto.

MS nº 28.594, nº 28.603, nº 28.651 e nº 28.666 (Rel. Min. Cármen Lúcia; Rel. p/ acórdão Min. Marco Aurélio)

Concursos Públicos e Proteção da Confiança

Bruno Vinícius da Rós Bodart

A Constituição de 1988 se encaminha para a completude de um quarto de século de vigência. A sua promulgação é comemorada por muitos motivos. Dentre eles, o de ter promovido ampla moralização no acesso aos cargos e empregos públicos. Antes dela, a contratação para empregos públicos independia de concurso — regime que se tentou ressuscitar no bojo dos debates para a aprovação da Emenda Constitucional nº 19, mas que, felizmente, não vingou no Congresso Nacional —, e somente com o seu advento o Brasil começou a criar uma cultura de moralização na forma de ingresso no serviço público, libertando-se paulatinamente das históricas amarras do clientelismo.[1]

Como toda transição de regime, a mudança para um modelo moralizado e objetivo de acesso aos cargos e empregos públicos não poderia ser galgada sem agruras e resistências. Lástima maior se dá quando a resistência é exercida pelo próprio Poder Público, que o art. 37, *caput*, da Carta Magna afirma pautar-se pela moralidade.[2]

Diante disso, o Supremo Tribunal Federal assumiu papel de inigualável importância na proteção dos interesses daqueles que se candidatam a compor as fileiras de órgãos públicos e entes da Administração indireta. Em virtude da laconicidade do texto constitucional e da escassez de normas legais que

---

[1] Sobre o tema, v. BAHIA, Luiz Henrique Nunes. *O poder do clientelismo*: raízes e fundamentos da troca política. Rio de Janeiro: Renovar, 2003.

[2] Até os dias atuais, continua a Corte Suprema brasileira a julgar inúmeros casos de burla à regra do concurso público, como os que envolvem a aplicação do verbete nº 685 da Súmula de sua jurisprudência ("É inconstitucional toda modalidade de provimento que propicie ao servidor investir-se, sem prévia aprovação em concurso público destinado ao seu provimento, em cargo que não integra a carreira na qual anteriormente investido").

assegurem direitos, e não apenas deveres e ônus, aos candidatos a concursos públicos, a construção jurisprudencial é a tábua de salvação da efetividade dos princípios fundamentais de nosso ordenamento.

A evolução é lenta, é verdade. Os direitos dos "concursandos" vêm sendo construídos a pouco e pouco, considerando-se cada decisão favorável uma vitória da sociedade, que espera do serviço público excelência, eficiência e qualidade, atributos que só podem ser alcançados caso escolhidos os melhores candidatos para prestá-lo.

Assim, a subjetividade e os abusos cometidos na aplicação do denominado exame psicotécnico conduziram o Pretório Excelso a repudiar essa espécie de avaliação quando não prevista em lei (Enunciado nº 686 da Súmula da jurisprudência do STF),[3] quando não se pautar por um grau mínimo de objetividade, ou, ainda, quando se basear em critérios não revelados.[4] Nesse diapasão, por aplicação do art. 37, I, da Constituição ("os cargos, empregos e funções públicas são acessíveis aos brasileiros que preencham os requisitos estabelecidos em lei"), decidiu que apenas lei em sentido formal pode criar requisitos e condições para o acesso aos cargos públicos,[5] sendo, inclusive, vedada a analogia para esse fim.[6] Dando concretude ao princípio da igualdade (art. 5º, *caput*, da CRFB), concluiu pela inadmissibilidade da adoção de "critérios suspeitos", não proporcionais, na seleção de candidatos, como a idade mínima[7] e o sexo.[8] Foi editado o enunciado nº 684 da Súmula da jurisprudência

---

[3] "Só por lei se pode sujeitar a exame psicotécnico a habilitação de candidato a cargo público". Em idêntico sentido, RE nº 294.633-AgR, Segunda Turma. Rel. Min. Carlos Velloso. Julg. 22.10.2002. *DJ*, 22 nov. 2002.

[4] RE nº 243.926, Primeira Turma. Rel. Min. Moreira Alves. Julg. 16.5.2000. *DJ*, 10 ago. 2000. Também já se decidiu que o candidato reprovado no exame psicotécnico tem direito ao reexame (RE nº 188.234, Segunda Turma. Rel. Min. Néri da Silveira. Julg. 19.3.2002. *DJ*, 24 maio 2002).

[5] "'Apenas a lei em sentido formal (ato normativo emanado do Poder Legislativo) pode estabelecer requisitos que condicionem ingresso no serviço público. As restrições e exigências que emanem de ato administrativo de caráter infralegal revestem-se de inconstitucionalidade' (José Celso de Mello Filho em 'Constituição Federal Anotada'). Incompatibilidade da imposição de tempo de prática forense e de graduação no curso de Direito, ao primeiro exame, com a ordem constitucional" (ADI nº 1.188-MC, Pleno. Rel. Min. Marco Aurélio. Julg. 23.2.1995. *DJ*, 20 abr. 1995). Vale ressaltar que em decisão recente, em sede de repercussão geral, o Plenário da Corte decidiu que lei em sentido material pode prever a realização de exame psicotécnico: "Exame psicotécnico. Previsão em lei em sentido material. Indispensabilidade. Critérios objetivos. Obrigatoriedade. 3. Jurisprudência pacificada na Corte. Repercussão Geral. Aplicabilidade. 4. Questão de ordem acolhida para reconhecer a repercussão geral, reafirmar a jurisprudência do Tribunal, negar provimento ao recurso e autorizar a adoção dos procedimentos relacionados à repercussão geral" (AI nº 758.533 QO-RG. Rel. Min. Gilmar Mendes. Julg. 23.6.2010. *DJe*, 13 ago. 2010).

[6] RE nº 136.237, Segunda Turma. Rel. Min. Paulo Brossard. Julg. 29.6.1993. *DJ*, 8 abr. 1994.

[7] "A Constituição Federal, em face do princípio da igualdade, aplicável ao sistema de pessoal civil, veda diferença de critérios de admissão em razão de idade, ressalvadas as hipóteses expressamente previstas na Lei e aquelas em que a referida limitação constitua requisito necessário em face da natureza e das atribuições do cargo a preencher" (RE nº 140.945, Primeira Turma. Rel. Min. Ilmar Galvão. Julg. 4.8.1995. *DJ*, 22 set. 1995). Ver também RE nº 345.598-AgR, Primeira Turma. Rel. Min. Marco Aurélio. Julg. 29.6.2005. *DJ*, 19 ago. 2005.

[8] "(...) inconstitucionalidade da diferença de critério de admissão considerado o sexo – artigo 5º, inciso I, e par. 2. do artigo 39 da Carta Federal" (RE nº 120.305, Segunda Turma. Rel. Min. Marco Aurélio. Julg. 8.9.1994. *DJ*, 9 jun. 1995).

do Supremo[9], repudiando qualquer tipo de restrição imotivada à participação nos certames.[10]

Quanto aos direitos decorrentes da aprovação em concurso público, a orientação clássica do Tribunal era pela inexistência de direito subjetivo à nomeação, fazendo jus, o candidato aprovado, apenas à proteção contra a preterição na ordem de classificação,[11] nos termos do verbete nº 15 da súmula da jurisprudência predominante no Supremo Tribunal Federal ("Dentro do prazo de validade do concurso, o candidato aprovado tem o direito à nomeação, quando o cargo for preenchido sem observância da classificação"). O Tribunal resguardava a discricionariedade do administrador quanto à nomeação sob a escusa de que apenas este poderia mensurar a necessidade de pessoal. A exceção ficava por conta apenas da nomeação que não observa a ordem de classificação do concurso público, tendo em vista que, com essa conduta, o Poder Público tacitamente reconhece a carência de servidores.[12]

A mesma razão levou o Supremo, posteriormente, a reconhecer o direito à nomeação sempre que a autoridade administrativa atribuir a outros agentes, de forma precária ou não, as funções do cargo para o qual há candidatos aprovados. Dessarte, a terceirização ou a contratação de agentes públicos temporários, na forma do art. 37, IX, da Constituição, mesmo que para o atendimento de necessidades provisórias, confere aos aprovados dentro do número de pessoas que estavam a exercer, sem concurso, as funções do cargo, o direito à nomeação e à posse.[13]

---

[9] "É inconstitucional o veto não motivado à participação de candidato a concurso público."

[10] Assim como nos procedimentos licitatórios regidos pela Lei nº 8.666/93, a concorrência nos concursos públicos deve ser a mais ampla possível, de acordo com a natureza dos cargos em disputa, sendo vedada a estipulação de cláusulas editalícias que frustrem o caráter competitivo do certame. Assim, *v.g.*: "A exigência de experiência profissional prevista apenas em edital importa em ofensa constitucional" (RE nº 558.833-AgR, Segunda Turma. Rel. Min. Ellen Gracie. Julg. 8.9.2009. *DJe*, 25 set. 2009). Em igual sentido, RE nº 559.823-AgR, Segunda Turma. Rel. Min. Joaquim Barbosa. Julg. 27.11.2007. *DJe*, 1º fev. 2008.

[11] "A doutrina e a jurisprudência têm-se orientado no sentido da discricionariedade quanto à oportunidade e conveniência de prover os cargos públicos. I- Não vicia a legalidade e a legitimidade o ato administrativo que, fundamentado na inexistência de necessidade, decide não prover os cargos vagos. (...) Na interpretação da Súmula nº 15, desta Corte, o que se assegura ao concursado habilitado é o direito à nomeação, no prazo de validade do concurso, quando ele é preterido por candidato em situação inferior na ordem de classificação dos aprovados. 3- A norma constitucional ínsita no art. 37, §6º, refere-se à responsabilidade civil do Estado por danos causados a terceiros na prestação de serviços públicos, não ensejando qualquer indenização ao candidato habilitado em concurso público mas não nomeado por interesse da Administração. 4- Recurso ordinário improvido" (RMS nº 22.063, Segunda Turma. Rel. Min. Marco Aurélio. Rel. p/ acórdão Min. Maurício Corrêa. Julg. 26.6.1995. *DJ*, 7 dez. 1995).

[12] Nessa hipótese, a Primeira Turma entendeu recentemente que o candidato tem direito à percepção de estipêndios desde a data da impetração do *writ*: "Concurso público. Preterição na nomeação de candidato melhor classificado. Ato ilícito da administração. Direito ao recebimento de vencimentos a partir da impetração de mandado de segurança" (RE nº 634.689-AgR, Primeira Turma. Rel. Min. Cármen Lúcia. Julg. 25.10.2011. *DJe*, 23 nov. 2011).

[13] "Concurso público: terceirização da vaga: preterição de candidatos aprovados: direito à nomeação: uma vez comprovada a existência da vaga, sendo esta preenchida, ainda que precariamente, fica caracterizada a preterição do candidato aprovado em concurso" (AI nº 440.895-AgR, Primeira Turma. Rel. Min. Sepúlveda Pertence. Julg. 26.9.2006. *DJ*, 20 out. 2006). Ver também SS nº 4.196-AgR, Tribunal Pleno. Rel. Min. Cezar Peluso. Julg. 12.8.2010. *DJe*, 27 ago. 2010.

"(...) o Estado do Maranhão realizou processo seletivo simplificado e contratou professores em caráter temporário para o exercício das mesmas atribuições do cargo para o qual promovera o referido concurso

Nos últimos anos, a Corte vem caminhando a passos largos no sentido de proteger a legítima expectativa do candidato a concurso público. Em claro repúdio à transformação do concurso público em mecanismo de receita para os cofres do Estado, o Tribunal vem modificando sensivelmente a sua jurisprudência, combatendo práticas que, apesar da evidente má-fé que as inspiram, já haviam se tornado corriqueiras. No ano de 2008, a Primeira Turma decidiu que "[o]s candidatos aprovados em concurso público têm direito subjetivo à nomeação para a posse que vier a ser dada nos cargos vagos existentes ou nos que vierem a vagar no prazo de validade do concurso", bem como que "[a] recusa da Administração Pública em prover cargos vagos quando existentes candidatos aprovados em concurso público deve ser motivada, e esta motivação é suscetível de apreciação pelo Poder Judiciário".[14] Na mesma linha, em abril de 2011, aquele órgão colegiado entendeu que a Administração é obrigada a prorrogar a validade do concurso público quando, havendo candidatos aprovados, antes da expiração do prazo é editada lei criando novas vagas.[15]

Decidindo a matéria na sistemática da repercussão geral, o Pleno da Suprema Corte brasileira, no RE nº 598.099, estabeleceu que, quando o edital de abertura do certame prevê a existência de certo número de vagas, o candidato aprovado dentro delas tem o direito público subjetivo à nomeação no prazo de validade do concurso, apenas cabendo à Administração definir o melhor momento para fazê-lo no curso desse lapso temporal. A fim de preservar a governabilidade em ocasiões nas quais a nomeação de novos servidores seja materialmente inviável, restou expressamente consignado que o Poder Público pode, por ato motivado, deixar de nomear os candidatos aprovados no número de vagas em situações extraordinárias, quando concorrerem os seguintes requisitos cumulativos:

a) Superveniência: os eventuais fatos ensejadores de uma situação excepcional devem ser necessariamente posteriores à publicação do edital do certame público;

b) Imprevisibilidade: a situação deve ser determinada por circunstâncias extraordinárias, imprevisíveis à época da publicação do edital;

c) Gravidade: os acontecimentos extraordinários e imprevisíveis devem ser extremamente graves, implicando onerosidade excessiva, dificuldade ou mesmo impossibilidade de cumprimento efetivo das regras do edital;

d) Necessidade: a solução drástica e excepcional de não cumprimento do dever de nomeação deve ser extremamente necessária, de forma que a Administração

---

público. Logo, a postura do Estado implicou preterição de candidato habilitado" (ARE nº 661.070-AgR, Segunda Turma. Rel. Min. Ayres Britto. Julg. 29.11.2011. DJe, 19 dez. 2011).

[14] RE nº 227.480, Primeira Turma. Rel. Min. Menezes Direito. Rel. p/ Acórdão: Min. Cármen Lúcia. Julg. 16.9.2008. DJe, 21 ago. 2009.

[15] RE nº 581.113, Primeira Turma. Rel. Min. Dias Toffoli. Julg. 5.4.2011. DJe, 31 maio 2011.
Na verdade, essas orientações já haviam sido adotadas em antigo precedente da Corte: "Exsurge configurador de desvio de poder, ato da Administração Pública que implique nomeação parcial de candidatos, indeferimento da prorrogação do prazo do concurso sem justificativa socialmente aceitável e publicação de novo edital com idêntica finalidade" (RE nº 192.568, Segunda Turma. Rel. Min. Marco Aurélio. Julg. 23.4.1996. DJ, 13 set. 1996).

somente pode adotar tal medida quando absolutamente não existirem outros meios menos gravosos para lidar com a situação excepcional e imprevisível.[16]

A mora na nomeação de candidatos aprovados em concursos públicos passou a ser considerada, pela Corte, como causa de responsabilidade civil do Estado, quando reconhecida em juízo a antijuridicidade da recalcitrância administrativa.[17]

Nesse contexto de valorização do candidato aos cargos e empregos públicos, de proteção da sua confiança legítima, de aumento no rigor da análise da observância do princípio da moralidade pelo administrador, enfim, de releitura do concurso público como instituto voltado a preservar a igualdade e propiciar o recrutamento dos melhores profissionais para o serviço público, é que se insere o voto do Ministro Luiz Fux no julgamento dos MS nº 28.594, nº 28.603, nº 28.651 e nº 28.666.

Nesses *writs*, a Corte apreciou o caso de um concurso público para o provimento de cargos de Juiz de Direito Substituto do Estado de Minas Gerais, cujo edital previa que a primeira fase consistiria em prova objetiva composta de cem questões, sendo que apenas os primeiros quinhentos candidatos estariam aptos para prosseguir à segunda fase do certame. A comissão do concurso, após apreciar os recursos interpostos, anulou três das cem questões. Entretanto, para evitar qualquer surpresa, decidiu que prosseguiriam à segunda etapa os candidatos que ocupavam as quinhentas primeiras posições antes das anulações e também aqueles que somente atingiram essas colocações após o julgamento dos recursos. No total, duzentas e vinte e sete pessoas foram admitidas na segunda fase sem atingir a nota de corte teoricamente estabelecida após as anulações; desses, apenas os impetrantes foram aprovados em todas as etapas do concurso e ingressaram no curso de formação.

O Conselho Nacional de Justiça vislumbrou ilegalidade na admissão dos impetrantes, e por isso determinou a sua exclusão do certame. Os mandados de segurança perseguiam a desconstituição desse ato, tanto pela sua desproporcionalidade quanto pela ausência de prévia intimação dos candidatos para se manifestarem sobre ele.

Superando clássica orientação da Corte, que considerava inaplicável o direito à ampla defesa aos casos de reprovação em concurso público,[18] reconheceu-se que, na hipótese, houve violação ao princípio do contraditório,

---

[16] RE nº 598.099, Pleno. Rel. Min. Gilmar Mendes. Julg. 10.8.2011. *DJe*, 3 out. 2011.
[17] "Nos termos da jurisprudência do STF, é cabível a indenização por danos materiais nos casos de demora na nomeação de candidatos aprovados em concursos públicos, quando o óbice imposto pela administração pública é declarado inconstitucional pelo Poder Judiciário" (RE nº 339.852-AgR, Segunda Turma. Rel. Min. Ayres Britto. Julg. 26.4.2011. *DJe*, 18 ago. 2011).
[18] *V.g.*: "O que se contém no inciso LV do artigo 5 da Constituição Federal, a pressupor litígio ou acusação, não tem pertinência a hipótese em que analisado o atendimento de requisitos referentes a inscrição de candidato a concurso público. O levantamento ético-social dispensa o contraditório, não se podendo cogitar quer da existência de litígio, quer de acusação que vise a determinada sanção" (RE nº 156.400, Segunda Turma. Rel. Min. Marco Aurélio. Julg. 5.6.1995. *DJ*, 15 set. 1995).

injunção constitucional extraída do art. 5º, LV, e também por esse motivo a ordem foi concedida. Mas as principais razões de decidir, que contribuíram valiosamente para a consolidação de um Direito Administrativo preocupado com os interesses dos administrados, giraram em torno do princípio da proteção da confiança legítima.[19] O Supremo afirmou, de maneira inequívoca, que o ato administrativo do qual resulte direitos para o cidadão de boa-fé não pode ser nulificado, operando-se uma sanatória *ex vi legis* (ou melhor, *ex vi constitutione*), caso não violado nenhum interesse juridicamente protegido. É a pura aplicação do princípio *pas de nullité sans grief* na seara administrativa.

Ademais, merece destaque o fato de que o presente aresto é clara expressão do declínio progressivo da concepção do edital do concurso público como algo absoluto e inviolável. No caso ora tratado, restou fixado pelo Tribunal que o edital, como norma inferior, deve se adequar aos ditames da Constituição e das leis, sendo que a análise dessa adequação deve ser realizada não somente em abstrato, mas também no caso concreto. Sempre que a aplicação da norma editalícia revelar-se, *in concreto*, iníqua e incompatível com os princípios superiores que regem a atividade administrativa, deve ser afastada.

O Plenário concedeu a ordem por maioria, vencida apenas a Min. Cármen Lúcia, na sessão de 6 de outubro de 2011, um dia após o aniversário de 23 anos de vigência da Constituição da República. A decisão é um presente não apenas para os que se submetem às agruras da penosa tarefa de buscar aprovação em um concurso público, mas para todo o povo brasileiro, que necessita de uma Administração Pública eficiente.

Ainda há muito o que progredir para que a transparência, a objetividade e o respeito à pessoa do candidato sejam uma realidade em todos os concursos públicos no país. Almiro do Couto e Silva[20] lembra que a jurisprudência do Supremo Tribunal Federal, lamentavelmente, continua refratária à possibilidade de reexame das questões de certames públicos pelo Judiciário, mesmo quando inquinadas de erro crasso, objetivamente aferível.[21] Outras

---

[19] Sobre o tema, é de consulta obrigatória a valiosa obra de ARAÚJO, Valter Shuenquener de. *O princípio da proteção da confiança*: uma nova forma de tutela do cidadão diante do Estado. Rio de Janeiro: Impetus, 2010.

[20] SILVA, Almiro do Couto e. Correção de Prova de Concurso Público e Controle Jurisdicional. *In*: WAGNER JUNIOR, Luis Guilherme da Costa (Org.). *Direito público*: estudos em homenagem ao Professor Adilson Abreu Dallari. Belo Horizonte: Del Rey, 2004.

[21] *V.g.*: "Agravo Regimental. Concurso público. Anulação de questões objetivas. Impossibilidade. A jurisprudência do Supremo Tribunal Federal é firme no sentido de que ao Poder Judiciário não é dado substituir banca examinadora de concurso público, seja para rever os critérios de correção das provas, seja para censurar o conteúdo das questões formuladas. Agravo regimental a que se nega provimento" (AI nº 827.001-AgR, Segunda Turma. Rel. Min. Joaquim Barbosa. Julg. 1º.3.2011. *DJe*, 31 mar. 2011).
"Não cabe ao Poder Judiciário, no controle jurisdicional da legalidade, substituir-se à banca examinadora do concurso público para reexaminar os critérios de correção das provas e o conteúdo das questões formuladas (RE 268.244, Relator o Ministro Moreira Alves, Primeira Turma, *DJ*, 30 jun. 2000; MS 21.176, Relator o Ministro Aldir Passarinho, Plenário, *DJ*, 20 mar. 1992; RE 434.708, Relator o Ministro Sepúlveda Pertence, Primeira Turma, *DJ*, 9 set. 2005)" (MS nº 27.260, Pleno. Rel. Min. Carlos Britto. Rel. p/ acórdão Min. Cármen Lúcia. Julg. 29.10.2009. *DJe*, 26 mar. 2010). Em igual sentido, MS nº 30.344-AgR, Segunda Turma. Rel. Min. Gilmar Mendes. Julg. 21.6.2011. *DJe*, 1º ago. 2011; RE nº 434.708, Primeira Turma. Rel. Min. Sepúlveda Pertence. Julg. 21.6.2005. *DJ*, 9 set. 2005.

controvérsias ainda estão pendentes de solução pelo Pretório Excelso, com repercussão geral já reconhecida. No RE nº 662.405 (Rel. Min. Luiz Fux), a Corte examinará se há responsabilidade civil do Estado por danos materiais causados a candidatos inscritos em concurso público, em face do cancelamento da prova do certame por suspeita de fraude. Já no RE nº 560.900 (Rel. Min. Joaquim Barbosa), será apreciada, à luz do art. 5º, LVII, da Constituição Federal, a validade, ou não, de restrição à participação em concurso público de candidato que responde a processo criminal.[22] O Supremo também decidirá, no RE nº 630.733 (Rel. Min. Gilmar Mendes), se é possível a remarcação de teste de aptidão física para data diversa da estabelecida por edital de concurso público, a pedido do candidato, em virtude de força maior que atinja a higidez física do candidato, devidamente comprovada mediante documentação idônea. Por fim, merece menção o RE nº 635.739 (Rel. Min. Gilmar Mendes), onde se discute a constitucionalidade, ou não, das chamadas cláusulas de barreira ou afunilamento, constantes de edital de concurso público, que limitam o prosseguimento no certame apenas a determinado número de candidatos melhores classificados.[23]

As recentes decisões acima citadas, contudo, são um alento, fazendo brotar a esperança de que em um futuro próximo a moralização dos concursos públicos poderá ser festejada como uma das maiores conquistas democráticas do povo brasileiro sob a égide da Constituição cidadã.

---

[22] A Corte tem precedentes no sentido de que o candidato não pode ser eliminado de concurso público por estar respondendo a inquérito ou ação penal, sem sentença condenatória transitada em julgado, em razão do princípio constitucional da presunção de inocência (AI nº 741.101-AgR, Segunda Turma. Rel. Min. Eros Grau. Julg. 28.4.2009. *DJe*, 29 maio 2009). Há, entretanto, decisões em contrário: "Não tem capacitação moral para o exercício da atividade policial o candidato que está subordinado ao cumprimento de exigências decorrentes da suspensão condicional da pena prevista no art. 89 da Lei 9.099/1995 que impedem a sua livre circulação, incluída a frequência a certos lugares e a vedação de ausentar-se da Comarca, além da obrigação de comparecer pessoalmente ao Juízo para justificar suas atividades. Reconhecer que candidato assim limitado preencha o requisito da idoneidade moral necessária ao exercício da atividade policial não é pertinente, ausente, assim, qualquer violação do princípio constitucional da presunção de inocência" (RE nº 568.030, Primeira Turma. Rel. Min. Menezes Direito. Julg. 2.9.2008. *DJe*, 24 out. 2008).

[23] Vale consignar que há precedente da Casa admitindo a prática: "Recurso ordinário em mandado de segurança. Impugnação de cláusula de edital de concurso público. Decadência. Termo inicial. Momento em que a disposição editalícia causar prejuízo ao candidato impetrante. Caráter precário e transitório da concessão liminar mandamental. A estipulação, em edital de concurso público, da denominada 'cláusula de barreira' — que estipula a quantidade de candidatos aptos a prosseguir nas diversas fases do certame — não viola a CF" (RMS nº 23.586, Segunda Turma. Rel. Min. Gilmar Mendes. Julg. 25.10.2011. *DJe*, 16 nov. 2011).

MS nº 28.594, nº 28.603, nº 28.651 e nº 28.666 (Rel. Min. Cármen Lúcia; Rel. p/ acórdão Min. Marco Aurélio)

Voto-Vista

O Senhor Ministro Luiz Fux: Os Mandados de Segurança ora apreciados foram impetrados por candidatos ao Concurso Público de Provas e Títulos para provimento de cargos de Juiz de Direito Substituto do Estado de Minas Gerais; ressalvando-se que um dos *writs* foi impetrado pelo próprio Tribunal de Justiça de Minas Gerais.

O edital que rege o aludido concurso determinava que apenas seriam selecionados para a segunda etapa os candidatos que ocupassem até a 500ª (quingentésima) posição na primeira etapa. Destarte, consoante esse critério, apenas aqueles candidatos que atingiram o grau 75 (setenta e cinco) estariam aptos a progredir à próxima fase.

Ocorre que a Administração decidiu anular 3 (três) das questões da prova, o que, consequentemente, elevou a nota de corte para 77 (setenta e sete), sendo certo que, não obstante, a Comissão do Concurso decidiu, para evitar surpresas lesivas à legítima expectativa dos candidatos, manter o grau 75 (setenta e cinco) como o mínimo para a progressão de fase, o que permitiu que 727 (setecentos e vinte e sete) candidatos pudessem realizar as provas discursivas.

Oriundos dos 227 (duzentos e vinte e sete) candidatos excedentes, os impetrantes lograram êxito nas demais fases do concurso, e puderam prosseguir no curso de formação.

A *vexata quaestio* consiste em definir se há nulidade no ato administrativo da Comissão do Concurso que permitiu a progressão dos impetrantes à segunda fase do certame. Nada obstante, também deve o Tribunal avaliar se há vício no ato administrativo do CNJ que excluiu os candidatos do certame, em virtude da ausência de contraditório.

Se é certo que o Concurso Público é regido pelo princípio da vinculação ao edital, não é menos verdade que diversos outros princípios pautam a atuação da Administração Pública nesta espécie de procedimento administrativo.

É que a Administração, como qualquer componente estatal, anseia por legitimidade. Essa legitimidade decorre, dentre outros fatores, do respeito pelos direitos e interesses juridicamente relevantes dos cidadãos. Com efeito, o ato administrativo é o momento de comunicação entre Administração e administrados, uma ponte de contato entre aqueles que legitimam e aquele que precisa ser legitimado, para que a formação e manifestação da vontade administrativa se realizem com o respeito e a colaboração dos particulares. Elucidativas, neste ponto, as palavras do professor da Universidade de Lisboa Vasco Pereira da Silva:

> É, assim, que o conceito de acto administrativo — nascido inicialmente para defender a Administração do controlo jurisdicional e que, mais tarde, era entendido como o instrumento autoritário, por excelência, de uma Administração agressiva —, deixa de estar obcecado com a ideia do "poder administrativo", libertando-se dos seus "traumas de infância", e vai surgir como uma realidade multifuncional, em que a realização dos (por vezes, distintos e dificilmente conciliáveis) fins públicos é indissociável do respeito pelos direitos dos particulares (também eles, muitas vezes, múltiplos e díspares). (...)
>
> Desta forma, na actividade adiministrativa, interesse público e respeito pelos direitos dos particulares encontram-se indissociavelmente ligados, não se podendo realizar um sem o outro, pelo que a garantia das posições dos privados por intermédio do acto administrativo deixou de ser meramente formal, de simples verificação externa do exercício de um poder de autoridade alheio, para passar a ser inerente à própria escolha da Administração. (...) De meramente externa e relativa à execução, a salvaguarda dos direitos dos particulares tornou-se também interna e inerente à própria decisão administrativa. (*Em busca do acto administrativo perdido*. Coimbra: Almedina, 1996. p. 456-457)

Impende determinar, diante dessas premissas, se há direito tutelável por parte dos candidatos do certame que figuraram entre os 227 (duzentos e vinte e sete) excedentes. Uma conclusão positiva pode afastar a aplicação fria e literal da disposição editalícia que determinava que apenas 500 (quinhentos) candidatos prosseguiriam à segunda fase.

O primeiro fato a ser considerado é que a anulação das questões (fator que permitiu a modificação do rol de aprovados na primeira fase) resultou de erro da própria Administração Pública. Noutras palavras, a falha primordial partiu do Estado, não dos administrados, de modo que o ato que determinou que os ora impetrantes fossem excluídos do concurso vai de encontro ao princípio segundo o qual ninguém pode se valer da própria torpeza (*nemo auditur propriam turpitudinem allegans*).

Algumas vozes poderiam se levantar argumentando que o "poder" de autotutela administrativa permitiria a declaração da nulidade do ato de ofício, em virtude da contrariedade ao edital. Pondere-se, todavia, que, nas palavras de Agustín Gordillo, "el acto nulo no puede ser revocado cuando de él han nacido derechos subjetivos que se estén cumpliendo" (em tradução livre: "o ato nulo não pode ser extinto quando dele tenham nascido direitos subjetivos que estejam sendo cumpridos". *Tratado de derecho administrativo*. 6. ed. Belo Horizonte: Del Rey, t. III; e Fundación de Derecho Administrativo, 2003. p. XI-25). A par das divergências doutrinárias, entendo que a Administração Pública é obrigada a proceder à sanatória do ato quando não houver lesão à legítima expectativa de terceiros de boa-fé.

A lição de Marçal Justen Filho é perfeitamente adequada para a hipótese:

> O primeiro passo na teoria contemporânea das nulidades administrativas reside na superação de concepções formalistas mecanicistas na conceituação da nulidade.
>
> Em época pretérita, conceituava-se nulidade como a ausência de conformidade entre um ato concreto e o modelo normativo abstrato. (...)
>
> Mas a evolução cultural tende a superar a compatibilidade externa como critério de validade e de invalidade. Cada vez mais, afirma-se que a validade depende da verificação do conteúdo do ato, da intenção das partes, dos valores realizados e assim por diante.
>
> A nulidade deriva da incompatibilidade do ato concreto com valores jurídicos relevantes. Se certo ato concreto realiza os valores, ainda que por vias indiretas, não pode receber tratamento jurídico equivalente ao reservado para atos reprováveis. Se um ato, apesar de não ser o adequado, realizar as finalidades legítimas, não pode ser equiparado a um ato cuja prática reprovável deve ser banida.
>
> A nulidade consiste num defeito complexo, formado pela (a) discordância formal com um modelo normativo e que é (b) instrumento de infração aos valores consagrados pelo direito. De modo que, se não houver a consumação do efeito (lesão a um interesse protegido juridicamente), não se configurará invalidade jurídica. (*Curso de direito administrativo*. São Paulo: Saraiva, 2005. p. 253)

A indagação correta, portanto, é: a admissão dos impetrantes à segunda fase do certame violou algum interesse protegido juridicamente? A resposta é desenganadamente negativa.

O alargamento do rol de candidatos aprovados obedeceu a critérios objetivos e impessoais — todos aqueles que seriam aprovados sem a anulação das questões foram mantidos no Concurso, bem como aqueloutros que só poderiam prosseguir no certame se valendo dos pontos decorrentes da anulação. Não houve prejuízo a ensejar a nulidade, pelo que é claramente aplicável o princípio *pas de nullité sans grief*.

Nem se alegue que o aumento do número de aprovados pode ter servido como parte de estratagema fraudulento, já que sequer há indícios de que isto tenha ocorrido. Seria absolutamente iníquo fulminar as expectativas legítimas dos impetrantes em razão de uma mera suposição.

A bem de ver, a decisão da Comissão do Concurso serve à promoção dos valores fundamentais da República brasileira, fundada na meritocracia. O acesso aos cargos públicos deve ser feito por aqueles que mais demonstrem méritos para servir à coletividade. *In casu*, os impetrantes comprovaram, por qualidade própria, que têm a capacidade necessária para assumir o cargo que pretendem.

Ora, se inexistente prejuízo a terceiros, se o ato beneficia a Administração, pois alargou as chances de selecionar candidatos qualificados, e se há a expectativa legítima dos impetrantes a ser protegida, é indefensável a declaração de nulidade do ato administrativo.

Hartmut Maurer, na doutrina alemã, ocupou-se do tema com notável precisão:

A questão da retratação de atos administrativos beneficentes é dominada por dois princípios que se antagonizam. O princípio da legalidade da administração, que exige o restabelecimento do estado legal e, por conseguinte, a retratação do ato administrativo antijurídico, deve, hoje tanto como antes, ser observado. A ele, porém, se opõe — e esse conhecimento foi o fundamento para a modificação da jurisprudência — o princípio da proteção à confiança, que pede a consideração da confiança do beneficiado na existência do ato administrativo promulgado pela autoridade e, com isso, a manutenção do ato administrativo antijurídico. (...) O ato administrativo beneficente antijurídico somente pode ser retratado quando o princípio da proteção à confiança não se opõe. (*Direito administrativo geral*. Tradução de Luís Afonso Heck. São Paulo: Manole, 2006. p. 323-324)

À Comissão do Concurso, norteada pelo princípio da razoabilidade, somente caberia tomar a decisão que efetivamente tomou: manter a nota de corte anterior e a precoce lista de aprovados, acrescentando os beneficiados pelo resultado do julgamento dos recursos. Qualquer outra decisão importaria em prejuízo à legítima expectativa dos candidatos que constavam da primeira lista de aprovados.

É preciso ter em conta que o modelo da chamada "nota de corte" visa principalmente à facilitação da correção das provas por parte da banca examinadora. A sua mitigação pontual não gera prejuízos aos participantes do concurso. Ao revés, amplia a competitividade. Na perspectiva do interesse da Administração Pública, traduzido na possibilidade de seleção dos candidatos mais capacitados para o provimento de cargos em disputa, a solução adotada pela comissão não causou nenhum gravame a quem quer que seja.

No ensinamento de Lúcia Valle Figueiredo, nesse tipo de caso, o único "valor a proteger seria o cumprimento da ordem jurídica. Mas, por outro lado, encontram-se outros valores, também albergados no ordenamento, merecedores de igual proteção, como a boa-fé, a certeza jurídica, a segurança das relações estabelecidas. Em casos tais — ausência de dano bem como a necessidade de proteção de outros valores —, a Administração não deve anular seu ato viciado, pois o sistema repeliria tal proceder" (*Curso de direito administrativo*. 8. ed. São Paulo: Malheiros, 2006. p. 257).

O ato do Conselho Nacional de Justiça, que considerou inválida a admissão dos candidatos "excedentes", pretende sobrepor uma regra editalícia à própria Constituição, da qual se extrai o princípio da proteção da confiança legítima, inerente à segurança jurídica (art. 5º, *caput*, CRFB), e o princípio da moralidade (art. 37, *caput*, CRFB), que determina que a Administração deve sempre proceder de boa-fé.

Sobre a proteção da confiança, valho-me da autorizada doutrina de Valter Shuenquener de Araújo, cujas lições passo a transcrever:

> (...) devemos ser os principais responsáveis pelas vantagens e desvantagens que surgirem como conseqüências de nossas opções, o que obriga o Estado a respeitar nossas preferências, mormente se elas estiverem dentro de uma moldura normativa autorizada pela ordem jurídica. *O princípio da proteção da confiança deve,*

por exemplo, impedir intervenções estatais que façam desabar projetos de vida já iniciados. (...) A sociedade não pode apenas olhar para o presente e criar, através do Estado, normas que esvaziem por completo os planos individuais planejados no passado. As aspirações de mudança surgidas no seio popular e materializadas por atos estatais também merecem ser contidas na exata extensão em que vierem a ofender expectativas legítimas de particulares. (...) O princípio da proteção da confiança precisa consagrar a possibilidade de defesa de determinadas posições jurídicas do cidadão diante de mudanças de curso inesperadas promovidas pelo Legislativo, Judiciário e pelo Executivo. Ele tem como propósitos específicos preservar a posição jurídica alcançada pelo particular e, ainda, assegurar uma continuidade das normas do ordenamento. Trata-se de um instituto que impõe freios contra um excessivo dinamismo do Estado que seja capaz de descortejar a confiança dos administrados. Serve como uma justa medida para confinar o poder das autoridades estatais e prevenir violações dos interesses de particulares que atuaram com esteio na confiança. (*O princípio da proteção da confiança*: uma nova forma de tutela do cidadão diante do Estado. Rio de Janeiro: Impetus, 2009, grifos nossos)

E não há nenhuma imprecisão dogmática em conferir primazia aos princípios sobre a regra no caso concreto, pois, como explica Robert Alexy, "o nível das regras tem primazia em face do nível dos princípios, a não ser que as razões para outras determinações que não aquelas definidas no nível das regras sejam tão fortes que também o princípio da vinculação ao teor literal da Constituição possa ser afastado" (*Teoria dos direitos fundamentais*. Tradução de Virgílio Afonso da Silva. São Paulo: Malheiros, 2008. p. 141).

Ao tratar da proteção da boa-fé dos administrados, bem alertam Sérgio Ferraz e Adilson Abreu Dallari que "muitas vezes o cumprimento de disposição literal da lei, para a alegada satisfação do interesse público, não passa de uma simples desculpa, acobertando graves injustiças e evidentes delitos" (*Processo administrativo*. 2. ed. São Paulo: Malheiros, 2007. p. 105).

Além disso, não se pode negar que também haveria afronta ao edital caso a Comissão do Concurso apenas houvesse autorizado a continuidade no certame dos 500 (quinhentos) melhores colocados na primeira fase após as anulações de questões. É que a norma editalícia previa que a prova objetiva seria composta por "cem questões de múltipla escolha", quando, na verdade, só foram consideradas 97 (noventa e sete) questões válidas, fruto de erro na elaboração do exame.

Por tais motivos, entendo que a ordem deve ser concedida, considerando-se sanado o ato administrativo do Tribunal de Justiça de Minas Gerais que definiu a nota de corte da primeira fase do Concurso Público de Provas e Títulos para Provimento de Cargos de Juiz de Direito Substituto do Estado de Minas Gerais.

Inobstante, deve ser examinada a alegação de nulidade do ato do Conselho Nacional de Justiça por violação ao princípio do contraditório. E, novamente, assiste razão à impetração.

O princípio do contraditório ocupa lugar de destaque na concepção neoconstitucionalista de Estado. O novo Estado Democrático brasileiro não mais se caracteriza pela imposição unilateral de suas decisões, abrindo-se, ao contrário, aos influxos das opiniões dos administrados. Este o modelo de Administração Pública consensual, que Diogo de Figueiredo Moreira Neto explica, com precisão:

> Ocorre, assim, uma nova e rica forma de limitação do exercício indiscriminado da coação pelo Estado. O que, no distante passado, se superou pela religião; no Estado Liberal, pela legalidade; no Estado Democrático, pela legitimidade, agora, no Estado Pluriclasse Democrático e de Direito, se alcança em acréscimo pela participação e pelo consenso. (Administração Pública Consensual. *Carta Mensal*, Rio de Janeiro, v. 42, n. 500, p. 67, 1996)

A democracia participativa, tal como delineada na Carta Magna de 1988, se caracteriza por permitir a todo cidadão especialmente atingido por um provimento estatal, influir na produção dessa decisão. O inciso LV do art. 5º da Lei Maior não deixa dúvidas, exigindo a observância do contraditório também na seara administrativa.

Esse raciocínio inspirou, a título ilustrativo, a edição do Enunciado nº 3 da Súmula Vinculante desta Corte, que assim dispõe: "Nos processos perante o tribunal de contas da união asseguram-se o contraditório e a ampla defesa quando da decisão puder resultar anulação ou revogação de ato administrativo que beneficie o interessado, excetuada a apreciação da legalidade do ato de concessão inicial de aposentadoria, reforma e pensão".

Como o ato de aprovação dos ora impetrantes representava um ato administrativo benéfico, a sua anulação deveria contar com a prévia instauração do contraditório entre os particulares envolvidos e a Administração. Como, na espécie, a anulação não foi precedida de informação e possibilidade de manifestação, o ato do Conselho Nacional de Justiça é nulo de pleno direito, a teor do art. 5º, LV, da CRFB e do art. 2º da Lei nº 9.784/99, dispositivos nos quais está previsto o princípio do contraditório como de observância cogente pela Administração Pública.

Ex positis, voto pela concessão da ordem, com a manutenção dos impetrantes no Concurso Público de Provas e Títulos para Provimento de Cargos de Juiz de Direito Substituto do Estado de Minas Gerais.

RE nº 596.152/SP (Rel. Min. Ricardo Lewandowski; Rel. p/ acórdão Min. Ayres Britto)

A Retroatividade da Norma Penal: o Caso do Art. 33, §4º, da Lei nº 11.343/06

Bruno Vinícius da Rós Bodart

Em um dos mais importantes julgamentos de 2011, o Supremo Tribunal Federal se debruçou, no Recurso Extraordinário 596.152/SP, sobre tema que afligia o aplicador do Direito desde 2006. Cuida-se da questão atinente à retroatividade, ou não, da causa de diminuição de pena prevista no art. 33, §4º, da Lei nº 11.343/06, a nova Lei de drogas.

Até a entrada em vigor desse diploma, vigorava o art. 12, *caput* e parágrafos, da Lei nº 6.368/76, que previa os tipos penais hoje correspondentes ao art. 33, *caput* e §1º, da Lei nº 11.343/06, com algumas alterações.[1] A legislação antiga previa a pena base de 3 (três) a 15 (quinze) anos de reclusão, enquanto a nova traz escala penal que varia entre 5 (cinco) e 15 (quinze) anos. A pena mínima, portanto, restou majorada. Todavia, foi introduzida no ordenamento uma causa de diminuição de pena até então inexistente, para o agente que seja "primário, de bons antecedentes, não se dedique às atividades criminosas nem integre organização criminosa". É o art. 33, §4º, da nova Lei de Drogas, alcunhado pela doutrina de "tráfico privilegiado", que permite a redução da pena de um sexto a dois terços.

No Recurso Extraordinário em comento, o Ministério Público buscava a reforma de decisão do Superior Tribunal de Justiça que permitiu a aplicação,

---

[1] *V.g.*, não é mais prevista expressamente a conduta daquele que "contribui de qualquer forma para incentivar ou difundir o uso indevido ou o tráfico ilícito de substância entorpecente ou que determine dependência física ou psíquica", antes tipificada no art. 12, §2º, III, da Lei nº 6.368/76. Todavia, a depender da hipótese, a conduta pode se enquadrar no *caput* ou no §2º do art. 33 da Lei nº 11.343/06, ou, ainda, no art. 286 do Código Penal (incitação ao crime).

em favor do réu, da minorante trazida pela novel legislação em conjunto com a pena base prevista na norma antiga.

O Ministro Luiz Fux, em voto lapidar, enumerou os principais motivos que inspiram o princípio da retroatividade da lei penal mais benigna, insculpido no art. 5º, XL, da Constituição. Sem uma interpretação teleológica, atenta à razão de ser do instituto, fica prejudicada uma análise do tema em sua inteireza.

O primeiro fundamento é de política criminal e se baseia no fato de que, ao abrandar a punição a determinado delito, o legislador implicitamente admite que a reprimenda anteriormente fixada era excessiva. Manter a punição antiga sob a égide da nova Lei seria manter um estado de injustiça que o legislador procurou afastar.

Dessa conclusão, extrai-se um segundo fundamento para a retroatividade da *lex mitior*: o princípio da legalidade. É que a vontade do legislador democraticamente eleito deve ter aplicabilidade imediata, atingindo também aqueles que praticaram o fato na vigência da lei antiga, salvo quando o novo diploma for mais gravoso à esfera jurídica do réu. Não havendo qualquer razão relevante, a incidência da lei não pode ser restringida, sob pena de burla ao princípio da legalidade.

O terceiro fundamento reside no princípio da igualdade. É que, quando a nova lei é mais favorável ao acusado, não se pode admitir que indivíduos que cometeram o mesmo delito, em idênticas condições, sejam apenados de forma diversa, unicamente em razão da diversidade entre os momentos em que se sucederam os fatos.

Fixadas essas premissas, o Ministro Fux cuidou de identificar as correntes doutrinárias em torno do árduo tema da retroatividade da lei que é em parte mais benéfica e em parte mais gravosa.

Como posição prevalente, apontou aquela que refuta a possibilidade de combinação de leis, a denominada *lex tertia*, admitindo apenas a retroatividade da nova lei em bloco ou a aplicação da norma antiga. Tal orientação é defendida por Guillermo Oliver Calderón,[2] Vincenzo Manzini,[3] Fernando Mantovani,[4] José Cerezo Mir,[5] Francisco Muñoz Conde e Mercedes García Aran.[6] Entretanto, fez referência ao entendimento de José Frederico Marques,[7]

---

[2] CALDERÓN, Guillermo Oliver. *Retroactividad e irretroactividad de las leyes penales*. Santiago: Editorial Jurídica de Chile, 2007. p. 56-61.
[3] MANZINI, Vincenzo. *Trattato di diritto penale italiano*. 4. ed. Torino: UTET, 1981. p. 391.
[4] MANTOVANI, Fernando. *Diritto penale*: parte generale. 3. ed. Padova: CEDAM, 1992. p. 123.
[5] CEREZO MIR, José. *Curso de derecho penal español*: parte general. 6. ed. Madrid: Tecnos, 2004. t. 1, p. 234.
[6] MUÑOZ CONDE, Francisco; GARCÍA ARAN, Mercedes. *Derecho penal*: parte general. 6. ed. Valencia: Tirant lo Blanch, 2004. p. 146.
[7] MARQUES, José Frederico. *Tratado de direito penal*. 2. ed. São Paulo: Saraiva, 1964. v. 1, p. 210-211.

Mirabete,[8] Delmanto[9] e Günther Jakobs,[10] os quais admitem o "recorte" da nova lei, de modo que retroaja apenas em relação a uma ou algumas consequências. Apontou, ainda, a corrente intermediária de Nilo Batista e Eugenio Zaffaroni, que defendem a possibilidade de retroatividade "em tiras" quando não implicar desvirtuamento do teor da nova Lei.[11]

Nesse ponto, o Ministro Fux ressaltou que a Lei nº 11.343/06 foi editada em observância à Convenção de Viena sobre Substâncias Psicotrópicas, aprovada pelo Decreto Legislativo nº 90 de 1972, cujo intuito foi o de agravar a reprimenda ao crime de tráfico de drogas.

Ademais, a pena mínima para a conduta do traficante de drogas primário, de bons antecedentes, que não se dedicasse às atividades criminosas e nem integrasse organização criminosa, à luz do art. 12 da Lei nº 6.368/76, seria de 3 (três) anos de reclusão. A mesma conduta, ante a aplicação do art. 33, *caput* e §4º, da Lei nº 11.343/06, resultaria em uma reprimenda mínima de 1 (um) ano e 8 (oito) meses de reclusão. Admitindo-se a retroatividade isolada da minorante prevista na nova Lei, a sanção mínima para o fato criminoso seria de 1 (um) ano de reclusão, com a possibilidade de suspensão condicional do processo (art. 89 da Lei nº 9.099/95), que não seria aplicável sequer àqueles que pratiquem o mesmo delito na vigência do novel diploma, apontado como o mais benéfico.

Com base nessa conclusão, Fux asseverou que a tese da *lex tertia* viola os princípios da igualdade, da legalidade e da democracia. Votou no sentido de que deve prevalecer um sistema de apreciação *in concreto*, pautado pelo princípio da alternatividade, de modo que o art. 33, §4º, da Lei nº 11.343/06 só deve retroagir em conjunto com a pena base prevista no *caput* do mesmo artigo, quando o magistrado considerar que, pelas circunstâncias do caso, não seria mais favorável a pena da lei antiga (sem a incidência da minorante).

Vale ressaltar que o entendimento esposado no voto do Min. Luiz Fux é o mesmo previsto no Código Penal Militar, cujo art. 2º, §2º, estabelece que "para se reconhecer qual a mais favorável, a lei posterior e a anterior devem ser consideradas separadamente, cada qual no conjunto de suas normas aplicáveis ao fato".

O resultado do julgamento retrata a dificuldade da questão: com a composição desfalcada, o julgamento terminou empatado, com cinco votos a favor da tese da retroatividade da minorante isolada (Ministros Ayres Britto, Cezar Peluso, Dias Toffoli, Gilmar Mendes e Celso de Mello) e cinco pela admissibilidade da retroação da causa de diminuição apenas em conjunto com a pena do art. 33, *caput*, da Lei nº 11.343/06 (Ministros Ricardo Lewandowski,

---

[8] MIRABETE, Julio Fabbrini; FABBRINI, Renato N. *Código Penal interpretado*. 7. ed. São Paulo: Atlas, 2011. p. 14
[9] DELMANTO, Celso *et al*. *Código Penal comentado*. 7. ed. Rio de Janeiro: Renovar, 2007. p. 22.
[10] JAKOBS, Günther. *Derecho penal*: parte general: fundamentos y teoría de la imputación. 2. ed. Madrid: Marcial Pons, 1997. p. 125.
[11] BATISTA, Nilo *et al*. *Direito penal brasileiro*, I. 2. ed. Rio de Janeiro: Revan, 2003. p. 215.

Cármen Lúcia, Joaquim Barbosa, Luiz Fux e Marco Aurélio). Em razão do empate, foi aplicada, por analogia, a regra segundo a qual "no julgamento de *habeas corpus* e de recursos de *habeas corpus* proclamar-se-á, na hipótese de empate, a decisão mais favorável ao paciente" (art. 146, parágrafo único, do Regimento Interno do STF), desprovendo-se o Recurso Extraordinário. No entanto, restou expressamente consignado que a Corte ainda fixará a orientação que deverá ser aplicada aos demais casos idênticos.

A *vexata quaestio* continuará a afligir o operador do Direito, até que o Supremo Tribunal Federal enfrente novamente a questão. O voto do Ministro Luiz Fux, contudo, trouxe luz a um tema que, conquanto diga respeito a elementos basilares do Direito Penal, apresenta-se, de tempos em tempos, sob novas e desafiadoras formas. Antevejo que, seja qual for a posição que prevaleça, esse voto constituirá citação obrigatória para aqueles que pretendam tratar da retroatividade da *novatio legis in mellius* com a merecida profundidade.

RE nº 596.152/SP (Rel. Min. Ricardo Lewandowski; Rel. p/ acórdão Min. Ayres Britto)

Voto-Vista

O Senhor Ministro Luiz Fux (voto vista): Nobres Ministros, cuida-se de Recurso Extraordinário afetado ao Pleno para solucionar a querela jurídica que se formou em torno do art. 33, §4º, da nova Lei de Drogas, mais especificamente, a respeito da sua aptidão para atingir fatos passados.

O novel diploma, no que atine ao crime de tráfico de drogas, inovou em dupla frente em relação ao seu antecessor, a Lei nº 6.368/76: se por um lado modificou a escala penal básica — que era estabelecida em três a quinze anos de reclusão e passou a cinco a quinze anos, também de reclusão —, recrudescendo a pena mínima, por outro lado, trouxe uma inédita causa de diminuição de pena, permitindo a redução da reprimenda de um sexto a dois terços desde que o agente seja primário, de bons antecedentes, não se dedique às atividades criminosas nem integre organização criminosa.

Eis o cerne da questão ora debatida: a referida minorante, prevista no art. 33, §4º, da Lei nº 11.343/06, deve retroagir para atingir fatos anteriores à vigência deste diploma?

O tema da retroatividade da lei penal é dos mais debatidos na doutrina, o que denota o quão áspero é o vertente julgamento. Nas palavras de Vincenzo Manzini, "uma vez que a Lei tenha eliminado ou abrandado uma restrição imposta à liberdade, o Estado, garante desta, não pode exigir ou implementar o que ele mesmo reconheceu não mais necessário ou excessivo e não conforme à justiça" (tradução livre do trecho: "non appena la legge ha sciolto o rallentato un vincolo imposto alla libertà, lo Stato, garante di questa, non puo richiedere od attuare ciò che esso medesimo ha riconosciuto non più necessario o eccessivo e non conforme a giustizia". *Trattato di diritto penale italiano*. 4. ed. Torino: UTET, 1981. p. 370-371).

Se a justificativa para a irretroatividade da lei criminal reside na proteção dos indivíduos contra o superveniente aumento no rigor do tratamento penal de um fato, essa razão cai por terra quando a nova lei é benigna ao *status libertatis* dos cidadãos. O princípio da isonomia impede que dois sujeitos sejam apenados de forma distinta apenas em razão do tempo em que o fato foi praticado, porquanto a valoração das condutas deve ser idêntica antes e depois da promulgação da lei, exceto nos casos em que a legislação superveniente seja mais gravosa. A lei, expressão da democracia e garante das liberdades individuais, não pode ter a sua incidência manietada quando se trata de favorecer os direitos fundamentais, sendo esse o caso da *novatio legis in mellius*.

A grande dificuldade, nesta seara, é estabelecer qual é a Lei mais favorável. Parece simples, à primeira vista, apontar, em um conflito de leis no tempo, aquela que deve ser considerada como a *lex mitior*. Entretanto, é de ser considerado que as leis não são editadas com sinais indicativos, que permitam uma clara identificação daquela que é mais favorável ao réu. A nova lei pode ser mais benéfica em alguns aspectos e prejudicial em outros, tornando árdua a tarefa de aplicar o art. 5º, XL, da Carta Magna ("a lei penal não retroagirá, salvo para beneficiar o réu").

Nesses casos complexos, indaga-se se é dado ao intérprete aplicar a lei nova aos fatos passados em parte, apenas naquilo em que for mais favorável. Conforme adverte Guillermo Oliver Calderón, Professor da Universidad Católica de Valparaíso, um dos maiores estudiosos da matéria no mundo:

> No âmbito das consequências penais, também pode resultar extremamente difícil determinar qual é a lei mais favorável. *Verbi gratia*, poderia acontecer que a lei posterior diminuíra o limite inferior da pena privativa de liberdade estabelecida na lei anterior, mas aumentara o limite superior, ou, ainda, que rebaixara o limite superior, porém aumentara o inferior. Poderia ocorrer, também, que a lei nova eliminara a pena privativa de liberdade de muito curta duração contemplada na lei precedente, mas a substituíra por uma pena restritiva de liberdade de larga duração ou por uma pena pecuniária de elevada monta. Poderia suceder, ainda, que a lei posterior criara uma nova atenuante de responsabilidade penal, porém estabelecera uma nova agravante.
>
> (...) a maioria dos autores assinala que deve aplicar-se uma ou outra lei, integralmente, em bloco, sem que possam combinar-se os aspectos mais favoráveis delas. Isso se traduz em uma proibição da denominada *lex tertia* ou princípio de combinação. (*Retroactividad e irretroactividad de las leyes penales*. Santiago: Editorial Jurídica de Chile, 2007. p. 56-61, tradução livre)

No mesmo sentido é a lição de Manzini, que afirma que "a escolha deve recair sobre a lei antiga ou a nova, uma ou outra considerada integralmente e distintamente, sendo vedado aplicar simultaneamente as disposições mais favoráveis de ambas, a menos que haja disposição expressa em sentido diverso" (tradução livre do trecho: "la scelta deve cadere sulla legge antica o sulla nuova, l'una o l'altra considerata integralmente e distintamente, essendo vietato di applicare simultaneamente le disposizioni più miti di entrambe, a meno che non sia disposto diversamente in modo espresso" (*Trattato di diritto penale italiano*. 4. ed. Torino: UTET, 1981. p. 391).

Ainda se alinham a essa vertente doutrinária: José Cerezo Mir (*Curso de derecho penal español*: parte general. 6. ed. Madrid: Tecnos, 2004. t. I, p. 234); Francisco Muñoz Conde e Mercedes García Arán (*Derecho penal*: parte general. 6. ed. Valencia: Tirant lo Blanch, 2004. p. 146); e Fernando Mantovani (*Diritto penale*: parte generale. 3. ed. Padova: CEDAM, 1992. p. 123), dentre outros.

É de se ressaltar, todavia, que doutrina de escol defende orientação inversa, reclamando a retroatividade dos elementos mais benéficos da lei superveniente e refutando, por outro lado, a aplicação das demais disposições aos fatos passados. José Frederico Marques, ferrenho defensor da tese da *lex tertia*, expunha os seguintes argumentos:

> Dizer que o Juiz está fazendo lei nova, ultrapassando assim suas funções constitucionais, é argumento sem consistência, pois o julgador, em obediência a princípios de equidade consagrados pela própria Constituição, está apenas movimentando-se dentro dos quadros legais para uma tarefa de integração perfeitamente legítima. O órgão judiciário não está tirando *ex nihilo* a regulamentação eclética que deve imperar *hic et nunc*. A norma do caso concreto é construída em função de um princípio constitucional, com o próprio material fornecido pelo legislador. Se ele pode escolher, para aplicar o mandamento da Lei Magna, entre duas séries de disposições legais, a que lhe pareça mais benigna, não vemos porque se lhe vede a combinação de ambas, para assim aplicar, mais retamente, a Constituição. Se lhe está afeto escolher o 'todo', para que o réu tenha o tratamento penal mais favorável e benigno, nada há que lhe obste selecionar parte de um todo e parte de outro, para cumprir uma regra constitucional que deve sobrepairar a pruridos de lógica formal. Primeiro a Constituição e depois o formalismo jurídico, mesmo porque a própria dogmática legal obriga a essa subordinação, pelo papel preponderante do texto constitucional. A verdade é que não estará retroagindo a lei mais benéfica, se, para evitar-se a transação e o ecletismo, a parcela benéfica da lei posterior não for aplicada pelo Juiz; e este tem por missão precípua velar pela Constituição e tornar efetivos os postulados fundamentais com que ela garante e proclama os direitos do homem. (*Tratado de direito penal*. 2. ed. São Paulo: Saraiva, 1964. v. 1, p. 210-211)

Somam-se, ainda, as vozes de Mirabete, para quem "a melhor solução (...) é a de que pode haver combinação de duas leis, aplicando-se ao caso concreto os dispositivos mais benéficos" (MIRABETE, Julio Fabbrini; FABBRINI, Renato N. *Código Penal interpretado*. 7. ed. São Paulo: Atlas, 2011. p. 14), e de Delmanto, que entende "que a combinação de leis para beneficiar o agente é possível" (DELMANTO, Celso et al. *Código Penal comentado*. 7. ed. Rio de Janeiro: Renovar, 2007. p. 22), apenas para citar alguns nomes de prestígio na doutrina pátria.

Na doutrina estrangeira, colhe-se a lição de Günther Jakobs, *verbis*:

> De acordo com a doutrina majoritária, deve-se comparar a gravidade das consequências do fato da lei antiga, acumuladas, com as da lei nova, também acumuladas, e não cada uma das reações jurídico-penais separadamente (alternatividade das leis). Por conseguinte, em conclusão, só pode ser mais favorável a lei antiga ou a lei modificada, mas não a antiga, apenas com relação a uma consequência, e a modificada, no que atine a outra. Não se pode manter essa solução; em todo caso, nas reações mencionadas no §2.5 StGB há que se levar a cabo a determinação individual: a proibição de retroatividade do §2.5 StGB é completamente idêntica a um mandado de recortar retroativamente a nova lei para alcançar a antiga regulação; é dizer, rompe a alternatividade. (*Derecho penal*: parte general: fundamentos y teoria de la imputación. 2. ed. Madrid: Marcial Pons, 1997. p. 125, tradução livre)

A jurisprudência comparada nos revela exemplos de soluções intermediárias. Na França, conforme explica Gilles Mathieu, "na prática, os Tribunais fazem uma distinção dependendo se a nova lei contém disposições divisíveis ou indivisíveis. Se a lei for divisível, apenas as partes mais favoráveis retroagirão (...). Uma lei é divisível quando as suas disposições formam um bloco indissociável" (tradução livre do trecho: "Dans la pratique, la jurisprudence opére une distinction selon que la loi nouvelle contient des dispositions divisibles ou indivisibles. Si la loi est divisible, seules les parties plus douces rétroagissent (...). Une loi est donc indivisible lorsque ses dispositions forment un bloc indissociable". L'application de la Loi Pénale dans le temps: dans la perspective du nouveau Code Pénal. *Revue de Science Criminelle et de Droit Pénal Comparé*. n. 2, p. 269, avril./juin 1995). Essa solução temperada encontra eco na doutrina de Nilo Batista e Zaffaroni, valendo transcrever suas lições:

> Parece que a única objeção lógica oponível à combinação de leis, que outorgaria consistência ao argumento tradicional da aplicação de lei inexistente, residiria na fissura de dispositivos legais incindíveis, organicamente unitários, preocupando-se a Corte Suprema com que sejam "separáveis as partes das normas em conflito" e a doutrina com a aplicação do "preceito por inteiro". Ressalvada, portanto, a hipótese em que a aplicação complementar dos textos legais concorrentes no tempo implique desvirtuar algum dos dispositivos operados, pela abusiva subtração de cláusula que condicionaria sua eficácia (quando, sim, poder-se-ia falar de uma lei inexistente), cabe admitir no direito brasileiro a combinação de leis no procedimento para reconhecer a lei mais benigna. (BATISTA, Nilo et al. *Direito penal brasileiro*, I. 2. ed. Rio de Janeiro: Revan, 2003. p. 215)

Estabelecida a divergência acadêmica, e antes de me filiar a qualquer dos entendimentos, deve-se aferir qual a real intenção da Lei nº 11.343/06. Na análise de Luiz Flávio Gomes, "de uma forma geral, percebe-se que os tipos penais existentes na Lei 6.368/76 foram mantidos, sofrendo, entretanto, uma majoração significativa da pena" (*Lei de drogas comentada*. 2. ed. São Paulo: Revista dos Tribunais, 2007. p. 25). O legislador observou a orientação contida na Convenção de Viena sobre Substâncias Psicotrópicas, aprovada pelo Decreto Legislativo nº 90 de 1972, que assim dispõe em seu artigo 22.1:

> Artigo 22
>
> Disposições Penais
>
> 1 a) Ressalvadas suas limitações constitucionais, cada parte tratará como delito punível qualquer ato contrário a uma lei ou regulamento adotado em cumprimento às obrigações oriundas da presente Convenção, quando cometido intencionalmente, e cuidará que delitos graves sejam passíveis de sanção adequada, particularmente de prisão ou outra penalidade privativa de liberdade.
>
> b) Não obstante a alínea precedente, quando dependentes de substâncias psicotrópicas houverem cometido tais delitos, as partes poderão tomar providências para que, como uma alternativa à condenação ou pena ou como complemento à pena, tais dependentes sejam submetidos a medidas de tratamento, pós-tratamento,

educação, reabilitação e reintegração social, em conformidade com o parágrafo 1 do artigo 20.

A *ratio legis*, evidenciada em diversos trechos do novo diploma, é a de enrijecer a resposta penal aos grandes traficantes de drogas e àqueles que enriquecem a custas dessa mazela social, e, ao mesmo tempo, abrandar a sanção aos usuários e traficantes de pouca expressão.

O tratamento penal mínimo conferido pela Lei nº 11.343/06 aos traficantes primários, de bons antecedentes, e que não se dedicam às atividades criminosas nem integram organização criminosa, resulta em uma reprimenda corporal de 1 (um) ano e 8 (oito) meses de reclusão, correspondente à incidência máxima da causa de diminuição de pena do art. 33, §4º, (dois terços) sobre a menor pena prevista na escala penal do *caput* do mesmo artigo (cinco anos). Pretender a retroatividade isolada da minorante alcunhada como "tráfico privilegiado", significa alterar uma sanção penal mínima de 1 (um) ano de reclusão para a mesma conduta. Desse modo, aqueles que praticaram o crime antes da novel legislação seriam favorecidos por regramento privilegiado, mais favorável do que aquele aplicável aos que delinquirem após o advento da Lei de Drogas de 2006. Diversas razões militam contra essa conclusão. Passo a enumerá-las.

A primeira, e mais evidente, é a afronta acachapante ao princípio da isonomia, previsto no art. 5º, *caput*, da Constituição. Nenhum argumento é capaz de justificar que o princípio da retroatividade da lei penal mais benigna permita que duas pessoas, que praticaram o mesmo fato delituoso, nas mesmas condições, recebam penas distintas, apenas em razão do tempo em que o crime foi levado a cabo. Essa situação é possível quando a lei antiga punia o crime de maneira mais branda que a lei modificada — aplicando-se o princípio da irretroatividade da *novatio legis in pejus* —, porém, em tal conjuntura é mantida a reprimenda prevista na legislação anterior. Os que defendem a *lex tertia* talvez não tenham se apercebido do paradoxo que seria uma lei retroagir conferindo aos fatos passados uma situação jurídica mais favorável do que àqueles praticados durante a sua vigência. Vale lembrar que a igualdade perante a lei é um dos fundamentos da retroatividade da lei penal mais favorável.

Conforme dito alhures, outro fundamento desse princípio reside na mudança da valoração de uma conduta delituosa pela sociedade, que passa a considerar despicienda ou excessiva a punição até então dispensada a ela. Ocorre que a retroatividade da lei "em tiras" consiste em velada deturpação da nova percepção que o legislador, responsável por expressar os anseios sociais, manifestou a respeito dessa mesma conduta. Em palavras mais singelas: a sociedade pós-Lei 11.343 quer uma punição mínima de 1 (um) ano e 8 (oito) meses de reclusão para o "tráfico privilegiado", não sendo possível dispensar tratamento mais brando aos crimes pretéritos dessa natureza.

A *lex tertia* viola, ainda, dois outros fundamentos do art. 5º, XL, *in fine*, da Lei Maior: o princípio da legalidade e a democracia. Cria-se, com a tese que ora se refuta, uma regra que não está prevista nem na lei antiga e nem na lei nova, que não goza do batismo democrático atribuído à Lei formal. Ao Judiciário não é dado arvorar-se no papel de legislador para pretender, mediante manobra interpretativa, resultado contrário à vontade da lei (ou melhor, das leis) e da Constituição.

A questão em tela reclama, portanto, o que Mathieu denomina como "sistema da apreciação *in concreto*" (*op. cit.*, p. 270), em conjunto com o princípio da alternatividade referido por Jakobs (*loc. cit.*); é dizer, o julgador, caso a caso, deve avaliar se é mais favorável ao réu a aplicação da lei antiga ou da lei nova, uma ou outra, considerada integralmente. Assim, é lícito afirmar que o §4º do art. 33 da Lei de Drogas hoje vigente pode retroagir; porém, desde que associado à pena-base prevista no *caput* do mesmo artigo, e contanto que não seja mais benéfica ao agente a incidência da reprimenda prevista no antigo art. 12 da Lei nº 6.368/76. As duas dosimetrias deverão ser realizadas, pela lei nova e pela lei antiga, a fim de aferir qual a que melhor favorece o *status libertatis* do sentenciado.

Essa é a solução também encontrada por Damásio de Jesus, que assim se manifesta a respeito do art. 33, §4º, da Lei nº 11.343/06:

> O redutor previsto no dispositivo é digno de encômios, porém, tem uma razão de ser: cuida-se de causa de redução de pena *vinculada* aos novos limites mínimo e máximo previstos no *caput* do art. 33 da Lei. A lei pretendeu temperar os rigores da punição ao traficante primário, de bons antecedentes, que não tenha envolvimento habitual com o crime ou que não faça parte de associação criminosa. Por esse motivo, não há razões plausíveis, com o respeito às opiniões contrárias, para que seja aplicado o redutor sobre as penas cominadas no preceito secundário do art. 12 da Lei n. 6.368/76. (*Lei antidrogas anotada*. 9. ed. São Paulo: Saraiva, 2009. p. 128)

No caso *sub judice*, o Ministério Público impugna decisão do Superior Tribunal de Justiça que optou pela aplicação retroativa da causa de diminuição de pena prevista no art. 33, §4º, da Lei nº 11.343/06, e restou assim ementada:

> Constitucional – Penal – *Habeas Corpus* – Tráfico de drogas – Crime praticado sob a égide da Lei 6.368/1976 – Redução do artigo 33, §4º da Lei 11.343/2006 – *Novatio legis in mellius* – Retroatividade – Imperativo constitucional – Ordem concedida para restabelecer a decisão de primeiro grau. Concedida ordem de ofício para substituir a pena privativa de liberdade e alterar seu regime de cumprimento.
>
> 1. É imperativa a aplicação retroativa da causa de diminuição de pena contida no parágrafo 4º do artigo 33 da Lei 11.343/2006 feita sob a pena cominada na Lei 6.368/1976, em obediência aos comandos constitucional e legal existentes nesse sentido. Precedentes.
>
> 2. Não constitui uma terceira lei a conjugação da Lei 6368/76 com o parágrafo 4º da Lei 11.343/06, não havendo óbice a essa solução, por se tratar de dispositivo benéfico ao réu e dentro do princípio que assegura a retroatividade da norma penal, constituindo-se solução transitória a ser aplicada ao caso concreto.

3. Ordem concedida para cassar o acórdão do Tribunal *a quo* e restabelecer a decisão da Vara de Execuções Criminais de São Paulo, juntada à f. 17/18, que aplicou retroativamente a causa de redução.

O recorrido foi condenado a três anos e quatro meses de reclusão, em regime fechado, pelo crime de tráfico de drogas, por aplicação do artigo 12 da Lei nº 6.368/76. O juízo da execução, com o advento da Lei nº 11.343/06, determinou a aplicação da minorante contida no art. 33, §4º, para beneficiar o sentenciado, diminuindo a pena para um ano e oito meses de reclusão. O Tribunal de Justiça de São Paulo deu provimento a agravo em execução interposto pelo *parquet* a fim de restabelecer a reprimenda fixada na sentença condenatória, acórdão esse que foi reformado pelo Superior Tribunal de Justiça, para tornar a determinar a retroação da causa de diminuição de pena em comento.

Após esse breve relato, e à guisa de conclusão, filio-me à posição já manifestada neste Plenário pelos Excelentíssimos Ministros Ricardo Lewandowski, Cármen Lúcia e Joaquim Barbosa, com a vênia dos demais pares, para considerar, nos termos já expostos, que a *lex tertia* constitui patente violação aos princípios da igualdade, da legalidade e da democracia (arts. 5º, *caput* e II, e 1º, *caput*, respectivamente, todos da Constituição).

Ex positis, acompanho o Relator e dou provimento ao recurso extraordinário, reformando o acórdão recorrido, para determinar a remessa dos autos ao Juízo das Execuções, que deverá realizar as duas dosimetrias, uma de acordo com a Lei nº 6.368/76 e outra conforme a Lei nº 11.343/06, guardando observância ao princípio da alternatividade, para aplicar a pena mais branda ao recorrido.

É como voto.

HC nº 101.131 (Rel. Min. Luiz Fux; Rel. p/ acórdão Min. Marco Aurélio)

Conflito entre Coisas Julgadas no Processo Penal

Bruno Vinícius da Rós Bodart
Marcos Paulo Loures de Meneses

    A nulidade da sentença é problema que aflige o operador do Direito desde tempos remotos. No período Republicano do Direito Romano, a sentença do *judex* era inimpugnável. Ante a falta dos requisitos necessários à sua regularidade, por conta de vícios processuais, considerava-se a sentença inexistente no mundo jurídico — era a *nulla sententia* das codificações de Justiniano, que em nada se assemelhava ao conceito hodierno de nulidade. Na era imperial, surgiu a apelação, e com ela a divisão entre as sentenças apeláveis e nulas. A nulidade operava *ipso jure*, sem a necessidade de prévia declaração judicial, e decorria de *error in procedendo* ou de gravíssimo erro de direito. A nulidade não era sanada pelo decurso do tempo, nem se submetia a qualquer tipo de preclusão.
    No Direito germânico, vigorava sistema inverso, calcado no princípio da validade formal da sentença (*Prinzip der Formalkraft des Urteils*). A sentença proclamada pelo *Richter* não podia ser afastada, equiparando-se a sua força àquela de uma Lei. Qualquer tipo de erro era considerado sanado, não se admitindo a alegação de vício na sua formação.
    Essas duas noções influenciaram de forma determinante o Direito romano-germânico moderno, compreendendo-se atualmente que os vícios da sentença, por mais graves que sejam, apenas devem conduzir à sua nulidade caso as partes utilizem a via processual cabível para impugná-la.[1]
    É despiciendo apontar todos os inconvenientes que decorreriam da possibilidade de se alegar, a qualquer tempo, a nulidade da sentença como

---

[1] Essa resenha histórica é trazida pela valiosa obra de KOMATSU, Roque. *Da invalidade no processo civil*. São Paulo: Revista dos Tribunais, 1991. p. 50 *et seq.*

escusa para afastar o seu cumprimento. Por isso, a Constituição se refere à coisa julgada no título dos direitos e garantias fundamentais (art. 5º, XXXVI).

A coisa julgada possui, dentre os seus efeitos, o de proceder a uma sanatória geral dos defeitos ocorridos durante o processo,[2] de modo que só é possível desconstituir a decisão transitada em julgado mediante procedimento próprio, em hipóteses estritamente delimitadas. Justamente por isso, José Carlos Barbosa Moreira ensina que, após o trânsito em julgado, não há sentença nula, mas rescindível, sendo a rescindibilidade "uma invalidade que só opera depois de judicialmente decretada".[3]

Fosse possível alegar *tout court* a imprestabilidade de uma sentença para produzir efeitos, não haveria qualquer justificativa para a existência da ação rescisória, no processo civil, e da revisão criminal, no processo penal. Bastaria que, em ulterior processo ou qualquer tipo de discussão futura, a parte interessada simplesmente afirmasse que a sentença "não valeu". Aliás, na seara do Processo Civil, a razão única para a previsão da ação rescisória por violação à coisa julgada (art. 485, inciso IV, do CPC) é justamente a prevalência da segunda decisão, se não rescindida no prazo legal — fosse o caso de conferir sempre primazia à primeira, para quê desconstituir a sentença superveniente?

No campo penal, a hipótese é ainda mais sensível. É que o Direito brasileiro jamais conheceu a figura da Revisão Criminal *pro societate*. Em outras palavras, não se pode, salvo para beneficiar o réu, desconstituir uma decisão judicial penal transitada em julgado, seja qual for o motivo e seja qual for a sua gravidade.

Essa previsão, antes de constituir privilégio odioso, consiste em conquista humanística da sociedade moderna. Desde as formulações de Cesare Beccaria na obra "Dos delitos e das penas", na segunda metade do século XVIII, a dogmática penal passou por uma intensa racionalização, que perpassou a inserção das metodologias científicas, criando-se uma ciência criminal e um conceito analítico de crime, até culminar nas modernas teorias garantistas, minimalistas e até mesmo abolicionistas. Nesse processo histórico, brevemente relatado, ganhou relevo no âmbito do Direito Penal e Processual Penal a preocupação com o indivíduo, que passou a integrar o eixo central das discussões.

Vale lembrar que o Código de Processo Penal de 1941 foi claramente inspirado no italiano Código Rocco, de cunho fascista e pouco comprometido com os direitos do réu. Mesmo naquele contexto, o legislador preferiu não contemplar a Revisão Criminal em desfavor do acusado, provavelmente em razão dos abusos que a figura poderia sofrer na prática forense.

---

[2] LIEBMAN, Enrico Tullio. Nulidade da sentença proferida sem citação do réu. *In*: LIEBMAN, Enrico Tullio. *Estudos sobre o processo civil brasileiro*. São Paulo: Bestbook, 2004. p. 118.

[3] MOREIRA, José Carlos Barbosa. *Comentários ao Código de Processo Civil*. 11. ed. Rio de Janeiro: Forense, 2003. v. 5, p. 98.

No julgamento do HC nº 101.131/DF, foi apreciado pela 1ª Turma do Supremo Tribunal Federal um caso interessantíssimo de *bis in idem*, no qual o paciente foi condenado duas vezes pelo mesmo fato, por sentenças transitadas em julgado, sendo que a segunda impôs pena inferior ao réu.

Malgrado pareça óbvio que o acusado não poderia ser constrangido a cumprir as duas penas, cumuladas, a opinião da douta maioria seguiu caminho inverso, pois considerou que em sede de *habeas corpus* seria possível impor ao réu o cumprimento da reprimenda mais gravosa. Sendo certo que o *habeas corpus* é remédio constitucional voltado a proteger a liberdade de locomoção do paciente, apenas se concebe que o *writ* se preste a afastar a segunda condenação, mais favorável ao condenado, caso se admita que antes dessa decisão (a do *habeas corpus*) o paciente estava compelido a cumprir as duas sentenças.

Entendeu o relator, seguido pela maioria, que a primeira pena, ainda que maior, deveria prevalecer, porque o segundo processo era inapto a gerar condenação válida, na medida em que inquinado pela violação à coisa julgada. O segundo processo seria, portanto, nulo *ab initio*.

Nada obstante a autoridade dos magistrados que se manifestaram pela prevalência da condenação mais severa, parece que o entendimento do Ministro Luiz Fux é mais consentâneo com o ordenamento em vigor e com a doutrina historicamente formada em torno da matéria.

Com apoio na doutrina clássica de Chiovenda, Carnelutti, Manzini, José Carlos Barbosa Moreira, José Frederico Marques, Pontes de Miranda, dentre outros autores, o Ministro Fux adotou como premissa básica, em seu voto, que a sentença transitada em julgado é a norma para o caso concreto e, havendo duas normas (penais, no caso) em conflito aparente, deve-se lançar mão dos princípios pertinentes.

A ideia de que a sentença judicial é uma norma encontra eco nos mais renomados jusfilósofos da atualidade, como Robert Alexy,[4] Jochen Schneider e Ulrich Schroth.[5]

Se há duas normas jurídicas para o mesmo caso concreto, a segunda deve prevalecer sobre a primeira, em razão da conhecida parêmia *lex posterior derogat legi priori*. Essa solução não prevalece quando a legislação processual em vigor permite o afastamento da segunda sentença, desde que obtida a declaração judicial da rescisão do julgado superveniente pela via própria. Ocorre que, no caso *sub judice*, a segunda sentença era mais favorável ao paciente, de modo que o ordenamento pátrio não permitiria a sua rescisão, sob pena de burla à vedação da Revisão Criminal no interesse da acusação.

---

[4] ALEXY, Robert. *Teoria dos direitos fundamentais*. Trad. Virgílio Afonso da Silva. São Paulo: Malheiros, 2008.

[5] SCHNEIDER, Jochen; SCHROTH, Ulrich. Perspectivas da aplicação da norma jurídica: determinação, argumentação e decisão. In: KAUFMANN, A.; HASSEMER, W. (Org.). *Introdução à filosofia do direito e à teoria do direito contemporâneas*. 2. ed. Lisboa: Calouste Gulbenkian, 2009.

Deveras, se há duas manifestações de vontade do Estado regulando o mesmo fato, uma posterior à outra, e a segunda não pode ser revista, configurado está o fenômeno da revogação. Por isso que desconsiderar a segunda sentença, mais benéfica ao réu, equivale a uma Revisão *pro societate*, inadmissível em direito processual penal.

A douta maioria fundamentou sua posição no argumento de que não é admissível que o réu quede-se inerte à espera da segunda sentença, aguardando para ver se esta lhe será mais favorável. O argumento, todavia, parece colidir com o direito constitucional à não auto-incriminação (*nemo tenetur se detegere*), previsto no art. 5º, LXIII, da Carta Magna, pois estabelece para o réu um dever, não previsto em lei, de comunicar a existência de prévia coisa julgada. Outrossim, é dever do Estado velar para não exercer a *persecutio criminis* — e, em consequência, o *jus puniendi* — em duplicidade, criando mecanismos para minimizar a possibilidade de incidir em um erro tão crasso. Ademais, no caso concreto, o paciente era representado pela Defensoria Pública, que constatou o *bis in idem* apenas no julgamento dos recursos especiais pelo STJ, evidenciando a total ausência de má-fé.

A orientação vencedora no HC nº 101.131, com a devida vênia, restaurou, em detrimento dos interesses do paciente, o regime da *nulla sententia* do Direito Romano, o que compromete a segurança jurídica e a efetividade do *in dubio pro reo* no Direito brasileiro, assim como contraria toda a doutrina que se debruçou, desde o século XIX, sobre o instituto da coisa julgada.

Em verdade, considerando a eficácia que o ordenamento atribui às decisões judiciais transitadas em julgado, a segunda decisão deve sempre prevalecer sobre a primeira até que, se for o caso, venha a ser rescindida pela via processual correta. Quando a segunda sentença for mais grave, o art. 621 do CPP confere ao réu o mecanismo da Revisão Criminal para retirá-la do mundo jurídico, restaurando a vigência da primeira. Na hipótese de a sentença ulterior ser mais benéfica aos interesses do acusado, jamais cederá passo à primeira decisão, porquanto proibida a Revisão Criminal *pro societate*.

Por todo o exposto, o voto do Ministro Luiz Fux é digno de encômios. Conferiu ao caso concreto solução mais justa e harmônica com os princípios e valores em jogo no processo penal. Embora não tenha prevalecido o seu entendimento, fica para os anais como valoroso recurso para os estudos avançados de jurisdição penal-constitucional no âmbito da Suprema Corte e, quiçá, para provocar uma reflexão maior em casos futuros.

HC nº 101.131 (Rel. Min. Luiz Fux; Rel. p/ acórdão Min. Marco Aurélio)

Relatório

O Senhor Ministro Luiz Fux (Relator): Cuidam os presentes autos de *habeas corpus* impetrado pela Defensoria Pública do Distrito Federal em favor de Renan Rodrigues de Sousa, com pedido de liminar, insurgindo-se contra ato do Excelentíssimo Ministro Nilson Naves, do Superior Tribunal de Justiça, que estaria a configurar *bis in idem*.

Isso porque, segundo afirma a impetração, a autoridade coatora julgou dois recursos especiais interpostos pelo paciente (nº 1.027.847/DF e nº 1.075.137/DF) em processos oriundos do mesmo fato (roubo com emprego de arma). Assim, muito embora tenha reduzido as penas impostas ao paciente nos dois processos, deixou de reconhecer a duplicidade de ações penais.

Noticiam os autos que o paciente foi denunciado perante a 7ª Vara Criminal da Circunscrição Especial Judiciária de Brasília pela prática do crime de roubo circunstanciado (art. 157, §2º, inciso I, do Código Penal) ocorrido em 28 de novembro de 2004, às 9 horas, nas proximidades de um ferro velho localizado entre a Divineia e a Metropolitana, no Núcleo Bandeirante/DF, tendo como vítima Maria Elenice Alves de Oliveira (fls. 8/9).

Em 7 de junho de 2005, a denúncia foi recebida e originou a ação penal nº 2005.01.1.0033154. Condenado a uma pena de 5 anos e 8 meses de reclusão, o paciente interpôs recurso de apelação perante o Tribunal de Justiça do Distrito Federal e Territórios e, irresignado com o acórdão pelo parcial provimento, conseguiu a redução da pena para 5 anos e 4 meses de reclusão por meio do Recurso Especial nº 1.027.847/DF, em decisão transitada em julgado em 29 de agosto de 2008 (fls. 27).

Pelo mesmo fato, ocorrido em 28 de novembro de 2004, o paciente foi denunciado perante a 6ª Vara Criminal da Circunscrição Especial de Brasília, nos autos nº 2005.01.1.023628-0, denúncia esta recebida em 7 de julho de 2006 (fls. 35). A condenação à pena de 6 anos e 2 meses de reclusão, imposta pelo Juízo, foi reduzida para 4 anos, 5 meses e 10 dias de reclusão (fls. 31) no julgamento do Recurso Especial nº 1.075.134/DF, em 16 de abril de 2009.

Na impetração, sustenta-se violação aos princípios da vedação ao *bis in idem* e da coisa julgada, uma vez que o paciente teria sido processado e condenado duas vezes pelo mesmo fato. Requer liminar para que seja oficiada a Vara de Execuções Penais do Distrito Federal, a fim de excluir-se a condenação decorrente da Ação Penal em curso perante a 7ª Vara Criminal de Brasília e, no mérito, pleiteia a concessão da ordem para cassar a sentença formalizada pelo mesmo Juízo.

O Ministério Público Federal opinou pelo conhecimento de ofício e pela concessão parcial da ordem para anular integralmente a Ação Penal nº 2005.01.1.0236280, da 6ª Vara Criminal da Circunscrição Especial Judiciária de Brasília/DF, nos termos da ementa de fls. 60:

> *Habeas corpus.* Roubo circunstanciado. Ação penal. Duplicidade. Réu julgado duas vezes pelo mesmo fato delituoso. Ações com trânsito em julgado. Alegação de *bis in idem.* Questão não suscitada nas instâncias inferiores. Nulidade flagrante. Violação da coisa julgada. Conhecimento da ordem *ex officio.* Prevalência do primeiro processo criminal. Anulação da segunda persecução penal.
>
> Parecer pelo conhecimento de ofício da impetração com a concessão parcial da ordem para anular a Ação Penal nº 2005.01.1.0236280 da 6ª Vara Criminal da Circunscrição Especial Judiciária de Brasília.

É o relatório.

Voto

Processual penal. *Habeas corpus.* Roubo circunstanciado (art. 157, §2º, inciso I, do Código Penal). Recurso Especial. Duplo julgamento pelo mesmo fato. Segunda decisão mais favorável ao réu. Impossibilidade de revisão *pro societate* coisa soberanamente julgada mais benéfica. *In dubio pro reo.* Falta de instrumento legal ou constitucional para rescindir julgado favorável ao demandado.

1. A Violação da Coisa Julgada é matéria cognoscível de ofício, por isso que, mercê de não apreciada na instância inferior, a supressão de instância inocorre, porquanto a Corte Maior pode deferir a ordem de ofício.

2. Deveras, a existência de duplo julgamento pelo mesmo fato, comprovada por prova pré-constituída, torna admissível o seu conhecimento de ofício na via estreita do *habeas corpus.*

3. A Revisão, no Direito Processual Penal, é instrumento exclusivamente em favor do réu, sendo inadmissível a revisão *pro societate.*

4. Quando o Estado exerce a *persecutio criminis,* a decisão sobre os fatos pelos quais o réu fora condenado só pode ser revista para abrandar a situação do sujeito passivo.

5. *In casu,* o paciente fora processado e condenado duas vezes pelo mesmo fato. Com efeito, foi recebida, em 7.6.2005, denúncia no processo nº 2005.01.1.003315-4 imputando ao paciente a prática do crime de roubo circunstanciado (art. 157, §2º, inciso I, do Código Penal), ocorrido no dia 28.11.2004, às 9h, em ferro velho entre a Divineia e a Metropolitana, na cidade satélite do Núcleo Bandeirante/DF.

6. Consoante a denúncia (fls. 8/9), o paciente teria subtraído da vítima, mediante grave ameaça exercida com emprego de arma de fogo, uma

bolsa preta contendo R$4,00 (quatro reais) e alguns objetos de uso pessoal. Posteriormente, em 7.7.2006, foi ajuizada contra o paciente outra ação penal (nº 2005.01.1.023628-0), por fato idêntico ao descrito na Ação Penal nº 2005.01.1.003315-4 (fls. e 37/38).

7. A sentença, apesar de divergências doutrinárias, deve ser enxergada como norma jurídica, e, nessa categorização, como é sabido, no conflito entre duas normas de igual hierarquia e especialidade prevalece a mais recente sobre a mais antiga.

8. A sentença posterior prevalece no Processo Penal, desde que mais favorável ao réu, em obediência à vedação da Revisão Criminal *pro societate*.

9. O caso *sub judice* não reclama a solução de se considerar anulada a primeira sentença, visto que não incidiu em qualquer vício de juridicidade, e sim de revogá-la.

10. Deveras, o pedido mediato merece concessão, qual seja, a declaração da prevalência da segunda coisa julgada.

11. Ordem concedida.

O Senhor Ministro Luiz Fux (Relator): Preliminarmente, verifica-se que as ilegalidades apontadas, quais sejam, a violação aos princípios do *ne bis in idem* e da coisa julgada, não foram submetidas às instâncias inferiores, o que, a rigor, impediria o conhecimento da impetração, sob pena de supressão de instância. Nesse sentido, os seguintes julgados:

> *Habeas Corpus*. Direito penal e processual penal. Questões não conhecidas pelo STJ. Autoridade coatora. Tribunal de Justiça. Incompetência do STF. Negativa ao direito de recorrer em liberdade fundamentada. Prisão antes do trânsito em julgado. Instrução criminal encerrada. Excesso de prazo prejudicado. Ordem denegada. 1. O Superior Tribunal de Justiça não se manifestou acerca do regime prisional imposto ao paciente no que concerne ao crime de tráfico de drogas e da possibilidade de aplicação da causa de diminuição de pena prevista no art. 22, §4º, da Lei 11.343/06. 2. No que diz respeito aos temas não abordados pela Corte Superior, a autoridade coatora é o Tribunal de Justiça do Estado de São Paulo. Com efeito, não compete a esta Suprema Corte conhecer dessas matérias, sob pena de supressão de instância. Precedentes. 3. A proibição ao direito de o paciente recorrer em liberdade foi devidamente fundamentada. Ademais, o paciente foi preso em flagrante e permaneceu preso durante toda a instrução criminal. 4. A alegação de excesso de prazo fica prejudicada pelo fim da instrução penal e pela prolação de sentença condenatória. Precedentes. 5. *Writ* conhecido em parte e denegado. (HC nº 100.595/SP, Rel. Min. Ellen Gracie, Segunda Turma, Julg. 22.2.2011, *DJ*, 9 mar. 2011)

> *Habeas Corpus*. Pedido de liberdade. Supressão de instância. Reincidência. Regime fechado. Possibilidade. Ordem parcialmente conhecida e, nessa parte, denegada. O impetrante, embora também tenha requerido a liberdade do paciente, não apresentou qualquer fundamento para tanto. Simplesmente fez o pedido. Além disso, o STJ não se manifestou sobre a questão. Portanto, não há como o *habeas corpus* ser conhecido nesse ponto, sob pena de supressão de instância. Quanto ao pedido de fixação do regime prisional aberto ou semi-aberto, o TJSP, ao impor o regime

fechado, considerou o fato de o paciente ser, de acordo com a sentença, "multi-reincidente". Tal fundamento está em harmonia com o disposto nas alíneas "b" e "c" do §2º do art. 33 do Código Penal, segundo as quais tanto o regime aberto, quanto o semi-aberto são reservados aos réus não reincidentes. *Habeas corpus* parcialmente conhecido e, nessa parte, denegado. (HC nº 100616/SP, Rel. Min. Joaquim Barbosa, Segunda Turma, Julg. 8.2.2011, *DJ*, 14 mar. 2011)

Habeas Corpus. Processual penal. Pedido de comutação de pena. Juízo de origem. Apreciação. Ausência. Impossibilidade de seu exame pelo STF sob pena de supressão de instâncias. Alegação de demora no julgamento do mérito de writ pelo Superior Tribunal de Justiça. Excesso de impetrações na Corte Superior pendentes de julgamento. Flexibilização do princípio constitucional da razoável duração do processo que se mostra compreensível. Aposentadoria do relator dos feitos manejados em favor do paciente. Ordem concedida de ofício para determinar sua redistribuição. I - O pedido de comutação da pena não pode ser conhecido, uma vez que esta questão não foi sequer analisada pelo juízo de origem. Seu exame por esta Suprema Corte implicaria indevida supressão de instância e extravasamento dos limites de competência do STF descritos no art. 102 da Constituição Federal. II - O excesso de trabalho que assoberba o STJ permite a flexibilização, em alguma medida, do princípio constitucional da razoável duração do processo. Precedentes. III - A concessão da ordem para determinar o julgamento do *writ* na Corte *a quo* poderia redundar na injustiça de determinar-se que a impetração manejada em favor do paciente seja colocada em posição privilegiada com relação a de outros jurisdicionados. IV - Ordem concedida de ofício para determinar a redistribuição dos *habeas corpus* manejados no STJ em favor do paciente, em razão da aposentadoria do então Relator. (HC nº 103.835/SP. Rel. Min. Ricardo Lewandowski, Primeira Turma, Julg. 14.12.2010, *DJ*, 8 fev. 2011)

Habeas corpus. Homicídio. Prisão ordenada independentemente de trânsito em julgado. Superveniência do trânsito em julgado. *Writ* prejudicado. Fixação de regime inicialmente fechado. Questão não submetida ao crivo do STJ. Supressão de instância. *Habeas corpus* não conhecido. 1. Prejudicialidade do *writ* impetrado perante Tribunal Superior fundada em decisão liminar, precária e efêmera, obtida pelo paciente perante esta Suprema Corte inocorrente. 2. Superveniência de trânsito em julgado da decisão condenatória, a ensejar o reconhecimento da prejudicialidade de ambas as impetrações. 3. A questão relativa à propriedade do regime prisional imposto ao paciente pela decisão condenatória não foi submetida ao crivo do Superior Tribunal de Justiça, não se admitindo a apreciação do tema por esta Suprema Corte, de forma originária, sob pena de configurar verdadeira supressão de instância. Precedentes. 4. *Writ* não conhecido. (HC nº 98.616/SP, Rel. Min. Dias Toffoli, Primeira Turma, Julg. 14.12.2010)

No entanto, os fatos alegados na presente ordem de *habeas corpus* foram suficientemente demonstrados com a prova pré-constituída. Assim, tratando-se de questão de ordem pública aferível de plano, possível o conhecimento de ofício. Também opinou pelo conhecimento o Ministério Público Federal, nos seguintes termos (fls. 62):

Inicialmente, verifica-se que a nulidade apontada, vale dizer, dupla condenação do paciente pelos mesmos fatos, não foi objeto de questionamento perante qualquer das instâncias inferiores.

Dessa forma, a matéria esposada no presente remédio constitucional não enseja a análise desse Excelso Pretório sob pena de indevida supressão de instância.

Contudo, da análise dos documentos acostados aos presentes autos, constata-se a procedência da alegação de *bis in idem*, que, por causar a nulidade absoluta de uma das ações penais, é passível de ser conhecida de ofício.

Deveras, observa-se, na documentação trazida pela impetrante, que o paciente fora condenado, primeiramente, na Ação Penal nº 2005.01.1.003315-4, cuja denúncia fora recebida em 7.6.2005 pela 7ª Vara Criminal de Brasília. Na pendência desta demanda, foi ajuizada contra o paciente, em 7.7.2006, outra ação penal (nº 2005.01.1.023628-0) pelos mesmos fatos, desta feita na 6ª Vara Criminal de Brasília, o que ensejou a nulidade absoluta *ab initio* desse segundo processo, em razão do fenômeno processual da litispendência.

Nesse sentido, a doutrina de José Frederico Marques, *verbis*:

> Um dos efeitos da litispendência é o de impedir o desenrolar e a existência de um segundo processo para o julgamento de idêntica acusação. Resulta, pois, da litispendência, o direito processual de arguir o *bis in idem*, mediante *exceptio litis pendentis*.
>
> Segundo disse Chiovenda, assim "como a mesma lide não pode ser decidida mais de uma vez (*exceptio rei judicatae*), assim também não pode pender simultaneamente mais de uma relação processual sobre o mesmo objeto entre as mesmas pessoas. Pode, portanto, o réu excepcionar que a mesma lide *pende* já perante o mesmo juiz ou perante juiz diverso, a fim de que a segunda constitua objeto de decisão com a primeira por parte do juiz *invocado antes*. (*Elementos de Direito Processual Penal*, atualizadores: Eduardo Reale Ferrari e Guilherme Madeira Dezem, Campinas: Millennium, 2009. v. 2)

Conforme noticiado pelo Ministério Público Federal, em caso semelhante, esta Corte anulou sentença proferida em processo em que a persecução penal se deu por fatos idênticos aos julgados em causa anterior, conforme sintetizado na seguinte ementa:

> Direito Penal e Processual. Litispendência. Dupla condenação pelo mesmo fato delituoso: *bis in idem*. 1. Não pode subsistir a condenação ocorrida no segundo processo, instaurado com o recebimento da denúncia a 7 de maio de 1993 (Processo nº 237/93) já que, antes disso, ou seja, a 4 de maio de 1993, havia outra denuncia, igualmente recebida, pelos mesmos fatos delituosos (no Processo nº 232/93). 2. A litispendência impediu que validamente se formasse o segundo processo e, em conseqüência, que validamente se produzisse ali a condenação. 3. "H.C" deferido para, com relação ao paciente, anular-se a sentença proferida no Processo 237/93 – 23. V. Criminal S.P., bem como o acórdão que a confirmou, na Apelação nº 861.423, julgada pela 11. Câmara do TACRIM-SP, ficando, quanto a ele, trancado definitivamente o processo. (HC nº 72.364/SP, Rel. Min. Sidney Sanches, Primeira Turma, *DJ*, 23 fev. 1996)

Ademais, o próprio *parquet* opinou pela concessão da ordem, em parecer assim delineado (fls. 62/63):

(...) impende consignar que a comprovação da ocorrência da figura do *bis in idem* desponta do simples confronto das iniciais acusatórias oferecidas pelo Ministério Público do Distrito Federal e Territórios, que originaram as ações penais nº 2005.01.1.003315-4 e 2005.01.1.023628-0, movidas, respectivamente, na 7ª Vara Criminal da Circunscrição Especial Judiciária de Brasília/DF, e 6ª Vara Criminal da mesma Circunscrição. Ambas as denúncias narram que no dia 28 de novembro de 2004, por volta das 9 horas, nas proximidades de um ferro velho, localizado entre a Divinéia e a Metropolitana, no Núcleo Bandeirante/DF, o paciente Renan Rodrigues de Sousa subtraiu para si, mediante grave ameaça, exercida por meio de arma de fogo, uma bolsa preta, contendo R$4,00 (quatro) reais em espécie e diversos objetos pessoais pertencente a Maria Elenice Alves de Oliveira (fls. 08/09 e 37/38).

Não há dúvida de que pelo mesmo fato, foram instauradas duas ações penais em desfavor do ora paciente. A primeira, pelo Juízo da 7ª Vara Criminal da Circunscrição Especial Judiciária de Brasília/DF, que recebeu a denúncia na data de 7.6.2005 (fl. 06); a segunda, pelo Juízo da 6ª Vara Criminal da mesma Circunscrição, que recebeu a inicial acusatória em 7.7.2006 (fl. 35).

Mas, não é só. Ao final, o paciente sofreu dupla condenação: o primeiro decreto punitivo foi proferido pelo Juízo da 7ª Vara Criminal de Brasília, aos 06/10/2006 (fls. 12/18), sendo confirmado pelo Superior Tribunal de Justiça, que tornou a pena definitiva em 5 (cinco) anos e 4 (quatro) meses de reclusão, em decisão transitada em julgado aos 29.8.2008 (fls. 24/27); já o segundo, foi prolatado pela 6ª Vara Criminal, em 25.4.2007 (fls. 39/44), e confirmado pelo Superior Tribunal de Justiça, que tornou a pena definitiva em 4 (quatro) anos, 5 (cinco) meses e 10 (dez) dias de reclusão, em decisão transitada em julgado aos 19.5.2009 (fls. 29/34).

In casu, portanto, após o trânsito em julgado da decisão condenatória na Ação Penal nº 2005.01.1.003315-4, sobreveio novo pronunciamento judicial na Ação Penal nº 2005.01.1.023628-0 a respeito de fatos idênticos aos versados na primeira demanda.

A primeira condenação não pode ser alvo de Revisão Criminal, pois não configurada qualquer das hipóteses previstas no art. 621 do CPP, que ora se transcreve:

> Art. 621. A revisão dos processos findos será admitida:
> I - quando a sentença condenatória for contrária ao texto expresso da lei penal ou à evidência dos autos;
> II - quando a sentença condenatória se fundar em depoimentos, exames ou documentos comprovadamente falsos;
> III - quando, após a sentença, se descobrirem novas provas de inocência do condenado ou de circunstância que determine ou autorize diminuição especial da pena.

Por outro lado, a segunda coisa julgada, mais favorável ao réu (*rectius*, condenado), também não é passível de reapreciação, porquanto não é admitida no Direito Brasileiro a Revisão Criminal *pro societate*.

Analisando a hipótese com a qual ora nos deparamos, de conflito entre julgados, Jorge Alberto Romeiro anotou com maestria (*Elementos de direito penal e processo penal*. São Paulo: Saraiva, 1978. p. 40-41):

Manzini, considerando esse caso de inconciliabilidade de julgados, determinante da revisão no direito positivo italiano, o qual figura, também, no de muitos Estados, notou que nem sempre tem o instituto em estudo o fim de reparar um erro judiciário, pois a dita inconciliabilidade deve ser sempre resolvida pela prevalência do julgado mais favorável ao condenado.

A revisão, escreveu o insigne professor da Universidade de Roma, "nel caso dell'inconciliabilità dei giudicati, se talora fornisce il mezzo per eliminare l'errore, talaltra può far prevalere l'erroneo sul giusto, perchè nel detto caso la legge mira sopra tutto a far cessare un intollerabile contrasto giurisdizionale".

No Direito pátrio a Revisão Criminal em desfavor do réu jamais foi admitida. Mesmo quando a Emenda Constitucional nº 1 de 1969 à Carta de 1967 permitiu à legislação ordinária prever hipóteses nas quais o julgado favorável ao acusado poderia ser revisto, a normativa nunca foi editada. O art. 623 do CPP, sobre a legitimidade ativa para a propositura da Revisão, prevê: "A revisão poderá ser pedida pelo próprio réu ou por procurador legalmente habilitado ou, no caso de morte do réu, pelo cônjuge, ascendente, descendente ou irmão". O Ministério Público e o ofendido não dispõem de idêntica *legitimatio*.

Certo é que a decisão proferida no segundo processo é norma jurídica, que deve ser respeitada. Vale invocar a lição de José Carlos Barbosa Moreira, segundo o qual, na sentença "formula o juiz a norma jurídica concreta que deve disciplinar a situação levada ao seu conhecimento" (Eficácia da sentença e autoridade da coisa julgada. *Revista de Processo*, n. 34, p. 279). Vale dizer, a sentença trânsita em julgado é a norma jurídica para o caso concreto.

Ocorre que, como visto, essa segunda norma não é passível de revisão, pois, na espécie, isso significaria fazer prevalecer uma decisão anterior mais gravosa para o réu. Nas palavras de Fernando da Costa Tourinho Filho, "a autoridade da coisa julgada, necessária e indispensável para assegurar a estabilidade das relações jurídicas, impede um reexame contra o réu" (*Código de Processo Penal comentado*. 12. ed. São Paulo: Saraiva, 2009. v. 2, p. 427).

Assim, temos duas decisões, de igual hierarquia e especialidade, impassíveis de impugnação. Impõe-se, face à natureza normativa das decisões judiciais, a aplicação do princípio norteador do conflito aparente de normas penais no tempo, vale dizer, prevalece a norma posterior sobre a anterior.

Aliás, no campo do Processo Civil, Cândido Rangel Dinamarco, ao sustentar a prevalência da segunda coisa julgada, ressalta a possibilidade de um novo ato estatal revogar o anterior. Assim, a sentença posterior, por não ter sido rescindida no prazo legal, teria o condão de revogar a sentença anterior. Eis como expõe seu ponto de vista, baseado nas formulações de Liebman:

> Disse ele, realmente, que uma sentença proferida depois da outra tem a eficácia de cancelar os efeitos desta, como todo ato estatal revoga os anteriores. Assim como a lei revoga a lei e o decreto revoga o decreto, assim também a sentença passada em julgado revoga uma outra, anterior, também passada em julgado. Estamos pois fora

do campo específico do direito processual, em uma visão bastante ampla dos atos estatais de qualquer dos três Poderes e sempre segundo uma perspectiva racional e harmoniosa do exercício do poder. Na nova lei há uma nova vontade do legislador, que sobrepuja a vontade dele próprio, contida na lei velha. No novo decreto, nova vontade da Administração. Na nova sentença, nova vontade do Estado-juiz. (*Fundamentos do processo civil moderno*. 6. ed. São Paulo: Malheiros, 2010. p. 1135).

No mesmo sentido a lição de Pontes de Miranda, que entende prevalecer a segunda coisa julgada sobre a primeira, porque a norma processual somente prevê a possibilidade de desconstituir a segunda coisa julgada dentro de um prazo específico e, se isso não ocorrer, a anterior é revogada pela posterior. Confira-se o seguinte trecho da obra do autor:

> Dissemos que falta o segundo elemento "sentença trânsita em julgado, que se quer rescindir", se precluiu o prazo para a rescisão de tal sentença. Uma vez que se admitiu, de *lege lata*, com o prazo preclusivo, a propositura somente no biênio a respeito da segunda sentença, o direito e a pretensão à rescisão desaparecem, e a segunda sentença, tornada irrescindível, *prepondera*. Em conseqüência, desaparece a eficácia de coisa julgada da primeira sentença. Esse é um ponto que não tem sido examinado, a fundo, pelos juristas e juízes: há duas sentenças, ambas passadas em julgado, e uma proferida após a outra, com infração da coisa julgada. Se há o direito e a pretensão à rescisão da segunda sentença, só exercível a ação no biênio e não foi exercida, direito, pretensão à rescisão e ação rescisória extinguiram-se. A segunda sentença lá está, suplantando a anterior. (...) (*Tratado da ação rescisória das sentenças e de outras decisões*. Campinas: Bookseller, 1988, p. 259-260)

Ademais, o fato de a segunda coisa julgada prevalecer sobre a primeira é razão única da previsão legal de ação rescisória por ofensa à coisa julgada (art. 485, IV, do CPC), o que pressupõe decisão trânsita anterior. Marinoni e Arenhart, corroborando este entendimento, lecionam:

> A grande questão ocorre no conflito dessas coisas julgadas, após o esgotamento do prazo existente para o oferecimento da ação rescisória (de dois anos – cf. Art. 495 do CPC). Findo esse prazo, tem-se em tese duas coisas julgadas (possivelmente antagônicas) convivendo no mundo jurídico, o que certamente não é possível. Parece que, nesses casos, deve prevalecer a segunda coisa julgada em detrimento da primeira. Além de a primeira coisa julgada não ter sido invocada no processo que levou à edição da segunda, ela nem mesmo foi lembrada em tempo oportuno, permitindo o uso da ação rescisória e, assim, a desconstituição da coisa julgada formada posteriormente. É absurdo pensar que a coisa julgada, que poderia ser desconstituída até determinado momento, simplesmente desaparece quando a ação rescisória não é utilizada. Se fosse assim, não haveria razão para o art. 485, IV, e, portanto, para a propositura da ação rescisória, bastando esperar o escoamento do prazo estabelecido para seu uso. (*Processo de conhecimento*. 7. ed. rev. e atual. São Paulo: Revista dos Tribunais, 2008. p. 665)

Na doutrina alienígena, a conclusão não diverge. De início, citamos os ensinamentos de Chiovenda (*Principii di diritto processuale civile*. Napoli: Jovene, 1923. p. 900):

Quanto alla contrarietá della sentenza ad un precedente giudicato, per diritto romano era questo un caso di nullitá della sentenza, per cui il primo giudicato conservava il suo vigore. Nel nostro sistema la contrarietà dei giudicati può farsi valere come motivo di revocazione (quando uma sentenza non abbia pronunciato su questa eccezione, art. 494, n. 5) o come motivo di cassazione (quando pronunció sulla eccezione relativa, art. 517, n. 8): ma decorsi i termini senza che l'impugnativa sia proposta, questa nullità é sanata, onde il primo giudicato perde valore perchè il secondo giudicato implica negazione di ogni precedente giudicato contrario.

Igualmente entende Carnelutti (*Instituciones del proceso civil*. Buenos Aires: Europa-America, 1989. v. 1, p. 146):

> [N]o puede excluirse la hipótesis del conflicto entre cosas juzgadas. No hay necesidad de agregar que el tal conflicto debe resolverse bajo pena de hacer incurable la litis, lo cual no se puede obtener de otro modo que admitiendo la extinción de la eficacia de la primera decisión por efecto de la segunda.

Essas lições podem ser transpostas do campo do Direito Processual Civil para o Processo Penal, mas uma peculiaridade deve ser ressaltada. É que a conclusão pressupõe que ambas as decisões sejam imutáveis e irreversíveis — ou seja, ambas coisas soberanamente julgadas. Ocorre que no processo penal é aberta em caráter perene a via da Revisão Criminal para o réu. Uma condenação injusta pode ser rediscutida a qualquer tempo (art. 622 do CPP – "A revisão poderá ser requerida em qualquer tempo, antes da extinção da pena ou após"), e essa pode ser considerada uma garantia constitucional, implicitamente extraída do art. 5º, LXXV, ("o Estado indenizará o condenado por erro judiciário, assim como o que ficar preso além do tempo fixado na sentença") e do art. 102, I, *j*, da Carta Magna ("Compete ao Supremo Tribunal Federal, precipuamente, a guarda da Constituição, cabendo-lhe: I - processar e julgar, originariamente: j) a revisão criminal e a ação rescisória de seus julgados").

Sendo certo que a segunda decisão, *in casu*, deve prevalecer, tal não significa que a primeira é nula, como sustenta a impetração. Em verdade, operou-se a revogação do *decisum* anterior, pelo advento de norma concreta, não mais impugnável, em sentido distinto. Inobstante, o pedido mediato merece concessão, qual seja, a declaração da prevalência da segunda coisa julgada.

Ex positis, concedo a ordem de ofício para declarar revogada a condenação proferida no bojo da Ação Penal nº 2005.01.1.003315-4, que tramitou perante a 7ª Vara Criminal da Circunscrição Especial Judiciária de Brasília/DF, prevalecendo, portanto, a sentença prolatada na Ação Penal nº 2005.01.1.023628-0, da 6ª Vara Criminal da Circunscrição Especial Judiciária de Brasília/DF, devendo ser oficiada a Vara de Execuções Criminais do Distrito Federal para os registros cabíveis.

É como voto.

ADI nº 4.568 (Rel. Min. Cármen Lúcia)

A Deslegalização do Salário Mínimo e o Princípio Democrático

Guilherme Jales Sokal

A relevância teórica do voto proferido pelo Min. Luiz Fux na ADI nº 4.568/DF, cujo objeto consistia no exame da constitucionalidade da política de valorização do salário mínimo instituída pela Lei nº 12.381/11 para os anos de 2012 a 2015, transcende os limites específicos do caso apreciado. Versava a hipótese, com efeito, sobre a sistemática de fixação anual do valor do salário mínimo por Decreto, a ser editado pelo chefe do Poder Executivo observando as balizas objetivas definidas na referida Lei para o reajuste e a majoração do poder aquisitivo da garantia do trabalhador, reputada pelos autores da ação direta como violadora da exigência de lei formal para a disciplina do art. 7º, IV, da Constituição. No entanto, o que se extrai do substancioso voto do Min. Fux é, mais do que a resolução da controvérsia, uma abrangente leitura sobre a concepção atual dos princípios constitucionais da legalidade e da democracia, com enfoque no fenômeno teórico da *deslegalização*.

De início, o voto delimita com precisão os contornos do regime jurídico da Lei nº 12.381/11, minudente ao predefinir os índices que deverão ser aplicados pelo Poder Executivo a cada ano (art. 2º, §§1º a 5º) sobre o valor base do salário mínimo fixado no art. 1º do Diploma. Em última análise, o que resulta da sistemática ali prevista é, como afirma o voto, uma margem de apreciação "bastante diminuta" do Poder Executivo, apenas conferindo publicidade e uniformidade ao resultado da aplicação dos fatores já eleitos pelo legislador.

A delimitação do caso concreto, porém, não impede que o voto alcance uma profundidade ímpar ao fixar as premissas mais gerais acerca da denominada *crise da lei formal* nas democracias contemporâneas. Na medida em que o Parlamento não consegue mais apreender e expressar com a necessária agilidade os mais variados anseios sociais em temas de profunda complexidade, constata-se, na feliz expressão do Min. Fux, a progressiva criação de um "espaço normativo virtuoso do Poder Executivo", conclamado a atuar no desenvolvimento em abstrato dos comandos da Lei com amparo no conhecimento técnico inerente à burocracia administrativa, e apto a responder prontamente a novos desafios dada a inaplicabilidade dos ritos e formas do processo legislativo. É sob este pano de fundo que se define, em passagem posterior, o fenômeno da *deslegalização*, devidamente pertinente à hipótese da Lei nº 12.381/11 por ter se operado o rebaixamento da espécie normativa à qual caberá a veiculação do valor do salário mínimo anualmente — *i.e.*, da Lei em sentido formal para o Decreto.

No que se pode reputar como o epicentro axiológico do voto, parte-se logo a seguir para a difícil conciliação entre a deslegalização e o princípio democrático, que, por certo, não se compatibilizaria com o esvaziamento puro e simples, ainda que voluntário, das funções constitucionais do Poder Legislativo. Com a maestria habitual, e traçando o paralelo com os domínios do direito penal, tributário e processual, assenta o Min. Fux que a habilitação normativa do Poder Executivo deve necessariamente ser acompanhada da fixação de parâmetros inteligíveis pelo legislador (*intelligible principle doctrine*), assim estabelecendo diretrizes políticas mínimas na matéria como expressão das múltiplas vozes que ecoam da sociedade. Fala-se, desta forma, e com amparo em conceitos hauridos de reflexões da moderna teoria constitucional, na "criação de um diálogo institucional que busca colher frutos das virtudes dos dois Poderes Políticos: a representatividade plural do Parlamento, para delinear as diretrizes da política pública no setor, com o conhecimento técnico e o dinamismo do Poder Executivo, a quem caberá implementar e concretizar as diretrizes da Lei à luz da apuração dos elementos de fato a que ela faz alusão". Este teste de validade de toda e qualquer deslegalização, muito embora facilmente satisfeito pelo teor da própria Lei nº 12.381/11, há de guiar os casos que suscitem a mesma ordem de questionamento, na linha da jurisprudência já firmada pela Suprema Corte dos EUA, como sabiamente exposto no voto.

No curso dos debates na Corte, foi suscitado ponto de especial repercussão, que diz respeito à denominada *reserva de Parlamento*, inconfundível com a mera reserva de lei. Questionou-se, com efeito, quanto à validade de o Congresso Nacional simplesmente se demitir do ônus político de fixação do valor do salário mínimo anualmente, e isso por todo o período de vigência da sistemática instituída pela Lei, que abarcará até mesmo parcela do mandato da nova legislatura a ser empossada após as eleições de 2014. Mas, com a devida vênia, o argumento não procede. É que, como demonstrado pelo voto do Min. Fux, a vigência da Lei nº 12.381/11 guarda estrita sintonia com as regras pertinentes ao plano plurianual, que também estende sua eficácia para além da legislatura em que editado. O elemento comum aos dois atos consiste na elevação de determinados conteúdos normativos à condição de *política de Estado*, que necessariamente transcende as políticas ocasionais de governo, como corolário do indispensável planejamento público. E sequer cabe falar em qualquer forma de ditadura da legislatura atual sobre a futura, porquanto aberta, a qualquer tempo, a via da mera revogação da Lei pelo Parlamento, pondo assim fim à deslegalização da matéria e retomando-a à sua alçada.

Por fim, explicita-se ainda a distinção de natureza entre, de um lado, o ato normativo editado pelo Executivo com amparo na lei habilitante e, de outro, a lei delegada, disciplinada pelo art. 68, *caput* e parágrafos da Constituição. Ao ressaltar que à Lei nº 12.381/11 não eram aplicáveis os requisitos formais da lei delegada, o voto assenta que, enquanto esta última se reveste da condição de ato normativo de natureza primária, o Decreto reclamado pelo art. 3º da Lei e guiado pelas balizas dos §§1º a 5º do art. 2º ostenta a natureza de ato normativo secundário, de modo que não cabe falar em qualquer modo de intercâmbio entre as referidas figuras.

Como se vê, o voto do Min. Fux oxigeniza a jurisprudência da Suprema Corte com balizas seguras acerca das exigências constitucionais para que o fenômeno da *deslegalização* seja posto em prática de modo válido, fruto da necessária contextualização do princípio democrático nos ditames de complexidade e brevidade reclamados pela sociedade contemporânea.

ADI nº 4.568 (Rel. Min. Cármen Lúcia)

Voto

Ação direta de inconstitucionalidade. Constitucional e administrativo. Direito do trabalho. Garantia fundamental do salário mínimo (CF, art. 7, IV). Lei nº 12.381/11. Fixação do valor do salário mínimo para o ano de 2011. Diretrizes para a política de valorização do salário mínimo para o período de 2012 a 2015. Sistemática de reajuste e majoração do poder aquisitivo. Art. 3º do diploma. Fenômeno da deslegalização. Decreto do poder executivo ao qual competirá consolidar a aplicação dos índices previstos na lei. Constitucionalidade. Princípios da legalidade (CF, art. 5º, II, e 37, *caput*) e da separação de poderes (CF, art. 2º). Contexto de "crise da lei formal". Diálogo institucional entre os poderes legislativo e executivo. Função legislativa desempenhada através da fixação de diretrizes para as políticas públicas setoriais. Espaço normativo virtuoso do poder executivo no desenvolvimento e na concretização do conteúdo da lei. Conhecimento técnico e dinamismo na resposta aos novos desafios revelados pela sociedade contemporânea. Habilitação normativa do poder executivo. Risco de delegação em branco. Princípio democrático. Dever de fixação, em lei, de parâmetros de conteúdo que limitem a atuação do Poder Executivo (*intelligible principle doctrine*). Precedentes do Supremo Tribunal Federal relativos ao domínio tributário, penal e administrativo. Sistemática da lei que se volta a promover a efetividade da garantia fundamental do trabalhador. Periodicidade similar à do plano plurianual (CF, art. 165, §1º, c/c ART. 35, §2º, I, do ADCT). Elevação da valorização do salário mínimo como política de estado. Inocorrência de silenciamento do poder legislativo. Possibilidade de que, a qualquer tempo, sobrevenha novo diploma revogando a deslegalização operada pela Lei nº 12.382/11. Inexistência de violação ao regime constitucional para a edição de lei delegada (CF, art. 68, *caput* e parágrafos). Decreto do Poder Executivo que, na sistemática da Lei nº 12.381/11, caracteriza ato normativo de natureza secundária, diversamente do que se passa com a lei delegada. Improcedência do pedido.

O Senhor Ministro Luiz Fux: A argumentação da inicial gravita em torno da concepção do princípio da legalidade (CF, art. 5º, II, e 37, *caput*) e da separação de poderes (CF, art. 2º) no Estado Democrático de Direito contemporâneo. Com a devida vênia, porém, a verdade é que a compreensão clássica manifestada pelos autores não se ajusta com exatidão aos desafios colocados pela vida em sociedade nos dias atuais, marcada pela velocidade e pelo dinamismo, e já distante do passado oitocentista.

De início, é imprescindível fixar desde logo a premissa quanto à sistemática do ato normativo ora impugnado. É que a Lei nº 12.382/11, em seu art. 1º, inicialmente definiu o valor mensal do salário mínimo para R$545,00, estabelecendo, no parágrafo único do dispositivo, o respectivo valor diário e horário. Logo a seguir, cuidou a lei de inovar no campo da proteção do trabalhador, prevendo "diretrizes para a política de valorização do salário mínimo a vigorar entre 2012 e 2015, inclusive, a serem aplicadas em 1º de janeiro do respectivo ano" (art. 2º). Para tanto, definiu (i) critérios de reajuste anual do salário mínimo, visando a preservar seu poder aquisitivo, e (ii) parâmetros para a majoração real de seu valor, nos termos dos parágrafos 1º a 5º do art. 2º da Lei.

Nos citados parágrafos é fixada, em primeiro lugar, a diretriz para que o reajuste do salário mínimo corresponda "à variação do Índice Nacional de Preços ao Consumidor – INPC, calculado e divulgado pela Fundação Instituto Brasileiro de Geografia e Estatística – IBGE, acumulada nos doze meses anteriores ao mês do reajuste". Apenas na hipótese de não divulgação do referido índice "referente a um ou mais meses compreendidos no período do cálculo até o último dia útil imediatamente anterior à vigência do reajuste" é que "o Poder Executivo estimará os índices dos meses não disponíveis" (§2º), caso em que "os índices estimados permanecerão válidos para os fins desta Lei, sem qualquer revisão, sendo os eventuais resíduos compensados no reajuste subsequente, sem retroatividade" (§3º). De outro lado, o *aumento real* do valor do salário mínimo é definido levando em conta o "percentual equivalente à taxa de crescimento real do PIB", aplicando-se ao ano de 2012 o PIB apurado para o ano de 2010, para o ano de 2013, o de 2011, e assim até o ano de 2015, quando, então, de acordo com o art. 4º da Lei ora impugnada, "o Poder Executivo encaminhará ao Congresso Nacional projeto de lei dispondo sobre a política de valorização do salário mínimo para o período compreendido entre 2016 e 2019, inclusive".

Dentro desse sistema, teleologicamente orientado a assegurar a efetividade do art. 7º, IV, da Constituição, o papel a ser desempenhado pelo Chefe do Poder Executivo é, na realidade, *bastante diminuto*. Cabe a ele, pela edição de Decreto, apenas estabelecer "os reajustes e aumentos fixados na forma do art. 2º" (art. 3º), sendo que tal Decreto "divulgará a cada ano os valores mensal, diário e horário do salário mínimo decorrentes do disposto neste artigo, correspondendo o valor diário a um trinta avos e o valor horário a um duzentos e vinte avos do valor mensal" (art. 3º, parágrafo único). Em outras palavras, o Decreto do Poder Executivo apenas aplicará, de modo absolutamente vinculado à lei, os critérios já previamente delineados pelo Legislador para viabilizar "a política de valorização do salário mínimo a vigorar entre

2012 e 2015" (art. 2º, *caput*). E tais critérios, deve-se ressaltar, são objetivamente colhidos de instituição de inegável renome no cenário estatístico nacional (IBGE), de forma que caberá ao Poder Executivo, em última análise, apenas conferir publicidade à aplicação conjugada dos índices sobre o valor do salário mínimo, originalmente definido em R$545,00 pelo art. 1º da Lei nº 12.382/11.

Como ressalta a doutrina, a evolução das relações sociais no último quarto do Século XX revelou a chamada "crise da Lei". Tal fenômeno se caracteriza, dentre outros aspectos, pela manifesta incapacidade de o Poder Legislativo acompanhar tempestivamente a mudança e a complexidade que atingiram os mais variados domínios do direito. Por conta disso, muitas vezes apela o Legislador para a previsão de princípios e de regras contendo conceitos jurídicos indeterminados, de modo a deferir substancial parcela de poder decisório ao aplicador diante do caso concreto. Este mesmo fenômeno tem conduzido, em variados campos do direito público, à atuação de *entidades reguladoras independentes*, cuja aptidão técnica lhes permite desenvolver o conteúdo das regras gerais e abstratas editadas pelo Legislativo com atenção às particularidades e especificidades do domínio regulado, com a possibilidade de resposta ágil diante da evolução da matéria provocada por novos desafios tecnológicos. Em outras palavras, a crise da Lei tem conduzido ao reconhecimento de um *espaço normativo virtuoso* do Poder Executivo, que passa a dialogar com o Poder Legislativo no desenvolvimento das políticas públicas setoriais, e cujas maiores vantagens residem (i) no conhecimento técnico inerente à burocracia administrativa e (ii) na possibilidade de pronta resposta aos novos desafios não previstos, mormente quando comparado com as formalidades que cercam o devido processo legislativo previsto na Constituição Federal (BAPTISTA, Patrícia. *Transformações do direito administrativo*. Rio de Janeiro: Renovar, 2003. p. 99-103; e BINENBOJM, Gustavo. *Uma teoria do direito administrativo*: direitos fundamentais, democracia e constitucionalização. Rio de Janeiro: Renovar, 2006. p. 125-137).

Se, por certo, não se pode mais ignorar a possibilidade de que o Legislador *habilite* formalmente o Executivo a desenvolver o conteúdo normativo da Lei, nem por isso deve-se rejeitar qualquer perspectiva crítica do fenômeno à luz do princípio democrático. É que, como ressalta a doutrina, a habilitação do Executivo não pode configurar uma *renúncia* do Poder Legislativo quanto à sua competência para expressar a vontade geral do povo, devendo, ao contrário, ser fixada invariavelmente acompanhada de *standards* de conteúdo, de diretrizes políticas que limitem a atuação da Administração Pública a fim de que a norma habilitante não corresponda a um "cheque em branco". Nesse sentido é que a jurisprudência da Suprema Corte norte-americana já estabeleceu a denominada *intelligible principle doctrine*, considerando inconstitucionais as delegações operadas por Lei sem a previsão de parâmetros claros que direcionem a atuação normativa do Executivo, conforme destacam MENDES, Gilmar Ferreira. *Curso de direito constitucional*. São Paulo: Saraiva, 2011. p. 946

et seq.; BARROSO, Luís Roberto. Regime jurídico da Petrobras, delegação legislativa e poder regulamentar: validade constitucional do procedimento licitatório simplificado instituído pelo Decreto nº 2.745/98. *In*: BARROSO, Luís Roberto. *Temas de direito constitucional*. Rio de Janeiro: Renovar, 2009. t. IV, p. 310; e, por fim, ARAGÃO, Alexandre Santos de. *Direito dos serviços públicos*. Rio de Janeiro: Forense, 2008. p. 330-331, que, sobre o ponto, afirma:

> Nos EUA, onde também havia forte setor doutrinário e jurisprudencial no sentido de que as leis com tal (baixa) densidade normativa seriam inconstitucionais por constituírem delegações de poderes legislativos, a Suprema Corte, apesar de ainda haver reações de alguns autores e de algumas Cortes estaduais, acabou se firmando, como expõe John H. Reese, no sentido de "ser proibida apenas a transferência ilimitada de poderes. Normalmente, a transferência limitada advém da linguagem utilizada na lei autorizando a Administração a editar normas apropriadas para cumprir as finalidades assinaladas na lei. A transferência de poderes normativos também pode estar implícita na linguagem legislativa, ainda que não haja atribuição normativa expressa". William F. Funk explica: "o Congresso legisla e a Administração executa as leis; para que a Administração execute as leis, estas leis devem conter um princípio claro (*intelligible principle*) para guiar a Administração, já que, do contrário, a Administração estaria legislando por conta própria. Recentemente, a Suprema Corte teve a oportunidade de reafirmar a sua posição no caso *Whitman v. American Association Inc.*, em que, apesar da posição adotada pelo Tribunal recorrido pela inconstitucionalidade da lei atributiva de largos poderes normativos, considerou constitucional disposição legal que atribuiu poder normativo para 'estabelecer padrões de qualidade do ar, cuja observância seja necessária para proteger a saúde pública'. A Corte Federal recorrida havia decidido que a lei não continha um *intelligible principle* porque dela não se poderia deduzir as quantidades de poluentes que seriam aceitáveis. A Suprema Corte, contudo, entendeu, com base em diversos precedentes análogos, que do termo "saúde pública" decorria um princípio suficientemente claro (*'public health' provided a sufficiently intelligible principle*)".

Em linha similar firmou-se a jurisprudência deste Supremo Tribunal Federal, reconhecendo a possibilidade, mesmo no campo do direito tributário e do direito penal, de que a lei formal não esgotasse minuciosamente o conteúdo dos comandos normativos, de forma a chancelar a validade de atos infralegais que desenvolvessem o respectivo teor. Rejeitou-se, por exemplo, o vício de inconstitucionalidade no que concerne às leis que disciplinam o Salário-Educação (RE nº 269.700, Rel. Min. Marco Aurélio, Rel. p/ Acórdão Min. Ilmar Galvão, Tribunal Pleno, julg. 17.10.2001, *DJ*, 23 maio 2003) e o Seguro de Acidente de Trabalho (RE nº 343.446, Rel. Min. Carlos Velloso, Tribunal Pleno, julg. 20.3.2003, *DJ*, 4 abr. 2003), bem como chancelou-se a validade das denominadas normas penais em branco (*v.g.*, HC nº 90.779, Rel. Min. Carlos Britto, 1ª Turma, julg. 17.6.2008, *DJe*, 24 out. 2008). No direito administrativo, esta Suprema Corte igualmente reconheceu a possibilidade de que as agências reguladoras editassem atos normativos secundários observando os parâmetros substanciais da lei de regência, na linha do *leading case* proferido com relação à Lei da ANATEL (ADI nº 1.668-MC, Rel. Min. Marco Aurélio, Tribunal Pleno, julg. 20.8.1998, *DJ*, 16 abr. 2004). Também no campo do direito processual civil a doutrina mais atual tem reconhecido a validade de tal prática, como aponta em recente obra acadêmica SOKAL, Guilherme Jales. *O procedimento recursal e as garantias fundamentais do processo*: a colegialidade no julgamento da apelação. Dissertação (Mestrado em Direito Processual) – Faculdade de Direito, Universidade do Estado do Rio de Janeiro 2011. f. 131 *et seq.*, no que concerne à atribuição, por lei, de poder normativo infralegal às disposições dos Regimentos Internos dos Tribunais.

E, se isso é verdade com relação aos domínios do direito penal, do direito tributário e do direito administrativo, no qual o princípio da legalidade sempre foi tido como uma garantia do cidadão em face do Estado, não há motivo para entender diferente com relação ao direito material do trabalho, mormente quando a habilitação normativa do Executivo é instituída de forma a *reforçar o valor de uma garantia do trabalhador*, atendendo à teleologia da parte final do art. 7º, IV, da CF, ao prever que o regime do salário mínimo deve compreender "reajustes periódicos que lhe preservem o poder aquisitivo".

Ora, no caso presente, é manifestamente descabido argumentar que a Lei impugnada não teria estabelecido parâmetros inteligíveis para a atuação do Poder Executivo. Muito pelo contrário, o que se infere da Lei nº 12.382/11 é justamente a fixação praticamente exauriente, fechada, exaustiva do modo como deverá ocorrer o reajuste e a majoração do valor real do salário mínimo, segundo um planejamento de longo prazo que guarda estrita analogia com a periodicidade do plano plurianual na seara do direito financeiro (CF, art. 165, §1º, c/c art. 35, §2º, I, do ADCT), isto é, com duração de quatro anos de forma a inclusive abarcar parcialmente a legislatura seguinte, em típico exemplo de *política de Estado*, e não meramente de *governo*. Estabelece a Lei nº 12.382/11, assim, primeiramente um índice predefinido para o reajuste, tutelando o trabalhador contra a inflação, para, na sequência, atrelar a majoração real do valor ao desenvolvimento macro da economia do país, revelada pelo PIB, em sistemática inteiramente pautada pelo postulado da *razoabilidade entre meios e fins*.

Não houve, portanto, renúncia por parte do Legislativo quanto à sua competência normativa, mas sim a criação de um *diálogo institucional* que busca colher frutos das virtudes dos dois Poderes Políticos: a representatividade plural do Parlamento, para delinear as diretrizes da política pública no setor, com o conhecimento técnico e o dinamismo do Poder Executivo, a quem caberá implementar e concretizar as diretrizes da Lei à luz da apuração dos elementos de fato a que ela faz alusão. Em última análise, o que se pretende é preservar o *status* constitucional da garantia do salário mínimo, cuja relevância restou proclamada por este Supremo Tribunal Federal no julgamento das ADI nº 1.439/DF e nº 1.458, *verbis*:

Desrespeito à Constituição – Modalidades de comportamentos inconstitucionais do Poder Público. – O desrespeito à Constituição tanto pode ocorrer mediante ação estatal quanto mediante inércia governamental. A situação de inconstitucionalidade pode derivar de um comportamento ativo do Poder Público, que age ou edita normas em desacordo com o que dispõe a Constituição, ofendendo-lhe, assim, os preceitos e os princípios que nela se acham consignados. Essa conduta estatal, que importa em um *facere* (atuação positiva), gera a inconstitucionalidade por ação. – Se o Estado deixar de adotar as medidas necessárias à realização concreta dos preceitos da Constituição, em ordem a torná-los efetivos, operantes e exequíveis, abstendo-se, em consequência, de cumprir o dever de prestação que a Constituição lhe impôs, incidirá em violação negativa do texto constitucional. Desse *non facere* ou *non praestare*, resultará a inconstitucionalidade por omissão, que pode ser total, quando é nenhuma a providência adotada, ou parcial, quando é insuficiente a medida efetivada pelo Poder Público. Salário mínimo – Satisfação das necessidades vitais básicas – Garantia de preservação de seu poder aquisitivo. – A cláusula constitucional inscrita no art. 7º, IV, da Carta Política — para além da proclamação da garantia social do salário mínimo — consubstancia verdadeira imposição legiferante, que, dirigida ao Poder Público, tem por finalidade vinculá-lo à efetivação de uma prestação positiva destinada (a) a satisfazer as necessidades essenciais do trabalhador e de sua família e (b) a preservar, mediante reajustes periódicos, o valor intrínseco dessa remuneração básica, conservando-lhe o poder aquisitivo. — O legislador constituinte brasileiro delineou, no preceito consubstanciado no art. 7º, IV, da Carta Política, um nítido programa social destinado a ser desenvolvido pelo Estado, mediante atividade legislativa vinculada. Ao dever de legislar imposto ao Poder Público — e de legislar com estrita observância dos parâmetros constitucionais de índole jurídico-social e de caráter econômico-financeiro (CF, art. 7º, IV) —, corresponde o direito público subjetivo do trabalhador a uma legislação que lhe assegure, efetivamente, as necessidades vitais básicas individuais e familiares e que lhe garanta a revisão periódica do valor salarial mínimo, em ordem a preservar, em caráter permanente, o poder aquisitivo desse piso remuneratório. Salário mínimo – Valor insuficiente – Situação de inconstitucionalidade por omissão parcial. – A insuficiência do valor correspondente ao salário mínimo, definido em importância que se revele incapaz de atender as necessidades vitais básicas do trabalhador e dos membros de sua família, configura um claro descumprimento, ainda que parcial, da Constituição da República, pois o legislador, em tal hipótese, longe de atuar como o sujeito concretizante do postulado constitucional que garante à classe trabalhadora um piso geral de remuneração (CF, art. 7º, IV), estará realizando, de modo imperfeito, o programa social assumido pelo Estado na ordem jurídica. – A omissão do Estado — que deixa de cumprir, em maior ou em menor extensão, a imposição ditada pelo texto constitucional — qualifica-se como comportamento revestido da maior gravidade político-jurídica, eis que, mediante inércia, o Poder Público também desrespeita a Constituição, também ofende direitos que nela se fundam e também impede, por ausência de medidas concretizadoras, a própria aplicabilidade dos postulados e princípios da Lei Fundamental. – As situações configuradoras de omissão inconstitucional — ainda que se cuide de omissão parcial, derivada da insuficiente concretização, pelo Poder Público, do conteúdo material da norma impositiva fundada na Carta Política, de que é destinatário — refletem comportamento estatal que deve ser repelido, pois a inércia do Estado qualifica-se, perigosamente, como um dos processos informais de mudança da Constituição, expondo-se, por isso mesmo, à censura do Poder Judiciário. Inconstitucionalidade por omissão – Descabimento de Medida Cautelar. – A jurisprudência do Supremo

Tribunal Federal firmou-se no sentido de proclamar incabível a medida liminar nos casos de ação direta de inconstitucionalidade por omissão (RTJ nº 133/569, Rel. Min. Marco Aurélio; ADI nº 267/DF, Rel. Min. Celso de Mello), eis que não se pode pretender que mero provimento cautelar antecipe efeitos positivos inalcançáveis pela própria decisão final emanada do STF. – A procedência da ação direta de inconstitucionalidade por omissão, importando em reconhecimento judicial do estado de inércia do Poder Público, confere ao Supremo Tribunal Federal, unicamente, o poder de cientificar o legislador inadimplente, para que este adote as medidas necessárias à concretização do texto constitucional. – Não assiste ao Supremo Tribunal Federal, contudo, em face dos próprios limites fixados pela Carta Política em tema de inconstitucionalidade por omissão (CF, art. 103, §2º), a prerrogativa de expedir provimentos normativos com o objetivo de suprir a inatividade do órgão legislativo inadimplente. Impossibilidade de conversão da Ação Direta de Inconstitucionalidade, por violação positiva da Constituição, em ação de inconstitucionalidade por omissão (violação negativa da Constituição). – A jurisprudência do Supremo Tribunal Federal, fundada nas múltiplas distinções que se registram entre o controle abstrato por ação e a fiscalização concentrada por omissão, firmou-se no sentido de não considerar admissível a possibilidade de conversão da ação direta de inconstitucionalidade, por violação positiva da Constituição, em ação de inconstitucionalidade por omissão, decorrente da violação negativa do texto constitucional. (ADI nº 1.439-MC, Rel. Min. Celso de Mello, Tribunal Pleno, julg. 22.5.1996, *DJ*, 30 maio 2003)

Cabe fazer, neste passo, uma nota conceitual. É que, muito embora o campo de liberdade de conformação do Executivo, segundo a Lei em pauta, seja manifestamente reduzido, nem por isso se pode afirmar que a hipótese não se amoldaria ao fenômeno da *deslegalização*, estudada com maestria pelos Professores do Direito Administrativo. Com efeito, consiste a *deslegalização* "na retirada, pelo próprio legislador, de certas matérias, do domínio da lei (*domaine de la loi*) passando-as ao domínio do regulamento (*domaine de l'ordonnance*)" (MOREIRA NETO, Diogo de Figueiredo. Agências reguladoras. *In*: MOREIRA NETO, Diogo de Figueiredo. *Mutações do direito administrativo*. Rio de Janeiro: Renovar, 2007. p. 218). Ora, é justamente disso que se trata *in casu*, porquanto, inicialmente, a Lei define em seu art. 1º o valor do salário mínimo com referência ao ano de 2011, que deverá, nos anos subsequentes, ter-se por *revogado* conforme sejam editados os Decretos consolidando o novo valor à luz dos índices definidos nos §§1º a 5º do art. 2º. Em outros termos, após a previsão em lei, nos anos subsequentes a previsão do salário mínimo constará de Decreto, ainda que, para tanto, tenham de ser estritamente observados os critérios definidos pela própria lei, substituindo *in totum* o conteúdo normativo do art. 1º da Lei. Assim, a maior ou menor margem de atuação do Poder Executivo não descaracteriza o rebaixamento do *status* normativo da matéria, justamente o que configura o fenômeno da *deslegalização*, que, como visto acima, é válida desde que operada com o estabelecimento de parâmetros inteligíveis, em prestígio ao princípio democrático.

Por fim, dois últimos argumentos devem ser enfrentados, e *rejeitados*. Não é correto afirmar, como faz a inicial, que a sistemática da Lei concederia *exclusividade* ao Poder Executivo para a fixação do valor do salário mínimo, supostamente conduzindo à conclusão de que "o Congresso Nacional não poderá se manifestar sobre o valor do salário mínimo entre os anos de 2012 a 2015". Ora, se a habilitação do Poder Executivo para estabelecer o valor do salário mínio *encontra sede na Lei*, como é próprio do fenômeno da *deslegalização*, simplesmente não há nada que impeça ou obstaculize que o próprio Poder Legislativo, se assim o desejar, revogue *in totum* a sistemática prevista na Lei nº 12.382/11 em um futuro próximo, ou mesmo que a derrogue parcialmente, na hipótese, por exemplo, de entender por oportuna a fixação do valor do salário mínimo em Lei formal para o ano de 2013. Em outras palavras, se é a Lei que ampara o poder normativo do Executivo, também a Lei poderá suprimir ou mitigar tais poderes, de modo que não cabe falar em qualquer forma de *silenciamento* do Poder Legislativo.

De outro lado, também não encontra respaldo o argumento de que a hipótese reclamaria a edição de lei delegada, observando-se as regras previstas no art. 68, *caput* e parágrafos, da Constituição Federal. A rigor, as leis delegadas atuam em verdadeira substituição à lei formal, como *ato normativo de natureza primária*, ainda que sujeito a controle, pelo Congresso, quanto ao respeito aos limites do ato de delegação (FERREIRA FILHO, Manoel Gonçalves. *Do processo legislativo*. São Paulo: Saraiva, 2002. p. 231). *In casu*, ao contrário, e como já visto, a decisão política sobre a fixação das diretrizes da atuação do Executivo já é definida por lei em sentido formal e material, que é a lei habilitante, de modo que o ato editado pelo Poder Executivo é infralegal, porquanto necessariamente pautado pelos critérios fixados na Lei nº 12.382/11. Em outros termos, enquanto a lei delegada é ato normativo primário, o Decreto do Poder Executivo na hipótese de *deslegalização* é de natureza secundária, com fundamento imediato na lei ordinária habilitante.

Ex *positis*, julgo improcedente o pedido formulado na presente Ação Direta de Inconstitucionalidade, acompanhando integralmente o voto proferido pela eminente Ministra Relatora.

É como voto.

ADC nº 29 – ADC nº 30 – ADI nº 4.578
(Rel. Min. Luiz Fux)

A Constitucionalidade Parcial das Hipóteses de Inelegibilidade Introduzidas pela "Lei da Ficha Limpa" (Lei Complementar nº 135/10)

Felipe Derbli

Trata-se de julgamento emblemático. O Min. Luiz Fux, Relator das ações, votou no sentido da constitucionalidade parcial das hipóteses de inelegibilidades inseridas na Lei Complementar nº 64/90 pela Lei Complementar nº 135/10 (a "Lei da Ficha Limpa"). Posteriormente, votou o Min. Joaquim Barbosa no sentido da plena constitucionalidade das mesmas disposições legais, ocasião em que o Min. Luiz Fux apresentou pequena modificação em seu voto[1] e um esclarecimento quanto à eficácia temporal da lei, que não atingiria as candidaturas para as eleições ocorridas em 2010 e seus respectivos resultados. Votaram os demais Ministros da seguinte forma: pela constitucionalidade in totum da lei, pronunciaram-se os Ministros Rosa Weber, Cármen Lúcia, Ricardo Lewandowski, Ayres Britto e Marco Aurélio; no sentido da inconstitucionalidade da lei, manifestaram-se os Ministros Dias Toffoli, Gilmar Mendes, Celso de Mello e Cezar Peluso (Presidente). Entre os votos da tese vencedora, no entanto, houve pequena divergência, que merecerá anotações mais adiante.

O primeiro comentário importante diz respeito à concepção da *presunção de inocência* (art. 5º, LVII, da Constituição Federal) como uma *regra* e não como um *princípio*. Adotou-se a distinção tal como proposta por Humberto Ávila, para quem as *regras* são normas imediatamente descritivas, que cuidam de estabelecer a conduta a ser adotada por seus destinatários, ao passo que

---

[1] V. *infra*.

os *princípios* são normas de conteúdo imediatamente finalístico, tratando da definição de um estado ideal de coisas a ser perseguido.[2]

Nessa linha de raciocínio, concluiu o Min. Luiz Fux que a dicção "ninguém será considerado culpado até o trânsito em julgado da sentença penal condenatória" não possui conteúdo *imediatamente* finalístico, antes prevendo uma conduta a ser seguida por diversos destinatários mas, em especial, o juiz, ao qual é vedado estatuir encargos em desfavor do acusado no processo penal que sejam próprios ou antecipatórios de uma condenação definitiva.

Ter-se a presunção de inocência como uma regra, à luz da doutrina contemporânea, significa dizer que o constituinte optou por um modelo taxativo, reduzindo as possibilidades de ponderação com outros princípios, bens ou valores — ou, quando menos, elevando consideravelmente a exigência de esforço argumentativo para que se realize essa ponderação, caso se admita a ponderabilidade das regras.[3] Isso significa, evidentemente, *maior proteção ao acusado*, na medida em que o afastamento da presunção de inocência será excepcional e sua justificação demandará argumentos mais robustos. E não convence a alegação de que seria necessário reconhecer-lhe conteúdo principiológico para que fins de distribuição do ônus da prova no processo penal: é admitir que o legislador também é destinatário da regra do art. 5º, LVII, da Constituição da República, que lhe proíbe editar normas que imponham ao acusado a prova de sua inocência, cabendo à acusação provar a prática do crime.[4]

Por outro lado, entendeu o Min. Luiz Fux que o âmbito de aplicação da regra, decerto mais determinável, não poderia comportar interpretação de resultado extensivo, a espraiar seus domínios para além do campo do Direito Processual Penal, sob pena de ferir o elemento sistemático da interpretação e esvaziar o art. 14, §9º, da Carta Magna, naquilo que admite a consideração da *vida pregressa* do candidato para fins de determinação legal das hipóteses de inelegibilidade.

Outro ponto digno de nota é a relação que o Min. Luiz Fux vislumbrou entre a atuação da magistratura e a opinião pública. A abordagem do tema foi corajosa, na medida em que admitiu que a jurisdição constitucional também busca a sua legitimidade democrática na aceitação de suas decisões pela sociedade civil, sem que isso importe a perda de sua independência. Reconhecendo-se como uma instância de *poder estatal*, o Poder Judiciário e,

---

[2] ÁVILA, Humberto. *Teoria dos princípios*: da definição à aplicação dos princípios jurídicos. 4. ed. 2. tiragem. São Paulo: Malheiros, 2005. p. 63.

[3] Como faz ÁVILA, *op. cit., passim*, registrando, no entanto, que a justificação exigida para a ponderação ou superação de regras é consideravelmente maior do que aquela exigida para os princípios. Em sentido relativamente diverso, restringindo a ponderação aos princípios (mas restringindo a compreensão do termo *ponderação* à técnica de solução de conflitos normativos), v. BARCELLOS, Ana Paula de. *Ponderação, racionalidade e atividade jurisdicional*. Rio de Janeiro: Renovar, 2005.

[4] O que supera, com alguma simplicidade, a, *d.m.v.*, confusa e ressentida crítica de Lenio Luiz Streck (Ministro equivoca-se ao definir presunção de inocência. *Consultor Jurídico*, 17 out. 2011. Disponível em: <http://www.conjur.com.br/2011-nov-17/ministro-fux-presuncao-inocencia-regra-nao-principio>. Acesso em: 13 jan. 2012).

em especial, o STF, pela relevância de sua função de Corte Constitucional, não pode pairar olimpicamente sobre a sociedade, a ela insensível. É meritória, no voto em apreço, a verdade da percepção de que o Poder Judiciário e a sociedade interferem reciprocamente um no outro e que isso não apenas é inevitável, como é até mesmo desejável à luz do princípio democrático.

É o que felizmente descreve, em outras palavras, o eminente professor Luís Roberto Barroso, na seguinte passagem:

> O poder de juízes e tribunais, como todo poder político em um Estado democrático, é representativo. Vale dizer: é exercido em nome do povo e deve contas à sociedade. Embora tal assertiva seja razoavelmente óbvia, do ponto de vista da teoria democrática, a verdade é que a percepção concreta desse fenômeno é relativamente recente. O distanciamento em relação ao cidadão comum, à opinião pública e aos meios de comunicação fazia parte da autocompreensão do Judiciário e era tido como virtude. O quadro, hoje, é totalmente diverso. De fato, a legitimidade democrática do Judiciário, sobretudo quando interpreta a Constituição, está associada à sua capacidade de corresponder ao sentimento social. Cortes constitucionais, como os tribunais em geral, não podem prescindir do respeito, da adesão e da aceitação da sociedade. A autoridade para fazer valer a Constituição, como qualquer autoridade que não repouse na força, depende da confiança dos cidadãos. Se os tribunais interpretarem a Constituição em termos que divirjam significativamente do sentimento social, a sociedade encontrará mecanismos de transmitir suas objeções e, no limite, resistirá ao cumprimento da decisão.[5] (...)
>
> Todavia, existe nesse domínio uma fina sutileza. Embora deva ser transparente e prestar contas à sociedade, o Judiciário não pode ser escravo da opinião pública. Muitas vezes, a decisão correta e justa não é a mais popular. Nessas horas, juízes e tribunais não devem hesitar em desempenhar um papel contramajoritário. O populismo judicial é tão pernicioso à democracia como o populismo em geral. Em suma: no constitucionalismo democrático, o exercício do poder envolve a interação entre as cortes judiciais e o sentimento social, manifestado por via da opinião pública ou das instâncias representativas. A participação e o engajamento popular influenciam e legitimam as decisões judiciais, e é bom que seja assim. Dentro de limites, naturalmente. O mérito de uma decisão judicial não deve ser aferido em pesquisa de opinião pública. Mas isso não diminui a importância de o Judiciário, no conjunto de sua atuação, ser compreendido, respeitado e acatado pela população. A opinião pública é *um* fator extrajurídico relevante no processo de tomada de decisões por juízes e tribunais. Mas não é o único e, mais que isso, nem sempre é singela a tarefa de captá-la com fidelidade.[6]

Em seu voto, o Min. Luiz Fux registrou o desagrado da sociedade, manifestado por suas entidades representativas, com a jurisprudência firmada pela Corte relativamente ao tema das inelegibilidades — em particular, quanto ao entendimento sufragado pelo STF no julgamento da ADPF nº 144

---

[5] O autor, em nota de rodapé, faz referência ao ensaio *Roe Rage*: Democratic Constitutionalism and Backlash, de autoria de Robert Post e Reva Siegel, expressamente mencionado no voto do Min. Luiz Fux.

[6] BARROSO, Luís Roberto. *Constituição, democracia e supremacia judicial*: direito e política no Brasil contemporâneo, p. 41-44. Disponível em: <http://www.oab.org.br/ena/pdf/LuisRobertoBarroso_ConstituicaoDemocracia eSupremacia Judicial.pdf>. Acesso em: 13 jan. 2012.

(Rel. Min. Celso de Mello). No entanto, esclareceu que aderia aos argumentos *jurídicos* favoráveis à constitucionalidade da Lei Complementar nº 135/10, de tal modo que sua percepção do tema passa longe de qualquer voluntarismo.

Evidentemente, isso não importa qualquer renúncia ao papel de instância contramajoritária da Corte Constitucional brasileira ou de submissão à opinião pública, o que, aliás, restou expressamente consignado no voto em exame. Ocorre que não se justifica a adoção de posição contramajoritária quando não há violação de direitos fundamentais ou quando uma restrição dos direitos fundamentais se dá sob os auspícios da proporcionalidade. E foi exatamente essa a visão do Min. Luiz Fux: a Lei Complementar nº 135/10 estabelece, sim, restrições a direitos políticos passivos, cuja fundamentalidade é indiscutível; no entanto, são restrições que vencem o triplo teste da proporcionalidade, como cuidou de demonstrar. Não há sentido em ser contramajoritário por esporte.

Não é só. A intensa reação social aos sucessivos pronunciamentos do STF no sentido da inconstitucionalidade das previsões legais de inelegibilidades decorrentes de decisões não definitivas sugere que o maciço apoio popular à "Lei da Ficha Limpa" não é um movimento de maioria eventual, mas uma ideia que se formou e ganhou musculatura no seio da sociedade ao longo das duas últimas décadas, a ponto de autorizar a superação (*overruling*) dos precedentes da Corte. Foram construídas sólidas teses jurídicas a favor da constitucionalidade das hipóteses de inelegibilidades previstas na Lei Complementar nº 135/10, a ponto de ganharem a adesão do Min. Luiz Fux e, posteriormente, dos demais Ministros que o acompanharam.

Cabem ainda algumas observações a respeito da retificação de voto a que procedeu o Min. Luiz Fux. Inicialmente, o voto foi proferido no sentido da declaração de inconstitucionalidade da expressão "o oferecimento de representação ou petição capaz de autorizar" contida no art. 1º, I, "k", da Lei Complementar nº 64/90, introduzido pela Lei Complementar nº 135/10, de modo a que fossem inelegíveis o Presidente da República, o Governador de Estado e do Distrito Federal, o Prefeito, os membros do Congresso Nacional, das Assembleias Legislativas, da Câmara Legislativa, das Câmaras Municipais, que renunciassem a seus mandatos *desde a abertura de processo* por infringência a dispositivo da Constituição Federal, da Constituição Estadual, da Lei Orgânica do Distrito Federal ou da Lei Orgânica do Município, para as eleições que se realizassem durante o período remanescente do mandato para o qual houvessem sido eleitos e nos oito anos subsequentes ao término da legislatura.

A fundamentação desse entendimento, plenamente plausível, consistia na hipótese de a apresentação de representação ou petição capaz de autorizar a abertura de processo com vistas a perda de mandato poder transformar-se num instrumento de perseguição política, a exemplo da previsão da Lei Complementar nº 5/70, que previa a inelegibilidade a quem simplesmente *respondesse* a processo judicial.

No entanto, o Min. Luiz Fux, em seu voto, havia assinalado que a instituição de hipótese legal de inelegibilidade para os casos de renúncia do mandatário que se encontre em vias de, mediante processo próprio, perder seu mandato se destina a coibir o *abuso de direito de renúncia*. Com efeito, o mandatário que renuncia ao cargo com o fito de preservar sua elegibilidade futura de processo de cassação ou perda de mandato, atua em evidente má-fé e não merece proteção do ordenamento jurídico.

Em boa hora, portanto, apercebeu-se de que, na verdade, a renúncia prévia ao processo é tão ou mais abusiva do que aquela ocorrida já depois de instaurado o processo. A rigor, a inelegibilidade não resulta do *oferecimento de representação ou petição capaz de autorizar a abertura de processo* de perda ou cassação de mandato, mas da *renúncia* daí decorrente. A inconstitucionalidade do art. 1º, I, "k", da Lei Complementar nº 64/90, introduzido pela Lei Complementar nº 135/10 restaria contrária à lógica do voto como um todo, o que conduziu, adequadamente, à retificação.

Por fim, é importante destacar o trecho final do voto, em que o Min. Luiz Fux declarou parcialmente inconstitucional, sem redução de texto, as alíneas "e" e "l" do inciso I do art. 1º da Lei Complementar nº 64/90, com redação estabelecida pela Lei Complementar nº 135/10, com o fito de permitir a dedução, do prazo de inelegibilidade de oito anos posterior ao cumprimento da pena, do período de inelegibilidade já decorrido anteriormente ao trânsito em julgado. Vislumbrou o eminente Relator que, em determinados casos, a inelegibilidade, somada à suspensão de direitos políticos decorrente de condenação definitiva (art. 15 da Constituição Federal) poderia estender-se por tanto tempo que se equipararia à cassação de direitos políticos, expressamente vedada pela Carta de 1988. Em seu entendimento, havia uma violação da proporcionalidade que não se dava nem mesmo na esfera penal, vez que o art. 42 do Código Penal prevê o instituto da detração.

Não foi essa, contudo, a posição da ilustrada maioria, que rejeitou a tese, basicamente com o fundamento de que se tratava de uma solução de política legislativa, de tal modo que a solução proposta pelo Min. Luiz Fux importaria a atuação do STF como legislador positivo. Por outro lado, a mesma proposta recebeu a adesão dos Ministros Dias Toffoli e Gilmar Mendes.

O Relator ficou parcialmente vencido neste ponto, mas, como se tratava de parte mínima,[7] manteve-se o Min. Luiz Fux como redator para o acórdão. Neste ponto, assinale-se que tanto o Código de Processo Civil como o Regimento Interno do STF são omissos — diante disso, o Min. Cezar Peluso, Presidente da Corte, seguiu a doutrina, como se vê, por exemplo, na lição de José Carlos Barbosa Moreira:

---

[7] É possível afirmar-se que se tratou de parte mínima porque o Min. Luiz Fux foi acompanhado pela maioria no que dizia respeito às *hipóteses de inelegibilidade em si*, às quais reconheceu a higidez à luz da Constituição Federal. A divergência, nesse caso, restringiu-se ao *prazo de duração* dessas inelegibilidades.

Incumbe ao presidente designar o redator do acórdão. Se, contudo, houver prevalecido o voto do relator da causa ou do recurso, a designação recairá obrigatoriamente nele. Assim será, mesmo que o relator haja ficado vencido em parte, salvo se se tratar do capítulo principal da decisão.[8]

Em síntese, o voto analisado representa, sem dúvida, uma relevante contribuição não apenas para o estudo do Direito Eleitoral, mas também — e sobretudo — para o estudo do Direito Constitucional, ante a abordagem contemporânea dos temas principais e acidentais que o julgamento ocasionou.

---

[8] MOREIRA, José Carlos Barbosa. *Comentários ao Código de Processo Civil*: Lei nº 5.869, de 11 de janeiro de 1973. Rio de Janeiro: Forense, 2009. v. 5, arts. 476 a 565, p. 618.

ADC nº 29 – ADC nº 30 – ADI nº 4.578 (Rel. Min. Luiz Fux)

Relatório

O Senhor Ministro Luiz Fux (Relator): Trata-se de julgamento conjunto das Ações Declaratórias de Constitucionalidade nº 29 e nº 30 e da Ação Direta de Inconstitucionalidade nº 4.578.

Requer-se na ADC 29 a declaração de constitucionalidade, com pedido de medida cautelar, de normas contidas na Lei Complementar nº 135, de 4 de junho de 2010, que alterou a Lei Complementar nº 64, de 18 de maio de 1990, diploma legal que, editado em observância do art. 14, §9º, da Constituição de 1988, estabelece hipóteses de inelegibilidades. Estes os dispositivos legais em apreço:

> Art. 2º A Lei Complementar nº 64, de 1990, passa a vigorar com as seguintes alterações:
> "Art. 1º. (...)
> I - (...)
> c) o Governador e o Vice-Governador de Estado e do Distrito Federal *e* o Prefeito e o Vice-Prefeito que perderem seus cargos eletivos por infringência a dispositivo da Constituição Estadual, da Lei Orgânica do Distrito Federal ou da Lei Orgânica do Município, para as eleições que se realizarem durante o período remanescente e nos *8 (oito)* anos subsequentes ao término do mandato para o qual tenham sido eleitos;
>
> d) os que tenham contra sua pessoa representação julgada procedente pela Justiça Eleitoral, *em decisão* transitada em julgado *ou proferida por órgão colegiado*, em processo de apuração de abuso do poder econômico ou político, para a eleição na qual concorrem ou tenham sido diplomados, bem como para as que se realizarem nos *8 (oito)* anos seguintes;
>
> e) os que forem condenados, *em decisão transitada em julgado ou proferida por órgão judicial colegiado, desde a condenação até o transcurso do prazo de 8 (oito) anos após o cumprimento da pena*, pelos crimes:
>
> 1. contra a economia popular, a fé pública, a administração pública e o patrimônio público;
>
> 2. contra o patrimônio privado, o sistema financeiro, o mercado de capitais e os previstos na lei que regula a falência;
>
> 3. contra o meio ambiente e a saúde pública;
>
> 4. eleitorais, para os quais a lei comine pena privativa de liberdade;
>
> 5. de abuso de autoridade, nos casos em que houver condenação à perda do cargo ou à inabilitação para o exercício de função pública;
>
> 6. de lavagem ou ocultação de bens, direitos e valores;

7. de tráfico de entorpecentes e drogas afins, racismo, tortura, terrorismo e hediondos;

8. de redução à condição análoga à de escravo;

9. contra a vida e a dignidade sexual; e

10. praticados por organização criminosa, quadrilha ou bando;

f) os que forem declarados indignos do oficialato, ou com ele incompatíveis, pelo prazo de 8 (oito) anos;

g) os que tiverem suas contas relativas ao exercício de cargos ou funções públicas rejeitadas por irregularidade insanável *que configure ato doloso de improbidade administrativa*, e por decisão irrecorrível do órgão competente, salvo *se esta houver sido suspensa ou anulada pelo* Poder Judiciário, para as eleições que se realizarem nos *8 (oito) anos seguintes, contados a partir da data da decisão, aplicando-se o disposto no inciso II do art. 71 da Constituição Federal, a todos os ordenadores de despesa, sem exclusão de mandatários que houverem agido nessa condição*;

h) os detentores de cargo na administração pública direta, indireta ou fundacional, que beneficiarem a si ou a terceiros, pelo abuso do poder econômico ou político, que forem condenados em decisão transitada em julgado ou proferida por órgão judicial colegiado, para a eleição na qual concorrem ou tenham sido diplomados, bem como para as que se realizarem nos 8 (oito) anos seguintes; (...)

j) os que forem condenados, em decisão transitada em julgado ou proferida por órgão colegiado da Justiça Eleitoral, por corrupção eleitoral, por captação ilícita de sufrágio, por doação, captação ou gastos ilícitos de recursos de campanha ou por conduta vedada aos agentes públicos em campanhas eleitorais que impliquem cassação do registro ou do diploma, pelo prazo de 8 (oito) anos a contar da eleição;

k) o Presidente da República, o Governador de Estado e do Distrito Federal, o Prefeito, os membros do Congresso Nacional, das Assembleias Legislativas, da Câmara Legislativa, das Câmaras Municipais, que renunciarem a seus mandatos desde o oferecimento de representação ou petição capaz de autorizar a abertura de processo por infringência a dispositivo da Constituição Federal, da Constituição Estadual, da Lei Orgânica do Distrito Federal ou da Lei Orgânica do Município, para as eleições que se realizarem durante o período remanescente do mandato para o qual foram eleitos e nos 8 (oito) anos subsequentes ao término da legislatura;

l) os que forem condenados à suspensão dos direitos políticos, em decisão transitada em julgado ou proferida por órgão judicial colegiado, por ato doloso de improbidade administrativa que importe lesão ao patrimônio público e enriquecimento ilícito, desde a condenação ou o trânsito em julgado até o transcurso do prazo de 8 (oito) anos após o cumprimento da pena;

m) os que forem excluídos do exercício da profissão, por decisão sancionatória do órgão profissional competente, em decorrência de infração ético-profissional, pelo prazo de 8 (oito) anos, salvo se o ato houver sido anulado ou suspenso pelo Poder Judiciário;

n) os que forem condenados, em decisão transitada em julgado ou proferida por órgão judicial colegiado, em razão de terem desfeito ou simulado desfazer vínculo conjugal ou de união estável para evitar caracterização de inelegibilidade, pelo prazo de 8 (oito) anos após a decisão que reconhecer a fraude;

o) os que forem demitidos do serviço público em decorrência de processo administrativo ou judicial, pelo prazo de 8 (oito) anos, contado da decisão, salvo se o ato houver sido suspenso ou anulado pelo Poder Judiciário;

p) a pessoa física e os dirigentes de pessoas jurídicas responsáveis por doações eleitorais tidas por ilegais por decisão transitada em julgado ou proferida por órgão colegiado da Justiça Eleitoral, pelo prazo de 8 (oito) anos após a decisão, observando-se o procedimento previsto no art. 22;

q) os magistrados e os membros do Ministério Público que forem aposentados compulsoriamente por decisão sancionatória, que tenham perdido o cargo por sentença ou que tenham pedido exoneração ou aposentadoria voluntária na pendência de processo administrativo disciplinar, pelo prazo de 8 (oito) anos; (...)

§4º A inelegibilidade prevista na alínea *e* do inciso I deste artigo não se aplica aos crimes culposos e àqueles definidos em lei como de menor potencial ofensivo, nem aos crimes de ação penal privada.

§5º A renúncia para atender à desincompatibilização com vistas a candidatura a cargo eletivo ou para assunção de mandato não gerará a inelegibilidade prevista na alínea *k*, a menos que a Justiça Eleitoral reconheça fraude ao disposto nesta Lei Complementar.

Postula o Partido Popular Socialista o reconhecimento da validade jurídica da aplicação das hipóteses de inelegibilidade instituídas pela Lei Complementar nº 135/10 aos casos em que os atos ou fatos passíveis de enquadramento tenham ocorrido anteriormente à edição da lei em comento. Para tanto, invoca o art. 14, §9º, da Constituição Federal, com redação introduzida pela Emenda Constitucional de Revisão nº 4/94, *verbis*:

§9º Lei complementar estabelecerá outros casos de inelegibilidade e os prazos de sua cessação, a fim de proteger a probidade administrativa, a moralidade para exercício de mandato, considerada a vida pregressa do candidato, e a normalidade e legitimidade das eleições contra a influência do poder econômico ou o abuso do exercício de função, cargo ou emprego na administração direta ou indireta.

Argumenta-se que a expressa referência constitucional ao exame da vida pregressa do candidato é bastante para autorizar a previsão, pelo legislador complementar, de hipóteses de inelegibilidades que tomem em consideração fatos já passados e que raciocínio oposto esvaziaria o conteúdo da lei.

Sustenta-se, ademais, que a inelegibilidade não constitui pena, mas uma restrição do direito de ser votado (*ius honorum*). Por essa razão, afastar-se-ia a aplicação da regra constitucional de irretroatividade das leis penais no tempo, questão que, segundo seu relato, já teria sido objeto de enfrentamento na jurisprudência do Tribunal Superior Eleitoral.

Afasta-se, ainda, eventual óbice do princípio constitucional da segurança jurídica, pela afirmativa de que a verificação das condições de elegibilidade se dá no momento de registro da candidatura, sendo que não haveria direito "inato e inalienável" à candidatura.

O Arguente anexou à peça vestibular, para fins de comprovação da controvérsia jurisprudencial relevante idônea a autorizar o ajuizamento da ADC, decisões do Tribunal Superior Eleitoral e do Tribunal Regional Eleitoral do Estado de Sergipe (SE).

Pela relevância social da questão, foi determinada por esta Relatoria a aplicação analógica do procedimento abreviado previsto no art. 12 da Lei nº 9.868/99. Antes, porém, assinalou-se que o exame do caso envolveria, à luz da teoria da *causa petendi* aberta, pelo que foi determinado ao Requerente que, em nome do contraditório, aditasse a exordial para oferecer manifestação quanto à eventual incidência não apenas das normas constitucionais por ele invocadas, como também do princípio constitucional da presunção de inocência (art. 5º, LVII), abordagem que se faria necessária, considerando o julgamento da ADPF nº 144 (Rel. Min. Celso de Mello).

O Requerente apresentou petição em que afirma não ter discorrido sobre a constitucionalidade dos dispositivos legais em face da presunção de inocência por não haver identificado controvérsia jurisprudencial relevante sobre a questão. De todo modo, reitera os argumentos expendidos na exordial e afirma haver debate doutrinário sobre o tema, salientando que o estabelecimento de hipóteses de inelegibilidade decorrentes de decisão colegiada, ainda que não definitiva, é compatível com a ordem constitucional vigente.

Nesse diapasão, sustenta que a previsão do art. 14, §9º, relativamente à observância da *vida pregressa* do candidato denotaria o propósito do constituinte reformador de ampliar os casos de inelegibilidade para além das condenações definitivas. Demais disso, salienta a distinção entre a inelegibilidade e a perda ou a suspensão dos direitos políticos, que alcançam também o direito de votar. Assim, não faria sentido que a lei complementar restringisse a inelegibilidade às condenações transitadas em julgado, sob pena de inocuidade, uma vez que a própria Constituição Federal, no art. 15, III, determina a suspensão dos direitos políticos em virtude de sentença penal condenatória.

A ADC nº 29, ora em foco, foi distribuída por prevenção, considerada, para tanto, sua vinculação com a ADI nº 4.578. Nesta, a Confederação Nacional das Profissões Liberais – CNPL requer a declaração de inconstitucionalidade do art. 1º, inciso I, alínea "m" da Lei Complementar nº 64/90, inserido pela Lei Complementar nº 135/10.

Nesta ADI, alega a Requerente que o dispositivo legal está inquinado de inconstitucionalidade formal, pois confere aos conselhos profissionais competência em matéria eleitoral, ao admitir que a violação a regimentos internos elaborados por esses conselhos possa ocasionar a imposição de sanções de cunho eleitoral. Afirma, ainda, a inconstitucionalidade material, traduzida em violação do princípio da razoabilidade, ao equiparar decisões administrativas de conselhos profissionais a decisões colegiadas do Poder Judiciário para fins de imposição de inelegibilidades. Determinou-se a aplicação do procedimento do art. 12 da Lei nº 9.868/99 também a este feito.

Prestaram informações a Exma. Sra. Presidenta da República, o Exmo. Sr. Presidente do Senado Federal e o Exmo. Sr. Presidente da Câmara, todos pela constitucionalidade do art. 1º, I, "m", da Lei Complementar nº 64/90, introduzido pela Lei Complementar nº 135/10.

Opinou a Advocacia-Geral da União no sentido do não conhecimento da ADI, por ausência de impugnação especificada — caracterizando inépcia da inicial — e por ausência de pertinência temática da CNPL. Eventualmente superadas as preliminares, pugnou pela improcedência do pedido.

A ambas as ações foi apensada a Ação Declaratória de Constitucionalidade nº 30, ajuizada pelo Conselho Federal da Ordem dos Advogados do Brasil. Postula-se nesta a declaração de constitucionalidade de todos os dispositivos da Lei Complementar nº 135/10, o que se faz tendo em vista "a existência de divergência nos diversos Tribunais Regionais Eleitorais (...), não obstante as manifestações do Eg. Tribunal Superior Eleitoral", demonstrada pela transcrição parcial e anexação de acórdãos do TSE e dos TREs de Sergipe e Minas Gerais. A estes a Requerente adiciona as manifestações desta Corte no julgamento do RE nº 633.703, no intento de demonstrar a existência de controvérsia judicial relevante, capaz de ocasionar incerteza e insegurança jurídica quanto à aplicabilidade da Lei Complementar nº 135/10 às próximas eleições.

São repisados na ADC nº 30 vários dos argumentos que lastreiam a ADC nº 29, com ênfase na questão da aplicabilidade da Lei Complementar nº 135/10 com referência a fatos ocorridos anteriormente à sua edição, especialmente por força da distinção entre a inelegibilidade — à qual se recusa caráter sancionatório — e a suspensão ou perda de direitos políticos, bem como na restrição da presunção constitucional de inocência à esfera penal e processual penal. Concluir em sentido diverso, afirma-se na exordial, tornaria inócua a menção à *vida pregressa* do candidato no art. 14, 9º, da Constituição Federal. Alega-se, ainda, que a Lei de Inelegibilidades tenciona a depuração do sistema político-partidário e o fortalecimento do regime democrático.

A Requerente sustenta, então, a adequação da Lei Complementar nº 135/10 ao princípio da proporcionalidade, e invoca o elemento histórico de interpretação do art. 14, §9º, da Constituição Federal, em particular quanto ao acréscimo das expressões "probidade administrativa" e "moralidade para o exercício do mandato, considerada a vida pregressa do candidato", para assinalar o propósito do constituinte reformador de produzir a transformação dos costumes éticos e políticos.

Salienta-se a inaplicabilidade do art. 5º, LVII, da Constituição da República à questão das inelegibilidades, argumentando-se que as previsões da Lei Complementar nº 135/10 são de natureza eleitoral e não sancionatória; defende, ainda uma compreensão harmônica do art. 14, §9º, da Carta Magna com o princípio constitucional da presunção de inocência, de modo que o mesmo ceda espaço ao princípio da moralidade administrativa.

Frisa, por fim, que a própria Lei Complementar nº 135/10 ofereceu solução apropriada para a defesa do direito individual, ao inserir na Lei Complementar nº 64/90 o art. 26-C, que permite a atribuição de efeito suspensivo ao recurso contra a decisão colegiada que reconhece a inelegibilidade do candidato.

A ação também é instruída com cópias de decisões dos Tribunais Regionais Eleitorais dos Estados de Tocantins e de Sergipe, confrontadas com acórdãos do Tribunal Superior Eleitoral.

A Procuradoria-Geral da República emitiu parecer no sentido do conhecimento das ações e da procedência dos pedidos na ADC 29 e na ADC 30, bem como da improcedência do pedido na ADI nº 4.578, com a declaração da constitucionalidade da Lei Complementar nº 135/10 em sua integralidade.

É o relatório.

Voto

O Senhor Ministro Luiz Fux (Relator): Preliminarmente, conheço da ADI nº 4.578, porquanto já reconhecida a legitimidade da Confederação Nacional das Profissões Liberais – CNPL para a propositura de ação direta de inconstitucionalidade, na forma do art. 103, IX, da Constituição Federal, em precedentes desta Corte (*v.g.*, ADI nº 1.590, Rel. Min. Sepúlveda Pertence, julg. 19.6.1997). Afigura-se presente, ademais, a pertinência temática, uma vez que se vislumbra a relação entre as finalidades institucionais da mencionada Confederação e o teor do art. 1º, I, "m" da Lei Complementar nº 64/90, introduzido pela Lei Complementar nº 135/10, norma impugnada na ADI em apreço.

De igual maneira, hão de ser conhecidas ambas as ações declaratórias de constitucionalidade ora em julgamento, mesmo porque ajuizadas por entidades expressamente referidas no art. 103 da Carta Magna e dotadas de legitimação universal. As exordiais atendem às exigências do art. 14 da Lei nº 9.686/99, especialmente no que concerne à demonstração da existência de controvérsia judicial relevante sobre os dispositivos legais que constituem objeto da ação. De fato, há efetiva divergência jurisprudencial entre Tribunais Regionais Eleitorais e o Tribunal Superior Eleitoral quanto à aplicabilidade da Lei Complementar nº 135/10 em amplitude maior do que a examinada pelo Supremo Tribunal Federal no julgamento do RE nº 633.703 (Rel. Min. Gilmar Mendes).

Naquela oportunidade, esta Corte limitou-se a pacificar a jurisprudência no que dizia respeito à inaplicabilidade das hipóteses de inelegibilidades previstas na Lei Complementar nº 135/10 às eleições de 2010. Nesta quadra, cuida-se de exame de magnitude consideravelmente maior, cabendo passar-se ao exame de mérito.

Há três questões a responder neste julgamento, quais sejam: (1) se as inelegibilidades introduzidas pela Lei Complementar nº 135/10 poderão alcançar atos ou fatos ocorridos antes da edição do mencionado diploma legal; e (2) se é constitucional a hipótese de inelegibilidade prevista no art. 1º, I, "m", da Lei Complementar nº 64/90, inserido pela Lei Complementar nº 135/10. Sucede que o exame dessas questões demanda, previamente; (3)

a própria fiscalização abstrata de constitucionalidade de todas as hipóteses de inelegibilidade criadas pela Lei Complementar nº 135/10, que podem ser divididas, basicamente, em cinco grupos, a saber:
  (i) *condenações judiciais* (eleitorais, criminais ou por improbidade administrativa) proferidas por órgão colegiado;
  (ii) *rejeição de contas* relativas ao exercício de cargo ou função pública (necessariamente colegiadas, porquanto prolatadas pelo Legislativo ou por Tribunal de Contas, conforme o caso);
  (iii) *perda de cargo* (eletivo ou de provimento efetivo), incluindo-se as aposentadorias compulsórias de magistrados e membros do Ministério Público e, para os militares, a indignidade ou incompatibilidade para o oficialato;
  (iv) *renúncia a cargo público eletivo diante da iminência da instauração de processo capaz de ocasionar a perda do cargo*; e
  (v) *exclusão do exercício de profissão regulamentada*, por decisão do órgão profissional respectivo, por violação de dever ético-profissional.

Primeiramente, é bem de ver que "a aplicação da Lei Complementar nº 135/10 com a consideração de fatos anteriores não viola o princípio constitucional da irretroatividade das leis". De modo a permitir a compreensão do que ora se afirma, confira-se a lição de J.J. Gomes Canotilho (*Direito constitucional e teoria da Constituição*. 5. ed. Coimbra: Almedina, 2001. p. 261-262), em textual:

> (...) *Retroactividade* consiste basicamente numa ficção: (1) decretar a validade e vigência de uma norma a partir de um marco temporal (data) anterior à data da sua entrada em vigor; (2) ligar os *efeitos jurídicos* de uma norma a situações de facto existentes antes de sua entrada em vigor. (...) (grifos do original)

O mestre de Coimbra, sob a influência do direito alemão, faz a distinção entre:
  (i) a *retroatividade autêntica*: a norma possui eficácia *ex tunc*, gerando efeito sobre situações pretéritas, ou, apesar de pretensamente possuir eficácia meramente *ex nunc*, atinge, na verdade, situações, direitos ou relações jurídicas estabelecidas no passado; e
  (ii) a *retroatividade inautêntica* (ou *retrospectividade*): a norma jurídica atribui efeitos futuros a situações ou relações jurídicas já existentes, tendo-se, como exemplos clássicos, as modificações dos estatutos funcionais ou de regras de previdência dos servidores públicos (v. ADI nº 3.105 e nº 3.128, Rel. p/ Acórdão Min. Cezar Peluso).

Como se sabe, a retroatividade autêntica é vedada pela Constituição da República, como já muitas vezes reconhecido na jurisprudência deste Tribunal. O mesmo não se dá com a *retrospectividade*, que, apesar de semelhante, não se confunde com o conceito de *retroatividade mínima* defendido por Matos Peixoto e referido no voto do eminente Ministro Moreira Alves proferido no julgamento da ADI nº 493 (julg. 25.6.1992): enquanto nesta são alteradas, por lei, as consequências jurídicas de fatos ocorridos anteriormente — consequências estas certas e previsíveis ao tempo da ocorrência do fato —, naquela a lei atribui novos efeitos jurídicos, a partir de sua edição, a fatos ocorridos anteriormente. Repita-se: foi o que se deu com a promulgação da Emenda Constitucional nº 41/03, que atribuiu regimes previdenciários diferentes aos servidores conforme as respectivas datas de ingresso no serviço público, mesmo que anteriores ao início de sua vigência, e recebeu a chancela desta Corte.

A aplicabilidade da Lei Complementar nº 135/10 a processo eleitoral *posterior* à respectiva data de publicação é, à luz da distinção *supra*, uma hipótese clara e inequívoca de *retroatividade inautêntica*, ao estabelecer limitação prospectiva ao *ius honorum* (o direito de concorrer a cargos eletivos) com base em fatos já ocorridos. A situação jurídica do indivíduo — condenação por colegiado ou perda de cargo público, por exemplo — estabeleceu-se em momento anterior, mas seus efeitos perdurarão no tempo. Esta, portanto, a primeira consideração importante: ainda que se considere haver atribuição de efeitos, por lei, a fatos pretéritos, cuida-se de hipótese de retrospectividade, já admitida na jurisprudência desta Corte.

Demais disso, é sabido que o art. 5º, XXXVI, da Constituição Federal preserva o direito adquirido da incidência da lei nova. Mas não parece correto nem razoável afirmar que um indivíduo tenha o *direito adquirido* de candidatar-se, na medida em que, na lição de Gabba (*Teoria della Retroattività delle Leggi*. 3. ed. Torino: Unione Tipografico, 1981.v. 1, p. 1), é adquirido aquele direito

> (...) que é conseqüência de um fato idôneo a produzi-lo em virtude da lei vigente ao tempo que se efetuou, embora a ocasião de fazê-lo valer não se tenha apresentado antes da atuação da lei nova, e que, sob o império da lei vigente ao tempo em que se deu o fato, passou imediatamente a fazer parte do patrimônio de quem o adquiriu. (tradução livre do italiano)

Em outras palavras, a elegibilidade é a adequação do indivíduo ao regime jurídico — constitucional e legal complementar — do processo eleitoral, consubstanciada no não preenchimento de requisitos "negativos" (as inelegibilidades). Vale dizer, o indivíduo que tenciona concorrer a cargo eletivo deve aderir ao estatuto jurídico eleitoral. Portanto, a sua adequação a esse estatuto não ingressa no respectivo patrimônio jurídico, antes se traduzindo numa relação *ex lege* dinâmica.

É essa característica continuativa do enquadramento do cidadão na legislação eleitoral, aliás, que também permite concluir pela validade da extensão dos prazos de inelegibilidade, originariamente previstos em 3 (três), 4 (quatro) ou 5 (cinco) anos, para 8 (oito) anos, nos casos em que os mesmos encontram-se em curso ou já se encerraram. Em outras palavras, é de se entender que, mesmo no caso em que o indivíduo já foi atingido pela inelegibilidade de acordo com as hipóteses e prazos anteriormente previstos na

Lei Complementar nº 64/90, esses prazos poderão ser estendidos — se ainda em curso — ou mesmo restaurados para que cheguem a 8 (oito) anos, por força da *lex nova*, desde que não ultrapassem esse prazo.

Explica-se: trata-se, tão somente, de imposição de um novo requisito negativo para a que o cidadão possa candidatar-se a cargo eletivo, que não se confunde com agravamento de pena ou com *bis in idem*. Observe-se, para tanto, que o legislador cuidou de distinguir claramente a inelegibilidade das condenações — assim é que, por exemplo, o art. 1º, I, "e", da Lei Complementar nº 64/90 expressamente impõe a inelegibilidade para período *posterior ao cumprimento da pena*.

Tendo em vista essa observação, haverá, em primeiro lugar, uma questão de isonomia a ser *atendida*: não se vislumbra justificativa para que um indivíduo que já tenha sido condenado definitivamente (uma vez que a lei anterior não admitia inelegibilidade para condenações ainda recorríveis) cumpra período de inelegibilidade inferior ao de outro cuja condenação não transitou em julgado.

Em segundo lugar, não se há de falar em alguma afronta à coisa julgada nessa extensão de prazo de inelegibilidade, nos casos em que a mesma é decorrente de condenação judicial. Afinal, ela não significa interferência no cumprimento de decisão judicial anterior: o Poder Judiciário fixou a penalidade, que terá sido cumprida antes do momento em que, unicamente por força de lei — como se dá nas relações jurídicas *ex lege* —, tornou-se inelegível o indivíduo. A coisa julgada não terá sido violada ou desconstituída.

Demais disso, tem-se, como antes exposto, uma relação jurídica continuativa, para a qual a coisa julgada opera sob a cláusula *rebus sic stantibus*. A edição da Lei Complementar nº 135/10 modificou o panorama normativo das inelegibilidades, de sorte que a sua aplicação, posterior às condenações, não desafiaria a autoridade da coisa julgada.

Portanto, não havendo direito adquirido ou afronta à autoridade da coisa julgada, a garantia constitucional desborda do campo da regra do art. 5º, XXXVI, da Carta Magna para encontrar lastro no princípio da segurança jurídica, ora compreendido na sua vertente subjetiva de proteção das expectativas legítimas. Vale dizer, haverá, no máximo, a expectativa de direito à candidatura, cuja *legitimidade* há de ser objeto de particular enfrentamento. Para tanto, confira-se a definição de *expectativas legítimas* por Søren Schønberg (*Legitimate Expectations in Administrative Law*. Oxford: Oxford University Press, 2003. p. 6):

> (...) Uma expectativa é razoável quando uma pessoa razoável, agindo com diligência, a teria em circunstâncias relevantes. Uma expectativa é legítima quando o sistema jurídico reconhece a sua razoabilidade e lhe atribui conseqüências jurídicas processuais, substantivas ou compensatórias. (Tradução livre do inglês)

Questiona-se, então: é *razoável* a expectativa de candidatura de um indivíduo já condenado por decisão colegiada? A resposta há de ser *negativa*.

Da exigência constitucional de *moralidade* para o exercício de mandatos eletivos (art. 14, §9º) se há de inferir que uma condenação prolatada em segunda instância ou por um colegiado no exercício da competência de foro por prerrogativa de função, a rejeição de contas públicas, a perda de cargo público ou o impedimento do exercício de profissão por violação de dever ético-profissional excluirão a razoabilidade da expectativa. A rigor, *há de se inverter a avaliação: é razoável entender que um indivíduo que se enquadre em tais hipóteses qualificadas não esteja, a priori, apto a exercer mandato eletivo.*

Nessa linha de raciocínio, é de se pontuar que, mesmo sob a vigência da redação original da Lei Complementar nº 64/90, o indivíduo que, condenado em segunda instância ou por órgão colegiado, por exemplo, teria, ao menos, a perspectiva de, confirmando-se a decisão em instância definitiva ou transitando em julgado a decisão desfavorável, de, no futuro, tornar-se inelegível e, caso eleito, perder o mandato. *Razoável, portanto, seria a expectativa de inelegibilidade e não o contrário,* o que permite distinguir a questão ora posta daquela examinada no RE nº 633.703 (Rel. Min. Gilmar Mendes), em que havia legítimas expectativas por força da regra contida no art. 16 da Constituição Federal, que tutelava, a um só tempo, o princípio da proteção da confiança e o princípio democrático.

Sob a mesma justificativa, *a presunção constitucional de inocência não pode configurar óbice à validade da Lei Complementar nº 135/10.* O debate demanda a análise dos precedentes desta Corte, dentre os quais o da ADPF nº 144 (Rel. Min. Celso de Mello) é certamente o mais adequado ao exame, sem prejuízo de outros julgados em que o STF reconheceu a irradiação da presunção de inocência para o Direito Eleitoral (v.g., o RE nº 482.006, Rel. Min. Ricardo Lewandowski).

Naquela oportunidade, o STF, por maioria, julgou improcedente o pedido formulado na ADPF, que se prestava ao reconhecimento da inconstitucionalidade — *rectius*, da não recepção — de parte das alíneas "d", "e", "g" e "h" do inciso I do art. 1º da LC 64/90, naquilo em que exigiam a irrecorribilidade ou definitividade das decisões capazes de ensejar a inelegibilidade. Conforme a profunda análise do eminente Min. Celso de Mello, a ADPF não poderia ser acolhida porque, em síntese:

(i) propunha-se, na verdade, a criação de novas hipóteses de inelegibilidades, ao arrepio da exigência constitucional de lei complementar para tanto; e

(ii) violava-se o princípio constitucional da presunção de inocência, dotado de eficácia irradiante para além dos domínios do processo penal, conforme já se havia estabelecido na jurisprudência do STF.

O primeiro aspecto, com a edição da Lei Complementar nº 135/10, encontra-se superado.

Já o tema da *presunção de inocência* merece atenção um pouco mais detida. Anota Simone Schreiber (Presunção de Inocência. *In*: TORRES, Ricardo Lobo *et al.* (Org.). *Dicionário de princípios jurídicos*. Rio de Janeiro: Elsevier, 2001. p. 1004-1016) que dito princípio foi consagrado na Declaração dos Direitos do Homem e do Cidadão de 1789, refletindo uma concepção do processo penal como instrumento de tutela da liberdade, em reação ao sistema persecutório do Antigo Regime francês, "(...) no qual a prova dos fatos era produzida através da sujeição do acusado à prisão e tormento, com o fim de extrair dele a confissão. (...)". Sua recepção no ordenamento jurídico brasileiro, particularmente na jurisprudência deste STF, vinha tratando como sinônimos as expressões *presunção de inocência* e *não culpabilidade*.

Por outro lado, o percuciente exame do Min. Celso de Mello na ADPF nº 144 buscou as raízes históricas da norma em apreço, resgatando o debate que vicejou na doutrina italiana para salientar o caráter democrático da previsão constitucional da presunção de inocência na Carta de 1988, sobretudo na superação da ordem autoritária que se instaurou no país de 1964 a 1985, e para afirmar a aplicação extrapenal do princípio.

Não cabe discutir, nestas ações, o sentido e o alcance da presunção constitucional de inocência (ou a não culpabilidade, como se preferir) no que diz respeito à esfera penal e processual penal. Cuida-se aqui tão somente da aplicabilidade da presunção de inocência especificamente para fins eleitorais, ou seja, da sua irradiação para ramo do Direito diverso daquele a que se refere a literalidade do art. 5º, LVII, da Constituição de 1988. Em outras palavras, é reexaminar a percepção, consagrada no julgamento da ADPF nº 144, de que decorreria da cláusula constitucional do Estado Democrático de Direito uma interpretação da presunção de inocência que estenda sua aplicação para além do âmbito penal e processual penal.

Assinale-se, então, que, neste momento, vive-se — felizmente, aliás — quadra histórica bem distinta. São notórios a crise do sistema representativo brasileiro e o anseio da população pela moralização do exercício dos mandatos eletivos no país. Prova maior disso é o fenômeno da *judicialização da política*, que certamente decorre do reconhecimento da independência do Poder Judiciário no Brasil, mas também é resultado da desilusão com a política majoritária, como bem relatado em obra coletiva organizada por Vanice Regina Lírio do Valle (*Ativismo jurisdicional e o Supremo Tribunal Federal*. Curitiba: Juruá, 2009). O salutar amadurecimento institucional do país recomenda uma revisão da jurisprudência desta Corte acerca da presunção de inocência no âmbito eleitoral.

Propõe-se, de fato, um *overruling dos precedentes relativos à matéria da presunção de inocência vis-à-vis inelegibilidades*, para que se reconheça a legitimidade da previsão legal de hipóteses de inelegibilidades decorrentes de condenações não definitivas.

De acordo com as lições de Patrícia Perrone Campos Mello (*Precedentes*: o desenvolvimento judicial do direito no constitucionalismo contemporâneo. Rio de Janeiro: Renovar, 2008, p. 233 *et seq.*), o abandono de precedentes jurisprudenciais nos sistemas de *common law* se dá, basicamente, em virtude de incongruência sistêmica ou social. Nesta última hipótese, a possibilidade de *overruling* pode advir de obsolescência decorrente de mutações sociais. *In verbis*:

> (...) A *incongruência social* alude a uma relação de incompatibilidade entre as normas jurídicas e os *standards* sociais; corresponde a um vínculo negativo entre as decisões judiciais e as expectativas dos cidadãos. Ela é um dado relevante na revogação de um precedente porque a preservação de um julgado errado, injusto, obsoleto até pode atender aos anseios de estabilidade, regularidade e previsibilidade dos técnicos do direito, mas aviltará o sentimento de segurança do cidadão comum.
>
> Este será surpreendido sempre que não houver uma convergência plausível entre determinada solução e aquilo que seu bom senso e seus padrões morais indicam como justo, correto, ou, ao menos, aceitável, à luz de determinados argumentos, porque são tais elementos que ele utiliza, de boa-fé, na decisão sobre suas condutas. Para o leigo, *a certeza e a previsibilidade do direito dependem de uma correspondência razoável entre as normas jurídicas e as normas da vida real*. Em virtude disso, embora para os operadores do Direito, justiça e segurança jurídica possam constituir valores em tensão, para os jurisdicionados em geral, devem ser minimamente convergentes. (grifos do original)

A mesma lógica é aplicável à ordem jurídica brasileira e, com ainda maior razão, ao presente caso. *Permissa venia*, impõe-se considerar que o acórdão prolatado no julgamento da ADPF nº 144 reproduziu jurisprudência que, se adequada aos albores da redemocratização, tornou-se um excesso neste momento histórico de instituições politicamente amadurecidas, notadamente no âmbito eleitoral.

Já é possível, portanto, revolver temas antes intocáveis, sem que se incorra na pecha de atentar contra uma democracia que — louve-se isto sempre e sempre — já está solidamente instalada. A presunção de inocência, sempre tida como absoluta, pode e deve ser relativizada *para fins eleitorais* ante requisitos qualificados como os exigidos pela Lei Complementar nº 135/10.

Essa nova postura encontra justificativas plenamente razoáveis e aceitáveis. Primeiramente, o cuidado do legislador na definição desses requisitos de inelegibilidade demonstra que o diploma legal em comento não está a serviço das perseguições políticas. Em segundo lugar, a própria *ratio essendi* do princípio, que tem sua origem primeira na vedação ao Estado de, na sua atividade persecutória, valer-se de meios degradantes ou cruéis para a produção da prova contra o acusado no processo penal, é resguardada não apenas por esse, mas por todo um conjunto de normas constitucionais, como, por exemplo, as cláusulas do devido processo legal (art. 5º, LIV), do contraditório e da ampla defesa (art. 5º, LV), a inadmissibilidade das provas obtidas por meios ilícitos (art. 5º, LVI) e a vedação da tortura — à qual a Constituição Federal reconheceu a qualidade de crime inafiançável (art. 5º, XLIII) — e do tratamento desumano ou degradante (art. 5º, III).

Demais disso, é de meridiana clareza que as cobranças da sociedade civil de ética no manejo da coisa pública se acentuaram gravemente. Para o cidadão, hoje é certo que a probidade é condição inafastável para a boa administração pública e, mais do que isso, que a corrupção e a desonestidade são as maiores travas ao desenvolvimento do país. A este tempo em que ora vivemos deve corresponder a leitura da Constituição e, em particular, a exegese da presunção de inocência, ao menos no âmbito eleitoral, seguindo-se o sempre valioso escólio de Konrad Hesse (*A força normativa da Constituição*. Tradução de Gilmar Ferreira Mendes. Porto Alegre: Sergio Antonio Fabris, 1991. p. 20), em textual:

> (...) Quanto mais o *conteúdo* de uma Constituição lograr corresponder à natureza singular do presente, tanto mais seguro há de ser o desenvolvimento de sua força normativa.
>
> Tal como acentuado, constitui requisito essencial da força normativa da Constituição que ela leve em conta não só os elementos sociais, políticos, e econômicos dominantes, mas também que, principalmente, incorpore o estado espiritual (*geistige Situation*) de seu tempo. Isso lhe há de assegurar, enquanto ordem adequada e justa, o apoio e a defesa da consciência geral. (grifos do original)

Em outras palavras, ou bem se realinha a interpretação da presunção de inocência, ao menos em termos de Direito Eleitoral, com o estado espiritual do povo brasileiro, ou se desacredita a Constituição. Não atualizar a compreensão do indigitado princípio, *data maxima venia*, é desrespeitar a sua própria construção histórica, expondo-o ao vilipêndio dos críticos de pouca memória.

Por oportuno, ressalte-se que não pode haver dúvida sobre a percepção social do tema. Foi grande a reação social ao julgamento da ADPF nº 144, oportunidade em que se debateu a própria movimentação da sociedade civil organizada em contrariedade ao entendimento jurisprudencial até então consolidado no Tribunal Superior Eleitoral e nesta Corte, segundo o qual apenas a condenação definitiva poderia ensejar inelegibilidade. A Associação dos Magistrados Brasileiros – AMB, autora da ADPF 144, já fazia divulgar as chamadas listas dos "fichas sujas", candidatos condenados por decisões judiciais ainda recorríveis, fato ao qual, inclusive, foram dedicadas considerações na assentada de julgamento daquela Arguição de Descumprimento de Preceito Fundamental.

Na oportunidade, diante da manifestação da Corte no sentido de que não se poderiam criar inelegibilidades sem a previsão em lei complementar, foi intensa a mobilização social que culminou na reunião de mais de dois milhões de assinaturas e a apresentação do Projeto de Lei Complementar nº 518/09. Este com outros projetos similares a que foi apensado foram submetidos ao debate parlamentar, do qual resultou a Lei Complementar nº 135/10.

Sobreveio, então, o pronunciamento desta Corte no julgamento do RE nº 633.703 (Rel. Min. Gilmar Mendes), no qual, por maioria de votos, foi afastada a aplicação da Lei Complementar nº 135/10 às eleições de 2010, a teor do que determina o art. 16 da Constituição Federal ("A lei que alterar o processo eleitoral entrará em vigor na data de sua publicação, não se aplicando à eleição que ocorra até um ano da data de sua vigência"). Mais uma vez, a reação social contrária foi considerável, retratada em fortes cores pela crítica impressa de todo o país.

A verdade é que a jurisprudência do STF nesta matéria vem gerando fenômeno similar ao que os juristas norte-americanos Robert Post e Reva Siegel (*Roe Rage: Democratic Constitutionalism and Backlash*. Disponível em: <http://papers.ssrn.com/abstract=990968>) identificam como *backlash*, expressão que se traduz como um forte sentimento de um grupo de pessoas em reação a eventos sociais ou políticos. É crescente e consideravelmente disseminada a crítica, no seio da sociedade civil, à resistência do Poder Judiciário na relativização da presunção de inocência para fins de estabelecimento das inelegibilidades.

Obviamente, o Supremo Tribunal Federal não pode renunciar à sua condição de instância contramajoritária de proteção dos direitos fundamentais e do regime democrático. No entanto, a própria legitimidade democrática da Constituição e da jurisdição constitucional depende, em alguma medida, de sua responsividade à opinião popular. Post e Siegel, debruçados sobre a experiência dos EUA — mas tecendo considerações aplicáveis à realidade brasileira —, sugerem a adesão a um *constitucionalismo democrático*, em que a Corte Constitucional esteja atenta à divergência e à contestação que exsurgem do contexto social quanto às suas decisões.

Se a Suprema Corte é o último *player* nas sucessivas rodadas de interpretação da Constituição pelos diversos integrantes de uma sociedade aberta de intérpretes (cf. Häberle), é certo que tem o privilégio de, observando os movimentos realizados pelos demais, poder ponderar as diversas razões antes expostas para, ao final, proferir sua decisão.

Assim, não cabe a este Tribunal desconsiderar a existência de um descompasso entre a sua jurisprudência e a hoje fortíssima opinião popular a respeito do tema "ficha limpa", sobretudo porque o debate se instaurou em interpretações plenamente razoáveis da Constituição e da Lei Complementar nº 135/10 — interpretações essas que ora se adotam. Não se cuida de uma desobediência ou oposição irracional, mas de um movimento intelectualmente embasado, que expõe a concretização do que Pablo Lucas Verdú chamara de *sentimento constitucional*, fortalecendo a legitimidade democrática do constitucionalismo. A sociedade civil identifica-se na Constituição, mesmo que para reagir negativamente ao pronunciamento do Supremo Tribunal Federal sobre a matéria.

Idênticas conclusões podem ser atingidas sob perspectiva metodológica diversa. A presunção de inocência consagrada no art. 5º, LVII, da Constituição Federal deve ser reconhecida, segundo a lição de Humberto Ávila (*Teoria dos princípios*. 4. ed. São Paulo: Malheiros, 2005), como uma *regra*, ou seja, como uma norma de previsão de conduta, em especial a de proibir a imposição de penalidade ou de efeitos da condenação criminal até que transitada em julgado a decisão penal condenatória. *Concessa venia*, não se vislumbra a existência de um conteúdo principiológico no indigitado enunciado normativo.

Sendo assim, a ampliação do seu espectro de alcance operada pela jurisprudência desta Corte significou verdadeira interpretação extensiva da regra, segundo a qual nenhuma espécie de restrição poderia ser imposta a indivíduos condenados por decisões ainda recorríveis em matéria penal ou mesmo administrativa. O que ora se sustenta é o movimento contrário, *comparável a uma redução teleológica*, mas, que, na verdade, só reaproxima o enunciado normativo da sua própria literalidade, da qual se distanciou em demasia.

Como ensina Karl Larenz (*Metodologia da ciência do direito*. Tradução de José Lamego. 4. ed. Lisboa: Fundação Calouste Gulbenkian, 2005. p. 556), a redução teleológica pode ser exigida "pelo escopo, sempre que seja prevalecente, de outra norma que de outro modo não seria atingida". Ora, é exatamente disso que se cuida na espécie: a inserção, pela Emenda Constitucional de Revisão nº 4/94, da previsão do art. 14, §9º, atualmente vigente estabeleceu disposição constitucional — portanto, de mesma hierarquia do art. 5º, LVII — que veicula permissivo para que o legislador complementar estabeleça restrições à elegibilidade com base na vida pregressa do candidato, desde que direcionadas à moralidade para o exercício do mandato.

Nessa ordem de ideias, conceber-se o art. 5º, LVII, como impeditivo à imposição de inelegibilidade a indivíduos condenados criminalmente por decisões não transitadas em julgado esvaziaria sobremaneira o art. 14, §9º, da Constituição Federal, frustrando o propósito do constituinte reformador de exigir idoneidade moral para o exercício de mandato eletivo, decerto compatível com o princípio republicano insculpido no art. 1º, *caput*, da Constituição Federal.

Destarte, reconduzir a presunção de inocência aos efeitos próprios da condenação criminal se presta a impedir que se aniquile a teleologia do art. 14, §9º, da Carta Política, de modo que, sem danos à presunção de inocência, seja preservada a validade de norma cujo conteúdo, como acima visto, é adequado a um constitucionalismo democrático.

É de se imaginar que, diante da perspectiva de restrição, pela Lei Complementar nº 135/10, do alcance da presunção de inocência à matéria criminal, seja eventualmente invocado o princípio da *vedação do retrocesso*, segundo o qual seria inconstitucional a redução *arbitrária* do grau de concretização legislativa de um direito fundamental — *in casu*, o direito político de índole passiva (direito de ser votado). No entanto, não há violação ao mencionado princípio, como se passa a explicar, por duas razões.

A primeira delas é a *inexistência do pressuposto indispensável à incidência do princípio da vedação de retrocesso*. Em estudo especificamente dedicado ao tema (*O princípio da proibição de retrocesso social na Constituição de 1988*. Rio de Janeiro: Renovar, 2007), anota Felipe Derbli, lastreado nas lições de Gomes

Canotilho e Vieira de Andrade, que é condição para a ocorrência do retrocesso que, anteriormente, a exegese da própria norma constitucional se tenha expandido, de modo a que essa compreensão mais ampla tenha alcançado consenso básico profundo e, dessa forma, tenha radicado na consciência jurídica geral. Necessária, portanto, a "sedimentação na consciência social ou no sentimento jurídico coletivo", nas palavras de Jorge Miranda (*Manual de direito constitucional*. 4. ed. Coimbra: Coimbra Ed., 2000. t. IV, p. 399. Direitos fundamentais).

Ora, como antes observado, não há como sustentar, com as devidas vênias, que a extensão da presunção de inocência para além da esfera criminal tenha atingido o grau de consenso básico a demonstrar sua radicação na consciência jurídica geral. Antes o contrário: a aplicação da presunção constitucional de inocência no âmbito eleitoral não obteve suficiente sedimentação no sentimento jurídico coletivo — daí a reação social antes referida — a ponto de permitir a afirmação de que a sua restrição legal *em sede eleitoral* (*e frise-se novamente, é apenas desta seara que ora se cuida*) atentaria contra a vedação de retrocesso.

A segunda razão, por seu turno, é a *inexistência de arbitrariedade na restrição legislativa*. Como é cediço, as restrições legais aos direitos fundamentais sujeitam-se aos princípios da razoabilidade e da proporcionalidade e, em especial, àquilo que, em sede doutrinária, o Min. Gilmar Mendes (MENDES, Gilmar Ferreira; BRANCO, Paulo Gustavo Gonet. *Curso de direito constitucional*. 6. ed. São Paulo: Saraiva, 2011. p. 239 *et seq*.), denomina de *limites dos limites* (*Schranken-Schranken*), que dizem com a preservação do núcleo essencial do direito.

Partindo-se da premissa teórica formulada por Humberto Ávila (*op. cit.*, 2005, p. 102 *et seq*), que distingue *razoabilidade* e *proporcionalidade*, observem-se as hipóteses de inexigibilidade introduzidas pela Lei Complementar nº 135/10 à luz da chamada *razoabilidade-equivalência*, traduzida na equivalência entre medida adotada e critério que a dimensiona: são hipóteses em que se preveem condutas ou fatos que, indiscutivelmente, possuem altíssima carga de reprovabilidade social, porque violadores da moralidade ou reveladores de improbidade, de abuso de poder econômico ou de poder político.

São situações que expõem a crise do sistema político representativo brasileiro, bem exposta em dissertação de Fernando Barbalho Martins (*Do direito à democracia*: neoconstitucionalismo, princípio democrático e a crise no sistema representativo. Rio de Janeiro: Lumen Juris, 2007. p. 133), que, com propriedade, assinalou, *verbis*:

> Embora a presunção de inocência pudesse indicar a legitimidade das hipóteses de inelegibilidade, o §9º do art. 14 estende os princípios da moralidade e da probidade à regulação da matéria, razão pela qual avulta a incoerência do fato do acesso a cargos de natureza administrativa, cuja liberdade para disposição da coisa pública é incomparavelmente menor do que aquela detida por agente político, possa ser restringido por inquérito policial, medida de todo louvável na maioria dos casos,

enquanto parlamentares e chefes do Executivo possam transitar pela alta direção do Estado brasileiro com folhas corridas medidas aos metros. (...)

A verdade é que o constituinte reformador modificou, ainda em 1994, o texto constitucional para que fosse expressamente admitida a previsão, por lei complementar, de hipóteses em que, tendo em vista a vida pregressa do indivíduo, fosse-lhe impedida a candidatura a cargos públicos eletivos, de modo a que se observassem os princípios da moralidade e da probidade administrativa, bem como a vedação ao abuso do poder econômico e político.

O difundido juízo social de altíssima reprovabilidade das situações descritas nos diversos dispositivos introduzidos pela Lei Complementar nº 135/10 demonstram, à saciedade, que é mais do que *razoável* que os indivíduos que nelas incorram sejam impedidos de concorrer em eleições. Há, portanto, plena *equivalência* entre a inelegibilidade e as hipóteses legais que a configuram.

Por seu turno, também se vislumbra *proporcionalidade* nas mencionadas hipóteses legais de inelegibilidade — todas passam no conhecido triplo teste de *adequação, necessidade* e *proporcionalidade em sentido estrito*. Confira-se.

Do ponto de vista da *adequação*, não haveria maiores dificuldades em afirmar que as inelegibilidades são aptas à consecução dos fins consagrados nos princípios elencados no art. 14, §9º, da Constituição, haja vista o seu alto grau moralizador.

Relativamente à *necessidade* ou *exigibilidade* — que, como se sabe, demanda que a restrição aos direitos fundamentais seja a *menos gravosa possível* —, atente-se para o fato de que o legislador complementar foi cuidadoso ao prever *requisitos qualificados de inelegibilidade*, pois exigiu, para a inelegibilidade decorrente de condenações judiciais recorríveis, que a decisão tenha sido proferida por *órgão colegiado*, afastando a possibilidade de sentença proferida por juiz singular tornar o cidadão inelegível — ao menos em tese, submetida a posição de cada julgador à crítica dos demais, a colegialidade é capaz de promover as virtudes teóricas de (i) *reforço da cognição judicial*, (ii) *garantia da independência dos membros julgadores* e (iii) *contenção do arbítrio individual*, como bem apontou Guilherme Jales Sokal em recente obra acadêmica (*O procedimento recursal e as garantias fundamentais do processo*: a colegialidade no julgamento da apelação. 2011. 313 f. Dissertação (Mestrado em Direito Processual) – Faculdade de Direito, Universidade do Estado do Rio de Janeiro, Rio de Janeiro, 2011. f. 73 *et seq.*).

Frise-se também: a tão só existência de processo em que o indivíduo figure como réu não gerará, por si só, inelegibilidade, diversamente do que determinava o art. 1º, I, "n", da Lei Complementar nº 5/70, vigente ao tempo do governo militar autoritário, que tornava inelegíveis os que *simplesmente respondessem* a processo judicial por crime contra a segurança nacional e a ordem política e social, a economia popular, a fé pública e a administração pública, o patrimônio ou pelo direito previsto no art. 22 desta Lei Complementar, enquanto não absolvidos ou penalmente reabilitados.

Ademais, o legislador também foi prudente ao admitir a imposição da inelegibilidade apenas na condenação por crimes dolosos, excluindo expressamente as condenações, mesmo que transitadas em julgado, pela prática de crimes cometidos na modalidade culposa (art. 1º, §4º, da Lei Complementar nº 64/90, incluído pela Lei Complementar nº 135/10).

Nos casos de perda (*lato sensu*) de cargo público, são decisões administrativas que, em muitos casos, são tomadas por órgãos colegiados (como é o caso de agentes políticos, magistrados, membros do Ministério Público e oficiais militares) e, em qualquer caso, resultantes de processos que deverão observar o contraditório e a ampla defesa. E mesmo nos casos dos servidores públicos efetivos — em geral, demitidos por ato de autoridade pública singular —, cuidou o legislador de prever expressamente a possibilidade de o Poder Judiciário anular ou suspender a demissão, com o que ficam plenamente restabelecidas as elegibilidades.

A mesma lógica foi aplicada aos indivíduos excluídos do exercício profissional por decisão do órgão ou conselho profissional competente. Além de, em regra, as decisões serem colegiadas, restou expressamente consignado em lei que apenas as exclusões por infração ético-profissional poderão ensejar a inelegibilidade e que, em qualquer caso, o Poder Judiciário poderá suspender ou anular a decisão.

Note-se bem que, nesta e na hipótese anterior, o juízo singular, de primeira instância, obviamente estará autorizado a suspender os efeitos da perda do cargo — e, portanto, a inelegibilidade —, mas o contrário, como antes visto, não ocorre. Vale dizer, o Judiciário pode restabelecer a elegibilidade de um candidato por decisão cautelar de juízo singular, mas, para decretar a inelegibilidade, somente o poderá fazer por decisão em colegiado (de segunda instância ou, nos casos de competência por prerrogativa de função, em instância única).

Resta evidente, portanto, que são rígidos os requisitos para o reconhecimento das inelegibilidades, mesmo que não que haja decisão judicial transitada em julgado. Mais ainda, foi prudente o legislador ao inserir expressamente a possibilidade de suspensão cautelar da inelegibilidade por nova decisão judicial colegiada. Não haveria meio menos gravoso de atender à determinação do art. 14, §9º, da Constituição Federal.

Não há objetar que a dicção original da Lei Complementar nº 64/90 seria suficiente ao atendimento do art. 14, §9º, da Carta Política ao demandar condenações definitivas para a caracterização das inelegibilidades, pois, *permissa maxima venia*, é raciocínio que não resiste a uma análise apurada.

A *interpretação sistemática dos dispositivos constitucionais* impõe que seja a mencionada norma cotejada com o art. 15, incisos III e V, que trata dos casos de suspensão e perda dos direitos políticos, envolvendo não apenas o *ius honorum* (direitos políticos passivos, isto é, o direito de candidatar-se e eleger-se), como também o *ius sufragii* (direitos políticos ativos — em síntese, o direito de eleger). A *inelegibilidade* tem as suas causas previstas nos parágrafos 4º a 9º do art. 14 da Carta Magna de 1988, que se traduzem em *condições objetivas cuja verificação impede o indivíduo de concorrer a cargos eletivos* e, portanto, não se confunde com a *suspensão ou perda dos direitos políticos*.

Ora, se é certo — como, de fato, é — que a inelegibilidade contempla apenas o *ius honorum* e não o *ius sufragii*, por que teria cuidado o constituinte reformador de permitir ao legislador complementar instaurar hipótese de inelegibilidade em que se considerasse a vida pregressa do candidato, se o art. 15 já prevê a suspensão de direitos políticos em virtude de condenação definitiva em processo criminal ou por improbidade administrativa?

Nessa ordem de ideias, impende concluir que o art. 14, §9º, eu sua redação hoje vigente, autorizou a previsão legal de hipóteses de inelegibilidade decorrentes de decisões não definitivas, sob pena de esvaziar-lhe o conteúdo.

Ademais, a própria Lei Complementar nº 135/10 previu a possibilidade de suspensão cautelar da decisão judicial colegiada que ocasionar a inelegibilidade, ao inserir na Lei Complementar nº 64/90 o art. 26-C, em textual:

> Art. 26-C. O órgão colegiado do tribunal ao qual couber a apreciação do recurso contra as decisões colegiadas a que se referem as alíneas *d*, *e*, *h*, *j*, *l* e *n* do inciso I do art. 1º poderá, em caráter cautelar, suspender a inelegibilidade sempre que existir plausibilidade da pretensão recursal e desde que a providência tenha sido expressamente requerida, sob pena de preclusão, por ocasião da interposição do recurso.

Resta, ainda, a apreciação da Lei Complementar nº 135/10 à luz do subprincípio da *proporcionalidade em sentido estrito* e, mais uma vez, a lei responde positivamente ao teste. Com efeito, o sacrifício exigido à liberdade individual de candidatar-se a cargo público eletivo não supera os benefícios socialmente desejados em termos de moralidade e probidade para o exercício de cargos públicos, sobretudo porque ainda são rigorosos os requisitos para que se reconheça a inelegibilidade.

Ademais, não estão em ponderação apenas a moralidade, de um lado, e os direitos políticos passivos, de outro. Ao lado da moralidade está também a própria democracia, como bem alerta o já mencionado professor Fernando Barbalho Martins (*op. cit.*, p. 150-151), *verbis*:

> A exteriorização do atendimento aos parâmetros de moralidade e probidade são condições essenciais de manutenção do Estado democrático, não sendo raros os exemplos de ditaduras que se instalam sob o discurso de moralização das práticas governamentais. A relação íntima entre Moralidade Administrativa, que alcança indubitavelmente a atuação parlamentar, e princípio democrático é inegável, já que a efetivação deste implica necessariamente a *fidelidade política* da atuação dos representantes populares, como bem assinala Diogo de Figueiredo Moreira Neto. Mais do que isso, a *confiança* depositada pela sociedade em sua classe governante é elemento indeclinável da consecução da *segurança jurídica* erigida como um dos fundamentos da República. (grifos do original)

A balança, no caso, há de pender em favor da constitucionalidade das hipóteses previstas na Lei Complementar nº 135/10, pois, opostamente ao que poderia parecer, a democracia não está em conflito com a moralidade — ao revés, uma invalidação do mencionado diploma legal afrontaria a própria democracia, à custa do abuso de direitos políticos.

Por sua vez, também não existe lesão ao núcleo essencial dos direitos políticos, porque apenas o direito passivo — direito de candidatar-se e eventualmente eleger-se — é restringido, de modo que o indivíduo permanece em pleno gozo de seus direitos ativos de participação política.

Cuida-se, afinal, de validar a *ponderação efetuada pelo próprio legislador*, ao qual Konrad Hesse, em outro ensaio (La interpretación constitucional. *In*: HESSE, Konrad. *Escritos de derecho constitucional*. Traducción de Pedro Cruz Villallón. Madrid: Centro de Estudios Constitucionales, 1983), reconhece posição de primazia na interpretação da Constituição. Essa posição privilegiada do legislador — diretamente ligada ao conhecido princípio hermenêutico da presunção de constitucionalidade das leis — é ainda mais clara quando a norma constitucional é composta de conceitos jurídicos indeterminados como "vida pregressa", confiando ao órgão legiferante infraconstitucional a sua densificação.

Correto concluir, pois, que se trata de caso no qual é válida a *interpretação da Constituição conforme a lei*, na esteira da lição sempre valiosa de Luís Roberto Barroso (*Interpretação e aplicação da Constituição*. 5. ed. São Paulo: Saraiva, 2003. p. 195), *verbis*:

> Há um último ponto digno de registro. Toda atividade legislativa ordinária nada mais é, em última análise, do que um instrumento de atuação da Constituição, de desenvolvimento de suas normas e realização de seus fins. Portanto, e como já assentado, o legislador também interpreta rotineiramente a Constituição. *Simétrica à interpretação conforme a Constituição situa-se a interpretação da Constituição conforme a lei*. Quando o Judiciário, desprezando outras possibilidades interpretativas, prestigia a que fora escolhida pelo legislador, está, em verdade, endossando a interpretação da Constituição conforme a lei. Mas tal deferência há de cessar onde não seja possível transigir com a vontade cristalina emanada do Texto Constitucional. (grifos nossos)

Como visto acima, não se pode considerar que é vontade cristalina emanada da Constituição a absoluta presunção de inocência em matéria eleitoral — ao revés, se não se puder reconhecer a prevalência, entre os vários intérpretes da Constituição, da visão oposta, indisfarçável será, ao menos, o dissenso. Nesse caso, impende prestigiar a solução legislativa, que admitiu, para o preenchimento do conceito de *vida pregressa* do candidato, a consideração da existência de condenação judicial não definitiva, a rejeição de contas, a renúncia abusiva ou perda de cargo.

É de se concluir, pois, pela constitucionalidade da instituição, por lei complementar, de novas hipóteses de inelegibilidades para além das condenações judiciais definitivas, inclusive no que diz respeito à sua aplicabilidade nas situações em que as causas de inelegibilidade por ela introduzidas tenham ocorrido antes da edição do diploma legal apreciado. Entretanto, há aspectos no texto da Lei Complementar nº 135/10 que demandam análise mais minuciosa e, como se verá, atividade interpretativa mais apurada.

Primeiramente, a leitura das alíneas "e" e "l" do art. 1º, inciso I, da Lei Complementar nº 135/10 poderia conduzir ao entendimento de que, condenado o indivíduo em decisão colegiada recorrível, permaneceria o mesmo inelegível desde então, por todo o tempo de duração do processo criminal e por mais outros 8 (oito) anos *após o cumprimento da pena*, similar ao que se vê na alínea "l", em textual:

> l) os que forem condenados à suspensão dos direitos políticos, em decisão transitada em julgado ou proferida por órgão judicial colegiado, por ato doloso de improbidade administrativa que importe lesão ao patrimônio público e enriquecimento ilícito, desde a condenação ou o trânsito em julgado até o transcurso do prazo de 8 (oito) anos após o cumprimento da pena;

Em ambos os casos, verifica-se que o legislador complementar estendeu os efeitos da inelegibilidade para além do prazo da condenação definitiva, seja criminal ou por improbidade administrativa, durante o qual estarão suspensos os direitos políticos (art. 15, III e V, da Constituição Federal).

Ocorre que a alteração legislativa provocou situação iníqua, em que o indivíduo condenado poderá permanecer inelegível entre a condenação e o trânsito em julgado da decisão condenatória, passar a ter seus direitos políticos inteiramente suspensos durante a duração dos efeitos da condenação e, após, retornar ao estado de inelegibilidade por mais oito anos, independentemente do tempo de inelegibilidade prévio ao cumprimento da pena.

Impende, neste ponto, recorrer ao elemento histórico de interpretação, em que se faça a comparação entre a redação original da Lei Complementar nº 64/90 e aquela atualmente vigente, determinada pela Lei Complementar nº 135/10. A redação original do art. 1º, I, "e" (não havia correspondente ao atual inciso "l") enunciava, *verbis*:

> e) os que forem condenados criminalmente, com sentença transitada em julgado, pela prática de crime contra a economia popular, a fé pública, a administração pública, o patrimônio público, o mercado financeiro, pelo tráfico de entorpecentes e por crimes eleitorais, pelo prazo de 3 (três) anos, após o cumprimento da pena;

A extensão da inelegibilidade para além da duração dos efeitos da condenação criminal efetivamente fazia sentido na conformação legal que somente permitia a imposição da inelegibilidade nos casos de condenações transitadas em julgado. Agora, admitindo-se a inelegibilidade já desde as condenações não definitivas — contanto que prolatadas por órgão colegiado —, essa extensão pode ser excessiva.

Em alguns casos concretos nos quais o indivíduo seja condenado, por exemplo, a pena de trinta anos, a impossibilidade de concorrer a cargos públicos eletivos pode estender-se, em tese, por mais de quarenta anos, o que certamente poderia equiparar-se, em efeitos práticos, à cassação dos direitos políticos, expressamente vedada pelo *caput* do art. 15 da Constituição. Observe-se que não há inconstitucionalidade, *de per se*, na cumulação da inelegibilidade com a suspensão de direitos políticos, mas a admissibilidade de uma cumulação da inelegibilidade anterior ao trânsito em julgado com a suspensão dos direitos políticos decorrente da condenação definitiva e novos oito anos de inelegibilidade decerto afronta a proibição do excesso consagrada pela Constituição Federal.

A disciplina legal ora em exame, ao antecipar a inelegibilidade para momento anterior ao trânsito em julgado, torna claramente exagerada a sua extensão por oito anos após a condenação. É algo que não ocorre nem mesmo na legislação penal, que expressamente admite a denominada detração, computando-se, na pena privativa de liberdade, o tempo de prisão provisória (art. 42 do Código Penal).

Recomendável, portanto, que o cômputo do prazo legal da inelegibilidade também seja antecipado, de modo a guardar coerência com os propósitos do legislador e, ao mesmo tempo, atender ao postulado constitucional de proporcionalidade.

Cumpre, destarte, proceder a uma *interpretação conforme a Constituição*, para que, tanto na hipótese da alínea "e" como da alínea "l" do inciso I do art. 1º da Lei Complementar nº 64/90, seja possível abater, do prazo de inelegibilidade de 8 (oito) anos posterior ao cumprimento da pena, o período de inelegibilidade já decorrido entre a condenação não definitiva e o respectivo trânsito em julgado.

Por fim, outra questão exige atenção especial. Assinale-se o que dispõe a novel alínea "k" do art. 1º, I, da Lei Complementar nº 64/90, inserida pela Lei Complementar nº 135/10, *verbis*:

> k) o Presidente da República, o Governador de Estado e do Distrito Federal, o Prefeito, os membros do Congresso Nacional, das Assembleias Legislativas, da Câmara Legislativa, das Câmaras Municipais, que *renunciarem a seus mandatos desde o oferecimento de representação ou petição capaz de autorizar a abertura de processo* por infringência a dispositivo da Constituição Federal, da Constituição Estadual, da Lei Orgânica do Distrito Federal ou da Lei Orgânica do Município, para as eleições que se realizarem durante o período remanescente do mandato para o qual foram eleitos e nos 8 (oito) anos subsequentes ao término da legislatura; (grifos nossos)

A instituição de hipótese de inelegibilidade para os casos de renúncia do mandatário que se encontre em vias de, mediante processo próprio, perder seu mandato é absolutamente consentânea com a integridade e a sistematicidade da ordem jurídica. *In casu*, a renúncia configura típica hipótese de *abuso de direito*, lapidarmente descrito no art. 187 do Código Civil como o exercício do direito que, manifestamente, excede os limites impostos pelo seu fim econômico ou social, pela boa-fé ou pelos bons costumes.

Longe de se pretender restringir a interpretação constitucional a uma leitura civilista do Direito, é certo atentar para o fato de que, assim como no âmbito do Direito Civil, é salutar — e necessário — que no Direito Eleitoral também se institua norma que impeça o abuso de direito, que o ordenamento jurídico pátrio decerto não avaliza. Não se há de fornecer guarida ao mandatário que, em indisfarçável má-fé, renuncia ao cargo com o fito de preservar sua elegibilidade futura, subtraindo-se ao escrutínio da legitimidade do exercício de suas funções que é próprio da democracia.

A previsão legal em comento, aliás, acompanha a dicção constitucional estabelecida desde a Emenda Constitucional de Revisão nº 6/94, que incluiu o §4º do art. 55, de modo a que, no que concerne ao processo de perda de mandato parlamentar, restasse estabelecido, *verbis*:

> §4º A renúncia de parlamentar submetido a processo que vise ou possa levar à perda do mandato, nos termos deste artigo, terá seus efeitos suspensos até as deliberações finais de que tratam os §§2º e 3º.

Vale dizer, a própria Constituição Federal determina que o processo de perda de mandato parlamentar prossiga mesmo após a renúncia, justamente com o propósito de tornar ineficaz o abuso de direito à renúncia. Nesse caso, a inelegibilidade é *secundum eventum litis*, ou seja, a parte renuncia, mas se o resultado do processo não tiver nenhuma consequência, aquela renúncia não implica inelegibilidade; se o processo tiver consequência, a inelegibilidade tem procedência, porque há uma dissonância entre a realidade normativa e a realidade prática. Pela mesma razão, uma vez engendrada a renúncia antes da instauração de processo que possa gerar a perda dos direitos políticos, este não prossegue, e deveria prosseguir.

Mas, de toda maneira, este voto é permeado por uma ideologia, que é a da higidez da "Lei da Ficha Limpa". Portanto, deve-se prestigiar a vontade do legislador para declarar-se também a constitucionalidade da alínea "k", à semelhança do que antes foi pronunciado.

Por oportuno, é de se salientar que, mesmo diante da constitucionalidade parcial da Lei Complementar nº 135/10, resta a mesma inaplicável às eleições de 2010 e anteriores e, por conseguinte, aos mandatos em curso, como já reconhecido por esta Corte no julgamento do RE nº 633.703 (Rel. Min. Gilmar Mendes), com repercussão geral. É aplicar, como naquela ocasião, a literalidade do art. 16 da Constituição Federal, de modo a que as inelegibilidades por instituídas pela nova lei sejam aplicáveis apenas às eleições que ocorram mais de um ano após a sua edição, isto é, a partir das eleições de 2012.

Diante de todo o acima exposto, conheço integralmente dos pedidos formulados na ADI nº 4.578 e na ADC nº 29 e conheço em parte do pedido deduzido na ADC nº 30, para votar no sentido da improcedência do pedido na ADI nº 4.578 e da procedência parcial do pedido na ADC nº 29 e na ADC nº 30, de modo a:

a) declarar a constitucionalidade das hipóteses de inelegibilidade instituídas pelas alíneas "c", "d", "f", "g", "h", "j", "k", "m", "n", "o", "p" e "q" do art. 1º, inciso I, da Lei Complementar nº 64/90, introduzidas pela Lei Complementar nº 135/10; e

b) declarar parcialmente inconstitucional, sem redução de texto, o art. 1º, I, alíneas "e" e "l", da Lei Complementar nº 64/90, com redação conferida pela Lei Complementar nº 135/10, para, em interpretação conforme a Constituição, admitir a dedução, do prazo de 8 (oito) anos de inelegibilidade posteriores ao cumprimento da pena, do prazo de inelegibilidade decorrido entre a condenação e o seu trânsito em julgado.

É como voto.

ADI nº 4.663-MC (Rel. Min. Luiz Fux)

LDO, Eficácia das Normas Orçamentárias e Separação de Poderes

Guilherme Jales Sokal

No encerramento do ano judiciário de 2011, o Supremo Tribunal Federal, por um de seus membros, teve de conferir resposta a problema de grande repercussão social e, ao mesmo tempo, com raízes teóricas bastante profundas. Trata-se da decisão monocrática proferida pelo Min. Luiz Fux na qualidade de relator da ADI nº 4.663/RO, ajuizada pelo Governador de Rondônia contra diversos dispositivos da Lei de Diretrizes Orçamentárias do referido Estado (Lei nº 2.507/11), decorrentes de emendas parlamentares mantidas no diploma mesmo após a aposição de veto.

Como se sabe, a regra no controle abstrato de constitucionalidade consiste no julgamento colegiado das medidas cautelares, conforme dispõe o art. 10, *caput*, da Lei nº 9.868/99. Permite-se, porém, a bem da garantia do acesso à tutela jurisdicional, o afastamento pontual e provisório de tal regra nas restritas hipóteses em que se mostrar inviável, sob o ângulo prático, a apreciação tempestiva pelo colegiado, em sintonia com o que prevê o §1º do art. 5º da Lei nº 9.882/99, que disciplina a arguição de descumprimento de preceito fundamental. Neste caso, a eficácia da decisão liminar proferida pelo relator submete-se a regime peculiar, persistindo até o momento em que seja posta em exame, de ofício, para o referendo dos demais membros da Corte. É precisamente neste contexto formal que se insere a liminar deferida monocraticamente pelo Min. Luiz Fux na ADI nº 4.663/RO, marcada pela iminente perspectiva de aprovação do orçamento anual na Assembleia Legislativa Estadual sem que tivesse sido possível o julgamento pelo Plenário da medida cautelar, o que conduziria à frustração da tutela jurisdicional pretendida na ADI, em grande parte voltada justamente para o regime da elaboração da lei orçamentária a vigorar no ano de 2012.

Sem prejuízo dos prováveis debates que o tema suscitará quando examinado pela composição completa da Suprema Corte, os substanciosos fundamentos apresentados na decisão liminar do Ministro Luiz Fux já revelam uma análise profunda de pontos sensíveis do direito financeiro brasileiro. Dentre eles, três merecem especial atenção: o destaque ao *planejamento financeiro* como comando derivado do texto constitucional, a definição da verdadeira *força vinculante das normas orçamentárias* e, por fim, o regime formal das *emendas parlamentares* à Lei de Diretrizes Orçamentárias.

De início, a decisão liminar desenvolve detidamente a teleologia dos §§1º e 2º do art. 165 da Constituição Federal, para reputar inválida a pretensão, operada pela Lei, de conferir a toda e qualquer emenda parlamentar ao orçamento anual o *status* de "metas e prioridades da Administração Pública", apenas reconhecido pela Constituição às disposições que constem da própria Lei de Diretrizes Orçamentárias e do Plano Plurianual. Na essência, o que resulta da primorosa fundamentação do Min. Luiz Fux é o prestígio ao planejamento no âmbito financeiro e administrativo, indispensável à concretização das políticas públicas por um Estado que se quer pautado pelos princípios da eficiência e da economicidade. Assim, ao invés de tolerar a manutenção de uma espécie de renúncia de planejamento operada pela LDO de Rondônia, a decisão liminar, ao reconhecer a inconstitucionalidade do inciso XVII do art. 3º da Lei, impõe o realinhamento da atividade financeira do poder público com o norte da programação de longo prazo, determinando-se que o orçamento anual observe as balizas do planejamento delineado no plano plurianual e na lei de diretrizes orçamentárias.

A seguir, a decisão passa a esclarecer o sentido e o alcance da força vinculante das normas do orçamento anual. É que a Lei de Diretrizes Orçamentárias de Rondônia pretendeu imprimir um regime de execução obrigatória tão somente às regras da lei orçamentária que decorressem de emendas parlamentares, cujos recursos, assim, deveriam ser necessariamente aplicados pelo Poder Executivo. Para analisar a constitucionalidade desse especial regime, porém, fazia-se necessário definir anteriormente, como premissa, qual o grau de vinculatividade já apresentado por toda e qualquer norma orçamentária à luz da Constituição Federal, para então apreciar se restaria configurada violação à cláusula da Separação de Poderes ao ser prevista sistemática peculiar para as emendas parlamentares. A resposta encontrada pela decisão do Min. Luiz Fux consiste na denominada *vinculação mínima das normas orçamentárias*, que, segundo recente obra acadêmica desenvolvida sob a orientação do Professor Luis Roberto Barroso no Mestrado em Direito Público da UERJ,[1] decorreria da Constituição de modo a impor ao menos um dever *prima facie* de acatamento, ressalvada a motivação administrativa que

---

[1] MENDONÇA, Eduardo Bastos Furtado de. *A constitucionalização das finanças públicas no Brasil*: devido processo orçamentário e democracia. Rio de Janeiro: Renovar, 2010 — Objeto de extensa transcrição no corpo da decisão para contextualizar os vícios do regime jurídico do orçamento público no Brasil.

justifique o descumprimento com amparo no postulado da razoabilidade. Assim, não caberia ao legislador estadual definir modalidade diversa de execução exclusivamente às normas derivadas de emendas parlamentares, sob pena de ofensa à harmonia entre os poderes políticos.

Por fim, a decisão monocrática analisa com profundidade os requisitos formais pertinentes às emendas parlamentares à Lei de Diretrizes Orçamentárias. Asseverou o Min. Fux, no ponto, a absoluta inaplicabilidade das regras previstas nos artigos 63, I, e 166, §3º, da Constituição no que concerne à LDO, que, por força de uma interpretação sistemática e teleológica, sujeita-se apenas ao dever de necessária compatibilidade com o conteúdo do Plano Plurianual (CF, art. 166, §4º).

Naturalmente, a perspectiva de exame colegiado do feito no ano de 2012 há de trazer novos e ricos elementos para a solução do caso. No entanto, é possível desde logo destacar o relevantíssimo aporte teórico trazido pela decisão liminar do Min. Luiz Fux para a construção das bases operativas de um direito financeiro destinado a concretizar a democracia e a participação no orçamento público. E, no ponto, é de especial significação a reformulação da vinculatividade das normas orçamentárias constante do texto da decisão, que, muito embora tradicionalmente entendida como ensejadora de um espaço de verdadeira arbitrariedade do Chefe do Poder Executivo, agora é submetida a uma guinada corajosamente empreendida rumo à consolidação dos valores democráticos que inspiram a Constituição Federal de 1988.

ADI nº 4.663-MC (Rel. Min. Luiz Fux)

Decisão

Ação Direta de Inconstitucionalidade. Medida Cautelar. Direito constitucional e financeiro. Lei de Diretrizes Orçamentárias de Rondônia (Lei nº 2.507/11). Admissibilidade da impugnação em sede de controle abstrato. Sistema orçamentário constitucional inaugurado em 1988. Convivência harmoniosa do plano plurianual, da Lei de Diretrizes Orçamentárias e da Lei Orçamentária Anual (CF, art. 165, I a III). Teleologia voltada ao planejamento da atuação do poder público. Alegação de ofensa ao princípio da separação de poderes (CF, art. 2º), aos comandos inscritos no art. 165, parágrafos 1º e 2º, da Constituição, à disciplina constitucional das emendas parlamentares aos projetos de iniciativa do Chefe do Poder Executivo (CF, art. 63, I) e às regras do art. 166, parágrafos 3º e 4º, da Constituição. Medida cautelar parcialmente concedida, *ad referendum* do Plenário do STF. Pedido de inclusão em pauta no Plenário da Corte para referendo da liminar.

1. É admissível a impugnação de lei de diretrizes orçamentárias em sede de controle abstrato de constitucionalidade, por força da mudança de orientação jurisprudencial operada no julgamento da ADI nº 4.048-MC/DF, Rel. Min. Gilmar Mendes e reafirmada especificamente quando da apreciação da medida cautelar na ADI nº 3.949/DF, Rel. Min. Gilmar Mendes.

2. O sistema orçamentário inaugurado pela Constituição de 1988 estabelece o convívio harmonioso do plano plurianual, da lei de diretrizes orçamentárias e da lei orçamentária anual, norteados pela busca do planejamento e da programação da atividade financeira do Estado na Administração Pública guiada pelo *paradigma do resultado* (Diogo de Figueiredo Moreira Neto).

3. A função constitucional da Lei de Diretrizes Orçamentárias, que "constitui um dos mais importantes instrumentos normativos do novo sistema orçamentário brasileiro" (Questão de Ordem na ADI nº 612/RJ, Rel. Min. Celso de Mello), consiste, precipuamente, na orientação da elaboração da lei orçamentária anual, compreendendo as metas e prioridades da administração pública, no que se incluem as despesas de capital para o exercício financeiro subsequente, dispondo, ainda, sobre as alterações na legislação tributária e estabelecendo a política de aplicação das agências financeiras oficiais de fomento (CF, art. 165, §2º), sem prejuízo do disposto no art. 169, §1º, II, da Constituição.

4. Inexiste violação à cláusula constitucional da Separação de Poderes (CF, art. 2º) no art. 3º, XIII, da Lei de Diretrizes Orçamentárias de Rondônia (Lei nº 2.507/11), porquanto norma de conteúdo exclusivamente retórico, a ressaltar a centralidade do Poder Legislativo na moderna democracia representativa, sem que de seu conteúdo possa ser extraído qualquer consequência de ordem jurídica conducente à concentração de poder ou à criação de cenário propício à prática de arbitrariedades.

5. Ofende a Constituição Federal, que encampa a necessária harmonia entre os poderes políticos (CF, art. 2º) e impõe o dever de planejamento na atividade financeira do Estado (CF, art. 166, parágrafos 1º e 2º), a norma constante da LDO estadual que confere o *status* de "metas e prioridades da Administração Pública" a toda e qualquer emenda parlamentar apresentada à lei orçamentária anual, a fim de garantir a aplicação dos respectivos recursos – art. 3º, XVII, da Lei nº 2.507/11. Frustração, *in casu*, da teleologia subjacente ao plano plurianual e à lei de diretrizes orçamentárias, com a chancela de uma espécie de *renúncia de planejamento* em prol de regime de preferência absoluta das decisões do Legislativo.

6. As normas orçamentárias ostentam, segundo a lição da moderna doutrina financista, a denominada *força vinculante mínima*, a ensejar a imposição de um dever *prima facie* de acatamento, ressalvada a motivação administrativa que justifique o descumprimento com amparo no postulado da razoabilidade, sejam elas emanadas da proposta do Poder Executivo ou fruto de emenda apresentada pelo Poder Legislativo, de modo que a atribuição de regime formal privilegiado exclusivamente às normas oriundas de emendas parlamentares viola a harmonia entre os poderes políticos (CF, art. 2º).

7. A previsão de distribuição proporcional, entre os poderes políticos de quaisquer acréscimos na receita do Estado advindos de *excesso de arrecadação* — art. 12, *caput* e parágrafos, da Lei nº 2.507/11 —, não viola o postulado da razoabilidade ou o princípio da Separação de Poderes, de vez que, em primeiro lugar, inexiste risco real de engessamento do Executivo, e, ademais, o regime de limitação de empenho previsto no art. 9º da Lei de Responsabilidade Fiscal, por representar um ônus imposto igualmente aos poderes autônomos e independentes, legitima a repartição do bônus por sistemática proporcional. Precedente: ADI nº 3.652, Rel. Min. Sepúlveda Pertence.

8. Inocorre ofensa à Separação de Poderes pela imposição de autorização legislativa para a repartição proporcional do montante apurado em excesso de arrecadação (§3º do art. 12 da Lei impugnada), porquanto em harmonia com o tratamento conferido pela Lei Federal nº 4.320/64 ao tema (art. 43, §1º, II), definindo-o como hipótese que enseja a abertura de créditos suplementares ou especiais, para os quais faz-se imprescindível a autorização legislativa específica, nos termos do art. 167, V, da Constituição Federal, que pode até mesmo constar da própria lei orçamentária anual (CF, art. 165, §8º).

9. O regime formal das emendas parlamentares à Lei de Diretrizes Orçamentárias não se sujeita à disciplina restritiva constante do art. 63, I, da

Constituição Federal, por força a expressa ressalva constante da parte final do dispositivo, de modo que se mostra lícito o aumento de despesa inobstante se tratar de projeto de lei de iniciativa do Chefe do Poder Executivo. Mais do que isso, às emendas à Lei de Diretrizes Orçamentárias sequer são aplicáveis as disposições constitucionais que versam sobre as emendas à lei orçamentária anual, previstas no §3º do art. 166, por força da interpretação literal e sistemática das normas que compõem o art. 166 da Constituição, de modo que não cabe falar em inconstitucionalidade formal da emenda apresentada ao art. 15 da Lei Estadual nº 2.507/11.

10. Não se mostra cabível o controle em sede de ADI de eventual incompatibilidade entre as disposições da Lei de Diretrizes Orçamentárias e o conteúdo do plano plurianual, de vez que fundada em argumentação que extravasa os limites do parâmetro estritamente constitucional de validade das leis (ADI nº 2.343, Rel. Min. Nelson Jobim; ADI nº 1.428-MC, Rel. Min. Maurício Corrêa).

11. O parágrafo único do art. 22 da Lei nº 2.507/11, ao conceder regime de obrigatória execução tão somente às emendas parlamentares ao orçamento, padece dos mesmos vícios que conduzem à declaração de inconstitucionalidade do referido art. 3º, XVII, da mesma Lei, de vez que a força vinculante *prima facie* das normas orçamentárias não tolera a concessão de regime formalmente distinto exclusivamente às emendas parlamentares, em manifesto descompasso com o princípio da Separação de Poderes.

12. Medida cautelar parcialmente concedida de modo a suspender, *ad referendum* do Plenário desta Suprema Corte, a eficácia do inciso XVII do art. 3º e do parágrafo único do art. 22 da Lei nº 2.507/11 do Estado de Rondônia.

O Governador do Estado de Rondônia ajuíza a presente ação direta de inconstitucionalidade, com pedido de medida cautelar, contra "ato da Assembleia Legislativa do Estado de Rondônia, que apresentou emendas ao Projeto de Lei de Diretrizes Orçamentárias, transformando-as em Lei, mais precisamente quanto ao artigo 3º, XIII e XVII, artigo 12, parágrafos 1º, 2º, 3º e 4º, artigo 15, *caput*, art. 22, *caput* e parágrafo único, da Lei Estadual nº 2.507, de 4 de julho de 2011". O teor dos dispositivos impugnados, antes e depois das emendas parlamentares que ensejaram a irresignação do Chefe do Poder Executivo Estadual, é o seguinte:

Redação original

Art. 3º (...)

XIII - Garantir que os Poderes sejam fortes e integrados com a sociedade que representam, com foco no exercício da cidadania através da conscientização do Povo de Rondônia, dotando-os de recursos materiais e humanos necessários ao cumprimento eficiente de suas funções.

Redação após emenda parlamentar

Art. 3º (...)

XIII - Garantir um Poder Legislativo forte e integrado com a sociedade que representa, com foco no exercício da cidadania através da conscientização do Povo de Rondônia.

Dispositivo acrescentado por emenda parlamentar
Art. 3º (...)
XVII - Garantir a aplicação dos recursos das emendas parlamentares ao orçamento estadual, das quais, os seus objetivos passam a integrar as metas e prioridades estabelecidas nesta Lei.

Redação original
Art. 12. O Poder Legislativo e Judiciário, o Ministério Público, o Tribunal de Contas do Estado e a Defensoria Pública do Estado compreendendo seus órgãos, fundos e entidades, elaborarão suas respectivas propostas orçamentárias para o exercício financeiro de 2012, tendo como parâmetro para a fixação das despesas da fonte de recursos do tesouro, o conjunto das dotações orçamentárias consignadas na Lei nº 2.368, de 22 de dezembro de 2010 e as suplementações ocorridas durante o exercício de 2011, excetuadas as decorrentes de abertura de créditos adicionais por superávit financeiro, acrescidas de 6,2% (seis pontos e dois décimos percentuais).
§1º A fixação das despesas de outras fontes de recurso dos Poderes, Legislativo e Judiciário, do Ministério Público, do Tribunal de Contas e da Defensoria Pública do Estado terá como parâmetro a projeção de receitas para o exercício de 2012, compreendendo as receitas de seus respectivos fundos, bem como a estimativa de realização de convênios, operações de créditos e outras transferências.
§2º Existindo excesso de arrecadação na fonte de recursos 100, especificamente nas receitas de IRRF, IPVA, ITCMD, ICMS e FPE, no exercício financeiro de 2012, os valores apurados serão repartidos de forma proporcional ao orçamento inicial dos Poderes Executivo, Legislativo e Judiciário, bem como do Ministério Público do Estado, Tribunal de Contas do Estado e Defensoria Pública do Estado.
§3º A repartição dos recursos previstos no parágrafo anterior se dará por meio da apuração, realizada pelo Poder Executivo, ao final do segundo quadrimestre do exercício da existência de saldo positivo das diferenças, acumuladas mês a mês, entre a arrecadação prevista e a realizada, ficando o Poder Executivo, autorizado a proceder à repartição do montante apurado de acordo com a participação percentual de cada Poder e órgão em relação ao total do orçamento da fonte de recursos do tesouro aprovado para o exercício de 2012.

Redação após emenda parlamentar
Art. 12. Os Poderes Executivo, Legislativo e Judiciário, o Ministério Público, o Tribunal de Contas do Estado e a Defensoria Pública do Estado compreendendo seus órgãos, fundos e entidades, elaborarão suas respectivas propostas orçamentárias para o exercício financeiro de 2012, tendo como parâmetro para a fixação das despesas da fonte de recursos 0100, o conjunto das dotações orçamentárias consignadas na Lei nº 2.368, de 22 de dezembro de 2010 e as suplementações ocorridas durante o exercício de 2011, excetuadas as decorrentes de abertura de créditos adicionais por superávit financeiro, acrescidas do mesmo percentual de projeção de crescimento do total das receitas da fonte de recursos 0100 para o exercício financeiro de 2012.

§1º A fixação das despesas de outras fontes de recurso dos Poderes Executivo, Legislativo e Judiciário, do Ministério Público, do Tribunal de Contas e da Defensoria Pública do Estado terá como parâmetro a projeção de receitas para o exercício de 2012, compreendendo as receitas de seus respectivos fundos, bem como a estimativa de realização de convênios, operações de créditos e outras transferências.

§2º Existindo excesso de arrecadação na fonte de recursos 0100, no exercício financeiro de 2012, os valores apurados serão repartidos de forma proporcional ao orçamento inicial dos Poderes Executivo, Legislativo e Judiciário, bem como do Ministério Público do Estado, Tribunal de Contas do Estado e Defensoria Pública do Estado.

§3º A repartição dos recursos previstos no parágrafo anterior se dará por meio da apuração, realizada pelo Poder Executivo, ao final do segundo quadrimestre do exercício da existência de saldo positivo das diferenças, acumuladas mês a mês, entre a arrecadação prevista e a realizada, devendo o Poder Executivo, mediante autorização Legislativa, proceder à repartição do montante apurado de acordo com a participação percentual de cada Poder e órgão em relação ao total do orçamento da fonte de recursos do tesouro aprovado para o exercício de 2012.

§4º No exercício financeiro de 2012, se verificado apuração de superávit financeiro na fonte de recursos 0100 do Poder Executivo, referente a excesso de arrecadação do exercício financeiro de 2011, os valores apurados serão repartidos de forma proporcional ao orçamento no final do exercício financeiro de 2011 dos Poderes Executivo, Legislativo e Judiciário, bem como do Ministério Público do Estado, Tribunal de Contas do Estado e Defensoria Pública do Estado.

Redação original
Art. 15. É vedada a inclusão, na lei orçamentária e em seus créditos adicionais, de dotações a título de subvenções sociais, ressalvadas aquelas destinadas à cobertura de despesas de custeios a entidades privadas sem fins lucrativos, de atividades de natureza continuada, que preencham uma das seguintes condições: (...)

Redação após emenda parlamentar
Art. 15. É vedada a inclusão, na lei orçamentária e em seus créditos adicionais, de dotações a título de subvenções sociais, ressalvadas aquelas destinadas à cobertura de despesas a entidades privadas sem fins lucrativos, de atividades de natureza continuada, que preencham uma das seguintes condições: (...).

Redação original
Art. 22. Para o atendimento de despesas com emendas ao projeto de lei orçamentária, apresentadas na forma dos §§2º e 3º do artigo 166 da Constituição Federal, o Poder Executivo disponibilizará na Secretaria de Estado de Planejamento e Coordenação Geral - SEPLAN o montante de R$24.000.000,00 (vinte e quatro milhões de reais) para emendas individuais e R$24.000.000,00 (vinte e quatro milhões de reais) para emendas de bloco ou bancada.

§1º Nos termos do *caput* do artigo 136-A da Constituição Estadual, no exercício de 2012 serão de execução obrigatória as emendas aprovadas pelo Poder Legislativo de que trata este artigo.

§2º Constará na lei orçamentária demonstrativo das emendas parlamentares aprovadas pela Assembleia Legislativa na mesma forma e nível do detalhamento estabelecido no Art. 4º desta lei.

§3º As emendas parlamentares ao projeto de lei orçamentária para o exercício de 2012 deverão estar em conformidade com os objetivos e metas relativas aos programas temáticos constantes no plano Plurianual PPA para o período de 2012-2015.

Redação após emenda parlamentar

Art. 22. Para o atendimento de despesas com emendas ao projeto de lei orçamentária, apresentadas na forma dos §§2º e 3º do artigo 166 da Constituição Federal, o Poder Executivo disponibilizará na SEPLAN o montante de R$4.000.000,00

(cinquenta e quatro milhões de reais) para emendas individuais e R$54.000.000,00 (cinquenta e quatro milhões de reais) para emendas de bloco ou bancada.

Parágrafo único. Nos termos do *caput* do artigo 136-A da Constituição Estadual, no exercício de 2012 serão de execução obrigatória as emendas aprovadas pelo Poder Legislativo de que trata este artigo.

Alega o autor que o Poder Legislativo estadual, ao emendar o Projeto de Lei de Diretrizes Orçamentárias nos dispositivos assinalados, superando o veto a eles aposto, teria incorrido em diversas violações à Constituição Federal, notadamente: (i) ao princípio da Separação de Poderes (CF, art. 2º), na medida em que substituída a expressão "garantir que os Poderes sejam fortes e integrados com a sociedade" por "garantir um Poder Legislativo forte e integrado com a sociedade" (art. 3º, XIII, do Diploma impugnado), fragilizando a harmonia entre os poderes políticos; (ii) ao princípio da impessoalidade (CF, art. 37, *caput*), porquanto incluída disposição que confere o *status* de metas e prioridades da administração pública, nos termos do art. 165, parágrafos 1º e 2º, da CF, às emendas parlamentares ao orçamento, a fim de "garantir a aplicação dos recursos" (art. 3º, XVII, do Diploma impugnado), desvirtuando, segundo a inicial, o planejamento administrativo inerente à esfera de atribuição do Poder Executivo; (iii) ao prever o repasse proporcional, aos demais Poderes, de quaisquer acréscimos na receita do Estado advindos de *excesso de arrecadação* (art. 12, parágrafos 1º, 2º, 3º e 4º, do Diploma impugnado), inviabilizando "a atuação do Executivo, que como já dito em linhas anteriores, deve atender uma série de demandas nas mais diversas áreas, a exemplo da saúde, educação e as de cunho social"; (iv) ao modificar a redação do art. 15 do Diploma impugnado, para permitir subvenções sociais a entidades privadas sem fins lucrativos ainda que fora do âmbito das despesas "de custeio", violando o art. 63, I, da Constituição Federal; e (v) ao substituir a previsão original do montante de R$24.000.000,00 para emendas parlamentares individuais e de R$24.000.000,00 para emendas parlamentares de bloco ou bancada por, respectivamente, R$54.000.000,00 e R$54.000.000,00, em suposta desarmonia com o plano plurianual, e, além disso, ao determinar que tais emendas "serão de execução obrigatória" (art. 22, *caput* e parágrafo único, do Diploma impugnado), incorrendo em ofensa igualmente aos arts. 63, I, e 166, parágrafos 1º, 3º e 4º, da Constituição Federal. Como justificativa para a medida liminar, aduziu que o interesse público será "severamente afetado com as alterações introduzidas pelas emendas destacadas nesta ação direta de inconstitucionalidade", e que "a Lei Orçamentária Anual, que deverá ser elaborada até o dia 30 de outubro próximo, caso não seja deferida a liminar aqui pleiteada, deverá estar submetida à Lei de Diretrizes Orçamentárias que, conforme o arrazoado já apresentado traz inúmeros dispositivos inconstitucionais, o que não pode ser suportado pelo Estado".

Na sequência foi proferido despacho aplicando ao caso o procedimento previsto no art. 10 da Lei nº 9.868/99, a fim de viabilizar o julgamento colegiado da medida cautelar. Para tanto, determinou-se a intimação da Assembleia Legislativa estadual para que prestasse informações no prazo de cinco dias, bem como a oitiva do Advogado-Geral da União e da Procuradoria-Geral da República no prazo sucessivo de três.

Após, a Assembleia Legislativa do Estado de Rondônia apresentou petição defendendo a validade dos dispositivos impugnados. Assentou, em primeiro lugar, que as metas e prioridades definidas no art. 3º da Lei impugnada deveriam ser atendidas apenas após o cumprimento das obrigações legais e constitucionais do Estado, e que as emendas parlamentares ao orçamento representariam a expressão dos anseios da sociedade, garantindo a "participação popular nas questões de Governo", de vez que comumente "ignoradas como se não fossem parte integrante do orçamento". Aduziu, na sequência, que a repartição proporcional do superávit de receita atenderia ao princípio da isonomia no que concerne aos demais Poderes, e, segundo o art. 99, §1º, da Constituição Federal, os "limites estipulados na LDO para elaboração dos orçamentos não são iniciativa exclusiva do Poder Executivo", devendo ser elaborados conjuntamente com os demais Poderes. Asseverou, ainda, que "na hipótese de não ocorrer superávit e sim déficit de arrecadação, o Poder Executivo promoverá o contingenciamento, proporcional e igualitário para todos. Ora, se houver excesso de arrecadação o tratamento deve ser o mesmo". Segundo alegado, ademais, a redação do art. 15 da Lei impugnada apenas *autoriza* a instituição de subvenções sociais para despesas ainda que não restritas ao custeio de tais entidades, atendendo ao que dispõe o art. 26 da Lei de Responsabilidade Fiscal, sendo que o disposto nos arts. 16 e 17 da Lei nº 4.320/64 "não implementa normativa restritiva quanto à disponibilidade de receita para custeio ou capital a estas entidades privadas sem fins lucrativos". Por fim, no que concerne ao aumento do limite destinado às emendas parlamentares individuais e de bancada ou de bloco, sustentou que "a Lei de Diretrizes Orçamentárias para o exercício de 2011 já incluía recursos da ordem de R$48 milhões para emendas individuais e R$48 milhões para emendas de bancadas", sendo que, "para o exercício de 2012, o Poder Legislativo utilizou-se dos valores da LDO 2011, acrescida da projeção de crescimento das receitas no Anexo de Metas Fiscais, Tabela 3 Demonstrativo III Metas Fiscais Atuais Comparadas com as Fixadas nos Três Exercícios Anteriores, valores a preços correntes, cujo percentual chegou a 14,28%", o que se justificaria diante do crescimento econômico do Estado de Rondônia, notadamente "por conta da construção das duas usinas hidrelétricas no rio madeira (Jirau e Santo Antônio)".

Na sequência, manifestou-se o Advogado-Geral da União pela constitucionalidade da Lei impugnada. Aduziu, em primeiro lugar, que as metas e prioridades elencadas no art. 3º do Diploma impugnado deveriam ser atingidas apenas após "atendidas as despesas que constituem obrigação constitucional ou legal do Estado e as despesas de funcionamento de seus órgãos e entidades". De outro lado, sustentou que o repasse proporcional do excesso de arrecadação aos demais Poderes atenderia ao princípio da isonomia, e que as emendas ao projeto de Lei de Diretrizes Orçamentárias "são admitidas livremente, ainda que acarretem maiores despesas", porquanto submetidas apenas à observância do que prescreve o art. 166, §4º, da Constituição Federal. Asseverou, além disso, que não poderia ser realizado, nesta sede, o controle da pertinência das emendas ao conteúdo do Plano Plurianual, porquanto parâmetro imediato que não repousa na própria Constituição Federal, sendo que "a inicial apresentada não tece fundamento algum para demonstrar a suposta incongruência". Afirmou, ainda, que a Lei nº 4.320/64 e a Lei Complementar nº 101/00 "não fazem qualquer restrição quanto à disponibilidade de receita para custeio ou capital" às entidades privadas sem fins lucrativos. Por fim, quanto ao *periculum in mora*, aduziu que a suspensão dos efeitos dos dispositivos impugnados "implicaria sério risco para a ordenação de receitas e despesas do Estado de Rondônia", na medida em que o ato normativo impugnado "orientará a elaboração da lei orçamentária anual".

Na data de 25 de outubro de 2011 foi aberta vista dos autos ao Procurador-Geral da República, para a emissão de parecer nos termos do art. 10, §1º, parte final, da Lei nº 9.868/99. Contudo, diante do risco de encerramento do ano judiciário, e levando em conta a relevância da argumentação da inicial, passo à análise da medida liminar na presente oportunidade, sobretudo pela impossibilidade prática de realização tempestiva do julgamento colegiado, muito embora até o momento ainda não tenha sido lançado nos autos o parecer do Ministério Público, fazendo uso, para tanto, do permissivo legal para a dispensa de manifestação do *parquet* no julgamento cautelar em ação direta de inconstitucionalidade (Lei nº 9.868/99, art. 10, §1º, primeira parte).

É o relatório. Decido.

Conheço da presente ação direta, já que ajuizada por agente dotado de legitimidade ativa *ad causam* nos termos do art. 103, V, da Constituição Federal. Além disso, destaco que a admissibilidade de impugnação, em sede de controle abstrato, de *leis orçamentárias* foi reconhecida por este Supremo Tribunal Federal no julgamento da ADI nº 4.048-MC/DF, Rel. Min. Gilmar Mendes. Muito embora naquela hipótese estivesse em pauta lei de abertura de crédito extraordinário, de conteúdo diverso, portanto, da Lei de Diretrizes Orçamentárias ora examinada, não parece haver qualquer consequência digna de relevo, para esse fim, fundada na distinção entre os dois diplomas, já que no citado precedente operou-se a virada na tradicional jurisprudência desta Corte para assentar a plena "possibilidade de submissão das normas orçamentárias ao controle abstrato de constitucionalidade". Concretizando essa nova orientação, a admissibilidade de ADI especificamente contra Lei de Diretrizes Orçamentárias foi assentada pelo Plenário deste Supremo Tribunal Federal no julgamento da medida cautelar na ADI nº 3.949/DF, Rel. Min. Gilmar Mendes, superando-se os precedentes até então proferidos na ADI nº 2.484-MC, Rel. Min. Carlos Velloso, julg. 19.12.2001, e na ADI nº 2.535-MC, Rel. Min. Sepúlveda Pertence, julg. 19.12.2001.

No mérito, porém, entendo que a argumentação do autor se revela apenas parcialmente procedente.

A controvérsia dos autos reclama a análise do papel desempenhado pela Lei de Diretrizes Orçamentárias na Constituição Federal de 1988. Como se sabe, o sistema orçamentário constitucional estabelece o convívio harmonioso de três diplomas legislativos da mais alta significação, todos de iniciativa privativa do Chefe do Poder Executivo (CF, art. 165, *caput* e incisos I a III): (i) o plano plurianual, (ii) a lei de diretrizes orçamentárias e (iii) a lei orçamentária anual. O fio condutor que une teleologicamente tais atos normativos, e que inspirou o constituinte de 1988 notadamente à luz do exemplo alemão (TORRES, Ricardo Lobo. *Tratado de direito constitucional financeiro e tributário*. Rio de Janeiro: Renovar, 2008. v. 5, O orçamento na Constituição, p. 78), consiste na busca pelo *planejamento* e pela *programação* na atividade financeira do Estado, de modo a concretizar os princípios da economicidade e da eficiência na obtenção de receitas e na realização das despesas públicas, indispensáveis à satisfação dos interesses sociais por uma Administração Pública guiada pelo moderno paradigma do resultado (MOREIRA NETO, Diogo de Figueiredo. *Quatro paradigmas do direito administrativo pós-moderno*: legitimidade, finalidade, eficiência, resultados. Belo Horizonte: Fórum, 2008. p. 123 *et seq.*).

Assim, previu o constituinte, em primeiro lugar, a necessidade de edição de um plano plurianual, com vigência de quatro anos não coincidente com o mandato presidencial (ADCT, art. 35, §2º, I), no qual devem ser estabelecidas as diretrizes, objetivos e metas da administração pública para as despesas de capital e outras delas decorrentes e para as relativas aos programas de duração continuada (CF, art. 165, §1º).

A busca pelo planejamento é concretizada, na sequência, pela edição da Lei de Diretrizes Orçamentárias, que, observando-se o prazo para devolução do respectivo projeto, pelo Legislativo, à sanção, fixado no art. 35, §2º, II, do ADCT, tem por função precípua — mas não única, ressalte-se — orientar a elaboração da lei orçamentária anual. Deve, para tanto, compreender as metas e prioridades da administração pública, incluindo as despesas de capital para o exercício financeiro subsequente, dispondo sobre as alterações na legislação tributária e estabelecendo a política de aplicação das agências financeiras oficiais de fomento (CF, art. 165, §2º). Paralelamente, também cabe à referida espécie normativa o papel enunciado pelo art. 169, §1º, II, da Constituição, que condiciona a criação de determinadas despesas da Administração Pública à "autorização específica na lei de diretrizes orçamentárias". Foi com base nesse pano de fundo, portanto, que esta Suprema Corte assentou, no julgamento da Questão de Ordem na ADI nº 612/RJ, Rel. Min. Celso de Mello, que a Lei de Diretrizes Orçamentárias "constitui um dos mais importantes instrumentos normativos do novo sistema orçamentário brasileiro".

Com o advento da Lei de Responsabilidade Fiscal (LC nº 101/00), incrementou-se ainda mais o papel da Lei de Diretrizes Orçamentárias, já que o art. 4º daquela lei complementar nacional definiu caber à LDO, agora integrada também pelo Anexo de Metas Fiscais e pelo Anexo de Riscos Fiscais (parágrafos 1º a 3º), dispor sobre equilíbrio de receitas e despesas, critérios e formas de limitação de empenho nas hipóteses ali especificadas, normas relativas ao controle de custos e à avaliação dos resultados dos programas financiados com recursos dos orçamentos, e, por fim, demais condições e exigências para transferências de recursos a entidades públicas e privadas (art. 4º, I, "a", "b", "e" e "f", da LRF).

Por fim, o complexo sistema orçamentário da Constituição Federal de 1988 é encerrado com a lei orçamentária anual, que deve compreender, sempre em estrita consonância com o plano plurianual e com a Lei de Diretrizes Orçamentárias (CF, art. 165, §7º), as vertentes do orçamento fiscal, de investimento e da seguridade social (CF, art. 165, §5º, incisos I a III), acompanhados de "demonstrativo regionalizado do efeito, sobre as receitas e despesas, decorrente de isenções, anistias, remissões, subsídios e benefícios de natureza financeira, tributária e creditícia" (CF, art. 165, §6º).

Pois bem. O primeiro ponto suscitado pelo autor na presente ação direta de inconstitucionalidade diz respeito à redação conferida por emenda parlamentar ao inciso XIII do art. 3º da Lei de Diretrizes Orçamentárias de Rondônia (Lei nº 2.507/11), que, supostamente, teria desequilibrado a harmonia que deve presidir o relacionamento entre os poderes políticos (CF, art. 2º). Eis a redação do dispositivo:

Redação original
Art. 3º (...)
XIII - Garantir que os Poderes sejam fortes e integrados com a sociedade que representam, com foco no exercício da cidadania através da conscientização do Povo de Rondônia, dotando-os de recursos materiais e humanos necessários ao cumprimento eficiente de suas funções.

Redação após emenda parlamentar
Art. 3º (...)
XIII - Garantir um Poder Legislativo forte e integrado com a sociedade que representa, com foco no exercício da cidadania através da conscientização do Povo de Rondônia.

Ressoa claro, no entanto, o viés retórico atribuído ao texto normativo pelo Parlamento. Em última análise, o que pretendeu a Assembleia Legislativa estadual, com a modificação introduzida, foi apenas expressar solenemente o sentido moderno da democracia representativa, revelando a conexão ínsita entre os mandatários políticos e a sociedade representada. Se, por certo, não só o Poder Legislativo busca raízes de legitimidade no povo, já que, como afirma a Constituição Federal de 1988, é deste último que todo o poder emana (CF, art. 1º, parágrafo único), nem por isso se pode ignorar que cabe ao Parlamento, na lógica que perpassa a tripartição dos poderes, a primazia no papel de caixa de ressonância da vontade popular, derivada (i) da forma de provimento de seus cargos pela via do batismo democrático e, simultaneamente, (ii) da composição plúrima a espelhar os diversos segmentos da sociedade.

Em outras palavras, a redação que ao final se atribuiu ao inciso XIII do art. 3º da Lei impugnada limitou-se a proclamar o papel central do Legislativo na democracia representativa, sem que daí se possa extrair *qualquer consequência de ordem jurídica*. Neste cenário, o alegado risco de fortalecimento do Poder Legislativo não supera, a rigor, o mero plano da retórica, notadamente porque o dispositivo referido não impõe ao Chefe do Poder Executivo qualquer espécie de conduta que de fato privilegie a Assembleia Estadual na execução orçamentária. Não havendo, assim, perspectiva de concentração de poder ou de que se enseje um cenário propício à prática de arbitrariedades, descabe falar em ofensa ao princípio da Separação de Poderes, razão pela qual rejeito o vício de inconstitucionalidade alegado com relação ao art. 3º, inciso XIII, da LDO de Rondônia.

Passa-se algo diverso, contudo, no que concerne ao inciso XVII do referido art. 3º. Assim dispõe a norma impugnada, *verbis*:

> *Dispositivo acrescentado por emenda parlamentar*
> Art. 3º (...)
> XVII - Garantir a aplicação dos recursos das emendas parlamentares ao orçamento estadual, das quais, os seus objetivos passam a integrar as metas e prioridades estabelecidas nesta Lei.

Nos limites cognitivos próprios à sede cautelar, entendo que o dispositivo padece de inconstitucionalidade à luz do princípio da Separação de Poderes (CF, art. 2º) e da teleologia que inspira o art. 165, parágrafos 1º e 2º, da Constituição Federal.

Com efeito, e na linha do que se afirmou mais acima, ao plano plurianual e à lei de diretrizes orçamentárias compete a fixação de "metas e prioridades da administração pública", restringindo-se o domínio do primeiro àquelas relacionadas às "despesas de capital e outras delas decorrentes e para as relativas aos programas de duração continuada" (OLIVEIRA, Regis Fernandes de. *Curso de direito financeiro*. São Paulo: Revista dos Tribunais, 2011. p. 386), nos termos do art. 165, parágrafos 1º e 2º, da Constituição Federal, de modo a orientarem a elaboração e a execução da lei orçamentária anual à luz do necessário planejamento.

Neste cenário, tolerar, como faz a Lei do Estado de Rondônia, que o Poder Legislativo simplesmente afirme que qualquer decisão casuística que venha a ser por ele tomada, no futuro, ao tempo da deliberação sobre as emendas ao projeto de Lei Orçamentária anual, seja tocada, automaticamente, pelo regime especial das "metas e prioridades da Administração Pública" representaria, em última análise, a frustração do propósito da Constituição, esvaziando as regras dos parágrafos 1º e 2º do art. 165 do texto constitucional com a chancela de uma espécie de *renúncia de planejamento*, em prol de regime de preferência absoluta das decisões do Legislativo.

Sabe-se, por certo, que as Leis de Diretrizes Orçamentárias não gozam de força normativa suficiente a ensejar o nascimento de direitos subjetivos a eventuais interessados na concretização das políticas públicas nela enunciadas, de vez que, como já assentado pela jurisprudência desta Corte, "a previsão de despesa, em lei orçamentária, não gera direito subjetivo a ser assegurado por via judicial" (AR nº 929, Rel. Min. Rodrigues Alckmin, Tribunal Pleno, julg. 25.2.1976). A moderna teoria do direito constitucional, porém, tem ressaltado que as virtualidades da Constituição, inspirada na pretensão de disciplinar o fenômeno político, não podem ser reduzidas exclusivamente ao domínio judicial, cabendo falar em interpretação constitucional realizada pelo legislador e pelo administrador, aos quais se deve reconhecer também papel fundamental na concretização do conteúdo das normas constitucionais (CHEMERINSKY, Erwin. *Constitucional Law*: Principles and Policies. New York: Wolters Kluwer Law & Business, 2011. p. 26-30, mais especialmente à p. 28). Assim, a inexistência de repressão judicial não reduz à insignificância o dever de fidelidade, para a elaboração da lei orçamentária anual, ao planejamento delineado no plano plurianual e na lei de diretrizes orçamentárias, cujo controle deve permanecer a cargo dos agentes políticos dos Poderes Legislativo e Executivo no exercício de suas funções, em hipótese exemplar de diálogo institucional entre os poderes políticos.

Portanto, ausente a programação e o planejamento inerentes à elaboração da Lei de Diretrizes Orçamentárias, a outorga desse *status* especial de maneira uniforme e invariável perde a respectiva razão subjacente, sobretudo por não ser possível apontar qualquer distinção de relevo, para esse fim, entre as decisões políticas advindas de emendas parlamentares à Lei Orçamentária Anual e, de outro lado, as decisões políticas similares tomadas pelo Poder Executivo ao encaminhar o respectivo projeto de Lei no exercício da reserva de iniciativa prevista no art. 165, III, da Constituição.

É que, à luz da necessária harmonia entre os poderes políticos (CF, art. 2º), todas as normas previstas na versão promulgada da lei orçamentária anual, sejam elas emanadas da proposta do Poder Executivo ou de emenda apresentada pelo Poder Legislativo, devem ser observadas com o mesmo grau de vinculação pela Administração Pública. Tradicionalmente, sempre reputou a doutrina financista que o orçamento consubstanciava mera norma autorizativa de gastos públicos, sem qualquer pretensão impositiva. Afirma-se, assim, que ainda "hoje a Administração continua com a palavra final para (...) contingenciar dotações orçamentárias", de modo que nada obrigaria o Chefe do Poder Executivo a a realizar as despesas previstas no orçamento (TORRES, Ricardo Lobo. *Tratado de direito constitucional financeiro e tributário*. Rio de Janeiro: Renovar, 2008. v. 5, O orçamento na Constituição, p. 457-458, 128).

Novas vozes, porém, inspiradas nos princípios da Separação de Poderes (CF, art. 2º), da legalidade orçamentária (CF, art. 165, *caput* e incisos I a III) e da democracia (CF, art. 1º, *caput*), têm apontado para a necessidade de se conferir força vinculante ao orçamento público, como forma de reduzir o incontrastável arbítrio do Poder Executivo em prol da imposição de um *dever relativo* — e não verdadeiramente absoluto, saliente-se — de observância das normas do orçamento anual. Confira-se, sobre o tema, a preciosa lição de Eduardo Bastos Furtado de Mendonça, em obra que corresponde à dissertação defendida no Programa de Mestrado em Direito Público da Universidade do Estado do Rio de Janeiro (UERJ) sob a orientação do Professor Luís Roberto Barroso, *verbis*:

> **IV. Os problemas da prática brasileira atual**
>
> (...) apesar de todas as limitações referidas acima, o processo orçamentário poderia ter, pelo menos, a importância de expor à crítica pública as decisões sobre o emprego dos recursos públicos. Contudo, nem isso ocorre, uma vez que as decisões expostas não correspondem às reais. A tese de que o orçamento é meramente autorizativo — que não decorre expressamente de nenhum enunciado normativo — faz com que o Poder Executivo possa liberar as verbas previstas na medida da sua discrição. Algumas despesas são tidas como obrigatórias, mas não por estarem no orçamento, e sim por decorrerem da Constituição ou de outras leis. As decisões efetivamente produzidas no orçamento não decidem de fato, admitindo-se que o Executivo possa redecidir tudo e seguir uma pauta própria de prioridades. E tudo isso sem nem mesmo estar obrigado a motivar as novas escolhas.
>
> Essa constatação já seria suficientemente grave, mas pode ser piorada. O poder conferido pelo orçamento autorizativo não é o de gastar em atividade diversa da prevista. É apenas o poder de não agir, o *poder de não fazer nada*. Para remanejar recursos entre opções de gasto, a Constituição instituiu um procedimento formal, exigindo o manejo de créditos adicionais. Assim, o que o orçamento autorizativo permite, na prática, é a inércia. Essa prerrogativa evidentemente esvazia a decisão sobre as prioridades públicas, produzida no processo deliberativo. O executivo realiza um novo juízo sobre tais prioridades e pode entender que não são prioridades de fato, passando por cima do que fora decidido. Tal poder ainda pode ser usado para dois propósitos:
>
> i) o Executivo pode retardar a liberação dos recursos e, na prática, até condicioná-la a determinados interesses políticos. Já são famosas as liberações orçamentárias ocorridas em período eleitoral ou em momentos de crise política, geralmente em projetos de interesse direto dos parlamentares;

ii) o Executivo pode reter os recursos até o final do exercício, geralmente tendo em vista a superação de metas fiscais. A ligação entre os contingenciamentos orçamentários e as metas de superávit primário já são noticiadas pela imprensa e sequer são negadas pelo Poder Executivo. Contingenciamentos expressivos são realizados poucos dias depois da aprovação do orçamento. Veja-se que não se está condenando essa opção do emprego do dinheiro público, em si mesmo, e sim sustentando que ela não deveria ser tratada com mais deferência do que todas as outras opções, contornando o processo deliberativo orçamentário. As metas fiscais são levadas em conta na elaboração do orçamento, que já é aprovado com dotações para o pagamento de encargos e amortizações da dívida pública, bem como com dotações de reserva. Aumentar tais dotações é uma decisão orçamentária possível, devendo se submeter ao procedimento instituído pela Constituição. Não se justifica que o Presidente tenha um poder imperial nessa matéria, redefinindo prioridades de forma monocrática e imotivada.

V. A mudança possível e necessária

(...) o orçamento deve ser vinculante, em alguma medida. Não se deve assumir como corriqueiro que as decisões produzidas possam ser simplesmente ignoradas, sem qualquer procedimento formal. Nesse ponto, duas modalidades de vinculação foram apresentadas. A primeira é a que se entende verdadeiramente devida, decorrente dos princípios constitucionais analisados. Por isso foi denominada de *vinculação autêntica*. A segunda consiste apenas no dever de motivar eventuais desvios da rota planejada, uma obrigação de dar satisfações sobre os motivos que justificariam a decisão. Foi denominada *vinculação mínima*. Cabe fazer uma nota sobre cada uma delas.

i) *vinculação autêntica:* cuida-se da vinculação *stricto sensu*. O orçamento aprovado deve ser tratado como a generalidade dos atos do Poder Público, com presunção de imperatividade. Modificações serão possíveis por meio de créditos adicionais, tal como já ocorre atualmente. Inclusive por meio de créditos suplementares, que muitas vezes podem ser abertos por decisão autônoma do Presidente. A única prerrogativa que desapareceria seria o *poder de não agir*, a inércia referida acima. Algumas considerações são necessárias:

- O orçamento teria eficácia de lei, mas não de ato supralegal. Isso significa que certas decisões, vedadas ao legislador, tampouco poderiam ser produzidas pela via do orçamento. Existem espaços de *reserva de administração*, atos cuja realização é atribuída à Administração Pública, que pode decidir sobre a conveniência da sua realização. Assim, entende-se que a Administração não pode, em situações normais pelo menos, ser obrigada a celebrar contratos ou realizar concursos públicos. Eventuais dotações que prevejam recursos para essas atividades não as converteriam em obrigatórias.

- As dotações podem ser redigidas com diferentes níveis de especificidade. Esse dado irá influir na extensão do dever imposto ao agente encarregado da execução. Seria ingênuo supor que todas as atividades administrativas concretas serão previstas no orçamento. Além de impossível, isso seria até contraproducente. Assim, é possível identificar a existência de uma *discricionariedade interna*, verificada no interior da própria dotação, em extensão variável. Se o legislador quiser ser específico, poderá ser. Assim como pode impor exigências específicas pelas leis em geral, sem que se cogite de qualquer violação à separação de poderes. A discricionariedade administrativa é balizada pela lei, não o contrário. No entanto, a tendência — por motivos mais do que evidentes — é que predominem dotações de conteúdo aberto, atribuindo grande liberdade de atuação ao Administrador.

A observação do orçamento público, nos dias de hoje, demonstra que a imensa maioria das dotações segue essa linha, muitas vezes definindo apenas uma determinada política pública em seus objetivos gerais.

Em qualquer caso, especialmente nos casos de dotação aberta, a vinculação orçamentária nunca deverá ser convertida em um dever genérico de gastar ou em um direito subjetivo ao gasto, considerado em si mesmo. A ordem jurídica impõe deveres ao Estado, que podem envolver custos. Isso é diferente de se exigir o gasto por si mesmo. No caso de dotações em que uma atividade seja desde logo especificada, esta será exigível. É possível que a dotação não seja exaurida, *e.g.*, em razão de economias inesperadas.

No caso de dotações que não realizem tal identificação, o que pode exigir é uma *execução razoável*. Isso significa que o administrador não poderá simplesmente ignorar a dotação — que espelha uma prioridade definida no processo deliberativo — nem lhe dar execução meramente simbólica. É possível exigir que sejam desenvolvidas atividades compatíveis com a expressão econômica da dotação, que afinal espelha o "grau de prioridade" a ela atribuído. Não se deve exigir, porém, que os recursos sejam necessariamente exauridos, cabendo ao administrador demonstrar, de forma motivada, os motivos pelos quais os recursos remanescentes não puderam ser empregados (imagine-se, *e.g.*, que atividades importantes tenham sido desenvolvidas, mas os recursos remanescentes não sejam capazes de financiar uma nova iniciativa adequada à natureza do setor em questão). Como se percebe, abre-se um espaço de controle pelo princípio da razoabilidade, com as ressalvas a ele pertinentes (especialmente o cuidado que os agentes controladores devem ter para não sufocar escolhas legítimas e substituí-las por suas preferências pessoais). Vale destacar que esse tipo de controle da atividade administrativa com base em parâmetros fluidos não representa qualquer novidade para a ordem jurídica.

ii) vinculação mínima: cuida-se aqui do mínimo do mínimo, apenas o dever de motivar o descumprimento da previsão inicial. A rigor, sequer se trata de verdadeira vinculação, salvo por exigir que o administrador leve em conta a decisão orçamentária e forneça motivos para a sua superação. Com isso, evita-se, ao menos, que o contingenciamento passe despercebido, obrigando o administrador a assumir formalmente uma posição e sustentá-la no espaço público. Como se sabe, a exigência de motivação encontra amparo em diversos dispositivos constitucionais e legais. No caso há algumas circunstâncias a merecer especial consideração.

- A motivação se justifica pelo descumprimento da previsão inicial, que fora assentada no processo deliberativo público. Introduzir essa nova decisão no espaço público é o mínimo que se pode fazer para evitar que o processo político seja inteiramente falseado. Adicionalmente, a motivação é necessária para que a nova opção possa ser compreendida. Como referido, cada opção de emprego do dinheiro público tem um valor intrínseco, mas é somente na comparação com outras opções que se pode avaliar plenamente seu mérito. Sem motivação, uma decisão pontual dirá muito pouco a seus destinatários, a menos que se trate de manifestação teratológica. Cabe ao administrador — que por definição sabe os motivos que o levam a decidir — expor tais motivos de forma pública e racional, conectando o ato específico com o sistema no qual se insere. Somente assim será possível um controle social minimamente efetivo.

- Por uma inferência lógica, é possível concluir que o dever de motivar não impõe um ônus elevado do ponto de vista organizacional. Veja-se que havia uma pauta de prioridades, definida por um procedimento deliberativo parlamentar conduzido a partir de projeto encaminhado pelo próprio Poder Executivo. Se esse plano inicial está sendo superado, parece evidente que o responsável pela decisão sabe os motivos e deverá ser capaz de enunciá-los. Motivação não significa fabricação de motivos sob pressão ou encomenda, e sim a sua exteriorização. Isso é ainda mais verdadeiro quando se foge a um planejamento inicial. A própria Constituição incorporou essa lógica, conferindo a todos os indivíduos o direito de solicitar informações ao Poder Público, inclusive sobre assuntos de interesse coletivo ou geral (CF/88, art. 5º, XXXIII). Basta, portanto, que a Administração forneça por conta própria as respostas que teria de fornecer mediante provocação.

Por meio de uma vinculação autêntica, ou mesmo pela vinculação mínima a que se acaba de descrever, o processo deliberativo orçamentário seria convertido em verdadeiro momento decisório, criando-se um novo e privilegiado espaço de controle social do Poder Público, sem prejuízo das demais implicações referidas ao longo do trabalho. O orçamento deveria funcionar como uma pauta de prioridades, definida de forma deliberativa e com ampla publicidade. No entanto, como não é vinculante nem mesmo *a priori*, o resultado é exatamente o oposto. O orçamento se converte na saída fácil: uma forma de manter na pauta decisória formal e até de dar tratamento supostamente privilegiado a questões que não poderiam ser simplesmente esquecidas — como diversas necessidades sociais prementes —, sem, contudo, assumir compromissos reais. Cria-se uma pauta simbólica de prioridades, que acaba falseando o processo político. Tal constatação já bastaria para se pensar em levar a sério o orçamento público e sua execução. (MENDONÇA, Eduardo Bastos Furtado de. A *constitucionalização das finanças públicas no Brasil*: devido processo orçamentário e democracia. Rio de Janeiro: Renovar, 2010. p. 392-397)

No limite das possibilidades das práticas constitucionais ainda vigentes no cenário nacional, impõe-se reconhecer ao menos a denominada *vinculação mínima* das normas orçamentárias, capaz de impor um dever *prima facie* de acatamento, ressalvada a motivação administrativa que justifique o descumprimento com amparo na razoabilidade. É este, portanto, o sentido próprio da vinculação do Poder Executivo ao orçamento anual, e que não permite qualquer distinção, para esse fim, entre as normas oriundas de emendas parlamentares ou aqueloutras remanescentes do projeto encaminhado pelo Executivo.

Registro, nesse ponto, que deve ser rejeitado o argumento de violação ao princípio da impessoalidade, suscitado pelo autor com amparo nos "interesses pessoais de cada parlamentar" subjacentes à sistemática de apresentação das emendas. Muito embora, conforme assinala a doutrina, o regime das emendas parlamentares ao orçamento possa ensejar manipulações casuísticas de modo a satisfazer interesses individuais, não se pode ignorar que a teleologia que o informa deita raízes, em abstrato, na concepção democrática de controle da máquina administrativa pelo Legislativo, como instrumento de realização de políticas públicas setoriais canalizadas ao Parlamento pelos mandatários políticos, que conferem voz às demandas sociais através das emendas apresentadas. Fala-se, assim, em uma autêntica *função de controle* do orçamento público, norteada pelo afã de concretizar o princípio democrático no domínio financeiro (MENDONÇA, Eduardo Bastos Furtado de. *A constitucionalização das finanças públicas no Brasil*: devido processo orçamentário e democracia. Rio de Janeiro: Renovar, 2010. p. 143 *et seq.*). Por isso, e levando-se em conta que não se deve proibir o uso pelo mero risco de abuso, descabe falar, *in casu*, em ofensa ao princípio da impessoalidade.

Acolho, assim, a argumentação da inicial para reconhecer o vício de inconstitucionalidade material do art. 3º, inciso XVII, da LDO de Rondônia, por violar o princípio da Separação de Poderes e por subverter a teleologia que informa os parágrafos 1º e 2º do art. 165 da Constituição.

Passo ao exame da validade do art. 12, *caput* e parágrafos, da Lei impugnada, que prevê a distribuição proporcional, entre os poderes políticos, de quaisquer acréscimos na receita do Estado advindos de *excesso de arrecadação*. Os dispositivos foram assim redigidos, *verbis*:

Redação original

Art. 12. O Poder Legislativo e Judiciário, o Ministério Público, o Tribunal de Contas do Estado e a Defensoria Pública do Estado compreendendo seus órgãos, fundos e entidades, elaborarão suas respectivas propostas orçamentárias para o exercício financeiro de 2012, tendo como parâmetro para a fixação das despesas da fonte de recursos do tesouro, o conjunto das dotações orçamentárias consignadas na Lei nº 2.368, de 22 de dezembro de 2010 e as suplementações ocorridas durante o exercício de 2011, excetuadas as decorrentes de abertura de créditos adicionais por superávit financeiro, acrescidas de 6,2% (seis pontos e dois décimos percentuais).

§1º A fixação das despesas de outras fontes de recurso dos Poderes, Legislativo e Judiciário, do Ministério Público, do Tribunal de Contas e da Defensoria Pública do Estado terá como parâmetro a projeção de receitas para o exercício de 2012, compreendendo as receitas de seus respectivos fundos, bem como a estimativa de realização de convênios, operações de créditos e outras transferências.

§2º Existindo excesso de arrecadação na fonte de recursos 100, especificamente nas receitas de IRRF, IPVA, ITCMD, ICMS e FPE, no exercício financeiro de 2012, os valores apurados serão repartidos de forma proporcional ao orçamento inicial dos Poderes Executivo, Legislativo e Judiciário, bem como do Ministério Público do Estado, Tribunal de Contas do Estado e Defensoria Pública do Estado.

§3º A repartição dos recursos previstos no parágrafo anterior se dará por meio da apuração, realizada pelo Poder Executivo, ao final do segundo quadrimestre do exercício da existência de saldo positivo das diferenças, acumuladas mês a mês, entre a arrecadação prevista e a realizada, ficando o Poder Executivo, autorizado a proceder à repartição do montante apurado de acordo com a participação percentual de cada Poder e órgão em relação ao total do orçamento da fonte de recursos do tesouro aprovado para o exercício de 2012.

Redação após emenda parlamentar

Art. 12. Os Poderes Executivo, Legislativo e Judiciário, o Ministério Público, o Tribunal de Contas do Estado e a Defensoria Pública do Estado compreendendo seus órgãos, fundos e entidades, elaborarão suas respectivas propostas orçamentárias para o exercício financeiro de 2012, tendo como parâmetro para a fixação das despesas da fonte de recursos 0100, o conjunto das dotações orçamentárias consignadas na Lei nº 2.368, de 22 de dezembro de 2010 e as suplementações ocorridas durante o exercício de 2011, excetuadas as decorrentes de abertura de créditos adicionais por superávit financeiro, acrescidas do mesmo percentual de projeção de crescimento do total das receitas da fonte de recursos 0100 para o exercício financeiro de 2012.

§1º A fixação das despesas de outras fontes de recurso dos Poderes Executivo, Legislativo e Judiciário, do Ministério Público, do Tribunal de Contas e da Defensoria Pública do Estado terá como parâmetro a projeção de receitas para o exercício de 2012, compreendendo as receitas de seus respectivos fundos, bem como a estimativa de realização de convênios, operações de créditos e outras transferências.

§2º Existindo excesso de arrecadação na fonte de recursos 0100, no exercício financeiro de 2012, os valores apurados serão repartidos de forma proporcional ao orçamento inicial dos Poderes Executivo, Legislativo e Judiciário, bem como do Ministério Público do Estado, Tribunal de Contas do Estado e Defensoria Pública do Estado.

§3º A repartição dos recursos previstos no parágrafo anterior se dará por meio da apuração, realizada pelo Poder Executivo, ao final do segundo quadrimestre do exercício da existência de saldo positivo das diferenças, acumuladas mês a mês, entre a arrecadação prevista e a realizada, devendo o Poder Executivo, mediante autorização Legislativa, proceder à repartição do montante apurado de acordo com a participação percentual de cada Poder e órgão em relação ao total do orçamento da fonte de recursos do tesouro aprovado para o exercício de 2012.

§4º No exercício financeiro de 2012, se verificado apuração de superávit financeiro na fonte de recursos 0100 do Poder Executivo, referente a excesso de arrecadação do exercício financeiro de 2011, os valores apurados serão repartidos de forma proporcional ao orçamento no final do exercício financeiro de 2011 dos Poderes Executivo, Legislativo e Judiciário, bem como do Ministério Público do Estado, Tribunal de Contas do Estado e Defensoria Pública do Estado.

Segundo o autor, a sistemática da Lei, na forma em que aprovada na Assembleia Legislativa, ao "permitir que 100% (cem por cento) de todas as receitas que porventura ingressem nos cofres estaduais sirvam de base para os repasses aos Poderes, aí incluídos o Ministério Púbico, o Tribunal de Contas e a Defensoria Pública, inviabiliza a atuação do Executivo, que como já dito em linhas anteriores deve atender uma série de demandas nas mais diversas áreas, a exemplo da saúde, educação e as de cunho social". Sustenta, ainda, que autorização do Poder Legislativo prevista no §3º do dispositivo traduziria "interferência teratológica" nas atribuições do Poder Executivo, violando a cláusula constitucional de Separação de Poderes.

Com a devida vênia, no entanto, o argumento não procede. Como asseverou a Advocacia-Geral da União nos presentes autos, ao defender a validade do dispositivo, "o orçamento ordinário, aquele que a Administração Pública deverá gerir no exercício vindouro, é o que deve ser considerado como parâmetro para o planejamento das ações e políticas de saúde, educação, infraestrutura, e outras políticas sociais, e também para que os demais Poderes possam planejar suas ações. O superávit de receita constitui apenas uma hipótese e, nessa condição, deve ser tido como eventual pela Administração e pelos demais Poderes e entidades. Se a hipótese for efetivamente materializada, os três Poderes, o Tribunal de Contas, o Ministério Público e a Defensoria Pública do Estado de Rondônia receberão tratamento proporcional ao acréscimo auferido, em observância ao princípio da isonomia". Não cabe falar, portanto, em risco real de engessamento do Executivo, de vez que as políticas públicas serão realizadas de acordo com a projeção inicial da realização das receitas tributárias, já asseguradas ainda que não haja o excesso de arrecadação.

Mais do que isso, impõe-se, na realidade, um tratamento sistemático do tema, que se harmonize com a lógica que preside a hipótese inversa, isto é, de déficit na arrecadação tributária. Com efeito, o art. 9º da Lei de Responsabilidade Fiscal determina que "se verificado, ao final de um bimestre, que a realização da receita poderá não comportar o cumprimento das metas de resultado primário ou nominal estabelecidas no Anexo de Metas Fiscais, os Poderes e o Ministério Público promoverão, por ato próprio e nos montantes necessários, nos trinta dias subseqüentes, limitação de empenho e movimentação financeira, segundo os critérios fixados pela lei de diretrizes orçamentárias". Ou seja, a limitação de empenho em decorrência de realização a menor das metas fiscais atinge, nos termos da Lei Complementar nº 101/00, todos os poderes políticos, que devem realizá-la por ato próprio, já que julgada inconstitucional por esta Suprema Corte, quando da apreciação da medida cautelar na ADI nº 2.238, Rel. Min. Ilmar Galvão, a interferência do Poder Executivo sobre os demais prevista no §3º do referido art. 9º. E, em disposição que guarda estrita consonância com a norma ora em análise, prevê o §1º do art. 9º da LRF que "no caso de restabelecimento da receita prevista, ainda que parcial, a recomposição das dotações cujos empenhos foram limitados dar-se-á de forma proporcional às reduções efetivadas".

Em outras palavras, se o *ônus* da limitação de empenho recai sobre todos os poderes, não parece violar o postulado da razoabilidade a escolha do legislador de Rondônia por repartir proporcionalmente o bônus advindo de excesso de arrecadação. Ressalto, ademais, que questão similar restou apreciada por esta Corte, ainda que também em sede de medida cautelar, no julgamento da ADI nº 3.652, Rel. Min. Sepúlveda Pertence. Naquela oportunidade, não foi vislumbrada qualquer inconstitucionalidade em disposição da Lei de Diretrizes Orçamentárias de Roraima de 2005 (Lei Estadual nº 503/05) que impunha a "distribuição do superávit orçamentário aos Poderes e ao Ministério Público", notadamente à luz do frágil argumento de descumprimento da vedação constitucional à "vinculação de receitas de impostos a órgão, fundo ou despesa" (CF, art. 167, IV). A ementa do acórdão foi assim redigida:

> I. ADI: L. est. 503/05, do Estado de Roraima, que dispõe sobre as diretrizes orçamentárias para o exercício de 2006: não conhecimento. 1. Limites na elaboração das propostas orçamentárias (art. 41): inviabilidade do exame, no controle abstrato, dado que é norma de efeito concreto, carente da necessária generalidade e abstração, que se limita a fixar os percentuais das propostas orçamentárias, relativos a despesas de pessoal, para o ano de 2006, dos Poderes Executivo, Legislativo e Judiciário e do Ministério Público: precedentes. 2. Art. 52, *caput* e §§1º e 3º: ausência de parâmetro constitucional de controle. II. *ADI: L. est. (RR) 503/05, art. 52, §2º: alegação de ofensa ao art. 167 da Constituição Federal: improcedência. Não há vinculação*

de receita, mas apenas distribuição dos superavit orçamentário aos Poderes e ao Ministério Público: improcedência. III. ADI: L. est. (RR) 503/05, art. 55: alegação de contrariedade ao art. 165, §8º, da Constituição Federal: improcedência. O dispositivo impugnado, que permite a contratação de operação de crédito por antecipação da receita, é compatível com a ressalva do §8º, do art. 165 da Constituição. IV. ADI: L. est. (RR) 503/05, art. 56, parágrafo único: procedência, em parte, para atribuir interpretação conforme à expressão "abertura de novos elementos de despesa". 1. Permitidos a transposição, o remanejamento e a transferência de recursos de uma categoria de programação para outra, desde que mediante prévia autorização legislativa, no caso substantivada no dispositivo impugnado. 2. "Abertura de novos elementos de despesa" - necessidade de compatibilização com o disposto no art. 167, II, da Constituição, que veda "a realização de despesas ou a assunção de obrigações diretas que excedam os créditos orçamentários ou adicionais". (ADI nº 3.652, Rel. Min. Sepúlveda Pertence, Tribunal Pleno, julg. 19.12.2006, DJ, 16 mar. 2007)

Tampouco viola a cláusula da Separação de Poderes a exigência de autorização legislativa para a repartição proporcional do montante apurado em excesso de arrecadação, prevista no §3º do art. 12 da Lei de Diretrizes Orçamentária de Rondônia. É que a autorização legislativa nessa hipótese está em harmonia com o tratamento conferido pela Lei Federal nº 4.320/64 ao excesso de arrecadação, mencionado pelo art. 43, §1º, II, deste último diploma como uma das hipóteses que ensejam a abertura de créditos suplementares ou especiais, definindo-se, no §2º do dispositivo, que "entende-se por excesso de arrecadação, para os fins deste artigo, o saldo positivo das diferenças acumuladas mês a mês entre a arrecadação prevista e a realizada, considerando-se, ainda, a tendência do exercício". E para a abertura de tais créditos, como se sabe, faz-se imprescindível a autorização legislativa específica, nos termos do art. 167, V, da Constituição Federal, que pode até mesmo constar já da própria lei orçamentária anual (CF, art. 165, §8º).

Ou seja, enquanto a redação original do art. 12, §3º, da LDO de Rondônia já consubstanciava a própria autorização legislativa para a destinação orçamentária do excesso de arrecadação, a alteração promovida no dispositivo por emenda parlamentar apenas optou por diferir para um momento futuro a prática deste mesmo ato, incrementando a fiscalização da Assembleia sobre a execução orçamentária à luz da incerteza quanto à realização da receita, sendo que ambas as alternativas encontram guarida nas regras constitucionais orçamentárias.

Rejeito, portanto, a alegação de inconstitucionalidade do art. 12, *caput* e parágrafos, da Lei.

De outro lado, sustenta o autor também a inconstitucionalidade do art. 15 da LDO, que amplia a possibilidade de concessão de subvenção social a entidades privadas sem fins lucrativos para além do âmbito das despesas estritamente de custeio. Eis a redação do dispositivo:

Redação original
Art. 15. É vedada a inclusão, na lei orçamentária e em seus créditos adicionais, de dotações a título de subvenções sociais, ressalvadas aquelas destinadas à cobertura

de despesas de custeios a entidades privadas sem fins lucrativos, de atividades de natureza continuada, que preencham uma das seguintes condições: (...)

Redação após emenda parlamentar
Art. 15. É vedada a inclusão, na lei orçamentária e em seus créditos adicionais, de dotações a título de subvenções sociais, ressalvadas aquelas destinadas à cobertura de despesas a entidades privadas sem fins lucrativos, de atividades de natureza continuada, que preencham uma das seguintes condições: (...).

Toda a argumentação do autor, neste ponto, parte da premissa de que seria aplicável às emendas parlamentares à Lei de Diretrizes Orçamentárias o disposto no art. 63, I, primeira parte, da Constituição Federal, segundo o qual "não será admitido aumento da despesa prevista nos projetos de iniciativa exclusiva do Presidente da República". Assim, segundo afirma, não poderia o Legislativo ter ampliado, por emenda, o âmbito das subvenções sociais, já que a consequência direta deste novo regime seria a imposição de "uma despesa além daquilo que foi proposto e que é possível de ser executado por quem efetivamente tem essa competência, o Poder Executivo".

Mas essa premissa não se mostra verdadeira. Com efeito, a parte final do art. 63, I, da Constituição excepciona a vedação ao aumento de despesa justamente nas hipóteses dos parágrafos 3º e 4º do art. 166 da Constituição, que tratam, respectivamente, do regime das emendas parlamentares "ao projeto de lei do orçamento anual" e "ao projeto de lei de diretrizes orçamentárias". Em outras palavras, e como afirma a doutrina, "é admissível emenda que aumente a despesa nos projetos ali referidos", já que "as restrições ao direito de emenda nesses casos são de outra ordem" (SILVA, José Afonso. *Processo constitucional de formação das leis*. São Paulo: Malheiros, 2006. p. 200), isto é, as contidas nos referidos parágrafos 3º e 4º do art. 166 da Constituição.

Ademais, ressalte-se que ao regime das emendas à Lei de Diretrizes Orçamentárias, que "não poderão ser aprovadas quando incompatíveis com o plano plurianual" (§4º do art. 166 da CF), sequer são aplicáveis as regras formais acerca das emendas à Lei Orçamentária Anual, previstas no §3º do art. 166. Tal conclusão é extraída da análise sistemática da redação do *caput* e dos parágrafos do art. 166 da Constituição: no *caput* faz-se menção expressa aos "projetos de lei relativos ao plano plurianual, às diretrizes orçamentárias, ao orçamento anual e aos créditos adicionais", de modo a conferir um regime formal comum aos referidos diplomas; no inciso I do §1º, de igual forma, alude-se à emissão de parecer pela Comissão mista permanente de Senadores e Deputados sobre "os projetos referidos neste artigo", igualmente de forma ampla, portanto; no §5º, novamente, faz uso o constituinte da expressão ampla "projetos a que se refere este artigo", também utilizada pelo §7º; por fim, o §6º do dispositivo adota redação similar à do *caput*, mencionando "os projetos de lei do plano plurianual, das diretrizes orçamentárias e do orçamento anual". Diversamente, porém, no §3º o constituinte conferiu redação restritiva, para disciplinar exclusivamente "as emendas ao projeto de lei do orçamento anual ou aos projetos que o modifiquem", enunciando os requisitos previstos nos três incisos que o compõem. Essa mesma lógica presidiu a redação do §4º do dispositivo, que alude apenas às "emendas ao projeto de lei de diretrizes orçamentárias". Assim, os regimes formais das emendas à Lei de Diretrizes Orçamentárias e à Lei Orçamentária Anual se mostram absolutamente inconfundíveis, precisamente na linha do que assinala a doutrina especializada do tema, que separa com precisão os requisitos para cada qual (TORRES, Ricardo Lobo. *Tratado de direito constitucional financeiro e tributário*. Rio de Janeiro: Renovar, 2008. v. 5, O orçamento na Constituição, p. 441; OLIVEIRA, Regis Fernandes de. *Curso de direito financeiro*. São Paulo: Revista dos Tribunais, 2011. p. 399; e SILVA, José Afonso. *Processo constitucional de formação das leis*. São Paulo: Malheiros, 2006. p. 325).

E veja-se que o dispositivo impugnado, a rigor, encontra amparo no art. 4º, I, 'f', da Lei de Responsabilidade Fiscal, mencionado anteriormente, segundo o qual compete à Lei de Diretrizes Orçamentárias dispor sobre "demais condições e exigências para transferências de recursos a entidades públicas e privadas". Se acolhida a tese do autor, no entanto, restariam praticamente inviabilizadas quaisquer emendas parlamentares sobre o conteúdo do art. 4º, I, 'f', da LRF, subtraindo o tema da devida apreciação do parlamento.

Por fim, a argumentação do autor se volta para questionar a validade do art. 22, *caput* e parágrafo único, da Lei ora impugnada. Confira-se a redação do dispositivo:

Redação original

Art. 22. Para o atendimento de despesas com emendas ao projeto de lei orçamentária, apresentadas na forma dos §§2º e 3º do artigo 166 da Constituição Federal, o Poder Executivo disponibilizará na Secretaria de Estado de Planejamento e Coordenação Geral - SEPLAN o montante de R$24.000.000,00 (vinte e quatro milhões de reais) para emendas individuais e R$24.000.000,00 (vinte e quatro milhões de reais) para emendas de bloco ou bancada.

§1º Nos termos do *caput* do artigo 136-A da Constituição Estadual, no exercício de 2012 serão de execução obrigatória as emendas aprovadas pelo Poder Legislativo de que trata este artigo.

§2º Constará na lei orçamentária demonstrativo das emendas parlamentares aprovadas pela Assembleia Legislativa na mesma forma e nível do detalhamento estabelecido no art. 4º desta lei.

§3º As emendas parlamentares ao projeto de lei orçamentária para o exercício de 2012 deverão estar em conformidade com os objetivos e metas relativas aos programas temáticos constantes no plano Plurianual PPA para o período de 2012-2015.

Redação após emenda parlamentar

Art. 22. Para o atendimento de despesas com emendas ao projeto de lei orçamentária, apresentadas na forma dos §§2º e 3º do artigo 166 da Constituição Federal, o Poder Executivo disponibilizará na SEPLAN o montante de R$54.000.000,00 (cinquenta e quatro milhões de reais) para emendas individuais e R$54.000.000,00 (cinquenta e quatro milhões de reais) para emendas de bloco ou bancada.

Parágrafo único. Nos termos do *caput* do artigo 136-A da Constituição Estadual, no exercício de 2012 serão de execução obrigatória as emendas aprovadas pelo Poder Legislativo de que trata este artigo.

Sustenta o autor, em primeiro lugar, que a nova redação conferida ao *caput* do dispositivo pela Assembleia ofenderia o art. 63, I, da Constituição por provocar aumento de despesa no Projeto de iniciativa do Chefe do Poder Executivo, na linha do que se mencionou mais acima com relação ao art. 15 da LDO de Rondônia. Pelas mesmas razões antes referidas, portanto, rejeito, nesse ponto, o vício de inconstitucionalidade.

Registro, ainda, que, como assenta a jurisprudência desta Corte, não se mostra cabível o controle em sede de ADI da eventual incompatibilidade entre as disposições da Lei de Diretrizes Orçamentárias e o conteúdo do plano plurianual. Com efeito, alude o autor — de forma excessivamente genérica, ressalte-se — que a majoração dos valores destinados às emendas parlamentares estaria em desconformidade com o plano plurianual, o que atrairia o vício de inconstitucionalidade por ofensa ao art. 166, §4º, da Constituição. Contudo, tal argumentação extravasa os limites do parâmetro estritamente constitucional de validade das leis, único apto a amparar a atuação concentrada deste Supremo Tribunal Federal, sendo por isso mesmo matéria mais adequada a ser ventilada no domínio político, na linha do que já se aludiu mais acima. Nesse sentido, confiram-se as ementas dos acórdãos proferidos por esta Corte na ADI nº 2.343, Rel. Min. Nelson Jobim, e na ADI nº 1.428-MC, Rel. Min. Maurício Corrêa, nas quais reputou-se inadmissível a verificação da suposta desarmonia entre Lei estadual e a respectiva Lei de Diretrizes Orçamentária, adotando razões que se aplicam igualmente ao presente caso, *verbis*:

> Constitucional. LC nº 192/2000, do Estado de Santa Catarina. Criação de cargos de juízes substitutos e de assessores para assuntos específicos. Previsão de sua adequação ao percentual orçamentário destinado ao poder judiciário pela Lei de Diretrizes Orçamentárias. *Necessidade de análise de sua inconstitucionalidade em face da Lei de Diretrizes Orçamentárias, fundamentação inadmissível em face de Ação Direta de Inconstitucionalidade*. Ação não conhecida. (ADI nº 2343, Rel. Min. Nelson Jobim, Tribunal Pleno, julg. 28.3.2001, *DJ*, 13 jun. 2003)

> Medida Cautelar em Ação Direta de Inconstitucionalidade. Lei catarinense nº 9.901, de 31.07.95: criação de cargos de provimento efetivo de fiscais de tributos estaduais e de auditores internos. Alegação de que a edição da lei não foi precedida de prévia dotação orçamentária nem de autorização específica na Lei de Diretrizes Orçamentárias (art. 169, par. único, I e II, da Constituição). 1. *Eventual irregularidade formal da lei impugnada só pode ser examinada diante dos textos da Lei de Diretrizes Orçamentarias (LDO) e da Lei do Orçamento Anual catarinenses: não se esta, pois, diante de matéria constitucional que possa ser questionada em ação direta.* 2. Interpretação dos incisos I e II do par. único do art. 169 da Constituição, atenuando o seu rigor literal:

e a execução da lei que cria cargos que esta condicionada as restrições previstas, e não o seu processo legislativo. A falta de autorização nas leis orçamentarias torna inexequível o cumprimento da Lei no mesmo exercício em que editada, mas não no subsequente. Precedentes: Medidas Liminares nas ADI nº 484-PR (RTJ 137/1.067) e nº 1.243-MT (DJU 27.10.1995). 3. Ação Direta de Inconstitucionalidade não conhecida, ficando prejudicado o pedido de medida cautelar. (ADI nº 1.428 MC, Rel. Min. Maurício Corrêa, Tribunal Pleno, julg. 1º.4.1996, *DJ*, 10 maio 1996)

Em segundo lugar, a inconstitucionalidade do parágrafo do art. 22 decorreria, segundo o autor, da ofensa ao princípio da Separação dos Poderes, já que concedido regime de obrigatória execução tão somente às emendas parlamentares ao orçamento.

Como se vê, a redação do parágrafo único do art. 22 guarda estrita sintonia com o disposto no art. 3º, XVII, da mesma Lei, analisado anteriormente no presente voto. O dispositivo, ademais, faz expressa alusão ao art. 136-A da Constituição do Estado de Rondônia, cujo teor é o seguinte:

> Art. 136-A. Programação constante da lei orçamentária anual, decorrentes de Emendas de parlamentares é de execução obrigatória, até o limite estabelecido em lei. (Acrescido pela Emenda Constitucional nº 21, de 03/07/2001)
>
> §1º As dotações decorrentes de emendas de parlamentares serão identificadas na lei orçamentária anual. (Acrescido pela Emenda Constitucional nº 21, de 03/07/2001)
>
> §2º São vedados o cancelamento ou o contingenciamento, total ou parcial, por parte do Poder Executivo, de dotação constante da lei orçamentária anual, decorrente de emendas de parlamentares. (Acrescido pela Emenda Constitucional nº 21, de 03/07/2001)

Por certo, não se mostra cabível, nesta sede, apreciar a constitucionalidade da norma inscrita na Constituição Estadual, já que fora dos limites do pedido veiculado na inicial da presente ação direta. Tampouco é possível analisar a validade do disposto no referido parágrafo único do art. 22 *à luz do* art. 136-A da Constituição de Rondônia, porquanto restrito o parâmetro de controle, na jurisdição constitucional abstrata exercida pelo STF, à força normativa da Constituição Federal.

Nestas balizas, e levando-se em conta exclusivamente o sistema orçamentário delineado na Constituição Federal de 1988, entendo que o parágrafo único do art. 22 da Lei nº 2.507/11 do Estado de Rondônia padece de inconstitucionalidade material à luz do princípio da Separação de Poderes, por idênticas razões que conduziram à declaração de inconstitucionalidade do art. 3º, XVII, da mesma Lei.

Com efeito, os princípios da Separação de Poderes (CF, art. 2º), da legalidade orçamentária (CF, art. 165, *caput* e incisos I a III) e da democracia (CF, art. 1º, *caput*) impõem a força vinculante *prima facie* das normas orçamentárias, nos termos da lição acima referida de MENDONÇA, Eduardo Bastos Furtado de. *A constitucionalização das finanças públicas no Brasil*: devido processo orçamentário e democracia. Rio de Janeiro: Renovar, 2010. p. 392-397. Não há amparo constitucional, assim, à pretensão de conceder regime formalmente distinto exclusivamente às emendas parlamentares, sob pena de desrespeito à harmonia que deve reinar entre os poderes políticos (CF, art. 2º).

Ex positis, considerando a iminência dos efeitos da Lei impugnada, diante da impossibilidade de apreciação imediata do feito pelo colegiado, e com fulcro no artigo 21, incisos IV e V, do RISTF e no artigo 5º, §1º, da Lei nº 9.882/99, por aplicação analógica (MC na ADI nº 4.465, Rel. Min. Marco Aurélio; e MC na ADI nº 4.598, Rel. Min. Luiz Fux), defiro parcialmente a medida cautelar pleiteada de modo a suspender, *ad referendum* do Plenário, a eficácia do inciso XVII do art. 3º e do parágrafo único do art. 22 da Lei nº 2.507/11 do Estado de Rondônia até o julgamento definitivo da presente ação direta de inconstitucionalidade.

Sem prejuízo, à Secretaria para que solicite inclusão em pauta do Plenário para o julgamento do referendo à presente medida liminar.

Publique-se. Int.

Brasília, 15 de dezembro de 2011.

Ministro Luiz Fux

Relator